LES RESSOURCES NUMÉRIQUES
de votre manuel papier en accès direct

Pour apprendre et s'entraîner efficacement, en classe comme à la maison !

Accédez rapidement et facilement aux ressources numériques de votre manuel grâce aux mini-liens et aux QR-codes, ou en vous rendant directement sur le site de la collection.

Retrouvez également ces ressources dans le manuel numérique !

Quelles ressources numériques se trouvent dans le manuel ?

- Des vidéos et des audios
- Les leçons en podcasts
- Des exercices interactifs
- Des Q-Sort interactifs
- Des tableaux, des schémas et des grilles d'évaluation à compléter

Pour y accéder, c'est très simple

Recopier le mini-lien*

Dans votre navigateur, saisissez le mini-lien hachette-clic. Vous accédez directement à la ressource !

Vidéo
hachette-clic.fr/23ses1163

Flasher le QR-code

Avec l'appareil photo de votre smartphone ou votre tablette, flashez le QR-code présent près de la ressource. Vous y accéderez immédiatement !

Aller sur le site de la collection

Dans votre navigateur, saisissez l'adresse du site de la collection pour accéder à toutes les ressources numériques du manuel :

lycee.hachette-education.com/ses/23-1re

* Afin de respecter au mieux les principes de protection des données personnelles, certains liens vers des sites internet ne figurent pas dans le manuel des élèves. Ils sont cependant proposés dans la licence enseignant du manuel numérique.

Sommaire

SES 1re SPÉCIALITÉ

NOUVELLE ÉDITION 2023

SCIENCES ÉCONOMIQUES ET SOCIALES

DIRECTEURS D'OUVRAGE

Marjorie Galy, professeure de SES au lycée Fustel de Coulanges, Strasbourg (67)

Rémi Jeannin, professeur de SES au lycée Hector Berlioz, Vincennes (94)

Carole Bernier
professeure de SES au lycée
Jacques Monod, Clamart (92)

Julien Borrelly
professeur de SES au lycée
Maximilien Perret, Alfortville (94)

Jennifer Caux
professeure de SES au lycée
Paul Robert, Les Lilas (93)

Clément Chanteloup
professeur de SES au lycée Léonard de Vinci,
Tremblay-en-France (93)

Graziella Crocetti
professeure de SES au lycée
Guy de Maupassant, Colombes (92)

Kevin Hédé
professeur de SES au lycée
Émile Zola, Rennes (35)

Nicolas Kemoun
professeur de SES au lycée
Robert Doisneau, Vaulx-en-Velin (69)

Erwan Le Nader
professeur de SES au lycée français
international de Bangkok (Thaïlande)

Laurence Nouvion
professeure de SES au lycée
La Folie Saint-James, Neuilly-sur-Seine (92)

Claire Oppenchaim
professeure de SES au lycée
Galilée, Genevilliers (92)

Théo Violin, professeur de SES
au lycée Charles de Gaulle,
Rosny-sous-Bois (93)

Mona Zegaï
professeure de SES au lycée
Camille Claudel, Vauréal (95)

hachette
ÉDUCATION

Maquette intérieure et mise en pages : Anne-Danielle Naname et Adeline Calame
Couverture : Guylaine Moi
Iconographie : Laetitia Guillemin
Infographie : AFDEC
Édition : Pascale Beauvois

hachette-education.com

ISBN : 978-2-01-628103-1
ISBN à utiliser pour toute commande de l'ouvrage.

II SOCIOLOGIE ET SCIENCE POLITIQUE

Sommaire

III REGARDS CROISÉS

FICHES OUTILS

FICHES MÉTHODE

FICHES BAC

TESTEZ VOS CONNAISSANCES DE SECONDE !

Qu'avez-vous retenu de vos cours de SES de seconde ?

Version interactive
hachette-clic.fr/
23ses1001

Ces exercices vous permettront de vous remémorer des connaissances de seconde afin de faciliter vos apprentissages cette année.

Pour aborder les chapitres 1, 2 et 4 du manuel

a Les mécanismes du marché

Vrai ou faux ? Lorsque c'est faux, justifiez.

	Vrai	Faux
1. Quand le prix augmente, généralement, les quantités offerte et demandée diminuent.	☐	☐
2. Quand la quantité produite de fèves de cacao excède la quantité achetée, le prix du cacao diminue.	☐	☐
3. Lorsque la demande d'électricité est durablement supérieure à l'offre, le prix doit baisser pour retourner à une situation d'équilibre.	☐	☐
4. Quand le prix augmente, les offreurs souhaitent produire et vendre davantage.	☐	☐
5. Sur le marché des vêtements, les seuls offreurs sont producteurs de textile.	☐	☐
6. L'offre de marché correspond à l'addition des offres individuelles.	☐	☐
7. Le versement d'une subvention aux consommateurs a pour but de stimuler la demande.	☐	☐

b La détermination du prix d'équilibre sur le marché

Complétez le schéma avec les termes « Hausse » et « Baisse ».

Quantité offerte > Quantité demandée ▸ .... du prix ▸ .... de la quantité offerte / .... de la quantité demandée ▸ Prix d'équilibre

Quantité offerte < Quantité demandée ▸ .... du prix ▸ .... de la quantité offerte / .... de la quantité demandée ▸ Prix d'équilibre

Pour aborder les chapitres 3, 11 et 12 du manuel

a Travail, capital ou consommations intermédiaires ?

Reliez les éléments selon qu'il s'agit de travail, de capital ou de consommations intermédiaires.

1. Un ordinateur •
2. De la farine pour des pâtisseries •
3. Un vendeur dans une librairie •
4. Une machine-outil pour fabriquer des voitures •
5. De l'eau pour fabriquer de la limonade •
6. L'électricité pour faire fonctionner des robots •
7. Une camionnette de livraison •
8. Une chercheuse dans un laboratoire pharmaceutique •

• Travail
• Capital
• Consommations intermédiaires

b La diversité des producteurs

Complétez le schéma avec les termes suivants : entreprises • administrations • non marchande • marchande • sociale et solidaire.

La diversité des producteurs
- Production .... → Les .... → privées / publiques / de l'économie ....
- Production .... → Les .... publiques

Pour aborder les chapitres 6, 7, 8 et 10 du manuel

Le processus de socialisation et ses acteurs

Choisissez la (ou les) bonne(s) réponse(s).

1. Les normes sociales :
a) sont l'inverse des valeurs.
b) sont indépendantes de la société dans laquelle on vit.
c) sont les règles définissant le comportement attendu dans une société.

2. La socialisation primaire se déroule :
a) tout au long de la vie d'un individu.
b) pendant l'enfance.
c) à l'âge adulte.

3. La socialisation s'effectue par :
a) interruption.
b) infiltration.
c) inculcation.
d) imprégnation.

4. L'école assure une fonction de socialisation :
a) en transmettant des connaissances et des compétences.
b) seulement pour les enfants en maternelle.
c) en reproduisant les apprentissages réalisés en famille.

5. Les groupes de pairs participent à la socialisation des individus :
a) de façon complémentaire et parfois contradictoire avec la famille et l'école.
b) en permettant aux individus de faire ce qu'ils veulent avec leurs ami(e)s.
c) en étant toujours composés de deux personnes.

Pour aborder les chapitres 9 et 10 du manuel

La diversité des acteurs contribuant à la vie politique

Complétez le texte à l'aide des mots suivants : programmes • contre-pouvoir • électorale • grèves • société civile organisée • médias • partis politiques • organisant • sélectionnant • influencer • syndicats.

En démocratie, différents types d'acteurs contribuent à la vie politique. Tout d'abord, les .... ont pour objectif d'exercer le pouvoir politique. Pour cela, ils organisent la compétition politique et la mobilisation .... en .... des candidats, en élaborant des .... et en .... des meetings politiques. Par ailleurs, d'autres organisations forment la .... et ont pour objectif d'.................... le pouvoir politique afin que les décisions défendent leurs intérêts ou leur cause. Par exemple, les .... défendent les intérêts des salariés et utilisent certaines modalités d'action (manifestations, ..., négociation...). Enfin, les .... contribuent également à la vie politique : ils participent à la démocratie en informant les citoyens, en animant le débat politique et en jouant un rôle de ....

Pour aborder le chapitre 12 du manuel

Les déterminants du salaire

Complétez le schéma avec les termes suivants :
Capital humain • Expérience • Genre • Milieu social • Productivité • Type d'entreprise

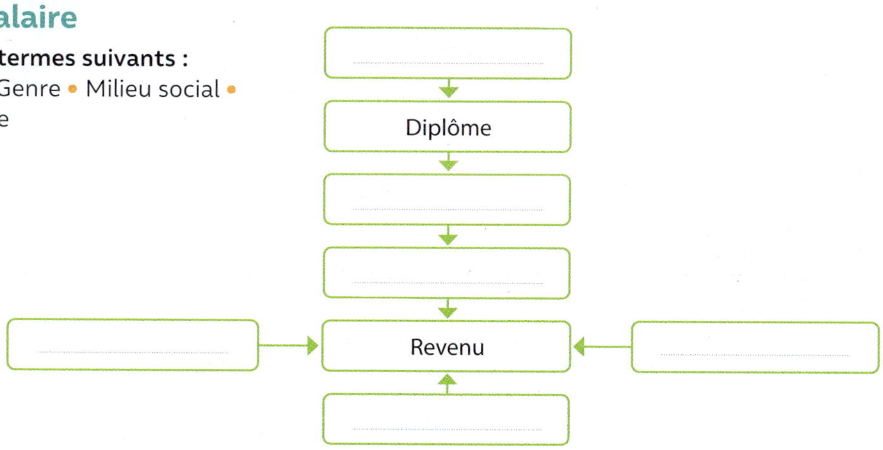

CORRIGÉS P. 338

Créée en 1924, la Foire internationale de Marseille accueille chaque année des artistes, artisans et exposants venus du monde entier.
Elle est l'héritière des foires du Moyen Âge, premiers grands marchés en Europe dès le XIIe siècle.

PARTIE I

SCIENCE ÉCONOMIQUE

1 Comment un marché concurrentiel fonctionne-t-il ?

NOTIONS À DÉCOUVRIR

- Institution
- Concurrence parfaite
- Monopole
- Courbe d'offre
- Courbe de demande
- Équilibre
- Preneur de prix
- Coût marginal
- Taxe forfaitaire
- Surplus des producteurs
- Surplus des consommateurs
- Gain à l'échange

NOTIONS DE 2de

- Modèle
- Marché
- Offre / Demande
- Prix d'équilibre
- Quantité d'équilibre

DÉCOUVRIR PAR LA VIDÉO

« Automobile : le prix des voitures d'occasion dépasse celui des voitures neuves », JT 20h, TF1, 2 novembre 2022.

▶ Durée 2:08

▶ Vidéo

- Comment expliquer l'envolée des prix sur le marché des voitures d'occasion ?

DÉCOUVRIR PAR L'IMAGE

Marché de Rungis, l'un des neufs pavillons de fruits et légumes.

REPÈRE

Le marché international de Rungis

Depuis l'Antiquité, un grand marché existe à Lutèce, puis Paris, qui s'installe au XIIe siècle au centre de la ville, dans le quartier des Halles. En 1960, ce marché déménage à 7 km au sud de Paris, à Rungis (91). C'est aujourd'hui le plus grand marché au monde de produits frais : 234 hectares, 10 milliards d'euros de ventes, 1 200 entreprises implantées, 6,3 millions de visiteurs.

- Pourquoi les vendeurs et les acheteurs de produits frais en grande quantité se retrouvent-ils dans un marché comme celui de Rungis ?

DÉCOUVRIR PAR LES DONNÉES

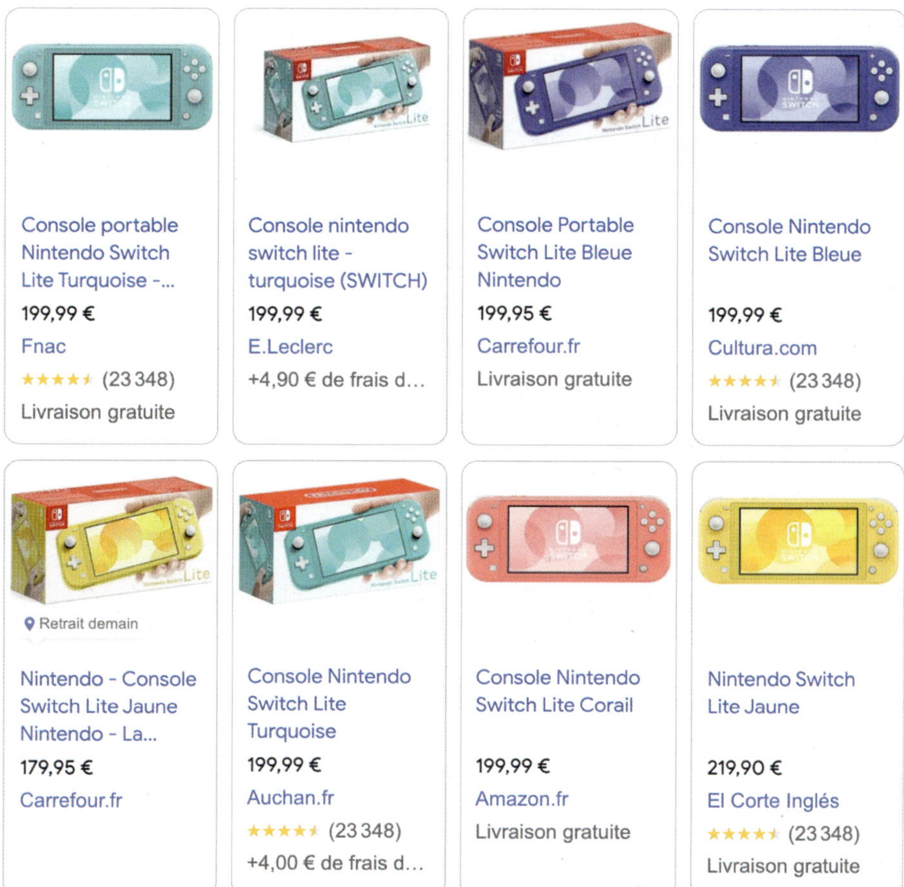

- Pourquoi ces vendeurs ont-ils des prix très proches pour le même produit ?

Prix affichés sur Internet pour une console Nintendo Switch Lite, 23 février 2023.

EXPÉRIMENTER EN SCIENCES SOCIALES

Simuler un jeu de marché

Un marché est un ensemble de transactions d'achat et de vente pour un même produit. Lorsque ce produit est totalement homogène, c'est-à-dire que toutes les unités sont identiques, à quels prix les acheteurs et les vendeurs vont-ils échanger ? Peut-il y avoir une convergence de ces prix vers une valeur unique ? Et quelles seraient les propriétés de ce prix unique ?

Votre mission Vous allez mettre en place un marché dans la classe, un jeu de rôle où certains seront vendeurs, d'autres acheteurs, d'un même produit homogène. Puis vous analyserez les résultats de cette expérience.

ÉTAPE 1 Mettre en place le jeu

Matériel

- une salle de classe aménagée pour disposer d'un espace central de négociation
- un jeu de cartes auquel sont retirées les figures et les jokers (ne garder que les 40 cartes avec un nombre)
- un tableau avec des feutres

1 L'enseignant(e) répartit les élèves de la classe :
pix – 2 ou 3 élèves pour jouer le rôle des assistant(e)s, qui valideront les transactions et saisiront les résultats dans un formulaire imprimé ou sur tableur ;
– les autres élèves, en nombre pair, sont répartis en deux groupes de taille égale : les vendeurs d'un côté de la salle, et les acheteurs de l'autre. Chaque joueur dispose d'un formulaire pour saisir ses résultats.

Formulaire assistant ou Fichier Excel
hachette-clic.fr/23ses1002

Formulaire joueur
hachette-clic.fr/23ses1003

2 Les vendeurs reçoivent chacun(e) une **carte noire** (♠ ou ♣). Le nombre indiqué sur la carte correspond à leur coût de production.
→ Les vendeurs ne peuvent pas vendre à un prix inférieur au coût de production !

3 Les acheteurs reçoivent chacun(e) une **carte rouge** (♥ ou ♦). Le nombre indiqué sur la carte correspond à la valeur du produit à leurs yeux, c'est-à-dire le prix maximum qu'ils sont prêts à payer.
→ Les acheteurs ne peuvent pas acheter à un prix supérieur à la valeur qu'ils accordent au produit !

Exemple, pour une classe de 35 élèves, avec 3 assistant(e)s :

Numéro de la carte	1	2	3	4	5	6	7	8	9	10
16 vendeurs	1	1	2	2	2	2	2	2	1	1
16 acheteurs	1	1	2	2	2	2	2	2	1	1

But du jeu

Maximiser son gain ! C'est-à-dire :

- la différence entre le prix et le coût de production (figurant sur leur carte) pour les vendeurs ;
- la différence entre la valeur (figurant sur leur carte) et le prix pour les acheteurs.

ÉTAPE 2 Jouer

Déroulement d'un tour de jeu

4 Au top départ, les acheteurs et les vendeurs se rencontrent dans l'espace central de négociation. Ils ont 5 minutes pour négocier et réaliser un échange à un prix acceptable pour le vendeur et l'acheteur. *5 min*

5 Lorsqu'un échange est conclu, le vendeur et l'acheteur font valider cet échange auprès des assistant(e)s. Les assistant(e)s :

a) vérifient que le prix n'est pas inférieur au coût de production du vendeur ou à la valeur que l'acheteur accorde au produit ;

b) récupèrent les cartes du vendeur et de l'acheteur, et complètent le formulaire (ou le tableur) avec le prix, la valeur et le coût ;

c) indiquent le prix au tableau et le communiquent oralement aux autres participant(e)s.

6 Au bout de 5 minutes, les assistant(e)s interrompent le tour. Les acheteurs et les vendeurs se mettent sur le pourtour de la salle, chaque groupe d'un côté de la salle.

7 À l'issue du tour de jeu, les assistant(e)s récupèrent toutes les cartes, les mélangent, et les distribuent à nouveau : chaque vendeur reçoit une **carte noire** (♠ ou ♣) et chaque acheteur une **carte rouge** (♥ ou ♦). Puis, la classe rejoue conformément aux questions 4 à 6.

8 Procédez ainsi pendant au moins 5 tours.

> **Coup de pouce**
> N'effacez pas les prix des tours précédents au tableau pour pouvoir les visualiser lors de l'étape 3 !

ÉTAPE 3 Analyser les résultats

9 Les assistant(e)s et l'enseignant(e) calculent le surplus total (somme des gains) réalisé par les acheteurs et les vendeurs lors de chaque tour.

10 Comment les prix des échanges ont-ils évolué ? Convergent-ils ?

11 Comment le surplus total évolue-t-il au fil des tours ?

12 Rédigez l'explicitation et l'illustration de l'affirmation suivante : « Le prix des transactions sur un marché concurrentiel converge vers un prix unique qui maximise les gains des acheteurs et des vendeurs. »

Fiche méthode n° 1 p. 318 *Construire une argumentation*

DOSSIER 1 Comment les marchés sont-ils organisés ?

OBJECTIF Savoir que le **marché** est une **institution** et savoir distinguer les marchés selon leur degré de concurrence (de la **concurrence parfaite** au **monopole**).

DOC 1 POUR COMMENCER
Quand une entreprise organise le marché du vêtement d'occasion

1. D'après vos connaissances, énoncez les règles principales qui s'appliquent aux vendeurs et aux acheteurs sur Vinted.fr.
2. Que se passerait-il si Vinted.fr n'imposait pas ces règles ?
3. À l'aide de l'encadré « Définition » et de l'exemple de Vinted, montrez que le marché est une institution.

DÉFINITION

Institution
Ensemble de règles et d'organisations qui donnent un cadre aux interactions entre les individus et permettent qu'elles se coordonnent.

DOC 2 Le marché au cadran de la fraise en Sologne : une institution

Ce marché est situé dans un hangar, en rase campagne, près d'une route nationale. Il se compose, au rez-de-chaussée, d'une salle pour les producteurs de fraises et, à l'étage, d'une salle pour leurs acheteurs, des grossistes et expéditeurs locaux. À ce dispositif s'ajoute une cabine équipée d'une technologie qui permet aux acheteurs de voir s'afficher en temps réel, sur un panneau électronique (le cadran), la valeur des enchères des lots de fraises proposés par les producteurs. Un vendeur, salarié du marché, fait office de commissaire-priseur. Il gère l'affichage des prix de vente qui s'effectuent sans marchandage, et même sans confrontation en face-à-face de l'offre et de la demande.

Avant chaque séance le vendeur récolte les informations sur les produits et introduit les données dans un ordinateur : quantité des lots, variétés botaniques des fraises, présence d'un label de qualité. [...] Puis la vente s'effectue selon un système d'enchères dégressives : l'ordinateur décline les valeurs du prix au kilo jusqu'à ce qu'un acheteur se déclare. Le producteur est alors libre d'accepter ou de refuser le prix : s'il refuse, le lot est remis en vente et, en cas de nouveau refus, il peut être exclu. Tous les lots sont ainsi proposés successivement à la vente. Ce n'est qu'une fois le processus terminé que les producteurs et acheteurs se rencontrent et débriefent.

13h30, début des enchères affichées à l'écran par le commissaire-priseur.

Fabien Eloire, Jean Finez [sociologues], *Sociologie des prix*, La Découverte, Repères, 2021.

1. Relevez dans le texte et dans l'image, tous les éléments matériels et humains nécessaires au fonctionnement du marché au cadran.
2. Montrez que ce dispositif complexe vise à garantir la libre concurrence dans la fixation du prix.

DOC 3 Le modèle du marché concurrentiel

Né à la fin du XIXe siècle au sein de l'école néoclassique, le modèle de la concurrence parfaite constitue le point de départ incontournable de toute réflexion sur ce qu'est un marché concurrentiel : la concurrence est fondamentalement assimilée à la présence d'un grand nombre d'entreprises. […]

Le modèle de la concurrence parfaite suppose que plusieurs conditions soient réunies :

Conditions	Définitions	Implications
La libre entrée et la libre sortie	Il n'existe aucun obstacle juridique ou économique, à l'entrée ou à la sortie d'un nouvel acteur du marché.	Par exemple, un acteur qui souhaite sortir du marché peut revendre ses outils sans supporter de pertes.
L'homogénéité des produits	Les producteurs offrent des biens absolument identiques aux yeux des consommateurs.	Le prix est la seule variable qui permet de distinguer les produits entre eux.
L'atomicité du marché	Le nombre de vendeurs et d'acheteurs est élevé.	Chaque participant est trop petit pour, à lui seul, influencer le prix. Les participants sont tous « preneurs de prix » et non « faiseurs de prix ».
La transparence de l'information	Tous les participants disposent de la même information disponible immédiatement et sans coût.	Il n'y a pas d'asymétrie d'information, aucune entreprise n'est mieux informée que d'autres.

D'après Emmanuel Combe, *La concurrence*, PUF, 2e édition, 2021.

1. Pourquoi les participants d'un marché en concurrence parfaite sont-ils « preneurs de prix » ?
2. Si un des producteurs lance un nouveau produit, le marché est-il toujours en concurrence parfaite ?
3. Une entreprise en concurrence est-elle totalement libre de fixer son prix ? Totalement contrainte par la concurrence ?
4. Montrez que la concurrence parfaite ne désigne pas un marché réel mais un modèle théorique pour analyser les marchés réels.

DÉFINITION

Modèle
Représentation simplifiée de la réalité, qui n'en retient que quelques éléments pour dégager des liens de causalité entre eux.

4 EXERCICE Des structures de marché plus ou moins concurrentielles

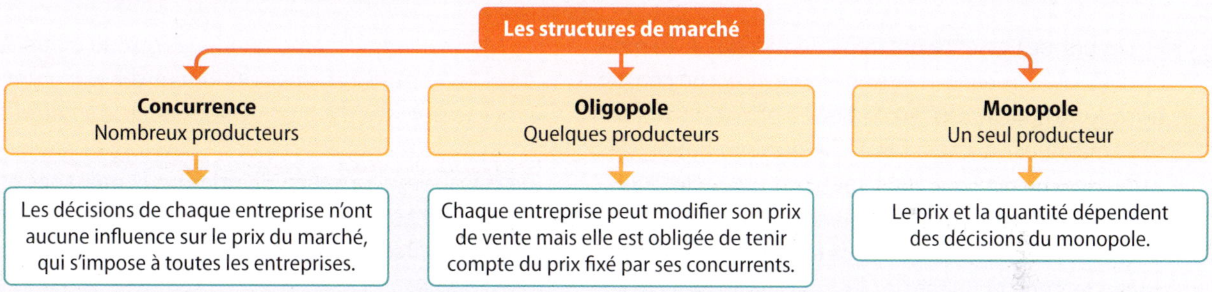

1. Qu'est-ce qui différencie un monopole de la concurrence parfaite ?
2. Montrez que dans le cas de l'oligopole et du monopole, les producteurs disposent d'un pouvoir de marché.
3. À quelles structures de marché correspondent les exemples suivants ?
   a) Vinted.fr.
   b) Le marché au cadran de la fraise en Sologne.
   c) Le marché des voitures neuves.
   d) Le marché des voitures d'occasion.
   e) Le métro ou le tramway dans une grande ville.

REPÈRE

Degré de concurrence et fixation du prix
En concurrence parfaite, les entreprises sont dites « preneuses de prix » : le nombre de producteurs est suffisant pour empêcher qu'aucun ne possède à lui seul la capacité d'influencer le prix de marché. Dans le cas contraire, le producteur possède un pouvoir de marché car il est « faiseur de prix ». ▶ Voir chapitre 2, p. 36

S'entraîner

1 S'autoévaluer CORRIGÉS P. 338

Vrai ou faux ?

1. La concurrence ne peut pas exister sans institutions.
2. Sur un marché concurrentiel, le prix est fixé par chaque producteur.
3. Le modèle du marché concurrentiel est une représentation simplifiée des marchés.
4. Les structures de marché se distinguent selon le degré de concurrence.

2 Mobilisation des connaissances BAC

Montrez que le marché a besoin de règles pour fonctionner.

DOSSIER 2 Comment le prix se fixe-t-il sur un marché concurrentiel ?

OBJECTIFS
- Savoir interpréter des **courbes d'offre** et **de demande** ainsi que leurs pentes, et comprendre comment leur confrontation détermine l'**équilibre** sur un marché de type concurrentiel où les agents sont **preneurs de prix**.
- Savoir déduire la courbe d'offre de la maximisation du profit par le producteur et comprendre qu'en situation de **coût marginal** croissant, le producteur produit la quantité qui permet d'égaliser le coût marginal et le prix ; savoir l'illustrer par des exemples.

DOC 1 POUR COMMENCER
Quels sont les effets du prix de l'énergie sur le prix des fleurs ?

« Crise énergétique : les horticulteurs s'adaptent face à la hausse du coût du chauffage », JT 20h, France 2, 14 décembre 2022.

▶ Durée 1:37

Vidéo
hachette-clic.fr/23ses1004

1. Pourquoi l'horticulteur a-t-il dû abandonner la production de certaines variétés de fleurs ?
2. Comment la hausse des prix de l'énergie a-t-elle des effets sur le prix des fleurs ?
3. Comment les consommateurs s'adaptent-ils à cette augmentation du prix des fleurs ?

DOC 2 Les effets de la hausse des prix sur la demande de carburant

Les prix de l'essence ont largement dépassé au mois de mars les deux euros le litre en France. C'est un constat dont les implications écologiques et économiques sont majeures. À court terme, la consommation des carburants ne diminue que faiblement quand leurs prix augmentent, même si cette hausse est vigoureuse. […]

Frank Goetzke et Colin Vance estiment par exemple que « ceux qui conduisent le plus sont les moins sensibles à l'évolution des prix des carburants ». Ou, devrait-on écrire, plus on est dépendant de la voiture, moins on ajuste sa consommation de carburants en fonction des variations du prix. […]

Mais les perspectives de long terme sont très différentes. Dans leur article, Lucie Calvet et François Marical montrent que les élasticités de long terme sont comprises entre -0,6 et -0,7[1]. Selon ces auteurs, toutes les catégories de ménages, y compris les plus pauvres et les plus ruraux, seront en mesure d'adapter leur consommation de carburants.

À court terme, cette adaptation prendra (et prend déjà parfois) la forme d'une réduction du nombre de kilomètres parcourus qui affecte négativement le bien-être de ces catégories de la population. À plus long terme, elle pourrait consister en un changement de lieux et de modes de vie. […]

Mais si, dans le même temps, les prix du mètre carré dans les centres urbains continuent d'augmenter, les emplois persistent à être localisés dans les métropoles et les pouvoirs publics peinent à développer des modes de transport alternatifs, de nombreux ménages n'auront pas d'autre choix que de conserver leur voiture et d'acquitter une facture énergétique de plus en plus lourde.

Erwan Pastol [enseignant et journaliste], « La hausse du prix des carburants fait-elle abandonner la voiture (selon la théorie économique) ? », *Pour l'Éco*, 22 mars 2022.

1. Une hausse du prix de 1 % diminue les quantités demandées de 0,6 à 0,7 %.

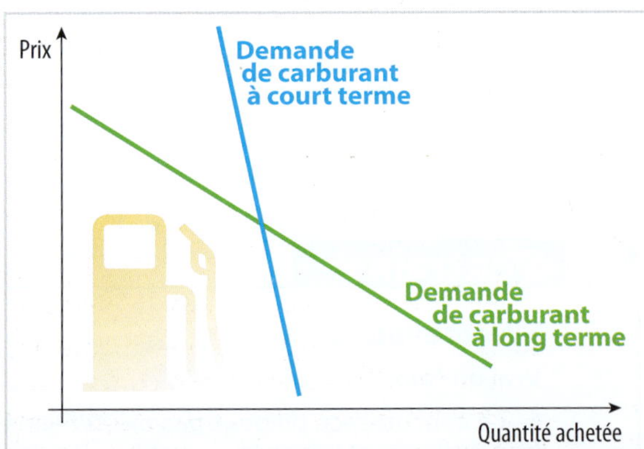

1. Pourquoi ceux qui conduisent le plus sont-ils les moins sensibles à l'évolution du prix des carburants ?
2. À plus long terme, quels sont les choix qui permettent de réduire la consommation de carburants ?
3. Quel peut être l'effet de la hausse du prix des carburants sur la demande de logements dans les villes ?

3 EXERCICE Comment le prix influence-t-il la quantité offerte ?

Vous produisez et vendez des chemises sur mesure. Sur ce marché très concurrentiel, vous savez que vous ne pouvez les vendre qu'en vous alignant sur le prix des concurrents : 45 € la chemise. En fonction de ce prix, vous devez décider combien de chemises produire.

Nombre de chemises par jour	1	2	3	4	5	6
Coût fixe	20	20	20	20	20	20
Coût variable	20	40	70	110	160	220
Coût total	40	60	90	130	180	240
Coût marginal	40	20	30	40	50	60
Recette totale	45	90	135	180	225	270
Profit	5	30	45	50	45	30

DÉFINITION

Coût marginal
Coût de production d'une unité supplémentaire. Dans le modèle de concurrence parfaite, il est supposé croître avec la quantité produite.

1. Combien de chemises faut-il produire pour maximiser votre profit ?
2. Si vous produisez une chemise en plus, de combien augmente la recette ? Le coût ?
3. Avez-vous intérêt à produire davantage ?
4. Si le prix passe à 55 euros, montrez que vous avez intérêt à produire une chemise en plus.

DOC 4 L'équilibre du marché concurrentiel

Prenons l'exemple du marché des livres numériques et supposons qu'un institut indépendant estime la demande et l'offre [voir graphique]. Comment se fixent les prix sur les marchés ?

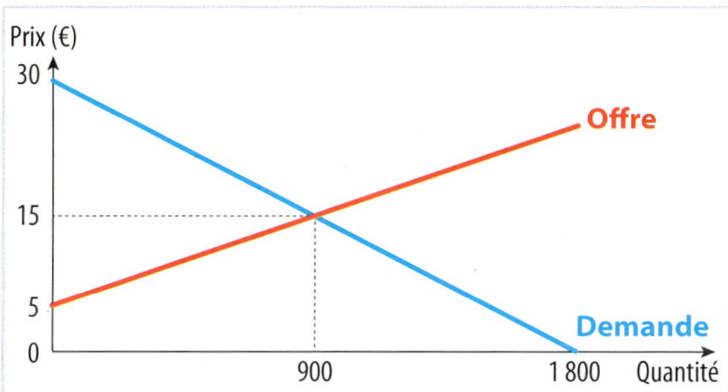

Le prix et la quantité échangée sur un marché [...] sont obtenus à l'équilibre. Dans le cadre d'un marché parfaitement concurrentiel, l'équilibre est tel qu'au prix d'équilibre la quantité demandée est égale à la quantité offerte à ce prix. [...]

Si le prix était supérieur au prix d'équilibre, la quantité offerte serait plus élevée que la quantité demandée. On dit que l'on se trouve face à un excès d'offre. Si le prix était inférieur au prix d'équilibre, c'est la quantité demandée qui serait plus élevée que la quantité offerte. On parle d'excès de demande.

François Etner [économiste], *Microéconomie*, Dunod, 2018.

1. Pour un prix de 30 €, le marché est-il en excès d'offre ou de demande ? Combien de livres numériques seraient échangés ?
2. Même question pour un prix de 5 €.
3. Montrez que dans le premier cas, la plateforme de téléchargement a intérêt à baisser le prix, et que dans le second cas, elle a intérêt à l'augmenter.
4. Quels sont le prix et la quantité d'équilibre ?
5. Montrez que c'est au prix d'équilibre que le nombre de livres numériques échangés est maximum.

DÉFINITIONS

Courbes d'offre et de demande
La courbe d'offre représente la quantité de produit que les vendeurs souhaitent vendre pour chaque niveau de prix possible. Elle est généralement croissante. La courbe de demande représente la quantité de produit que les acheteurs souhaitent acheter pour chaque niveau de prix possible. Elle est généralement décroissante.

S'entraîner

1 S'autoévaluer CORRIGÉS P. 338

Complétez le texte avec les mots suivants : équilibre • diminue • quantité *(2 fois)* • augmente • inférieur.

Généralement, lorsque le prix augmente, la quantité demandée par les acheteurs .... alors que la quantité offerte par les vendeurs .... En effet, avec un coût marginal croissant, chaque producteur produit les unités dont le coût marginal est .... ou égal au prix de marché pour maximiser son profit. En confrontant offre et demande, un prix d'.......... se fixe, qui équilibre .... offerte et .... demandée.

2 Mobilisation des connaissances BAC

Expliquez comment le producteur détermine la quantité produite en fonction du prix de marché.

DOSSIER 3 Pourquoi l'équilibre de marché change-t-il ?

OBJECTIFS
- Savoir interpréter des courbes d'offre et de demande ainsi que leurs pentes [...].
- Savoir illustrer et interpréter les déplacements des courbes et sur les courbes, par différents exemples chiffrés, notamment celui de la mise en œuvre d'une **taxe forfaitaire**.

DOC 1 POUR COMMENCER La guerre en Ukraine et le prix du pétrole

Production de pétrole et de gaz en Sibérie, 19 janvier 2021.

« Guerre en Ukraine : le pétrole au-dessus de 110 dollars le baril », L'info éco, France 24, 2 mars 2022.
▶ Durée 5:58

Vidéo hachette-clic.fr/23ses1005

1. Comment a évolué le prix du pétrole après le début de la guerre en Ukraine le 24 février 2022 ?
2. Quel a été l'effet de la guerre en Ukraine sur l'approvisionnement en pétrole ?
3. Pourquoi les autres producteurs de pétrole n'augmentent-ils pas leur production ?
4. Quel est l'effet attendu de la vente, par les États-Unis, de pétrole stocké dans leurs réserves stratégiques ?

DOC 2 Des ressources naturelles toujours plus chères ?

Il n'est pas rare que l'on s'inquiète des ressources naturelles terrestres. On se demande si l'énergie et les ressources minérales ne seront pas épuisées dans un futur proche, ce qui conduirait alors à une forte augmentation des prix qui pourrait mettre fin à la croissance économique. Une analyse en termes d'offre et de demande peut nous apporter un éclairage sur la question.

En effet, la Terre ne possède qu'un stock limité de ressources minérales comme le cuivre, le fer, le charbon ou le pétrole. Cependant, durant le siècle dernier, les prix de ces ressources naturelles et de la plupart des autres ont baissé ou sont restés à peu près stables par rapport au niveau général des prix. [...]

La demande pour ces ressources a augmenté avec l'internationalisation de l'économie. Mais, cette augmentation de la demande a été accompagnée d'une baisse des coûts de production. Cette baisse est due, d'abord, à la découverte de gisements importants dont l'exploitation était moins coûteuse que celle des mines, et ensuite aux progrès techniques et à l'avantage économique à exploiter et à raffiner sur une grande échelle. Par conséquent, la courbe de demande s'est déplacée au cours du temps vers la droite. Sur le long terme, l'augmentation de l'offre étant plus grande que celle de la demande, les prix ont souvent diminué [...].

Il ne s'agit pas de dire que les prix du cuivre, du fer et du charbon vont baisser à l'avenir. Ces ressources sont par définition limitées. Mais quand les prix commenceront à augmenter, la consommation se reportera de toute évidence vers des matériaux substituts.

D'après Robert Pindyck, Daniel Rubinfeld [économistes], *Microéconomie*, Pearson France, 9e édition, 2017.

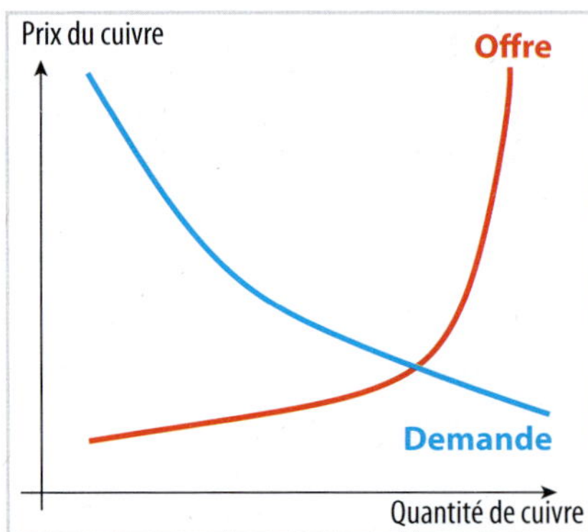

1. Sur le graphique que vous reproduirez, représentez l'augmentation de la demande mondiale de cuivre. Quel devrait être l'effet sur le prix du cuivre ?
2. Représentez la baisse des coûts d'exploitation du cuivre par un déplacement de la courbe d'offre. Quel devrait être l'effet sur le prix du cuivre ?
3. Quel effet l'emporte si les courbes d'offre et de demande ont des pentes telles que celles de votre graphique ?
4. Comment interpréter une courbe d'offre qui deviendrait verticale au-delà d'une certaine quantité ?

3 EXERCICE Les effets d'une taxe sur les sodas

Pour lutter contre la consommation de sucre et ses effets néfastes sur la santé, une taxe sur les sodas a été mise en place en 2013 en France. L'effet de cette politique peut être représenté par le graphique ci-contre. Pour une quantité donnée, les producteurs doivent ajouter au prix qu'ils reçoivent effectivement (P') la taxe (T) qu'ils reversent à l'État pour déterminer le prix payé par les consommateurs (P'+T). Ainsi, il y a un déplacement de la courbe d'offre vers le haut : pour la même quantité, les producteurs désirent vendre à un prix plus élevé pour compenser une partie de la taxe versée. Mais il y a aussi un déplacement sur la courbe de demande : pour un prix plus élevé, les consommateurs achètent une quantité plus faible.

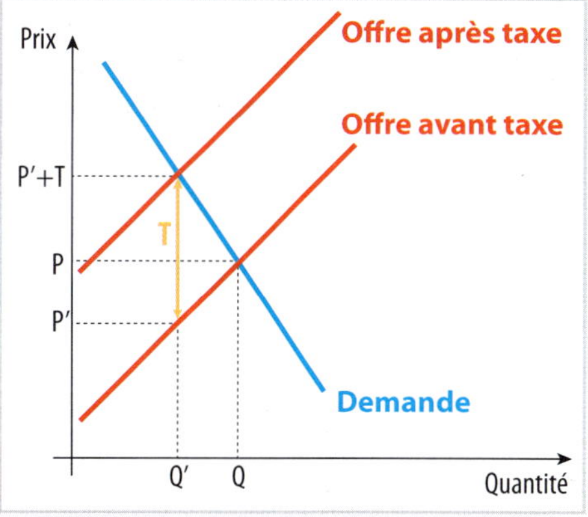

1 Qui verse le produit de la taxe à l'État ?

2 Quel est l'effet de la taxe sur le prix payé par les consommateurs ? Sur le prix que reçoivent les producteurs ? Sur la quantité de sodas échangée ?

3 Qui supporte le coût effectif de la taxe ?

4 Constatant que les producteurs se sont adaptés à la taxe principalement en augmentant leur prix, l'État a mis en place en 2018 une taxe dont le taux augmente avec la quantité de sucre dans les boissons. Quel est l'effet attendu de cette évolution ?

DOC 4 L'évolution des frais de scolarité en école de commerce

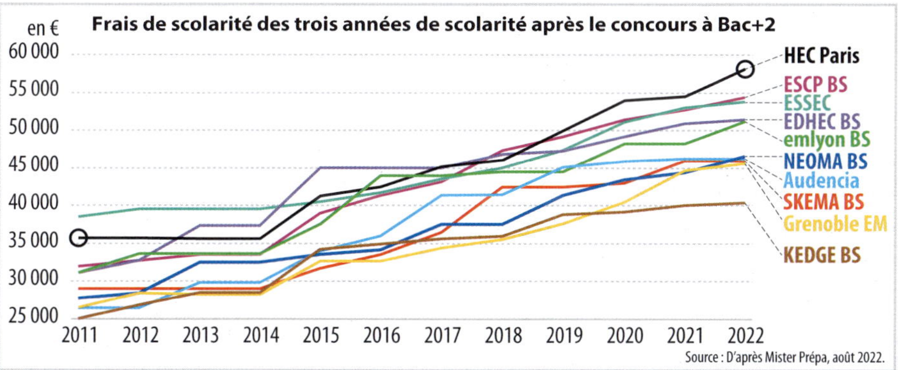

Source : D'après Mister Prépa, août 2022.

REPÈRE

L'offre et la demande d'enseignement supérieur

Dans tous les pays à revenu élevé, le progrès technique et la mondialisation poussent au développement d'emplois très qualifiés, d'où une demande croissante pour les études supérieures (1). Mais, dans le même temps, le coût par étudiant augmente pour les établissements, avec la nécessité d'internationaliser les parcours, le recrutement des enseignants-chercheurs, la mise en place du numérique (2).

1 Rédigez une phrase présentant la signification précise des données entourées.

2 Par un calcul approprié, mesurez la variation des frais de scolarité d'HEC.

3 À l'aide du « Repère » et du graphique à télécharger, expliquez comment les évolutions (1) et (2) conduisent à des déplacements des courbes de demande et d'offre.

Graphique hachette-clic.fr/23ses1006

4 Rédigez un paragraphe AEI pour expliquer la hausse du prix des études dans les écoles de commerce.

S'entraîner

1 S'autoévaluer CORRIGÉS P. 338

Indiquez pour chaque exemple s'il s'agit d'un déplacement des courbes ou sur les courbes d'offre et de demande.

1. La hausse du prix conduit les écoles de commerce à augmenter leur nombre d'étudiants.
2. Une taxe augmente les coûts de production des sodas.
3. La mondialisation augmente les quantités demandées de cuivre.

2 Étude d'un document BAC

1. À l'aide des données du document 4, montrez qu'il y a une augmentation généralisée des frais de scolarité en école de commerce en France.
2. À l'aide du document 4 et de vos connaissances, expliquez, à l'aide des déplacements de courbes d'offre et de demande, l'évolution des frais de scolarité en école de commerce.

DOSSIER 4 Qu'est-ce que les agents gagnent à échanger sur un marché ?

OBJECTIFS
- Comprendre les notions de **surplus du producteur et du consommateur**.
- Comprendre la notion de **gains à l'échange** et savoir que la somme des surplus est maximisée à l'équilibre.

DOC 1 POUR COMMENCER
Quelle valeur ces sneakers ont-elles pour vous ?

Paire de sneakers Stan Smith, Adidas.

DÉFINITION

Gain à l'échange
Différence entre la valeur attribuée par un agent à un produit et le prix payé ou reçu.

1. Imaginez que vous receviez ces sneakers en cadeau. À quel prix minimum seriez-vous prêt(e) à les revendre ?
2. Quel prix maximum seriez-vous prêt(e) à débourser pour les acheter ?
3. Confrontez les résultats de l'ensemble de la classe.
4. Si le prix de marché de cette paire est à 50 €, tous les élèves de la classe ont-ils un gain à l'échange ?

2 EXERCICE Le surplus sur le marché de l'éclair au café

Supposons que dans votre ville, le prix de marché de l'éclair au café soit de 3 euros. Parmi les consommateurs, certains souhaiteraient payer un prix plus faible et n'achètent pas. Mais d'autres, qui adorent les éclairs au café, seraient prêts à payer ce prix (consommateur C), voire plus cher : 4 euros (consommateur B) ou 5 euros (consommateur A).
De même, certains producteurs souhaiteraient vendre à un prix plus élevé que 3 euros pour couvrir leurs coûts, et donc ne produisent pas à ce prix. Mais d'autres, qui ont des coûts de production faibles, seraient prêts à vendre les éclairs à ce prix (producteur D), voire moins cher : 2 euros (producteur E) ou 1 euro (producteur F).

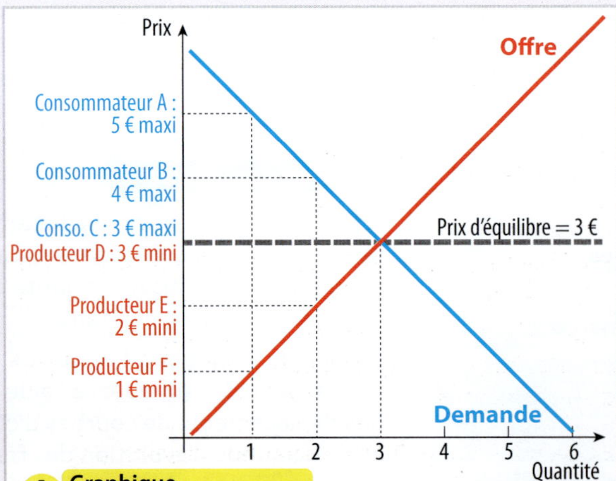

Graphique hachette-clic.fr/23ses1007

1. Calculez le gain à l'échange des consommateurs A, B et C par éclair acheté, puis le surplus des consommateurs.
2. Calculez le gain à l'échange des producteurs D, E et F par éclair acheté, puis le surplus des producteurs.
3. Calculez le surplus total sur le marché en additionnant les deux résultats précédents.
4. La municipalité décide d'imposer un prix maximal de 1 euro à l'éclair au café. Combien de consommateurs sont prêts à en acheter ? Combien de producteurs sont prêts à en produire ? Quelle sera la quantité échangée ?
5. Pour ce prix et cette quantité, calculez les surplus des consommateurs, des producteurs et le surplus total, puis comparez ce dernier à celui obtenu au prix d'équilibre.

DÉFINITIONS

Surplus des producteurs et des consommateurs
Le surplus des producteurs est la somme des gains à l'échange des producteurs : le prix que chacun reçoit moins le prix minimum que chacun exige pour vendre.
Le surplus des consommateurs est la somme des gains à l'échange des consommateurs : le prix maximum que chacun est prêt à payer moins le prix que chacun paye.

DOC 3 Les effets pervers de l'instauration d'un prix plafond

L'économie de base enseigne que les prix sont des signaux importants du marché. Des prix élevés peuvent être une source d'irritation pour les consommateurs, mais ils signalent aux producteurs la possibilité de réaliser des bénéfices, ce qui entraîne une augmentation de la production et des investissements. Ils signalent également aux consommateurs que le bien est rare, ce qui les encourage à en consommer moins. Prenons l'exemple de l'essence. Lorsque le gallon coûte 7,50 dollars, les gens conduisent moins que si le prix du gallon était de 1, 3 ou 5 dollars. Pendant ce temps, le prix élevé signale également aux producteurs une opportunité de profit, ce qui encourage l'investissement et la production, lesquels conduisent finalement à une baisse des prix de l'essence. […] Le prix bas décourage les producteurs de mettre du carburant sur le marché et encourage les consommateurs à utiliser davantage de carburant parce qu'il est artificiellement bon marché, ce qui est une recette pour une pénurie d'essence.

D'après Jon Miltimore [journaliste], « Le contrôle des prix échoue depuis 4 000 ans », *Contrepoints* (journal libéral), 15 septembre 2022.

1. Quel signal un prix élevé envoie-t-il aux producteurs et aux consommateurs ?
2. Expliquez comment un prix artificiellement bas sur l'essence conduirait à une pénurie d'essence.

REPÈRE

Le contrôle des prix

Nommé aussi « prix administrés », il désigne les restrictions étatiques imposées sur les prix de certains biens et services marchands. Les modalités sont variées, mais visent toutes à ce que le prix s'écarte du prix d'équilibre du marché : prix plafond pour favoriser l'accès des ménages les moins aisés ; prix plancher pour favoriser l'activité des producteurs.

DOC 4 Les justifications du contrôle des prix

Il apparaît que le marché des biens de première nécessité présente des caractéristiques particulières, qui justifient dans certaines circonstances de recourir au contrôle des prix. […] Dans le cas du marché de l'énergie, la demande (D) est plus pentue que sur un marché classique. L'énergie constitue en effet le bien de consommation inélastique par excellence : une forte variation du prix n'a qu'un impact négligeable sur la variation de la consommation d'énergie, car celle-ci répond à des besoins de première nécessité. Côté offre (O), la quantité produite n'augmente pas en fonction du prix, car la production est techniquement contrainte à court terme. […] La guerre en Ukraine, et ses effets sur le prix du gaz en Europe, a rebattu profondément les cartes d'un débat qui jusque-là donnait très peu de crédit aux partisans d'une intervention directe sur les prix. […] Laisser les forces du marché opérer l'ajustement par les quantités paraît « grotesquement inéquitable », au sens où, pendant ce temps, les profits colossaux engrangés par les producteurs d'énergie se font sur le dos des familles et des entreprises.

D'après « Le retour en grâce du contrôle des prix », *Le Vent Se Lève* (média progressiste), 1er décembre 2022.

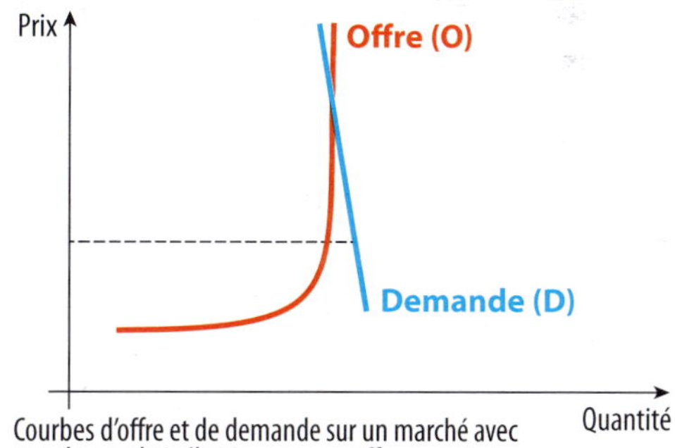

Courbes d'offre et de demande sur un marché avec une demande inélastique et une offre contrainte.

1. Quelles particularités affectent l'offre et la demande sur le marché de l'énergie ?
2. Pourquoi pourrait-il être justifié que les gouvernements européens décident d'encadrer les prix de l'énergie ?

S'entraîner

1 S'autoévaluer

CORRIGÉS P. 338

Complétez le texte avec les mots suivants : prix d'équilibre • gain à l'échange • surplus *(2 fois)* • quantité.

Les échanges volontaires permettent un ...., tant pour chaque producteur que pour chaque consommateur. Le .... total généré est maximisé quand les échanges se font au ...., car c'est à ce prix que la .... échangée est maximale. Les interventions publiques sur le prix diminuent le .... total, mais peuvent se justifier pour d'autres raisons.

2 Mobilisation des connaissances

BAC Montrez que, sur un marché concurrentiel, la somme des surplus est maximisée à l'équilibre.

ACTIVITÉ

OBJECTIFS

Savoirs : offre, demande, prix, surplus, taxe

Savoir-faire : calculer les surplus, argumenter et s'exprimer à l'oral

Argumenter

Quels sont les effets d'une taxe sur le marché de l'immobilier ?

Votre mission Depuis 2000, le prix des logements anciens a été multiplié par trois environ en France. Ceci rend très difficile l'achat du premier logement par les jeunes générations. Serait-ce une bonne idée de taxer les propriétaires pour redistribuer une partie de ces richesses gagnées par les propriétaires ? Vous allez présenter à l'oral une réponse à la question suivante : faut-il mettre en place une taxe sur les ventes de logements pour favoriser l'accès au logement ?

ÉTAPE 1 Calculer le surplus avant la taxe

Voici des données sur le marché des logements anciens dans une ville moyenne :

– Les offreurs sont les vendeurs de logements, et souhaitent d'autant plus en vendre que le prix est élevé.

– Les demandeurs sont les acheteurs de logements, et souhaitent d'autant moins en acheter que le prix est élevé. Mais la quantité demandée est beaucoup moins sensible au prix, car ceux qui souhaitent acheter ont besoin d'un logement et sont prêts, pour certains, à y consacrer un prix élevé.

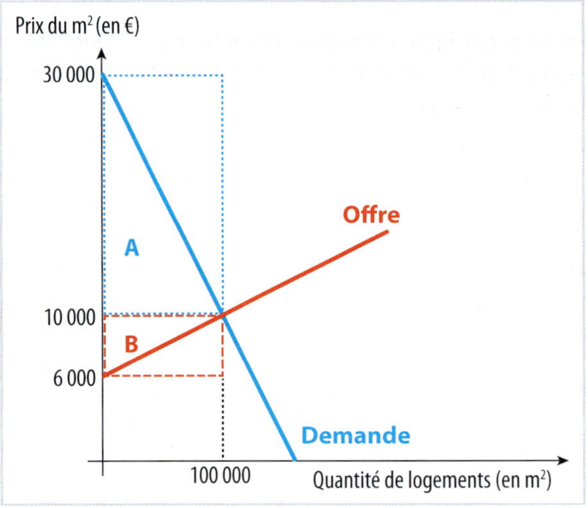

1 Quels sont le prix d'équilibre et la quantité de m² qui s'échangent à l'équilibre ?

2 À l'aide du graphique, complétez les calculs suivants :

Le surplus des consommateurs (acheteurs) est égal à la surface du triangle ....,
qui est la .... de l'aire du rectangle en pointillés bleus.
- Aire du rectangle en pointillés bleus : 100 000 × (............... – ....) = 2 000 000 000 €
- Surplus des consommateurs : .... / 2 = 1 000 000 000 € = 1 milliard d'€.

Le surplus des producteurs (vendeurs) est égal à la surface du triangle ...., qui est la .... de l'aire du rectangle en pointillés rouges.
- Aire du rectangle en pointillés rouges : 100 000 × (............... – ....) = 400 000 000 €
- Surplus des consommateurs : .... / 2 = 200 000 000 € = 200 millions d'€.

Le surplus total est donc de .... milliard d'€.

ÉTAPE 2 Comprendre l'effet de la taxe

Le gouvernement décide de mettre en place une taxe forfaitaire de 2 000 € par m² sur tous les logements vendus. Cette taxe est payable par le propriétaire du logement au moment de la vente. En conséquence, pour proposer le même nombre de m² à la vente que précédemment (étape 1), les propriétaires souhaitent vendre à un prix de 2 000 € supplémentaires, ce qui se traduit par une nouvelle courbe d'offre, au-dessus de la précédente.

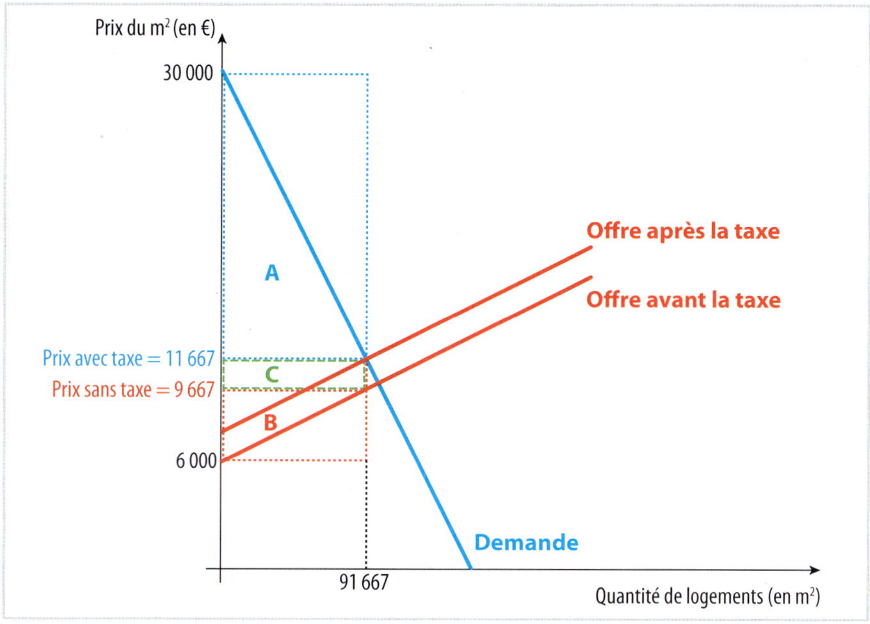

3 Après la mise en place de la taxe, quel est le prix payé par les acheteurs ? Quel est le prix reçu par les vendeurs une fois cette taxe déduite ? Combien de m² de logement sont échangés ?

4 À l'aide du graphique, complétez les calculs suivants :

Le surplus des consommateurs (acheteurs) est égal à la surface du triangle ...., qui est la .... de l'aire du rectangle en pointillés bleus.
- Aire du rectangle en pointillés bleus : 91 667 × (.............. – ....) = 1 680 531 111 €
- Surplus des consommateurs : .... / 2 = 840 265 556 € ≈ 840 millions d'€.

Le surplus des producteurs (vendeurs) est égal à la surface du triangle ...., qui est la .... de l'aire du rectangle en pointillés rouges.
- Aire du rectangle en pointillés rouges : 91 667 × (.............. – ....) = 336 142 889 €
- Surplus des consommateurs : .... / 2 = 168 071 444 € ≈ 168 millions d'€.

Le surplus de l'État, provenant de la taxe prélevée (2 000 € par m²), est égal à la surface du rectangle C, en pointillés verts : 91 667 × .... = 183 334 000 € ≈ 183 millions d'€.

Le surplus total est donc de .... milliard d'€, alors qu'il était avant la taxe de 1,2 milliard d'€, soit une perte sèche de : 1,2 – .... = 0,01 milliard d'€ = 10 millions d'€.

5 Comment l'État pourrait-il utiliser les sommes collectées pour favoriser l'accès au logement ?

ÉTAPE 3 Argumenter à l'oral

6 Récapitulez dans un tableau les arguments favorables et défavorables à la mise en place d'une taxe sur les ventes de logements pour favoriser l'accès au logement.

7 Préparez une intervention orale qui serait un plaidoyer en faveur de cette taxe, ou au contraire un réquisitoire contre cette taxe.

8 Présentez votre intervention à la classe.

Fiche méthode n° 4 p. 324 *S'exprimer à l'oral*

L'ESSENTIEL Comment un marché concurrentiel fonctionne-t-il ?

1 Comment les marchés sont-ils organisés ?

Un marché est un ensemble de transactions d'achat et de vente d'un même produit. **Les marchés n'existent pas spontanément, naturellement, mais apparaissent quand sont instaurées les règles ou institutions qui permettent leur bon fonctionnement** : les droits de propriété, la monnaie, les systèmes de communication qui informent sur les prix ou la qualité des produits, les plateformes physiques ou dématérialisées d'échange, etc. Les marchés sont donc eux-mêmes des institutions, avec des structures variables selon les produits, les pays et le cours de l'histoire.

Une caractéristique essentielle d'un marché est le degré de concurrence qui existe entre les offreurs. En effet, l'intensité de la concurrence entre les vendeurs détermine leur capacité à influencer le prix. Le marché est en **concurrence parfaite** si les vendeurs sont tellement nombreux qu'aucun n'a la capacité d'exercer une influence sur le prix : ils sont **preneurs de prix**. Sinon, la concurrence est imparfaite : en situation d'oligopole, quand le nombre de vendeurs est réduit, au point qu'ils peuvent individuellement fixer un prix en tenant compte de ce que font les autres ; ou en **monopole**, lorsqu'un seul producteur fournit le marché et fixe son prix.

Le marché en concurrence parfaite est un modèle, tout comme le marché en oligopole ou monopole : une représentation simplifiée des marchés réels, construite dans le but de mieux les comprendre. Les hypothèses de ce modèle sont très fortes : nombre élevé d'offreurs et de demandeurs (atomicité), qui entrent et sortent librement (fluidité et mobilité), homogénéité du produit, information parfaite (transparence).

2 Comment le prix se fixe-t-il sur un marché concurrentiel ?

Sur un marché concurrentiel, le prix constitue un moyen de coordonner les décisions d'acheteurs et de vendeurs qui ont des intérêts opposés : les premiers souhaitent acheter le moins cher possible, et vendre le plus cher possible pour les seconds.

La courbe de demande représente la quantité que les consommateurs sont prêts à acheter, compte tenu du prix de marché et de la valeur qu'ils attribuent au produit, mesurée par le prix maximum qu'ils sont prêts à payer pour l'acquérir. Souvent, quand le prix augmente, la quantité demandée décroît, mais plus ou moins vite.

La courbe d'offre représente la quantité que les producteurs souhaitent vendre, compte tenu du prix de marché et des coûts de production. Produire davantage entraîne des coûts qui augmentent plus que proportionnellement à court terme, quand il n'est pas possible de changer la taille des installations : le coût de production de chaque unité supplémentaire (le **coût marginal**) est croissant. Les producteurs cherchent à maximiser leur profit, et produisent toutes les unités qui coûtent moins que ce qu'elles rapportent, jusqu'à ce que le coût marginal soit égal au prix. Sous ces hypothèses, quand le prix augmente, la quantité offerte croît.

Sur un marché concurrentiel, le prix converge vers un prix d'équilibre, qui égalise les quantités offertes et demandées. L'équilibre est une situation stable. Tout autre prix produit un déséquilibre qui provoque un ajustement du prix rétablissant l'équilibre. Par exemple, un prix supérieur à l'équilibre génère un excès d'offre, ce qui pousse tous les vendeurs à baisser le prix, d'où une augmentation de la quantité offerte et une baisse de la quantité demandée, jusqu'à égalisation de ces deux quantités. ▶ Schéma 1

Podcast
hachette-clic.fr/23ses1008

NOTIONS

Institution : ensemble de règles et d'organisations qui donnent un cadre aux interactions entre les individus et permettent qu'elles se coordonnent.

Concurrence parfaite : la concurrence est dite parfaite si aucun acteur sur le marché ne peut à lui tout seul influencer le prix du marché, qui s'impose donc à tous. C'est le cas notamment s'il y a un grand nombre d'offreurs et de demandeurs, sans barrières à l'entrée.

Preneur de prix : situation d'un agent qui n'est pas en capacité d'influencer le prix de marché.

Monopole : structure de marché où seule une entreprise est présente sur le marché pour satisfaire la demande des acheteurs.
▶ Voir chapitre 2 p. 36

Courbe de demande : elle représente la quantité de produit que les acheteurs souhaitent acheter pour chaque niveau de prix possible. Elle est généralement décroissante.

Courbe d'offre : elle représente la quantité de produit que les vendeurs souhaitent vendre pour chaque niveau de prix possible. Elle est généralement croissante.

Coût marginal : coût de production d'une unité supplémentaire. Dans le modèle de concurrence parfaite, il est supposé croître avec la quantité produite.

Équilibre : point d'intersection unique de la courbe d'offre et de la courbe de demande. Le prix qui s'y fixe égalise les quantités offertes et demandées.

1 L'équilibre sur un marché concurrentiel

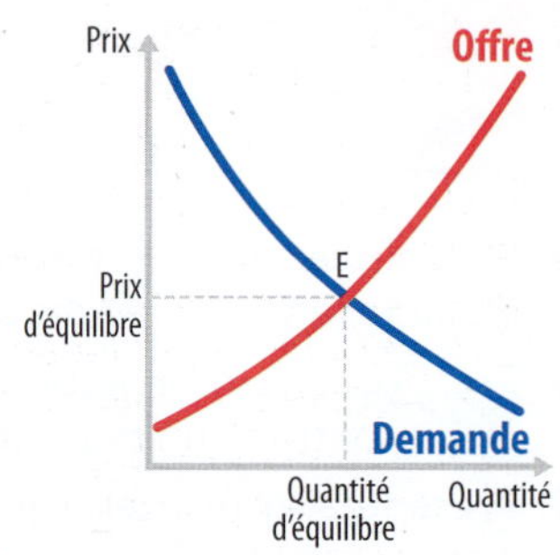

3 Pourquoi l'équilibre de marché change-t-il ?

L'équilibre du marché peut être modifié par une variation de variables autres que le prix, qui ont des effets positifs ou négatifs sur l'offre ou sur la demande. Ces évolutions sont représentées par un déplacement d'une des courbes qui fait apparaître un nouvel équilibre en déplaçant l'équilibre de marché sur l'autre courbe.

Par exemple, les besoins croissants de l'économie en ressources naturelles ne conduisent pas toujours à une hausse de leur prix. Pour ce qui est du cuivre, pour un même prix, la quantité demandée est de plus en plus forte (déplacement de la courbe de demande vers la droite), ce qui pousse le prix et la quantité produites à la hausse (déplacement sur la courbe d'offre). Mais des progrès techniques permettent de diminuer les coûts de production, donc pour un même prix d'augmenter la quantité produite (déplacement de la courbe d'offre vers la droite), ce qui pousse le prix à la baisse et la quantité demandée à la hausse (déplacement sur la courbe de demande).

Les déplacements des courbes et sur les courbes d'offre et de demande permettent aussi de comprendre les effets d'une taxe. Considérons une **taxe forfaitaire** que doivent payer les producteurs. Cette taxe augmente les coûts des producteurs, donc provoque un déplacement de la courbe d'offre vers le haut : pour une même quantité, ils souhaitent vendre à un prix plus élevé. Mais le point d'équilibre se déplace sur la courbe de demande : le prix augmente pour les consommateurs, qui souhaitent acheter une quantité moindre, donc les producteurs doivent consentir à recevoir un prix hors taxe plus faible également si la demande est très sensible au prix. Au final, la charge effective de la taxe est partagée entre producteurs et consommateurs. ▸ Schéma 2

NOTIONS

Taxe forfaitaire : impôt d'un montant fixe, indépendant de la quantité vendue ou achetée.

Gain à l'échange : différence entre la valeur attribuée par un agent à un produit et le prix payé ou reçu.

Surplus des consommateurs : somme des gains à l'échange des consommateurs : le prix maximum que chacun est prêt à payer moins le prix que chacun paye.

Surplus des producteurs : somme des gains à l'échange des producteurs : le prix que chacun reçoit moins le prix minimum que chacun exige pour vendre.

2 L'effet d'une taxe forfaitaire

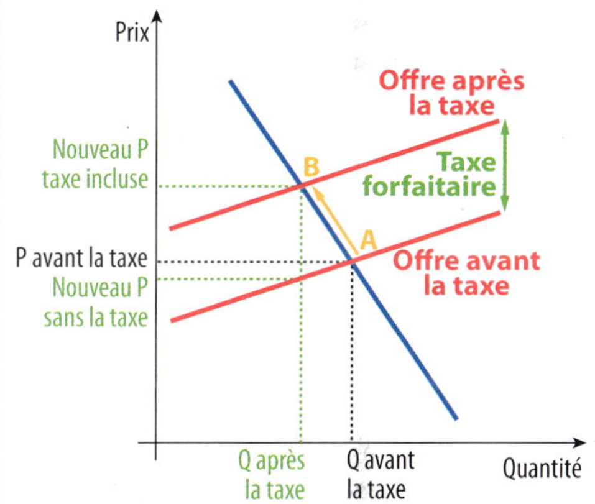

4 Qu'est-ce que les agents gagnent à échanger sur un marché ?

Sur le marché, les acteurs économiques effectuent des échanges libres et volontaires, car ceux-ci sont mutuellement avantageux pour l'acheteur et le vendeur, c'est- à-dire qu'ils permettent un **gain à l'échange**. En effet, la courbe de demande décroissante reflète l'idée que certains consommateurs seraient prêts à payer un prix plus élevé que le prix qui se fixe sur le marché pour consommer le produit : c'est l'origine du **surplus des consommateurs**. De même, la courbe d'offre croissante reflète que le coût marginal est croissant, mais qu'il est inférieur au prix de marché pour une partie des quantités produites : c'est l'origine du **surplus des producteurs**.

Sur un marché en concurrence parfaite, à l'équilibre, le prix et la quantité échangée maximisent le surplus total, obtenu en additionnant les surplus des consommateurs et des producteurs. Sous les hypothèses très contraignantes de ce modèle, l'équilibre est donc efficace. En conséquence, toute intervention sur les prix (une taxe forfaitaire, un prix minimum ou maximum) ou sur les quantités (quotas) réduirait la quantité échangée et le surplus total, et serait donc inefficace. Cependant, ces mesures peuvent se justifier pour d'autres raisons (justice sociale, santé, écologie, etc.), ou être efficaces quand l'offre et la demande sont très peu sensibles au prix. ▸ Schéma 3

3 L'efficacité de l'équilibre sur un marché concurrentiel

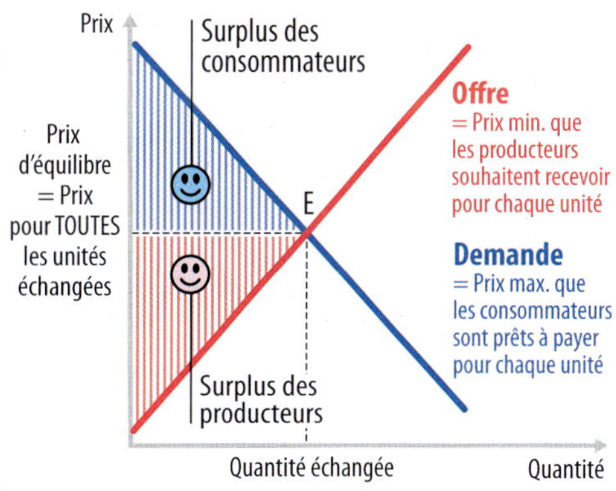

L'essentiel en schéma

Les marchés observés

Multiplicité et diversité des marchés historiques

Des **institutions** diverses et nécessaires :
- Droits de propriété
- Monnaie
- Règles d'échange
- Dispositifs de fixation du prix
- Normes de qualité des produits
- etc.

↓

Une **diversité** de marchés :
- + ou – concurrentiels
- + ou – étendus (locaux, nationaux, internationaux)
- + ou – régulés
- Avec des acteurs + ou – rationnels
- etc.

↓

Des marchés plus ou moins **efficaces**

Le marché théorique en concurrence parfaite

Un modèle simplifié et idéal

Des **hypothèses** simplificatrices :
- Atomicité (acteurs très nombreux)
- Fluidité (libres entrée et sortie)
- Mobilité (des facteurs de production)
- Transparence (de l'information)
- Homogénéité (du produit)

↓

Offreurs et demandeurs sont **preneurs de prix**

Si ↑ du prix, toutes choses égales par ailleurs

Offreurs-producteurs
- Ont un coût marginal croissant
- Maximisent le profit quand coût marginal = prix
- Donc ↑ **quantité offerte**

Demandeurs-consommateurs
- Ont moins de pouvoir d'achat
- Demandent des substituts
- Donc ↓ **quantité demandée**

↓

Marché efficace, car un **prix d'équilibre** se fixe tel que :
- Quantité offerte = Quantité demandée
- Quantité échangée maximale
- Surplus total maximal (surplus des producteurs + surplus des consommateurs)

POUR ALLER PLUS LOIN

hachette-clic.fr/23ses1009

« La vente à la criée », La Vie, 30 octobre 2019.

Une exploration de la fixation des prix des poissons, de la criée où sont vendus les poissons peu après la pêche aux étals d'une poissonnerie dans un marché en ville.

hachette-clic.fr/23ses1010

« Les bénéfices de la concurrence », Autorité de la concurrence, 20 mai 2021.

Découvrez les bienfaits de la concurrence avec Emmanuel Combe, vice-président de l'Autorité de la concurrence et économiste.

hachette-clic.fr/23ses1011

38:22

« Inflation : faut-il revenir vers un système de contrôle des prix ? », France Culture, 16 mars 2022.

Le débat sur le contrôle des prix revient sur le devant de la scène depuis que l'inflation croît en Europe. Débat contradictoire et argumenté entre Jean-Marc Daniel et Pascale Hébel, économistes.

hachette-clic.fr/23ses1012

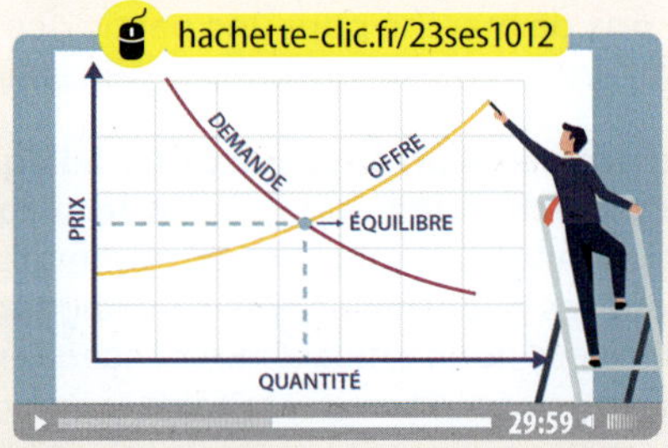

« Marchés et prix », Lumni, 3 août 2020.

Un cours complet en vidéo, animé par deux enseignantes de Sciences économiques et sociales, pour comprendre comment le prix se fixe sur un marché en concurrence parfaite.

UTILISER LES STATISTIQUES

1 L'évolution des bénéfices des compagnies pétrolières et gazières

Objectif de savoir-faire *Calculer et interpréter une variation* ➔ Fiche outil n° 2 p. 302

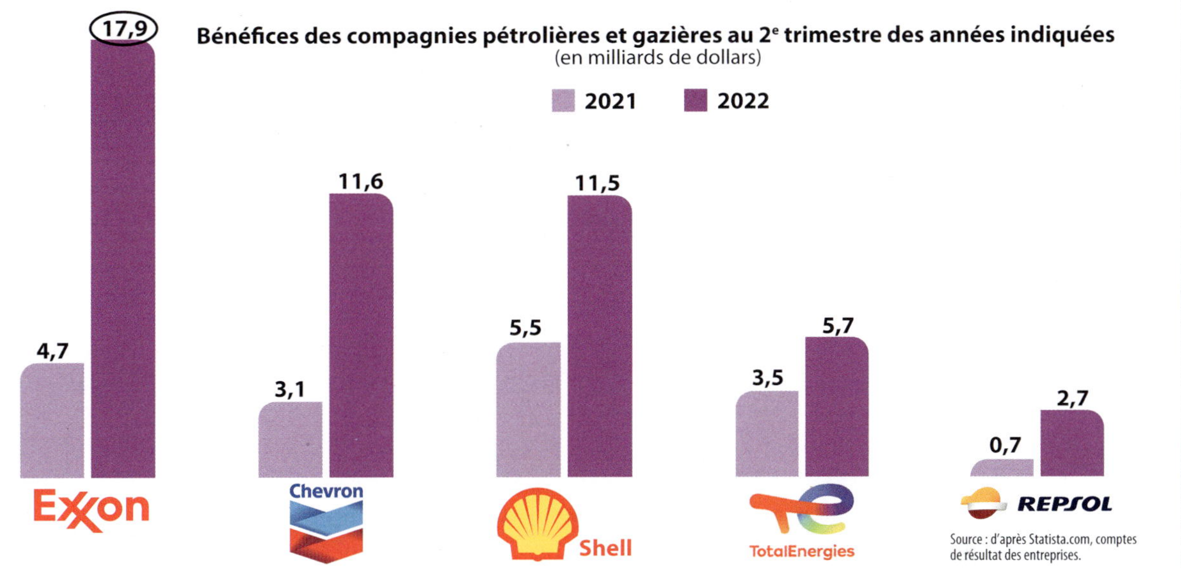

Source : d'après Statista.com, comptes de résultat des entreprises.

1. Rédigez une phrase présentant la signification précise de la donnée entourée.
2. À l'aide du calcul pertinent, calculez l'évolution des bénéfices de Total.
3. Quelle est la compagnie qui a connu la plus forte variation absolue de ses bénéfices ?
4. Montrez que c'est la compagnie espagnole Repsol qui a connu la plus forte variation relative de ses bénéfices.

2 L'évolution du prix du lait

Objectif de savoir-faire *Lire et analyser un graphique chronologique* ➔ Fiche outil n° 8 p. 314

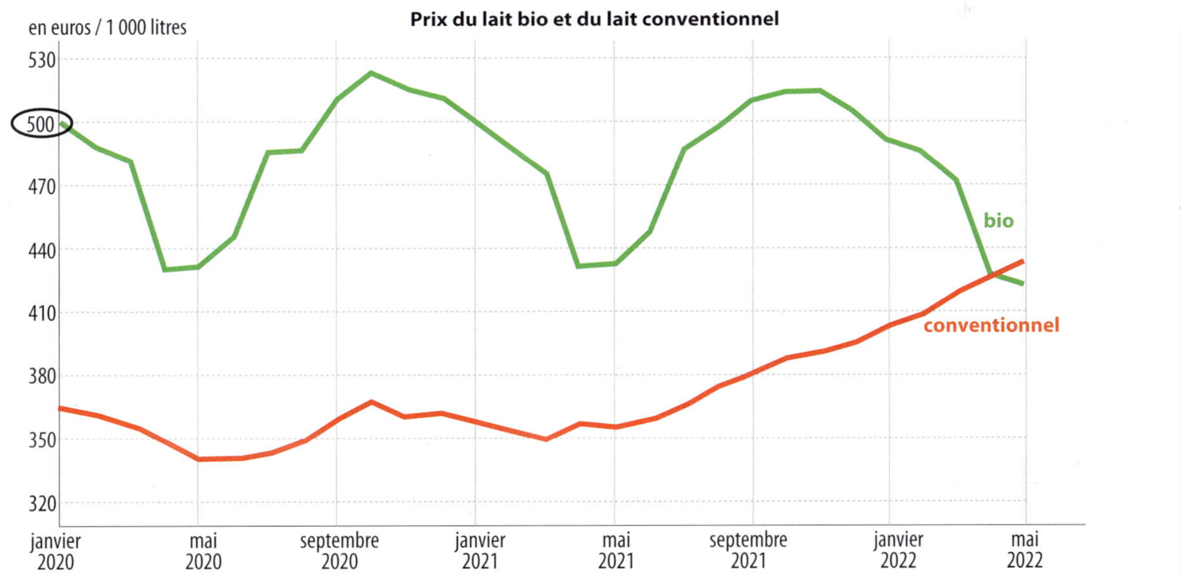

Source : Agreste - ministère de l'Agriculture.

1. Rédigez une phrase présentant la signification précise de la donnée entourée.
2. À l'aide du calcul pertinent, calculez l'évolution du prix du lait conventionnel entre mai 2020 et mai 2022.
3. Comparez l'évolution du prix du lait bio à celle du prix du lait conventionnel.

TESTEZ VOS CONNAISSANCES !

Version interactive
hachette-clic.fr/23ses1013

CORRIGÉS P. 338

1 Le modèle du marché concurrentiel

Complétez le schéma avec les termes suivants :

Demande • Offre • Quantité d'équilibre • Prix d'équilibre • Surplus des consommateurs • Surplus des producteurs.

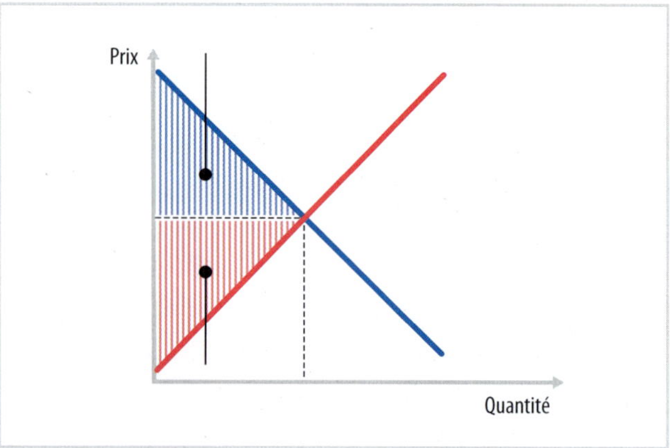

2 L'offre : prix de marché et quantité offerte

Complétez le texte en piochant dans les mots suivants :

coût moyen • coût marginal • prix • augmente • baisse • stagne • sur la courbe • de la courbe.

Attention, certains mots servent plusieurs fois, et d'autres pas du tout !

Pour décider de la quantité à produire qui maximise son profit, chaque producteur compare ce que lui rapporte chaque unité supplémentaire produite (le ....) avec ce qu'elle lui coûte (le ....). La quantité qui maximise le profit est donc celle pour laquelle le .... est égal au .... Donc, si le prix de marché augmente, la quantité produite par chaque producteur .... Au total, une hausse du prix provoque donc un déplacement .... d'offre : pour un prix plus élevé, la quantité offerte ....

Si le .... de chaque unité produite augmente, à la suite d'une hausse du coût des matières premières par exemple, pour le même niveau de prix, la quantité que produit chaque producteur .... Au total, une hausse des coûts provoque donc un déplacement .... d'offre : à prix égal, la quantité offerte ....

3 L'équilibre du marché concurrentiel

Vrai ou faux ? Lorsque c'est faux, justifiez.

	Vrai	Faux
1. Quand le prix augmente, les quantités offerte et demandée augmentent.	☐	☐
2. La quantité produite est telle que le coût marginal est égal au prix.	☐	☐
3. Une hausse du prix diminue le pouvoir d'achat et donc la quantité demandée.	☐	☐
4. Si la quantité offerte est supérieure à la quantité demandée, le prix augmente.	☐	☐
5. Si la quantité demandée est supérieure à la quantité offerte, le prix augmente.	☐	☐
6. À l'équilibre, tous les consommateurs peuvent acheter.	☐	☐
7. Tous les participants aux échanges obtiennent un gain à l'échange.	☐	☐
8. Le surplus des consommateurs est l'écart entre le prix d'achat et le prix de vente.	☐	☐
9. Sur un marché concurrentiel, les producteurs peuvent fixer un prix plus élevé pour augmenter leur profit.	☐	☐
10. Tout prix différent du prix d'équilibre diminue le surplus total sur le marché.	☐	☐

4 Mots croisés

Complétez la grille à l'aide des définitions.

Grille
hachette-clic.fr/23ses1014

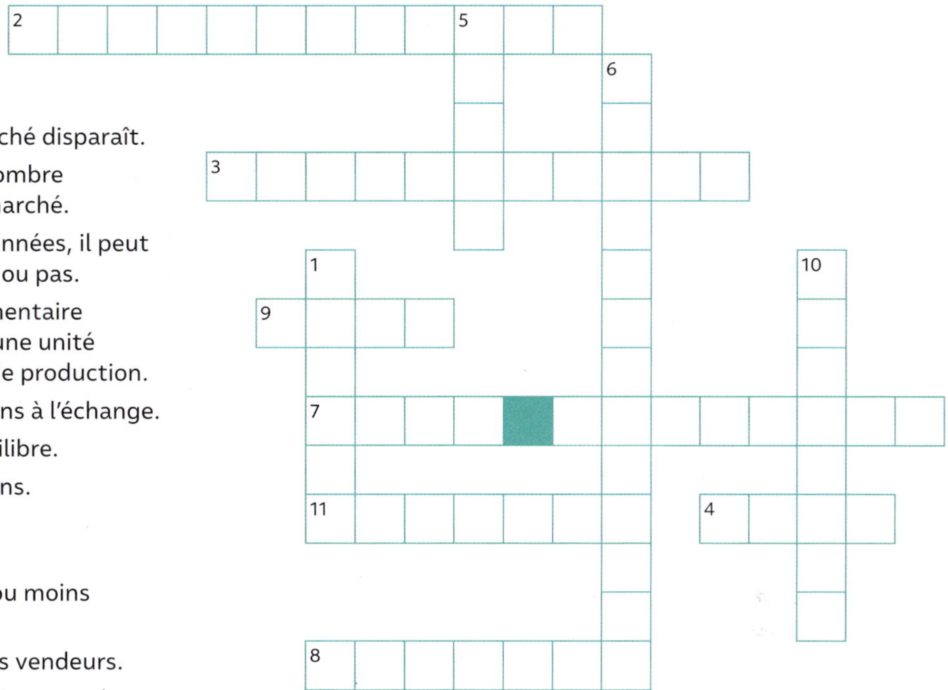

HORIZONTAL

2. Sans elles, le marché disparaît.
3. Elle dépend du nombre d'acteurs sur le marché.
4. Sur l'axe des ordonnées, il peut être d'équilibre… ou pas.
7. Dépense supplémentaire occasionnée par une unité supplémentaire de production.
8. Ensemble des gains à l'échange.
9. Elle déplace l'équilibre.
11. Il génère des gains.

VERTICAL

1. Il peut être plus ou moins concurrentiel.
5. Elle représente les vendeurs.
6. Ils échangent moins quand les prix augmentent.
10. On la lit sur l'axe des abscisses.

5 Déplacement de la courbe ou déplacement sur la courbe ?

Associez les phénomènes suivants au graphique approprié :

a) Le progrès technique améliore l'efficacité de la production.
b) Le prix des matières premières diminue.
c) Le prix de l'électricité augmente.
d) Canicule en juillet : la demande de ventilateurs augmente, et donc le prix de marché.
e) Ouverture des frontières : un grand nombre de producteurs entrent sur le marché.
f) L'État instaure une taxe forfaitaire sur le traitement des déchets des entreprises du bâtiment.
g) L'État subventionne les dépenses de recherche et développement des producteurs.
h) Une sécheresse fait baisser la production agricole.

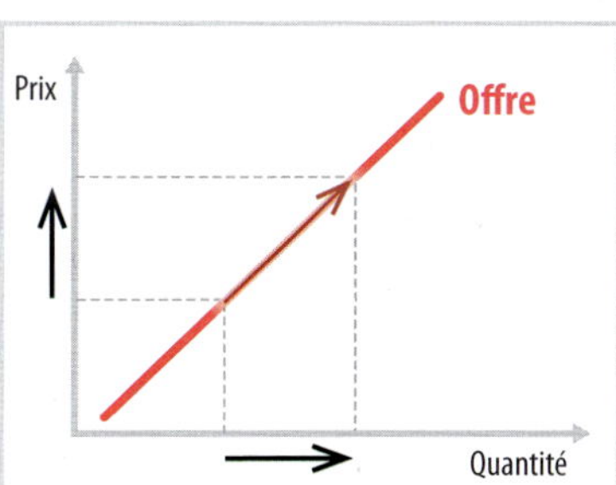

Graphique 1 : déplacement sur la courbe d'offre

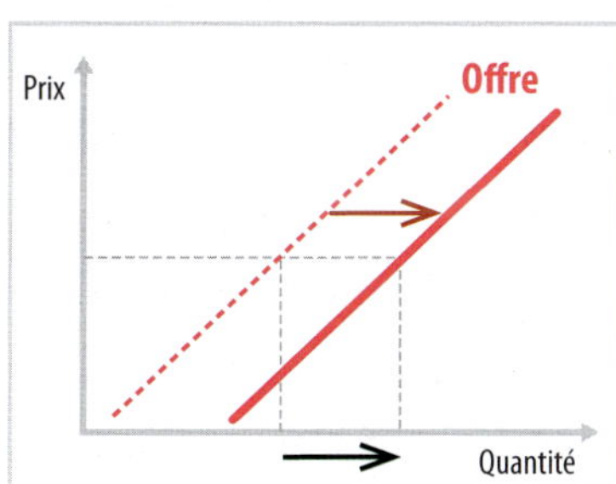

Graphique 2 : déplacement de la courbe d'offre vers la droite

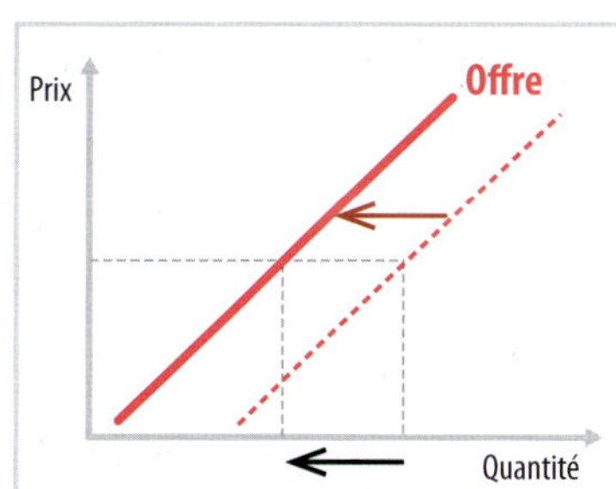

Graphique 3 : déplacement de la courbe d'offre vers la gauche

OBJECTIF BAC Épreuve composée

PARTIE 1 MOBILISATION DES CONNAISSANCES 4 PTS

Montrez que sur un marché concurrentiel, le prix dépend à la fois de l'offre et de la demande.

Guidage méthodologique

Fiche Bac n° 1 p. 328 *L'épreuve composée*

- **Analyser le sujet**

Montrez : il s'agit d'expliquer les mécanismes de marché.

marché concurrentiel : ensemble des transactions d'un produit pour lequel le nombre de vendeurs est tel qu'aucun n'a la capacité d'exercer une influence sur le prix.

dépend de : *synonyme* « résulte de ». Pour répondre il faut montrer que le prix est la conséquence de l'offre et de la demande (O/D → prix) et non l'inverse (prix → O/D).

Montrez que sur un marché concurrentiel, le prix dépend à la fois de l'offre et de la demande.

prix : valeur monétaire d'un produit indispensable à l'échange marchand.

à la fois : idée de concomitance qui renvoie au croisement des courbes d'offre et de demande, et donc à la formation du prix d'équilibre.

l'offre et la demande : sur un marché, l'offre représente les producteurs et la demande les consommateurs.

- Au brouillon, listez les notions et mécanismes du programme qui doivent être mobilisés pour bien expliciter votre réponse.
- Rédigez votre réponse en utilisant les trois étapes « Affirmer, Expliciter, Illustrer » et en utilisant toutes les notions et les mécanismes pertinents du programme.

Fiche méthode n° 1 p. 318 *Construire une argumentation*

Corrigé hachette-clic.fr/23ses1015

PARTIE 2 ÉTUDE D'UN DOCUMENT 6 PTS

Évolution des prix des services mobiles entre 2010 et 2021 (indice base 100 en 2010)

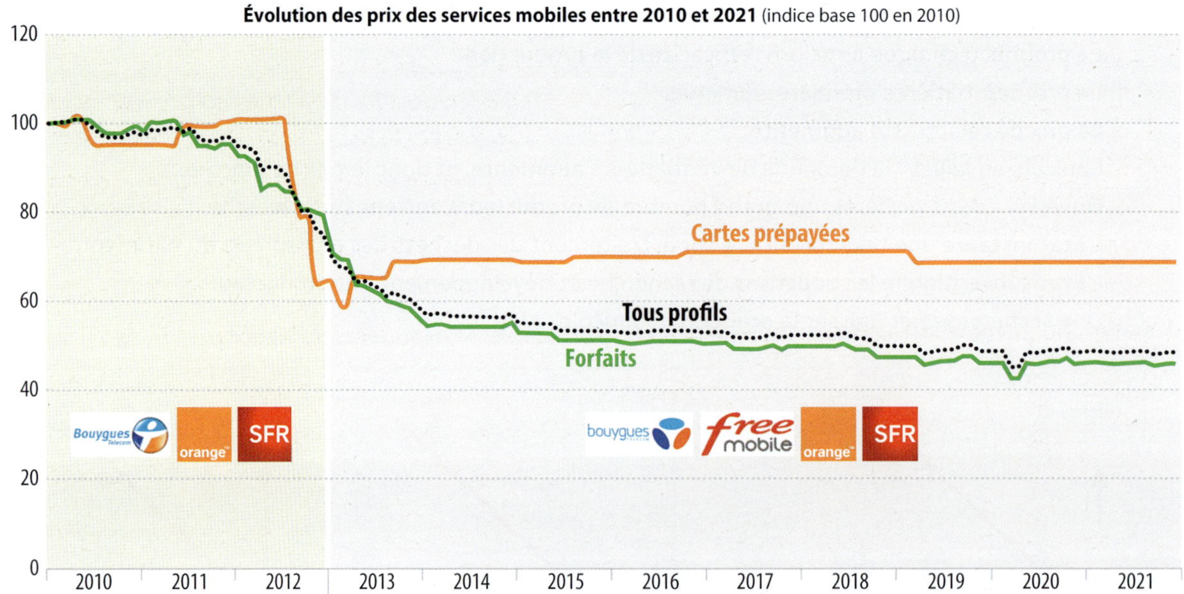

QUESTIONS

1. À l'aide des données du document, dégagez les grandes périodes d'évolution des prix des services de téléphonie mobile en France depuis 2010.
2. À l'aide du document et de vos connaissances, montrez que la concurrence permet de maximiser le surplus total.

Corrigé hachette-clic.fr/23ses1016

PARTIE 3 RAISONNEMENT S'APPUYANT SUR UN DOSSIER DOCUMENTAIRE 10 PTS

SUJET **À l'aide de vos connaissances et du dossier documentaire, vous montrerez que les marchés ont besoin d'institutions pour être efficaces.**

Guide méthodologique
hachette-clic.fr/23ses1017

DOC 1 De la « Commission technique des ententes » à l'Autorité de la concurrence : les dates clés

1953 Naissance de la « Commission technique des ententes ».

1963 Élargissement des compétences de la Commission aux abus de position dominante.

1977 Naissance de la « Commission de la concurrence », dont les missions deviennent plus larges : elle donne des avis sur les opérations de concentration.

1986 Adoption de l'ordonnance relative à la liberté des prix et de la concurrence, qui crée le Conseil de la concurrence. [...]

2001 Relèvement du plafond des sanctions pécuniaires et introduction de nouveaux outils (clémence, non contestation des griefs).

2008 Création de l'Autorité de la concurrence. Ses missions sont élargies et son indépendance renforcée. L'Autorité devient compétente pour examiner les fusions et rachats (compétence détenue jusqu'alors par le ministre de l'Économie). [...]

2015 Missions supplémentaires en matière de régulation de certaines professions réglementées du droit (notaires, huissiers de justice, commissaires-priseurs, etc.).

2021 Transposition de la directive 2019/1 qui renforce et étend les pouvoirs de l'Autorité avec notamment la possibilité de se saisir d'office pour imposer des mesures conservatoires, ou encore la possibilité d'accéder aux données des entreprises faisant l'objet d'une investigation.

D'après *autoritedelaconcurrence.fr*, « Missions », février 2023.

DOC 2

Au niveau de la société, on peut dresser la liste des conditions indispensables à la construction d'un marché. D'un point de vue institutionnel, une transaction de marché est avant tout un transfert de droits de propriété[1], ce qui suppose le plus souvent un système juridique garantissant les contrats, dès lors que la relation de confiance et de réciprocité n'est plus suffisante pour garantir le bon déroulement des échanges. De la même manière, l'échange d'un bien ou d'un service s'effectue contre un paiement, ce qui suppose l'existence d'une unité de compte et d'un système de paiement. [...] Si l'une de ces conditions génériques n'est pas remplie, la viabilité de ce marché est en péril.

Une autre série de conditions tient à la spécificité du produit [...]. Les parties prenantes doivent s'accorder sur la nature du bien, et ce peut être fort difficile lorsqu'il s'agit d'une prestation de services complexe s'échelonnant dans le temps. Plus fondamentalement, il importe de s'accorder sur la qualité du bien, ce qui ne va pas de soi en matière de travail et d'emploi par exemple. [...] Aussi, dans nombre de marchés, un tiers, *a priori* indépendant, vient authentifier la qualité du produit. [...] Les procédures régissant l'ouverture et le fonctionnement des marchés doivent entretenir la confiance des participants en garantissant, si possible, une égalité de traitement. [...] Ces conditions, tant génériques que spécifiques, sont à adapter, compléter ou construire à l'occasion de chaque nouveau marché.

D'après Robert Boyer, *Économie politique des capitalismes*, La Découverte, 2015.

1. Droit légal de disposer et d'utiliser une chose.

DOC 3 Évolution du prix du m² des appartements dans les 20 plus grandes villes de France (en euros courants)

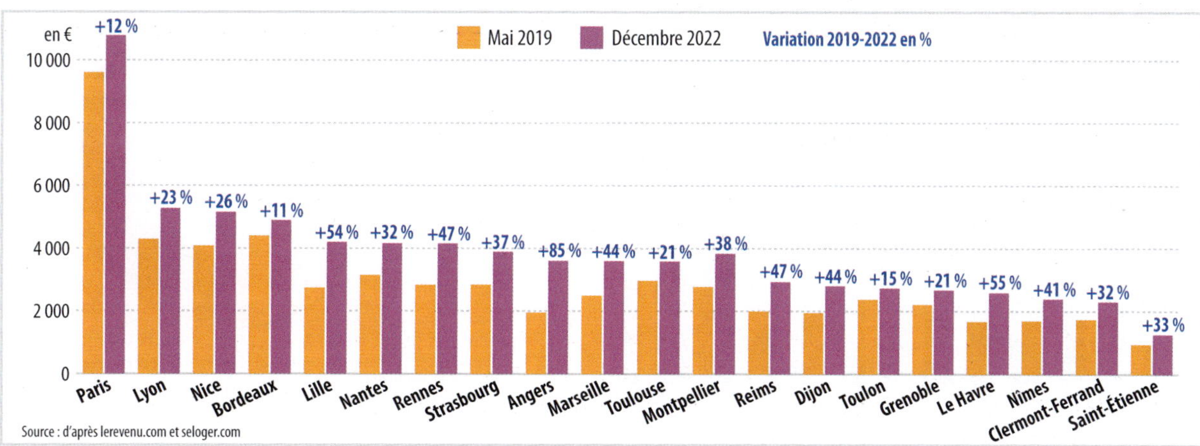

SUJET Faut-il laisser les prix fluctuer librement sur les marchés ?

DOC 1

L'ouverture du marché de l'électricité est un échec qui s'avère nuisible pour le bien-être des consommateurs.

La concurrence n'a apporté aucune innovation et donc aucune rupture de modèle tarifaire. Les opérateurs se contentent de proposer -6 %, avec souvent quelques services en moins, relativement au tarif régulé. Ils ont aussi multiplié les démarches pour faire croître ce tarif réglementé afin de faire croître leur propre prix. Notamment, depuis 2019, les mesures visant à garantir la survie de ces opérateurs (« contestabilité ») contribuent nettement à la hausse du tarif régulé (syndrome de « pour faire vivre la concurrence, augmentons le tarif »).

Par ailleurs, la seule action tangible des opérateurs alternatifs est un recours puissant aux pratiques commerciales trompeuses et agressives. Le démarchage qui tourne à l'intimidation et au mensonge est pour partie la conséquence de l'ouverture du marché. Les opérateurs alternatifs utilisent en effet ce moyen car ils ne peuvent pas réellement se différencier dans le prix ou la qualité.

D'après « Marché de détail de l'électricité : un retour vers le monopole en France est souhaitable et possible en 2025 », Association nationale de défense des consommateurs et usagers, 10 mars 2021.

DOC 2 Évolution du prix moyen à la pompe de l'essence SP95 en France

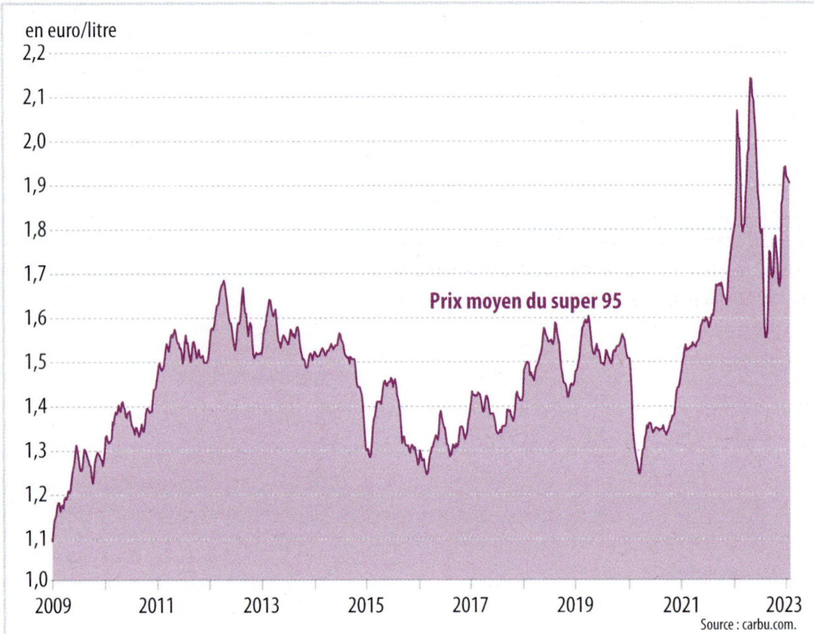

Source : carbu.com.

DOC 3 Évolution de la consommation de carburants[1] pour automobile en France

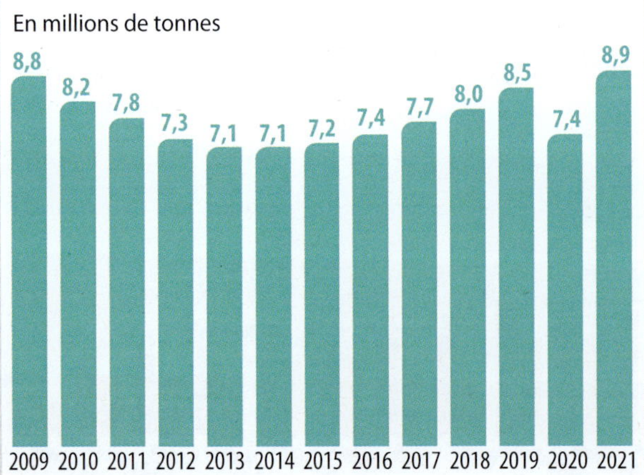

1. SP95 et 98 y compris le superéthanol E85 depuis 2019.

Source : INSEE.

DOC 4 Décomposition du prix du SP95 en France, le poids des taxes

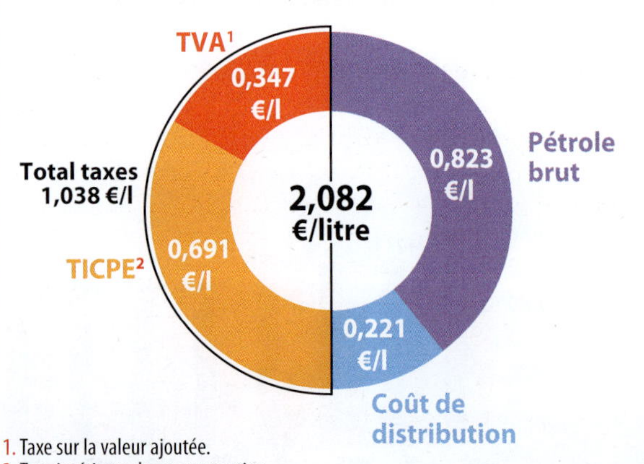

1. Taxe sur la valeur ajoutée.
2. Taxe intérieure de consommation sur les produits énergétiques.

Source : motor1.com, 16 mars 2022.

GUIDAGE MÉTHODOLOGIQUE

Guide méthodologique complet
hachette-clic.fr/23ses1018

Fiche Bac n° 2 p. 332 *La dissertation*

ÉTAPE 1 Analyser le sujet

- Pour analyser un sujet, il faut **repérer puis commenter chaque mot du sujet** : les notions clés du programme, puis les verbes, adverbes et tout autre mot du sujet.

Enlevez ou remplacez par un synonyme les adverbes et verbes afin de sentir comment le sujet « bouge » sans ces mots.

Faut-il : verbe qui introduit un débat sur ce qui est souhaitable ou pas, selon les recommandations tirées du modèle du marché concurrentiel et les conséquences empiriques des variations de prix.

fluctuer : le verbe « fluctuer » renvoie aux ajustements permanents des mécanismes de marché qui conduisent aux variations des prix et des quantités offertes et demandées.

Faut-il laisser les prix fluctuer librement sur les marchés ?

les prix : valeurs monétaires des produits indispensables à l'échange marchand.

librement : renvoie au modèle de la concurrence parfaite dans lequel les agents sont preneurs de prix et où il n'existe pas de contraintes à la variation des prix à la hausse comme à la baisse.

les marchés : ensemble des transactions d'achat (demande) et de vente (offre) sur un même produit, qui contribuent à déterminer son prix. Le pluriel indique ici qu'il s'agit non pas du modèle théorique du marché des économistes, mais bien des marchés réels dans leur grande diversité.

Il faut ensuite parvenir à **rédiger une problématique**. Une problématique synthétise les éléments de réflexion et connaissances mobilisés lors de l'analyse mot à mot du sujet. Elle propose un questionnement, au minimum une reformulation précisant comment on interprète le sujet et donc comment on va y répondre.

Questionnement (ou problématique) : « Ce sujet implique de discuter de l'opportunité de réguler les variations des prix, à l'aune, d'une part, des conclusions théoriques du modèle du marché concurrentiel et selon, d'autre part, la diversité des produits échangés et des effets recherchés lors des interventions possibles des pouvoirs publics. »

APPLICATION

Analysez le sujet suivant : Quels sont les effets de la structure du marché sur les producteurs et les consommateurs ?

ÉTAPE 2 Organiser ses connaissances (notions, mécanismes, exemples)

- **Au brouillon**, il faut **rassembler ses connaissances en lien avec le sujet**.
- **Complétez le tableau suivant** pour rassembler vos connaissances sur le sujet de dissertation. Nous vous conseillons d'organiser vos connaissances selon qu'elles sont des notions, des mécanismes ou des exemples. Très souvent, ce travail a déjà été amorcé lors de l'analyse du sujet, il faut le compléter.

Dans un premier temps, vous pouvez noter TOUT ce qui vous passe par la tête et dans un second temps, RAYER ce qui n'est pas en lien avec le sujet.

Notions	Mécanismes	Exemples

2

Comment les marchés imparfaitement concurrentiels fonctionnent-ils ?

NOTIONS À DÉCOUVRIR

- Concurrence imparfaite
- Pouvoir de marché
- Entente
- Barrières à l'entrée
- Monopole
- Oligopole
- Dilemme du prisonnier
- Politique de la concurrence
- Abus de position dominante
- Fusion
- Acquisition

NOTIONS DE 2de

- Marché
- Offre / Demande
- Prix d'équilibre
- Quantité d'équilibre

DÉCOUVRIR PAR L'IMAGE

- Expliquez pourquoi les vendeurs de pizzas de votre quartier ne sont pas libres de fixer leur prix de vente comme ils l'entendent, compte tenu de la concurrence des autres vendeurs.

DÉCOUVRIR PAR LA VIDÉO

Le marché des vidéos à la demande est un marché de plus en plus concurrentiel.

« Netflix se lance sur le marché des jeux vidéo pour diversifier son activité », L'info éco, France 24, 21 juillet 2021.
▶ Durée 3:06

Vidéo
hachette-clic.fr/23ses1019

• Pourquoi le marché de la vidéo à la demande n'est-il pas un marché parfaitement concurrentiel ?

DÉCOUVRIR EN SITUATION

Vous venez d'être nommé(e) dirigeant(e) du groupe européen d'aviation Airbus. Vous apprenez que l'américain Boeing, votre principal concurrent sur le marché de l'aéronautique, s'apprête à baisser ses prix pour faire échouer un contrat de vente que vous allez conclure avec une compagnie aérienne indienne.

Trois solutions s'offrent à vous pour faire face à la stratégie de votre concurrent :

1. Baisser à votre tour vos prix de vente pour vous aligner sur les probables baisses de prix de Boeing, mais risquer de ne plus dégager assez de bénéfices pour financer votre innovation pour l'avion du futur.

2. Contacter secrètement les dirigeants de Boeing pour vous entendre sur le partage du marché des compagnies aériennes afin de ne pas tirer vos prix vers le bas.

3. Maintenir vos prix, risquer de perdre le contrat avec la compagnie indienne mais conserver vos capacités de financement pour surpasser Boeing sur l'avion du futur.

• Que décidez-vous ? Justifiez en précisant les avantages attendus et les risques de la décision choisie.

DOSSIER 1 Quelles sont les sources de pouvoir de marché ?

OBJECTIFS
- Comprendre, à l'aide d'exemples, les principales sources du **pouvoir de marché** (nombre limité d'offreurs, **ententes** et **barrières à l'entrée**).
- Être capable de donner des exemples de monopole (**monopole naturel**, **institutionnel et d'innovation**).

DOC 1 POUR COMMENCER

Deux marchés où la concurrence est imparfaite

Tesla, société privée dont le premier actionnaire et dirigeant est Elon Musk, est un des leaders mondiaux de la voiture électrique. En 2023, Tesla représente :
- 12 % du premier marché mondial des voitures électriques, la Chine,
- 25 % du deuxième marché, l'UE,
- 70 % du troisième marché, les États-Unis.

La SNCF, société publique (propriété à 100 % de l'État), est de très loin le principal acteur du transport ferroviaire de voyageurs en France. Ce marché a été ouvert progressivement à la concurrence pour le transport intérieur depuis une loi de 2018.

DÉFINITIONS

Concurrence imparfaite
La concurrence est dite imparfaite s'il n'y a qu'un seul offreur (monopole) ou un petit nombre d'offreurs (oligopole) et des barrières à l'entrée. Dans ce cas, les offreurs disposent d'une marge de manœuvre pour déterminer les prix de vente.

Pouvoir de marché
Marge de manœuvre d'une entreprise en matière de détermination des prix de vente. Plus son pouvoir de marché est important, plus son prix de vente peut s'écarter du prix qui s'établirait en concurrence parfaite.

1. Pour ces deux marchés, identifiez les obstacles qui limitent l'entrée de nouveaux concurrents.
2. Selon vous, dans chaque cas, quel est l'effet de ces structures de marché sur le prix de vente ?

2 EXERCICE Les principales barrières à l'entrée empêchant l'accès au marché

Barrières à l'entrée : obstacles qui découragent ou empêchent l'arrivée de nouveaux producteurs sur le marché.

- **Barrières naturelles** → Coûts fixes importants du fait de l'existence d'une infrastructure de réseau indispensable à la production. → **Monopole naturel**
- **Barrières légales** → Loi qui attribue un monopole à une entreprise ou limite le nombre de producteurs en soumettant l'entrée sur le marché à une autorisation étatique. → **Monopole institutionnel**
- **Barrières stratégiques** → Innovations, avec ou sans droit de propriété intellectuelle (brevet, licence). → **Monopole d'innovation**

1. Associez les situations suivantes aux différents types de barrières à l'entrée (deux possibilités parfois) :
   a) En France, l'ouverture d'un cabinet de notaire est soumise à la délivrance d'une autorisation de l'État pour certaines parties du territoire.
   b) La société SCV Domaine Skiable gère les remontées mécaniques de la station de Serre-Chevalier.
   c) Depuis la fin des années 1990, Nestlé a déposé 1 700 brevets pour protéger pendant 20 ans le concept de sa machine à café et de ses capsules.
2. Associez les exemples suivants aux différents types de monopoles (plusieurs possibilités parfois) :
   a) En janvier 2022, 92 % des recherches sont effectuées avec le moteur de recherche Google.
   b) Enedis (filiale d'EDF) est la seule et unique entreprise chargée de la distribution de l'électricité en France.
   c) Aujourd'hui, en France, Airbnb domine le marché de la location de vacances.
3. Parmi les trois types de barrières à l'entrée, laquelle découle du comportement des entreprises ? Des caractéristiques du marché ? D'une décision des pouvoirs publics ?

DOC 3 Les barrières à l'entrée sur le marché du gaz

Au début du XIXe siècle, quand l'exploitation du gaz en était à ses débuts, les entreprises se faisaient concurrence pour trouver des clients. Mais cette concurrence ne dura pas longtemps ; l'offre locale de gaz devint rapidement un monopole presque partout en raison des coûts fixes importants qu'impliquaient les infrastructures urbaines pour distribuer le gaz. Dans la mesure où le coût du réseau de distribution ne dépendait pas de la quantité de gaz vendue par une entreprise, les firmes ayant un volume de ventes plus important avaient un avantage en termes de coût : elles étaient en mesure de répartir les coûts fixes sur un volume plus important, et avaient un coût total moyen plus faible que les firmes de plus petite taille. La distribution de gaz est un secteur dans lequel le coût total moyen diminue constamment à mesure que la production augmente. […] Ce phénomène s'appelle économies d'échelle. […] Dans un secteur caractérisé par des économies d'échelle, les entreprises de plus grande taille sont davantage profitables et éliminent les plus petites. Pour la même raison, les entreprises installées ont un avantage en matière de coût sur tout nouvel entrant potentiel – une énorme barrière à l'entrée. De sorte que les économies d'échelle peuvent à la fois faire émerger et faire durer un monopole. Un monopole créé et maintenu par des économies d'échelle est appelé monopole naturel.

Paul Krugman, Robin Wells [économistes], *Microéconomie*, De Boeck, 4e édition, 2019.

REPÈRE

Le marché du gaz en France

En France, depuis 1946, le gaz était un monopole assuré par une entreprise publique, Gaz de France. Depuis les années 2000, le marché a été ouvert à la concurrence pour la fourniture et la production du gaz. Mais la distribution du gaz demeure un monopole : l'infrastructure qui permet de distribuer le gaz à tous les clients est gérée par une seule entreprise, GRDF.

NE PAS CONFONDRE

Coûts fixes et coûts variables

Une entreprise supporte deux types de coûts de production. Les **coûts fixes** sont indépendants de la quantité produite, supportés par l'entreprise quel que soit le nombre d'unités produites (recherche et développement, réseau de distribution, publicité…). Au contraire, les **coûts variables** dépendent de la quantité produite. Ils augmentent avec chaque unité supplémentaire produite (matières premières, frais de transport…).

1. Pourquoi le coût du réseau de distribution ne dépend-il pas de la quantité de gaz vendue ?
2. Comment expliquer la disparition des plus petites entreprises sur ce marché ?
3. Pourquoi la distribution du gaz en France est-elle en situation de monopole (voir « Repère ») ?
4. De quel type de monopole relève l'entreprise GRDF ?

DOC 4 Une entente entre les fabricants de revêtements de sol

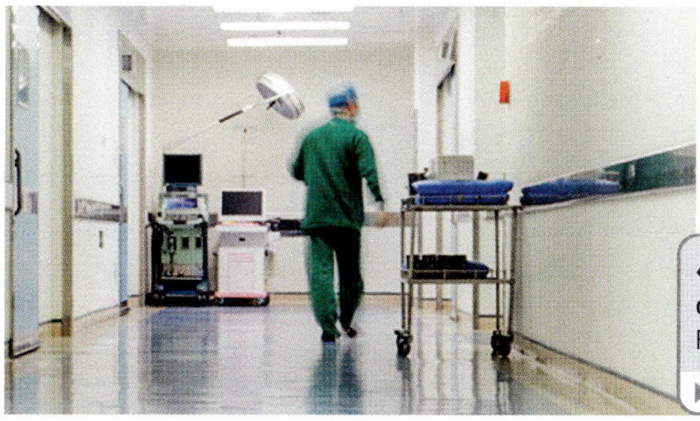

Vidéo hachette-clic.fr/23ses1020

« Les hôpitaux et le cartel du lino », JT – L'œil du 20h, France 2, 24 novembre 2022.

▶ Durée 3:34

1. Sur quoi a porté l'entente entre les trois fabricants ?
2. Expliquez comment former une entente a permis à ces fabricants d'acquérir un pouvoir de marché plus important.
3. Quel est le préjudice estimé pour les hôpitaux justifiant la plainte déposée contre les fabricants ?

S'entraîner

1 S'autoévaluer CORRIGÉS P. 338

Choisissez la bonne réponse.

La concurrence est qualifiée de [parfaite / imparfaite] quand les offreurs ont un pouvoir de marché, c'est-à-dire une marge de manœuvre pour fixer leur prix de vente. Cette configuration peut s'expliquer par la présence de coûts [fixes / moyens] élevés, ce qui constitue une barrière [naturelle / légale] à l'entrée sur ce marché, mais aussi par d'autres formes de barrières. Les offreurs sont également [incités / dissuadés] à mettre en place une entente afin de [renforcer / diminuer] leur pouvoir de marché.

2 Mobilisation des connaissances BAC

À l'aide d'exemples, montrez les principales sources du pouvoir de marché des entreprises.

DOSSIER 2 Comment est déterminé le prix sur un marché en monopole ?

OBJECTIFS
- Comprendre que le **monopole** est faiseur de prix.
- Comprendre, à l'aide de représentations graphiques et/ou d'un exemple chiffré, que l'équilibre du monopole n'est pas efficace.

DOC 1 POUR COMMENCER La détermination du prix des médicaments en France

Prix réglementé des médicaments (hors taxes, en euros)

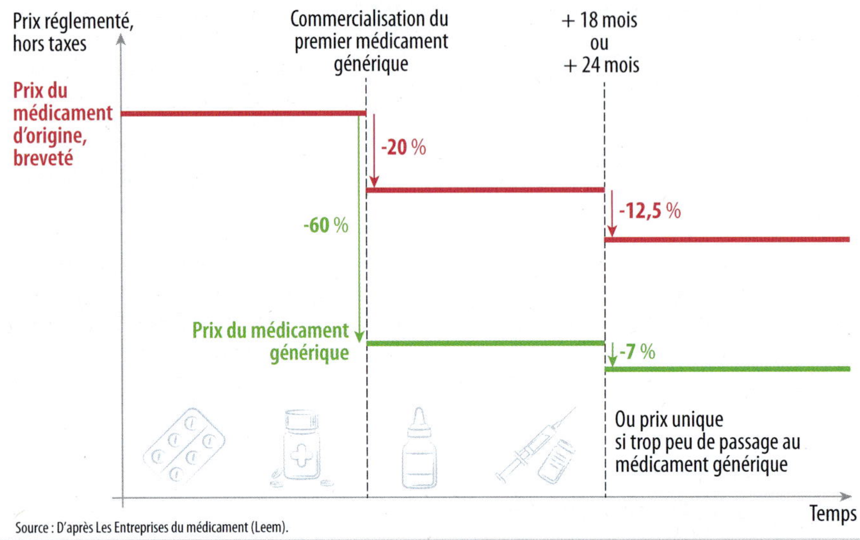

Source : D'après Les Entreprises du médicament (Leem).

REPÈRE

Médicament breveté et médicament générique

Lorsqu'il est créé par un laboratoire pharmaceutique, un médicament est protégé par des brevets qui empêchent pendant 20 ans d'autres producteurs de le fabriquer. À l'issue de cette période, d'autres producteurs peuvent fabriquer des médicaments génériques, identiques à celui d'origine. En France, le prix des médicaments est fixé par convention entre le laboratoire et l'État (Comité économique des produits de santé - CEPS).

1. Comparez le prix du médicament breveté et des médicaments génériques.
2. En France, le prix des médicaments est-il seulement déterminé par les producteurs ? Justifiez.
3. Qu'est-ce qui permet au producteur du médicament d'origine d'obtenir un prix plus élevé ?

DOC 2 Des monopoles faiseurs de prix

Malgré un effort des pouvoirs publics pour limiter les pratiques monopolistiques dans les territoires d'outre-mer, la concurrence y reste insuffisante et les prix plus élevés qu'en métropole. De récentes évolutions dans les secteurs de l'alimentation et des télécoms font par ailleurs craindre un renforcement de certains monopoles, au détriment des consommateurs.

Entre les outre-mer et la métropole, des écarts de prix subsistent. […] En Guadeloupe, en Martinique, en Guyane, à La Réunion ou à Mayotte, les prix à la consommation sont entre 7 et 12,5 % plus élevés qu'en métropole. Dans l'alimentaire, l'écart peut atteindre 37 à 48 % entre l'Hexagone et les DROM[1]. […]

Ces différences de prix ont bien sûr des explications structurelles : la situation insulaire et l'éloignement imposent des modes de transports qui entraînent par définition un surcoût important, et les marchés y étant par ailleurs étroits, certaines entreprises n'envisagent pas de s'y implanter, ce qui tend à dégrader l'offre dont bénéficient les consommateurs. Des causes bien réelles qui n'expliquent cependant pas tout. En décembre 2020, un rapport d'information de l'Assemblée nationale consacré au coût de la vie dans les outre-mer pointait ainsi « des mécanismes concurrentiels toujours insuffisants ». Au point qu'une Autorité de la concurrence a été mise en place en Nouvelle-Calédonie en mars 2018, afin de lutter contre la hausse des prix.

Victor Cazale [journaliste], « Outre-mer : des monopoles, encore et toujours », *Entreprendre.fr*, 6 mai 2021.

1. Départements et régions d'outre-mer.

1. Quelles sont les raisons évoquées pour justifier les différences de prix entre les territoires d'outre-mer et la métropole ?
2. Quel avantage la position de monopole procure-t-elle à l'entreprise pour définir son prix de vente ?
3. Pourquoi peut-on dire que le renforcement des monopoles se fait souvent au détriment des consommateurs ?

3 EXERCICE Comment le monopole maximise-t-il son profit ?

Passionné(e) d'animaux, vous décidez d'ouvrir un chenil. Aucune autre pension pour chiens n'étant à proximité, vous êtes en situation de monopole. Votre coût de production est de 6 euros par jour par chien gardé et vous n'avez pas de coûts fixes. Le prix auquel vous pouvez vendre votre service dépend du nombre de places que vous mettrez sur le marché (voir tableau). Plus vous voulez vendre, plus il faut proposer un prix faible pour attirer suffisamment de propriétaires. Un propriétaire de chien est prêt à payer 20 euros la journée, mais d'autres ne sont pas prêts à débourser autant.

Quantité écoulée (Demande)	1	2	3	4	5	6	7	8
Prix	20 €	18 €	16 €	14 €	12 €	10 €	8 €	6 €
Recette totale	20	36				60		
Coût total	6	12				36		
Profit	14	26				26		
Recette marginale	20	16				0		
Coût marginal	6	6				6		

Tableau hachette-clic.fr/23ses1021

1. Complétez le tableau en calculant la recette totale, le coût total et le profit associés à chaque quantité.
2. Calculez ensuite la recette marginale et le coût marginal pour chaque quantité.
3. Vous espérez vendre 3 places. Combien coûterait et combien rapporterait cette troisième place ?
4. Même question avec 7 places.
5. Expliquez pourquoi le monopole doit produire une quantité telle que la recette marginale est égale au coût marginal pour maximiser son profit.

REPÈRE

Recette et coût marginaux

La recette marginale correspond à ce que rapporte au producteur la production d'une unité supplémentaire. Le coût marginal correspond à ce que coûte au producteur la production d'une unité supplémentaire.

DOC 4 L'inefficacité de l'équilibre du monopole

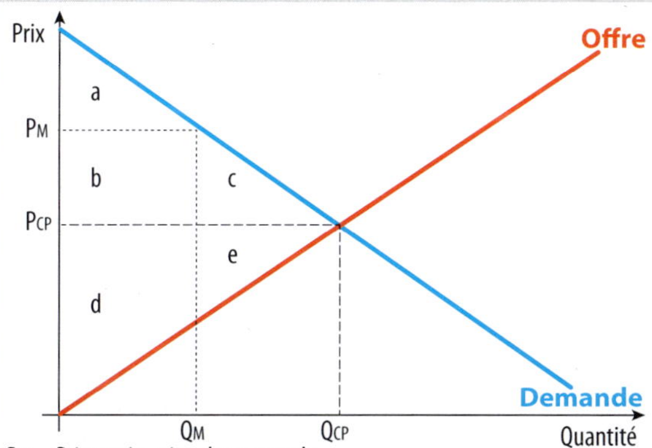

P_M = Prix en situation de monopole
P_{CP} = Prix en situation de concurrence parfaite
Q_M = Quantité échangée en situation de monopole
Q_{CP} = Quantité échangée en situation de concurrence parfaite

1. Comparez les prix et les quantités échangées en concurrence parfaite et en situation de monopole.
2. Rappelez ce que signifie le surplus des producteurs et des consommateurs (voir chapitre 1 p. 22).
3. À l'aide du graphique, complétez le tableau en indiquant les lettres correspondant à chaque surface.

	Marché concurrentiel	Monopole
Surface du surplus du producteur	d + e	
Surface du surplus des consommateurs		a
Surface du surplus total		

4. Quels sont les effets du monopole sur le surplus du consommateur ? Sur le surplus du producteur ? Sur le surplus total ?

Tableau hachette-clic.fr/23ses1022

S'entraîner

1 S'autoévaluer CORRIGÉS P. 338

Vrai ou faux ?

1. En situation de monopole, la quantité échangée est plus faible et le prix est plus élevé qu'en situation de concurrence parfaite.
2. Pour déterminer la quantité produite et le prix de vente, l'entreprise en situation de monopole compare son profit au coût total de sa production.
3. La situation de monopole est, en général, favorable aux consommateurs.
4. Le surplus total est moins élevé en situation de monopole qu'en situation de concurrence parfaite.

2 Mobilisation des connaissances BAC

Expliquez pourquoi l'équilibre du monopole n'est pas efficace.

DOSSIER 3 Comment s'exerce la concurrence sur un marché en oligopole ?

OBJECTIF Comprendre ce qu'est un **oligopole** et, à l'aide du **dilemme du prisonnier**, pourquoi les firmes en oligopole ont intérêt à former des **ententes**.

DOC 1 POUR COMMENCER
Le défi de l'innovation sur le marché des smartphones

« Smartphones pliables : pourquoi tout est compliqué ? », *Le Monde*, 30 avril 2019.
▶ Durée 3:29

▶ **Vidéo**
hachette-clic.fr/23ses1023

DÉFINITION

Oligopole
Structure de marché où il n'y a qu'un petit nombre de producteurs pour satisfaire la demande des acheteurs.

1. Pourquoi le marché des smartphones peut-il être qualifié d'oligopole ?
2. Quelles sont les difficultés rencontrées par les principaux constructeurs cherchant à commercialiser le smartphone à écran pliable ?
3. Malgré les défis à surmonter, comment expliquer cette « course à l'innovation » sur ce marché ?

DOC 2 Les stratégies de concentration sur le marché automobile

Les actionnaires de PSA et Fiat Chrysler approuvent le projet de fusion annoncé à l'automne 2019. Un super-géant de l'automobile, baptisé Stellantis vient de naître. Il pèse près de 200 milliards d'euros de chiffre d'affaires, pour 9 millions de véhicules vendus par an et 400 000 salariés. Douze marques sont amenées à coexister : Peugeot et Fiat bien sûr, mais aussi Citroën, Opel, Alfa Romeo ou Dodge. [...] Dès la fin du XIXe siècle, la concentration commence à émerger. Avec les États-Unis comme territoire de prédilection. Entre 1895 et 1905, plus de 3 000 opérations de rapprochement entre entreprises sont recensées. À cette époque, il s'agit surtout de mouvements horizontaux : les sociétés concernées font peu ou prou la même activité et leur rapprochement vise à créer un monopole. Les concentrations verticales viendront plus tard : l'objectif tend alors à être présent sur toutes les étapes de la chaîne de valeur (de la production à la distribution). Plusieurs secteurs sont concernés : énergie, acier, papier, pneumatiques, produits chimiques... [...] En France, il faut attendre les Trente Glorieuses pour voir jaillir l'appétit pour les fusions acquisitions. L'État appuie la naissance de conglomérat : il a besoin de géants industriels pour réaliser ses grands programmes d'infrastructures. À la manœuvre, le Commissariat Général au Plan développe conjointement le nucléaire, les transports, l'armement et les télécoms.

Frédéric de Monicault [journaliste], « Un siècle de fusions-acquisitions en Europe et aux États-Unis », *Historia*, 5 février 2021.

1. Proposez une définition des trois formes de concentration : horizontale, verticale et conglomérale.
2. De quelle forme de concentration relève la fusion qui crée Stellantis ?
3. Quel est l'objectif des stratégies de concentration ?

REPÈRE

Le processus de concentration
La concentration est le processus au cours duquel la taille des entreprises (unités de production, établissement, société, groupe) s'accroît.

DOC 3 Le marché des voitures neuves : un marché oligopolistique

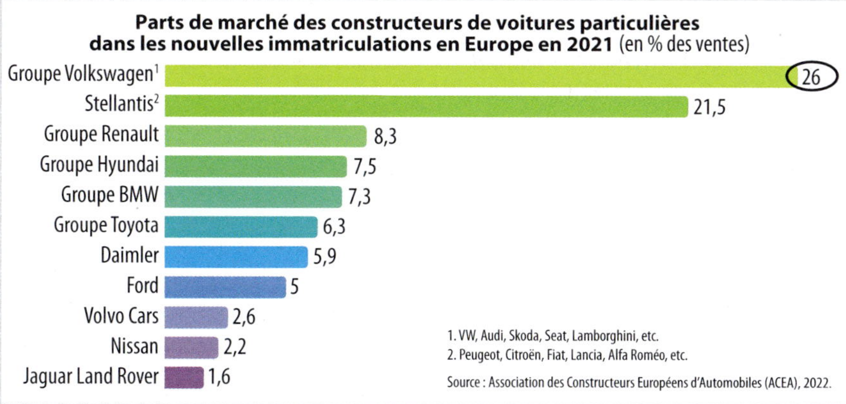

1. Rédigez une phrase présentant la signification précise de la donnée entourée.
2. Par un calcul approprié, comparez la part de marché détenue par Stellantis à celle du groupe BMW.
3. Montrez que le marché européen des voitures neuves est oligopolistique.

4 EXERCICE Oligopole et dilemme du prisonnier

Prenons l'exemple du marché des sodas et imaginons, pour simplifier, que seules les entreprises Coca-Cola et Pepsi soient présentes sur ce marché. Chacune peut décider soit de baisser, soit de maintenir ses prix, mais a interdiction de communiquer avec l'autre.

Si les deux entreprises maintiennent des prix élevés, elles obtiennent chacune 3 milliards d'euros de profit. Si une seule baisse ses prix, elle s'approprie tous les clients de l'autre et empoche le pactole, soit un profit de 5 milliards d'euros. Enfin, si les deux entreprises baissent leurs prix, elles obtiennent chacune seulement 1 milliard d'euros de profit.

		COCA-COLA	
		Maintient les prix	Baisse les prix
PEPSI	Maintient les prix	Coca-Cola : + 3 Mds € Pepsi : + 3 Mds €	Coca-Cola : Pepsi :
	Baisse les prix	Coca-Cola : Pepsi :	Coca-Cola : + 1 Md € Pepsi : + 1 Md €

Tableau
hachette-clic.fr/23ses1024

1. Complétez le tableau en inscrivant les gains possibles pour Coca-Cola et Pepsi.
2. Lorsque Coca-Cola élabore sa stratégie, qu'a-t-elle intérêt à faire si elle fait l'hypothèse que Pepsi maintient ses prix ? Et si elle fait l'hypothèse que Pepsi baisse ses prix ? Finalement, quelle stratégie semble la plus avantageuse pour Coca-Cola ?
3. Mêmes questions pour Pepsi.
4. Le résultat produit par les décisions des deux entreprises est-il satisfaisant pour elles ?
5. Que pourraient-elles faire pour aboutir à une situation plus satisfaisante ?

REPÈRE

Dilemme du prisonnier et théorie des jeux

La théorie des jeux étudie des situations où des agents prennent des décisions, chacun étant conscient que le résultat de son propre choix dépend de celui des autres.
Le dilemme du prisonnier est une situation dans laquelle chaque agent a un intérêt individuel à choisir une solution qui s'avère contraire à l'intérêt collectif lorsque tous les agents la choisissent.

S'entraîner

1 S'autoévaluer CORRIGÉS P. 338

Complétez le texte avec les mots suivants : collectif • maximiser • grand • petit • individuel • entente.

Sur un marché oligopolistique, un .... nombre d'entreprises est présent sur le marché, contrairement à un marché parfaitement concurrentiel où il y a un .... nombre de producteurs. Si ces entreprises ne coopèrent pas, le dilemme du prisonnier montre que chaque entreprise a un intérêt .... à choisir une solution qui s'avère ensuite contraire à l'intérêt .... Les entreprises en oligopole ont donc intérêt à former une .... pour .... leur profit. Ces pratiques sont toutefois illégales.

2 Étude d'un document BAC

1. À l'aide des données du document 4, comparez la situation des producteurs quand chacun décide de baisser son prix et celle des producteurs quand chacun décide de maintenir un prix élevé.
2. À l'aide du document 4 et de vos connaissances, montrez que le dilemme du prisonnier incite les entreprises en oligopole à former des ententes.

DOSSIER 4

Comment préserver les avantages de la concurrence pour les consommateurs ?

OBJECTIF Comprendre que la **politique de la concurrence**, en régulant les **fusions-acquisitions** et en luttant contre les **ententes illicites** et les **abus de position dominante**, augmente le **surplus du consommateur**.

DOC 1 POUR COMMENCER

Amazon poursuivi pour abus de position dominante

« La Commission européenne accuse Amazon d'avoir enfreint les règles européennes de concurrence », Euronews, 10 novembre 2020.

▶ Durée 1:48

Vidéo hachette-clic.fr/23ses1025

NE PAS CONFONDRE

Position dominante et abus de position dominante
Une entreprise est dite en **position dominante** lorsqu'elle détient des parts de marché importantes. L'**abus de position dominante** correspond au fait d'utiliser cette situation afin d'empêcher, restreindre ou fausser le jeu de la concurrence.

1. De quoi l'entreprise Amazon est-elle accusée ?
2. Qui peuvent être les victimes de telles pratiques ?
3. Quelles sanctions pourraient être imposées à Amazon par la Commission européenne ?

DOC 2

Le contrôle des opérations de fusions-acquisitions

Gardienne de la structure concurrentielle des marchés sur le territoire français, l'Autorité de la concurrence examine les projets de rachat et fusion d'entreprises dépassant une certaine taille. Elle veille ainsi en amont à ce que ces opérations ne conduisent pas à la constitution de positions dominantes trop fortes ou de monopoles, qui réduiraient la dynamique concurrentielle sur les zones concernées. En cas de risque d'atteinte à la concurrence, elle conditionne son autorisation à la mise en place de solutions adaptées ou peut interdire l'opération. Ses décisions permettent de garantir le maintien d'une concurrence effective, ce qui se traduit pour les consommateurs par des prix compétitifs et une diversité de produits. En moyenne, elle contrôle plus de 200 opérations par an. La Commission européenne, qui peut estimer que l'Autorité française est la mieux placée pour examiner un dossier, lui renvoie régulièrement certaines opérations de dimension européenne.

Autorité de la concurrence, *Rapport d'activité 2020*, 2021.

Le surplus des consommateurs à l'équilibre

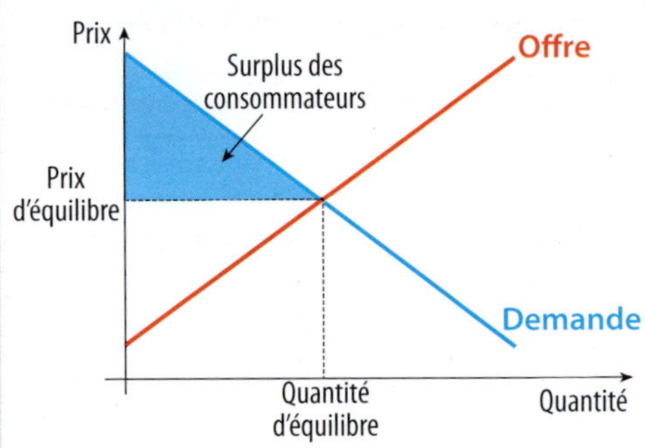

DÉFINITION

Fusions-acquisitions
Opérations de concentration d'entreprises qui découlent soit de la création d'une nouvelle société à partir de deux entreprises indépendantes auparavant (fusion), soit d'un rachat d'une entreprise par une autre (acquisition).

1. Qui met en œuvre la politique de la concurrence à l'échelle de l'Union européenne ? À l'échelle de la France ?
2. Pour quelles raisons certains projets de fusions-acquisitions sont-ils nuisibles selon l'Autorité de la concurrence ?
3. Pourquoi le projet de fusion entre TF1 et M6 n'a-t-il pas abouti (voir « Repère ») ?
4. À l'aide du graphique, rappelez en quoi consiste le surplus des consommateurs.
5. Comment le contrôle des opérations de fusions-acquisitions permet-il a priori d'augmenter le surplus des consommateurs ?

REPÈRE

La fusion avortée entre TF1 et M6
En mai 2021, les groupes TF1 et M6 ont annoncé leur projet de créer un groupe unique, à même de concurrencer les grandes plateformes de vidéo en ligne. S'inquiétant de la nouvelle structure sur le marché de la publicité audiovisuelle, l'Autorité de la concurrence a exigé la revente de grandes chaînes. Le projet a été abandonné fin 2022.

DOC 3 La lutte contre les ententes illicites

Les géants de l'agroalimentaire écopent d'une nouvelle amende de Bruxelles pour entente sur des conserves. La Commission européenne a annoncé 18 millions d'euros d'amende au Français Cecab (rebaptisé en 2015 groupe d'Aucy) et 13,6 millions pour le néerlandais Coroos, coupables d'entente sur le marché européen.

« Au lieu de se livrer mutuellement concurrence, Coroos et le groupe Cecab se sont entendus pour se partager le marché et pour fixer les prix des légumes en conserve dans l'ensemble de l'Europe. Et ce pendant plus de dix ans », a souligné la Commissaire européenne à la Concurrence, Margrethe Vestager dans un communiqué. L'infraction a commencé le 19 janvier 2000 et s'est arrêtée en juin 2013 pour Bonduelle et en octobre 2013 pour Coroos et Cecab… quand Bonduelle les a dénoncés.

Bonduelle l'avait fait sous le régime européen de la « clémence » instauré en 2006, dont l'affaire illustre l'efficacité : quand une entreprise risque trop gros, elle dénonce elle-même l'entente et, même si elle en a été la principale bénéficiaire, peut ainsi échapper à l'amende tout en faisant payer ses concurrents. « Bonduelle a bénéficié d'une immunité totale pour avoir révélé l'existence de l'entente, évitant ainsi une amende d'environ 250 millions d'euros », a précisé le communiqué de la Commission. […] La dénonciation pour clémence et de transaction fonctionnant à merveille, la Commission amplifie le système et « a récemment mis en place un outil de lancement d'alertes anonyme », rappelait-elle mi-juillet.

Myriam Chauvot [journaliste], « Amende pour le cartel des boîtes de conserve », *Les Echos*, 29 septembre 2019.

1. Que reproche la Commission européenne aux producteurs de légumes en conserve ?
2. Quelle a été la sanction prononcée ?
3. Comment expliquer qu'une entreprise membre de l'entente n'ait pas reçu d'amende ?
4. Pourquoi la Commission européenne propose-t-elle cette procédure de clémence ?

DOC 4 Les amendes infligées par l'Autorité de la concurrence

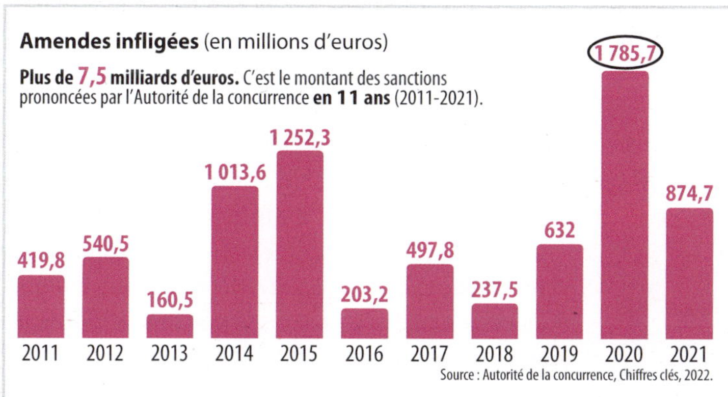

1. Rédigez une phrase présentant la signification précise de la donnée entourée.
2. Calculez le montant annuel moyen des sanctions prononcées par l'Autorité de la concurrence entre 2011 et 2021.
3. À l'aide de deux calculs différents, déterminez l'évolution du montant des sanctions entre 2019 et 2020, et choisissez celui qui donne le résultat le plus parlant en expliquant pourquoi.

➔ **Fiche outil n° 2 p. 302** *Calculer et interpréter une variation*

S'entraîner

1 S'autoévaluer CORRIGÉS P. 338

Pour chacune des situations suivantes, déterminez s'il s'agit d'une entente, d'un abus de position dominante ou d'une opération de fusion-acquisition.

1. Google profite de la suprématie de son système d'exploitation Android pour obliger les fabricants de smartphone à installer ses applications.
2. En 2021, les trois principaux concurrents sur le marché des sandwichs en France ont été sanctionnés pour avoir passé des accords sur les volumes et les prix.
3. En 2016, Microsoft a racheté le réseau social professionnel LinkedIn pour 26,2 milliards de dollars.

2 Raisonnement s'appuyant sur un dossier documentaire BAC

À l'aide de vos connaissances et des documents 2, 3 et 4, vous montrerez comment la politique de la concurrence vise à augmenter le surplus des consommateurs.

ACTIVITÉ 1 Argumenter

OBJECTIFS

Savoirs : marché imparfaitement concurrentiel, pouvoir de marché, barrières à l'entrée, oligopole

Savoir-faire : lire et interpréter des statistiques, sélectionner des informations, synthétiser à l'écrit

Le marché européen des vaccins contre la Covid-19

Votre mission À la fin de l'année 2020 débutait la plus imposante campagne de vaccination que le monde ait jamais connu. Vous êtes chargé(e) par le ministre de la Santé de rédiger une synthèse argumentée sur le caractère imparfaitement concurrentiel du marché européen des vaccins contre la Covid-19.

ÉTAPE 1 Rechercher des informations

DOC 1 Vaccins anti-Covid : quelles parts de marché ?

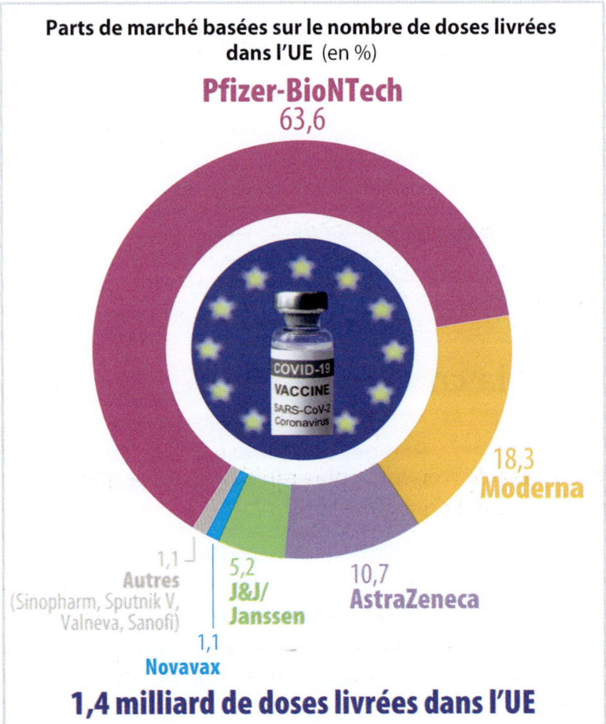

Source : Centre européen de prévention et de contrôle des maladies (ECDC), janvier 2023.

1. À quelle structure de marché correspond le marché des vaccins contre la Covid-19 ?
2. Formulez des hypothèses pour expliquer la présence d'un nombre si restreint d'offreurs.
3. Comment la Commission européenne a-t-elle garanti aux citoyens de l'UE un accès rapide au vaccin contre la Covid-19 ?
4. Qui sont les acheteurs des doses des vaccins contre la Covid-19 au sein de l'UE ?

DOC 2 La réaction de l'Union européenne face à la Covid-19

Avec la mise en place d'une stratégie vaccinale européenne le 17 juin 2020, la Commission européenne a endossé la responsabilité de garantir aux citoyens de l'Union un accès rapide et sûr au vaccin contre la Covid-19. Pour ce faire, elle a choisi de financer la recherche privée, en se plaçant comme mécène et financeur des projets initiés par des laboratoires privés. Les négociations sont menées par l'exécutif européen appuyé par une équipe conjointe de négociation représentant sept États membres. Leur stratégie repose sur le principe du contrat d'achat anticipé (CAA). De l'argent frais est mis à disposition de laboratoires dont les programmes de recherche sont jugés assez crédibles et avancés pour s'engager financièrement auprès d'eux. En contrepartie de cet investissement, les laboratoires s'engagent de leur côté à fournir en priorité les doses de vaccins produites aux pays européens. Le contrat d'achat anticipé est validé à partir du moment où quatre États membres veulent bien y souscrire. […] Si la Commission européenne finance la recherche, ce sont en revanche les États membres qui doivent acheter les doses une fois la production de vaccins engagée. Ils signent alors des contrats de livraison. La Commission européenne a d'ores et déjà signé des contrats avec sept laboratoires ou groupes pharmaceutiques, pour un total de 4,575 milliards de doses potentielles. […] Elle a engagé pour cela plus de 2 milliards d'euros (complétés par les États membres à hauteur de 750 millions).

Barthélémy Gaillard [journaliste], « Vaccins contre la Covid-19 : comment l'UE et les laboratoires négocient-ils ? », *touteleurope.eu*, 21 septembre 2021.

ÉTAPE 2 Rédiger un paragraphe argumenté

5. À l'aide de vos réponses aux questions, rédigez un paragraphe argumenté en appliquant la méthode AEI (Affirmer, Expliciter, Illustrer) à partir de l'affirmation suivante : le marché européen des vaccins contre la Covid-19 est un marché imparfaitement concurrentiel.

Fiche méthode n° 1 p. 318 *Construire une argumentation*

ACTIVITÉ 2 Expérimenter

OBJECTIFS

Savoirs : équilibre du monopole, coût marginal, recette marginale

Savoir-faire : expérimenter un modèle

Le jeu du monopole

Votre mission En jouant à deux, l'un jouant le rôle d'un monopoleur (le propriétaire d'un cinéma, unique salle d'une petite ville de campagne), et l'autre incarnant la demande (les spectateurs potentiels), vous devez parvenir, le plus rapidement possible, à déterminer le prix et la quantité d'équilibre sur ce marché.

ÉTAPE 1 Préparer le jeu

Tableaux hachette-clic.fr/23ses1026

1 Par binôme, choisissez chacun un rôle puis prenez connaissance du document vous concernant.

JOUEUR 1 Situation du monopoleur (offre)

Pour chaque place de cinéma vendue, vous devez payer une redevance pour droits d'auteur d'un montant de 6 euros par entrée. Pour chaque séance, vos frais liés à l'électricité et au chauffage de la salle sont estimés à 10 euros.

Prix	6 €	7 €	8 €	9 €	10 €	11 €	12 €	13 €	14 €	15 €
Quantité de places vendues										1
Recette totale (prix × quantité)	60	63	64	63	60	55	48	39	28	15
Coût total (coût variable + coût fixe)	70	64	58	52	46	40	34	28	22	16
Profit (recette totale – coût total)										

JOUEUR 2 Situation des consommateurs (demande)

La relation entre le prix de la place de cinéma et le nombre de spectateurs prêts à venir est résumée par le tableau ci-contre.

Prix	6 €	7 €	8 €	9 €	10 €	11 €	12 €	13 €	14 €	15 €
Quantité de places achetées	10	9	8	7	6	5	4	3	2	1
Surplus des consommateurs, en fonction du prix	45	36	28	21	15	10	6	3	1	0

ÉTAPE 2 Jouer

Les joueurs se positionnent face à face. Leur objectif commun est de trouver le plus rapidement possible le nombre de places et le prix de la séance qui permettraient au joueur 1 de maximiser son profit. Veillez à vous chronométrer !

2 En tenant compte de ses coûts, le joueur 1 propose un premier prix de vente.

3 En réaction, le joueur 2 lui communique la quantité demandée correspondante qui permet de définir la quantité écoulée. Le joueur 1 complète la colonne correspondant au prix proposé dans son tableau.
Important : le demandeur ne doit fournir ses informations qu'après chaque proposition de prix de l'offreur, et seulement pour le prix proposé.

4 Après avoir pris connaissance de son profit, le joueur 1 effectue une des deux actions suivantes :
- soit il propose un nouveau prix → retour à la question 2 ;
- soit il maintient le prix annoncé précédemment, qui constituera le prix de marché.

5 Indiquez à votre enseignant le prix, la quantité, le profit du monopole et le surplus des consommateurs, ainsi que le temps réalisé pour atteindre l'objectif fixé.

ÉTAPE 3 Analyser les résultats

Votre enseignant révèle les résultats du jeu : le prix et la quantité d'équilibre quand les joueurs monopoleurs ont su maximiser leur profit ; le profit réalisé par le monopoleur ; le surplus des consommateurs. Vous allez démontrer pourquoi cette solution est l'équilibre de marché du monopole.

6 À partir des données du tableau complété par le joueur 1, calculez la recette marginale et le coût marginal pour chaque quantité :

Prix	15 €	14 €	13 €	12 €	11 €	10 €	9 €	8 €	7 €	6 €
Quantité de places échangées	1	2	3	4	5	6	7	8	9	10
Recette marginale	15									
Coût marginal	6									

7 Pourquoi le monopoleur fixe-t-il un prix tel que la quantité qu'il vend égalise recette marginale et coût marginal ?

Coup de pouce

La recette marginale est ce que rapporte au producteur la production d'une unité supplémentaire.
Le coût marginal est ce que coûte au producteur la production d'une unité supplémentaire.

ACTIVITÉ 3 Débattre

OBJECTIFS

Savoirs : pouvoir de marché, barrières à l'entrée, monopole naturel, monopole institutionnel

Savoir-faire : repérer et trier des arguments, argumenter et s'exprimer à l'oral

Faut-il se réjouir de l'ouverture à la concurrence du train ?

Votre mission Le 18 décembre 2021, des voyageurs ont pu embarquer dans un train de la compagnie italienne Trenitalia sur l'axe Paris-Lyon, marquant la fin de 84 années de monopole de la SNCF. Cette ouverture à la concurrence ne fait cependant pas l'unanimité. Faut-il se réjouir de cette transformation ou la regretter ?

ÉTAPE 1 Préparer le débat

1. Par groupe de 3 ou 4 élèves, prenez connaissance une première fois des documents.
2. Après une seconde lecture, repérez et classez sur une feuille séparée en deux colonnes tous les arguments issus des documents.

Faut-il se réjouir de l'ouverture à la concurrence du train ?

Oui	Non
Arguments en faveur de l'ouverture à la concurrence du train	Arguments en faveur du maintien du monopole de la SNCF

DOC 1 L'ouverture à la concurrence du secteur ferroviaire en France

La Commission européenne a impulsé l'ouverture à la concurrence du secteur ferroviaire en France. Les institutions européennes constatent dans les années 1970 une perte de vitesse quant à l'utilisation du réseau ferroviaire par rapport à celui de la route et du transport aérien. Pour maintenir les entreprises du secteur compétitives, réduire les coûts pour les usagers et promouvoir les investissements sur le réseau ferré, la Commission européenne promeut l'ouverture à la concurrence des lignes de transport. La dimension écologique est également louée. L'Agence européenne pour l'environnement estime que le transport ferroviaire est le mode de transport le plus durable. Seul 0,5 % des émissions totales de gaz à effet de serre de l'Union européenne provenait du secteur ferroviaire. D'où le lancement en 2021 de l'Année européenne du rail.

En 1991, une directive de l'Union européenne impose une séparation entre l'entreprise ferroviaire responsable de l'exploitation des services de transport et le gestionnaire d'infrastructures. Progressivement, quatre « paquets » législatifs sont adoptés. En 2001, le premier paquet ferroviaire prévoit l'ouverture à la concurrence du fret ferroviaire international, puis en 2004, du fret national, avec l'objectif de désengorger les axes routiers. En 2007, le troisième paquet prévoit l'ouverture à la concurrence du transport voyageurs international et, en 2016, le quatrième exige l'ouverture à la concurrence du service de transport de voyageurs sur le territoire national.

Clara Depoers [journaliste], « Transport : tout comprendre à l'ouverture à la concurrence des trains en 5 questions », *Pour l'Éco*, 13 décembre 2021.

DOC 2 Les avantages attendus de la concurrence pour les usagers

« Étude sur l'ouverture à la concurrence des services de transport ferroviaire de voyageurs », Autorité de régulation des transports, 4 octobre 2022.

▶ Durée 2:25

Vidéo hachette-clic.fr/23ses1027

Le réseau français est le deuxième réseau ferroviaire européen (28 000 km de lignes).

Note : L'emport est le nombre de voyageurs par train.

DOC 3 Les risques de l'ouverture à la concurrence

Un train à grande vitesse de la compagnie italienne Trenitalia relie Lyon à Paris, 1er juin 2022.

Les observateurs critiques estiment que cette ouverture à la concurrence a avant tout été guidée par la volonté de supprimer le statut de cheminot, de façon à transformer la SNCF en entreprise privée classique, et de la débarrasser progressivement de ses obligations de service public. Ils craignent ainsi un scénario dans lequel tous les néo-concurrents[1], SNCF comprise, se battent pour exploiter les lignes les plus rentables, sans avoir à assumer le coût des plus petites. Ils craignent aussi que l'ouverture à la concurrence se transforme en course aux prix les plus bas, au détriment de la sécurité des voyageurs.

De ce point de vue, l'exemple britannique est souvent cité. Après avoir privatisé tout son système au milieu des années 1990 (y compris le gestionnaire de réseau), le Royaume-Uni a déchanté. Il a d'abord renationalisé la gestion du réseau suite à des accidents trop récurrents (2002), puis ces derniers mois, la gestion de certaines lignes, à cause d'innombrables retards et du coût des billets qui s'est envolé pour l'usager. Mais l'ouverture à la concurrence – plus limitée et plus contrôlée – s'est mieux passée ailleurs : en Allemagne, ou en Italie sur les grandes lignes de TGV.

Vincent Grimault [journaliste], « Faut-il avoir peur de l'ouverture à la concurrence du train en France ? », *Alternatives économiques*, 15 septembre 2021.

1. Les compagnies qui se font désormais concurrence sur le marché du transport ferroviaire de voyageurs.

REPÈRE

Le statut de cheminot

Le statut de cheminot est un ensemble de droits et d'avantages (sécurité de l'emploi, salaire, retraite, congés payés...) obtenus depuis 1920 en contrepartie d'un travail pénible : faire rouler ou entretenir des infrastructures ferroviaires 24 heures sur 24 et 7 jours sur 7. Il concerne les conducteurs de train de la SNCF mais aussi les contrôleurs, les cadres, les agents de maîtrise et les agents de bureau.

DOC 4 Des marchés plus ou moins dynamiques, et plus ou moins concurrentiels

Croissance du nombre de kilomètres parcourus par les trains entre 2010 et 2019 (en %)

Allemagne	Italie	Royaume-Uni	Suède	Belgique	France
+ 7 %	+ 18 %	+ 8 %	+ 16 %	1 %	– 4 %

Sources : Données Rail Market Monitoring (RMMS), Commission Européenne, 2021.

ÉTAPE 2 Débattre en classe

3 Répartissez-vous en trois groupes : un groupe pour le jury et deux groupes défendant chacun l'une des thèses préparées à l'étape 1.

4 Menez le débat en suivant les indications de la Fiche méthode n° 5 p. 326 *Débattre en classe.*

ÉVALUATION DU DÉBAT

Grille d'évaluation
hachette-clic.fr/23ses1028

- **Une grille d'évaluation du débat est fournie aux quatre membres du jury qui entourent le président.**
  - Chacun(e) évalue les deux équipes, mais sur un aspect précis du débat : le fond ou la forme, les qualités (bonus) ou les défauts (pénalités).
  - Pendant les temps morts du débat, les membres du jury ne doivent pas communiquer entre eux pour éviter de s'influencer.
  - À la fin du débat, le président du jury collecte les quatre grilles et en calcule le solde (bonus – pénalités) afin de désigner l'équipe gagnante.
- **Le jury propose un bref bilan du débat à la classe en indiquant les points forts et les points faibles de chaque équipe.**

L'ESSENTIEL

Comment les marchés imparfaitement concurrentiels fonctionnent-ils ?

1 Quelles sont les sources de pouvoir de marché ?

Podcast
hachette-clic.fr/23ses1029

■ **En situation de concurrence imparfaite, les entreprises disposent d'une marge de manœuvre pour déterminer leurs prix de vente**. Elles ont alors un **pouvoir de marché** qui peut avoir plusieurs sources.

■ **Il y a pouvoir de marché quand il y a un petit nombre de producteurs.** Ceci peut être lié à des stratégies de concentration des entreprises, lorsque de grandes entreprises rachètent de plus petites. **Les ententes sont aussi à l'origine d'un pouvoir de marché**, illégal mais réel, quand des entreprises se mettent d'accord pour pratiquer des prix élevés.

■ **Mais ce sont surtout les barrières à l'entrée qui renforcent le pouvoir de marché des producteurs.** Il y a des barrières légales : quand l'État décide, pour des raisons d'intérêt général, de restreindre la concurrence, comme pour certains monopoles publics. Il y a aussi des barrières stratégiques, liées aux comportements des entreprises qui innovent pour être temporairement seules sur le marché. Il y a enfin des barrières plus structurelles, qualifiées de « naturelles », comme des coûts fixes très élevés qui ne permettent pas aux plus petites entreprises d'être rentables.

2 Comment est déterminé le prix sur un marché en monopole ?

■ **Quand une seule et unique entreprise est présente sur le marché pour satisfaire la demande des acheteurs, le marché est en monopole**. Un monopole peut résulter de stratégies d'innovation des entreprises (**monopoles d'innovation**), car l'innovateur dispose d'un monopole temporaire sur son innovation. Un monopole peut également se justifier par la présence de coûts fixes extrêmement élevés, qui ne permettraient pas à plusieurs entreprises d'être présentes sur le marché tout en étant rentables (**monopoles naturels**). Enfin, il existe des monopoles créés par la loi (**monopoles institutionnels**).

■ **Le monopole est « faiseur de prix »** : il dispose d'une plus grande marge de manœuvre pour déterminer son prix de vente qu'en situation de concurrence. **Son pouvoir de marché est élevé**. Il doit toutefois tenir compte du fait que plus le prix est élevé, plus la demande est faible. Ainsi, lorsqu'il diminue le prix pour vendre davantage, on observe que sa recette totale augmente, mais de moins en moins vite. Cela explique pourquoi la recette marginale, c'est-à-dire ce que lui rapporte la production d'une unité supplémentaire, est décroissante.

■ Le monopole a intérêt à augmenter sa quantité produite tant qu'une unité supplémentaire produite lui permet d'accroître son profit, c'est-à-dire tant que cette dernière unité rapporte (recette marginale) plus que ce qu'elle ne coûte (coût marginal). **La quantité finalement produite par le monopole est telle que la recette marginale est égale au coût marginal**.

■ **L'équilibre du monopole peut être moins efficace que celui qui résulterait de la concurrence parfaite.** En effet, pour maximiser son profit, le monopoleur vend une quantité plus faible à un prix plus élevé que la situation qui prévaudrait en concurrence parfaite. Le surplus du producteur est donc plus élevé, alors que le surplus des consommateurs est plus faible. Mais la baisse du surplus des consommateurs est plus forte que la hausse du surplus du producteur. Ainsi, **le surplus total est moindre** pour l'ensemble des participants à l'échange : le monopole dégrade le bien-être collectif. ▶ Schéma 1

NOTIONS

Concurrence imparfaite : la concurrence est dite imparfaite s'il n'y a qu'un seul offreur (monopole) ou un petit nombre d'offreurs (oligopole) et des barrières à l'entrée. Dans ce cas, les offreurs disposent d'une marge de manœuvre pour déterminer les prix de vente.

Pouvoir de marché : marge de manœuvre d'une entreprise en matière de détermination des prix de vente. Plus son pouvoir de marché est important, plus son prix de vente peut s'écarter du prix qui s'établirait en concurrence parfaite.

Entente : accord entre des offreurs déjà présents sur le marché pour limiter la concurrence qui s'exerce entre eux (par exemple, en se mettant d'accord pour pratiquer des prix plus élevés).

Barrières à l'entrée : ensemble des obstacles qui empêchent ou découragent l'entrée de nouveaux producteurs sur le marché.

Monopole : structure de marché où une seule entreprise est présente sur le marché pour satisfaire la demande des acheteurs.

1 Le monopole et ses effets

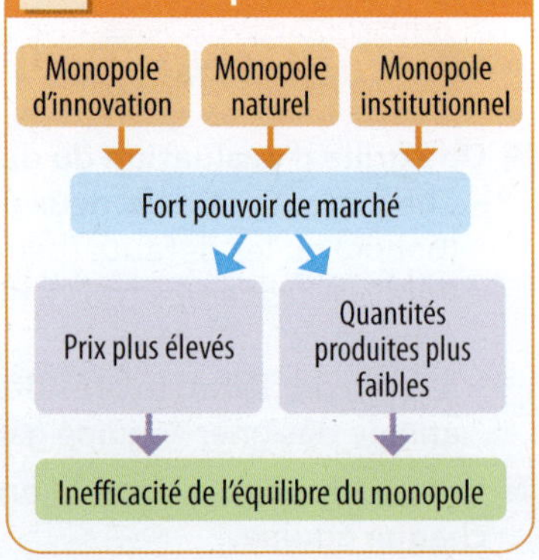

3 Comment s'exerce la concurrence sur un marché en oligopole ?

Entre la situation de monopole et celle de concurrence parfaite, il existe une grande diversité de structures de marché. **L'oligopole, marché avec un petit nombre de producteurs, est une structure de marché très courante, que cela soit sur le marché des smartphones ou sur celui des voitures neuves.** Cette structure de marché résulte souvent de processus de concentration d'entreprises. Comme pour le monopole, il s'agit d'une structure de marché imparfaitement concurrentielle car les entreprises disposent d'un pouvoir de marché.

En situation d'oligopole, les entreprises sont interdépendantes puisque le profit réalisé par chaque entreprise dépend des stratégies des concurrentes. **Cela peut conduire chaque entreprise à entrer dans une guerre des prix pour attirer les consommateurs**. Le prix de marché baisse et se rapproche alors de la situation de concurrence parfaite, situation favorable pour les consommateurs, mais où chaque entreprise nuit aux autres : c'est une situation qualifiée de « **dilemme du prisonnier** » en théorie des jeux.

Les entreprises peuvent chercher à s'entendre pour éviter la guerre des prix qui réduirait leurs profits. Dans ce cas, le prix est plus élevé et les quantités échangées moindres. Le surplus des consommateurs est plus faible, une diminution qui n'est pas compensée par l'augmentation du surplus des producteurs qui participent à l'entente.

NOTIONS

Oligopole : structure de marché où il n'y a qu'un petit nombre de producteurs pour satisfaire la demande des acheteurs.

Dilemme du prisonnier : exemple célèbre de la théorie des jeux caractérisant les situations où deux joueurs qui ne peuvent pas communiquer prennent des décisions rationnelles qui sont nuisibles à chacun d'entre eux.

Politique de la concurrence : ensemble des mesures prises par les pouvoirs publics pour favoriser la concurrence et empêcher les pratiques anticoncurrentielles.

Abus de position dominante : fait, pour une entreprise disposant d'une part de marché importante, d'utiliser cette situation afin d'empêcher, restreindre ou fausser le jeu de la concurrence sur le marché.

Fusion : opération de concentration d'entreprises qui découle de la création d'une nouvelle société à partir de deux entreprises indépendantes auparavant.

Acquisition : opération de concentration d'entreprises qui découle du rachat d'une entreprise par une autre.

4 Comment préserver les avantages de la concurrence pour les consommateurs ?

Face aux pertes collectives de bien-être en concurrence imparfaite, la politique de la concurrence cherche à favoriser le maintien de structures de marché concurrentielles. Dans l'UE, celle-ci est définie par la **Commission européenne**, qui la met en œuvre pour toutes les situations de concurrence sur des marchés qui débordent du cadre national. Cette politique est aussi mise en œuvre par des autorités de la concurrence nationales quand le marché pertinent est de taille nationale, ou plus petit. Le maintien de la concurrence est censé réduire le pouvoir de marché des producteurs et, ainsi, préserver le surplus des acheteurs.

La politique de la concurrence lutte d'abord contre les pratiques anticoncurrentielles : **les ententes, mais aussi les abus de position dominante**, lorsqu'une entreprise ayant une part de marché importante se sert de cette situation pour restreindre la concurrence. **Ces pratiques illégales sont sanctionnées par des amendes.** C'est ainsi qu'en 2019, des industriels européens de l'agroalimentaire ont dû s'acquitter d'une amende de 32 millions d'euros pour s'être entendus sur un partage du marché des légumes en conserve. Pour lutter contre les ententes, les autorités de la concurrence se sont dotées d'une procédure particulièrement efficace : **la procédure de clémence** qui incite à la dénonciation.

La politique de la concurrence consiste aussi à surveiller les opérations de fusions et acquisitions des entreprises pour éviter des structures de marché avec trop de concentration (trop peu de producteurs). Les autorités de la concurrence ont la possibilité d'interdire de telles opérations ou de conditionner leur autorisation à la mise en place de solutions adaptées, ce qui conduit parfois à l'abandon des projets de concentration, comme le projet avorté de fusion entre TF1 et M6 en 2022. ▶ Schéma 2

2 Les modalités de la politique de la concurrence

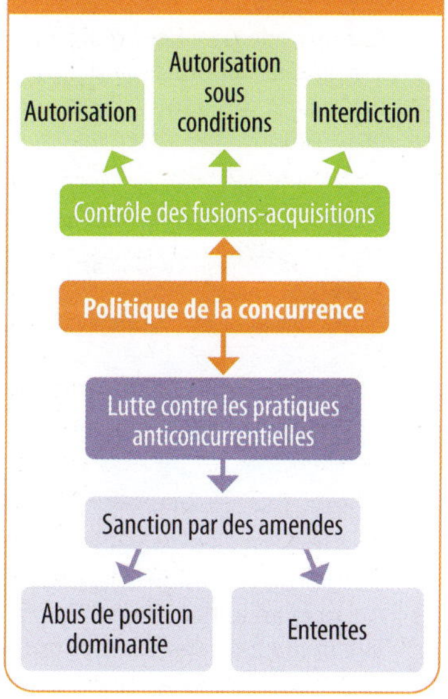

L'essentiel en schéma

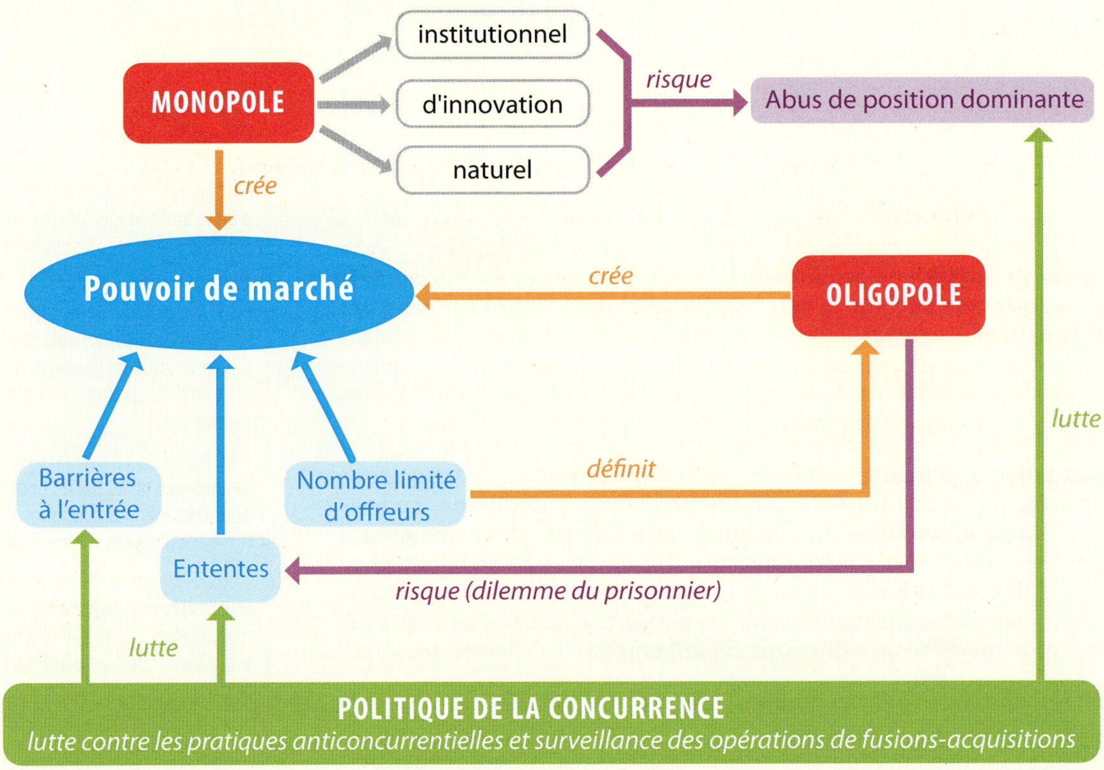

POUR ALLER PLUS LOIN

hachette-clic.fr/23ses1030

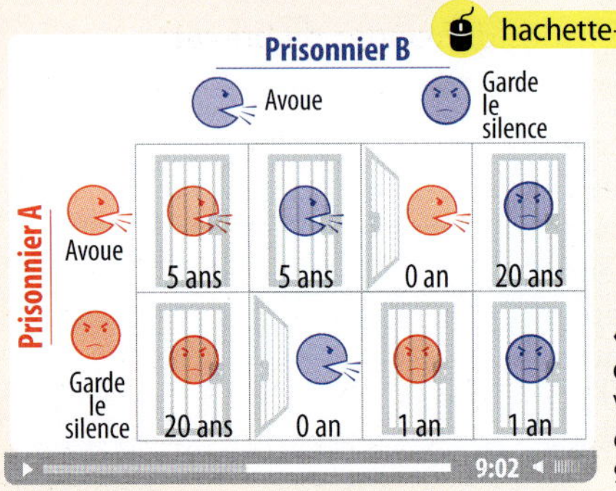

« Le dilemme du prisonnier », Voyages au pays des maths, Arte, 9 octobre 2021.

Cet épisode de « Voyages au pays des maths » présente l'origine et la portée du dilemme du prisonnier, un modèle de théorie des jeux utilisé en économie pour analyser notamment les stratégies des oligopoles.

hachette-clic.fr/23ses1031

« Dans quelles conditions la concurrence est-elle bénéfique ? », Citéco, 15 janvier 2021.

Cette vidéo interroge les avantages de la concurrence sous la forme d'un débat entre deux économistes aux arguments opposés, Emmanuel Combe (Autorité de la concurrence) et Philippe Frémeaux (*Alternatives économiques*). Elle invite à adopter un regard nuancé sur le caractère nécessaire de la concurrence, ses règles du jeu et ses finalités.

hachette-clic.fr/23ses1032

« Quel regard sur la concurrence aux États-Unis et en Europe ? », Autorité de la concurrence, 31 octobre 2022.

Une interview de l'économiste Thomas Philippon sur son dernier ouvrage, *Les gagnants de la concurrence*, qui met en lumière les différences entre la politique de la concurrence menée en Europe et aux États-Unis, et permet d'aller à rebours des idées reçues.

hachette-clic.fr/23ses1033

« Les voyages en train sont-ils trop chers ? », *Le Monde*, 24 juillet 2022.

Le consommateur peut avoir le sentiment que l'avion ou même la voiture seraient des modes de transport plus abordables que le TGV. Mais est-ce véritablement le cas ? Cette vidéo décrypte la réalité des tarifs en combinant le coût écologique au coût de transport.

UTILISER LES STATISTIQUES

1 Les dépôts de brevets en Europe

Objectif de savoir-faire *Calculer et interpréter une proportion* ➔ Fiche outil n° 1 p. 300

Les 10 principales firmes ayant fait une demande de brevets en Europe en 2021

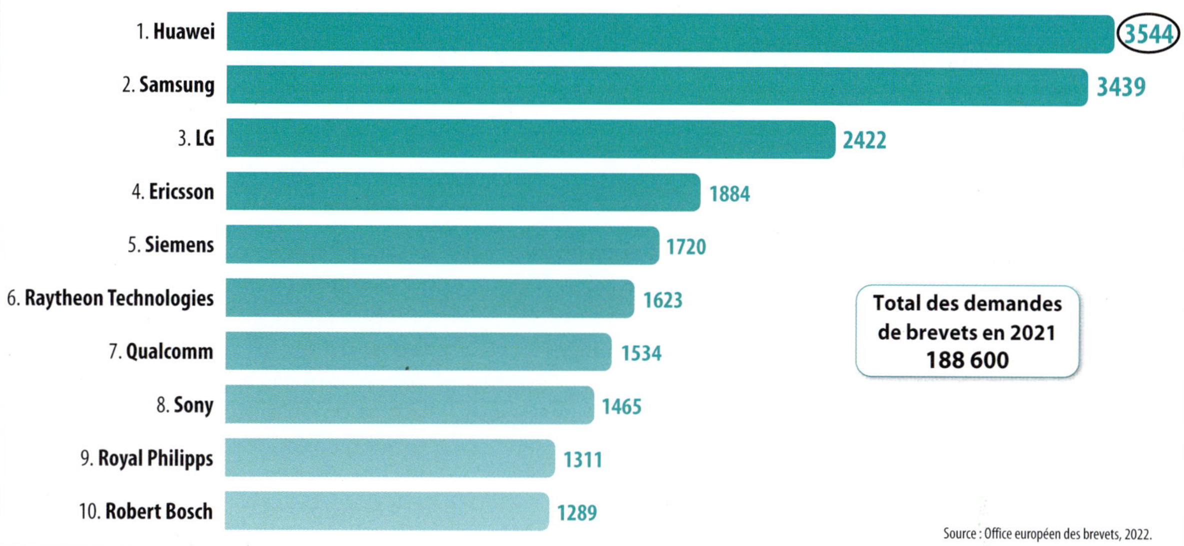

Source : Office européen des brevets, 2022.

1. Rédigez une phrase présentant la signification précise de la donnée entourée.
2. Calculez la part que représente Huawei dans l'ensemble des demandes de brevets européens en 2021. Faites le même calcul pour Ericsson.
3. À l'aide d'un calcul approprié, comparez les parts de Huawei et d'Ericsson, puis rédigez une phrase pour exprimer la signification précise du résultat.
4. Quelle est la part cumulée des 10 principales firmes sur l'ensemble des demandes de brevets européens en 2021 ?

2 Le marché mondial des ordinateurs

Objectifs de savoir-faire *Calculer et interpréter une variation* ➔ Fiche outil n° 2 p. 302
Lire et analyser un tableau statistique ➔ Fiche outil n° 6 p. 310

Marché mondial d'ordinateurs de bureau, d'ordinateurs portables et de postes de travail en 2021

Constructeurs	Unités vendues en 2021 (en milliers)	Part de marché en 2021 (en %)	Unités vendues en 2020 (en milliers)	Part de marché en 2020 (en %)	Croissance entre 2020 et 2021 (en %)
Lenovo	82 142	24,1	72 646	24,4	13,1
HP	74 072	21,7	67 688	22,7	9,5
Dell	59 300	17,4	50 273	16,9	18
Apple	28 958	8,5	22 574	7,6	28,3
Acer	24 383	7,1	20 023	6,7	21,8
Autres	72 198	21,2	64 430	21,6	12,1
Total	**341 053**	**100**	**297 614**	**100**	**14,6**

Note : les pourcentages peuvent ne pas correspondre à 100 % en raison de l'arrondi.

Source : Canalysis PC Analysis, janvier 2022.

1. Rédigez une phrase présentant la signification précise des données entourées.
2. Présentez le calcul ayant permis d'obtenir le taux de croissance des unités livrées par Apple entre 2020 et 2021, et celui pour obtenir sa part de marché en 2021.
3. Identifiez les deux premiers acteurs du marché mondial des ordinateurs en 2020 et en 2021, puis calculez leur part de marché cumulée pour chaque année.

TESTEZ VOS CONNAISSANCES !

Version interactive hachette-clic.fr/23ses1034

CORRIGÉS P. 338

1 Les caractéristiques de la concurrence imparfaite

Choisissez la (ou les) bonne(s) réponse(s).

1. Les différentes situations à l'origine d'un pouvoir de marché pour les producteurs sont :
a) la mise en place d'ententes.
b) le nombre limité de demandeurs présents sur le marché.
c) l'existence de barrières à l'entrée.
d) le nombre limité d'offreurs présents sur le marché.

2. En comparaison avec la situation de concurrence pure et parfaite, l'équilibre du monopole :
a) entraîne une baisse du surplus du producteur.
b) est inefficace puisque les prix sont plus élevés et les quantités plus faibles.
c) entraîne une baisse du surplus des consommateurs et du surplus total.
d) est inefficace puisque les prix sont plus faibles et les quantités plus élevées.

3. Un monopole naturel est :
a) un monopole qui émerge en raison de coûts fixes élevés.
b) un monopole qui émerge en raison d'une innovation.
c) un monopole qui émerge en raison d'une loi.
d) un monopole qui porte sur une ressource naturelle.

4. Sur un marché en oligopole, le dilemme du prisonnier permet de montrer que :
a) chaque entreprise a intérêt à trahir l'autre.
b) les décisions prises indépendamment par les entreprises aboutissent à la meilleure situation possible.
c) les entreprises ont intérêt à coopérer et ainsi former une entente.
d) les entreprises coopèrent toujours.

2 Les différentes formes de monopole

Reliez chaque cas à un type de monopole. Attention : un même cas peut parfois correspondre à deux types de monopoles.

1. Google sur le marché des moteurs de recherche. •
2. Tesla sur le marché des voitures électriques. •
3. Les pharmacies pour la vente de médicaments. •
4. La Française des jeux sur le marché des tickets à gratter. •
5. La société Autoroutes et Tunnel du Mont-Blanc pour l'exploitation du tunnel routier sous le Mont-Blanc. •
6. La Poste sur le marché du courrier postal. •
7. Microsoft sur le marché des systèmes d'exploitation. •

• a) Monopole institutionnel
• b) Monopole naturel
• c) Monopole d'innovation

3 Les principales sources de pouvoir de marché

Complétez le schéma avec les termes suivants :

Innovations • Pouvoir de marché • Ententes • Loi qui limite l'accès au marché • Fusions et acquisitions • Coûts fixes très élevés.

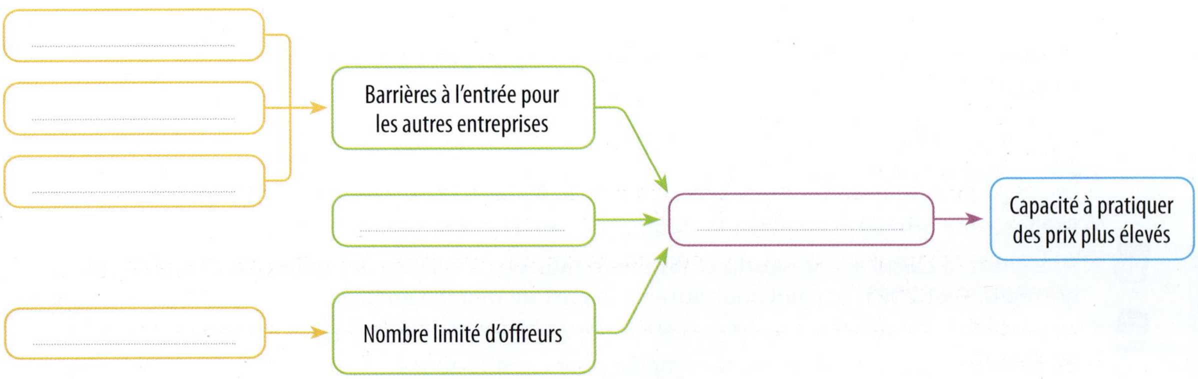

4 Concurrence imparfaite et pouvoir de marché

Complétez le texte avec les mots suivants :

oligopole • dilemme du prisonnier • politique de la concurrence • innovation • naturel • coûts fixes • loi • pouvoir de marché • abus de position dominante • monopole.

Lorsque les entreprises ont la possibilité de s'éloigner du prix qui s'établirait s'il y avait une concurrence parfaite, elles disposent d'un ………………… .
Le pouvoir de marché est particulièrement fort dans le cas extrême où l'entreprise est en situation de ………………… . C'est le cas lorsqu'une entreprise a su s'imposer sur un marché grâce à une ………………… protégée par un brevet. Toutefois, dans certains cas, c'est la ………………… qui impose qu'il n'y ait qu'une seule entreprise sur le marché, dans les cas particuliers où l'État souhaite avoir un contrôle de la production. Enfin, dans certaines situations, la production ne pourrait pas être rentable s'il y avait plusieurs entreprises présentes, en raison de ………………… extrêmement élevés. Il s'agit alors d'un monopole ………………… .
Le pouvoir de marché existe aussi dans le cas d'un ………………… , lorsqu'il y a un petit nombre d'entreprises présentes sur le marché pour une multitude de demandeurs. Le ………………… montre que les entreprises ont alors intérêt à coopérer et former une entente pour accroître leurs profits. Ces ententes sont cependant illégales et peuvent faire l'objet de sanctions dans le cadre de la ………………… .
Les ………………… , lorsqu'une entreprise détient une forte part de marché et utilise cet avantage pour développer des pratiques qui restreignent la concurrence, sont également interdits.

5 Les stratégies adoptées par les entreprises en situation d'oligopole

Complétez le schéma avec les termes suivants :

innovations • ententes • d'offreurs • concentration • de demandeurs • renforcer • oligopolistique.

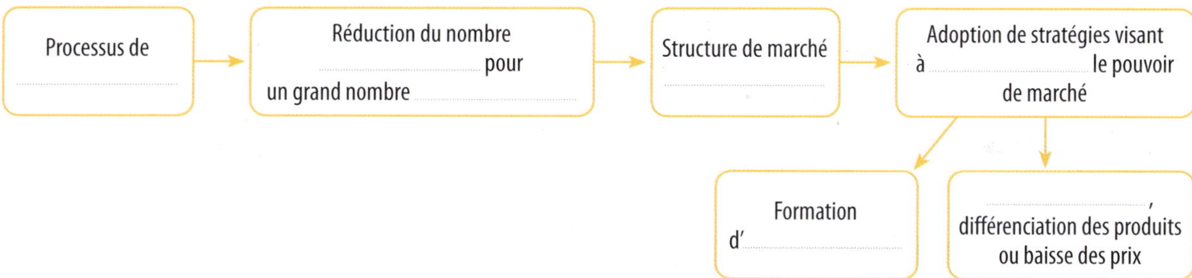

6 Les objectifs et modalités de la politique de la concurrence

Vrai ou faux ? Lorsque c'est faux, justifiez.

	Vrai	Faux
1. Les politiques de la concurrence cherchent à supprimer la concurrence.	☐	☐
2. La politique de la concurrence vise à augmenter le surplus des producteurs.	☐	☐
3. Plus le nombre d'entreprises est élevé sur un marché, plus les ententes sont aisées.	☐	☐
4. La politique de la concurrence veille à éviter toute position dominante des entreprises sur un marché.	☐	☐
5. L'autorité de la concurrence condamne les fusions-acquisitions par des amendes car ce sont des pratiques illicites.	☐	☐
6. Les ententes et les abus de position dominante ont pour effet de diminuer le surplus des consommateurs.	☐	☐
7. En utilisant la procédure de clémence, une entreprise membre d'une entente peut être exonérée d'amende.	☐	☐
8. La procédure de clémence permet de déceler puis sanctionner les abus de position dominante.	☐	☐

OBJECTIF BAC Épreuve composée

PARTIE 1 MOBILISATION DES CONNAISSANCES 4 PTS

Distinguez le monopole naturel du monopole d'innovation.

Corrigé
hachette-clic.fr/23ses1035

PARTIE 2 ÉTUDE D'UN DOCUMENT 6 PTS

Amendes infligées par les autorités chargées de la politique de la concurrence contre les cartels[1] dans le monde en 2019
(en milliards de dollars et en nombre d'amendes)

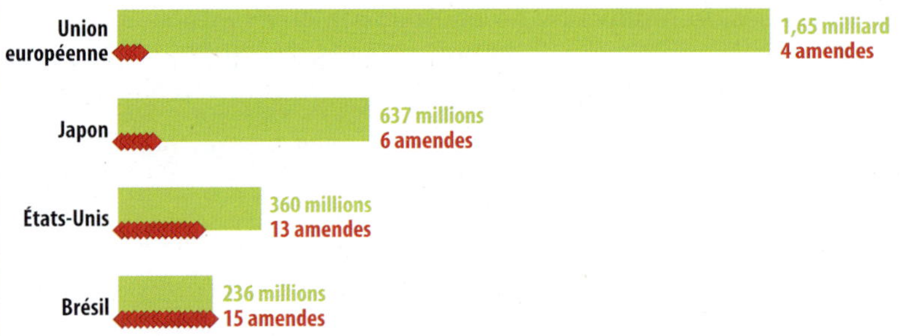

1. Cartel : entente.

Source : D'après *L'Usine nouvelle*, 2020.

QUESTIONS

1. À l'aide des données du document, vous comparerez les amendes infligées contre les cartels dans l'Union européenne et au Brésil.
2. À l'aide du document et de vos connaissances, vous montrerez comment la politique de la concurrence vise à lutter contre les pratiques anticoncurrentielles.

Guidage méthodologique

Fiche Bac n° 1 p. 328 *L'épreuve composée*

QUESTION 1 2 PTS

Analyser le sujet

À l'aide des données du document : il faut sélectionner les données pertinentes.

comparer : présenter les éventuels points communs et les différences.

les amendes infligées contre les cartels : objet de la comparaison, exprimé dans des unités différentes qu'il faudra veiller à bien distinguer.

À l'aide des données du document, vous comparerez les amendes infligées contre les cartels dans l'Union européenne et au Brésil.

dans l'Union européenne : premier élément de la comparaison.

au Brésil : second élément de la comparaison.

Sélectionner les données pertinentes

Surlignez sur le document quatre données pertinentes pour répondre au sujet.

Réaliser des calculs pertinents

Laquelle de ces trois phrases d'interprétation est correcte ? Indiquez les erreurs pour les deux autres et précisez le calcul attendu.

a. En 2019, le montant total des amendes infligées contre les cartels dans l'Union européenne est environ sept fois plus élevé qu'au Brésil.
b. En 2019, il y avait environ sept fois plus d'amendes infligées contre les cartels dans l'Union européenne qu'au Brésil.
c. En 2019, le nombre d'amendes infligées contre les cartels dans l'Union européenne est sept fois plus important qu'au Brésil.

Rédiger votre réponse

Rédigez un paragraphe AI « Affirmer, Illustrer » sans explicitation : vous affirmez le constat puis vous l'illustrez avec des données pertinentes que vous avez collectées.

Fiche méthode n° 1 p. 318 *Construire une argumentation*

Corrigé
hachette-clic.fr/23ses1036

PARTIE 3 RAISONNEMENT S'APPUYANT SUR UN DOSSIER DOCUMENTAIRE 10 PTS

SUJET **À l'aide de vos connaissances et du dossier documentaire, vous montrerez que les sources du pouvoir de marché des entreprises sont variées.**

Guide méthodologique hachette-clic.fr/23ses1037

DOC 1

Inspirons-nous de l'histoire de l'industrie du pneumatique et de sa concentration progressive aux États-Unis. Au début du XXe siècle, plus de deux cents entreprises sont sur la ligne de départ pour fournir des pneus aux premiers constructeurs automobiles. […] Goodyear et Firestone sont de la partie. À la fin des années 1930, à peine une cinquantaine d'entreprises auront survécu. De cette époque, seul Goodyear est aujourd'hui présent dans une industrie où les quatre premiers réalisent désormais l'essentiel des ventes. Et elle reste la seule entreprise américaine. La première partie de l'histoire du pneumatique présente une évolution classique. Industrie naissante, elle est peuplée d'un grand nombre de petites entreprises, attirées par un nouveau débouché. Les coûts et les prix sont très élevés et les performances du produit très médiocres. Les premiers pneus permettent juste de parcourir quelques centaines de kilomètres. Les usines grandissent, les chaînes de montage s'allongent, l'innovation galope, les coûts unitaires baissent, la qualité s'améliore. […] Ces changements d'échelle créent des barrières à l'entrée qui dissuadent désormais des entreprises nouvelles de s'intéresser à ce marché et conduisent à en sortir les entreprises les moins efficaces de par leur taille ou leur insuccès en R&D. Fin des entrées, de nombreuses sorties, moins d'entreprises présentes : l'industrie du pneumatique se concentre.

François Lévêque, *Les entreprises hyperpuissantes*, Odile Jacob, 2021.

DOC 2 **Part de marché des systèmes d'exploitation pour smartphone basée sur les ventes d'appareil (en %)**

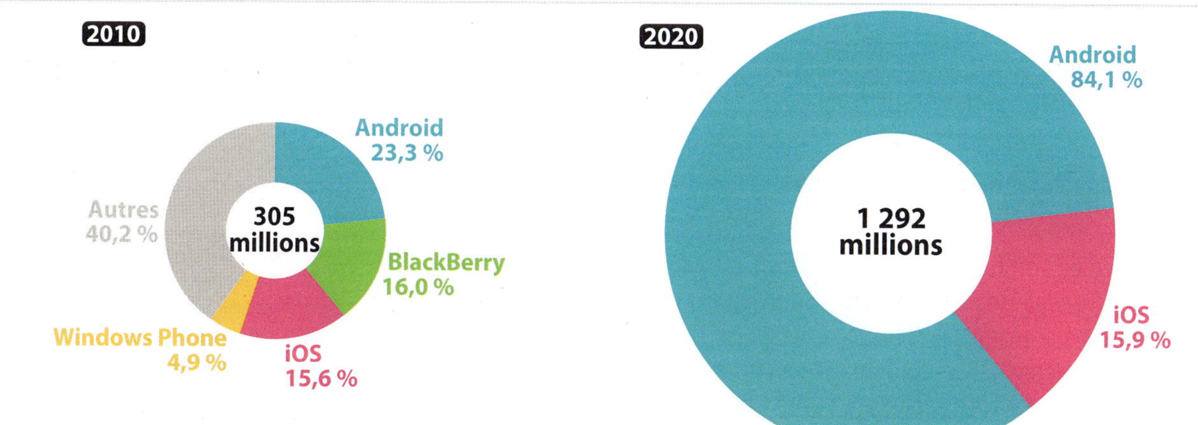

Sources : D'après IDC et Statista, 13 août 2021.

DOC 3

Les pratiques de cartel consistent, pour des concurrents, à s'entendre pour supprimer la concurrence qui s'exerce entre eux, dans le seul but de faire monter les prix. Un cartel est en quelque sorte un monopole artificiel … à plusieurs. Ces pratiques conduisent à des hausses de prix conséquentes comprises entre 12 % et 25 % selon les types de cartels. De plus, les entreprises qui ne font pas partie du cartel peuvent être tentées de s'aligner, par un effet d'ombrelle. Ajoutons à cela que les cartels ne sont pas éphémères : ils durent en moyenne entre 4 et 6 ans, et certains d'entre eux ont même prospéré pendant plus de 30 ans. Pour finir, ces pratiques coûtent chères en pouvoir d'achat et en croissance : une étude récente de Moreau et Panon sur le cas français conclut que le démantèlement des cartels dans notre pays entrainerait une hausse du bien-être de 3,5 % et de 2 % de la productivité. Les cartels sont des pratiques injustifiables : les hausses de prix sont artificielles puisqu'elles ne constituent pas la contrepartie d'une meilleure qualité des produits ou de produits plus innovants. Les clients qui continuent à acheter paient plus cher, pour le même produit.

Emmanuel Combe, « Les cartels contre le pouvoir d'achat », pour *Les Echos*, 12 mai 2022.

SUJET

Les entreprises ont-elles toujours intérêt à former une entente ?

DOC 1 La Commission européenne inflige une amende à des producteurs de légumes en conserve pour leur participation à une entente sur les prix de vente, mais exempte Bonduelle.

Base de l'amende pour chaque entreprise : 10 % de son CA mondial.

Entreprise	Réduction en application de la communication sur la clémence	Réduction en application de la communication sur les procédures de transaction	Amende (en euros)
Bonduelle	100 %	0 %	0
Coroos	15 %	10 %	13 647 000
Groupe Cecab	30 %	10 %	18 000 000
Total			**31 647 000**

Source : Commission européenne, 27 septembre 2019.

DOC 2

Lorsqu'il y a seulement un petit nombre de joueurs, la collusion[1] est une réelle possibilité. S'il y avait des douzaines ou des centaines de firmes, on pourrait supposer sans risque qu'elles se comporteraient de manière non coopérative. Mais quand il y a seulement une poignée de firmes dans un secteur, il est difficile de savoir si la collusion aura effectivement lieu. Dans la mesure où la collusion est finalement davantage profitable que le comportement non coopératif, les firmes sont incitées à coopérer si elles le peuvent. Une manière de le faire est de le formaliser – de signer un accord (peut-être même un contrat légal) ou de mettre en place des incitations financières pour que les entreprises fixent des prix élevés. Mais dans la plupart des pays, vous ne pouvez pas faire cela – tout au moins pas légalement. Les entreprises ne peuvent pas passer un contrat pour maintenir les prix élevés : non seulement le contrat n'est pas valable, mais le rédiger vous envoie tout droit en prison. Vous ne pouvez pas non plus conclure un accord implicite, qui n'aurait pas la force de la loi mais pourrait peut-être exercer une contrainte morale – c'est tout aussi illégal.

Paul Krugman, Robin Wells, *Microéconomie*, De Boeck, 4e édition, 2019.

1. Entente secrète entre deux ou plusieurs personnes visant à tromper quelqu'un.

DOC 3 L'oligopole : un dilemme du prisonnier

Deux firmes, Bridgestone et Hitachi, doivent décider combien de pneus produire. Les profits des deux firmes sont interdépendants : le profit de chaque firme dépend non seulement de ses propres décisions, mais également des décisions de l'autre. Chaque ligne représente une action de Bridgestone, chaque colonne une action de Hitachi.

Bridgestone \ Hitachi	Produit 30 millions de pneus	Produit 40 millions de pneus
Produit 30 millions de pneus	Hitachi fait 180 millions $ de profit. Bridgestone fait 180 millions $ de profit.	Hitachi fait 200 millions $ de profit. Bridgestone fait 150 millions $ de profit.
Produit 40 millions de pneus	Hitachi fait 150 millions $ de profit. Bridgestone fait 200 millions $ de profit.	Hitachi fait 160 millions $ de profit. Bridgestone fait 160 millions $ de profit.

Paul Krugman, Robin Wells, *Microéconomie*, De Boeck, 4e édition, 2019.

DOC 4 L'instabilité du cartel

		Firme B			
		Respecter le prix de cartel		Tricher	
Firme A	Respecter le prix de cartel	5	5	0	8
	Tricher	8	0	3	0

Notes : 1. Tricher, dans le cadre d'un cartel (ou entente), consiste à baisser son prix pour gagner des parts de marché.
2. Les données du tableau correspondent au profit réalisé dans chaque cas de figure.

Source : Emmanuel Combe, *Précis d'économie*, PUF, 2022.

GUIDAGE MÉTHODOLOGIQUE

Fiche Bac n° 2 p. 332 *La dissertation*

Guide méthodologique complet
hachette-clic.fr/23ses1038

N'hésitez pas à annoter les documents directement sur le sujet.

ÉTAPE 3 Étudier le dossier documentaire : extraire les informations en lien avec le sujet

- **Pour bien utiliser le dossier documentaire**, il est nécessaire de compléter les connaissances de cours avec les informations contenues dans les documents. Mais attention, il ne faut pas relever toutes les informations, seulement celles **en lien avec le sujet**.
Au brouillon, nous vous conseillons de trier les informations dans un tableau sur le modèle suivant :

	Informations en lien avec le sujet (données statistiques, citations) *Ces informations pourront vous servir à affirmer, expliciter ou illustrer.*	Prolongements avec le cours ou lien entre les documents
Document 1		
Document 2		
Document 3		
Document 4		

- **Complétez le tableau** à l'aide des documents du sujet de dissertation p. 58.

ÉTAPE 4 Construire son plan détaillé

- **Le plan détaillé consiste à organiser au brouillon les arguments** permettant de « traiter le sujet, tout le sujet, rien que le sujet ». Il faut partir de son questionnement du sujet, des connaissances de cours et des informations extraites des documents. Il s'agit de **rédiger des affirmations** suffisamment précises pour expliciter le contenu de chaque partie, sous-partie ou paragraphe.
- **Les titres des parties** doivent être formulés en reprenant les mots clés du sujet. Il ne faut pas hésiter à déplacer, ajouter/enlever des paragraphes, reformuler ses titres, les inverser, etc., afin d'équilibrer les parties.
- **Une fois que vous pensez votre plan terminé**, reprenez le sujet et vérifiez que **chaque titre** répond au sujet et que vos titres traitent **tout le sujet**.

Plan à 2 niveaux	Plan à 2 niveaux	Plan à 3 niveaux
I) Titre • §1 Affirmation • §2 Affirmation • §3 Affirmation **II) Titre** • §4 Affirmation • §5 Affirmation • §6 Affirmation	**I) Titre** • §1 Affirmation • §2 Affirmation **II) Titre** • §3 Affirmation • §4 Affirmation **III) Titre** • §5 Affirmation • §6 Affirmation	**I) Titre** A) Sous-titre • §1 Affirmation • §2 Affirmation B) Sous-titre • §3 Affirmation • §4 Affirmation **II) Titre** A) Sous-titre • §5 Affirmation • §6 Affirmation B) Sous-titre • §7 Affirmation • §8 Affirmation

APPLICATION

Voici deux plans proposés pour le sujet de dissertation.
Choisissez le meilleur plan, écartez l'autre en justifiant.

Plan 1 : ☐ Accepté ☐ Rejeté	Plan 2 : ☐ Accepté ☐ Rejeté
I) En concurrence imparfaite, les entreprises ont généralement intérêt à former une entente. • §1 Les ententes permettent aux producteurs d'éviter une guerre des prix qui peut leur être nuisible. • §2 En oligopole, les ententes génèrent une hausse des surplus des producteurs. • §3 Les ententes sont d'autant plus profitables que le nombre d'entreprises sur le marché est faible. **II) Cependant les ententes ne procurent pas toujours les avantages espérés.** • §4 Les ententes sont difficiles à mettre en place. • §5 Les ententes sont illégales et sanctionnées par les autorités de la concurrence. • §6 Les ententes sont aussi risquées car instables.	**I) Les ententes sont souhaitables sur un marché oligopolistique.** • §1 Les ententes peuvent porter sur les prix ou sur les quantités échangées. • §2 Les ententes sont profitables lorsqu'il y a peu de producteurs. **II) Les ententes permettent aux entreprises d'éviter de se mener une guerre des prix.** • §3 La guerre des prix est nuisible aux producteurs. • §4 Les ententes génèrent des profits supplémentaires. **III) Mais les ententes peuvent présenter des risques.** • §5 Les ententes sont illégales et font l'objet de sanctions. • §6 Les ententes sont risquées car instables.

3 Quelles sont les principales défaillances du marché ?

NOTIONS À DÉCOUVRIR

- Défaillance du marché
- Externalités
- Biens communs
- Biens collectifs
- Asymétrie d'information
- Sélection adverse
- Aléa moral

NOTIONS DE 2de

- Allocation des ressources
- Marché
- Taxe

DÉCOUVRIR PAR L'IMAGE

Voici deux sacs à main : l'un est un modèle de marque vendu plus de 1 000 € dans des boutiques et sur des sites spécialisés ; l'autre est une contrefaçon vendue quelques dizaines d'euros sur des plateformes de vente d'occasion.

1. Sauriez-vous reconnaître lequel des deux sacs est une contrefaçon ?
2. Pourquoi la contrefaçon est-elle un problème pour les producteurs comme pour les consommateurs ?

DÉCOUVRIR PAR LA VIDÉO

« À Marseille, un QR code obligatoire pour accéder à une calanque »,
AFP, 28 juin 2022.
▶ Durée 1:24

Vidéo
hachette-clic.fr/23ses1039

1. Selon vous, pourquoi l'accès à cette calanque est-il régulé ?
2. Comment l'accès est-il régulé ?
3. Imaginons une solution alternative : mettre un prix à payer pour accéder aux calanques. Que pensez-vous de cette solution ?

DÉCOUVRIR EN DONNANT SON AVIS

- Êtes-vous d'accord, pas d'accord ou sans opinion avec les affirmations suivantes ?

1. Pour diminuer la pollution dans les villes, il faut augmenter le prix des places de stationnement.
2. Les taxes sur l'essence diminuent la consommation d'essence, et donc la pollution.
3. Les forêts seraient mieux préservées si elles étaient toutes la propriété de l'État.
4. Ce qui est libre et gratuit est souvent gaspillé.
5. L'accès à une éducation de qualité suppose que les familles en payent directement le prix.
6. Les producteurs ont toujours intérêt à cacher certaines caractéristiques des produits qu'ils vendent.
7. Il suffit de mieux informer les consommateurs pour qu'ils adoptent des comportements d'achat raisonnés.
8. Les conducteurs de voiture les mieux couverts par leur assurance prennent plus de risques.
9. Pour protéger l'environnement, on peut miser sur la conscience écologique et la solidarité de chacun.

Vous pouvez reporter vos réponses dans la grille à télécharger. Grille hachette-clic.fr/231040

Pour visualiser les réponses de la classe, utilisez le Q-Sort interactif hachette-clic.fr/23ses1041

DOSSIER 1 Pourquoi le marché est-il défaillant en présence d'externalités ?

OBJECTIF Comprendre que le **marché** est **défaillant** en présence d'**externalités** et être capable de l'illustrer par un exemple (notamment celui de la pollution).

DOC 1 — POUR COMMENCER
La pollution de l'air augmente la mortalité

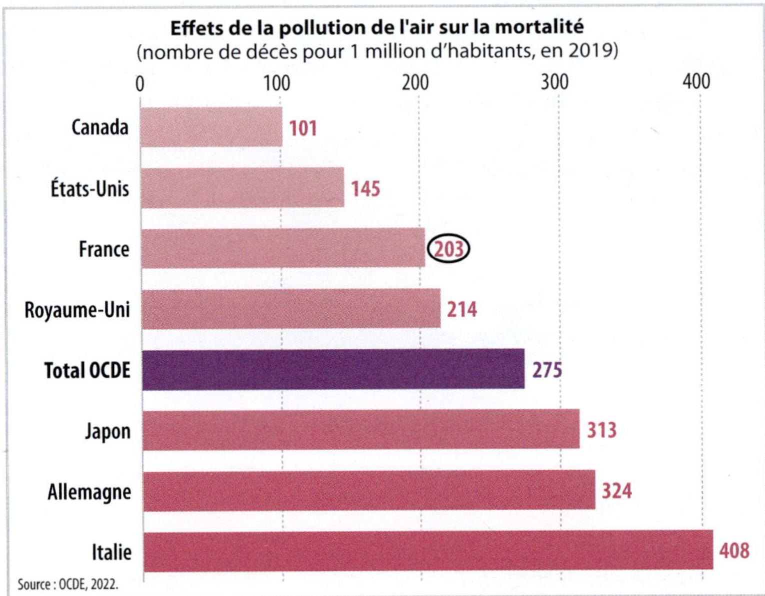

DÉFINITION

Défaillance du marché
Impossibilité pour le marché de déterminer un prix pour tout ou partie d'un produit ou des effets d'une production. Dans ce cas, le marché n'est pas efficace.

1. Rédigez une phrase présentant la signification précise de la donnée entourée.
2. À l'aide d'un calcul pertinent, comparez la mortalité liée à la pollution de l'air de l'Italie à celle de la France.
3. Quelles sont les activités à l'origine de cette pollution de l'air ?
4. En quoi la pollution de l'air et ses effets sont-ils une défaillance du marché ?

DOC 2 — Des externalités positives et négatives

La rivière Buriganga à Dacca, capitale du Bangladesh, mars 2022. Cette rivière est l'une des plus polluées du pays.

« Comprendre les externalités positives et négatives » par Philippe Gattet, Xerfi Canal, 2 septembre 2021.
▶ Extrait jusqu'à 3:35

Vidéo hachette-clic.fr/23ses1042

DÉFINITION

Externalités
Effets produits par un agent économique lorsqu'il procure à autrui, par son activité, sans compensation monétaire, un avantage gratuit (externalité positive) ou un dommage (externalité négative).

1. Expliquez pourquoi la pollution d'une rivière peut être qualifiée d'externalité.
2. Montrez qu'un festival de musique peut être à l'origine d'externalités positives et négatives.
3. Pourquoi le marché est-il défaillant en présence d'externalités ?

DOC 3 Du coût privé au coût social de l'usage des routes

Le coût pour la collectivité ou coût social total de l'usage des infrastructures de transports est la somme de deux composantes : le coût d'usage global supporté par l'usager (lors de l'achat du véhicule ou du carburant, des réparations de son véhicule, ou sous forme de temps perdu dans les embouteillages) augmenté des coûts externes, ou encore externalités, qu'il engendre pour la collectivité (émissions de CO2, embouteillages, pollution de l'air, bruit, accidents). L'usager de la route ne prend généralement en compte que le coût d'usage qu'il supporte directement pour prendre sa décision d'utiliser un mode de transport ; il ne considère pas spontanément les externalités générées pour la collectivité par son déplacement, ce qui peut conduire à un niveau de trafic trop élevé par rapport à ce qui est optimal pour la société.

Au niveau individuel, un déplacement supplémentaire est souhaitable si son utilité pour l'usager est égale au coût social qu'il génère. Dans le cas contraire, il vaudrait mieux que le déplacement n'ait pas lieu. Le niveau optimal de déplacements et leur répartition optimale par mode sont donc atteints lorsque l'utilité sociale marginale d'un déplacement supplémentaire est égale à son coût marginal social.

Antoine Bergerot, Gabriel Comolet, Thomas Salez [économistes], « Les usagers de la route paient-ils le juste prix de leurs circulations ? », Trésor-Éco n° 283, avril 2021.

1. Que désignent les coûts externes ?
2. L'usager de la route supporte-t-il le coût social total ? Justifiez.
3. Quelle conséquence cela engendre-t-il sur son comportement ?
4. Pourquoi, en présence d'externalités, l'allocation des ressources par le marché est-elle inefficace ?

4 EXERCICE Des externalités à l'origine de défaillances du marché

Complétez le schéma à l'aide des mots suivants :
bénéfice privé • inférieure • coût social • positive • coût externe • bénéfice social • bénéfice externe • optimale • coût privé • supérieure • négative.

Schéma hachette-clic.fr/23ses1043

Externalité ……………
- L'agent économique (producteur ou consommateur) ne supporte pas le …………… engendré par son activité de production ou de consommation.
- Le …………… est supérieur au …………… .
- La quantité de biens ou services produite ou consommée est …………… à la quantité optimale : production ou consommation trop importante.

Externalité ……………
- L'agent économique (producteur ou consommateur) ne ressent pas le …………… que son activité de production ou de consommation procure.
- Le …………… est inférieur au …………… .
- La quantité de biens ou services produite ou consommée est …………… à la quantité optimale : production ou consommation trop faible.

Le marché ne parvient pas à allouer les ressources de manière …………… : le marché est défaillant en présence d'externalités.

S'entraîner

1 S'autoévaluer

CORRIGÉS P. 338

Ces activités engendrent-elles des externalités positives et/ou négatives ? Justifiez votre réponse.

1. Effets de l'implantation d'une ligne à haute tension transportant de l'électricité sur les riverains.
2. Effets du prolongement d'une ligne de métro souterrain sur les propriétaires de logements à proximité.
3. Effets de la découverte d'un vaccin sur les personnes vaccinées.
4. Effets des émissions de CO_2 sur le climat.

2 Raisonnement s'appuyant sur un dossier documentaire (BAC)

À l'aide de vos connaissances et des documents 2 et 3, vous montrerez que les externalités constituent des défaillances du marché.

DOSSIER 2

Pourquoi le marché est-il défaillant en présence de biens collectifs et communs ?

OBJECTIF Comprendre que le **marché** est **défaillant** en présence de **biens communs** et de **biens collectifs**, et être capable de l'illustrer par des exemples.

DOC 1 POUR COMMENCER

La tragédie des biens communs

« Les biens communs », T'as Capté ? (épisode 8), Citéco, 19 juillet 2021.

Vidéo hachette-clic.fr/23ses1044

1. Citez un exemple de bien commun et montrez qu'il est non exclusif et rival.
2. Quel comportement rationnel adoptent les agents économiques en présence d'un bien commun ?
3. Quelle conséquence ce comportement engendre-t-il ?
4. Justifiez l'expression qui sert de titre au document : la « tragédie des biens communs ».

DÉFINITION

Biens communs
Ressources rivales (une unité utilisée par un agent ne peut pas être utilisée par un autre agent), mais non exclusives (impossible de réserver l'utilisation à certains agents, via le paiement d'un prix par exemple).

DOC 2

Le marché est défaillant pour certains biens

Paul Samuelson a proposé de classer les biens (au sens large de ce qui peut être utile à l'homme) selon deux critères simples : l'exclusivité et la rivalité. Un bien est dit « rival » si la consommation d'une personne réduit la consommation d'une autre. Un bien est dit « exclusif » s'il est possible d'empêcher quelqu'un de le consommer.

Une partie de la complexité de la crise climatique peut se comprendre à la lumière de cette typologie : le climat est à la fois non exclusif (il n'est techniquement pas possible d'empêcher qui que ce soit d'en bénéficier) et non rival (son utilisation par un individu n'en prive pas les autres). […]

Un autre type de biens est facilement identifiable dans la typologie de Samuelson : les biens privés purs tels que les combustibles fossiles et les minerais appartenant à des particuliers et des organisations privées ou des entreprises publiques.

James Buchanan a caractérisé un troisième type de biens, qu'il a qualifié de « biens de club » : des groupes d'individus peuvent en effet créer des associations (ou clubs) privées pour se procurer des biens et services non rivaux, mais à petite échelle, dont ils peuvent profiter tout en excluant les non-membres […]. Une quatrième catégorie de biens environnementaux, non exclusifs mais rivaux, comprend les ressources dites en libre accès, telles que la pêche en haute mer.

Eloi Laurent [économiste], *Économie pour le XXIe siècle, Manuel des transitions justes*, La Découverte, Repères, 2023.

1. Placez dans le tableau les différentes catégories de biens distingués dans le texte.

	Rivalité	Non-rivalité
Exclusivité		
Non-exclusivité		

Tableau hachette-clic.fr/23ses1045

2. Pourquoi la non-exclusivité est-elle à l'origine de défaillances du marché ?

DÉFINITION

Biens collectifs
Ressources non rivales (l'utilisation par un agent n'empêche pas l'utilisation par un autre), et non exclusives (il n'est pas possible de réserver l'utilisation aux agents qui en ont payé le prix).

DOC 3 La surexploitation des poissons marins

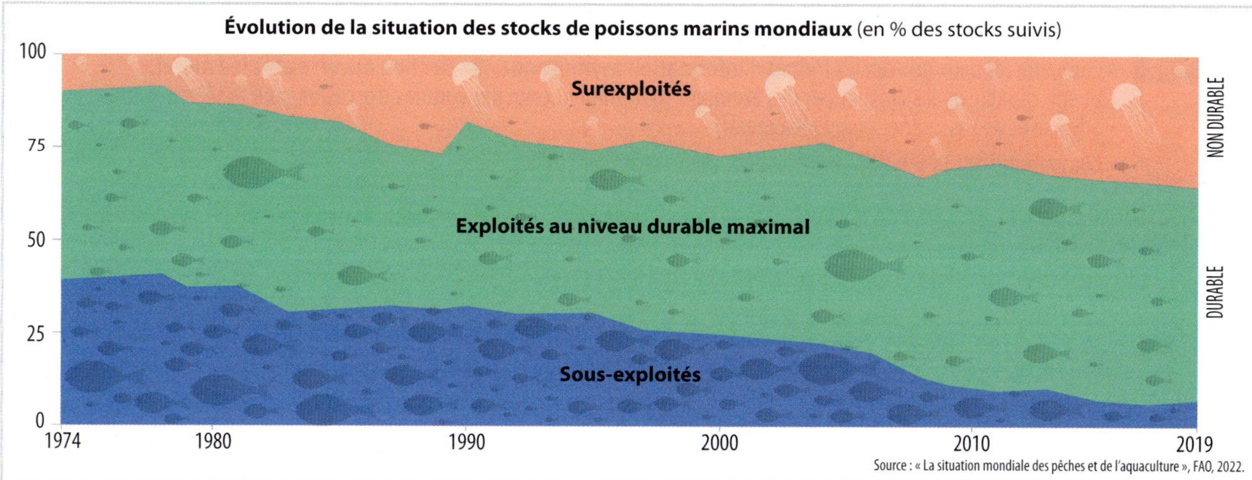

Source : « La situation mondiale des pêches et de l'aquaculture », FAO, 2022.

1. Rédigez une phrase présentant la signification précise des trois données en 2019.
2. À l'aide d'un calcul, montrez que la part des stocks de poissons marins surexploités a augmenté au niveau mondial.
3. Comment peut-on expliquer cette évolution ?

4 EXERCICE Biens collectifs et stratégies de « passagers clandestins »

Un service de retrait de déchets encombrants est mis en place dans votre ville, financé par les contributions volontaires des habitants. Vous estimez que ce service vous apporte un gain de 2 € par mois, puisqu'il vous évite de vous déplacer à la déchetterie. Allez-vous y contribuer, pour 1 € par mois ?
Pour décider, vous prenez en compte le fait que le service ne sera produit que si les autres habitants décident également de contribuer. Voici comment vous évaluez vos gains ou pertes :

Tableau hachette-clic.fr/23ses1046

	Les autres habitants contribuent.	Les autres habitants ne contribuent pas.
Je contribue.	2 – 1 = 1	
Je ne contribue pas.	2 – 0 = 2	

1. Calculez les gains ou les pertes que vous réalisez lorsque les autres habitants ne contribuent pas.
2. Si les autres habitants contribuent et que le service est produit, qu'avez-vous intérêt à faire ?
3. Supposons maintenant que les autres habitants ne contribuent pas. Qu'avez-vous intérêt à faire ?
4. Si tous les habitants raisonnent comme vous, le service peut-il être produit ?

S'entraîner

1 S'autoévaluer CORRIGÉS P. 338

Complétez le texte à l'aide des mots suivants :
tragédie • rivaux *(2 fois)* • exclusifs *(3 fois)* • pâturages • police • surexploitation.

Les biens collectifs sont des biens non .... et non .... : par exemple, la .... et l'éclairage public. Ces biens étant non ...., le marché est défaillant car les individus sont rationnels et agissent en « passager clandestin » : pourquoi paieraient-ils alors que ces biens sont en accès libre et qu'ils bénéficient à tous ?
Les biens communs sont des biens non .... mais ils sont .... C'est le cas, par exemple, des ressources de la mer et des .... Les individus vont utiliser ces biens en accès libre jusqu'à provoquer une ...., voire une disparition de la ressource. C'est la « .... des biens communs ».

2 Étude d'un document BAC

1. À l'aide des données du document 3, caractérisez l'évolution des différents types de stocks de poissons marins mondiaux entre 1974 et 2019.
2. À l'aide du document 3 et de vos connaissances, montrez que l'évolution des stocks de poissons marins illustre la défaillance du marché en présence de biens communs.

DOSSIER 3 Pourquoi le marché est-il défaillant quand l'information est imparfaite ?

OBJECTIFS
- Connaître les deux principales formes d'**information asymétrique**, la **sélection adverse** et l'**aléa moral**, et être capable de les illustrer par des exemples (notamment celui des voitures d'occasion pour la sélection adverse et de l'assurance pour l'aléa moral).
- Comprendre que la sélection adverse peut mener à l'absence d'équilibre.

DOC 1 POUR COMMENCER
L'asymétrie d'information sur le marché des voitures d'occasion

Denis Clerc et Elizabeth Holleville, « La sélection adverse », paru dans *Alternatives économiques*, 24 décembre 2020.

1. Qui détient la meilleure information sur la qualité des voitures ?
2. Si les voitures sont au même prix, comment l'acheteur peut-il choisir ?
3. Si les voitures sont au même prix, quels vendeurs vont refuser de vendre leurs voitures ?

> **DÉFINITION**
>
> **Asymétrie d'information**
> Information inégale entre les offreurs et les demandeurs sur un marché, à l'origine de défaillances du marché.

DOC 2 La sélection adverse : les mauvaises voitures chassent les bonnes

Ce n'est qu'en 1970 qu'a été mise au jour la famille nombreuse des « asymétries d'information ». La concurrence parfaite était alors le fin du fin pour les économistes louangeurs de l'économie de marché. Elle postule que, sur le marché, acheteurs et vendeurs disposent de toute l'information nécessaire. […]

Mais l'économiste George Akerlof avait bien compris que c'était une mauvaise blague pour les innombrables acheteurs qui se font rouler par des vendeurs peu scrupuleux. Et que cela pouvait avoir des conséquences funestes pour certains marchés. Sur celui des voitures d'occasion par exemple, seul le propriétaire de la voiture bien lustrée sait que c'est en fait un tacot. L'acheteur se méfie, exige une baisse de prix en raison de ce risque. Baisse qui dissuade les propriétaires de bonnes voitures de les vendre sur le marché de l'occasion. Au fil du temps, le marché, composé de plus en plus de tacots, menace de s'effondrer si rien n'est fait (visite technique, garantie, label…), victime de cette asymétrie d'information appelée « sélection adverse ».

Denis Clerc et Auriane Bui [journalistes économiques], « Parlez-vous l'éco ? Les asymétries d'information », *alternatives-economiques.fr*, 31 décembre 2020.

1. Décrivez l'asymétrie d'information sur le marché des voitures d'occasion.
2. Quelles sont les conséquences de l'asymétrie d'information sur le marché des voitures d'occasion ?

> **DÉFINITION**
>
> **Sélection adverse :** situation d'asymétrie d'information sur les qualités des produits, avant l'échange, qui conduit à la disparition des produits de bonne qualité du marché.

3 L'aléa moral : quand les assurés deviennent négligents

L'« aléa moral » est une autre facette du problème de l'information. Le concept est simple : si vous dédommagez les gens quand il leur arrive de mauvaises choses, ils risquent de devenir négligents. [...] Si ma voiture est assurée contre le vol, je peux me garer partout où je trouve une place, même dans une rue déserte qui n›a pas l›air tout à fait sûre. [...]

S'il est impossible pour les compagnies d'assurances (ou pour quiconque) d'éviter entièrement l'aléa moral, elles peuvent prendre des mesures pour le réduire. Par exemple, elles ne proposent pas d'assurance contre le risque de licenciement ou de grossesse, et c'est dommage, car ce serait formidable. La raison est facile à deviner : on peut facilement faire en sorte d'être viré ou de tomber enceinte. Il y a beaucoup de gens qui aimeraient quitter leur emploi et bien d'autres qui aimeraient avoir des enfants, et ces gens-là seraient particulièrement désireux de souscrire une assurance qui leur verserait une coquette somme pour mettre leur projet à exécution. Par conséquent, l'aléa moral détruit le marché pour l'assurance emploi. [...]

Les gouvernements et les assureurs tentent de se protéger contre l'aléa moral. L'un des moyens les plus courants consiste à modifier la police d'assurance pour fournir une couverture incomplète, sous la forme d'une franchise. [...] Un autre moyen de combattre l'aléa moral, pour les compagnies d'assurances, est d'avoir accès à des informations d'initié. Elles voudront savoir si je fume avant de définir ce que me coûtera mon assurance santé.

Tim Harford [journaliste économique], *L'économie est un jeu d'enfant*, PUF, 2016.

1 Décrivez l'asymétrie d'information dans le cas d'un contrat d'assurance.

2 Cherchez d'autres exemples de comportements négligents d'automobilistes s'ils sont assurés « tous risques ».

3 Quels sont les différents moyens utilisés par les assurances pour limiter l'aléa moral ?

DÉFINITION

Aléa moral
Situation d'asymétrie d'information sur les comportements des partenaires d'un échange, après l'échange, qui permet à une des parties de modifier son comportement au détriment de l'autre.

4 EXERCICE Assurance et asymétries d'information

Une compagnie d'assurance automobile ne peut pas connaître le profil conducteur de ses assurés. Elle fait l'hypothèse que 50 % d'entre eux présentent un risque faible d'accident et 50 % un risque fort. Les données de dépenses potentielles associées aux deux types de profil de risque sont résumées dans le tableau.

	Profil risque faible	Profil risque fort
% de risques de faire face à un sinistre de 1 000 €	10 %	75 %
% de risques de faire face à un sinistre de 100 €	90 %	25 %
Dépenses potentielles	0,1 x 1000 + 0,9 x 100 = 190 €	0,75 x 1000 + 0,25 x 100 = 775 €

1 Quel montant de prime d'assurance la compagnie doit-elle fixer pour couvrir les risques, quel que soit le profil de l'assuré ?

2 Quel profil d'assurés considérera que la prime est trop élevée ? Que risquent-ils de faire ?

3 Quel profil d'assurés acceptera de payer cette prime ? Expliquez pourquoi.

4 Quelle difficulté cette situation risque-t-elle de poser à la compagnie d'assurance ?

S'entraîner

1 S'autoévaluer CORRIGÉS P. 338

Distinguez les situations de sélection adverse et d'aléa moral.

1. Un locataire se rend compte que l'appartement qu'il loue est mal isolé.
2. Lorsque les soins sont remboursés, les patients sont incités à les consommer de manière excessive.
3. Un chômeur indemnisé pendant 24 mois pourrait limiter sa recherche d'emploi.
4. Les plats cuisinés comportent des additifs potentiellement nuisibles à la santé.

2 Mobilisation des connaissances BAC

À l'aide d'un exemple, montrez comment la sélection adverse provoque une défaillance du marché.

DOSSIER 4 Comment les pouvoirs publics peuvent-ils remédier aux défaillances du marché ?

OBJECTIF Être capable d'illustrer l'intervention des pouvoirs publics face à ces différentes défaillances [**taxes, subventions, mesures réglementaires**].

DOC 1 POUR COMMENCER Des réglementations pour les biens communs

Vidéo hachette-clic.fr/23ses1047

« La pêche à la civelle reste autorisée mais la durée de la pêche est réduite de moitié », France 3, 13 décembre 2022.

▶ Durée 2:05

1. Pourquoi la pêche à la civelle constitue-t-elle une activité importante dans la région des Pays de la Loire ?
2. Quelles sont les trois raisons expliquant la raréfaction des civelles ?
3. Quelles sont les différentes mesures imposées par l'Europe aux pêcheurs pour préserver les ressources en civelles ?

DOC 2 Internaliser les externalités

Afin de faire face au problème des externalités, les pouvoirs publics peuvent agir de manière que les agents à l'origine de celles-ci intègrent dans leurs calculs économiques le coût social (ou le bénéfice social) lié à leurs activités. Il s'agit alors pour les pouvoirs publics d'« internaliser les externalités », ce qui peut passer par la mise en place de plusieurs dispositifs, dont les modalités diffèrent.

Le premier outil à la disposition des pouvoirs publics est la réglementation. Celle-ci consiste en la mise en place de normes et de lois dont l'objectif est de contraindre les comportements des agents. […] Par exemple, pour limiter la pollution et ses effets indésirables, certaines grandes villes (comme Paris, Lille ou Grenoble) ont mis en place une vignette « Crit'air » qui réglemente la circulation des véhicules dans certaines ZCR (zones à circulation restreinte) : les véhicules les plus polluants ont une vignette spécifique qui restreint voire supprime leur possibilité de circuler.

Les pouvoirs publics peuvent également s'appuyer sur des dispositifs de taxation et de subvention de manière à inciter les agents économiques à modifier leur comportement. Il s'agit alors d'agir directement sur le système des prix pour pouvoir changer *in fine* les comportements. […] Lors de la crise sanitaire liée au Covid-19 les laboratoires privés ont ainsi été aidés par les États afin qu'ils puissent s'engager dans des activités de recherche permettant de trouver rapidement des vaccins et traitements pour combattre la maladie.

Nicolas Olivier, Christophe Viscogliosi [enseignants], *Apprendre l'économie: le manuel pratique qui va vous surprendre*, Dunod, 2022.

1. Que signifie l'expression « internaliser les externalités » ?
2. Montrez comment une taxe peut modifier le comportement des agents économiques à l'origine d'externalités négatives.
3. Classez les exemples suivants selon qu'ils illustrent les dispositifs réglementaires ou les dispositifs incitatifs (taxation/subvention) :
   a) L'écotaxe automobile (malus écologique pour les véhicules polluants).
   b) L'interdiction de fumer dans les lieux publics couverts et fermés.
   c) Les taxes sur le carburant.
   d) MaPrimeRénov' (pour isoler les logements).
   e) La norme européenne de limitation des émissions de CO_2 pour les voitures.

3 EXERCICE Les effets d'une taxe forfaitaire sur le marché du carburant

L'État décide de mettre en place une taxe sur le carburant payée par les acheteurs pour réduire les externalités négatives engendrées par la circulation routière. Imaginons une taxe forfaitaire, d'un montant fixe. Le graphique suivant est une représentation du marché avant et après la taxe, avec une caractéristique particulière sur ce marché : la demande de carburant est peu sensible aux variations du prix.

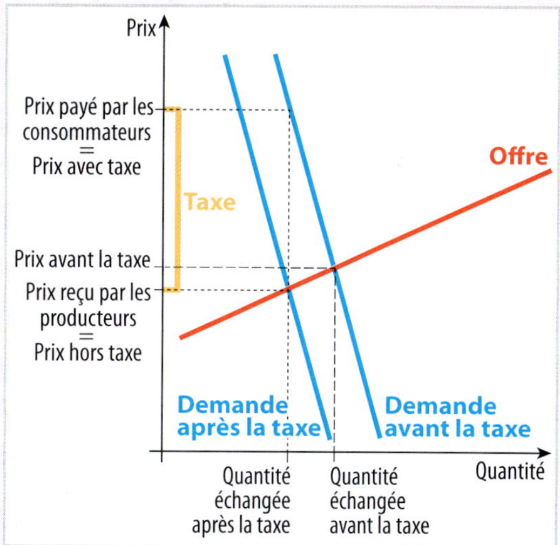

1. Comment évolue le prix payé par les consommateurs avec la mise en place de la taxe ?
2. Pourquoi le prix n'augmente-t-il pas du même montant que la taxe ?
3. Qui supporte ici la plus grande partie des effets de la taxe sur le prix : les producteurs ou les consommateurs ?
4. Quel est l'effet de la taxe sur la quantité échangée ?

DOC 4 La réglementation énergétique des logements

Dans un contexte de forte hausse des prix de l'énergie, les performances énergétiques des logements représentent un enjeu majeur. En Île-de-France, les tensions sur le marché du logement sont fortes et pourraient encore s'amplifier si les habitations les plus énergivores du parc ne sont pas rapidement rénovées, sans quoi elles ne pourront bientôt plus être louées. En effet, la loi Climat et résilience vise la disparition des logements à faible performance énergétique. Après le gel des loyers des logements étiquetés F ou G, entré en vigueur en août 2022, des interdictions de louer s'imposeront en 2025, 2028 et 2034, frappant progressivement les logements de classe G, puis F et enfin E. La loi Climat et résilience renforce aussi l'information sur la performance des logements en imposant la réalisation d'un audit énergétique pour chaque vente. […]

Le parc locatif privé est le plus concerné par les dispositions de la loi Climat et résilience. Au regard des performances énergétiques, sans rénovation efficace, 745 000 logements pourraient être interdits de mise en location, dont 22 % dès 2025 (étiquette G), 30 % en 2028 (étiquette F) et 48 % à l'horizon 2034 (étiquette E). Cet important volume de logements représente 15 % de la totalité des logements occupés en Île-de-France, équivalant à près de onze années de construction, en se fondant sur l'objectif fixé par la loi relative au Grand Paris de bâtir 70 000 logements chaque année.

« Sans travaux de rénovation énergétique, près d'un logement francilien sur deux bientôt interdit à la location », INSEE, *Analyses Ile-de-France*, n° 159, 13 octobre 2022.

1. Montrez que la loi adoptée permet de corriger certaines externalités négatives liées au logement.
2. Montrez que cette loi corrige également une asymétrie d'information.
3. Pour quelle raison les tensions sur le marché du logement pourraient-elles s'amplifier avec l'application de cette loi ?

S'entraîner

1 S'autoévaluer CORRIGÉS P. 338

Reliez les éléments entre eux.

Défaillances
- Externalité négative
- Asymétrie d'information
- Bien commun
- Externalité positive

Interventions des pouvoirs publics
- Quota de pêche
- MaPrimeRénov' (pour isoler les logements)
- Taxe sur le carburant
- Bilan énergétique des biens immobiliers

Types d'intervention
- Taxation
- Réglementation
- Subvention

2 Raisonnement s'appuyant sur un dossier documentaire BAC

À l'aide de vos connaissances et des documents 2, 3 et 4, montrez par quels moyens les pouvoirs publics peuvent corriger les externalités négatives.

ACTIVITÉ 1 Rédiger un article

OBJECTIFS

Savoirs : biens communs, réglementation

Savoir-faire : analyser un document, repérer des arguments

Les lancers de satellite : une nouvelle tragédie des biens communs ?

Votre mission Votre journal local propose aux élèves de spécialité SES de rédiger un article permettant de comprendre pourquoi les lancers de satellite peuvent constituer une nouvelle « tragédie des biens communs ». En effet, non exclusifs et rivaux, les biens communs sont menacés par la surexploitation.

ÉTAPE 1 Sélectionner les informations des documents

1 Collectez dans les documents les éléments de réponse aux 7 questions essentielles auxquelles un article doit répondre : Qui ? Quoi ? Où ? Quand ? Comment ? Combien ? Pourquoi ?

DOC 1 L'espace : un bien commun dont l'exploitation est stratégique

Les satellites ont une dimension à la fois stratégique et économique pour les pays. « L'exploitation de l'espace est bénéfique dans de nombreux domaines, comme la surveillance du climat et de la météorologie, l'accès aux soins de santé et à l'éducation, la gestion de l'eau, l'efficacité dans les transports et l'agriculture, le maintien de la paix, la sécurité et l'aide humanitaire », expliquait la directrice du Bureau des affaires spatiales des Nations unies dans un article publié en 2019.

De nombreux États et entreprises détiennent et exploitent des satellites, mais peu de pays disposent des infrastructures pour les lancer dans l'espace. Le coût d'accès à l'espace s'est toutefois réduit ces dernières années, en particulier grâce à des partenariats entre le privé et le public. L'entreprise américaine SpaceX, qui a noué un partenariat avec la Nasa, l'agence spatiale américaine, a développé une technologie lui permettant de récupérer et de « refaire voler les parties les plus chères de la fusée, ce qui conduit à une baisse du coût de l'accès à l'espace », explique-t-elle sur son site. […] L'espace est un bien commun : il appartient à tous et ne peut pas être accaparé par un État. Lorsqu'un satellite est mis en orbite, il occupe une place dans l'espace qui n'est alors plus disponible pour d'autres.

« L'occupation de l'espace par les satellites », *Brief.eco*, 2 juin 2021.

DOC 2 Une course aux satellites

« Est-on en train de nous voler l'espace ? », Arte, 3 septembre 2022.
▶ Extrait de 11:35 à 13:35

▶ Vidéo hachette-clic.fr/23ses1048

DOC 3 Le manque de réglementation à l'origine de la pollution spatiale

L'espace est depuis quelques années au cœur de l'actualité européenne et internationale : lancements spectaculaires d'entreprises américaines, projets de mégaconstellations de satellites dont une constellation européenne, renouveau de l'exploration spatiale avec des projets sur la Lune ou sur Mars, prolongation de l'exploitation de la Station spatiale internationale (ISS) jusqu'en 2030, tirs antisatellites et débats autour de la pollution spatiale engendrée, multiplication des projets de tourisme spatial, etc.

Le manque de réglementation internationale permet aux acteurs les plus puissants d'imposer leurs activités spatiales, quitte à menacer celles des autres, en orbite ou sur Terre. Surtout, l'absence de règles contraignantes favorise la prolifération des débris spatiaux, qui représentent une menace majeure pour les activités spatiales en raison du risque de survenue du « syndrome de Kessler », c'est-à-dire des collisions en cascade entre les objets en orbite, actifs ou non. En 2021, on dénombre déjà plus de 300 millions de débris en orbite selon l'Agence spatiale européenne (ESA).

« Rapport d'information parlementaire sur l'espace », Commission des affaires étrangères, Assemblée nationale, 3 février 2022.

ÉTAPE 2 Rédiger votre article

2 En vous appuyant sur les informations collectées, rédigez votre article. Votre article doit être agréable à lire, instructif et concis. Il doit comporter 1 500 à 2 500 signes, soit entre 250 et 400 mots.

ACTIVITÉ 2 Argumenter

OBJECTIFS

Savoirs : asymétrie d'information, aléa moral, sélection adverse

Savoir-faire : sélectionner des informations, argumenter

Big data et IA contre l'aléa moral : quels effets pour les assurés ?

Votre mission Rédigez un argumentaire dans lequel vous montrerez que si le big data et l'IA (intelligence artificielle) peuvent limiter les asymétries d'information des assurances, ils produisent néanmoins des effets contrastés pour les assurés.

ÉTAPE 1 Comprendre les effets du big data et de l'IA pour les assurances et les assurés

DOC 1 Les multiples utilisations de l'IA pour les assureurs

On accuse l'IA de tous les maux : aggravation des discriminations, froideur des décisions automatisées, exploitation débridée des données aux qualités très variables. Ce n'est pas l'avis de l'EIOPA, le régulateur européen des assureurs. […] S'il met en garde sur les travers d'une utilisation aveugle, il en pointe aussi les avantages […]. On utilisera d'abord l'IA, dit l'EIOPA, là où on l'attend : pour le calcul plus fin des primes et la souscription d'assurances. L'Internet des objets avec tout ce que les capteurs diront de l'environnement dans lequel l'assuré évolue donneront de quoi mesurer les risques, parfois les prévoir et pas simplement les évaluer. Les primes seront optimisées, segmentées et personnalisées. […]

Là où l'IA fera la différence, d'après l'EIOPA, c'est ailleurs, pour prodiguer des conseils ou influencer le comportement des assurés sur base de ce que l'IA trouvera dans les données médicales ou de conduite automobile, pour éviter les maladies ou prévenir un accident. On criera à l'atteinte à la vie privée mais, à choisir, préférera-t-on éviter un accident ou un cancer ou préserver sa vie privée ? Là où l'AI fera aussi une différence, c'est dans la détection des fraudes grâce à l'apprentissage des anomalies dans les déclarations de sinistre au bénéfice de l'ensemble des assurés qui payent leurs primes et déclarent leurs sinistres avec probité.

Charles Cuvelliez et Emmanuel Michiels, « L'intelligence artificielle au service de l'inclusion sociale, ça existe», *latribune.fr*, 6 décembre 2021.

DOC 2 Des caméras pour protéger les assurés ou les assurances ?

Vidéo

« Dashcam, elles surveillent la route », Turbo Magazine.fr, 24 août 2020.

▶ Extrait jusqu'à 2:22

1. Montrez que le dispositif de la dashcam permet de réduire l'aléa moral.
2. Comment ce dispositif permet-il aux compagnies d'assurance d'attirer les meilleurs conducteurs ?
3. Quels avantages l'assuré peut-il en tirer ?
4. Quels risques ces innovations numériques comportent-elles pour les assurés ?

ÉTAPE 2 Rédiger un texte argumenté

5. À partir des informations collectées, rédigez un argumentaire présentant les avantages et les risques que le big data et l'IA engendrent pour les assurés.

Fiche méthode n° 1 p. 318 *Construire une argumentation*

ACTIVITÉ 3 Débattre

OBJECTIFS

Savoirs : externalités, marché du carbone

Savoir-faire : repérer et trier des arguments, argumenter et s'exprimer à l'oral

Le marché du carbone est-il efficace pour atténuer le réchauffement du climat ?

Votre mission Au niveau mondial, de nombreux marchés du carbone ont été instaurés, permettant d'internaliser les externalités liées aux émissions de CO_2. Quels effets peut-on attendre de l'instauration de marchés du carbone pour atténuer le réchauffement du climat ?

ÉTAPE 1 Préparer le débat

1. Par groupe de 3 à 4 élèves, prenez connaissance des documents puis répondez aux questions p. 73.
2. Repérez et classez sur une feuille séparée en deux colonnes tous les arguments issus des documents et de vos réponses aux questions.

Le marché du carbone est-il efficace pour atténuer le réchauffement du climat ?

- **Oui** : Arguments en faveur de l'instauration d'un marché du carbone (les avantages)
- **Non** : Arguments en défaveur de l'instauration d'un marché du carbone (les limites)

DOC 1 Les marchés de quotas d'émissions

« Les marchés de quotas d'émissions », T'as Capté ? (épisode 12), Citéco, 6 janvier 2022.

Vidéo hachette-clic.fr/23ses1049

REPÈRE

Le marché européen du carbone

Le Système européen d'échanges de quotas d'émissions de gaz à effet de serre (SEQE) a été créé en 2005 afin d'imposer un plafond d'émissions aux secteurs très émetteurs de l'UE. Les entreprises reçoivent ou achètent des quotas d'émission qu'elles peuvent échanger les unes avec les autres. Ce marché couvre désormais plus de 11 000 installations industrielles et centrales électriques dans l'Union européenne ainsi que les vols à l'intérieur de cette zone, ce qui représente environ 45 % des émissions de gaz à effet de serre de l'UE.

DOC 2 Les effets du marché des quotas d'émissions

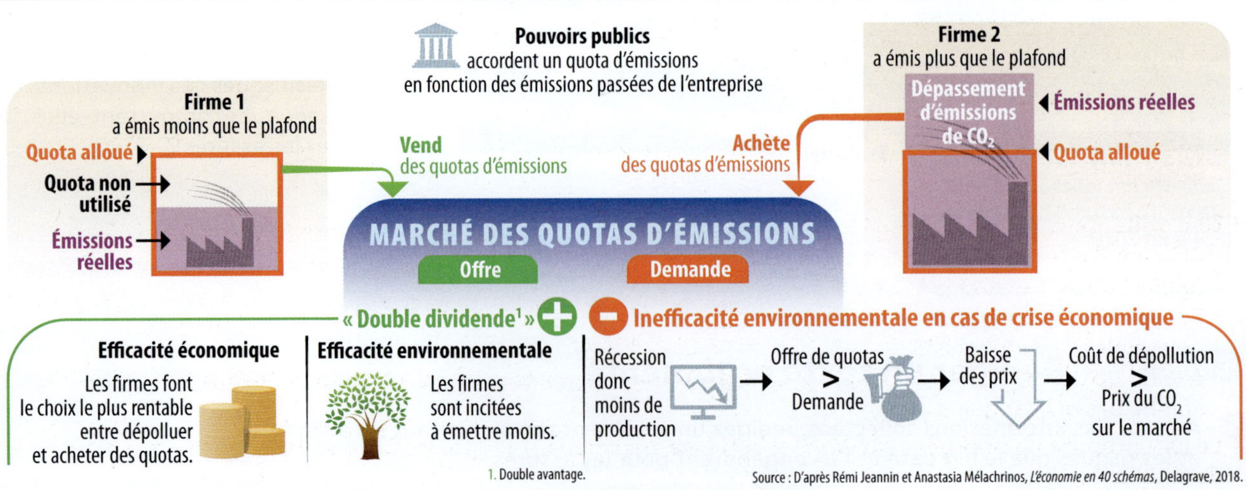

1. Double avantage.

Source : D'après Rémi Jeannin et Anastasia Mélachrinos, *L'économie en 40 schémas*, Delagrave, 2018.

DOC 3 Les limites des marchés du carbone

Sur les 64 systèmes d'échange de quotas d'émissions (SEQE) existants, seule une infime minorité, ne couvrant que 3,8 % des émissions, fixe le prix du carbone à plus de 40 dollars la tonne, tarif minimum pour compenser le coût des dommages causés au bien-être mondial selon la Carbon Pricing Leadership Coalition, qui regroupe des entreprises et des gouvernements. Et ce coût pourrait être encore sous-estimé : certains économistes l'évaluent à plus de 200 dollars la tonne.

En fait, la plupart des marchés ne fixent pas un prix du carbone assez cher pour être efficace pour le climat. Taxer fort demande du courage politique face aux lobbies des entreprises. Ce coût se répercutant sur les prix à la consommation, cela peut aussi contrarier les électeurs. Et il est encore plus difficile d'inclure tous les secteurs. Les industries arguent que les y soumettre les désavantageraient face à leurs concurrentes étrangères exportatrices basées dans des pays où le carbone est moins taxé. L'Union européenne offre donc des permis d'émission gratuits à ses champions industriels. Et pour que la taxation du carbone ne crée pas trop d'inflation, l'Union a aussi exclu les secteurs du transport et de la construction.

D'après « Marché du carbone : le parlement européen montre la voie », *Challenges,* 9 juin 2022.

DOC 4 L'évolution du prix du CO_2 sur le marché du carbone de l'UE

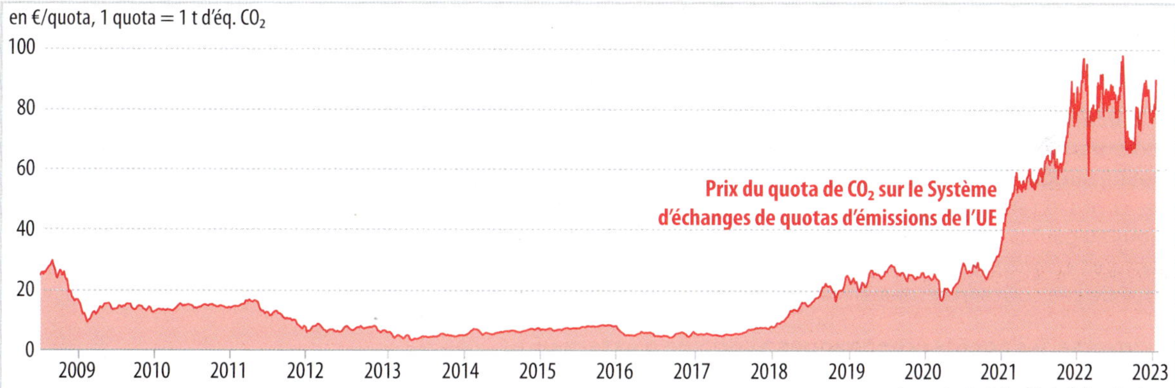

Sources : Sandbag Carbon & Ember Carbon price viewer.

a) À quoi correspondent l'offre et la demande de quotas d'émission ?

b) Quels sont les avantages du marché des quotas d'émissions ?

c) Relevez dans le document 3 quatre limites des marchés du carbone dans le monde.

d) Montrez que les écarts de prix du carbone dans le monde constituent une limite à l'efficacité de cette mesure.

e) À l'aide d'un calcul pertinent, mesurez la variation relative du prix du quota de CO_2 entre 2017 et 2023 (document 4). Quel effet cette variation devrait-elle avoir sur les émissions de CO_2 dans l'UE ?

ÉTAPE 2 Débattre en classe

3 Répartissez-vous en trois groupes : un groupe pour le jury et deux groupes défendant chacun l'une des deux thèses préparées à l'étape 1.

4 Menez le débat en suivant les indications de la Fiche méthode n° 5 p. 326 *Débattre en classe.*

ÉVALUATION DU DÉBAT

Grille d'évaluation hachette-clic.fr/23ses1050

- **Une grille d'évaluation du débat est fournie aux quatre membres du jury qui entourent le président.**
  - Chacun(e) évalue les deux équipes, mais sur un aspect précis du débat : le fond ou la forme, les qualités (bonus) ou les défauts (pénalités).
  - Pendant les temps morts du débat, les membres du jury ne doivent pas communiquer entre eux pour éviter de s'influencer.
  - À la fin du débat, le président du jury collecte les quatre grilles et en calcule le solde (bonus – pénalités) afin de désigner l'équipe gagnante.
- **Le jury propose un bref bilan du débat à la classe en indiquant les points forts et les points faibles de chaque équipe.**

L'ESSENTIEL Quelles sont les principales défaillances du marché ?

Les **défaillances du marché** sont des situations où le marché ne parvient pas à déterminer un prix sur un produit ou sur certains effets de la production. Le marché est alors défaillant car il ne permet pas une allocation efficace des ressources. ▸ Schéma 1

Podcast
hachette-clic.fr/23ses1051

1 Pourquoi le marché est-il défaillant en présence d'externalités ?

■ **Une première défaillance du marché provient des externalités :** lorsque l'activité d'un agent économique engendre un dommage ou un avantage sur un ou plusieurs autres agents, sans pour autant qu'il n'y ait de compensation monétaire via le paiement d'un prix déterminé sur le marché. La même activité, comme la construction d'une autoroute, peut provoquer des **externalités négatives**, donc une détérioration du bien-être, par exemple à cause de la pollution de l'air, et des **externalités positives**, donc une amélioration du bien-être, par exemple en raison des retombées économiques sur une ville.

■ **Le mécanisme de fixation des prix de marché ne tient pas compte de ces externalités, qui n'ont pas de valeur en monnaie**. Ainsi, un producteur qui pollue supporte un coût privé pour cette production mais ne supporte pas les coûts externes liés aux externalités négatives. Le coût privé est donc inférieur au coût social, supporté par la collectivité, et les producteurs produisent des quantités plus élevées que ce qu'ils produiraient s'ils tenaient compte de ces coûts externes.

■ **À l'inverse, les agents économiques à l'origine d'externalités positives ne sont pas rémunérés pour les avantages qu'ils procurent, et ne sont pas incités à produire davantage :** leur production est donc inférieure à ce qu'elle pourrait être. Le marché est donc défaillant car le signal « prix » n'est pas fiable et l'allocation des ressources n'est pas optimale.

1 Les principales sources de défaillances du marché

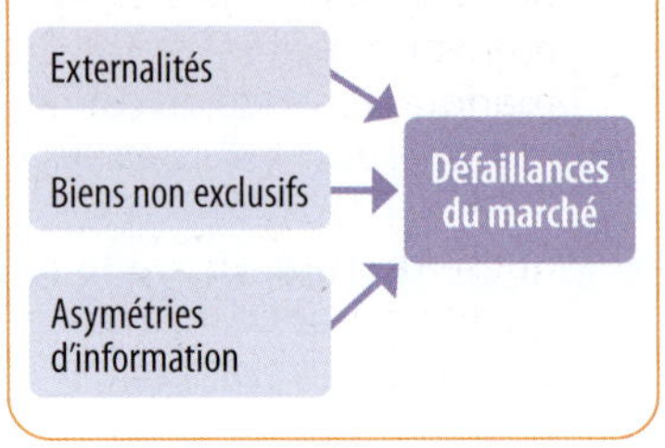

2 Pourquoi le marché est-il défaillant en présence de biens collectifs et communs ?

■ **Une deuxième défaillance du marché s'explique par l'existence de biens qui ont pour point commun d'être non exclusifs** : ils peuvent être utilisés sans qu'il soit possible d'exclure quiconque de l'accès à ces ressources, par un droit de propriété et un prix, par exemple.

■ **Un premier cas est celui des biens collectifs, qui sont non exclusifs mais également non rivaux** : l'utilisation par un agent n'empêche pas celle par les autres. C'est le cas de la lumière des phares qui aident à la navigation des navires. Dans cette situation, le marché est défaillant : des entreprises n'auraient aucun intérêt à produire ce service puisqu'elles ne peuvent se faire payer et que ce service bénéficie toujours à tous les navires simultanément. Alors même que ce service est utile, il risque donc de ne pas être produit, les usagers adoptant des stratégies de passagers clandestins : en bénéficier, mais sans payer.

■ **Un second cas est celui des biens communs, qui sont non exclusifs mais rivaux** : il n'est pas possible de réserver l'accès aux agents qui paient le prix, mais chaque unité utilisée par un agent ne peut pas être utilisée par un autre. C'est le cas des poissons pêchés dans les mers et les océans. Ces ressources subissent la « tragédie des communs » : chacun a intérêt à se précipiter pour les utiliser et en priver ainsi les autres, ce qui conduit à une surexploitation et à un risque d'épuisement de la ressource.

NOTIONS

Défaillance du marché : impossibilité pour le marché de déterminer un prix pour tout ou partie d'un produit ou des effets d'une production. Dans ce cas, le marché n'est pas efficace.

Externalités : effets produits par un agent économique lorsqu'il procure à autrui, par son activité, sans compensation monétaire, un avantage gratuit (externalité positive) ou un dommage (externalité négative).

Biens collectifs : ressources non rivales (l'utilisation par un agent n'empêche pas l'utilisation par un autre), et non exclusives (il n'est pas possible de réserver l'utilisation aux agents qui en ont payé le prix). Ils sont parfois appelés biens publics, car leur production est souvent prise en charge par l'État.

Biens communs : ressources rivales (une unité utilisée par un agent ne peut pas être utilisée par un autre agent), mais non exclusives (impossible de réserver l'utilisation à certains agents, via le paiement d'un prix par exemple).

3 Pourquoi le marché est-il défaillant quand l'information est imparfaite ?

Les asymétries d'information sont une troisième source de défaillance du marché : lorsque les acheteurs et les vendeurs ne disposent pas des mêmes informations.

Avant les échanges, l'asymétrie d'information peut porter sur la qualité des produits, ce qui engendre un processus de sélection adverse : les produits de bonne qualité sont chassés du marché, pour n'y laisser que ceux de mauvaise qualité. Ainsi, sur le marché des voitures d'occasion, les acheteurs manquent d'information sur la qualité des véhicules. Ils proposent un prix moyen qui est accepté par les vendeurs de véhicules de mauvaise qualité, mais ce prix est refusé par ceux qui vendent des voitures de bonne qualité, qui se retirent du marché. Un cercle vicieux s'enclenche ; la défiance sur la qualité des voitures finit par faire disparaître la possibilité même de fixer un prix sur ce marché.

Après les échanges, l'asymétrie d'information porte sur les comportements des acheteurs et des vendeurs, ce qui produit de l'aléa moral : certains agents modifient leur comportement au détriment des autres, moins bien informés, par exemple parce qu'ils ne peuvent pas observer ce comportement. Par exemple, l'automobiliste qui achète un contrat d'assurance automobile peut avoir intérêt, une fois assuré, à prendre plus de risques puisque l'assureur ne peut pas observer directement son comportement. Les assureurs remédient à l'aléa moral en instaurant des franchises (une partie des dommages reste à la charge des assurés).

NOTIONS

Asymétrie d'information : information inégale entre les offreurs et les demandeurs sur un marché, à l'origine de défaillances du marché.

Sélection adverse : situation d'asymétrie d'information sur les qualités des produits, avant l'échange, qui conduit à la disparition des produits de bonne qualité du marché.

Aléa moral : situation d'asymétrie d'information sur les comportements des partenaires d'un échange, après l'échange, qui permet à une des parties de modifier son comportement au détriment de l'autre.

4 Comment les pouvoirs publics peuvent-ils remédier aux défaillances du marché ?

Les pouvoirs publics peuvent mettre en place des mesures incitatives qui limitent ou suppriment certaines défaillances du marché. Les **taxes** et les **subventions** permettent ainsi d'**internaliser les externalités** :
– en faisant supporter les coûts externes aux agents qui génèrent des externalités négatives (exemple : taxe sur le carburant) ;
– en permettant aux agents qui génèrent des externalités positives d'en retirer une partie des bénéfices externes (exemple : prime pour la rénovation des maisons).

Par ailleurs, les pouvoirs publics peuvent agir par la réglementation (interdiction, normes, quotas). Celle-ci permet de limiter les externalités négatives, comme par exemple les normes d'émissions de CO_2 imposées aux véhicules. Elle permet aussi de préserver les biens communs, comme les quotas de pêche de thon rouge qui ont freiné l'exploitation de ces espèces. Elle permet aussi de lutter contre les défaillances de marché liées aux asymétries d'information, par exemple en imposant des labels (Nutriscore, Agriculture biologique ou AB, etc.) qui contraignent les vendeurs à diffuser une information claire sur les produits. ▸ Schéma 2

Enfin, face aux défaillances de marché, les pouvoirs publics produisent eux-mêmes certains biens collectifs dans une logique non marchande. Ainsi, l'éducation et la sécurité sont produites en grande partie par des administrations publiques financées par des prélèvements obligatoires.

2 L'intervention des pouvoirs publics face aux défaillances du marché

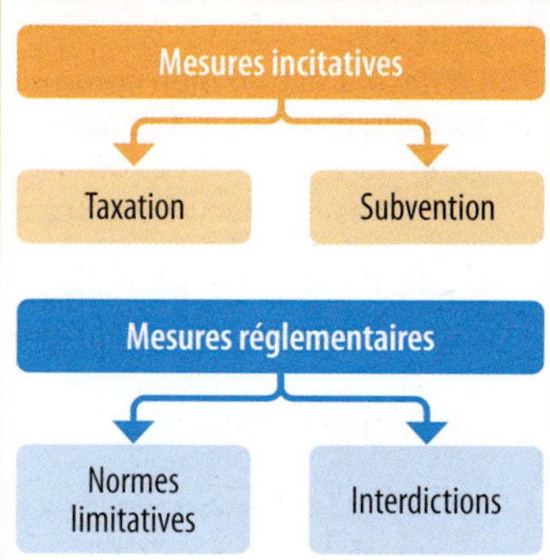

L'essentiel en schéma

Asymétries d'information		Externalités		Biens communs	Biens collectifs
Aléa moral	Sélection adverse	Externalités positives	Externalités négatives		
Celui qui détient plus d'informations que l'autre peut ne pas respecter l'accord conclu.	Le manque d'informations conduit à n'échanger que des biens de mauvaise qualité.	Les actions d'un agent économique ont un impact positif sur le bien-être d'autres agents sans compensation monétaire.	Les actions d'un agent économique ont un impact négatif sur le bien-être d'autres agents sans compensation monétaire.	Non exclusifs mais rivaux. Risque de surexploitation de ces ressources en accès libre (« tragédie des communs »).	Non exclusifs et non rivaux. Engendrent des comportements de « passager clandestin ».

DÉFAILLANCES DE MARCHÉ

↓

INTERVENTION DE L'ÉTAT

Incitations *Exemples :* franchises, bonus/malus	**Réglementations** *Exemples :* normes, labels	**Incitations** *Exemples :* taxes ou subventions	**Réglementations** *Exemples :* normes, quotas	**Réglementations** *Exemples :* normes, droits de propriété, quotas	**Production de biens publics** *Exemples :* éducation, sécurité, innovation

POUR ALLER PLUS LOIN

hachette-clic.fr/23ses1052

« Et si la nature avait un prix ? », Arte, 18 décembre 2022.

La nature est un bien commun surexploité et dégradé par les externalités négatives des activités humaines. Ce documentaire montre que les choix des acteurs privés ou publics pourraient être différents si on lui donnait une valeur marchande.

hachette-clic.fr/23ses1053

3:57 **« Qu'entend-on par externalités négatives ? »**, France Culture, 27 octobre 2021.

Les activités de consommation et de production génèrent des effets positifs ou négatifs qui ne sont pas directement liés aux finalités de ces activités. De plus, les pouvoirs publics peuvent limiter les externalités négatives par des normes, mais aussi par des mesures fiscales en appliquant le principe du pollueur-payeur.

hachette-clic.fr/23ses1054

3:40 **« Pourquoi observe-t-on une tendance générale à sous-produire les biens publics ? »**, France Culture, 7 septembre 2021.

Ce podcast s'attache à rappeler que la sous-production des biens collectifs par le marché justifie leur fourniture par l'État et leur financement par les impôts. Par ailleurs, il précise qu'il existe des biens publics mondiaux.

Un autre regard sur le climat, Emma, Massot Éditions, 2021.

Dans cette BD, la blogueuse Emma répond à de nombreuses questions au sujet du réchauffement climatique. Qu'est-ce que la taxe carbone ? Quelles autres solutions peut-on mettre en œuvre ?…

UTILISER LES STATISTIQUES

1 Les émissions de CO_2 dans le monde

Objectif de savoir-faire *Calculer et interpréter des indices* ➔ **Fiche outil n° 3 p. 304**

Évolution des émissions de CO_2 dans le monde (indice base 100 en 1990)

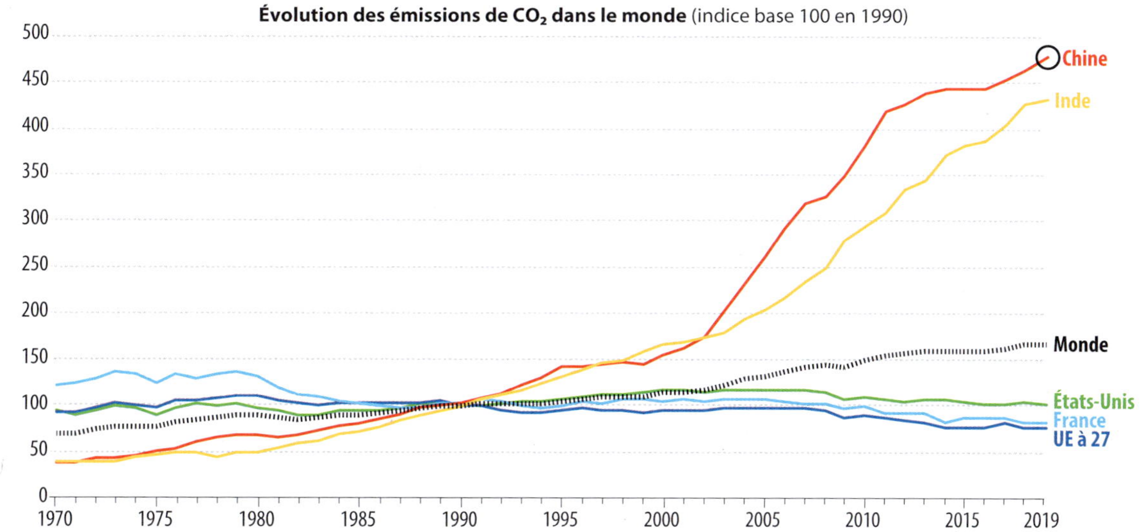

Source : EDGAR, 2020.

1. Rédigez une phrase présentant la signification précise de la donnée entourée.
2. Vrai ou faux ? Lorsque c'est faux, corrigez les erreurs.
   a) Entre 1990 et 2019, les émissions de CO_2 dans le monde ont augmenté de 170 % environ.
   b) Entre 1970 et 2019, en France, l'indice des émissions de CO_2 a diminué de 45 %.
   c) En 2019, les émissions de CO_2 aux États-Unis sont identiques à celles de 1990.
   d) Entre 2003 et 2019, en Chine, les émissions de CO_2 ont plus que doublé.
3. À l'aide de ce graphique, peut-on affirmer que les émissions de CO_2 en Chine sont supérieures à celles des autres régions présentées ? Justifiez votre réponse.

2 Les taxes sur l'énergie

Objectif de savoir-faire *Lire et analyser un graphique de répartition* ➔ **Fiche outil n° 7 p. 312**

Répartition des recettes fiscales environnementales par catégorie, en 2020 (en %)

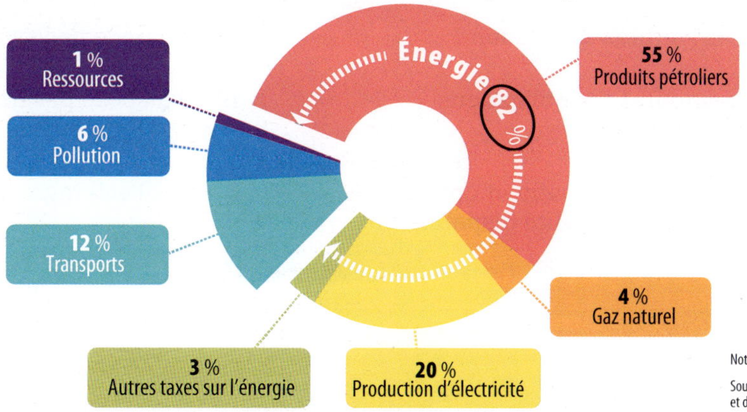

Note : données provisoires. Champ : France.
Source : Ministère de la Transition écologique et de la Cohésion des territoires, 2021.

1. Rédigez une phrase présentant la signification précise de la donnée entourée.
2. Sachant qu'en 2020, le montant des recettes fiscales environnementales s'élevait à 50,4 milliards d'euros, calculez le montant des recettes fiscales environnementales provenant des transports.
3. Comparez la part des recettes fiscales environnementales provenant des transports à celle provenant de l'énergie.
4. Calculez la part des recettes fiscales environnementales liées à l'énergie qui provient des produits pétroliers ?

TESTEZ VOS CONNAISSANCES !

Version interactive hachette-clic.fr/23ses1055

CORRIGÉS P. 338

1 Les externalités

Complétez le texte avec les mots suivants :

coût • défaillance • positive • social • producteur • faible • négative • consommateur • coûts externes • plus.

On parle d'externalité lorsque l'activité d'un .... ou d'un .... engendre un avantage (externalité ....) ou un .... (externalité ....) sans être compensé monétairement sur le marché. En effet, le coût .... est différent du coût privé car il n'intègre par les .... Par exemple, si une entreprise pollue, son coût privé est plus .... que le coût social. Ainsi, elle produit .... que si elle intégrait le coût de l'externalité. Par conséquent, les externalités constituent une .... du marché.

2 Les différents types de biens

Vrai ou faux ? Lorsque c'est faux, justifiez.

	Vrai	Faux
1. Un phare est un bien commun.	☐	☐
2. La gestion d'un compte bancaire est un service privatif.	☐	☐
3. Une piscine municipale est un bien collectif.	☐	☐
4. Les champignons dans la forêt sont des biens communs.	☐	☐
5. Votre piscine, utilisée avec vos amis, est un bien de club.	☐	☐
6. Une autoroute à péage est un service collectif.	☐	☐
7. L'éclairage public est un service collectif.	☐	☐
8. Les poissons dans la rivière sont des biens privatifs.	☐	☐

3 Distinguer et caractériser la sélection adverse et l'aléa moral

Complétez le tableau à l'aide des propositions suivantes :

a) le comportement des acheteurs ou vendeurs

b) le marché des voitures d'occasion

c) ne remplit pas toutes ses obligations une fois le contrat conclu

d) le prix ne reflète pas la qualité du produit et les produits de bonne qualité disparaissent du marché

e) avant l'échange

f) une caractéristique des produits

g) le marché des assurances

h) ne dispose pas de toute l'information sur les produits

i) après l'échange

j) l'agent économique le mieux informé modifie son comportement au détriment du moins bien informé

	Sélection adverse	Aléa moral
Définition	Situation dans laquelle un agent	Situation dans laquelle un agent ....
L'asymétrie d'information porte sur :	....	....
L'asymétrie d'information se situe :	....	....
Pourquoi y a-t-il défaillance du marché ?	....	....
Exemple :	....	....

4 Illustrer les défaillances de marché

Reliez chaque exemple à la défaillance de marché associée.

1. L'achat d'un produit d'occasion qui s'avère être de mauvaise qualité. •
2. Les ressources naturelles. •
3. La pollinisation d'un champ par les abeilles •
4. La défense nationale. •
5. Ne pas fermer sa voiture à clé parce que l'on est assuré contre le vol. •
6. La pollution d'une marée noire. •

- • Bien collectif
- • Aléa moral
- • Externalité négative
- • Externalité positive
- • Sélection adverse
- • Bien commun

5 Les principales causes des défaillances du marché

Complétez le schéma avec les termes suivants :

Biens non exclusifs mais rivaux • Aléa moral • Défaillances du marché • Sélection adverse • Biens non exclusifs et non rivaux • Externalités.

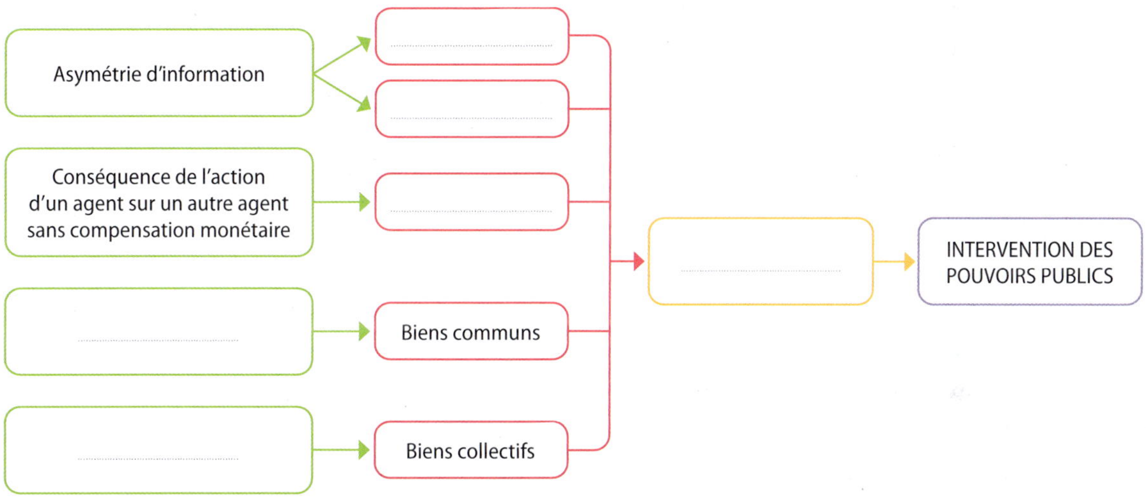

6 La diversité des interventions des pouvoirs publics face aux défaillances du marché

Classez dans le tableau les exemples d'intervention des pouvoirs publics remédiant à chaque défaillance du marché.

1. Le bonus/malus écologique.
2. Un quota de visiteurs dans les calanques.
3. Une taxe sur le carburant.
4. L'obligation du contrôle technique des voitures d'occasion.
5. Des subventions pour les travaux d'isolation des logements.
6. La diminution du taux de remboursement de certaines dépenses de santé.
7. La nationalisation d'une forêt.

Externalité négative	Externalité positive	Sélection adverse	Aléa moral	Bien commun

BJECTIF BAC Épreuve composée

PARTIE 1 MOBILISATION DES CONNAISSANCES 4 PTS

À partir d'un exemple, vous montrerez comment les pouvoirs publics peuvent remédier aux défaillances du marché causées par les biens communs.

Corrigé
hachette-clic.fr/23ses1056

PARTIE 2 ÉTUDE D'UN DOCUMENT 6 PTS

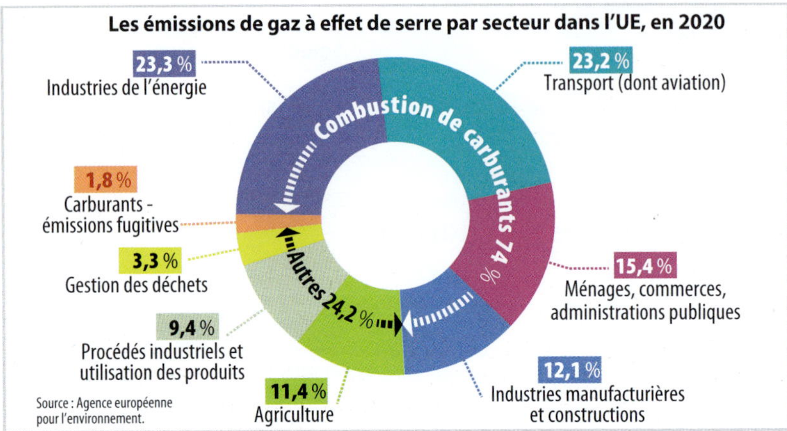

QUESTIONS

1. **À l'aide des données du document, identifiez les deux secteurs émettant le plus de gaz à effet de serre dans l'UE en 2020.**
2. **À l'aide du document et de vos connaissances, vous montrerez que les externalités négatives liées aux émissions de gaz à effet de serre (GES) constituent une défaillance du marché.**

Corrigé
hachette-clic.fr/23ses1057

PARTIE 3 RAISONNEMENT S'APPUYANT SUR UN DOSSIER DOCUMENTAIRE 10 PTS

SUJET **À l'aide de vos connaissances et du dossier documentaire, vous montrerez que le marché est défaillant en présence d'externalités et d'asymétries d'information.**

DOC 1 Les motifs du désintérêt pour les produits d'occasion

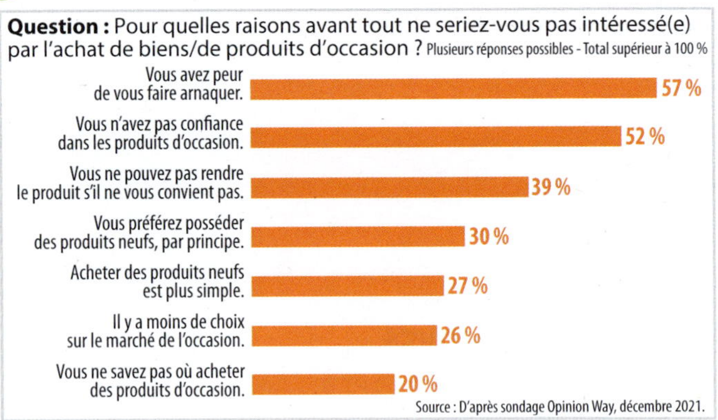

DOC 2

L'aléa moral est considéré par certains comme un élément essentiel dans l'origine de la crise commencée en 2007, dans son déclenchement, mais aussi dans sa prolongation. Ainsi, les banques ont accordé des crédits à des conditions très peu restrictives, puis les ont revendus sous la forme de « titres » complexes, laissant aux acheteurs le soin de payer les pots cassés (ne pas être remboursés) dans le cas où les choses tourneraient mal. L'aléa « moral » tient ici au fait que les vendeurs de titres auraient délibérément caché l'importance du risque encouru. L'aléa moral a aussi empêché la mise en place de politiques qui auraient pu faciliter la sortie de crise. Il aurait ainsi été bénéfique pour tout le monde d'aménager en partie le crédit immobilier des ménages insolvables – ce qui leur aurait permis de ne pas être à la rue en continuant à payer en partie leur dette, les prêteurs évitant de leur côté de ses retrouver avec des maisons à l'abandon et, de façon plus générale, un effondrement des prix de l'immobilier.

Bernard Guerrien, Ozgur Gun, *Dictionnaire d'analyse économique*, La Découverte, 4e édition, 2020.

DOC 3 Le coût social du bruit en France

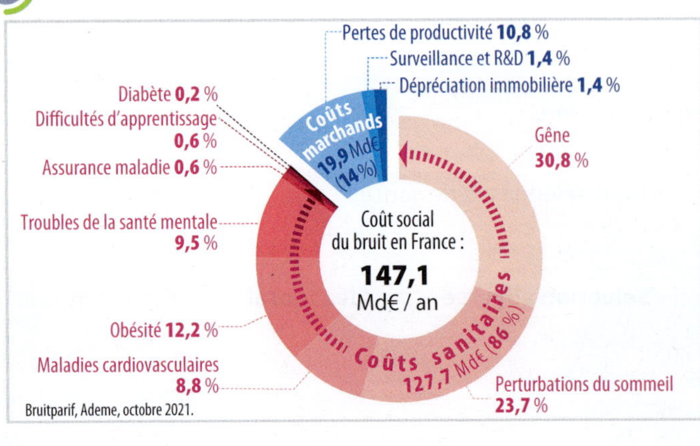

GUIDAGE MÉTHODOLOGIQUE

Fiche Bac n° 1 p. 328 *L'épreuve composée*

Guide méthodologique complet
hachette-clic.fr/23ses1058

ÉTAPE 1 Analyser le sujet

- Pour analyser un sujet, il faut **repérer puis commenter chaque mot du sujet** : les **notions clés du programme**, puis les verbes, adverbes et tout autre mot du sujet.

Enlevez ou remplacez par un synonyme les adverbes et verbes afin de sentir comment le sujet « bouge » sans ces mots.

montrerez : il s'agit ici d'expliquer un mécanisme, un lien entre deux notions, etc.

défaillances de marché : situations dans lesquelles le marché ne peut allouer efficacement les ressources.

Vous montrerez que le marché est défaillant en présence d'externalités et d'asymétries d'information.

externalités : effets externes (coût ou avantage gratuit) générés par l'activité d'un agent économique sans compensation monétaire, c'est-à-dire sans signal-prix.

asymétries d'information : situations où l'information est inégale entre offreurs et demandeurs sur un marché.

Il faut ensuite parvenir à **rédiger une problématique**. Une problématique synthétise les éléments de réflexion et connaissances mobilisés lors de l'analyse mot à mot du sujet. Elle propose un questionnement, au minimum une reformulation précisant comment on interprète le sujet et donc comment on va y répondre.

Questionnement (ou problématique) : « Comment l'absence de signal-prix sur certains effets des activités économiques ou le brouillage de ce signal par l'information inégale entre acheteurs et vendeurs génèrent-ils une incapacité pour le marché d'allouer efficacement les ressources ? »

APPLICATION

Analysez le sujet suivant :
Vous montrerez que la réglementation permet de remédier aux défaillances du marché.

ÉTAPE 2 Organiser ses connaissances (notions, mécanismes, exemples)

- **Au brouillon**, il faut **rassembler ses connaissances en lien avec le sujet.**
- **Complétez le tableau suivant** pour rassembler vos connaissances sur le sujet de raisonnement. Nous vous conseillons d'organiser vos connaissances selon qu'elles sont des notions, des mécanismes ou des exemples. Très souvent, ce travail a déjà été amorcé lors de l'analyse du sujet, il faut le compléter.

Dans un premier temps, vous pouvez noter TOUT ce qui vous passe par la tête et dans un second temps, RAYER ce qui n'est pas en lien avec le sujet.

Notions	Mécanismes	Exemples

SUJET

Quels moyens les pouvoirs publics peuvent-ils utiliser pour remédier aux différentes défaillances du marché ?

DOC 1 Part des taxes environnementales par domaine dans le PIB des États membres de l'UE, en 2019

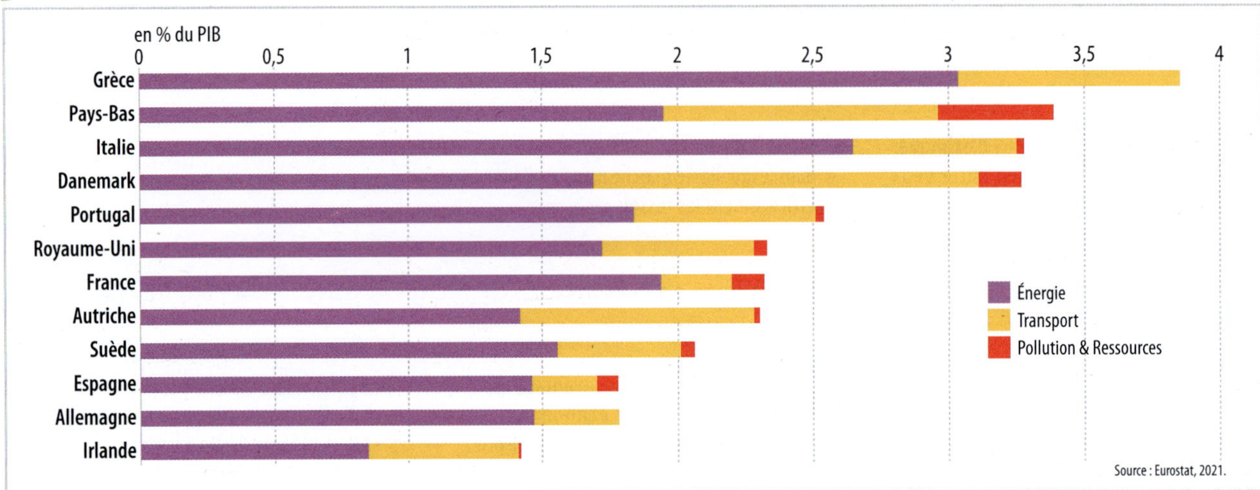

Source : Eurostat, 2021.

DOC 2

Certains lieux ne sont pas adaptés pour recevoir un trop grand nombre de voyageurs et manquent d'infrastructures. À Venise, près de 30 millions de personnes visitent la ville chaque année, quand celle-ci ne compte que 55 000 Vénitiens. Cela représente une proportion de 545 touristes par habitant. L'Unesco a demandé à la ville de trouver des solutions concrètes pour la préservation de la lagune, faute de quoi Venise serait inscrite sur la liste du Patrimoine mondial en péril. Depuis 2019, les bateaux de croisières sont interdits dans le centre, car leurs remous fragilisent les fondations de la cité. À compter du 1er septembre 2019, les touristes devront payer un droit d'entrée pour visiter la ville allant de 3 à 10 euros selon la saison. Cette mesure doit rapporter 50 millions d'euros par an pour financer les coûts de nettoyage du centre historique.

Autre ville à avoir reçu un signal d'alarme de l'Unesco, la cité fortifiée de Dubrovnik, en Croatie. La municipalité a installé un compteur à l'entrée de la ville et limité l'accès à 8 000 visiteurs par jour pour préserver l'authenticité de la citadelle.

De plus en plus de sites touristiques menacés par le surtourisme ont instauré des quotas de visiteurs pour protéger leur patrimoine culturel comme le parc Güell à Barcelone ou la cité inca du Machu Picchu au Pérou.

« Le surtourisme : quel impact sur les villes et sur l'environnement ? », *Vie publique.fr*, 31 mai 2019.

DOC 3 Émissions de gaz à effet de serre des installations[1] couvertes par le marché carbone dans l'UE

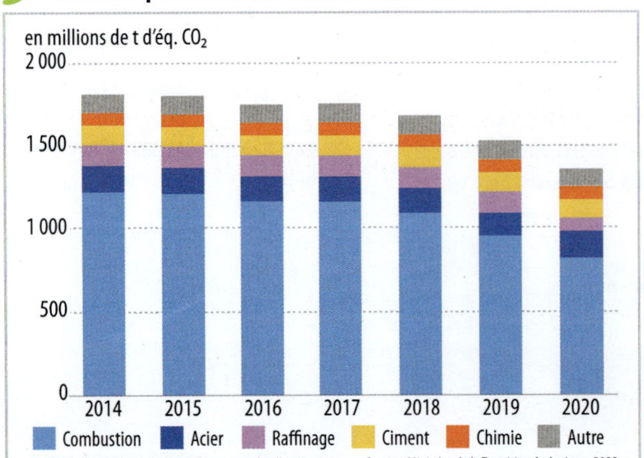

1. Unités de production industrielle ou centrales électriques.

Source : Ministère de la Transition écologique, 2022.

DOC 4 Évolution du nombre de bénéficiaires et du montant du crédit d'impôt à l'agriculture biologique

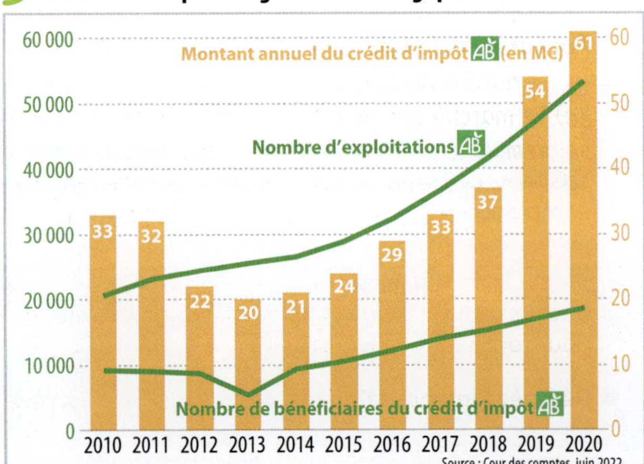

Source : Cour des comptes, juin 2022.

GUIDAGE MÉTHODOLOGIQUE

Guide méthodologique complet
hachette-clic.fr/23ses1059

Fiche Bac n° 2 p. 332 *La dissertation*

ÉTAPE 5 Rédiger l'introduction du sujet de dissertation

- **L'introduction**, quels que soient le sujet ou la discipline, est composée de **quatre éléments incontournables**, répartis en paragraphes (avec un retour à la ligne à chaque fois) :

1er paragraphe :

présentation du sujet (accroche ou mise en contexte) ;

2e paragraphe :

– **définition brève des notions** du sujet ;

– **questionnement** du sujet (résume la phase de questionnement ▸ **Étape 1**) ;

– **annonce de la problématique** qui indique comment le sujet est interprété (et qui découle de la phase de questionnement ▸ **Étape 1**) ;

3e paragraphe :

annonce des grands axes du plan.

L'accroche est facultative. Attention aux mauvaises accroches du type : « De tout temps, l'Homme… » Mieux vaut pas d'accroche qu'une mauvaise accroche !

> En SES, l'accroche est souvent une référence à l'actualité ou, par défaut, une citation/une donnée que vous prenez dans le dossier documentaire (sans développer).

- **Repérez les points forts et les points faibles** de l'introduction suivante écrite par un élève, puis proposez des améliorations.

> La COP27 a réuni les États afin de mettre en œuvre des moyens de lutte contre le réchauffement climatique. En effet, celui-ci est causé par les émissions de CO2 issues des activités de consommation et de production. On constate donc que le fonctionnement du marché est défaillant en présence d'externalités, de biens communs et collectifs, mais aussi d'asymétries d'information.
> Comment les pouvoirs publics peuvent-ils y remédier ?
> Nous présenterons les différents moyens des pouvoirs publics contre les défaillances de marché.

> La problématique n'est pas forcément formulée sous forme de question. Elle peut se présenter ainsi : « Nous nous demandons… » ou « Traiter ce sujet nécessite de se demander si… / comment… ».

- **Rayez les accroches maladroites** dans la liste proposée en justifiant, puis choisissez celle qui a votre préférence en justifiant également.

> a) La crise énergétique de l'hiver 2022-2023 montre que le marché n'est pas toujours efficace pour produire des biens indispensables à la collectivité.
> b) Les défaillances de marché désignent les situations dans lesquelles lemarché ne parvient pas à allouer efficacement les ressources.
> c) Le marché est imparfait et produit des externalités, alors l'État doit remédier aux défaillances de marché.
> d) La taxe carbone aux frontières adoptée par l'UE illustre le principe du « pollueur-payeur » permettant d'internaliser les externalités.

- **Choisissez une citation ou une donnée** extraite de l'un des quatre documents pour formuler votre accroche.

- **Rédigez l'introduction** du sujet de dissertation en suivant le guidage proposé.

4 Comment les agents économiques se financent-ils ?

NOTIONS À DÉCOUVRIR

- Revenu disponible
- Épargne
- Besoin et capacité de financement
- Marchés financiers
- Excédent brut d'exploitation (EBE)
- Obligations
- Actions
- Autofinancement
- Financement externe
- Taux d'intérêt
- Marché des fonds prêtables
- Solde public / Solde budgétaire
- Politique de dépenses publiques
- Effet d'éviction

DÉCOUVRIR PAR LA VIDÉO

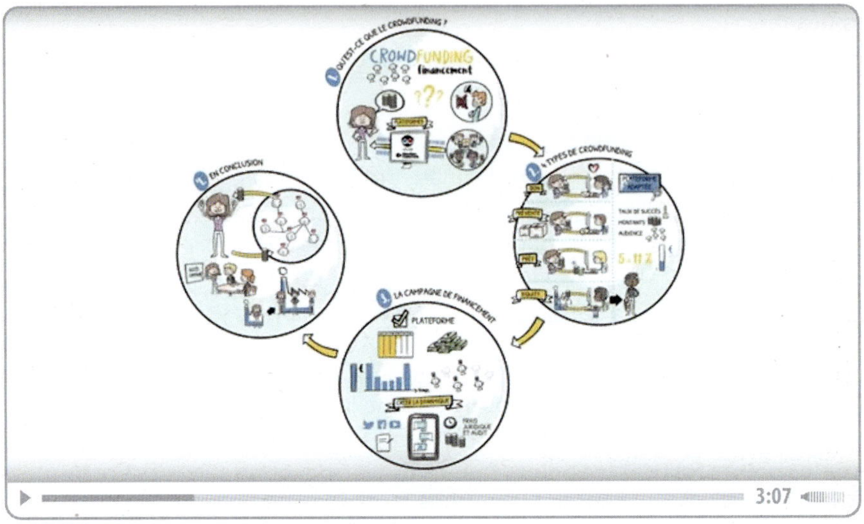

« Le financement participatif », *Pépite France*, 1er réseau d'Étudiants-Entrepreneurs, 25 mars 2020.

1. Qui finance ici ? Qui est financé ?
2. Quel est l'intérêt, pour un porteur de projet, de recourir à un financement participatif ?
3. Quelle est la différence entre ce mode de financement et celui par un emprunt bancaire ?

Vidéo hachette-clic.fr/23ses1060

DOSSIERS

ACTIVITÉS

DÉCOUVRIR PAR L'IMAGE

Affiche de souscription à l'emprunt de la Défense nationale, Banque de France, 1917.

REPÈRE

Financer l'État : des emprunts nationaux aux marchés financiers

Au cours de son histoire, l'État français a parfois fait appel à l'épargne des ménages pour se financer via des emprunts nationaux, particulièrement dans les périodes de conflit comme la Première Guerre mondiale. Le dernier emprunt national auprès des citoyens date de 1993. Aujourd'hui, l'État emprunte exclusivement en émettant des titres sur les marchés financiers.

Cet emprunt de l'État de 1917 s'adresse aux particuliers, via des banques comme la Banque de France. Ici, le prêteur prête 68,60 Francs pour obtenir 4 Francs par an de rente perpétuelle, c'est-à-dire sans durée limitée. L'État rembourse 100 Francs, mais pas avant 25 ans, sans annoncer de terme à l'avance.

Selon l'INSEE, 1 Franc de 1917 avait le même pouvoir d'achat que 7,7 Francs de 1942, 25 ans plus tard.

1. Qui prête de l'argent à l'État ? Pourquoi ?
2. Combien cet emprunt rapporte-t-il aux prêteurs ? Pendant combien de temps ?
3. Pourquoi ces emprunts n'ont-ils pas été une très bonne affaire pour les prêteurs ?

DÉCOUVRIR EN SITUATION

Associé(e) à votre meilleure amie, vous avez créé une start-up qui a mis au point une application pour smartphone. Vous avez apporté 30 000 € de capital chacun(e). Mais pour la faire connaître du grand public, il vous manque encore 20 000 €.

Deux possibilités s'offrent à vous :

1 Faire entrer au capital de votre start-up un nouvel associé qui apporte le capital manquant. Justement, un ancien camarade de promotion de votre école souhaite apporter les 20 000 € nécessaires. Mais il faudra alors partager la prise de décisions avec lui, ainsi que les profits futurs.

2 Emprunter 20 000 € à la banque. Pour cela, il faut monter un dossier de financement complet pour convaincre votre banquier de vous prêter l'argent. Vous restez alors les deux seul(e)s associé(e)s de l'entreprise, mais il faudra rembourser la somme empruntée et payer des intérêts.

- Que décidez-vous ? Justifiez votre choix.

DOSSIER 1 Qu'est-ce que le financement ?

OBJECTIFS
- Comprendre que le financement consiste à couvrir des **besoins de financement** par des **capacités de financement**.
- Savoir que le **revenu disponible** des ménages se répartit entre **consommation** et **épargne** et qu'ils peuvent dégager des besoins ou des capacités de financement.

DOC 1 POUR COMMENCER
Comment financer sa start-up ?

Pierre Forte, fondateur et P-DG de Pragma Industries, et Alexandre Blanc, directeur des opérations, vérifient un vélo Alpha, premier vélo industrialisé à pile à hydrogène, dans leur usine à Biarritz.

« Comment PME et TPE trouvent de petits investisseurs », JT Soir 3, France Télévisions, 18 juin 2018.

▶ Durée 2:58

Vidéo
hachette-clic.fr/23ses1061

1. Quels problèmes les start-up innovantes rencontrent-elles pour financer leurs innovations ?
2. Comment un particulier peut-il financer une entreprise ?
3. Pourquoi l'entrée dans le capital d'une entreprise est-elle risquée ?

2 EXERCICE À quoi sert le revenu disponible des ménages ?

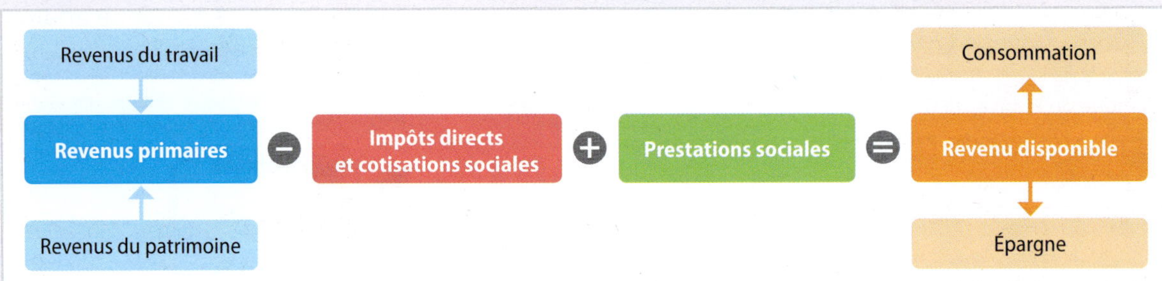

Schéma
hachette-clic.fr/23ses1062

Considérons un ménage composé d'un couple d'actifs, locataires de leur appartement et qui souhaitent devenir propriétaires.

1. Placez les éléments suivants, qui correspondent au budget mensuel du couple, sur le schéma :
   a) Loyer de l'appartement : 1 300 €
   b) Salaires bruts des deux actifs : 3 500 €
   c) Impôt sur le revenu : 280 €
   d) Remboursement des frais de santé : 100 €
   e) Cotisations sociales versées : 900 €
   f) Dépenses courantes (gaz, électricité, essence, alimentation…) : 750 €
   g) Intérêts reçus de la banque : 200 €
   h) Allocations familiales : 150 €
2. Calculez le revenu disponible de ce ménage.
3. Peut-il épargner ? Si oui, quel montant ?
4. Au bout de combien de temps ce ménage pourrait-il acheter un studio à 100 000 € s'il ne souhaite pas s'endetter auprès d'une banque ?

DÉFINITION
Épargne
Part du revenu disponible qui n'est pas consommée.

3 Capacité ou besoin de financement ?

Certains agents disposent d'une épargne qu'ils n'utilisent pas directement pour investir : ces agents – généralement les ménages – dégagent ce que l'on appelle une capacité de financement. Parallèlement, d'autres agents – généralement les entreprises et l'État – disposent d'une épargne inférieure aux investissements qu'ils souhaitent effectuer : ils présentent un besoin de financement.

La question est de savoir comment mettre en relation ces deux catégories d'agents de manière efficace : comment faire pour que les agents à capacité de financement prêtent leur épargne à ceux qui ont un besoin de financement ? Deux solutions existent :

– la première, qualifiée de financement externe direct, consiste à mettre directement en relation le prêteur et l'emprunteur par le biais des marchés de capitaux : l'agent ayant un besoin de financement émet des actions ou des obligations sur le marché financier ;

– la seconde, qualifiée de financement externe indirecte, repose sur un intermédiaire, [les banques], qui fait le lien entre les prêteurs et les emprunteurs.

Emmanuel Combe [économiste], *Précis d'économie*, 16e édition, PUF, 2022.

DÉFINITIONS

Besoin et capacité de financement
Lorsque le revenu Y d'un agent est inférieur à ses dépenses, il dégage un **besoin de financement**. Comme ces dépenses peuvent être de la consommation (C) ou de l'investissement (I : pour produire des biens et services), il y a besoin de financement si $Y < C + I$. Comme l'épargne S est le revenu moins la consommation, il y a donc besoin de financement si : $S < I$.
Cela signifie que l'agent ne peut pas autofinancer son investissement et qu'il doit faire appel aux **capacités de financement** d'autres agents qui se trouvent dans la situation inverse.

1. Rappelez à quelle condition un agent économique dégage une épargne au cours d'une période donnée.
2. Complétez avec les signes > ou < :
   Épargne .... Investissement → Capacité de financement
   Épargne .... Investissement → Besoin de financement
3. Quels sont généralement les agents à besoin de financement ? Ceux à capacité de financement ?
4. Comment mettre en relation ces besoins et ces capacités de financement ?

4 La situation financière des agents économiques en France

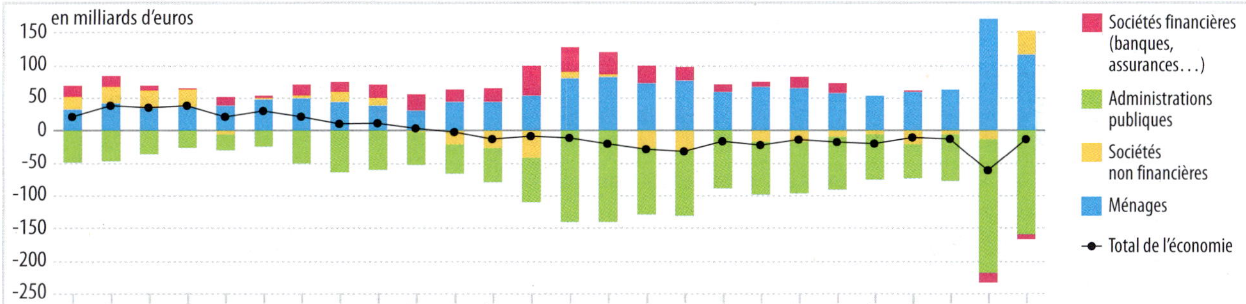

Source : Banque de France, 17 novembre 2022.

1. Rédigez une phrase présentant la signification précise des données pour l'année 2021.
2. En 2021, quels étaient les agents globalement en capacité de financement ? En besoin de financement ?
3. La situation financière de l'ensemble des ménages signifie-t-elle qu'aucun ménage n'a recours à l'endettement ?
4. Comment obtient-on le « Total de l'économie » ? Comment a-t-il évolué depuis 1996 ?

S'entraîner

1 S'autoévaluer CORRIGÉS P. 338

Complétez le schéma avec les mots suivants : financement • capacité • épargne *(2 fois)* • investissement.

Agents en besoin de financement	↔	Agents en .... de financement
Investissement >		.... < ....

2 Mobilisation des connaissances BAC

Expliquez comment certains ménages peuvent dégager une capacité de financement.

DOSSIER 2

Comment les entreprises se financent-elles ?

OBJECTIF Savoir ce qu'est l'**excédent brut d'exploitation** et comprendre que les entreprises se financent par **autofinancement** et **financement externe** (emprunts bancaires et recours aux **marchés financiers**, en particulier **actions** et **obligations**).

DOC 1 POUR COMMENCER

EDF emprunte 3 milliards d'euros sur les marchés financiers

EDF

Nom : EDF – Electricité de France
Statut : Société anonyme dont les actions étaient détenues à 84 % par l'État jusqu'à ce qu'il annonce en juillet 2022 son intention de monter à 100 % du capital en rachetant les titres d'EDF qu'il ne détenait pas encore.
Histoire : Création en 1946 par l'État comme entreprise publique avec un monopole. Ouverture progressive du marché de l'électricité à la concurrence à partir de 2000 et mise en bourse d'EDF en 2005. En 2022 : annonce par l'État de son Offre publique d'achat simplifiée sur EDF.
Chiffre d'affaires (CA) en 2021 = 84,5 milliards d'euros
Excédent brut d'exploitation (EBE) en 2021 = 18 milliards d'euros

EDF a levé 3 milliards d'euros de dette par le biais d'une émission de deux obligations classiques de 750 millions et 1 milliard d'euros, ainsi qu'une obligation verte[1] de 1,25 milliard d'euros. Les fonds récoltés serviront au financement « des investissements dans la distribution d'électricité », explique le groupe. Pour rappel, la dette du groupe devrait atteindre un montant record de 60 milliards d'euros fin 2022.

L'annonce intervient après celle par l'État du lancement d'une offre sur les 16 % du capital de l'énergéticien qu'il ne détenait pas encore, une opération [...] voulue par le gouvernement pour relancer un vaste programme nucléaire.

D'après *La Tribune*, 6 octobre 2022.

1. Obligation verte : emprunt assorti de critères environnementaux.

1. Qui est actionnaire d'EDF ?
2. Comment EDF va-t-elle se procurer les 3 milliards d'euros dont elle a besoin pour financer ses investissements ?
3. À l'aide de l'encadré « Définition », expliquez pourquoi il ne faut pas confondre le chiffre d'affaires d'EDF et son profit (EBE).

DÉFINITION

Excédent brut d'exploitation (EBE)
Mesure du profit ou des pertes de l'entreprise liés directement à l'activité de production (l'« exploitation »). Il se calcule en faisant la différence entre le chiffre d'affaires (recettes de l'entreprise) et l'ensemble des coûts de production (impôts liés à la production, rémunération des salariés, composants, énergie, etc.).

DOC 2

Se financer par l'émission d'actions

« Le marché des actions », Citéco, 17 avril 2019.

Vidéo hachette-clic.fr/23ses1063

1. Qu'est-ce qu'une action ? Un dividende ?
2. Pourquoi une entreprise peut-elle être amenée à se financer par émissions d'actions ?
3. Qu'est-ce que le marché primaire ? Le marché secondaire ?
4. Toutes les entreprises peuvent-elles être cotées en bourse ? Justifiez.

DÉFINITION

Marchés financiers
Ensemble des transactions d'achat et de vente de titres financiers, comme les obligations ou les actions. Ces transactions peuvent se faire, par exemple, sur des marchés organisés (*Wall Street* à New York ou la Bourse de Paris).

3 EXERCICE Quel mode de financement ?

Avec votre voisin(e) de classe, vous êtes gérants et actionnaires uniques d'une société qui produit des sacs à dos en matière recyclée. Votre activité fonctionne bien et vous avez décidé d'installer un nouvel atelier. Plusieurs solutions s'offrent à vous pour le financer.

1 Complétez le schéma avec les mots suivants : Émission d'obligations • Emprunt bancaire • Autofinancement • Émission d'actions • Émission de titres.

2 Choisissez un mode de financement (autofinancement, emprunt bancaire, émission d'actions ou d'obligations). Recherchez ses avantages et ses inconvénients.

3 Synthétisez ces avantages et inconvénients dans un tableau récapitulatif.

Schéma hachette-clic.fr/23ses1064

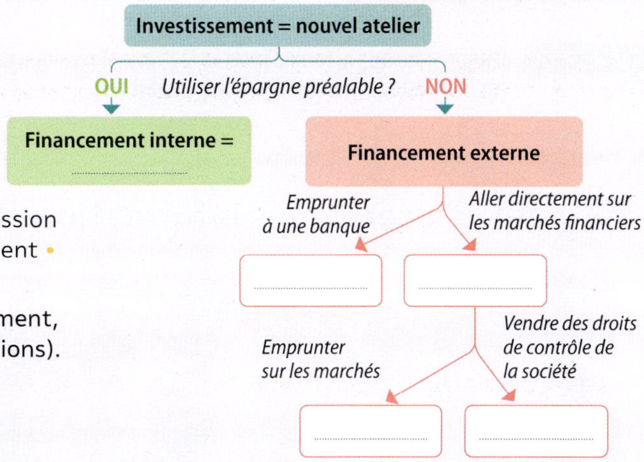

DOC 4 L'investissement et l'épargne des entreprises

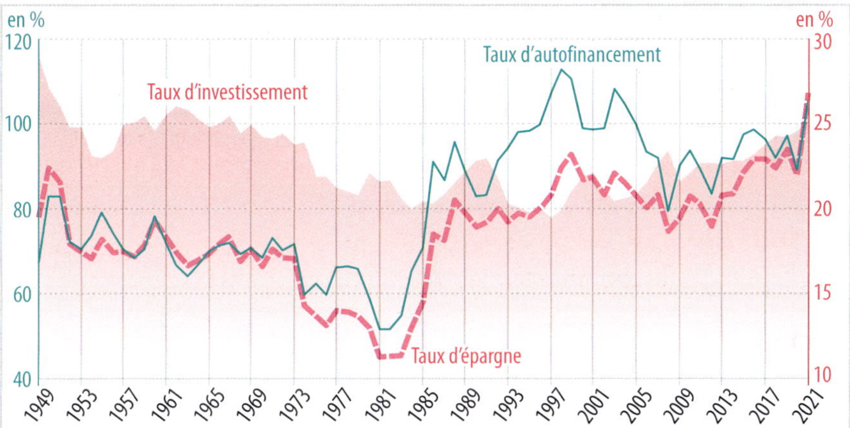

Champ : France.

Source : INSEE, Comptes nationaux - base 2014, 28 juillet 2021.

REPÈRE

Le **taux d'épargne** correspond à la part de l'épargne des entreprises dans la valeur ajoutée qu'elles produisent (Épargne/VA). Le **taux d'autofinancement** correspond à la part de l'épargne dans leur investissement (Épargne/Investissement), donc à la part de l'investissement que ces entreprises pourraient financer avec leur propre épargne. Le **taux d'investissement** correspond à la part de l'investissement de l'entreprise dans la valeur ajoutée (Investissement / VA).

1 Rédigez une phrase présentant la signification précise des données en 1981.

2 Reliez les éléments entre eux :

Taux d'autofinancement > 100 % •	• Entreprises globalement en besoin de financement
Taux d'autofinancement = 100 % •	• Entreprises globalement en capacité de financement
Taux d'autofinancement < 100 % •	• Épargne = Investissement

3 Que signifie un taux d'autofinancement égal à 112,8 % en 1998 ?

4 Existe-t-il une corrélation entre taux d'épargne et taux d'autofinancement ? Si oui, formulez-la.

5 Comment l'expliquer ?

S'entraîner

1 S'autoévaluer

CORRIGÉS P. 338

Vrai ou faux ?

1. Autofinancer un investissement correspond à un financement externe.
2. Les entreprises peuvent emprunter sur les marchés financiers en émettant des actions.
3. Les entreprises en besoin de financement peuvent emprunter aux banques.
4. Une entreprise ne peut investir que si elle réalise des profits.

2 Étude d'un document BAC

1. À l'aide des données du document 4, décrivez comment a évolué le taux d'autofinancement des entreprises françaises depuis les années 1950.
2. À l'aide du document 4 et de vos connaissances, montrez que les entreprises peuvent se financer de différentes manières.

DOSSIER 3 Quel est le rôle du taux d'intérêt dans le financement de l'économie ?

OBJECTIF Comprendre que le **taux d'intérêt** (à la fois la rémunération du prêteur et le coût du crédit pour l'emprunteur) est le prix sur le **marché des fonds prêtables**.

DOC 1 POUR COMMENCER
Taux d'intérêt : les informations à connaître avant d'emprunter

« Publicité et crédit conso : quelles sont les mentions légales ? », Institut National de la Consommation, 29 juillet 2019.
▶ Durée 2:06

Vidéo hachette-clic.fr/23ses1065

1. Quelles mentions doivent comporter les publicités pour les crédits à la consommation ?
2. Quel lien pouvez-vous établir entre le taux d'intérêt du crédit et les mensualités ?

DÉFINITION

Taux d'intérêt
Pour l'emprunteur, le taux d'intérêt est le **coût de l'emprunt**. Il va déterminer la somme à débourser en plus du remboursement du montant emprunté (taux d'intérêt débiteur). Pour le prêteur (une banque, par exemple), le taux d'intérêt **rémunère le service de prêt** d'argent et les frais et risques s'y rapportant, notamment le risque de non-remboursement de l'emprunteur (taux d'intérêt créditeur).

DOC 2 Le taux d'intérêt est le prix sur le marché des fonds prêtables

Le marché des fonds prêtables de l'économie se compose de l'offre et la demande de fonds prêtables, et le prix sur ce marché est le taux d'intérêt. L'offre de fonds prêtables provient des individus qui disposent d'un revenu supplémentaire qu'ils souhaitent épargner et prêter. Ce prêt peut se faire directement, par exemple, lorsqu'un ménage achète une obligation à une entreprise, ou indirectement, par exemple lorsqu'un ménage fait un dépôt dans une banque qui, à son tour, utilise les fonds pour accorder des prêts. Dans les deux cas, l'épargne est la source de l'offre de fonds prêtables.

La demande de fonds prêtables provient des ménages et des entreprises qui souhaitent emprunter pour réaliser des investissements. Cette demande comprend les ménages qui contractent des hypothèques pour acheter une maison, qui empruntent pour acheter une nouvelle voiture, et les entreprises qui empruntent pour acheter de nouveaux équipements ou construire des usines. Dans chaque cas, l'investissement est la source de la demande de fonds prêtables.

Le taux d'intérêt représente le montant que les emprunteurs paient pour leurs prêts et le montant que les prêteurs reçoivent sur leur épargne. Comme un taux d'intérêt élevé rend l'emprunt plus coûteux, la quantité de fonds prêtables demandée diminue lorsque le taux d'intérêt augmente. De même, comme un taux d'intérêt élevé rend l'épargne plus attractive, la quantité de fonds prêtables fournie augmente avec le taux d'intérêt.

Gregory N. Mankiw et Mark P. Taylor [économistes], *Principes de l'économie*, 6e édition, De Boeck Supérieur, mai 2022.

1. Qui offre et qui demande les fonds prêtables ?
2. À quoi correspond le taux d'intérêt, pour les offreurs et pour les demandeurs, sur ce marché ?
3. Expliquez pourquoi la courbe d'offre de fonds prêtables est croissante avec le taux d'intérêt, et celle de la demande décroissante.
4. Représentez une nouvelle courbe d'offre de fonds prêtables suite à une augmentation de l'épargne disponible. Comment réagit le taux d'intérêt ?

Le marché des fonds prêtables

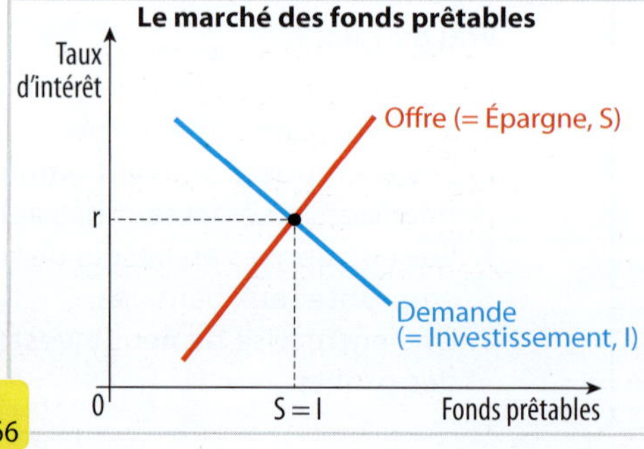

Schéma hachette-clic.fr/23ses1066

3 EXERCICE Emprunter pour un achat immobilier

Vous souhaitez acquérir un appartement d'une valeur de 320 000 €. Pour cela, vous avez épargné mais vous devez quand même emprunter 250 000 € à la banque. Vous étudiez les différentes propositions faites par votre banque.

Simulation de Prêt immobilier

	Durée de l'emprunt		
	15 ans	**20 ans**	**25 ans**
Taux d'intérêt	2,41 %	2,44 %	2,7 %
Mensualité de remboursement	1 727 €	1 388 €	1 218 €
Taux d'assurance	0,34 %	0,34 %	0,34 %
Coût total du crédit (avec assurance)	60 902 €	83 191 €	115 317 €

D'après meilleurtaux.com, simulation réalisée le 19 décembre 2022.

1. Calculez le montant de votre apport (autofinancement).
2. Recopiez et complétez le texte suivant :
Plus la durée du crédit est ...., plus le taux d'intérêt proposé par la banque est .... En effet, il passe de 2,41 % pour un prêt d'une durée de 15 ans à 2,7 % pour un prêt d'une durée de .... ans. Le .... augmente considérablement. En effet, il passe de .... pour un prêt sur 15 ans à .... sur 25 ans, soit une multiplication par .... Par contre, la mensualité de remboursement .... avec la durée du crédit. Au final, si vous empruntez 250 000 €, la somme des mensualités sera de .... sur 15 ans et de .... sur 25 ans.

DOC 4 Prêter à l'État, est-ce rémunérateur ?

Taux d'intérêt des obligations d'État de la France à 10 ans (en %)

Source : Taux d'intérêt à long terme, OCDE.

NE PAS CONFONDRE

Taux d'intérêt nominal et réel

Le **taux d'intérêt nominal** est la rémunération des placements ou le coût de l'emprunt selon le taux, en % annuel, indiqué sur le contrat signé. Mais en fonction de l'évolution des prix, la rémunération ou le coût n'ont pas la même valeur. On préfère alors calculer le **taux d'intérêt réel**, ce que rapporte réellement le placement ou ce que coûte réellement l'emprunt. Pour cela, on fait le calcul suivant :

Taux d'intérêt réel ≈
Taux d'intérêt nominal – Taux d'inflation

1. Si vous prêtez 1 000 € à l'État à un taux nominal de 3 %, combien vous rapportera ce placement au bout d'un an ?
2. Si les prix augmentent de 2 % au cours de cette même année, quelle somme vous permettra, dans un an, d'acheter autant qu'avec 1 000 € aujourd'hui ?
3. Calculez ce que vous rapporte réellement votre placement.
4. Sachant qu'en 2022 l'inflation était de 6 % environ, était-il intéressant de prêter son argent à l'État ? Pourquoi ?

S'entraîner

1 S'autoévaluer CORRIGÉS P. 338

Reliez les notions entre elles :

Taux d'intérêt nominal •	• Offre et demande de fonds prêtables
Taux d'intérêt réel •	• Taux convenu par contrat
Marché des fonds prêtables •	• Taux d'intérêt débiteur
Coût de l'emprunt •	• Taux auquel on a retiré le taux d'inflation
Rémunération du placement •	• Taux d'intérêt créditeur

2 Mobilisation des connaissances BAC

Expliquez pourquoi le taux d'intérêt est à la fois un revenu et un coût.

DOSSIER 4 Comment piloter le budget de l'État ?

OBJECTIF Savoir que le **solde budgétaire** résulte de la différence entre recettes (fiscales et non fiscales) et les dépenses de l'État ; comprendre que le déficit budgétaire est financé par l'emprunt et savoir qu'une **politique de dépenses publiques** peut avoir des effets contradictoires sur l'activité (relance de la demande / **effet d'éviction**).

DOC 1 POUR COMMENCER
D'où viennent les déficits et la dette publique ?

Dépenses et recettes publiques en France (en % du PIB)

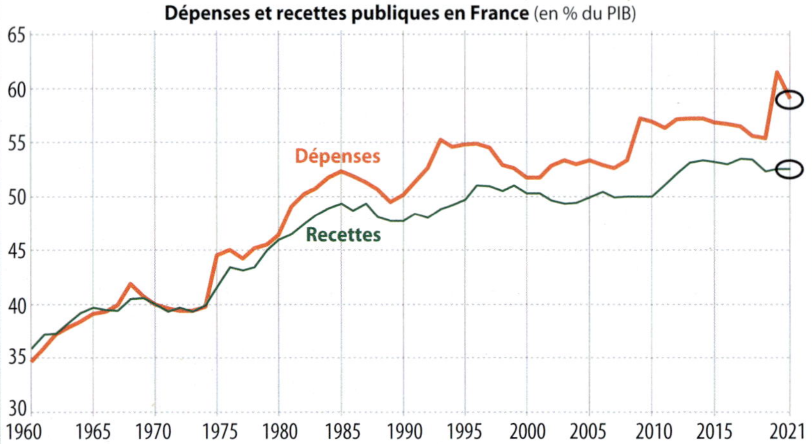

Champ : dépenses et recettes des administrations publiques. Source : INSEE, Comptes nationaux - base 2014.

DÉFINITIONS

Solde, déficit et dette publique
Le **solde public** est la différence entre les recettes et les dépenses des administrations publiques au cours d'une année : **déficit** s'il est négatif, **excédent** s'il est positif. Il est appelé **solde budgétaire** quand il est calculé pour l'État central seul, hors collectivités locales et Sécurité sociale. Les déficits de chaque année sont financés par des emprunts qui augmentent la **dette** des administrations publiques.

1 Distinguez les recettes (R) et les dépenses (D) de l'État :
a) le traitement (salaire) des fonctionnaires
b) les allocations familiales
c) la collecte de l'impôt sur le revenu
d) la collecte de la TVA
e) les subventions versées au secteur de l'hôtellerie pendant la crise de la Covid
f) les amendes en cas d'excès de vitesse.

2 Rédigez une phrase présentant la signification de chacune des données entourées, et caractérisez la situation des finances publiques en 2021 (excédent ou déficit).

3 Depuis quelle année la courbe rouge est-elle systématiquement au-dessus de la courbe verte ? Que représente l'écart entre ces deux courbes ?

4 Comment un État finance-t-il l'écart entre recettes et dépenses ?

DOC 2 La politique budgétaire, c'est quoi ?

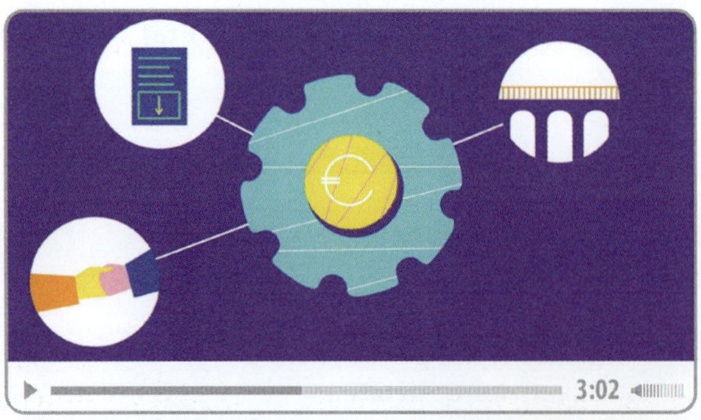

« La politique budgétaire », Citéco, 17 juin 2020.

Vidéo hachette-clic.fr/23ses1067

1 Qu'est-ce qu'une politique budgétaire ?

2 Répondez par vrai ou faux. Justifiez quand c'est faux.
a) La politique budgétaire consiste à faire varier uniquement les dépenses de l'État.
b) En cas de ralentissement économique, l'État peut baisser les impôts pour relancer l'activité économique.
c) En cas de crise économique, l'État évite de mettre en place une politique de grands travaux pour ne pas creuser son déficit.
d) Une politique de relance budgétaire n'a pas d'effet majeur sur le déficit et la dette de l'État.

3 Résumez : quels sont les deux moyens dont dispose l'État pour agir sur l'économie en cas de crise économique majeure ?

DOC 3 Un exemple de relance : le plan Biden aux États-Unis

Son montant donne le vertige : 1 900 milliards de dollars (1 595 milliards d'euros), soit l'équivalent du produit intérieur brut (PIB) de l'Italie en 2020. Le Congrès américain a adopté, mercredi 10 mars par 220 voix contre 211, le plan de relance colossal voulu par Joe Biden […].

La pandémie de Covid-19 a fait plus de 500 000 morts aux États-Unis et la première économie mondiale s'est contractée de 3,5 % l'an passé, sa pire année depuis la Seconde Guerre mondiale. Selon des experts, le « plan de sauvetage américain » devrait doper la croissance. D'après la Maison Blanche, cette législation « historique » créera plus de 7 millions de nouveaux emplois cette année, rendra les soins de santé plus abordables, tout en sauvant des vies grâce aux aides pour la vaccination généralisée. Elle affirme également qu'elle réduira de moitié la pauvreté des enfants.

Des millions d'Américains toucheront des chèques d'aides directes allant jusqu'à 1 400 dollars (1 174 euros) par individu et personne à charge. […] Le plan consacre également 126 milliards de dollars aux écoles, de la maternelle au lycée, pour soutenir leur réouverture malgré la pandémie, ainsi que 350 milliards en faveur des États, des collectivités locales.

« États-Unis : le plan de relance de 1 900 milliards de dollars voulu par Joe Biden adopté par le Congrès », *Le Monde*, 10 mars 2021.

1. En quoi consiste la politique de relance menée par Joe Biden aux États-Unis ?
2. Pourquoi cette politique a-t-elle été mise en place ?
3. Comment cette relance permet-elle d'améliorer la situation économique et sociale du pays ?

4 EXERCICE L'endettement public peut évincer l'investissement privé

Pour faire face à une crise économique, l'État décide de mettre en place une politique de relance par la demande globale. Pour financer ses dépenses, il emprunte, sur les marchés financiers, en émettant des obligations. Cette hausse de demande de fonds prêtables va avoir pour effet d'augmenter le taux d'intérêt. Les entreprises sont alors pénalisées par cette hausse des taux. Il se produit un effet d'éviction.

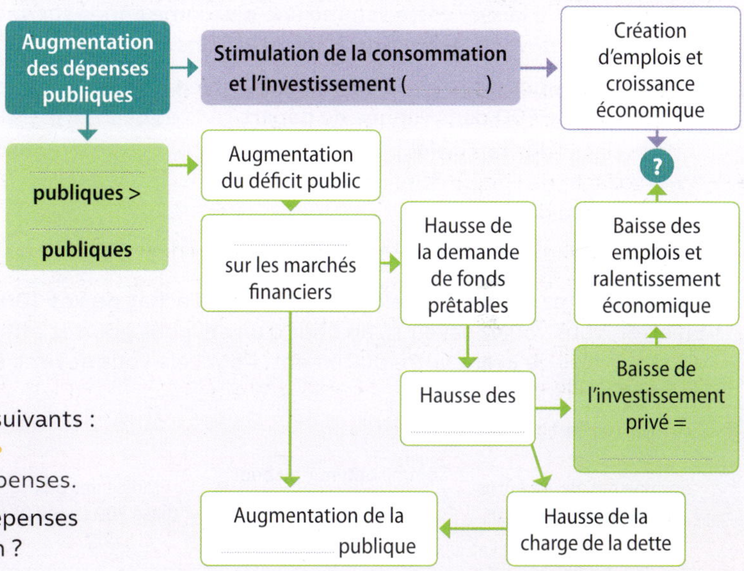

1. Complétez le schéma avec les termes suivants : taux d'intérêt • emprunts • demande • recettes • dette • effet d'éviction • dépenses.
2. Pourquoi dit-on qu'une politique de dépenses publiques peut avoir un effet d'éviction ?

Schéma hachette-clic.fr/23ses1068

S'entraîner

1 S'autoévaluer CORRIGÉS P. 338

Complétez le texte avec les mots suivants : faible • relance budgétaire • dette publique • déficit public • stimule • croissance économique • effet d'éviction • recettes.

Dans le cas d'une politique de ………, les ……… de l'État sont inférieures aux dépenses, ce qui entraîne une augmentation du ………, qui a deux conséquences. Tout d'abord elle ……… l'activité économique et crée donc de la ………. Mais dans le même temps, la hausse du déficit public entraîne une augmentation de la ……… qui peut créer un ……… en raison d'une hausse des taux d'intérêt. Dans ce cas, l'effet total sur la croissance économique est ……….

2 Raisonnement s'appuyant sur un dossier documentaire BAC

À l'aide de vos connaissances et des documents 2 et 3, vous présenterez les effets positifs d'une politique de relance budgétaire.

ACTIVITÉ 1 Calculer

OBJECTIFS

Savoirs : taux d'intérêt nominal et réel, épargne

Savoir-faire : calculer et interpréter les taux d'intérêt nominaux et réels

→ Fiche outil n° 9 p. 316 *Lire et interpréter une valeur nominale et une valeur réelle*

Est-il intéressant de placer son épargne à la banque ?

Votre mission Vous avez économisé 100 €. Est-il plus intéressant de placer ces 100 € sur un Livret jeune à la banque pour recevoir des intérêts et, finalement, dépenser plus tard, ou de dépenser ces 100 € immédiatement ? Pour répondre à cette question, vous devez calculer le taux d'intérêt réel qui vous donnera une indication de l'évolution du pouvoir d'achat de votre épargne, après placement.

ÉTAPE 1 Placer son argent

Le Livret jeune, sur lequel vous pourriez placer vos économies, a un taux nominal de 2 %.
L'inflation, mesurée par l'indice des prix à la consommation de l'INSEE, atteint en France 5 % par an, ce qui signifie qu'en moyenne, les prix de biens et services consommés par les ménages ont augmenté de 5 % au cours de l'année.

Coup de pouce
Le **taux d'intérêt** représente le rendement de l'épargne ou le coût de l'endettement. Le taux indiqué sur le contrat que vous signez est appelé **taux d'intérêt nominal**. Mais si vous placez votre argent à un taux d'intérêt nominal de 4 % pendant un an, et que, dans le même temps, les prix augmentent aussi de 4 %... êtes-vous vraiment gagnant ?

1. Au bout d'un an, combien d'intérêts vous rapporteraient les 100 € placés sur votre Livret jeune ?
☐ 1 € ☐ 2 € ☐ 20 € ☐ 102 €
2. Au bout d'un an, de quelle somme disposeriez-vous ?
3. Vous décidez de laisser cette somme une deuxième année sur votre Livret.
Combien auriez-vous au bout de 2 ans ? De 3 ans ? De 10 ans ?
4. Les prix ont augmenté de 5 % en un an. Combien vaut l'indice des prix l'année suivante, s'il est calculé en base 100 dans l'année de départ ? → Fiche outil n° 3 p. 304 *Calculer et interpréter des indices*
☐ 100 ☐ 105 ☐ 115 ☐ 150

ÉTAPE 2 Calculer l'évolution de son pouvoir d'achat

Vous souhaitez désormais calculer le pouvoir d'achat de vos 100 € placés sur votre Livret jeune. En effet, vous voulez savoir si, au bout d'un an, vous pourrez effectivement acheter plus de biens et de services qu'avant votre placement. Pour cela vous devez « éliminer » l'effet de l'inflation en divisant par l'indice des prix.

5. Complétez le tableau suivant :

Tableau hachette-clic.fr/23ses1069

Somme initiale, en euros courants de l'année 0 (a)	Somme obtenue au bout d'un an, en euros courants de l'année 1 (b)	Indice des prix (base 100 année 0) (c)	Somme obtenue, au bout d'un an, en euros constants de l'année 0 (d = b / c x 100)	Taux de variation de votre richesse réelle (en %) e = (d – a) / a
100 €	.... €	....	(....... / ....) × 100 = ... €	(....... – ....) / .... = ... %

6. Dans cet exemple, alors que le taux d'intérêt nominal est de 2 %, quel est le taux d'intérêt réel ?
7. À partir de vos résultats, complétez la formule suivante :
Taux d'intérêt réel ≈ .... – ....
Remarque : approximation valable pour de petites valeurs.
8. Quelle est la bonne décision : dépenser 100 € aujourd'hui ou les placer pour dépenser plus dans un an ? Justifiez votre réponse.
9. Sélectionnez les affirmations vraies :
a) Quand l'inflation est forte, il est intéressant d'épargner.
b) Le taux le plus important à considérer est le taux réel.
c) Un taux réel peut être négatif.
10. À l'aide de vos réponses aux questions précédentes, expliquez comment évolue le pouvoir d'achat de votre épargne quand les prix augmentent.

ACTIVITÉ 2 Rédiger une synthèse

OBJECTIFS

Savoirs : actions, financement externe, marchés financiers

Savoir-faire : rédiger un paragraphe argumenté, synthétiser

L'entrée en Bourse de Deezer

Votre mission Lorsqu'elles ont des projets d'investissement qu'elles ne peuvent pas autofinancer, les grandes entreprises peuvent avoir recours à un financement externe en émettant des actions sur les marchés financiers. Vous avez envie d'en savoir plus sur ce qui se cache derrière le mot « Bourse ». Pour cela, vous allez produire une note de synthèse expliquant l'entrée en Bourse de Deezer.

ÉTAPE 1 Étudier les documents

DOC 1 Pourquoi Deezer est entré en Bourse ?

2:43 « Deezer accélère, en jouant la Bourse », *Histoires économiques*, France Inter, 19 avril 2022.

Pour sa première journée sur Euronext[1], le 6 juillet 2022, l'action Deezer a dégringolé de 27,5 %. Néanmoins, l'entreprise française de streaming audio a réussi à lever plus de 170 millions d'euros.

1. Nom de la principale place boursière de la zone euro.

Podcast hachette-clic.fr/23ses1070

DOC 2 Qu'est-ce qu'une « Bourse de valeurs » ?

Une bourse est dite en hausse lorsque son indice de référence, basé sur une sélection de valeurs, est en progression. Les indices sont représentatifs d'un marché – l'indice CAC[1] 40 reflète la performance des grandes entreprises françaises [...].

Une bourse de valeurs est un marché où s'achètent et se vendent des titres financiers négociables, tels que les actions émises par les sociétés qui y sont cotées. Elle n'est pas le lieu où les entreprises émettent leurs titres (appelé marché primaire) pour la première fois, mais celui où ces titres déjà acquis s'échangent (marché secondaire). Une bourse s'apparente ainsi à un marché de l'occasion. Les transactions s'y effectuent selon la loi de l'offre et de la demande, ce qui signifie que le prix des titres s'accroît lorsque la demande progresse. Un investisseur décide d'acquérir une action s'il anticipe que celle-ci lui rapportera un gain au moins égal à son prix d'achat, sous forme de dividendes (part des bénéfices annuels versés aux actionnaires) ou de plus-value lors de la revente du titre. « Ce gain dépend avant tout de la réussite économique future de l'entreprise, mesurée par ses profits à venir », précise le professeur d'économie Renaud Chartoire.

« La hausse de la Bourse », *brief.eco*, 10 novembre 2021.

1. CAC = Cotation Assistée en Continu.

DOC 3 Quelle différence entre le marché primaire et le marché secondaire ?

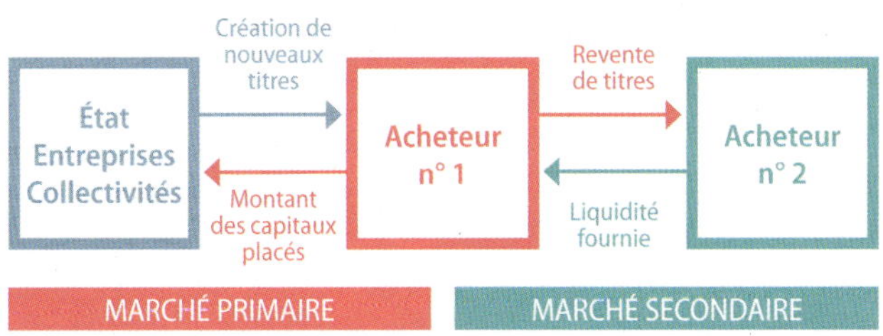

Source : D'après « Comprendre les marchés financiers », Autorité des marchés financiers (AMF), 14 avril 2020.

1. Pourquoi l'entreprise Deezer est-elle entrée en Bourse ?
2. Pourquoi « les investisseurs » sont-ils prêts à financer le développement de Deezer ?
3. Que représente l'indice CAC 40 ?
4. Quelle différence existe-t-il entre le marché primaire et le marché secondaire ?
5. Comment se fixe le cours des actions sur le marché secondaire ?

ÉTAPE 2 Rédiger une synthèse

6. Qu'est-ce que la Bourse ? À l'aide de vos réponses aux questions précédentes, rédigez un texte comportant au minimum deux paragraphes en appliquant la méthode AEI (Affirmer, Expliciter, Illustrer).

Fiche méthode n° 1 p. 318 *Construire une argumentation*

ACTIVITÉ 3 Débattre

OBJECTIFS

Savoirs : besoin de financement, financement externe, marchés financiers, actions, obligations

Savoir-faire : repérer et trier des arguments, argumenter et s'exprimer à l'oral

Est-il possible de rendre la finance plus verte ?

Votre mission Le changement climatique nécessite de réfléchir aux futurs investissements. Est-il raisonnable de financer des investissements polluants alors que des projets respectueux de l'environnement sont possibles ? Une des solutions passe par le choix du type d'investissement à financer. Mais la finance verte est-elle vraiment possible ?

ÉTAPE 1 Préparer le débat

1. Par groupe de 3 ou 4 élèves, prenez connaissance une première fois des documents.
2. Après une seconde lecture, repérez et classez sur une feuille séparée en deux colonnes tous les arguments issus des documents.

Est-il possible de rendre la finance plus verte ?

- **Oui** : Arguments en faveur de la finance verte
- **Non** : Arguments en défaveur de la finance verte

DOC 1 Qu'est-ce qu'un financement vert pour une entreprise ?

Vidéo hachette-clic.fr/23ses1071

« La finance verte », Citéco, 14 août 2019.

DOC 2 L'évolution des émissions d'obligations vertes depuis 2012

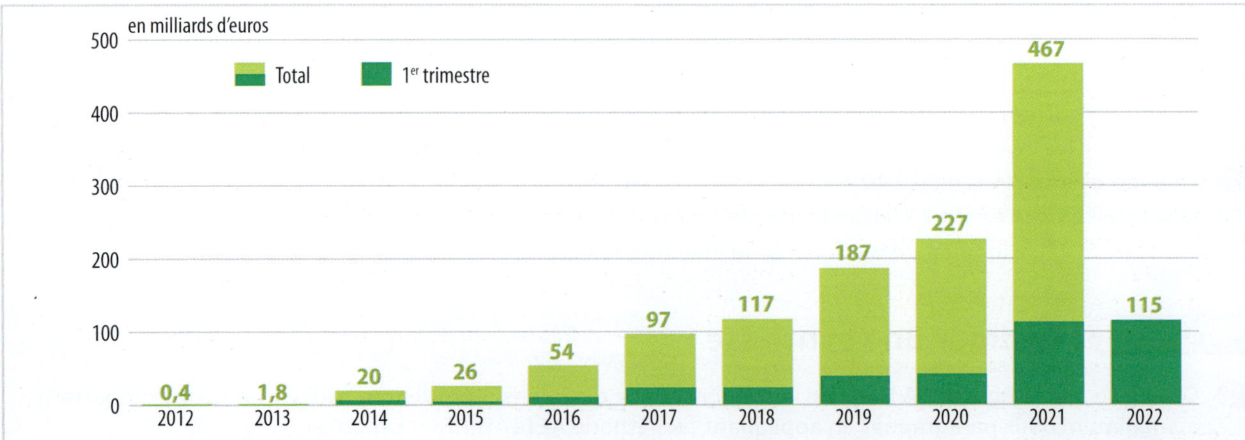

Source : D'après Tamaki Descombes, Antoine Kergadallan et Quoc-Trieu Le, « Obligations vertes : une croissance durable ? », *Bloc-notes Éco billet n° 278*, Banque de France, 12 juillet 2022.

DOC 3 La finance verte, est-ce vraiment envisageable ?

En 2008, la Banque mondiale a émis l'une des toutes premières « obligations vertes » de l'histoire – une façon de lever de l'argent pour financer des projets favorables à l'environnement. À l'époque, Julien Lefournier travaillait pour le Crédit agricole et était justement spécialisé en obligations. [...] « J'ai appelé mon meilleur client pour savoir ce qu'il en pensait. Il m'a répondu : "Et moi, qu'est-ce que j'y gagne ?" » [...]

Treize ans après l'émission de cette première obligation de la Banque mondiale, la finance verte n'en finit pas de grossir. À en croire l'Alliance mondiale pour l'investissement durable (*Global Sustainable Investment Alliance*), les actifs classés « durables » représentaient, fin 2019, 35 000 milliards de dollars (30 000 milliards d'euros) à travers le monde développé (Europe, États-Unis, Japon, Canada, Australie et Nouvelle-Zélande), soit 36 % de tous les fonds gérés professionnellement. [...]

Le secteur privé a un rôle majeur à jouer dans la transition énergétique, de même qu'il avait rendu la révolution industrielle possible au XIXe siècle. Mais ce ne sera faisable qu'une fois que les États auront créé les conditions nécessaires : mise en place de normes environnementales strictes, instauration d'un prix du CO_2... Ensuite, les investissements iront là où se trouvera la rentabilité à l'intérieur des nouvelles règles du jeu. En clair, les marchés ne s'autoréguleront pas et ne corrigeront pas seuls les défauts du système actuel.

Éric Albert et Véronique Chocron [journalistes], « Le mirage de la «finance verte» », *Le Monde*, 21 octobre 2021.

DOC 4 La finance verte : du *greenwashing*[1] ?

Action de Greenpeace devant le siège social d'un fonds d'investissement au Luxembourg, 13 juillet 2020. D'après le communiqué de presse de Greenpeace, « le fonds luxembourgeois prétend investir de manière durable et socialement responsable, tout en ayant injecté, rien qu'en 2019, plus d'un demi-milliard d'euros dans des entreprises telles que Shell, BP, Total et Chevron. »

1. *Greenwashing* (éco-blanchiment, en français) : se dit des pratiques marketing qui utilisent un positionnement ou des pratiques écologiques pour améliorer leur image dans un but commercial.

ÉTAPE 2 Débattre en classe

3. Répartissez-vous en trois groupes : un groupe pour le jury et deux groupes défendant chacun l'une des deux thèses préparées à l'étape 1.
4. Menez le débat en suivant les indications de la Fiche méthode n° 5 p. 326 *Débattre en classe*.

ÉVALUATION DU DÉBAT

Grille d'évaluation hachette-clic.fr/23ses1072

- **Une grille d'évaluation du débat est fournie aux quatre membres du jury qui entourent le président.**
  - Chacun(e) évalue les deux équipes, mais sur un aspect précis du débat : le fond ou la forme, les qualités (bonus) ou les défauts (pénalités).
  - Pendant les temps morts du débat, les membres du jury ne doivent pas communiquer entre eux pour éviter de s'influencer.
  - À la fin du débat, le président du jury collecte les quatre grilles et en calcule le solde (bonus – pénalités) afin de désigner l'équipe gagnante.
- **Le jury propose un bref bilan du débat à la classe en indiquant les points forts et les points faibles de chaque équipe.**

L'ESSENTIEL Comment les agents économiques se financent-ils ?

Podcast
hachette-clic.fr/
23ses1073

Le financement est au cœur des activités économiques car, à chaque période, des agents économiques apportent des fonds à d'autres, ceux qui ne peuvent financer en totalité leurs dépenses avec leurs revenus. Les premières dettes sont apparues en même temps que les premières formes d'écriture, il y a 5 000 ans, en Mésopotamie !

1 Qu'est-ce que le financement ?

Le rôle de la finance est de répondre aux besoins de financement d'une partie des agents économiques, qui apparaissent quand leurs dépenses sont supérieures à leurs revenus. En France, c'est le cas généralement des entreprises, mais aussi, depuis les années 1970, de l'État. **Ces besoins sont financés par les capacités de financement** d'autres agents économiques, dont les dépenses sont inférieures à leurs revenus, ce qui est le cas pour les ménages pris dans leur globalité. ▸ Schéma 1

Pris individuellement, les ménages ont des situations plus contrastées. Le **revenu disponible** d'un ménage est obtenu en ajoutant aux revenus primaires (revenu du travail et de la propriété) de tous ses membres, les prestations sociales reçues des administrations publiques, et en retranchant les cotisations sociales et impôts directs versés pour leur financement. **Ce revenu disponible est utilisé pour la consommation et pour l'épargne**, qui peut servir à financer les dépenses d'investissement que sont les achats de logements, ou à effectuer des placements financiers. Certains ménages dégagent donc une capacité de financement et d'autres dégagent un besoin de financement.

La finance ou le financement consiste à mettre en relation ces besoins de financement et ces capacités de financement, avec des modalités variées pour que les agents en besoin de financement soient financés par ceux qui sont en capacité de financement.

2 Comment les entreprises se financent-elles ?

Pour se financer, les entreprises disposent d'un revenu qu'elles génèrent par leur activité productive : l'excédent brut d'exploitation, une mesure du profit, obtenu en déduisant du produit des ventes (chiffre d'affaires) les coûts de production liés aux achats de consommations intermédiaires, aux salaires versés et aux impôts sur la production. Mais rares sont les entreprises qui peuvent financer leurs investissements avec le profit de l'année écoulée, ou avec l'ensemble des profits du passé qu'elles auraient mis en réserve, par simple **autofinancement**.

Les entreprises ont donc recours à des financements externes. Elles peuvent emprunter auprès des banques, qui collectent des dépôts auprès d'agents à capacité de financement et accordent des crédits. L'emprunt bancaire joue un rôle important, notamment pour les petites et moyennes entreprises. **Mais, depuis les années 1980, les grandes entreprises se financent de plus en plus sur des marchés financiers** mondialisés et informatisés, des titres achetés par les agents à capacité de financement.

Les deux titres financiers les plus fréquents sont les obligations et les actions. Les obligations sont des titres qui représentent une dette pour l'entreprise. Elles rapportent à leurs détenteurs des intérêts, mais ne donnent pas de pouvoir sur les orientations de l'entreprise. Les actions sont des titres de propriété en contrepartie d'un apport de fonds propres, des fonds qui ne sont donc pas une dette. Les actions donnent à leurs détenteurs un droit de vote lors de l'assemblée générale annuelle (sur la nomination des dirigeants, sur l'utilisation des profits) et rapportent des dividendes, variables car prélevés sur l'excédent brut d'exploitation.

1 Capacité ou besoin de financement ?

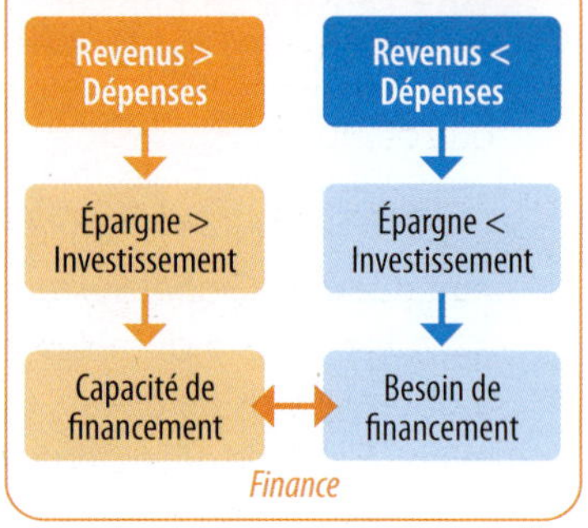

NOTIONS

Besoin et capacité de financement : lorsque les revenus d'un agent sont supérieurs à ses dépenses, il dégage une capacité de financement. Inversement, si ses revenus sont inférieurs à ses dépenses, il a un besoin de financement.

Revenu disponible : revenu à la disposition des ménages pour consommer et épargner. Il comprend les revenus d'activité, les indemnités de chômage, les retraites, les revenus du patrimoine et les autres prestations sociales perçues, auxquels on déduit les cotisations sociales et les impôts directs.

Épargne : partie du revenu disponible qui n'est pas consommée.

Excédent brut d'exploitation (EBE) : mesure du profit ou des pertes de l'entreprise liés directement à l'activité de production (l'« exploitation »). Il se calcule en faisant la différence entre le chiffre d'affaires et l'ensemble des coûts de production.

Autofinancement : financement grâce à l'épargne préalablement accumulée.

Financement externe : financement par recours direct (marchés financiers) ou intermédié (emprunt bancaire) aux capacités de financement d'autres agents.

Marchés financiers : ensemble des transactions d'achat et de vente de titres financiers, comme les obligations et les actions.

Obligations : titres de créance sur un emprunteur, qui peuvent être revendus généralement sur les marchés financiers, contrairement aux emprunts bancaires.

Actions : titres de propriété sur une partie du capital d'une entreprise, qui peuvent être revendus généralement sur les marchés financiers.

3 Quel est le rôle du taux d'intérêt dans le financement de l'économie ?

Le taux d'intérêt joue un rôle essentiel dans le financement de l'économie car il représente le coût de l'emprunt. Qu'il prenne la forme d'un crédit bancaire ou d'une émission d'obligations, l'emprunt suppose le remboursement de la somme empruntée (le principal) et le paiement d'intérêts, calculés selon un taux annuel qui est un pourcentage de la somme que l'emprunteur doit.

Symétriquement, le taux d'intérêt est la rémunération de l'agent qui prête, le créancier, qu'il soit banquier ou simple acheteur d'une obligation. Celui-ci prend un risque en prêtant son argent : le risque que l'emprunteur ne rembourse pas, appelé « risque de défaut ». Le prêteur cherche alors à obtenir une rémunération pour le service offert : accepter de renoncer aujourd'hui à la pleine disponibilité des sommes prêtées.

Le marché des fonds prêtables est un des modèles utilisés pour expliquer le niveau du taux d'intérêt. Quand le taux d'intérêt augmente, la demande de fonds prêtables des emprunteurs décroît. En effet, quand le coût de l'emprunt augmente, les emprunteurs peuvent moins emprunter compte tenu de leurs revenus. À l'inverse, quand les placements rapportent plus, l'épargne augmente, et donc l'offre de fonds prêtables. Le taux d'intérêt se fixe ainsi à l'équilibre entre la demande et l'offre de fonds prêtables. ▶ Schéma 2

2 L'équilibre sur le marché des fonds prêtables

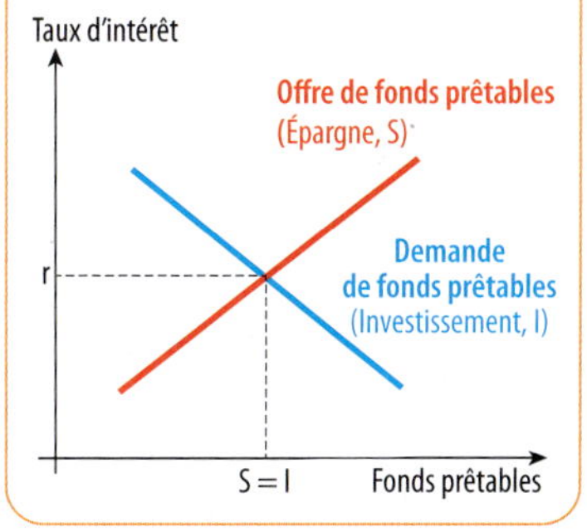

4 Comment piloter le budget de l'État ?

L'État est un agent économique particulier : par sa taille, parce qu'il ne peut pas disparaître suite à un défaut de paiement, et parce qu'il est le seul agent dont les ressources proviennent principalement de prélèvements obligatoires (impôts, taxes et cotisations sociales).

La différence entre les ressources de l'État et ses dépenses fait apparaître un solde public qui peut être excédentaire ou déficitaire, indiquant respectivement une capacité ou un besoin de financement. Les déficits publics sont financés par des emprunts via la vente d'obligations d'État sur les marchés financiers.

L'État peut mettre en place une politique de dépenses publiques, qualifiée de « relance budgétaire ». Elle consiste pour l'État à accepter un solde déficitaire en augmentant les dépenses publiques ou en baissant les prélèvements obligatoires, ce qui a **un effet de relance sur la demande (consommation et investissement)**. Cependant, la hausse du déficit public conduit à une hausse de la dette publique. L'État doit en effet financer ce déficit, ce qui l'amène à emprunter sur les marchés financiers. **Un effet d'éviction peut alors se produire**. Dans ce cas, les dépenses privées de consommation et d'investissement baissent, comme si elles étaient « évincées » par les dépenses publiques. En effet, il devient trop cher d'emprunter.

NOTIONS

Taux d'intérêt : pour l'emprunteur, le taux d'intérêt est le coût de l'emprunt. Il va déterminer la somme à débourser en plus du remboursement du montant emprunté. Pour le prêteur (une banque, par exemple), le taux d'intérêt rémunère le service de prêt. Le taux d'intérêt est le prix qui se fixe sur le marché des fonds prêtables.

Marché des fonds prêtables : lieu de rencontre entre l'offre et la demande de capitaux qui en détermine le prix, le taux d'intérêt.

Solde public / Solde budgétaire : le solde public est la différence entre les recettes et les dépenses des administrations publiques au cours d'une année. Le solde budgétaire s'applique aux seules administrations centrales d'État. Quand il est négatif, il y a déficit. Quand il est positif, il y a excédent.

Politique de dépenses publiques : mesures qui visent à augmenter les dépenses publiques ou à baisser les prélèvements obligatoires pour relancer la demande. On parle aussi de « relance budgétaire ».

Effet d'éviction : baisse des dépenses privées (investissement et consommation) provoquée par la hausse des dépenses publiques, en raison de la hausse des taux d'intérêt.

L'essentiel en schéma

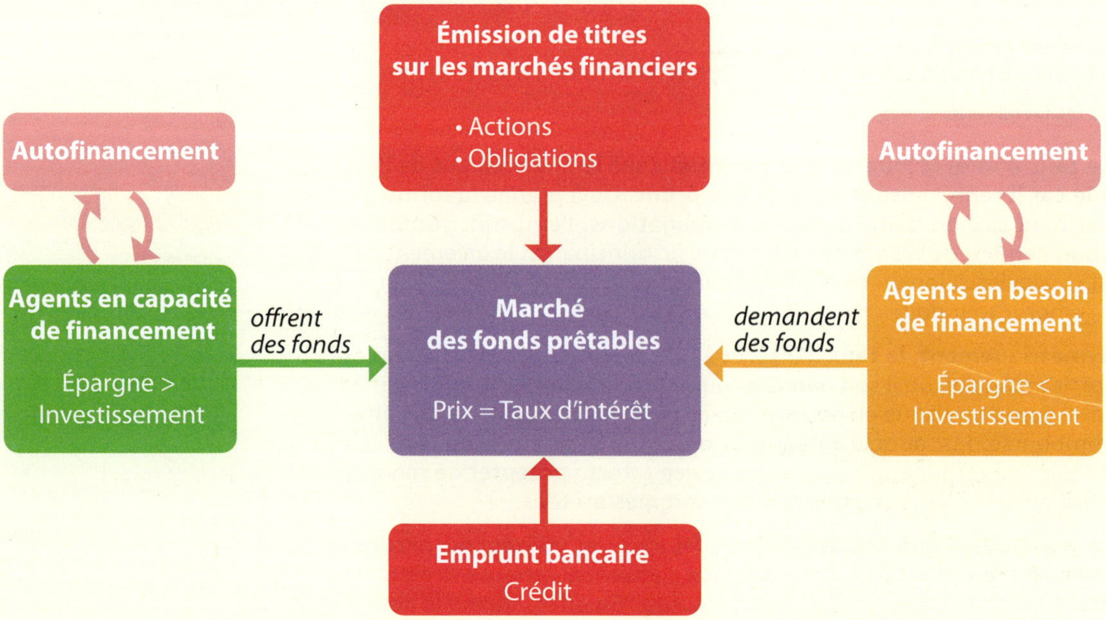

POUR ALLER PLUS LOIN

hachette-clic.fr/23ses1074

« L'épargne des ménages », *ABC de l'économie*, Banque de France, 19 novembre 2021.

Cette vidéo présente les différentes formes d'épargne des ménages et rappelle que les ménages sont des agents à capacité de financement, ce qui leur permettra de répondre aux besoins de financement d'autres agents économiques.

hachette-clic.fr/23ses1075

« Les marchés financiers : de quoi parle-t-on ? », La Finance pour tous, 29 avril 2022.

Que sont les marchés financiers ? Quels sont les titres qui s'échangent sur ces marchés ? Comment fonctionne le marché des actions et obligations (la Bourse) ?

hachette-clic.fr/23ses1076

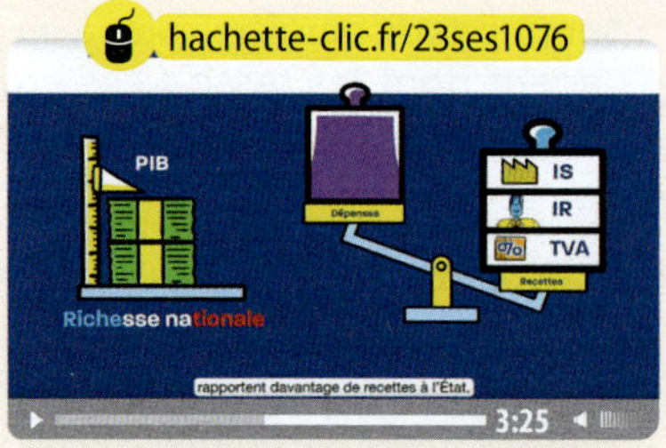

« Qu'est-ce que la dette publique ? », *ABC de l'économie*, Banque de France, 22 janvier 2021.

Pour ne plus confondre déficit public et dette publique ! Cette vidéo explique que la dette publique représente l'ensemble des dettes contractées par les administrations publiques. Elle représente donc la somme des déficits publics passés.

hachette-clic.fr/23ses1077

3:46

« 40 milliards d'euros pour la France. À quoi sert le Plan de relance européen ? », France Inter, 29 septembre 2022.

La France va toucher presque 40 milliards d'euros d'ici 2026 grâce au Plan de relance européen. Savez-vous que 90 % de ce budget ont déjà été affectés ? Concrètement, l'Europe finance des travaux de rénovation des bâtiments publics ou des logements sociaux, des aides à l'emploi des jeunes, etc. En contrepartie, la France doit tenir des engagements de réformes.

UTILISER LES STATISTIQUES

1 L'évolution du revenu disponible brut des ménages

Objectif de savoir-faire *Calculer et interpréter une variation* ➔ Fiche outil n° 2 p. 302

Revenu disponible brut des ménages en France, en milliards d'euros

	2000	2005	2010	2015	2020	2021
Revenu disponible brut des ménages	889,7	1 076,2	1 267,1	1 329,7	1 495,8	1 554,9

Source : INSEE, chiffres clés, 31 mai 2022.

1. Rédigez une phrase présentant la signification précise des données entourées.
2. Calculez le taux de variation du revenu disponible brut des ménages entre 2000 et 2010 puis entre 2010 et 2020. Faites une phrase avec les résultats.
3. Comparez les deux résultats précédents.
4. Calculez le taux de variation du revenu disponible brut des ménages entre 2000 et 2021. Faites une phrase avec le résultat.
5. Calculez le coefficient multiplicateur du revenu disponible brut des ménages entre 2000 et 2021. Faites une phrase avec le résultat.

2 Taux d'intérêt nominal et réel

Objectif de savoir-faire *Lire et interpréter une valeur nominale et une valeur réelle* ➔ Fiche outil n° 9 p. 316

Évolution du taux du Livret A et de l'inflation depuis 2000 (en %)

Sources : INSEE et Banque de France.

1. Rédigez une phrase présentant la signification précise des données entourées.
2. Le taux du Livret A représenté par la courbe verte est-il un taux nominal ou réel ?
3. Complétez l'équation avec les termes suivants : *taux d'intérêt réel* • *taux d'inflation* • *taux d'intérêt nominal.*

   .... ≈ .... – ....

4. Calculez le taux d'intérêt réel du Livret A en 2000 et en 2022.
5. Dans quel cas les taux d'intérêt réels peuvent-ils être négatifs ?

TESTEZ VOS CONNAISSANCES !

CORRIGÉS P. 338

Version interactive
hachette-clic.fr/23ses1078

1 Besoin ou capacité de financement

Vrai ou faux ? Lorsque c'est faux, justifiez.

	Vrai	Faux
1. Lorsque l'épargne d'un agent économique est supérieure à ses investissements, c'est un agent à besoin de financement.	☐	☐
2. Les États sont généralement des agents à besoin de financement.	☐	☐
3. Les ménages, pris individuellement, sont toujours des agents à capacité de financement.	☐	☐
4. Le revenu disponible des ménages sert soit à consommer soit à épargner.	☐	☐
5. Lorsqu'un État connaît une situation de déficit budgétaire, il est en capacité de financement.	☐	☐
6. Un agent en capacité de financement est obligé d'utiliser son épargne pour financer ses propres investissements.	☐	☐

2 Le financement externe

Choisissez la (ou les) bonne(s) réponse(s).

1. Recourir au financement externe direct signifie :
a) émettre des actions.
b) émettre des obligations.
c) faire appel à l'emprunt bancaire.
d) utiliser son épargne pour financer ses investissements.

2. Une action :
a) est un titre de propriété.
b) est un titre de créance.
c) permet de recevoir des dividendes si l'entreprise réalise des profits.
d) représente un emprunt réalisé sur les marchés financiers.

3. Une obligation :
a) est un titre de propriété.
b) est un titre de créance.
c) permet de recevoir des dividendes si l'entreprise réalise des profits.
d) représente un emprunt réalisé sur les marchés financiers.

4. L'emprunt bancaire :
a) représente un financement externe indirect.
b) conduit la banque à exercer un pouvoir de gestion dans l'entreprise.
c) est la seule source de financement accessible pour de nombreuses PME.
d) représente un coût pour les entreprises.

3 Les choix du financement

Complétez le schéma avec les termes suivants :

Crédit bancaire • Émissions d'actions ou d'obligations • Financement indirect • Financement interne.

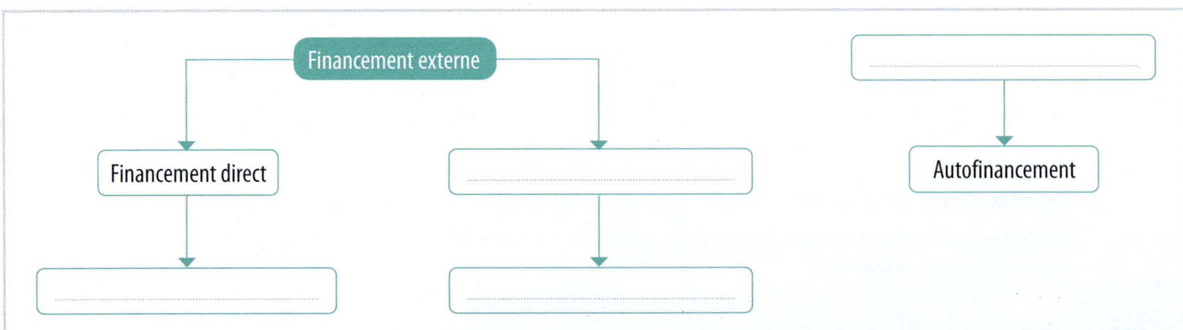

4 Mots croisés

Complétez la grille à l'aide des définitions.

Grille hachette-clic.fr/23ses1079

HORIZONTAL

2. Mesure du profit ou des pertes de l'entreprise.
7. Utiliser son épargne pour financer une dépense.
9. Lorsque l'État cherche à stimuler l'activité économique.
10. Lorsque les recettes de l'État sont inférieures à ses dépenses.

VERTICAL

1. Titre de dette.
3. La partie non consommée du revenu disponible.
4. Synonyme d'emprunt bancaire.
5. On y échange des actions.
6. Il peut être un coût ou un revenu.
8. Le contraire d'une dette.

5 Le financement de l'État

Reliez chaque notion à sa signification :

1. Déficit public •
2. Obligations d'État •
3. Dette publique •
4. Dépenses publiques •
5. Relance par la demande •
6. Effet d'éviction •

- • a) Hausse des taux d'intérêt provoquée par la demande de fonds prêtables de l'État.
- • b) Augmentation des dépenses de l'État pour stimuler consommation et investissement.
- • c) Situation dans laquelle les dépenses sont supérieures aux recettes publiques.
- • d) Titre d'emprunt émis par l'État sur les marchés financiers.
- • e) Ensemble des emprunts contractés par l'État pour financer le déficit.
- • f) Dépenses effectuées par l'État, comme les prestations sociales, les investissements publics, etc.

6 Le marché des fonds prêtables

Complétez le schéma avec les termes suivants :

Offre de fonds prêtables • Demande de fonds prêtables • Taux d'intérêt d'équilibre • Épargne = Investissement.

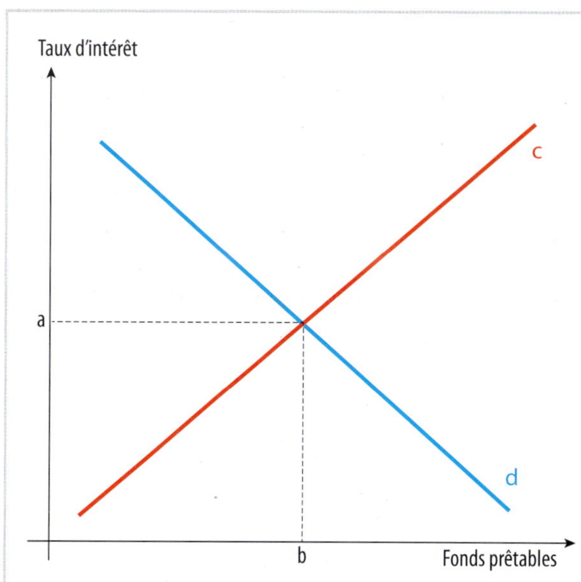

OBJECTIF BAC Épreuve composée

PARTIE 1 MOBILISATION DES CONNAISSANCES 4 PTS

Expliquez à quoi sert le revenu disponible des ménages.

Guidage méthodologique

Fiche Bac n° 1 p. 328 *L'épreuve composée*

- **Analyser le sujet**

Expliquez : sujet d'analyse. Formulation qui implique de décrire, de détailler des mécanismes.

Le verbe « **servir** » nécessite ici d'expliquer TOUTES les utilisations possibles du revenu disponible.

Expliquez à quoi sert le revenu disponible des ménages.

revenu disponible : revenu à la disposition des ménages pour consommer et épargner. Il comprend les revenus primaires (salaires, revenus du patrimoine…), les prestations sociales reçues (retraites, chômage…), desquels sont déduits les cotisations sociales et les impôts directs.

- Au brouillon, listez les notions et mécanismes du programme qui doivent être mobilisés pour bien expliciter votre réponse.
- Rédigez votre réponse en utilisant les trois étapes « Affirmer, Expliciter, Illustrer » et en utilisant toutes les notions et les mécanismes pertinents du programme.

Fiche méthode n° 1 p. 318 *Construire une argumentation*

Corrigé hachette-clic.fr/23ses1080

PARTIE 2 ÉTUDE D'UN DOCUMENT 6 PTS

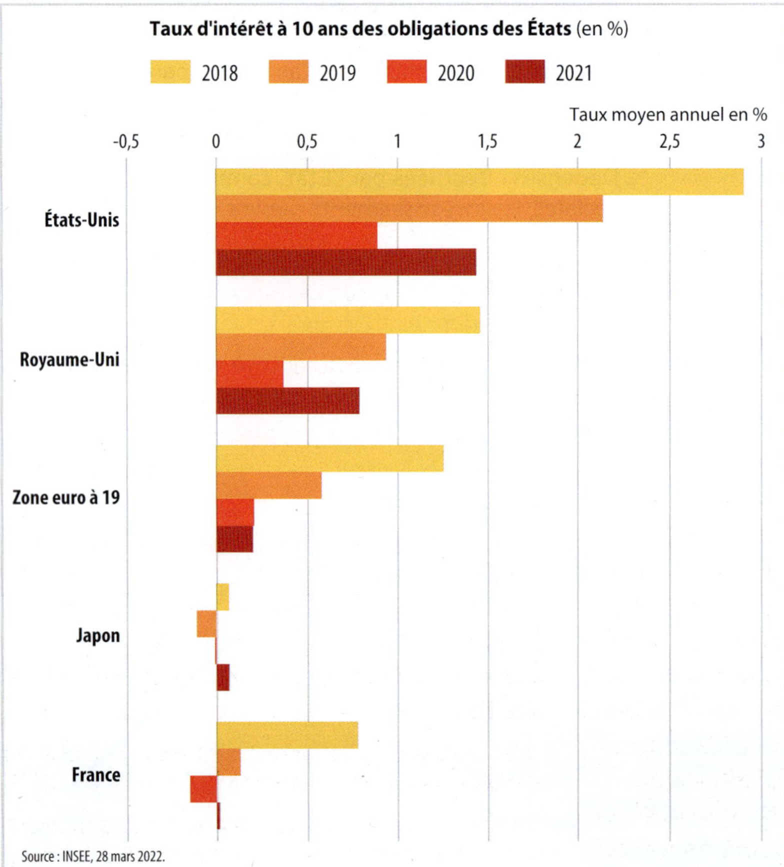

Source : INSEE, 28 mars 2022.

QUESTIONS

1. À l'aide des données du document, comparez les taux d'intérêt à long terme des pays présentés entre 2018 et 2021.
2. À l'aide du document et de vos connaissances, expliquez comment l'évolution des taux d'intérêt des emprunts publics peut avoir des effets sur le financement des États.

Corrigé hachette-clic.fr/23ses1081

PARTIE 3 RAISONNEMENT S'APPUYANT SUR UN DOSSIER DOCUMENTAIRE 10 PTS

SUJET À l'aide de vos connaissances et du dossier documentaire, montrez que l'État est un agent économique particulier en termes de financement.

Guide méthodologique hachette-clic.fr/23ses1082

DOC 1 L'évolution des dépenses et des recettes publiques depuis 1993 en France

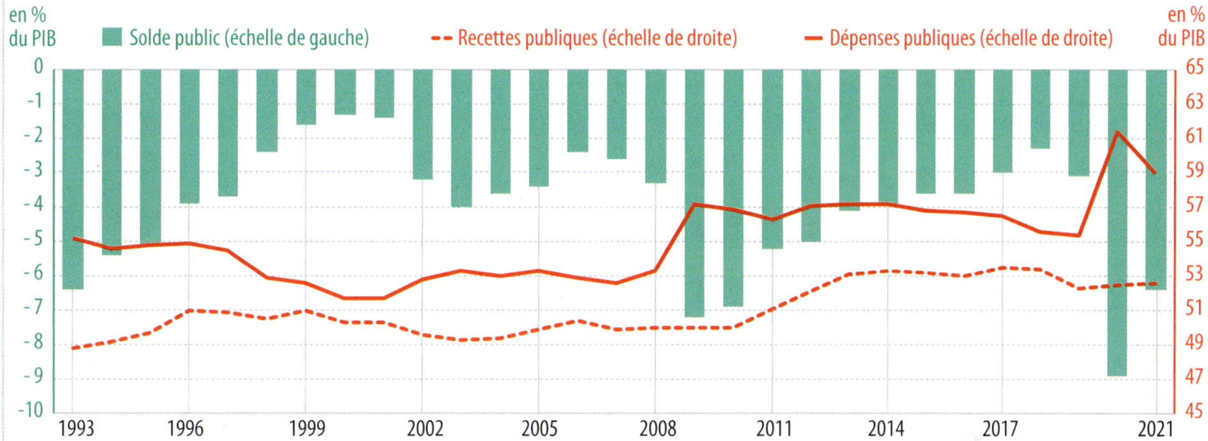

Lecture : En 2021, les dépenses des administrations publiques s'établissent à 59,0 % du PIB.

Source : « Le compte des administrations publiques », INSEE Première, 31 mai 2022.

DOC 2 Le recours aux marchés financiers

L'État se tourne vers les marchés financiers et émet deux types de titres financiers pour ses besoins de financement :

- les Bons du Trésor à taux Fixe (BTF) à court terme, ce qui signifie que ces bons du Trésor sont remboursés dans un délai maximum d'un an ;
- les Obligations Assimilables du Trésor (OAT) allant de 2 à 50 ans. Il s'agit de l'instrument de financement à moyen et long terme de l'État.

Encours de la dette publique négociable fin mars 2022 (en milliards d'euros)

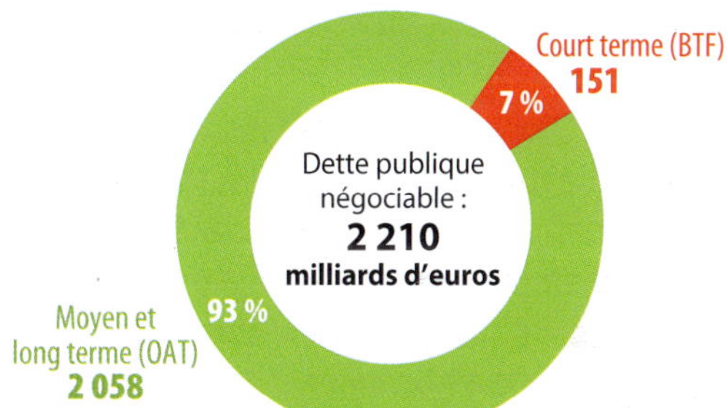

Source : D'après Agence France Trésor, 2022.

DOC 3

L'État a emprunté l'an dernier 314 milliards d'euros, au lieu des 215 prévus avant la crise. [...] L'État est en déficit depuis plusieurs décennies. Le trou se creuse encore plus cette année, à cause du Covid. Il faut donc emprunter massivement. C'est le rôle de l'Agence France Trésor, au neuvième étage du ministère de l'Économie à Paris. [...]

En temps normal, une cinquantaine d'agents, dont une vingtaine de femmes, travaillent dans la salle de marché de Bercy. « L'adjudication[1] » va durer moins d'une heure. À 14h, deux opérateurs s'installent devant leur mur d'écrans. « Le lundi, ont lieu les émissions de titres à court terme », commente Cyril Rousseau. Il s'agit d'emprunts que la France remboursera dans trois mois, six mois ou un an. Les adjudications d'emprunts à long terme (deux ans à cinquante ans) ont, elles, lieu deux jeudis par mois.

Au fait, qui prête à la France ? « Nous travaillons avec quinze banques, dont un tiers sont françaises (BNP, Crédit agricole, Société générale...), sélectionnées tous les trois ans par l'État », indique Cyril Rousseau. [...] « Notre marché compte un millier d'investisseurs dans le monde, calcule Anthony Requin. Des fonds de pension, des assureurs, des banques centrales étrangères qui ont des réserves en euros, etc. »

Encore faut-il qu'il existe de la demande. Pour s'en assurer, l'agence a réuni les quinze banques le jeudi précédent. Cela a permis d'affiner le montant de l'émission. Elle s'élève ce lundi entre cinq et six milliards d'euros. [...]

14 h 50 : l'enchère est close. Les propositions des banques s'élèvent à 22 milliards. L'État ne retient que les plus intéressantes, c'est-à-dire aux taux les plus bas.

Jacques Sayagh, « Comment l'État français emprunte des milliards chaque semaine », *ouest-france.fr*, 11 mars 2021.

1. Attribution par l'État d'un marché public au fournisseur qui offre le plus bas prix après une mise en concurrence.

SUJET

Montrez que les entreprises disposent d'une pluralité de moyens pour se financer.

DOC 1 Taux de marge[1] des entreprises en 2019 en France

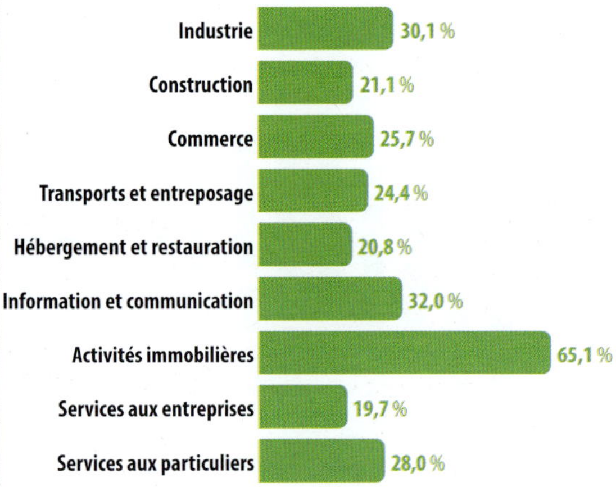

Source : « Les entreprises en France », INSEE Références, 1er décembre 2021.

1. Le taux de marge est la part du profit dans la valeur ajoutée (Excédent brut d'exploitation / Valeur ajoutée). C'est un indicateur de rentabilité des entreprises.

DOC 2 Les crédits mobilisés par les PME en 2020 par secteur (en milliards d'euros)

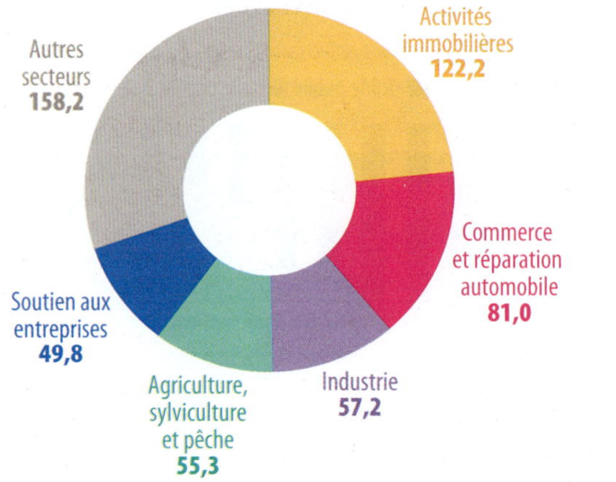

Source : « Les entreprises en France », INSEE Références, 1er décembre 2021.

DOC 3

Les actionnaires de Pierre et Vacances, numéro un européen des résidences de loisirs, ont approuvé les augmentations de capital nécessaires à sa recapitalisation par un consortium d'investisseurs[1] et ses principaux créanciers, lors d'une assemblée générale où le fondateur, Gérard Brémont, a été chahuté.

L'entreprise, qui compte 12 000 salariés et possède les marques *Pierre et Vacances*, *Center Parcs*, *Maeva* et *Adagio*, doit ainsi éviter la faillite : elle avait un besoin urgent de capitaux frais après avoir accumulé 677 millions d'euros de pertes sur ses deux derniers exercices, la pandémie ayant fait grimper sa dette brute à 1,1 milliard d'euros. […]

Trois augmentations de capital ont été approuvées : la première, de 50 millions d'euros, ouverte à tous les actionnaires, la deuxième, de 150 millions d'euros, réservée entre autres aux trois investisseurs, Alcentra et Fidera et Atream qui renflouent le groupe. La troisième, de 555 millions d'euros (intérêts compris), est une conversion de dettes en fonds propres réservée à ses créanciers. […]

Après le jugement du Tribunal de commerce de Paris sur le projet de plan de sauvegarde accéléré le 29 juillet, s'ouvrira la période de souscription aux augmentations de capital, du 9 août au 9 septembre. Le 16 septembre, une nouvelle gouvernance sera mise en place et les nouvelles actions Pierre et Vacances seront soumises à la cotation à la Bourse de Paris.

« Pierre et Vacances avance dans sa restructuration lors d'une AG houleuse », *Le Figaro*, 8 juillet 2022 © AFP.

1. Consortium d'investisseurs : entente, partenariat momentané entre des investisseurs.

DOC 4 Le financement des entreprises de taille intermédiaire (ETI)

Pour **81 %** des ETI, le financement joue un rôle important dans la compétitivité et son importance a augmenté avec la crise sanitaire.

72 % des ETI rencontreront des besoins importants de financement au cours de l'année à venir.

Comment vous êtes-vous financé depuis un an ?

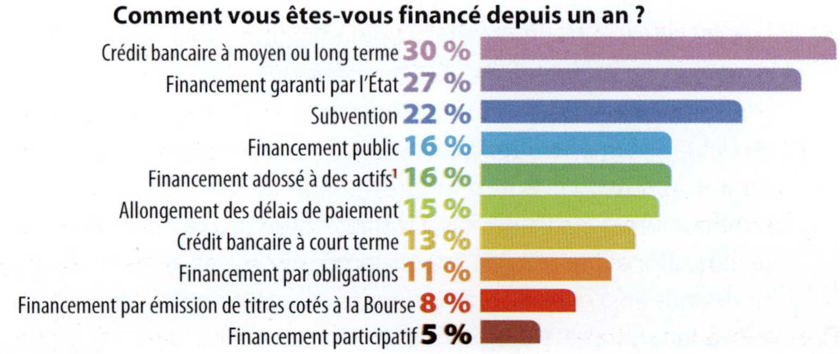

Enquête réalisée en ligne auprès de 200 décideurs d'ETI du 9 au 20 juillet 2021 par Infopro digital.
Source : D'après Anne-Sophie Bellaiche, « Les ETI diversifient leurs sources de financement », *L'Usine nouvelle*, 7 octobre 2021.

1. Actifs : titre ou contrat susceptible de garantir un revenu ou un gain en capital en contrepartie d'une prise de risque (exemple : actions).

GUIDAGE MÉTHODOLOGIQUE

Fiche Bac n° 2 p. 332 *La dissertation*

Guide méthodologique complet
hachette-clic.fr/23ses1083

ÉTAPE 6 Rédiger les paragraphes AEI (Affirmer, Expliciter, Illustrer)

Fiche méthode n° 1 p. 318 *Construire une argumentation*

- **Voici un paragraphe d'élève** sur le sujet de dissertation p. 106. Repérez les points forts et les points faibles de ce paragraphe, puis proposez des améliorations.

§ 1 Les entreprises réalisant un profit peuvent épargner.

La production de biens et services nécessite forcément, pour les entreprises, de réaliser des investissements, qu'elles peuvent en partie autofinancer. Mais cela nécessite, en premier lieu, que les entreprises aient pu réaliser un profit. On le calcule en faisant la différence entre le chiffre d'affaires et l'ensemble des coûts de production. Ce profit, appelé EBE, a différents usages, comme par exemple rémunérer les actionnaires. Mais il est indispensable que les entreprises épargnent une partie de ce profit pour pouvoir faire face à des imprévus et pour financer les futurs investissements grâce à l'épargne cumulée.

> Vérifiez qu'il y a bien une affirmation, une explicitation et une illustration dans ce paragraphe.

> Les mots de liaison sont-ils assez nombreux et diversifiés ?

- **Rédigez le cinquième paragraphe AEI** du sujet de dissertation :

§ 5 Les entreprises peuvent émettre de nouvelles actions.

ÉTAPE 7 Rédiger la conclusion

- **Toute conclusion**, quels que soient l'exercice et la discipline, est composée de deux éléments incontournables : le **bilan du développement** et la **réponse explicite à la problématique/au sujet**.
L'ouverture est facultative. Attention aux mauvaises ouvertures du type : « On peut se demander si un jour, l'Homme... » Mieux vaut pas d'ouverture qu'une mauvaise ouverture !
- **Rédigez le bilan du développement** de la dissertation en partant du plan suivant :

I) Les entreprises peuvent s'autofinancer.
§ 1 Les entreprises réalisant un profit peuvent épargner.
§ 2 L'épargne réalisée permet de financer, en interne, les investissements.
II) Les entreprises peuvent aussi faire appel à l'emprunt bancaire.
§ 3 Les entreprises en besoin de financement peuvent faire appel à un intermédiaire financier, la banque, pour financer leurs investissements.
§ 4 Le crédit bancaire est le principal mode de financement des PME et ETI.
III) Les entreprises peuvent également se financer sur les marchés financiers.
§ 5 Les entreprises peuvent émettre de nouvelles actions.
§ 6 Les entreprises peuvent émettre des emprunts obligataires.

- **Rayez les ouvertures maladroites** dans la liste proposée en justifiant, puis choisissez celle qui a votre préférence en justifiant également.

a) Les entreprises auront-elles toujours des solutions pour se financer ?
b) Cette pluralité de financement des investissements est-elle réellement accessible à toutes les entreprises ?
c) Le financement participatif directement auprès du public, via les plateformes numériques, pourrait-il financer des projets de très grande envergure ?

> Si l'on est inspiré(e), on rédige une question en guise d'ouverture. Souvent, la question d'ouverture porte sur un sujet ou chapitre proche de celui traité.

- **Proposez à votre tour une question d'ouverture** sur le sujet de dissertation.

5 Qu'est-ce que la monnaie et comment est-elle créée ?

NOTIONS À DÉCOUVRIR

- Monnaie
- Fonctions de la monnaie
- Formes de la monnaie
- Crédit bancaire
- Création monétaire
- Banque
- Banque centrale
- Marché monétaire
- Taux d'intérêt
- Niveau des prix

DÉCOUVRIR PAR L'IMAGE

Les cauris, coquillages pêchés dans l'Océan indien, ont servi de moyen de paiement dans beaucoup de sociétés, en Afrique, en Asie, en Océanie. Ici, cauris de la dynastie Zhou (1100 à 771 avant J.-C.), musée de la Capitale, Pékin.

- Comparez une monnaie comme les cauris à une monnaie comme l'euro : proposez un point commun et une différence.

DÉCOUVRIR PAR LA VIDÉO

Un marché à Nanning, capitale de la région autonome du Guangxi Zhuang (Chine).

Vidéo hachette-clic.fr/23ses1084

Vers la fin du paiement en espèces en Chine ?
Radio Télévision Suisse, 15 novembre 2019.
▶ Extrait jusqu'à 4:35

REPÈRE

Vers le e-yuan ?

En Chine, une très grande majorité de paiements quotidiens se font grâce aux applications WeChatPay et AliPay, à partir des yuans déposés sur les comptes bancaires. Mais depuis 2020, la banque centrale chinoise expérimente à très grande échelle une monnaie numérique, le e-yuan, qui repose sur les mêmes technologies que les cryptomonnaies (bitcoin, ethereum, etc.), mais avec une valeur équivalente à la monnaie officielle, le yuan.

1. Expliquez comment s'effectuent les paiements via un téléphone portable en Chine.
2. Selon vous, quels sont les avantages et les inconvénients d'une telle possibilité ?

DÉCOUVRIR EN DONNANT SON AVIS

- Êtes-vous d'accord, pas d'accord ou sans opinion avec les affirmations suivantes ?

1. Une monnaie comme l'euro existe uniquement sous forme de pièces et de billets.
2. Un commerçant en France peut se faire payer en Bitcoins.
3. Seule la banque centrale crée de la monnaie.
4. Une banque qui prête de la monnaie crée de la monnaie.
5. La hausse des prix provient d'une trop grande quantité de monnaie dans l'économie.
6. La valeur de la monnaie est garantie par des stocks d'or dans les coffres des banques centrales.
7. Une carte bancaire, c'est de la monnaie immatérielle.
8. Une banque ne peut pas prêter plus que ce que ses clients lui ont confié.
9. Une économie sans monnaie, c'est possible.

Vous pouvez reporter vos réponses dans la grille à télécharger. **Grille** hachette-clic.fr/23ses1085

Pour visualiser les réponses de la classe, utilisez le **Q-Sort interactif** hachette-clic.fr/23ses1086

Expérimenter en sciences sociales

Créer un système d'échange local dans la classe

Quand on parle de monnaie, on pense souvent aux monnaies nationales, comme le yen, le dinar ou le peso. Pourtant, il existe des monnaies internationales, comme le dollar et l'euro, mais aussi des monnaies locales qui n'ont cours que dans une région.

Votre mission Découvrir l'une de ces monnaies locales et créer votre propre système d'échange dans la classe !

ÉTAPE 1 Comprendre le fonctionnement d'un système d'échange local (SEL)

DOC 1 Les SEL : un type particulier de monnaies locales

Le Galais, monnaie locale du pays de Ploërmel (Bretagne), qui repose sur une équivalence en euro (1 Galais = 1 €), et non sur une équivalence horaire (1 heure de travail = 1 SEL).

« Système d'échange local », Bibliothèque municipale de Vevey, 28 février 2022.

▶ Durée 4:30

Vidéo hachette-clic.fr/23ses1087

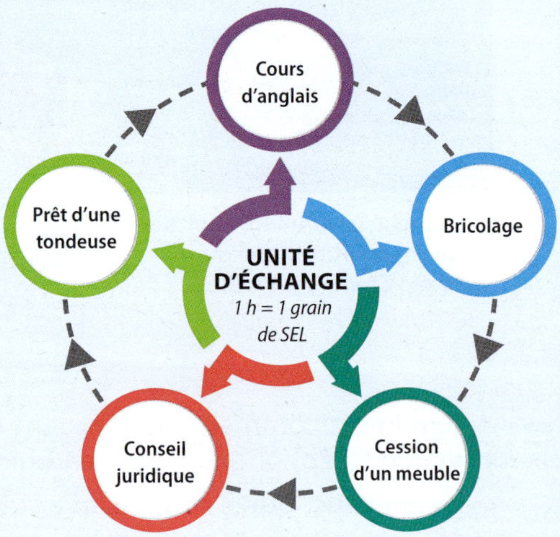

1. Présentez le fonctionnement du système d'échange local (SEL) mis en place à Vevey sous la forme du schéma, à partir d'exemples fournis dans la vidéo.
2. Quelles sont les motivations des personnes qui s'engagent dans un SEL ?
3. Quels peuvent être les avantages et limites du SEL par rapport à l'usage du Franc suisse ?

ÉTAPE 2 Évaluer les besoins et capacités de chacun(e)

4. Par groupe de 3 ou 4, identifiez les services que vous pourriez produire pour les élèves de la classe, et ceux que d'autres élèves pourraient produire et dont vous auriez besoin.
5. Un responsable de chaque groupe complète le tableau suivant :

Tableau hachette-clic.fr/23ses1088

Services offerts	Services demandés
…………	…………
…………	…………
…………	…………

ÉTAPE 3 Délibérer sur les règles d'organisation du SEL

6. Chaque groupe choisit une mission et réfléchit sur un point spécifique d'organisation du SEL, en identifiant les avantages et les inconvénients des règles qu'il propose.
7. Complétez le tableau de synthèse qui figure sur la feuille de missions distribuée par votre enseignant(e).

Feuilles de mission hachette-clic.fr/23ses1089

MISSION 1 Détermination du prix de vente des services

Les prix doivent-ils être fixés sur une base libre entre offreurs et demandeurs ?
Sur la base du temps passé à produire le service ?
Sur un autre principe ?

Règle sur les prix de vente des services		
Possibilités	**Avantages**	**Inconvénients**
Prix fixé librement entre offreurs et demandeurs.		
Prix dépendant strictement du temps passé à produire le service.		
Autre possibilité :		

MISSION 2 Enregistrement des transactions

Qui va comptabiliser les transactions en « grains de SEL » effectuées au sein de la classe et comment ? Faut-il prévoir des procédures de vérification ? Lesquelles ?

MISSION 3 Périmètre de la communauté

Faut-il autoriser des personnes extérieures à la classe à entrer dans le réseau ? Si oui, à quelles conditions ? À l'inverse, peut-on autoriser des membres à quitter le réseau ?

MISSION 4 Sortie du SEL

Que faire pour celles ou ceux qui auront durablement un solde positif en « grains de SEL » à la fin de l'année scolaire ? Et pour celles ou ceux qui auraient un solde négatif ?

ÉTAPE 4 Rédiger la charte de fonctionnement du SEL

8 Chaque groupe présente ses choix sur l'organisation du SEL à l'ensemble de la classe et les amende selon les remarques éventuelles des camarades ou du professeur.

9 pix Chaque groupe participe ensuite à la rédaction d'une charte du SEL via un document collaboratif qui peut se présenter ainsi :

Charte modèle
hachette-clic.fr/23ses1090

Charte – Système d'échange local dans la classe

Article 1 – Objectifs du SEL

....

....

Article 2 – Périmètre de la communauté

....

....

Article 3 – Règles relatives aux échanges de service

....

....

Article 4 – Enregistrement et vérification des transactions

....

....

Article 5 – Sortie du SEL

....

....

DOSSIER 1 Quelles sont les formes et les fonctions de la monnaie ?

OBJECTIF Connaître les **fonctions de la monnaie** et les **formes de la monnaie**.

DOC 1 POUR COMMENCER
Bitcoin, etc. : de nouvelles formes de monnaie ?

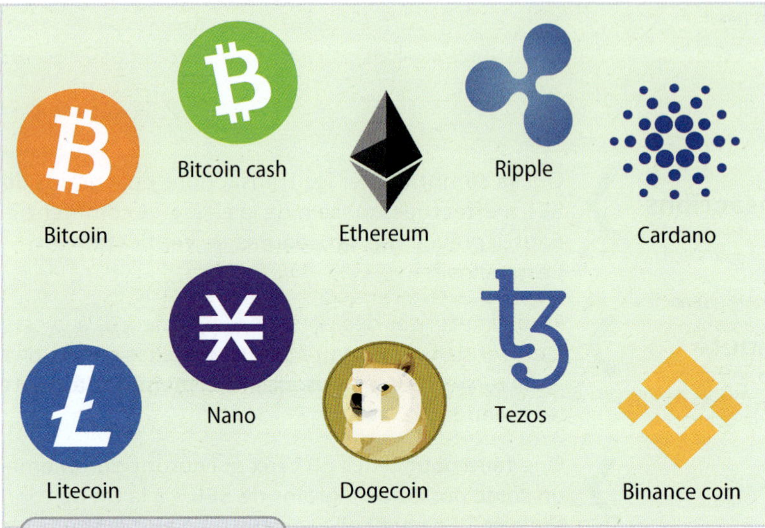

« Les cryptomonnaies : comment ça marche ? », Décod'Actu, Lumni, 3 février 2022.
▶ Durée 3:31

Vidéo hachette-clic.fr/23ses1091

1. Qu'est-ce qui distingue le Bitcoin d'une monnaie comme l'euro ?
2. À quoi servent ces actifs, parfois appelés « cryptomonnaies » ?
3. Qui a inspiré ces « cryptomonnaies » ?
4. Quels sont les inconvénients du Bitcoin ?
5. À l'aide de l'encadré « Définition », expliquez pourquoi les économistes préfèrent parler de « cryptoactifs » plutôt que de « cryptomonnaies ».

DÉFINITION

Monnaie
Actif financier communément accepté, au sein d'un territoire donné, pour régler toutes les transactions. La monnaie se caractérise donc par son pouvoir libératoire généralisé, qui permet à un agent économique de se « libérer » de ses dettes.

DOC 2 Les fonctions économiques de la monnaie

Dans une économie d'échange complexe et décentralisée comme la nôtre, la monnaie remplit une triple fonction de calcul économique, de paiement et de réserve de valeur.

La monnaie sert, en premier lieu, à évaluer le prix de tous les biens, c'est une unité de compte qui permet de mesurer la valeur de biens hétérogènes. Elle ramène les multiples évaluations possibles d'un bien en termes d'autres biens (prix réels ou relatifs) à une seule évaluation en monnaie (prix nominal ou absolu). L'utilisation de la monnaie permet une économie d'information et de calcul, grâce à la simplification du système de prix.

La monnaie est ensuite un bien directement échangeable contre tous les autres biens, un instrument de paiement qui permet d'acquérir n'importe quel bien ou service, y compris le travail humain. On dit qu'elle est un « équivalent général ». C'est, en effet, un instrument admis partout et par tout le monde, en toutes circonstances, et dont le simple transfert entraîne de façon définitive l'extinction des dettes. [...] Cela suppose évidemment qu'il existe un consensus social et la croyance que l'on peut obtenir à tout moment n'importe quel bien en échange de monnaie. [...]

La monnaie, enfin, est une réserve de valeur, elle est une des formes de la richesse – un actif de patrimoine – qui présente la particularité de pouvoir à la fois être conservée et rester parfaitement liquide, c'est-à-dire de garder sa valeur et d'être immédiatement utilisable pour l'échange de biens et services.

Dominique Plihon [économiste], *La monnaie et ses mécanismes*, coll. « Repères », La Découverte, 2022.

1. Proposez une définition courte de chacune des trois fonctions de la monnaie.
2. Utilisez des exemples de votre quotidien pour montrer qu'une monnaie comme l'euro est une unité de compte qui permet de simplifier le système de prix.
3. Pourquoi le texte parle-t-il de « consensus social » pour que la monnaie remplisse ses fonctions ?
4. Montrez que le Bitcoin (document 1) ne remplit pas parfaitement chacune de ces trois fonctions.

3 EXERCICE Des monnaies aux formes multiples à travers l'histoire

-3000 | -2000 | -1000 | 0 | 1000 | 2000

Préhistoire
Utilisation de **pré-monnaies**, objets servant à régler des dettes, comme les cauris.

- 3300
Apparition de l'écriture et du **crédit** au Moyen-Orient.

Contrat sumérien de vente d'un champ et d'une maison.

- 550
Premières **pièces de monnaie** frappées avec du métal précieux, standardisées et certifiées par une autorité politique.

Pièce en électrum, Lydie, VIe siècle av. J.-C.

994
Premiers **billets**, en Chine.

1300-1500
Apparition des premières grandes banques qui émettent des **lettres de change** pour régler les dépôts bancaires sans faire circuler la monnaie métallique.

1661
Premier **billet** en Europe, en Suède.

D'après Citéco, « 10 000 ans d'économie ».

Frise interactive
hachette-clic.fr/23ses1092

1. Donnez des exemples des premières monnaies fiduciaires dans le monde.
2. Qu'est-ce qui distingue une pièce de monnaie lydienne d'une pièce de monnaie contemporaine ?
3. Qu'est-ce qui distingue une monnaie de coquillage comme les cauris d'un billet de banque contemporain ?
4. À l'aide d'un exemple, montrez que, dans nos économies contemporaines, un paiement peut se faire uniquement en monnaie scripturale, sans utiliser la monnaie fiduciaire.

REPÈRE

Monnaie fiduciaire et monnaie scripturale

La monnaie est souvent assimilée aux seuls billets et pièces (**monnaie fiduciaire**) qui, pourtant, ne représentent aujourd'hui en France que moins de 10 % de la monnaie en circulation ! Plus de 90 % de la monnaie est en réalité constituée des sommes inscrites sur les comptes de dépôts bancaires des agents économiques (**monnaie scripturale**).

DOC 4 La Turquie en proie à l'hyperinflation

Vice-championne du monde. L'inflation turque, à 36,08 % sur un an[1], dont 13,6 % sur le seul mois de décembre 2021, selon les chiffres dévoilés lundi soir par l'Office national des statistiques (Tüik), est la plus élevée de la planète. [...]

Le niveau réel de hausse des prix serait en fait de… 82,2 % selon le Groupe de recherche sur l'inflation (Enag). Un niveau donc peut-être déjà supérieur au seuil de l'hyperinflation (que les économistes définissent généralement entre 45 % et 100 % par an) à partir duquel l'histoire économique montre un risque élevé d'emballement sans limite des prix. [...]

La flambée des prix est terrible pour les Turcs. D'ores et déjà, le gaz et l'électricité ont augmenté de respectivement 50 et 25 % au 1er janvier. Le prix de la farine et du poulet a augmenté de 86 % en un an, l'huile de tournesol de 76 % et le pain de 54 %. Des files d'attente sont apparues ces dernières semaines devant des boulangeries distribuant du pain subventionné à Istanbul et Ankara.

Ménages et entreprises fuient aussi la devise[2] nationale. On estime que désormais les deux tiers des dépôts d'épargne sont en devise étrangère. En revanche, les entreprises endettées en euro ou dollar sont étranglées.

Yves Bourdillon [journaliste], « Le risque d'hyperinflation en Turquie en cinq questions », *Les Echos*, 4 janvier 2022.

1. Environ 85 % sur un an, fin 2022. 2. Synonyme de monnaie.

1. Pourquoi peut-on dire que la Turquie connaît une situation d'hyperinflation en 2022 ?
2. Présentez les conséquences de cette situation sur les commerçants et les ménages.
3. Montrez que la monnaie turque ne peut plus remplir correctement ses trois fonctions (voir document 2).

S'entraîner

1 S'autoévaluer CORRIGÉS P. 338

Parmi les mentions entre crochets, choisissez la bonne réponse.

1. On appelle monnaie [fiduciaire / scripturale] la monnaie constituée des billets et des pièces.
2. L'essentiel de la monnaie en circulation est de la monnaie [fiduciaire / scripturale].
3. Si l'inflation est très forte, la fonction [d'instrument de paiement / d'unité de compte / de réserve de valeur] d'une monnaie s'affaiblit.

2 Mobilisation des connaissances BAC

En prenant l'exemple de l'euro, illustrez les différentes fonctions de la monnaie.

DOSSIER 2 Qui crée la monnaie ?

OBJECTIFS
- Comprendre comment le **crédit bancaire** contribue à la **création monétaire**, à partir du bilan simplifié d'une entreprise et de celui d'une **banque**.
- Comprendre le rôle de la **banque centrale** dans le processus de création monétaire.

DOC 1 POUR COMMENCER
Créer une monnaie à partir de rien ?

Une de vos professeures, Madame Oseille, propose de vous acheter un de vos stylos billes. Elle rédige la reconnaissance de dette suivante : « Bon pour un stylo bille sur simple présentation de ce papier auprès de Mme Oseille ». Vous acceptez ce bon.

Le lendemain, votre camarade, Karim, vous rappelle qu'il vous avait avancé l'argent pour acheter un croissant la semaine dernière. Vous lui proposez de le rembourser avec le bon de Mme Oseille, ce qu'il accepte. Le jour même, Karim, qui a oublié sa trousse, va voir Mme Oseille, lui tend le bon, et reçoit en échange le stylo. Elle déchire le papier.

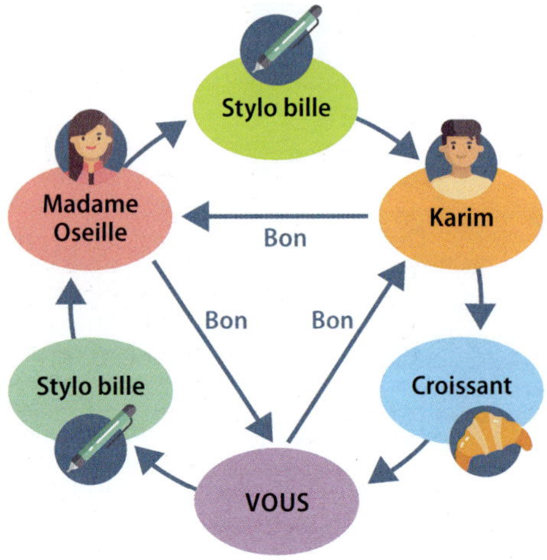

1. Mme Oseille a-t-elle eu besoin de monnaie préalable pour acheter votre stylo bille ?
2. Pourquoi avez-vous accepté d'être payé(e) ainsi ? Pourquoi auriez-vous pu refuser ?
3. Pourquoi Mme Oseille ne peut-elle pas émettre ce type de bons de manière illimitée ?
4. Peut-on dire que le bon émis par Mme Oseille est pleinement de la monnaie ? Justifiez à l'aide de l'encadré « Définition » p. 112.
5. Pourquoi Mme Oseille déchire-t-elle le papier à la fin ?

DOC 2 Comment la monnaie est-elle créée ?

Dans une économie monétaire, le système bancaire pris dans son ensemble, composé des banques commerciales et de la banque centrale, a la capacité d'offrir du crédit, et ce faisant de créer de la monnaie, donc de distribuer du pouvoir d'achat potentiel, de façon presque illimitée. Il n'est pas contraint par de l'épargne préalable ou par des dépôts préexistants.

Pour le comprendre, commençons par supposer que le système bancaire soit composé d'une banque unique. Prenons le cas d'une entreprise qui emprunte auprès de sa banque. La monnaie créée se concrétise par une inscription simultanée au passif de la banque (la monnaie est une dette de la banque, sous forme d'un dépôt à vue, DAV), et d'un avoir à l'actif de l'entreprise qui pourra dépenser celui-ci. […]

Ce crédit est une créance de la banque, et simultanément une dette de l'entreprise. Le remboursement du crédit aboutira, de façon symétrique, à une destruction de monnaie.

La Monnaie, Les Économistes atterrés, Jean-Marie Harribey, Esther Jeffers, Jonathan Marie, Dominique Plihon, Jean-François Ponsot, © Éditions du Seuil, 2018.

REPÈRE

Le bilan

Le bilan d'un agent économique est une photographie de son patrimoine qui recense :
– à l'**actif** : ce qu'il possède ou ce qu'on lui doit ;
– au **passif** : ce qui permet de financer l'actif, donc les dettes de l'agent et ses fonds propres (pour une société, par exemple le capital apporté par les propriétaires).

1. La banque prête 100 € à l'entreprise. Complétez le bilan de la banque et de l'entreprise avec les termes suivants : crédit *(2 fois)* • compte de dépôt *(2 fois)*.

Tableaux hachette-clic.fr/23ses1093

Entreprise		Banque	
Actif	Passif	Actif	Passif
.... + 100 €	.... + 100 €	.... + 100 €	.... + 100 €

2. D'où vient la monnaie inscrite par la banque sur le compte de son client lorsqu'elle lui accorde un crédit ?
3. Qu'advient-il de la quantité de monnaie en circulation quand un client rembourse son crédit ?

3 EXERCICE Les limites à la création monétaire des banques commerciales

Le système bancaire est un système hiérarchisé, avec deux niveaux :
- les **banques commerciales** (ici, la Banque Root et la Banque Ease), dont les clients sont des agents économiques non bancaires (ici, deux entreprises, Dejudo et Decourant) ;
- la **banque centrale** qui fonctionne comme une « banque des banques », puisque les banques commerciales ont toutes obligatoirement un compte auprès de la banque centrale.

Voici la situation de départ :

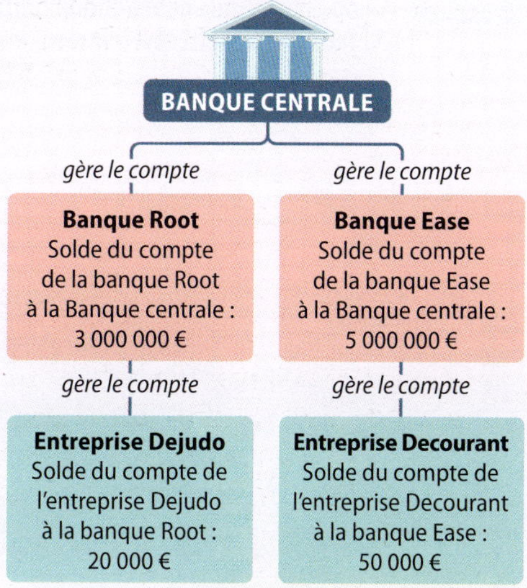

Schéma hachette-clic.fr/23ses1094

1. Modifiez les montants des comptes bancaires des entreprises et des banques concernées à l'issue des opérations suivantes :
   - étape 1 : la banque Root accorde un crédit de 100 000 € à l'entreprise Dejudo ;
   - étape 2 : l'entreprise Dejudo achète une machine valant 100 000 € à l'entreprise Decourant.
2. Quel problème se poserait à la banque Root si elle ne disposait que de 60 000 € sur son compte à la banque centrale ? Comment pourrait-elle résoudre ce problème ?
3. Expliquez pourquoi une banque commerciale peut avoir besoin de monnaie émise par la banque centrale.

DOC 4 Quelle forme prend la monnaie créée ?

Monnaie centrale et masse monétaire de la France en juin 2020

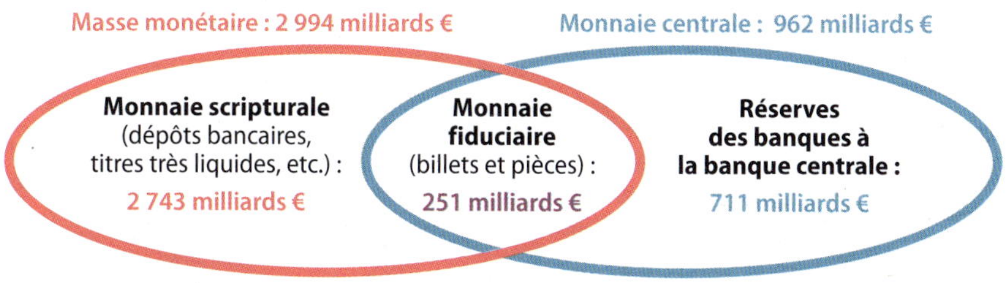

Source : Banque de France, BCE, 2021.

1. Calculez la part de la monnaie fiduciaire dans la masse monétaire.
   ➔ Fiche outil n° 1 p. 300 *Calculer et interpréter une proportion*
2. Calculez un coefficient multiplicateur pour comparer la quantité de monnaie en circulation à la quantité de monnaie créée par la banque centrale.
3. Pourquoi les réserves des banques commerciales à la banque centrale ne font-elles pas partie de la masse monétaire ?

NE PAS CONFONDRE

Monnaie centrale et masse monétaire

La **monnaie centrale** est la monnaie créée par la banque centrale : monnaie fiduciaire (billets et pièces) mais aussi scripturale (compte de dépôts des banques commerciales auprès de la banque centrale, grâce aux crédits accordés par la banque centrale).

La **masse monétaire** est la monnaie que détiennent des agents non bancaires : on y retrouve la monnaie fiduciaire mais aussi de la monnaie scripturale (comptes de dépôts de clients auprès des banques commerciales, grâce aux crédits accordés par les banques commerciales).

S'entraîner

1 S'autoévaluer CORRIGÉS P. 338

Vrai ou faux ?

1. Lorsqu'une banque accorde un crédit, il faut qu'elle dispose d'une somme équivalente sur son compte à la banque centrale.
2. Rembourser un crédit diminue la quantité de monnaie en circulation dans une économie.
3. Les réserves que les banques ont auprès de la banque centrale font partie de la masse monétaire.

2 Étude d'un document BAC

1. À l'aide des données du document 4, montrez que la monnaie contemporaine revêt différentes formes.
2. À l'aide du document 4 et de vos connaissances, expliquez comment les banques créent de la monnaie en accordant des crédits.

DOSSIER 3 Comment la banque centrale régule-t-elle la création monétaire ?

OBJECTIF Comprendre le rôle de la **banque centrale** dans le processus de création monétaire à travers le pilotage du **taux d'intérêt** à court terme sur le **marché monétaire**.

DOC 1 POUR COMMENCER
La première banque centrale et la confiance dans les billets

Billet émis en 1666 par la Banque de Stockholm, la future banque centrale de Suède. Cette banque est la première à avoir émis des billets de banque au sens moderne du terme, en 1661. Mais l'Empire chinois avait émis les premiers billets bien avant, un peu avant l'an 1000.

« Les billets valent-ils leur pesant d'or ? », Le Pourquoi du comment, France Culture, 14 janvier 2022.

4:12 **Podcast** hachette-clic.fr/23ses1095

1. Expliquez ce que propose la banque de Johan Palmstruch à ses clients.
2. Pourquoi sa banque a-t-elle fait faillite ?
3. Montrez que la création de la première banque centrale, la Banque de Suède, répond à un objectif de régulation de la création monétaire.
4. Aujourd'hui, les billets émis par les banques centrales sont-ils garantis par un stock de métal précieux ? Justifiez.

DOC 2 La création monétaire est limitée par la banque centrale

Les banques commerciales ne peuvent pas octroyer des crédits et donc créer de la monnaie de façon illimitée. Il existe en effet deux types de limites à la création monétaire : d'une part, l'objectif de stabilité des prix conduit la banque centrale, dans le cadre de la politique monétaire, à réguler indirectement la quantité de monnaie en circulation dans l'économie ; d'autre part, la réglementation bancaire fixe des règles de prudence. Par exemple :
– les banques commerciales doivent détenir un montant minimal (les réserves obligatoires) sur leur compte à la banque centrale, proportionnel au montant des dépôts de leurs clients sur leurs comptes ;
– le montant de leurs fonds propres (capital, réserves, etc.) doit être proportionnel aux risques des crédits accordés. La création monétaire par le crédit s'accompagne donc d'un renforcement des besoins de capital pour les banques ;
– elles doivent avoir mis en place des procédures appropriées de contrôle interne afin d'apprécier la capacité de remboursement des emprunteurs et limiter ainsi les risques de défaut de paiement.

« Qui crée la monnaie ? », *ABC de l'économie*, Banque de France, 2019.

1. Quel risque entraînerait une création monétaire illimitée ?
2. Pour une banque centrale, pourquoi poursuivre un objectif de stabilité des prix impose-t-il de réguler la quantité de monnaie en circulation ?
3. Comment l'existence de réserves obligatoires contribue-t-elle à réguler la quantité de monnaie en circulation ?
4. Montrez que les règles de prudence imposées aux banques par la banque centrale limitent la création monétaire par le crédit.

DOC 3 Le marché monétaire

Le marché interbancaire [une partie du marché monétaire] est un marché réservé aux banques. [...] L'offre émane des banques qui ont des liquidités disponibles qu'elles prêtent aux banques qui ont des besoins de financement.

Une banque peut en même temps être prêteuse et emprunteuse sur le marché interbancaire. Par exemple, une banque peut prêter des liquidités aux autres banques sur le marché interbancaire pour une durée de 4 jours. Si le troisième jour, elle a un besoin important de liquidités (pour honorer ses réserves obligatoires auprès de la Banque centrale par exemple), elle emprunte pour une seule journée ces fonds sur le marché interbancaire.

Les échanges entre les banques se font au taux du marché interbancaire : le prix de l'argent au jour le jour. Ce prix est calculé en faisant la moyenne des taux pratiqués dans la journée.

« Le marché interbancaire »,
d'après *lafinancepourtous.com*, 9 décembre 2022.

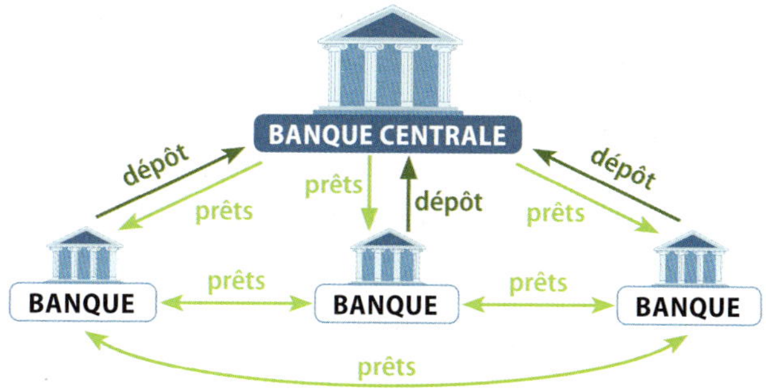

1. Dans quels cas une banque peut-elle avoir besoin de liquidités, c'est-à-dire de monnaie émise par la banque centrale ?
2. Imaginez une autre situation dans laquelle une banque est à la fois prêteuse et emprunteuse sur le marché interbancaire.
3. Quel est le coût du refinancement pour une banque ?

DÉFINITION

Marché monétaire et marché interbancaire
Marché financier où se refinancent les banques et les entreprises à court terme (durée inférieure à 1 an). Il est en particulier composé du « marché interbancaire » sur lequel les banques s'empruntent et se prêtent de la monnaie centrale entre elles, ou auprès de la banque centrale qui émet de la monnaie centrale lors de ces opérations de refinancement.

4 EXERCICE Le pilotage du taux d'intérêt sur le marché monétaire

Nom du taux directeur	Description	Niveau en juillet 2022	Niveau en février 2023
Opération principale de refinancement	Taux auquel les banques peuvent emprunter à la BCE (Banque centrale européenne) de la liquidité pour une durée d'une semaine.	0,5 %	3 %
Facilité de prêt marginal	Taux auquel les banques peuvent emprunter à la BCE de la liquidité pour une durée de vingt-quatre heures.	0,75 %	3,25 %
Facilité de dépôt	Rémunération perçue (ou le prix payé en période de taux d'intérêt négatifs) par les banques quand elles déposent de la liquidité à vingt-quatre heures auprès de la BCE.	0 %	2,5 %

Source : D'après Banque de France, 2023.

1. Nous sommes en février 2023. Vous êtes la banque Ease et avez un excès de liquidités. La banque Root vous propose de vous emprunter ces liquidités pour 24 h contre un taux d'intérêt de 2 %. Avez-vous intérêt à accepter cette proposition ?
2. En juillet 2022, vous aviez un manque de liquidités. La banque Root proposait de vous en prêter pour 24 h au taux de 0,25 %. Aviez-vous intérêt à accepter cette proposition ?
3. Expliquez comment la fixation des taux d'intérêt directeurs permet de piloter le taux d'intérêt auquel les banques se prêtent sur le marché monétaire à court terme.

S'entraîner

1 S'autoévaluer CORRIGÉS P. 338

Complétez le schéma avec les mots suivants : création monétaire • stabilité des prix • taux directeurs • taux d'intérêt à court terme.

Fixation des .... par la banque centrale → Fixation du .... sur le marché monétaire → Effets sur la .... par les banques commerciales → Objectifs des banques centrales : ...., stabilité financière, plein-emploi, etc.

2 Mobilisation des connaissances (BAC)

Expliquez comment la banque centrale pilote le taux d'intérêt à court terme sur le marché monétaire.

DOSSIER 4 Quels effets de la politique monétaire sur les prix et l'activité économique ?

OBJECTIF Comprendre les effets que les interventions de la banque centrale peuvent produire sur le **niveau des prix** et sur l'activité économique.

DOC 1 POUR COMMENCER
Face au retour de l'inflation, la BCE augmente ses taux directeurs

Christine Lagarde, présidente de la Banque centrale européenne

European Central bank @ecb

Lagarde : Compte tenu des perspectives d'inflation, nous avons décidé de relever nos taux d'intérêt directeurs de 75 points de base[1] lors de notre dernière réunion de politique monétaire. Nous prévoyons de relever davantage les taux au cours des prochaines réunions pour freiner la demande et stabiliser les anticipations d'inflation.

26 septembre 2022

12 · 67 · 118

Source : D'après twitter.com/ecb.

1. +75 points de base = +0,75 point de %.

1. Quelle a été la décision prise par la BCE en septembre 2022 s'agissant de ses taux directeurs ?
2. Quels sont les objectifs de cette décision ?

DOC 2 Comment la Banque centrale influence-t-elle la demande et les prix ?

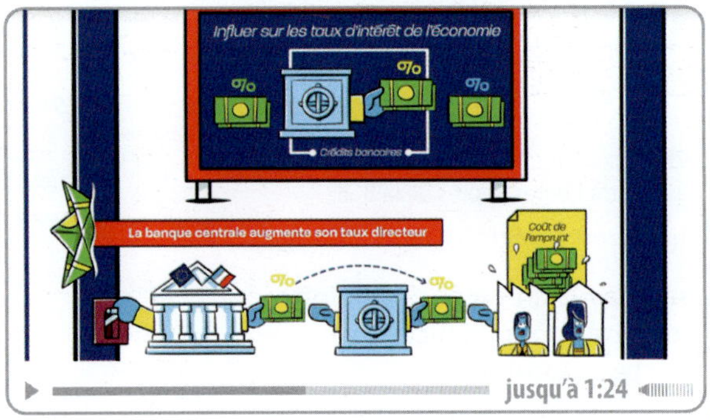

« La transmission de la politique monétaire », L'éco en bref, Banque de France, 2 juin 2020.

Vidéo hachette-clic.fr/23ses1096

NE PAS CONFONDRE

Niveau des prix et inflation
Le **niveau** général **des prix** est mesuré dans chaque pays à l'aide d'un indice synthétique : l'indice des prix à la consommation, calculé à partir de l'évolution des prix d'un grand nombre de produits, pondérés en fonction de leur importance dans la consommation des ménages. L'**inflation** est la hausse durable et généralisée du niveau des prix dans une économie. Elle est calculée grâce au taux de variation de l'indice des prix à la consommation.

1. Complétez le schéma avec « hausse », « baisse », « ralentissement » ou « accélération ».

Hausse des taux directeurs → .... des taux d'intérêt sur le marché monétaire → .... des taux d'intérêt sur les crédits → .... des crédits à la consommation et à l'investissement → .... de la demande globale → .... de l'inflation ; .... de la croissance ; .... du chômage

Schéma hachette-clic.fr/23ses1097

2. Comment la politique monétaire agit-elle sur la situation économique du pays ?
3. Expliquez pourquoi la politique monétaire doit arbitrer entre lutte contre l'inflation et lutte contre le chômage.

DOC 3 Les taux directeurs de la BCE et de la Fed

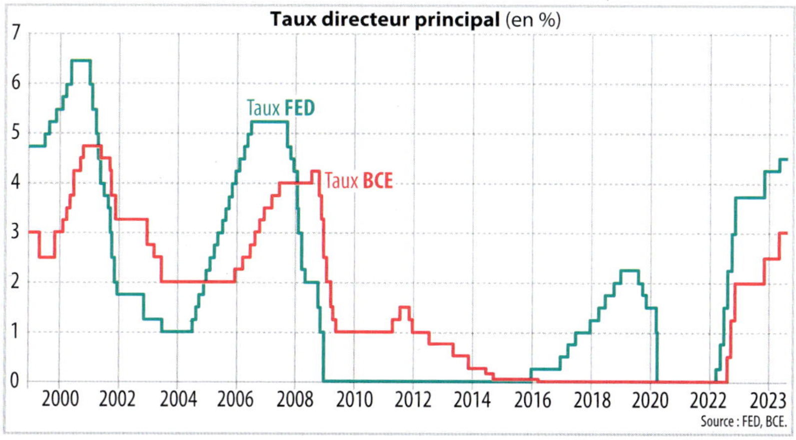

Source : FED, BCE.

1. La crise financière des *subprimes* éclate à l'été 2008, la crise de la Covid-19 durant l'hiver 2019-2020. Comment la Fed et la BCE ont-elles réagi ?
2. Comparez l'évolution des taux directeurs de la Fed et de la BCE entre 2000 et 2009.

➔ Fiche outil n° 8 p. 314 *Lire et analyser un graphique chronologique*

3. Depuis 2021, l'inflation est repartie à la hausse. Quelle a été la réaction des banques centrales ?

DOC 4 Qui sont les gagnants et les perdants de l'inflation ?

Supposons que vous avez prêté 10 000 euros à un ami pour 5 ans, sans intérêts, en pensant qu'il n'y a pas d'inflation. Une inflation de 5 % par an va réduire le pouvoir d'achat de ces 10 000 euros à l'équivalent de 7 900 euros au moment du remboursement du prêt. Face à l'inflation non anticipée, le prêteur est perdant alors que l'emprunteur est gagnant. [...] À la sortie de la crise du Covid, les dettes privées et surtout les dettes publiques atteignent des sommets, on parle de 365 % du PIB mondial à la fin de 2020. [...] L'inflation devrait « éroder » la valeur de ces dettes, en transférant des ressources, de manière sournoise, des prêteurs vers les emprunteurs. [...] Autre source de réjouissance pour l'État, une forte inflation conduit à des rentrées fiscales plus importantes. [...]

Pour le monde du travail, l'inflation non anticipée érode le salaire réel. Cela peut stimuler la demande de travail, et peut être combattre le chômage, tout en augmentant le profit des firmes. En même temps, la perte de pouvoir d'achat peut freiner la consommation et accentue la pauvreté. [...]

Une fois l'inflation installée et incorporée dans les contrats, y compris les négociations salariales par l'intermédiaire des anticipations d'inflation, elle devient très difficile à combattre. La seule méthode connue pour l'éradiquer est de provoquer une récession et de la maintenir le temps nécessaire pour que l'inflation revienne à un niveau acceptable.

Marc Guyot et Radu Vranceanu [économistes], « Qui seront les gagnants et les perdants du retour de l'inflation ? », *latribune.fr*, 25 mai 2021.

1. Pourquoi les taux d'intérêt futurs ont-ils tendance à augmenter si une inflation plus forte est anticipée par les agents économiques ?
2. Donnez des exemples de recettes fiscales qui augmentent en période d'inflation.
3. Présentez les inconvénients de l'inflation pour un salarié.
4. Complétez le schéma pour expliquer comment la hausse des prix peut s'autoentretenir à l'aide des mots suivants : Hausse des salaires • Hausse des coûts de production • Revendications salariales • Baisse du pouvoir d'achat des salariés.

La boucle prix-salaire

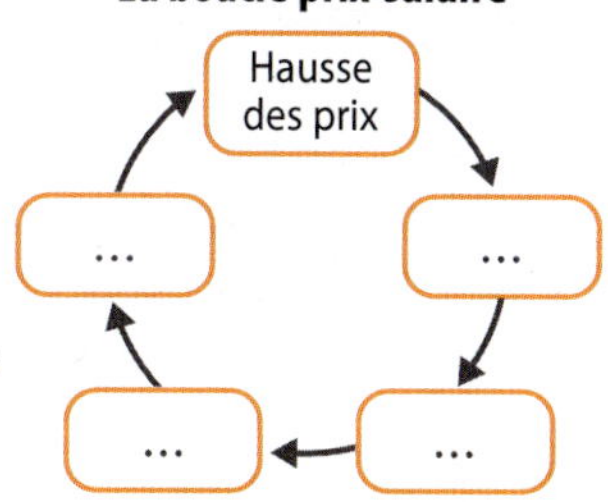

Schéma hachette-clic.fr/23ses1098

S'entraîner

1 S'autoévaluer

CORRIGÉS P. 338

Parmi ces propositions, repérez celles qui sont justes et corrigez celles qui sont fausses.

1. Pour lutter contre la baisse des prix, une banque centrale doit baisser ses taux directeurs.
2. Augmenter les taux directeurs permet de réduire le chômage.
3. L'inflation profite aux agents économiques qui sont endettés.
4. Les anticipations d'inflation des agents économiques peuvent engendrer une spirale inflationniste.

2 Raisonnement s'appuyant sur un dossier documentaire BAC

À l'aide de vos connaissances et des documents 2, 3 et 4, montrez qu'une banque centrale peut influencer le niveau des prix et l'activité économique.

ACTIVITÉ 1 Construire une carte mentale

OBJECTIFS

Savoirs : causes de l'inflation

Savoir-faire : collecter des informations, construire une carte mentale

Pourquoi l'inflation augmente-t-elle ?

Votre mission Depuis 2021, l'inflation repart dans le monde. Votre entourage qui sait que vous avez choisi la spécialité SES vous demande pourquoi. Par groupe de 3 élèves, vous allez construire une carte mentale collaborative synthétisant les causes du regain d'inflation.

ÉTAPE 1 Sélectionner les informations pertinentes

DOC 1 L'inflation en France en 2022 pour quelques catégories de produits

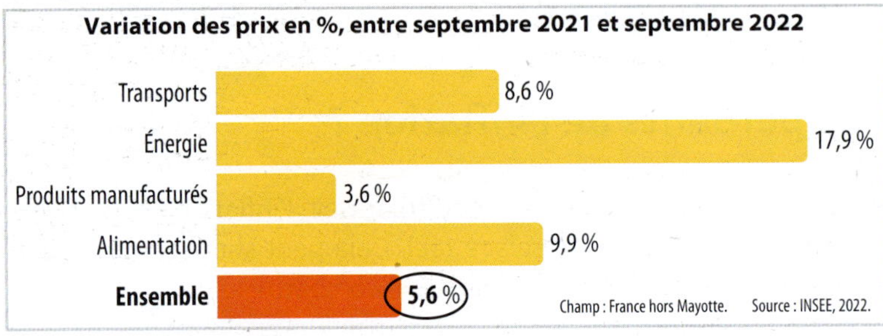

Champ : France hors Mayotte. Source : INSEE, 2022.

1. Rédigez une phrase présentant la signification précise de la donnée entourée.
2. Quel lien peut-on faire entre l'augmentation du prix de l'énergie et la hausse du prix d'autres produits ?

DOC 2 Inflation : une hausse des prix soudaine aux causes multiples

Texte hachette-clic.fr/23ses1099

La hausse soudaine de l'inflation a de nombreuses raisons :

– la réouverture après la pandémie. Depuis la reprise de l'activité après la crise Covid, les consommateurs rattrapent une partie de leur demande reportée. [...] La réouverture a également des effets sur l'offre : le rétablissement des chaînes d'approvisionnement et d'acheminement est chronophage et onéreux. La politique zéro-Covid de la Chine (fermeture d'usines, voire de villes entières dès apparition de quelques cas) rend ce processus encore plus compliqué. Une demande plus forte rencontre une offre réduite : les prix montent ;

– la guerre en Ukraine. Depuis février 2022, l'intervention militaire russe en Ukraine fait monter les prix de nombreuses matières premières (pétrole, gaz, huile, blé). La baisse des exportations ukrainiennes tarit l'offre sur les marchés et pousse les prix à la hausse [...] ;

– la relance budgétaire massive. Afin d'éviter l'effondrement des économies et de maintenir les revenus, beaucoup de pays ont creusé leur déficit pour mettre en place des programmes d'aides. Ainsi, en France, les dépenses publiques ont bondi de 4 % en 2021 après +5,1 % en 2020. [...] Ces dépenses publiques stimulent la demande et accentuent la pression inflationniste ;

– la faiblesse de la monnaie unique. La baisse de l'euro a commencé en 2021 et s'est accélérée en 2022 et l'euro a atteint la parité avec le dollar. [...] Cette baisse de l'euro renchérit le prix des importations, dont notamment le prix des énergies fossiles et renforce ainsi l'effet d'inflation importée.

Vie publique, 9 septembre 2022.

3. Individuellement, surlignez dans le texte les mots clés qui, selon vous, synthétisent le mieux les causes du retour de l'inflation. Utilisez des couleurs différentes pour les concepts explicatifs et pour les exemples.

ÉTAPE 2 Réaliser une carte mentale collaborative

Fiche méthode n° 3 p. 322 *Schématiser*

pix Par groupe de 3, construisez votre carte mentale à la main sur une feuille en format paysage, ou bien à l'aide d'un logiciel gratuit en ligne.

4. Au centre, notez le concept d'« inflation ».
5. Tracez autour le nombre de branches principales correspondant aux causes de l'inflation, en utilisant une couleur différente pour chaque branche. Créez des branches secondaires pour détailler vos informations.
6. Renforcez vos idées par un dessin, un symbole ou une donnée statistique.

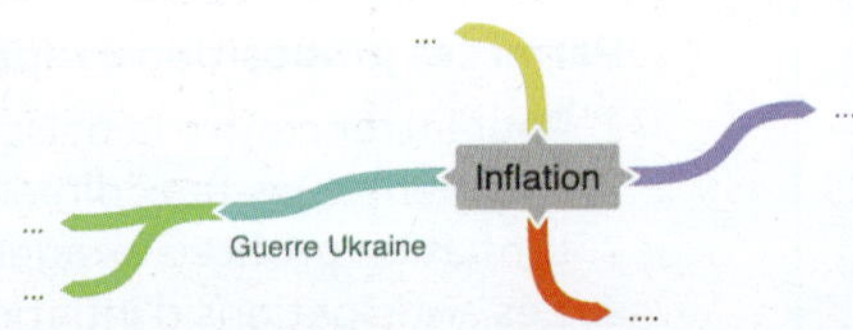

Coup de pouce

Plus vous vous éloignez du centre, plus vous détaillez. Préférez des mots clés à des phrases.

ACTIVITÉ 2 Réaliser un enregistrement audio

Prendre la parole

Le Salvador a-t-il eu raison d'adopter le Bitcoin comme monnaie officielle ?

OBJECTIFS

Savoirs : formes et fonctions de la monnaie

Savoir-faire : construire une argumentation, prendre la parole

Votre mission Le Bitcoin est un actif présenté comme une nouvelle forme de monnaie, créée en dehors du système bancaire et de toute régulation étatique. Par groupe de 3 élèves, vous allez réaliser un enregistrement audio de 3 minutes répondant à la question suivante : « Le Salvador a-t-il eu raison d'adopter le Bitcoin comme monnaie officielle ? »

ÉTAPE 1 Rassembler les informations pertinentes

DOC 1 Comment le Salvador a adopté le Bitcoin

« Salvador : le nouveau pays du bitcoin », Arte, 22 avril 2022.

▶ Durée 2:37

Vidéo hachette-clic.fr/23ses1100

1 Quels peuvent être les avantages pour le Salvador de l'adoption du Bitcoin comme monnaie officielle ?

2 Calculez le taux de variation du cours du Bitcoin entre septembre 2021 et septembre 2022.

3 Quelles peuvent être les conséquences de la baisse du Bitcoin pour les agents économiques au Salvador ?

DOC 2 Quel bilan pour le pays ?

Nayib Bukele, président du Salvador, novembre 2021.

L'idée du président Nayib Bukele, à l'origine de cette innovation monétaire, était de moderniser l'image du pays afin d'attirer de nouveaux investisseurs. Le bitcoin pouvait aussi favoriser les transferts d'argent des quelque 3 millions d'émigrés, principalement aux États-Unis, vers leurs proches restés au pays, en économisant les frais bancaires. Un enjeu stratégique, puisque ces transferts pèsent plus du quart du PIB du Salvador. [...] Selon Carlos Acevedo, ex-président de la banque centrale, « seulement 2 % des transferts » de la diaspora ont cependant utilisé le bitcoin. [...]

[L]a volatilité des cours n'a rien pour rassurer les usagers. [...] Précisément, en septembre 2021, le bitcoin valait environ 45 000 dollars et 68 000 dollars trois mois plus tard, pour ensuite s'effondrer et s'établir actuellement en dessous de 20 000 dollars.

La faiblesse actuelle de la cryptomonnaie fait dire à l'ex-président de la banque centrale que le pari sur le bitcoin est « raté », même s'il concède que « ce n'est pas encore un échec, car (le marché) peut se redresser ».

Arnaud Alibert [journaliste], « Il y a un an, le Salvador faisait du bitcoin une monnaie légale », *la-croix.com*, 9 septembre 2022.

ÉTAPE 2 Rédiger votre présentation

4 Pour structurer votre présentation, vous pouvez adopter le plan suivant :

- **Introduction :** présentez brièvement le Bitcoin, son adoption par le Salvador, puis annoncez votre problématique et votre plan.
- **Développement :** présentez les avantages de l'adoption du Bitcoin comme monnaie officielle (première partie), puis présentez les inconvénients (seconde partie).
- **Conclusion :** répondez au sujet.

Coup de pouce

Pour écrire un texte qui sera parlé, il faut utiliser un registre intelligible et dynamique :
- Privilégiez les phrases courtes.
- N'oubliez pas les mots de liaison.
- Définissez, en des termes accessibles, les notions économiques que vous utiliserez.

ÉTAPE 3 S'enregistrer

Fiche méthode n° 4 p. 324 *S'exprimer à l'oral*

5 Enregistrez-vous en vous répartissant la parole dans le groupe.

6 Écoutez votre enregistrement en groupe pour identifier d'éventuels gros défauts, et réenregistrez les parties concernées.

L'ESSENTIEL Qu'est-ce que la monnaie et comment est-elle créée ?

L'économie des *Homo sapiens* chasseurs-cueilleurs reposait sur des échanges qui ne nécessitaient pas forcément de **monnaie** : redistribution des produits de la chasse et de la cueillette par le chef, notamment. Et pourtant, sans pouvoir dater avec précision cette innovation, des objets vont servir de signe extérieur de statut social ou de symbole religieux, et être désirés par tous. Ce sont les ancêtres lointains de la monnaie telle que nous l'utilisons.

1 Quelles sont les formes et les fonctions de la monnaie ?

Appelés « pré-monnaies », ces objets ne remplissaient pas encore les fonctions de la monnaie d'aujourd'hui. Il s'agissait d'objets (bétail, métaux précieux, coquillages, parures, outils, etc.), souvent revêtus d'une signification religieuse ou politique, qui servaient de moyen d'échange limité : pour des sacrifices religieux, pour compenser une famille quand l'une des filles se mariait, ou au contraire pour lui fournir une dot, etc.

À partir de l'invention au VIe siècle avant notre ère des premières pièces de monnaie, la monnaie assure trois fonctions essentielles. Elle est tout d'abord un **instrument de paiement**, accepté en règlement de tout échange ou de toute dette au sein d'un espace social donné. De ce fait, elle doit aussi être une **unité de compte** (qui permet d'exprimer tous les prix dans une même unité) et une **réserve de valeur** (donc un actif qui conserve sa valeur au cours du temps). Et, derrière ces fonctions se cache la propriété essentielle de toute monnaie : **la confiance**.

Aujourd'hui, la monnaie prend deux formes : la **monnaie fiduciaire**, qui correspond aux pièces et aux billets ; et la **monnaie scripturale**, des sommes inscrites sur les comptes de dépôts bancaires. La monnaie scripturale circule entre agents économiques grâce à des moyens de paiement comme le chèque, la carte bancaire, le virement, le prélèvement, ou des applications sur smartphone. ▸ Schéma 1

2 Qui crée la monnaie ?

En France et dans la zone euro, moins de 10 % de la monnaie en circulation dans l'économie (la masse monétaire) est constituée de billets et de pièces émis par la **banque centrale**. Les 90 % restants sont des dépôts bancaires gérés par les **banques** commerciales. Elles créent cette monnaie par un simple jeu d'écriture, d'où le terme « monnaie scripturale » pour désigner cette forme de monnaie.

C'est principalement par l'octroi de crédits bancaires que la monnaie est créée. Le crédit s'accompagne d'une promesse de remboursement de l'emprunteur, une créance possédée par la banque sur l'emprunteur. En contrepartie, la banque inscrit une somme sur le compte de l'emprunteur. **Ce sont donc « les crédits qui font les dépôts »**, formule qui résume le processus de la **création monétaire** par les banques commerciales.

La monnaie créée par le crédit et déposée sur le compte de l'emprunteur est ensuite à sa disposition pour être utilisée, pour retirer des billets ou réaliser des paiements en monnaie scripturale à d'autres agents économiques (par exemple acheter une voiture auprès d'un concessionnaire). Si ces agents économiques ont leur compte dans une autre banque, la banque doit alors réaliser un paiement interbancaire. Pour réaliser ces compensations et fournir ses clients en billets, chaque banque commerciale se doit d'avoir un compte suffisamment approvisionné auprès de la banque centrale.

Podcast hachette-clic.fr/23ses1101

1 Les formes contemporaines de la monnaie

NOTIONS

Monnaie : actif financier communément accepté, au sein d'un territoire donné, pour régler toutes les transactions. La monnaie se caractérise donc par son pouvoir libératoire généralisé, qui permet à un agent économique de se « libérer » de ses dettes.

Fonctions de la monnaie : ce à quoi la monnaie sert, c'est-à-dire : instrument de paiement, unité de compte et réserve de valeur.

Formes de la monnaie : modalités diverses des monnaies au cours des âges, des formes matérielles aux formes immatérielles d'aujourd'hui (monnaie fiduciaire – composée des pièces et billets –, et monnaie scripturale – composée des sommes inscrites sur les comptes bancaires des agents économiques).

Banque centrale : Institution, généralement publique, considérée comme la « banque des banques ». Elle dispose du monopole d'émission de la monnaie centrale : billets et pièces, dépôts des banques auprès de la banque centrale.

Banque : société financière qui dispose du droit d'accorder des crédits en créant de la monnaie scripturale, et de collecter des dépôts auprès de ses clients.

Crédit bancaire : prêt octroyé par une banque à un emprunteur. Celui-ci doit rembourser la somme empruntée (le principal), et payer des intérêts.

Création monétaire : augmentation de la masse monétaire en circulation dans l'économie. Elle se fait principalement par les crédits octroyés par les banques commerciales.

3 Comment la banque centrale régule-t-elle la création monétaire ?

En effet, la banque centrale a un double rôle dans la création de monnaie. Elle crée de la **monnaie centrale** sous deux formes. D'une part, et c'est le premier rôle, historiquement, des banques centrales : elles émettent des billets, monnaie centrale fiduciaire. D'autre part, la banque centrale est la « banque des banques » car toutes les banques ont obligatoirement un compte auprès d'elle, appelé « réserves bancaires ». En prêtant aux banques commerciales, la banque centrale crée donc de la monnaie centrale scripturale, placée sur leur compte de « réserves ».

La banque centrale régule la création de monnaie par les banques commerciales en fixant des taux d'intérêt directeurs qui encadrent le taux d'intérêt auquel les banques prêtent et empruntent de la monnaie centrale sur le marché monétaire ou interbancaire. Cette monnaie centrale leur permet d'effectuer les règlements demandés par leurs clients. Le taux qui se fixe sur le marché monétaire est compris généralement entre le taux auquel la banque centrale rémunère les « réserves » et le taux, plus élevé, qu'elle exige pour des emprunts de monnaie centrale pour 24h.

NOTIONS

Taux d'intérêt : prix payé pour emprunter une somme, ou reçu en rémunération d'un placement. Ce prix est exprimé en pourcentage annuel.

Marché monétaire : marché financier où se refinancent les banques et les entreprises à court terme (durée inférieure à 1 an). Il est en particulier composé du « marché interbancaire » sur lequel les banques s'empruntent et se prêtent de la monnaie centrale entre elles, ou auprès de la banque centrale qui émet de la monnaie centrale lors de ces opérations de refinancement.

Niveau des prix : il est mesuré par l'indice des prix à la consommation (IPC). Cet indice synthétique permet d'estimer, entre deux périodes données, l'inflation : la variation moyenne des prix des produits consommés par les ménages.

4 Quels sont les effets de la politique monétaire sur les prix et l'activité économique ?

Dans la zone euro, l'objectif prioritaire de la Banque centrale européenne (BCE) est la stabilité des prix : une hausse annuelle du **niveau des prix** de 2 %. D'autres banques centrales, comme la FED aux États-Unis, mettent en avant d'autres objectifs comme le plein emploi. **C'est en fixant le niveau des taux d'intérêt directeurs que la banque centrale mène la politique monétaire**, car ils « dirigent » le taux auquel les banques commerciales se prêtent sur le marché monétaire, et donc influencent les taux auxquels celles-ci prêtent aux autres acteurs économiques.

Une inflation trop élevée est néfaste, tout comme la déflation (baisse des prix). En effet, la hausse des prix pèse sur le pouvoir d'achat de tous ceux qui ne voient pas leurs revenus progresser : une partie des travailleurs dont les salaires n'augmentent pas autant, une partie des entreprises qui ne peuvent augmenter leurs prix à cause de la concurrence. Mais la hausse des salaires et des prix augmente les coûts des entreprises et donc en retour les prix : l'inflation génère l'inflation, et devient incontrôlable. Une déflation a des effets encore plus néfastes : les agents retardent leurs achats et l'économie risque la dépression.

Ainsi, lorsque l'inflation dépasse cette borne des 2 % par an, la BCE décide en principe d'augmenter ses taux directeurs, ce qui rend les crédits plus chers, freine la demande et donc la hausse des prix, ce qui contribue à rétablir l'objectif d'inflation, mais dégrade l'activité économique et la croissance. Il peut donc exister un dilemme inflation/chômage : préserver la stabilité des prix se fait parfois au détriment de l'emploi. **Au contraire, si le taux d'inflation est trop faible, c'est-à-dire durablement inférieur à 2 %, la BCE baisse ses taux directeurs** pour rendre le crédit meilleur marché, ce qui relance l'activité économique. ▶ Schéma 2

2 Les effets d'une baisse des taux directeurs

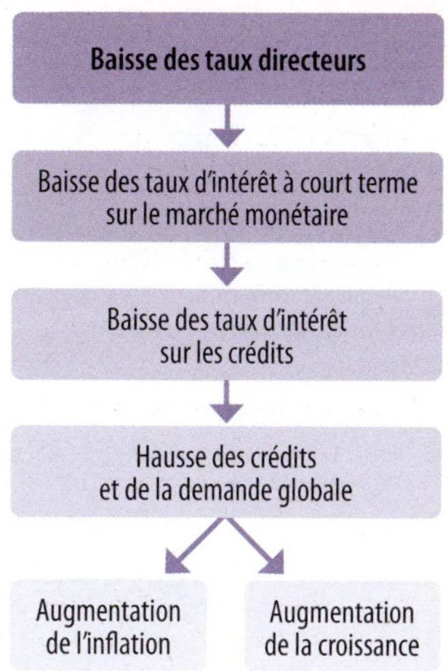

L'essentiel en schéma

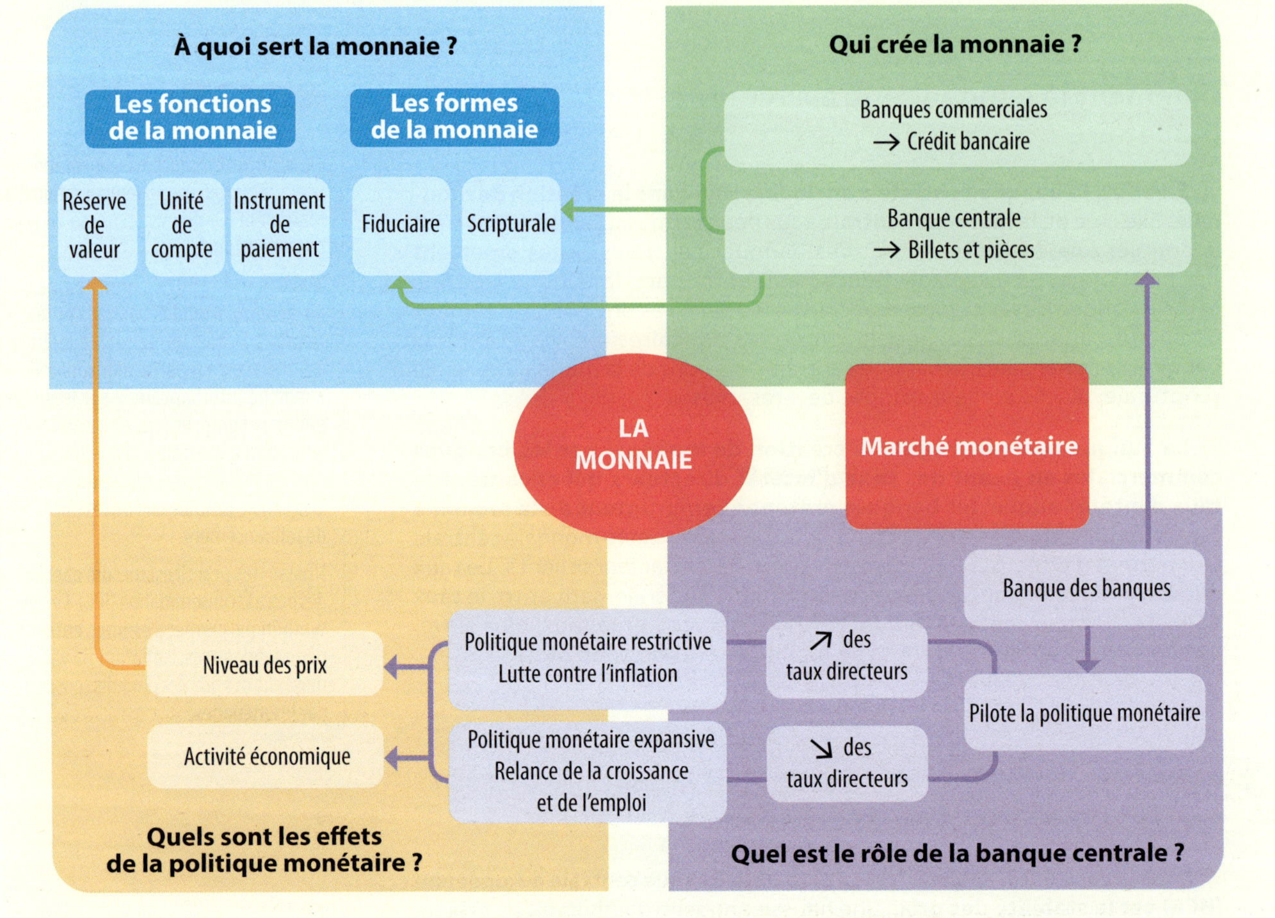

POUR ALLER PLUS LOIN

hachette-clic.fr/23ses1102

« Une monnaie locale : qu'est-ce que c'est ? »,
Région Normandie, 27 septembre 2021.
Découvrez ce que sont les monnaies locales, monnaies complémentaires aux monnaies comme l'euro, qui sont utilisées sur un territoire restreint et au sein d'une communauté spécifique.

hachette-clic.fr/23ses1103

« La politique monétaire conventionnelle »,
Cité de l'économie, 12 avril 2016.
Qu'est-ce que la politique monétaire conventionnelle ? Comment les banques centrales atteignent-elles leurs objectifs en faisant varier le niveau de leur taux directeur ?

hachette-clic.fr/23ses1104

« Qu'est-ce que la monnaie hélicoptère ? »,
France Culture, 1er octobre 2021. 4:07
Des économistes plaident pour un rôle plus direct de la banque centrale : qu'elle distribue directement de la monnaie aux agents, comme si cette monnaie était larguée aux agents par un « hélicoptère monétaire ».

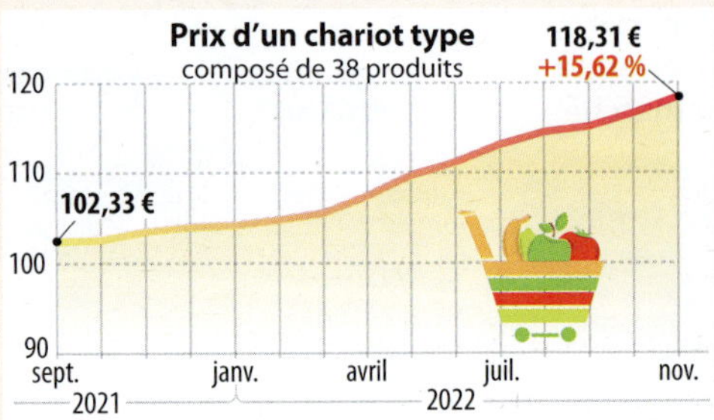

hachette-clic.fr/23ses1105

Le retour de l'inflation, infographie interactive, *Le Monde*, 29 septembre 2022.
Faire ses courses coûte-t-il véritablement plus cher ? Le journal *Le Monde* tente de répondre à cette question en proposant des infographies interactives pour visualiser les évolutions de prix de produits de consommation courante, depuis septembre 2021.

UTILISER LES STATISTIQUES

1 Politique monétaire et activité économique

Objectif de savoir-faire *Distinguer corrélation et causalité* ➔ **Fiche outil n° 4 p. 306**

Taux directeur, taux d'inflation et taux de croissance aux États-Unis (en %)

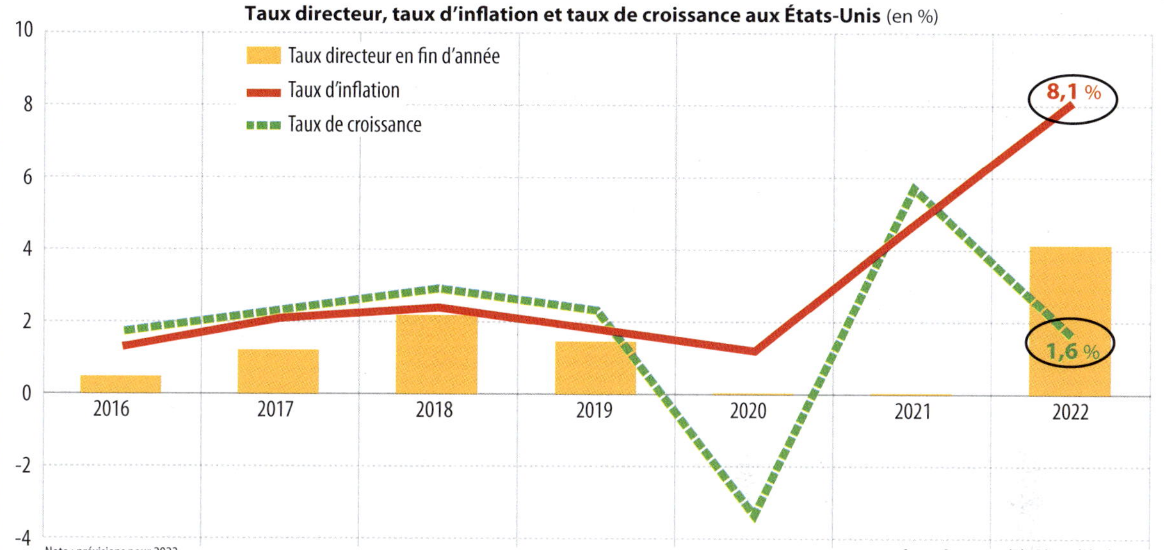

Note : prévisions pour 2022.

Source : Banque mondiale, Réserve fédérale, 2022.

1. Rédigez une phrase présentant la signification précise des données entourées.
2. Entre 2018 et 2020, décrivez la corrélation entre l'évolution du taux directeur et du taux de croissance aux États-Unis.
3. Expliquez si cette corrélation peut être attribuée à une causalité directe, à une variable cachée, ou aux deux simultanément.
4. Réalisez un schéma pour mettre en évidence les multiples liens de causalité possibles entre taux directeur, taux d'inflation et taux de croissance.

2 L'inflation en France

Objectif de savoir-faire *Lire et analyser un graphique chronologique* ➔ **Fiche outil n° 8 p. 314**

L'inflation et ses composantes en France (en %, au cours des 12 mois écoulés)

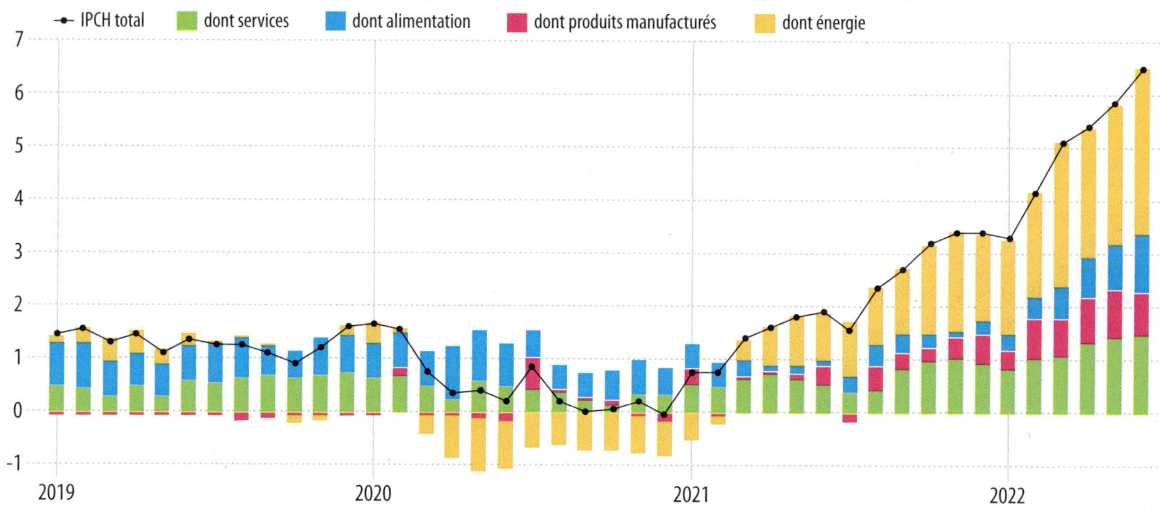

Note : L'inflation est mesurée avec la variation de l'Indice des prix à la consommation harmonisé (IPCH).
Le calcul de cet indice est harmonisé au niveau de l'UE pour permettre des comparaisons entre les pays.

Sources : Eurostat, Banque de France, 2022.

1. Quelle est l'inflation en juin 2022, et la contribution de l'énergie à l'inflation ?
2. Dégagez les grandes périodes d'évolution de l'inflation en France depuis 2019.
3. Quels sont les deux principaux facteurs d'augmentation de l'inflation en 2022 ?

TESTEZ VOS CONNAISSANCES !

CORRIGÉS P. 338

Version interactive hachette-clic.fr/23ses1106

1 Les formes de la monnaie

Choisissez la bonne réponse.

1. Les billets sont de la monnaie :
a) fiduciaire.
b) scripturale.

2. La monnaie fiduciaire est aujourd'hui créée par :
a) les banques commerciales.
b) la banque centrale.

3. L'essentiel de la monnaie en circulation en France aujourd'hui est la monnaie :
a) fiduciaire.
b) scripturale.

4. Le paiement sans contact avec une carte ou un smartphone permet de régler avec de la monnaie :
a) fiduciaire.
b) scripturale.

2 Les fonctions de la monnaie

Reliez chaque fonction économique de la monnaie à sa définition.

1. Instrument de paiement •
2. Unité de compte •
3. Réserve de valeur •

• a) Propriété de la monnaie quand son pouvoir d'achat reste stable dans le temps.
• b) Permet de régler les transactions (achats de biens ou services) et d'éteindre les dettes, en tant qu'intermédiaire universel des échanges.
• c) Permet de mesurer la valeur de biens ou services hétérogènes (de nature différente), à travers un système de prix.

3 Les variations de la masse monétaire

Pour chacune des opérations suivantes, dites s'il y a un effet sur la masse monétaire dans l'ensemble de l'économie en cochant la bonne case.

Opérations	La masse monétaire augmente.	La masse monétaire est inchangée.	La masse monétaire diminue.
1. La banque vous accorde un crédit automobile de 15 000 €.			
2. Vous retirez 500 € en billets de votre compte bancaire au guichet automatique.			
3. Vous remboursez 1 000 € sur le crédit immobilier que vous avez en cours.			
4. Vous faites un virement de 2 000 € à un magasin d'électroménager pour régler un achat.			

4 Le pilotage des taux d'intérêt à court terme et de la création monétaire

Vrai ou faux ? Lorsque c'est faux, justifiez.

	Vrai	Faux
1. Le taux d'intérêt sur le marché monétaire est généralement inférieur au taux de facilité de prêt marginal.	☐	☐
2. Le taux de facilité de dépôt est le taux d'intérêt auquel la banque centrale prête de la monnaie centrale aux banques commerciales.	☐	☐
3. Les banques centrales n'ont pas d'influence sur les taux d'intérêt du marché monétaire.	☐	☐
4. Les banques commerciales n'ont pas un pouvoir de création monétaire illimité car elles doivent pouvoir se procurer de la monnaie émise par la banque centrale.	☐	☐
5. Seule la banque centrale prête de la monnaie sur le marché monétaire.	☐	☐
6. Laisser les banques commerciales créer autant de monnaie qu'elles souhaitent par le crédit ne présente pas de risque pour la stabilité des prix.	☐	☐

5 Les gagnants et les perdants de l'inflation

Classez les acteurs suivants selon qu'une forte inflation en France leur est plutôt immédiatement favorable ou défavorable.

1. Un salarié dont le salaire est fixe.
2. Une entreprise qui produit en France et vend ses produits en Italie.
3. Une entreprise qui fait produire ses biens en Italie et les vend en France.
4. Un propriétaire de logement qui perçoit des loyers fixes.
5. L'État dont la dette publique est conséquente.

Acteurs favorisés par une forte inflation	Acteurs défavorisés par une forte inflation

6 Les effets des interventions des banques centrales sur l'activité économique

Complétez le texte avec les mots suivants :
monétaire • récessif • ralentit • diminuer • augmenter • taux directeurs • crédits • coûteux.

Pour mettre en œuvre sa politique monétaire, une banque centrale peut faire varier ses ...., notamment le taux auquel elle prête de la monnaie centrale aux banques commerciales. Pour lutter contre l'inflation, la banque centrale va ainsi .... ses taux directeurs, ce qui pousse à la hausse le taux auquel les banques empruntent sur le marché .... Les banques commerciales vont alors être contraintes d'augmenter les taux d'intérêt sur les .... qu'elles accordent. Ces derniers devenant plus .... pour les ménages et les entreprises, ces acteurs vont renoncer à des projets de consommation ou d'investissement qu'ils ne peuvent plus financer. La demande globale ...., de même que la hausse des prix, ce qui était l'effet recherché. En revanche, cela peut avoir un effet .... : la demande globale étant moins forte, la croissance ralentit, et l'emploi peut ....

OBJECTIF BAC Épreuve composée

PARTIE 1 MOBILISATION DES CONNAISSANCES 4 PTS

À l'aide d'un exemple, expliquez comment le crédit bancaire contribue à la création monétaire.

Corrigé hachette-clic.fr/23ses1107

PARTIE 2 ÉTUDE D'UN DOCUMENT 6 PTS

Évolution de quelques taux d'intérêt au Canada

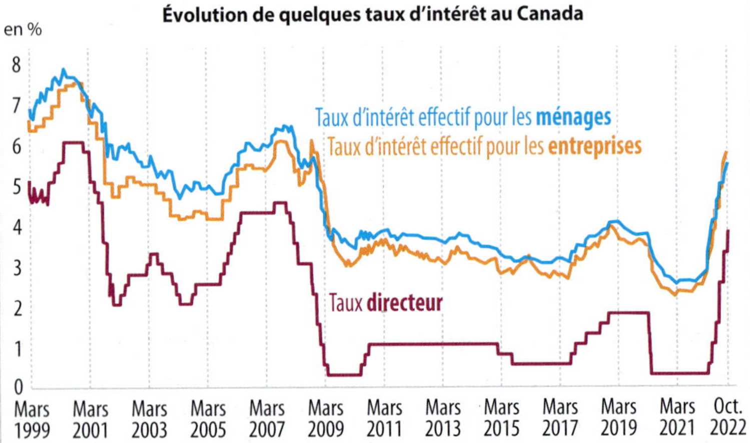

Sources : D'après Banque de développement et Banque nationale du Canada, 2022.

QUESTIONS

1. À l'aide des données du document, comparez l'évolution du taux directeur de la banque centrale canadienne et celle des taux d'intérêt pour les ménages et pour les entreprises entre 2005 et 2009.
2. À l'aide du document et de vos connaissances, vous expliquerez comment la banque centrale influence le niveau des taux d'intérêt dans l'économie.

Guidage méthodologique

Fiche Bac n° 1 p. 328 *L'épreuve composée*

QUESTION 2 4 PTS

Analyser le sujet

À l'aide des données du document : il faut sélectionner, lire et comparer des données issues du document.

et de vos connaissances : il faut mobiliser des concepts (à définir), des mécanismes ou processus, voire des exemples.

expliquer : démontrer par une chaîne logique de causes/conséquences, donc par un mécanisme.

À l'aide des données du document et de vos connaissances, vous expliquerez comment la banque centrale influence le niveau des taux d'intérêt dans l'économie.

banque centrale : institution, généralement publique, considérée comme la « banque des banques ». Elle dispose du monopole d'émission de la monnaie centrale.

influence : signifie que la causalité n'est pas nécessairement automatique ou absolue, mais qu'elle existe.

taux d'intérêt : ceux du graphique (ménages et entreprises).

Sélectionner les données pertinentes

Surlignez sur le graphique des données pertinentes pour répondre au sujet, sans vous limiter à la période 2005-2009 de la question 1.

Mobiliser les connaissances pertinentes

Listez les connaissances du programme (notions et mécanismes) en plus de celles qui ont déjà été mobilisées pour l'analyse du sujet. Par exemple :

> taux directeur, taux d'intérêt comme coût du crédit et rémunération du créancier, refinancement bancaire, politique monétaire de relance/de rigueur…

Rédiger votre réponse

Rédigez votre réponse en utilisant les trois étapes « Affirmer, Expliciter, Illustrer ». Il vous faut expliciter avec les connaissances de cours et illustrer à nouveau avec des données pertinentes extraites du graphique.

Fiche méthode n° 1 p. 318 *Construire une argumentation*

Corrigé hachette-clic.fr/23ses1108

PARTIE 3 RAISONNEMENT S'APPUYANT SUR UN DOSSIER DOCUMENTAIRE 10 PTS

SUJET À l'aide de vos connaissances et du dossier documentaire, vous montrerez que la monnaie a plusieurs fonctions.

Guide méthodologique hachette-clic.fr/23ses1109

DOC 1 Les principaux moyens de paiement en monnaie scripturale

Moyens de paiement scripturaux	Nombre de transactions (en millions)		Montant des transactions (en milliards d'euros)	
	2020	Variation 2020/2019 (en %)	2020	Variation 2020/2019 (en %)
Paiement carte	13 852	-4	577	-4
Prélèvement	4 622	+6	1 684	-2
Virement	4 483	+5	32 713	+30
Chèque	1 176	-26	614	-25
Monnaie électronique	36	-42	0,7	+23

Source : D'après Banque de France, 2021.

DOC 2

La monnaie vénézuélienne a perdu six zéros, vendredi 1er octobre, à minuit. La réforme monétaire engagée par Nicolas Maduro[1] pour contrer les effets de l'hyperinflation et censée redynamiser l'économie est la troisième que connaît le pays depuis 2008. Le bolivar – qui a cédé le pas au « bolivar fort », puis au « bolivar souverain » et maintenant au « bolivar digital » – a perdu, en tout, 14 zéros. Le pays est en récession pour la septième année. Son PIB a perdu 70 % de sa valeur depuis 2013.

Sur un trottoir de Bogota, en Colombie, une fillette joue à la marchande avec des vrais billets de banque. Son père, José, propose aux passants des sacs à main faits de billets tissés. « Le bolivar ne vaut plus rien depuis longtemps, dit l'homme en soupirant. Au Venezuela, tout se paye en dollars maintenant. » [...]

Il est vrai que les factures en milliards de bolivars compliquaient la vie. Le ticket de bus à Caracas, qui valait 1 million de bolivars, soit 0,25 centime de dollar, vaut désormais 1 bolivar. Comme son nom ne l'indique pas, le bolivar digital existe sous forme de billets et de pièces.

Les nouvelles coupures de 5, 10, 20, 100 et 500 bolivars portent toutes l'effigie de Simon Bolivar (1783-1830), héros de l'indépendance latino-américaine et de la République bolivarienne mise en place par Hugo Chavez (1954-2013), entre 1999 et 2013. [...] D'aucuns doutent que la banque centrale réussisse à fournir l'économie vénézuélienne en billets et en pièces.

« Nous nous sommes habitués à vivre sans espèces », rappelle José, qui était ingénieur électrique dans son pays. Depuis que l'hyperinflation a dévoré la monnaie, l'argent a disparu des portefeuilles. À Caracas, un café au comptoir ou un pourboire se payent en carte de crédit. Dans les magasins, désormais bien achalandés, les prix sont affichés en bolivars et en dollars.

Les transactions en billets verts représentent désormais plus de 70 % du total, selon les évaluations des agences privées. Dans l'ouest du pays, le peso colombien s'est imposé sur une large frange du territoire ; dans l'est, c'est le réal brésilien qui circule. Le troc a, ici et là, repris ses droits.

Marie Delcas, « Au Venezuela, miné par l'hyperinflation, la monnaie nationale perd six zéros d'un coup », *Le Monde*, 1er octobre 2021.

1. Président du Venezuela depuis 2013.

DOC 3 Les principales composantes du patrimoine des ménages en France, fin 2021 (en %)

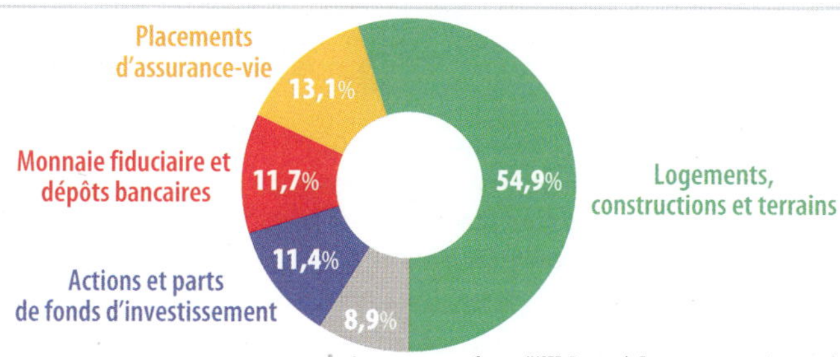

Source : INSEE, Banque de France, comptes nationaux en base 2014.

OBJECTIF BAC Grand oral

ÉTAPE 1 DÉFINIR SON SUJET ET SA PROBLÉMATIQUE

1 Qu'est-ce que le Grand oral ?

- Le Grand oral du baccalauréat est une épreuve terminale se déroulant en juin. Elle est affectée d'un coefficient 10 (sur 100). Pendant l'année, vous choisissez et préparez avec vos professeurs **deux sujets** qui mettent en lumière **un des grands enjeux des programmes de chacun de vos deux enseignements de spécialité**. L'épreuve dure 20 minutes, et se déroule en trois temps devant un jury de deux professeurs. Vous disposez d'un temps de préparation de 20 minutes avant de passer le Grand oral.

20 min – Préparation : Lister, au brouillon, les points de passage du sujet tiré : titres de vos parties, affirmations de vos paragraphes, phrase d'introduction et de conclusion.

5 min – I Présentation du sujet : Relier son analyse avec les savoirs acquis.

10 min – II Échange avec le jury sur la présentation : Mettre en avant son esprit critique.

5 min – III Échange avec le jury sur le projet d'orientation : S'exprimer sur son projet d'orientation et la réflexion menée pour parvenir à son choix.

- Les deux sujets à préparer sont adossés à chacun de vos enseignements de spécialité. Vous pouvez choisir un sujet qui se focalise sur une seule de vos spécialités ou, au contraire, aborde vos deux spécialités de manière transversale.

2 Comment choisir le thème de son sujet ?

- Les questions que vous formulerez doivent être en lien avec les **programmes de première ou de terminale** de vos spécialités. En SES, au regard de la diversité des thèmes abordés, cela laisse un très large éventail de possibilités.

- **Plusieurs méthodes pour trouver un sujet** :
  - Prendre connaissance de l'intégralité des programmes de première et de terminale en SES. Ces programmes figurent dans vos manuels.
  - Parcourir la presse pour identifier dans l'actualité immédiate ou récente des thèmes qui vous intéressent.
  - S'appuyer sur des expériences ou interrogations personnelles pour recenser des situations qui vous questionnent.
  - Identifier des questions en lien avec votre projet d'orientation. Ce sera un moyen d'assurer une transition facile vers le dernier temps de l'épreuve, et vous montrerez au jury que vous n'avez pas choisi ce sujet par hasard.

> Choisissez un sujet dont le traitement permettra de vous appuyer sur des connaissances précises du programme (notions, mécanismes, théories…), et des recherches personnelles (lecture d'ouvrages, d'articles, podcasts, entretiens…), tout en rendant vos propos accessibles à des non-spécialistes.

À VOUS DE JOUER !

1. Recensez, dans ce chapitre, les dossiers, activités ou documents qui vous ont particulièrement intéressé(e).
2. Grâce à la partie « actualités » d'un moteur de recherche, prenez connaissance de ressources de presse récentes à partir de mots clés liés à la monnaie (par exemple : politique monétaire, taux d'intérêt, cryptomonnaie, inflation, etc.), et notez ce qui a éveillé votre curiosité.
3. Recensez des expériences personnelles qui ont pu susciter chez vous des interrogations sur la monnaie.
4. Si ce chapitre a alimenté votre réflexion sur votre projet d'orientation, dans quelle direction ?

3 Comment problématiser son sujet ?

a Comment formuler une problématique ?

Pour formuler votre problématique, la forme interrogative est recommandée : elle facilite la présentation et la réponse dans le cadre du temps imparti (5 minutes). Mais toute question n'est pas une problématique. Voici quelques conseils pour vous aider à problématiser votre sujet.

À éviter	À faire
☒ Reprendre tel quel le libellé d'une question de bac ou d'un dossier de cours.	☑ Formuler une question certes adossée au programme, mais qui soit personnelle, en lien avec vos centres d'intérêt ou votre projet d'orientation.
☒ Formuler une question aux réponses trop évidentes ou dont on ne percevrait pas l'intérêt.	☑ Formuler une question problématisée qui mette en évidence les enjeux du sujet, qui suscite l'intérêt et qui nécessitera d'examiner des arguments nuancés.
☒ Formuler une question trop vaste.	☑ Bien délimiter votre question en ciblant un axe précis, pour être exposable dans le temps imparti.

À VOUS DE JOUER !

Pour chacun des sujets suivants sur le chapitre de la monnaie, dites s'il respecte ou non les critères du tableau précédent. Justifiez vos réponses.

1. Quelles sont les formes de la monnaie ?
2. La monnaie n'existe-t-elle que sous forme de pièces et billets ?
3. Le Bitcoin peut-il prochainement remplacer une monnaie comme l'euro ?
4. Comment la politique monétaire permet-elle de réguler l'activité économique ?
5. La politique actuelle de la Réserve fédérale des États-Unis pour lutter contre l'inflation est-elle pertinente ?

b Comment formuler efficacement son sujet ?

Une problématique doit être attrayante pour intéresser le jury et le rendre curieux de vous écouter. N'hésitez pas à vous inspirer de titres d'articles de presse ou d'émissions de radio proches de votre sujet.

Panier de courses : pourquoi le prix du sucre augmente-t-il de façon salée ?

Radio France, 6 février 2023

Décryptage
Finance : la BCE peut-elle vraiment verdir son bilan ?

liberation.fr, 27 janvier 2023

« La question de savoir si le retour de l'inflation est un phénomène transitoire ou durable divise les économistes »

lemonde.fr, 16 décembre 2022

À VOUS DE JOUER !

1. Pour chacun des trois titres, essayez, sans lire l'article correspondant, d'expliquer quel pourrait être l'enjeu du sujet.
2. Transformez le troisième titre à la forme interrogative.
3. Repérez les titres qui vous paraissent les plus efficaces, qui suscitent le plus votre intérêt. Qu'ont-ils en commun ?

Les logiciels d'intelligence artificielle peuvent-ils aider à formuler votre problématique ?

→ Ce pourrait être un beau sujet de Grand oral ! Pourquoi ne pas essayer de voir ce que cela donne en pratique ?

- Commencez une conversation avec une intelligence artificielle conversationnelle. Par exemple, demandez-lui :
  - de proposer des problématiques sur le thème des politiques monétaires ;
  - de reformuler une des problématiques qu'elle a proposées afin d'en rendre la formulation attrayante.
- Ces logiciels s'appuient sur ce qui préexiste sur le web. Ils peuvent donc reproduire des erreurs ou des fake news. Soyez vigilant(e) et ne perdez pas votre esprit critique. Soumettez vos doutes et vos questions à votre enseignant(e). Et ces logiciels ne fournissent qu'une base de départ. Exercez votre créativité sur ces éléments !

Jardin d'Acclimatation à Paris, 20 juillet 2021. Situé le long du bois de Boulogne, ce parc d'attractions est un espace de loisirs créé en 1852.

PARTIE II

SOCIOLOGIE ET SCIENCE POLITIQUE

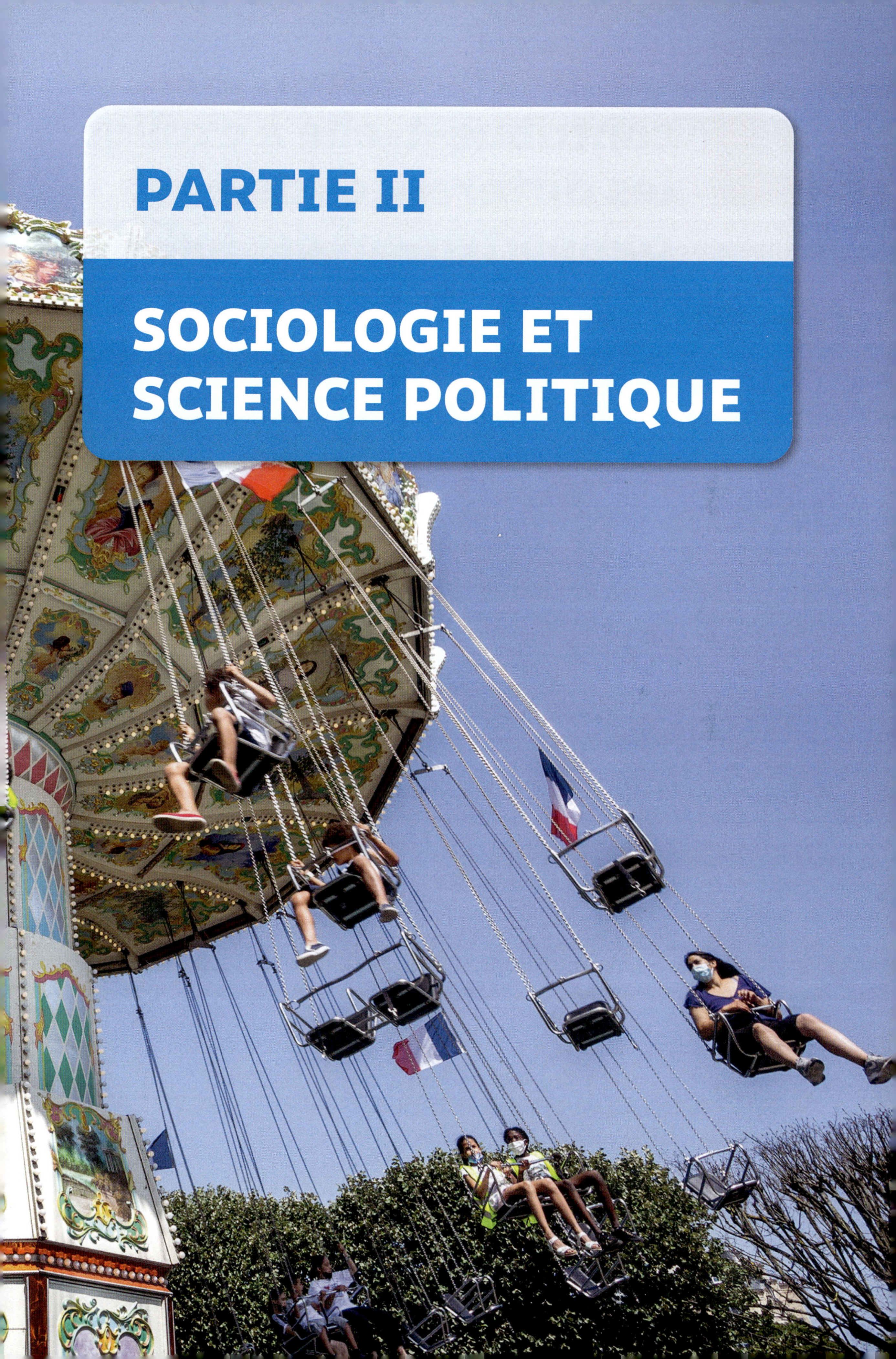

6 Comment la socialisation contribue-t-elle à expliquer les différences de comportement des individus ?

NOTIONS À DÉCOUVRIR

- Socialisation
- Instances de socialisation
- Configurations familiales
- Socialisation primaire
- Socialisation secondaire
- Socialisation professionnelle
- Socialisation conjugale
- Socialisation politique
- Trajectoire improbable

NOTIONS DE 2^de^

- Processus de socialisation
- Socialisation différenciée en fonction du milieu social, du genre

DÉCOUVRIR PAR L'IMAGE

Lycée Arago, Perpignan, 10 juin 2020.

1. Comparez la position dans laquelle sont assis les filles et les garçons de cette classe.
2. Comment pouvez-vous expliquer ces différences de façon de s'assoir ?

DÉCOUVRIR PAR LA VIDÉO

« Jeux de filles ou de garçons ?
Le rôle de la fratrie en question ! »,
interview du sociologue Kevin Diter,
elfe-france.fr, 30 septembre 2022.
▶ Durée 2:13

Vidéo
hachette-clic.fr/23ses1110

1. Qu'est-ce qui différencie les jeux des filles et des garçons de 2 ans ?
2. En quoi le fait d'avoir un grand frère ou une grande sœur influence-t-il les jeux des enfants ?

DÉCOUVRIR EN DONNANT SON AVIS

- Êtes-vous d'accord, pas d'accord ou sans opinion avec les affirmations suivantes ?

1. Dans un même pays, tout le monde partage les mêmes manières de se saluer.
2. Les goûts et les couleurs des individus, ça ne s'explique pas !
3. En général, les enfants ont les mêmes goûts que leurs parents.
4. Les mères sont plus compétentes pour l'éducation des enfants grâce à leur instinct maternel.
5. Être enfant d'une famille nombreuse, ça rend plus difficile la réussite scolaire.
6. Après l'adolescence, les individus ne changent plus.
7. Lorsqu'ils se mettent en couple, les individus changent leur comportement.
8. L'opinion politique des individus est largement déterminée par celle de leurs parents.
9. Les trajectoires des individus, leurs réussites comme leurs échecs, sont imprévisibles.

Vous pouvez reporter vos réponses dans la grille à télécharger. **Grille** hachette-clic.fr/23ses1111

Pour visualiser les réponses de la classe, utilisez le **Q-Sort interactif** hachette-clic.fr/23ses1112

Expérimenter en sciences sociales

Enquêter sur les stéréotypes : de quoi nos habits sont-ils le nom ?

Les habits que l'on porte nous apparaissent comme le résultat d'un choix individuel, fruit de nos goûts et de nos habitudes vestimentaires. Ils portent pourtant la marque de la société et des groupes auxquels nous appartenons.

Votre mission Vous allez mener l'enquête pour étudier les choix vestimentaires de vos camarades et comprendre, à partir de ces choix, comment les comportements et les préférences individuelles sont socialement construits.

ÉTAPE 1 Comment les habits participent-ils à la construction des stéréotypes ?

DOC 1 Des habits qui reflètent notre genre

1. Indiquez, pour chacune des silhouettes, si vous l'identifiez comme étant celle d'une femme ou celle d'un homme.
2. Expliquez les critères que vous avez utilisés pour associer chacune des silhouettes au genre féminin ou masculin.
3. Découvrez les personnes qui sont derrière les silhouettes. Si vous avez « mal » genré les individus, expliquez pourquoi.

Document hachette-clic.fr/23ses1113

ÉTAPE 2 Mener l'enquête sur les vêtements au lycée

4. Munissez-vous de la grille d'observation suivante et, en vous postant dans un lieu de passage du lycée, notez la fréquence du port de ces différents habits par les individus que vous croisez.
5. Indiquez le nombre total de personnes que vous avez observées.

Vêtement	Lycéens	Lycéennes	Adultes
Haut			
T-shirt			
Chemise			
Débardeur			
Maillot de sport			
Crop-top			
Bas			
Jean			
Jean troué			
Short			
Pantalon jogging			
Robe longue			
Mini-jupe ou robe courte			
Pantalon large (pas en toile de jean)			
Ensemble			

Grille d'observation hachette-clic.fr/23ses1114

6. À partir des données recueillies, calculez la proportion de lycéens, de lycéennes et d'adultes de l'établissement qui portent chaque type de vêtements.
7. Dressez le portrait-robot de l'habillement des lycéens, des lycéennes et des adultes de l'établissement.
8. Comment pouvez-vous expliquer ces différences d'habillement entre les élèves et entre les adultes de l'établissement ?

Comment les sociologues analysent-ils les pratiques vestimentaires ?

DOC 2 Des normes qui pèsent différemment selon le genre

Question : Souhaitez-vous que les lycées publics autorisent ou interdisent aux filles le port des vêtements suivants dans l'enceinte de leur établissement ?

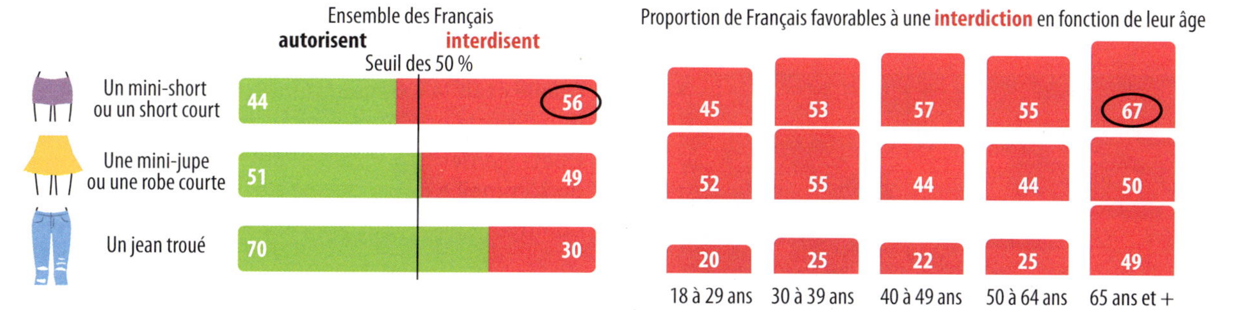

Enquête réalisée auprès d'un échantillon de 2 027 personnes, représentatif de la population âgée de 18 ans résidant en France métropolitaine.

Source : D'après sondage IFOP, « Pour les Français, qu'est-ce qu'une "tenue correcte" pour une fille au lycée ? », 24 septembre 2020.

9 Rédigez une phrase présentant la signification précise des données entourées.

10 Quelles sont les normes sur lesquelles s'appuient ces souhaits d'interdiction de tenues ?

11 Selon vous, ces contraintes sont-elles aussi fortes pour les garçons ? Justifiez.

DOC 3 Le vêtement sous l'œil des sociologues

La scène professionnelle montre avec clarté comment les rapports sociaux de sexe s'élaborent dans les pratiques vestimentaires. Au travail, le vêtement identifie les travailleurs et travailleuses à des corps de métiers, des postes, des rangs hiérarchiques, des classes sociales, mais aussi à des identités sexuées. […]

Sur les pratiques vestimentaires enfantines et préadolescentes, [les recherches] ont permis de montrer comment se conjuguent les influences de différentes instances (pères, mères, membres de la famille élargie, ami(e)s et camarades de classe) dans les choix vestimentaires, au travers desquelles transitent ou au contraire sont freinées les normes de la culture populaire juvénile, ou encore celles des magazines qui imposent des normes de genre pour partie spécifiques à la position sociale de leur lectorat. […] Les travaux d'Aurélia Mardon sur les pratiques vestimentaires au collège montrent également comment les styles vestimentaires manifestent des conceptions situées de la masculinité et de la féminité : ils articulent les appartenances de classe et de sexe des élèves, les filles issues des classes populaires renforçant par leur style vestimentaire le marquage de la différence des sexes, alors que les filles issues des classes moyennes et supérieures adoptent des styles vestimentaires qui s'opposent aux modèles traditionnels de genre.

Enfin, une enquête menée sur le goût vestimentaire des élèves de classes préparatoires met en lumière les variations sociales entre la modernité des élèves des classes économiques (« grandes » marques, vêtements « modernes » et « tendance »), le refus de la superficialité et de la banalité de ceux des classes littéraires (recyclage de vêtements, patchwork de couleurs, style bohème) et le « goût de la simplicité » des classes scientifiques (marques streetwear ou sportswear, ensemble jean et tee-shirt).

Pascal Barbier et al. [sociologues], « Vêtement », dans Juliette Rennes [dir.], *Encyclopédie critique du genre*, La Découverte, 2016.

12 Quels groupes influencent l'habillement des enfants et adolescents pour les sociologues ?

13 À l'aide des résultats de votre enquête, montrez que le style vestimentaire peut manifester des « conceptions situées de la masculinité et de la féminité ».

14 Comment peut-on expliquer les différences de goûts vestimentaires des élèves de classes préparatoires ?

Lycée Victor Duruy, Paris, 9 octobre 2020.

DOSSIER 1

Comment l'environnement social influence-t-il les individus ?

OBJECTIF Comprendre comment les individus expérimentent et intériorisent des façons d'agir, de penser et d'anticiper l'avenir qui sont socialement situées.

DOC 1 POUR COMMENCER

Notre façon de dormir est-elle naturelle ?

Vincent Van Gogh, *La Méridienne ou La Sieste* (1889-1890), huile sur toile, 73 x 91 cm, Musée d'Orsay, Paris.

1. Quelle était la caractéristique du sommeil avant le XIXe siècle en Europe selon l'historien Roger Ekirch ?
2. Quels éléments ont fait évoluer les modalités du sommeil à partir du XIXe siècle ?
3. Comment avez-vous appris à dormir d'une seule traite ?

« La tradition perdue du sommeil coupé en deux », France Culture, 25 mars 2022.
▶ Extrait jusqu'à 4:00

Vidéo hachette-clic.fr/23ses1115

DOC 2

Qu'est-ce que la socialisation ?

Imaginons – comme nous engage à le faire Norbert Elias[1] – Robinson et Vendredi sur leur île déserte [...]. Robinson, qui a été élevé dans la petite bourgeoisie anglaise, se procure sur son île déserte couteaux et fourchettes, qui lui sont nécessaires au point qu'il les ramène au péril de sa vie d'une épave en train de sombrer ; le premier meuble qu'il se fabrique est une table, qu'il juge indispensable « car sans elle il n'aurait pu écrire ni manger » ; il manifeste, face au cannibalisme de Vendredi, la même horreur que ce dernier réserve au sel dont Robinson parsème ses aliments ; il distingue des pièces dans sa tente [...] ; il règle très précisément ses temps de travail, de sortie et de repos et ses journées sont rythmées par ce calendrier immuable. Bref, dans la solitude de cet homme sans société, tout témoigne d'un rapport au monde, à l'espace et au temps qui lui a été précédemment inculqué, qu'il « apporte » avec lui sur l'île, et dont il ne peut ni ne veut se défaire. Le processus qui a ainsi produit Robinson, et ce Robinson-là, tout au long de son enfance et de son adolescence anglaises, on le nomme « socialisation ».

La socialisation, c'est donc en ce sens l'ensemble des processus par lesquels l'individu est construit [...] par la société globale et locale dans laquelle il vit, processus au cours desquels l'individu acquiert – « apprend », « intériorise », « incorpore », « intègre » – des façons de faire, de penser et d'être qui sont situées socialement.

Muriel Darmon [sociologue], *La socialisation*, © Armand Colin, 2016 pour la 3e édition.

1. Sociologue allemand (1897-1990).

1. Quels éléments Robinson juge-t-il essentiels pour son quotidien et pourquoi ?
2. Donnez des exemples de façons de faire, de penser ou d'anticiper l'avenir transmises au cours de la socialisation.
3. Pourquoi peut-on dire que la socialisation est un processus socialement situé ?
4. Illustrez les différents mécanismes de socialisation par des exemples différents de ceux du schéma.

Pluralité des processus de socialisation

Inculcation	Pratiques directes	Imprégnation
Transmission explicite et contrainte par les agents socialisateurs assortie de sanctions positives et de sanctions négatives.	Incorporation de façons de faire, penser et d'anticiper l'avenir par la pratique d'activités récurrentes.	Lente intériorisation par l'agent socialisé de façon de faire, penser et d'anticiper l'avenir lors des milliers d'interactions du quotidien.
Injonctions : « Respecte tes professeurs. » « Dis bonjour à la dame. »	• Un enfant va régulièrement au musée avec ses parents. • Un individu joue dans une équipe de handball.	Inconsciemment les goûts culinaires d'un individu se modifient peu à peu par les interactions en son couple ou avec ses pairs.

3 EXERCICE Analyser ce qui influence la pratique sportive des collégiens

Fréquence d'activité sportive de loisirs pendant la période scolaire selon les caractéristiques des individus (en %)

	Pratiquants réguliers			Pratiquants occasionnels	Non-pratiquants
	Ensemble	Plusieurs fois par semaine	Une fois par semaine		
Ensemble	**83**	**59**	**23**	**11**	**7**
Sexe					
Fille	**78**	50	29	13	8
Garçon	**87**	69	18	8	5
Pratique sportive du père					
Jamais	**74**	52	23	14	12
Occasionnelle	**85**	60	25	12	3
Une fois par semaine	**89**	63	25	8	3
Plusieurs fois par semaine	**91**	71	21	6	2

Tableau hachette-clic.fr/23ses1116

Champ : France métropolitaine, collégiens de 13 ou 14 ans entrés au CP en septembre 2011.

Source : INSEE, *France, portrait social*, édition 2020.

1. Repérez, pour chaque ligne du tableau, quelles sont les données qui sont supérieures ou inférieures à la moyenne de l'ensemble des répondants (ligne « Ensemble »).
   Aide : surlignez les données des 4 dernières colonnes en deux couleurs.
2. Quelles variables influencent l'intensité de la pratique sportive des collégiens ?

DOC 4 Des influences multiples

Les enfances sont bien sûr le produit des pratiques familiales et parentales dont la place reste décisive tant la famille constitue l'univers des premières évidences. Mais la famille doit aussi composer avec d'autres acteurs de la socialisation enfantine, nourrice, crèche, animations périscolaires, école bien sûr ou encore industries culturelles et groupe de pairs. Ces autres acteurs ont une importance particulière car ils occupent tous une place décisive dans la socialisation des enfants. Durant la semaine, un enfant peut passer plus de temps avec sa nourrice ou à la crèche qu'avec ses parents. […] Néanmoins, ces acteurs sont loin d'avoir le même poids dans la socialisation enfantine. La légitimité des pratiques familiales reste supérieure à celle d'une nourrice ou d'une crèche qui demeurent les délégués de la garde parentale. L'école, en raison de son caractère obligatoire et de sa quotidienneté […], pèse d'un poids particulièrement lourd. Quant aux groupes de pairs, ils tirent leur force des systèmes de normes et de préférences qui constituent l'univers de référence juvénile[1]. D'une force inégale, ces différentes socialisations se combinent pour former des configurations d'expériences relativement singulières, et peuvent se contredire ou se renforcer lorsqu'elles se rencontrent.

Mathias Millet [sociologue], « L'enfance échappe-t-elle à l'ordre social ? » dans *50 questions de sociologie*, sous la direction de Serge Paugam, Presses Universitaires de France, 2020.

1. Le sociologue fait l'hypothèse que les groupes de jeunes pairs partagent un univers de référence constitué de normes et de préférences, par exemple sur les vêtements, l'alimentation, la musique, etc.

1. Quelles sont, à côté de la famille, les autres instances qui participent à la socialisation enfantine ?
2. Pourquoi l'école joue-t-elle également un rôle important dans la socialisation des individus ?
3. À l'aide d'un exemple, montrez que les différentes socialisations peuvent se contredire ou se renforcer.

S'entraîner

1 S'autoévaluer CORRIGÉS P. 338

Complétez le texte avec les termes suivants : interactions • inculcation • imprégnation • apprentissage • intériorisation • pratiques directes.

La socialisation est le processus d'.......... et d'.......... de façons d'agir, de penser, et d'anticiper l'avenir, qui sont situées socialement en fonction de la société et des groupes dans lesquels l'individu vit. La socialisation se réalise de différentes façons, par ...., lorsque les adultes transmettent volontairement des normes et valeurs aux enfants, mais aussi par des .... et par .... lorsque ceux-ci vont imiter, reproduire et modifier leurs comportements au cours des .... qu'ils ont avec leur entourage.

2 Mobilisation des connaissances BAC

À l'aide d'un exemple, montrez que les manières de faire, de penser et d'anticiper l'avenir des individus sont le produit de sa socialisation.

DOSSIER 2 Le contexte de socialisation est-il le même dans chaque famille ?

OBJECTIF Comprendre comment la diversité des **configurations familiales** modifie les conditions de la socialisation des enfants et des adolescents.

DOC 1 POUR COMMENCER
La diversité des configurations familiales

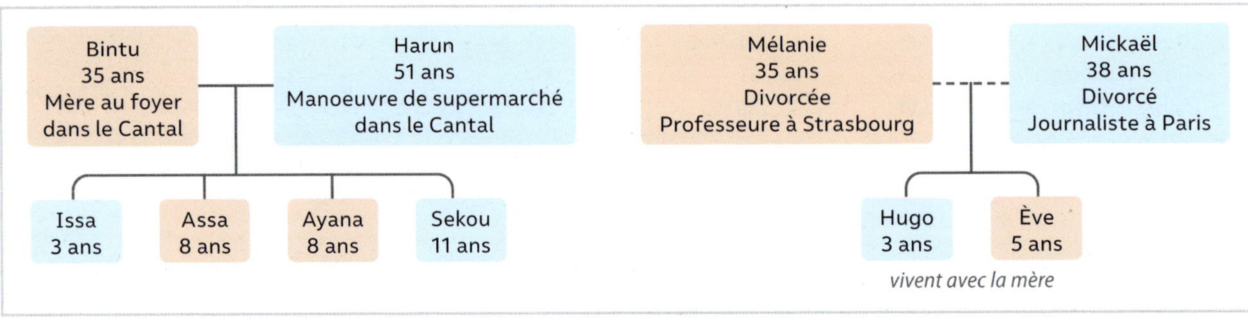

1. Quelles sont les caractéristiques de chacune des deux configurations familiales ?
2. Présentez des conséquences possibles de ces configurations familiales sur la socialisation des enfants.

DÉFINITION

Configurations familiales
Il s'agit de ne pas penser l'influence de LA famille au singulier. Chaque famille est diverse selon sa composition, les relations d'interdépendance entre ses membres, la place qu'ils occupent dans la famille, les capitaux qu'ils possèdent, les revenus, le milieu social, l'origine migratoire, etc. Tous ces éléments influencent la socialisation familiale.

DOC 2 Des modèles éducatifs différents selon les milieux sociaux

Je cherche à montrer empiriquement que la classe sociale produit bien des styles de parentalité distincts. Je mets en évidence que les parents, selon leur classe sociale, diffèrent dans la manière dont ils définissent leurs propres rôles dans la vie de leurs enfants ainsi que dans leur manière de percevoir la nature de l'enfance. Les parents de classes moyennes, blancs comme noirs[1], ont tendance à se conformer à une logique culturelle de l'élevage des enfants que j'appelle une « mise en culture concertée » (*concerted cultivation*). Ils inscrivent leurs enfants à de nombreuses activités encadrées, calibrées en fonction de leur âge, dont la mise en œuvre régit la vie familiale et suppose une immense charge de travail, en particulier de la part des mères. Les parents considèrent que ces activités transmettent des compétences utiles dans la vie courante, essentielles aux enfants. […]

Les stratégies éducatives des parents blancs et noirs de classes populaires ou de familles pauvres mettent l'accent sur la « pousse naturelle » (*natural growth*). Ces parents pensent que tant qu'ils leur procurent amour, nourriture et sécurité, leurs enfants vont grandir et s'épanouir. Ils ne se focalisent pas sur le développement des talents singuliers de leurs enfants. Comparés aux enfants de classes moyennes, les enfants de classes populaires ou de familles pauvres participent à peu d'activités encadrées et ont plus de temps libre ainsi que des liens plus profonds et nourris avec leur famille élargie.

Annette Lareau [sociologue], « Les inégalités invisibles », dans *Inégalités culturelles : retour en enfance*, ministère de la Culture – DEPS, 2021.

1. Les analyses de cette sociologue portent sur la société américaine, où les clivages raciaux sont marqués.

1. Quelles familles sont étudiées par cette sociologue dans son enquête ?
2. Qu'est-ce qui distingue le modèle éducatif des classes moyennes et celui des classes populaires ou des familles pauvres ?
3. Imaginez des exemples pour illustrer les différences d'organisation du quotidien dans les deux modèles éducatifs.
4. Selon vous, quelles peuvent être les conséquences de ces modèles éducatifs différents sur la socialisation des enfants selon leur milieu social ?

3 Des configurations familiales qui influencent le contexte de socialisation

Si la petite enfance peut être considérée comme une étape particulièrement importante de la vie, elle expose les enfants à des conditions matérielles et culturelles d'existence très différentes selon les milieux sociaux dans lesquels ils grandissent. Comme le souligne Lahire, « les enfants vivent au même moment dans la même société, mais pas dans le même monde » : certains cumulent les ressources et connaissent un monde « augmenté », quand d'autres vivent dans un monde « diminué ». Bien que soumis à des socialisations plurielles, les expériences des enfants dépendent en effet largement des caractéristiques de leur milieu familial. Ces dernières peuvent varier en fonction de la nature du lien entre les parents (mariage, pacs, union libre, séparation), de la composition de la fratrie (recomposée ou non) et, éventuellement, du mode de garde dans le cas des couples séparés. Elles se distinguent également selon la position des parents dans l'espace social. […] Néanmoins, si les travaux sur les pratiques éducatives parentales repèrent des différences entre les milieux populaires et ceux plus favorisés, ils observent également des variations au sein même des classes populaires, et entre le pôle culturel et le pôle économique des classes moyennes et supérieures […]. Ces résultats incitent à prendre en compte la complexité des relations entre position sociale et pratiques éducatives, comme à considérer l'hétérogénéité potentielle au sein même du couple parental.

Christine Mennesson et al. [sociologues], « Processus de socialisation familiale dans la petite enfance, une mise en perspective », dans *Socialisation familiale des jeunes enfants*, Érès, 2021.

1. Pourquoi peut-on dire que les enfants vivent « dans la même société, mais pas dans le même monde » ?
2. Quelles sont les caractéristiques du milieu familial qui peuvent influencer la socialisation des enfants ?
3. Donnez des exemples pour illustrer la phrase soulignée.

4 Des configurations familiales socialement marquées

Milieu social des enfants selon la configuration familiale en 2019 (en %)

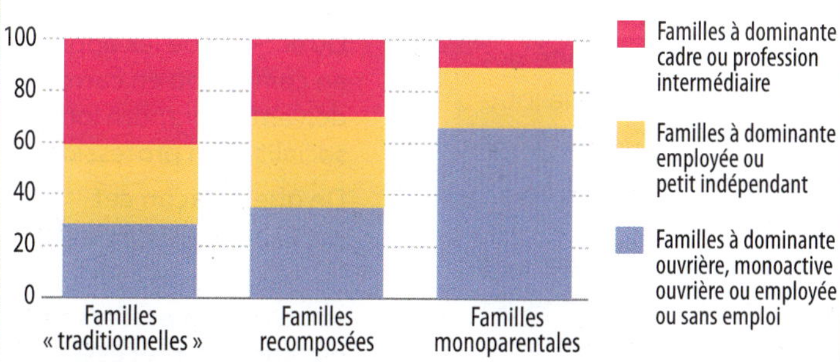

Champ : France hors Mayotte, population des ménages, enfants de moins de 18 ans.

Source : INSEE, « France, portrait social », 3 décembre 2020.

1. Rédigez une phrase précise présentant la proportion de familles à dominante cadre ou profession intermédiaire parmi les familles recomposées en 2019.
2. Calculez l'écart entre la proportion de familles à dominante cadre ou profession intermédiaire parmi les familles « traditionnelles » et « monoparentales ».
3. Comment le fait de grandir dans une famille monoparentale peut-il influencer les conditions de la socialisation ?

S'entraîner

1 S'autoévaluer CORRIGÉS P. 338

Indiquez pour chacune des configurations familiales si elle favorise des conditions de socialisation homogènes ou hétérogènes.

	Conditions de socialisation	
	homogènes	hétérogènes
1. Pierre vit seul avec sa mère et son petit frère.		
2. Chloé vit avec une mère cadre et un père ouvrier.		
3. Chaïma vit avec ses parents ouvriers d'origine immigrée et sa grande sœur étudiante en master.		
4. Sacha vit avec ses parents cadres et est souvent gardé par son grand-père, ancien instituteur.		

2 Raisonnement s'appuyant sur un dossier documentaire BAC

À l'aide de vos connaissances et des documents 2, 3 et 4, vous montrerez comment la diversité des configurations familiales modifie les conditions de la socialisation des enfants et des adolescents.

DOSSIER 3 La socialisation est-elle achevée à la fin de l'enfance ?

OBJECTIF Comprendre qu'il existe des **socialisations secondaires** (**professionnelle, conjugale, politique**) à la suite de la **socialisation primaire**.

DOC 1 POUR COMMENCER
L'apprentissage du métier de pompier

« Être pompier, la formation initiale », pompiersparis.fr, novembre 2022.
▶ **Extrait jusqu'à 5:00**

Vidéo hachette-clic.fr/23ses1117

1. Identifiez les différents apprentissages que les élèves pompiers doivent intégrer au cours de leur formation pour réussir l'examen de sapeur-pompier.
2. Pourquoi peut-on dire qu'ils vont connaître une socialisation professionnelle qui va modifier leurs façons d'agir et de penser ?

DÉFINITION

Socialisation professionnelle
Apprentissage de façons de faire, de penser et d'anticiper l'avenir des individus dans le cadre de leur formation professionnelle ou de l'exercice de leur profession.

DOC 2 Un apprentissage professionnel par le corps

L'entrée dans le métier fait éprouver aux apprenti(e)s la pénibilité des postures et des mouvements répétés. À force d'être debout toute la journée, Émilie a mal aux pieds, aux jambes, et constate que « la coiffure, c'est très dur [...]. » Apprenti en réparation des carrosseries, Esteban calcule qu'il reste au moins quatre heures par jour à genoux et qu'il « n'y a pas de positions qui font moins mal ». Aux dires des apprentis des métiers de l'automobile, les mains, le dos et les genoux sont les parties du corps les plus malmenées. La pénibilité des tâches est renforcée par les injonctions morales auxquelles les apprenti(e)s sont confronté(e)s. Dans les salons de coiffure comme dans les garages, on attend en effet qu'elles et ils adoptent une attitude physique active et fassent preuve d'empressement et de promptitude à exécuter les demandes qui leur sont faites. Celles et ceux qui ne parviennent pas à s'ajuster aux normes professionnelles risquent d'être malmené(e)s par leur maître d'apprentissage. [...]

Soumis à rude épreuve dans ces métiers qui encouragent un ethos[1] de l'effort et du dépassement, les corps des apprenti(e)s s'endurcissent par la répétition des gestes et des blessures. En fin de première année de CAP, les apprenti(e)s de coiffure déclarent n'avoir désormais plus mal aux jambes, au dos, aux épaules, aux pieds, sauf en cas d'affluence particulière comme l'indique Émilie : « Non, j'ai plus mal. Oui, des fois, quand y a beaucoup de monde et qu'il faut... vraiment se speeder, c'est sûr que j'ai mal. Mal aux pieds... mal aux jambes... un peu mal partout ! [sourire] »

Sophie Denave et Fanny Renard [sociologues], « Des corps en apprentissage. Effets de classe et de genre dans les métiers de l'automobile et de la coiffure », *Nouvelles Questions Féministes*, vol. 38 n° 2, 2019.

1. Comportement habituel, manière d'être d'un individu renvoyant à des valeurs (comme l'effort, le courage, la dignité, etc.).

1. Qu'est-ce que les apprenti(e)s en coiffure ou en carrosserie doivent apprendre lors de leur socialisation professionnelle ?
2. De quelle façon cet apprentissage se réalise-t-il ?
3. En quoi peut-on dire que la socialisation professionnelle est aussi un processus d'incorporation ?

DÉFINITIONS

Socialisation primaire et socialisation secondaire
Même s'il est difficile de les séparer strictement, on distingue habituellement deux phases dans le processus de socialisation : la **socialisation primaire** qui se déroule pendant l'enfance et l'adolescence, et la **socialisation secondaire** qui opère à l'âge adulte.

DOC 3 Une socialisation politique dans le couple

« Diriez-vous que vous êtes plutôt de gauche, plutôt de droite, plutôt ni de gauche ni de droite ? Et votre conjoint ? »

En %	Deux conjoints de gauche	Deux conjoints de droite	Deux conjoints ni de gauche ni de droite	Un conjoint de gauche, l'autre de droite	Un conjoint ni de gauche ni de droite	Ignorant du positionnement du conjoint
Ensemble	24	29	13	6	20	8
< 35 ans	19	26	13	6	24	13
35-64 ans	25	27	14	6	21	8
65 ans et plus	24	38	11	6	17	4
En couple marié	24	33	13	5	19	6
En couple pacsé	28	20	12	10	21	9
En couple en union libre	22	22	14	7	25	11

Note : en raison des arrondis, la somme des pourcentages n'est pas toujours égale à 100 %.

D'après Anne Muxel [politiste], « La politique a-t-elle sa place dans le couple ? », *La vie politique. Pour Pascal Perrineau*, Presses de Sciences Po, 2021.

DÉFINITION

Socialisation conjugale
Apprentissage de façons de faire, de penser et d'anticiper l'avenir des individus au contact de leur conjoint ou conjointe.

1. Rédigez une phrase présentant la signification précise de la donnée entourée.
2. Quelle est la situation la plus fréquente dans les couples en termes de préférences politiques ?
3. Montrez que le couple est une instance de socialisation politique des individus.

DOC 4 Le rôle des différents agents de socialisation secondaire

Les groupes de pairs sont des espaces de « remise en selle » ; un(e) conjoint(e) ou un(e) colocataire cycliste au quotidien peuvent inciter – volontairement ou par mimétisme – les personnes cohabitantes à adopter le vélo comme mode de transport : « Quand je suis arrivée à Lyon, j'ai vécu avec des colocataires qui étaient pro vélo […] et du coup, c'est un peu elles qui m'ont rééduquée au vélo » (Sophie, Lyon, 34 ans, accessoiriste, vélo de ville). Ces groupes de socialisation sont des espaces privilégiés de transmission et d'acquisition de compétences qui complètent les acquis de l'enfance. S'y échangent des « trucs et astuces » qui peuvent concerner les trajets, l'équipement (vélo, sacoches, habillement adapté aux aléas météorologiques) ou l'entretien du vélo. Les collègues jouent aussi un rôle d'entraînement, par des discussions ou des trajets partagés. Sans qu'elles et ils s'attribuent nécessairement une influence dans cette évolution, le constat d'un nombre croissant de collègues se rendant au travail à vélo est courant : « Quand j'ai commencé à venir, j'avais une collègue qui venait en vélo. C'est quelque chose qui prend de plus en plus d'ampleur » (Astrid, Lyon, 56 ans, kinésithérapeute).

Matthieu Adam, Nathalie Ortar et Adrien Poisson [chercheurs], « Compétent(e)s, mais exposé(e)s : du tricycle au vélo utilitaire, socialisations et trajectoires des cyclistes urbain(e)s », *Espaces et sociétés*, vol. 184-185, 2022.

1. À quel âge les individus apprennent-ils en général à faire du vélo ?
2. Identifiez dans le texte les différents agents de socialisation secondaire qui interviennent dans le processus de resocialisation au vélo.
3. À l'aide de l'exemple du vélo, montrez que les apprentissages réalisés pendant l'enfance ont besoin d'être réactualisés à l'âge adulte.

S'entraîner

1 S'autoévaluer CORRIGÉS P. 338

Parmi les agents de socialisation suivants, lesquels participent uniquement à la socialisation secondaire des individus ?

Les parents • Les amis • Les colocataires • Les collègues de travail • Les grands-parents • Les médias • Le conjoint.

2 Mobilisation des connaissances BAC

Montrez que la diversité des socialisations secondaires peut transformer la socialisation primaire.

DOSSIER 4 Les trajectoires individuelles sont-elles toujours prévisibles ?

OBJECTIF Comprendre que la pluralité des influences socialisatrices peut être à l'origine de **trajectoires** individuelles **improbables**.

DOC 1 POUR COMMENCER

Le témoignage d'un transfuge de classe

« Issu d'un milieu populaire, il a réussi dans la mode grâce à sa mère », Brut, 16 septembre 2021.

▶ Extrait jusqu'à 5:48

Vidéo hachette-clic.fr/23ses1118

1. Quelles rencontres ont influencé la trajectoire de Thoaï ?
2. Quels éléments de sa socialisation primaire peuvent expliquer sa réussite professionnelle et sociale ?
3. Pourquoi Thoaï se vit-il comme un « transfuge de classe » ?

REPÈRE

Transfuge de classe
Désigne les personnes qui ont changé de milieu social (classe sociale ou catégorie sociale) au cours de leur vie.

DOC 2 Des trajectoires improbables liées au contexte de socialisation

[Les transfuges de classe] sont des exceptions statistiques que l'on peut expliquer. En réalité, il s'agit en général d'exceptions non seulement dans leur univers social d'arrivée mais également dans leur milieu d'origine. Souvent, ils viennent de fratries plutôt réduites, leurs parents sont plutôt dans des classes populaires stabilisées, et ce sont souvent de bons voire de très bons élèves qui sont passés par une option européenne, ont fait des langues rares, etc. Au-delà de ça, il ne s'agit pas seulement du niveau scolaire, mais aussi d'un type de socialisation : quand on se met dans une anticipation assez forte de l'avenir, déjà, on se met un peu à l'écart du reste de ses camarades, surtout dans des lycées défavorisés [...], et d'autre part, quand vous êtes dans une classe par exemple en section artistique, en classe européenne ou internationale, souvent, vous êtes dans un petit groupe, il y a de l'émulation, il y a du capital culturel qui circule. [...]

En plus des parents, beaucoup de gens interviennent dans la socialisation et dans l'éducation d'un futur transfuge de classe : une tante, un oncle, un cousin, les frères et sœurs peuvent participer à l'acquisition de dispositions et de capitaux qui vont être très importants dans la réussite scolaire, puis dans le fait de se repérer au moment de l'orientation, de prendre la « bonne » filière, etc.

Mathis Nicole Desmau, entretien avec Paul Pasquali [sociologue], « Le mérite n'est pas qu'un idéal, c'est d'abord un enjeu de luttes », *LVSL*, 28 août 2021.

1. Pourquoi les transfuges de classes sont-ils des exemples de trajectoire improbable ?
2. Quelles sont les caractéristiques fréquentes des configurations familiales des transfuges de classe ?
3. Comment peut-on expliquer ces trajectoires improbables ?

DÉFINITION

Trajectoire improbable
Trajectoire qui s'écarte des trajectoires statistiquement les plus fréquentes.

DOC 3 Des trajectoires scolaires improbables différentes selon le milieu social

Niveau de diplôme d'enseignement secondaire des élèves, 10 ans après leur entrée en 6e en 2007 (en %)

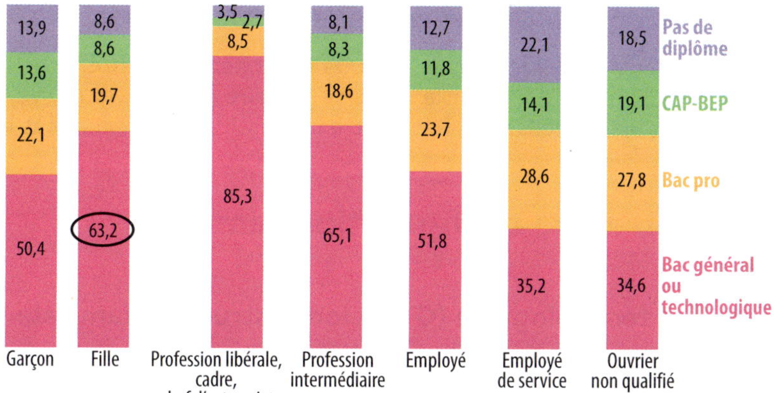

Source : MENJS-MESRI-DEPP, panels d'élèves du second degré recrutés en 2007. D'après *Éducation & formations*, n° 101, novembre 2020.

1. Rédigez une phrase présentant la signification précise de la donnée entourée.
2. Montrez que la filière du baccalauréat (bac GT ou bac Pro) obtenu par les élèves est influencée par leur milieu social.
3. Quelles sont les trajectoires statistiquement improbables pour les enfants de cadres ?
4. Quelles sont les trajectoires statistiquement improbables pour les enfants d'ouvriers non qualifiés ?

4 EXERCICE Des trajectoires de genre improbables

a) Wendie Renard est née et a grandi en Martinique. Elle est la dernière d'une grande fratrie de 12 filles. Le sport est une histoire de famille : sa mère, ses oncles et tantes jouaient au handball et au football. Wendie Renard se passionne pour le football et à l'âge de 7 ans, elle commence à jouer dans une équipe de garçons et se fait coacher par son cousin. À 16 ans, elle intègre le centre de formation de l'Olympique lyonnais et débute une carrière professionnelle.

Wendie Renard, capitaine de l'équipe de France féminine de football en 2022.

b) Livia Lancelot a commencé la moto très tôt. À l'âge de 4 ans, avant même de savoir faire du vélo, elle reçoit de ses grands-pères une moto à Noël. Son premier engin est un 50 cm³ sur lequel son père installe des roulettes. Dans un sport qui ne se pratique pas à l'école, le contexte familial compte plus que tout. Or chez les Lancelot, la moto est une passion de famille. Ses parents, Bruno et Dany, se sont rencontrés aux 24 Heures du Mans (circuit moto). Le père dispute en amateur des courses de motocross.

Livia Lancelot est devenue la première championne du monde française de motocross féminin.

1. Pourquoi peut-on parler de trajectoire de genre improbable pour les filles qui font du football ou des courses de motocross ?
2. Identifiez ce qui, dans leur configuration familiale, peut expliquer que ces deux championnes se soient dirigées vers ces sports « masculins ».

S'entraîner

1 S'autoévaluer CORRIGÉS P. 338

Vrai ou faux ?

1. Les trajectoires improbables sont inexplicables pour le sociologue.
2. Les transfuges de classe sont un exemple de trajectoire improbable.
3. Les enfants d'ouvriers non qualifiés qui obtiennent un bac professionnel ont une trajectoire improbable.
4. La trajectoire des filles qui pratiquent des sports majoritairement masculins peut s'expliquer par l'influence socialisatrice de leurs frères.

2 Étude d'un document BAC

1. À l'aide des données du document 3, comparez l'accès aux diplômes selon le milieu social des élèves.
2. À l'aide du document 3 et de vos connaissances, montrez qu'il existe des trajectoires probables et improbables dans l'accès aux diplômes.

ACTIVITÉ 1 Schématiser

OBJECTIFS

Savoirs : configurations familiales

Savoir-faire : distinguer corrélation et causalité, réaliser un schéma

Structure familiale et résultats scolaires

Votre mission Vous êtes sociologue et vous cherchez à comprendre si les configurations familiales influencent la réussite scolaire des individus. À l'aide d'un schéma, vous allez modéliser les liens entre la réussite au baccalauréat et la structure familiale.

ÉTAPE 1 Identifier une corrélation entre configuration familiale et obtention du bac

DOC 1 L'obtention du baccalauréat général et technologique (GT) selon la structure familiale

	Taux d'obtention du bac GT (en %)	Écarts bruts d'obtention du bac GT (en points de %)	Écarts nets à caractéristiques sociales équivalentes, mise à part la structure familiale (en points de %)
Structure parentale			
Père et mère (référence)	60,7	référence	référence
Famille monoparentale	43,4	-17,3	-2,0
Famille recomposée	44,2	-16,5	-9,9
Taille de la famille			
Un enfant	57,7	-5,7	-1,1
Deux enfants (référence)	63,4	référence	référence
Trois enfants	57,8	-5,6	-3,8
Quatre enfants	48,1	-15,3	-8,0

Source : MEN.

Lecture : 43,4 % des enfants de famille monoparentale obtiennent un bac général et technologique, soit 17,3 points de % de moins que les enfants vivant avec leur père et mère. Si les enfants des deux groupes partageaient les mêmes caractéristiques (à part la structure parentale), la différence ne serait que de 2 points de %.
Champ : France métropolitaine, enfants entrés en 2007 en 6e.

1. Rédigez une phrase présentant la signification précise des données entourées.
2. Pourquoi calculer un écart net ?
3. L'effet de la taille de la famille est-il plus ou moins important que l'effet de la structure parentale ?

ÉTAPE 2 Analyser les causes

DOC 2 Quelles explications pour l'influence de la séparation parentale ?

Si elle a lieu avant 18 ans, la séparation affecte négativement la réussite scolaire […]. Plusieurs mécanismes peuvent expliquer cet effet négatif. D'abord, la séparation représente un choc négatif sur les ressources monétaires des parents, qui peut se traduire par une baisse des investissements matériels dans l'éducation de l'enfant (achat de livres, mais également conditions de logement). […]

Par ailleurs, certaines études ont mis en lumière l'effet de la séparation sur les ressources en temps disponibles pour l'enfant. Ainsi, un enfant vivant seul avec sa mère passe en moyenne moins de temps avec au moins un parent que les enfants vivant avec leurs deux parents.

Hélène Le Forner [économiste], *Éducation & formations*, n° 104, août 2022.

4. Comment l'autrice explique-t-elle que la séparation des parents puisse affecter la réussite scolaire ?
➔ Fiche outil n° 4 p. 306 *Distinguer corrélation et causalité*

ÉTAPE 3 Schématiser

5. Complétez le schéma récapitulatif avec les termes suivants : Ressources monétaires • Milieu social • Disponibilité en temps • Niveau de diplôme.

Comprendre les relations entre la structure familiale et la réussite scolaire

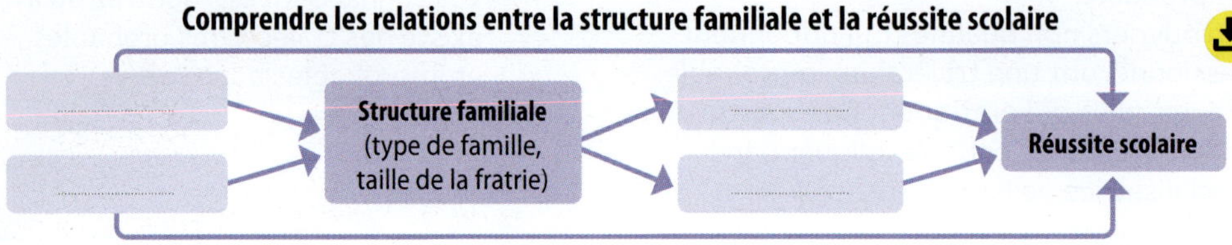

Schéma hachette-clic.fr/23ses1119

ACTIVITÉ 2 Exposer

Prendre la parole

OBJECTIFS

Savoirs : trajectoire improbable

Savoir-faire : sélectionner des informations, prendre la parole en continu

Une trajectoire improbable : Annie Ernaux, Nobel de littérature

Votre mission Annie Ernaux a reçu en 2022 le prix Nobel de littérature. Vous êtes sociologue et vous cherchez à analyser cette trajectoire improbable d'une personne née dans un milieu social peu favorisé. Présentez à l'oral les causes de cette trajectoire et ses effets sur l'œuvre d'Annie Ernaux.

ÉTAPE 1 Découvrir l'œuvre et la trajectoire d'Annie Ernaux

DOC 1 Une œuvre qui tire son origine de la trajectoire de l'auteure

« Annie Ernaux, itinéraire d'une transclasse », France Culture, 20 juillet 2022.

▶ Durée 2:54

Vidéo hachette-clic.fr/23ses1120

REPÈRE

La Place est un roman autobiographique publié en 1983 par Annie Ernaux, dans lequel elle relate ses souvenirs d'enfance à travers le récit de la vie de son père.

DOC 2 La trajectoire d'Annie Ernaux

L'écrivaine Annie Ernaux a grandi à Yvetot, dans l'épicerie-café tenue par ses parents, anciens ouvriers d'origine paysanne. Lycéenne boursière dans un pensionnat catholique puis étudiante, elle devient professeur agrégée de lettres. En 1974, avec Les Armoires vides, paru chez Gallimard, elle commence à écrire des romans, qui obtiennent des succès d'estime. Le passage à l'autobiographie explicite est réalisé en 1983 avec La Place : décrivant la distance culturelle et sociale la séparant peu à peu de son père, ce livre couronné par le prix Renaudot la fait accéder à la reconnaissance. Dès lors, ses récits autoréflexifs vont traduire, dans une écriture de plus en plus « plate », les conditions de vie des classes populaires, son enfance et son adolescence en leur sein, la rupture introduite par l'école et les effets de violence symbolique que cette confrontation avec la culture dominante induit, sa migration de classe douloureuse et le déracinement social. Le thème de la déchirure de classe à l'intérieur de la famille, liée à l'écartèlement entre la culture populaire héritée et celle acquise par l'école, engendrant le sentiment de trahison et de honte sociales. [...]

À la croisée de l'autobiographie et de l'auto-socio-analyse, celle qui se définit comme une « transfuge de classe », selon un concept emprunté à Richard Hoggart[1], refuse le double écueil du misérabilisme et du populisme qui guettent, en littérature comme en sociologie, toute tentative de représentation du « populaire ».

Isabelle Charpentier, « Notice Annie Ernaux », in Sapiro (Gisèle) [dir.], *Dictionnaire international Bourdieu*, Paris, CNRS Éditions, 2020.

1. Sociologue anglais (1918-2014) reconnu pour son travail sur les classes populaires.

1. Montrez que la trajectoire d'Annie Ernaux est celle d'une « transfuge de classe ».
2. Quels éléments déterminants ont influencé sa trajectoire ?
3. Montrez que la trajectoire d'Annie Ernaux a eu une influence sur son style littéraire, sa façon d'écrire.
4. Quelles sont les conséquences de ces trajectoires improbables sur les individus et pour Annie Ernaux ?

ÉTAPE 2 Construire votre exposé

5. À partir des réponses aux questions précédentes, présentez oralement à vos camarades un court exposé de la trajectoire d'Annie Ernaux, qui réponde aux deux questions suivantes :
a) Quels facteurs ont favorisé la trajectoire d'Annie Ernaux, trajectoire improbable pour les sociologues ?
b) Comment cette trajectoire a-t-elle pu influencer son activité d'autrice ?

Fiche méthode n° 4 p. 324 *S'exprimer à l'oral*

POUR ALLER PLUS LOIN

Recherchez d'autres personnalités dans le domaine de la politique, du cinéma, de la chanson, du sport… qui ont eu une trajectoire improbable.
Présentez oralement à la classe leur trajectoire et ce qui, dans les conditions de leur socialisation, a pu influencer cette trajectoire.

L'ESSENTIEL

Comment la socialisation contribue-t-elle à expliquer les différences de comportement des individus ?

Podcast
hachette-clic.fr/23ses1121

1 Comment l'environnement social influence-t-il les individus ?

Nos manières de parler, de nous saluer, de nous vêtir, de manger, nos goûts et nos aspirations portent l'empreinte de notre **socialisation**. **Ainsi, au cours de sa socialisation, l'individu intériorise des façons de faire, de penser, mais aussi d'anticiper l'avenir**, qui vont contribuer à forger son identité. La famille (en particulier les parents) joue un rôle fondamental dans ce processus. En effet, elle intervient en premier, à un moment où l'individu socialisé est particulièrement influençable, dans un contexte marqué par l'affectif et où les interactions sont répétées. D'autres instances exercent également une influence sur les individus dès l'enfance comme les groupes de pairs, l'institution scolaire ou les médias.

Les instances de socialisation peuvent transmettre des façons de penser et d'agir par inculcation. Cette dernière renvoie à la transmission explicite et contrainte par les agents socialisateurs, assortie de sanctions positives (récompense, valorisation) ou négatives (punition, dévalorisation). Les règles de politesse ou concernant l'utilisation des écrans relèvent ainsi de l'inculcation.

Le contenu de la socialisation peut aussi être transmis par les pratiques directes et les interactions. Les individus ont des interactions lorsqu'ils agissent ensemble, au cours d'activités sportives ou culturelles, lorsqu'ils regardent une émission, un film ou à l'occasion d'une visite de musée ou d'une sortie à un match de foot.

Par ailleurs, **les agents socialisés vont imiter et reproduire, de manière souvent inconsciente, des comportements de leur entourage** et notamment de leurs parents. Ils vont **s'imprégner** de façon lente, continue et inconsciente, lors des milliers d'interactions du quotidien, de façons de faire, de penser et d'anticiper l'avenir de leur entourage (accent, habitudes alimentaires, etc.). Les instances de socialisation exercent donc leur action sur les individus à la fois consciemment et inconsciemment.

2 Le contexte de socialisation est-il le même dans chaque famille ?

La socialisation est un processus socialement situé, c'est-à-dire que les apprentissages des individus s'effectuent dans un contexte social particulier marqué par des différences entre les agents socialisateurs et les ressources à leur disposition. À ce titre, les **configurations familiales** dans lesquelles les individus grandissent **vont modifier les conditions de leur socialisation**. Les ressources et les interactions quotidiennes des membres de la famille vont être différentes selon le milieu social et la catégorie socioprofessionnelle des parents, leur niveau de diplôme ou leur origine migratoire, la composition de la fratrie et la place de l'enfant dans celle-ci. ▸ Schéma 1

Ces configurations familiales peuvent influencer les modalités de la socialisation mais aussi le contenu de ce qui est transmis. Par exemple, les modèles éducatifs des classes populaires et des classes moyennes et supérieures vont être différents, ce qui va avoir des conséquences sur les rapports au monde qu'ils intériorisent. De même, le type de famille (traditionnelle, recomposée, monoparentale) dans lequel l'individu vit est différent selon les milieux sociaux et peut avoir des conséquences sur les ressources matérielles dont il dispose ou sur la scolarité des enfants.

NOTIONS

Socialisation : processus d'apprentissage et d'intériorisation des façons de faire, de penser et d'anticiper l'avenir propres à une société ou à un groupe donné.

Instances de socialisation : ensemble des agents, des groupes et des institutions qui participent à la socialisation des individus.

Configurations familiales : il s'agit de ne pas penser l'influence de LA famille au singulier. Chaque famille est diverse selon sa composition, les relations d'interdépendance entre ses membres, la place qu'ils occupent dans la famille, les capitaux qu'ils possèdent, les revenus, le milieu social, l'origine migratoire, etc. Tous ces éléments influencent la socialisation familiale.

1 Les configurations familiales

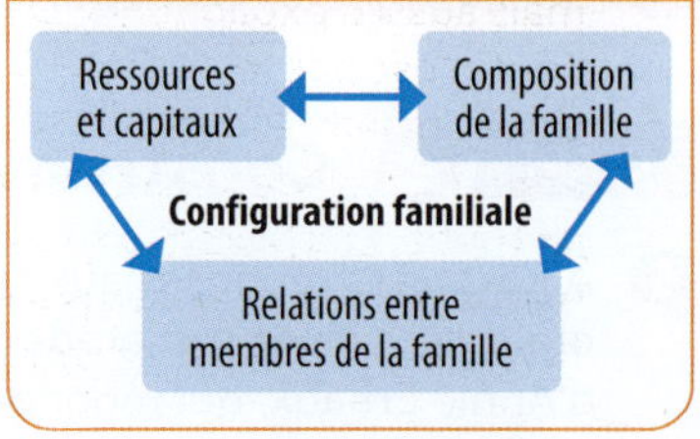

3 La socialisation est-elle achevée à la fin de l'enfance ?

Même s'il est difficile d'introduire une séparation nette dans le processus de socialisation, on distingue habituellement deux phases dans la socialisation d'un individu : la **socialisation primaire** qui intervient au cours de l'enfance et la **socialisation secondaire** qui se déroule à l'âge adulte. La socialisation primaire est déterminante, elle sert de filtre aux expériences vécues ensuite. **La socialisation secondaire peut amener à renforcer ou à transformer les façons d'agir ou de penser des individus**.

Les apprentissages de la socialisation secondaire sont le fruit d'une pluralité d'instances de socialisation. On parle ainsi de **socialisation professionnelle** pour désigner les apprentissages qui se déroulent au cours de la formation et des études, au contact des collègues de travail, mais aussi des clients, des patients ou des usagers.

La socialisation secondaire se déroule aussi dans le couple. On parle de **socialisation conjugale**, pour désigner les apprentissages réalisés lors des interactions et des conversations entre conjoints. C'est notamment le cas de la **socialisation politique** qui fait intervenir à l'âge adulte également les amis, les partis politiques et les syndicats. ▸ Schéma 2

4 Les trajectoires individuelles sont-elles toujours prévisibles ?

La socialisation est un processus qui participe largement à la reproduction des façons d'agir et de penser mais aussi des positions sociales. Il existe donc des **trajectoires sociologiquement probables** car les individus issus du même milieu social et/ou de même sexe ont des probabilités importantes d'avoir rencontré des socialisations relativement similaires, et donc d'avoir intériorisé des façons proches de faire, de penser et d'anticiper l'avenir.

Mais l'individu rencontre tout au long de sa vie une pluralité d'influences : dans sa famille, dans ses groupes de pairs, à l'école, dans l'enseignement supérieur, dans sa vie professionnelle, dans son couple, etc. Chaque individu est donc unique car il est le produit d'expériences socialisatrices qui lui sont propres, **ce qui rend possibles les trajectoires improbables**. Par exemple, il existe des trajectoires de réussite scolaire chez des enfants issus de milieux sociaux défavorisés même si elles sont moins probables que pour les enfants de milieux favorisés.

La notion de socialisation permet donc de penser les influences vécues par les individus et d'identifier des trajectoires statistiquement probables, mais aussi d'expliquer la possibilité de trajectoires individuelles improbables. Tout n'est pas joué dès le berceau, ou dès l'école, pour ce qui est de la destinée sociale. Mais chacune des étapes et des instances de la socialisation influence les parcours des individus, en modifiant les probabilités des trajectoires. **Les trajectoires individuelles sont donc largement imprévisibles**, même si la sociologie permet d'identifier des contextes de socialisation favorables ou défavorables.

NOTIONS

Socialisation primaire : socialisation qui se déroule durant l'enfance et l'adolescence.

Socialisation secondaire : socialisation qui se déroule à l'âge adulte.

Socialisation professionnelle : apprentissage de façons de faire, de penser et d'anticiper l'avenir des individus dans le cadre de leur formation professionnelle ou de l'exercice de leur profession.

Socialisation conjugale : apprentissage de façons de faire, de penser et d'anticiper l'avenir des individus au contact de leur conjoint ou conjointe.

Socialisation politique : apprentissage des opinions et comportements politiques au contact de différentes instances de socialisation (famille, couple, médias, syndicats, univers professionnel, groupes de pairs, etc.).

Trajectoire improbable : trajectoire qui s'écarte des trajectoires statistiquement les plus fréquentes.

2 Les socialisations secondaires

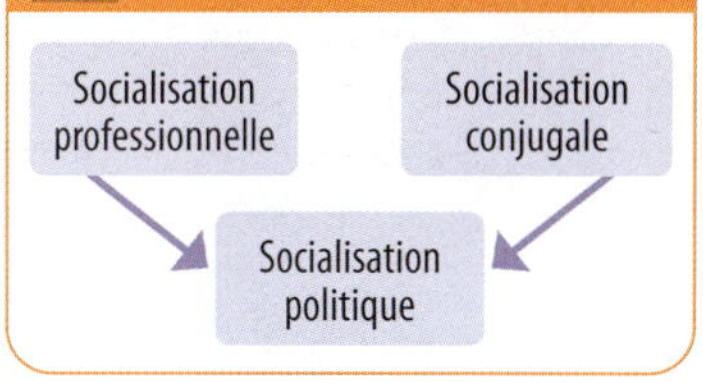

L'essentiel en schéma

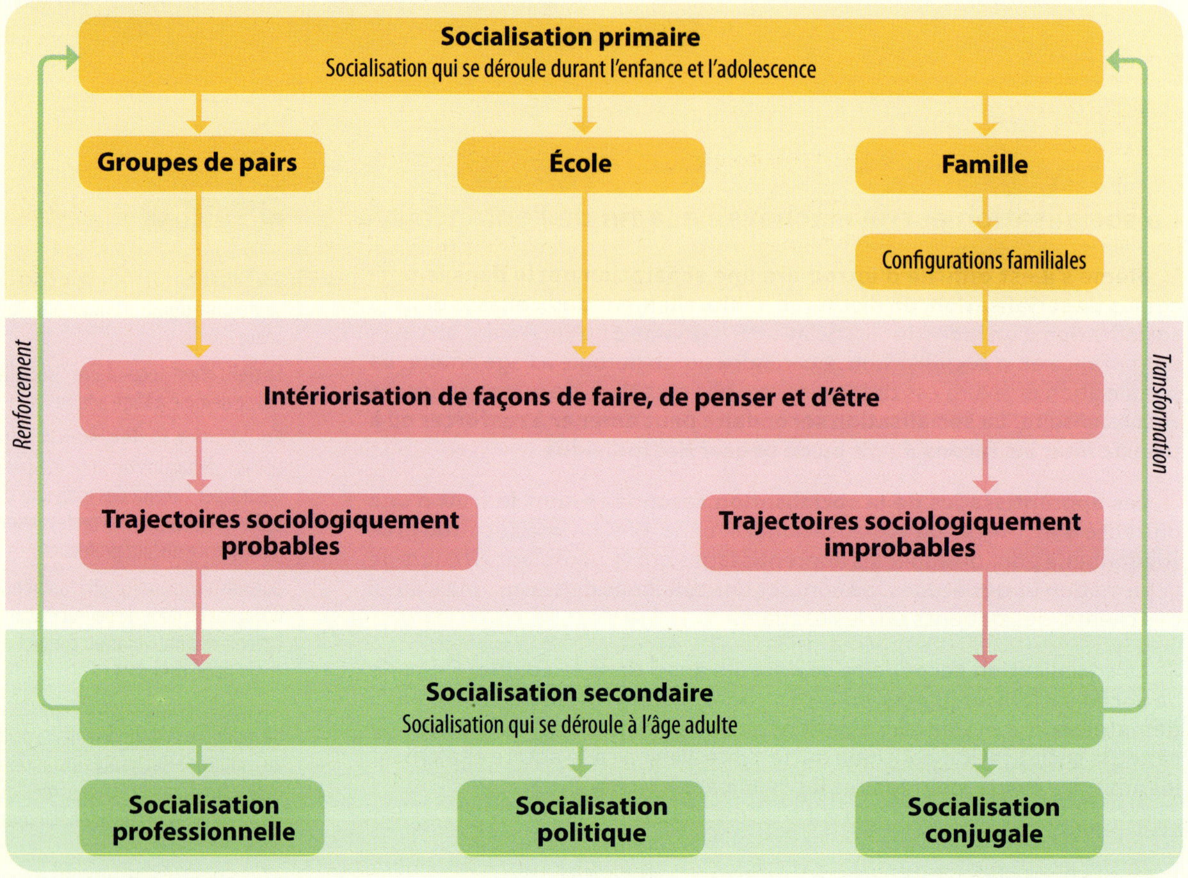

POUR ALLER PLUS LOIN

Ceux qui nous lient, film documentaire réalisé par Mélanie Gilmant, 2021.

Ce documentaire s'interroge sur la façon de créer du lien dans nos sociétés et sur le rôle de l'école dans notre socialisation à travers la comparaison entre la France, le Danemark et la Finlande.

Sous la blouse, Marion Mousse, Emmanuelle Zolesio, coll. Sociorama, Casterman, 2017.

Une adaptation en BD des travaux de la sociologue Emmanuelle Zolesio sur la socialisation professionnelle des étudiants et étudiantes en médecine.

hachette-clic.fr/23ses1122

« Peut-on vraiment quitter sa classe sociale ? », Les idées Larges, Arte, 16 février 2022.

Cette série documentaire cherche à comprendre les trajectoires improbables de celles et ceux qui passent d'une classe sociale à l'autre. Comment interpréter ces parcours ? Est-ce avant tout une histoire de volonté, de mérite ou d'ambition ?

Et tes parents, ils font quoi ? Enquête sur les transfuges de classe et leurs parents, Adrien Naselli, Le Livre de Poche, 2023.

Depuis qu'il est arrivé à Paris, Adrien Naselli, père conducteur de bus et mère secrétaire, tient une liste des gens comme lui, ces « transfuges de classe » qui concentrent l'attention des médias. Pour cette enquête, il est allé à la rencontre de leurs parents. Ils gagnent le smic ou à peine plus, ont quitté l'école avant dix-huit ans et n'ont pour la plupart jamais pris l'avion. Dans le conte de fées de la méritocratie, ils sont l'envers du décor.

UTILISER LES STATISTIQUES

1 L'influence de la socialisation sur les pratiques culturelles

Objectif de savoir-faire *Calculer et interpréter une proportion* ➔ Fiche outil n° 1 p. 300

L'évolution des pratiques culturelles selon le sexe et le milieu social

En % de chaque groupe	1973	1981	1988	1997	2008	2018
Ont visité un musée, une exposition ou un monument historique au cours des douze derniers mois						
Cadres	69	73	75	81	75	80
Employés et ouvriers	44	37	33	32	28	32
Hommes	43	42	41	43	41	44
Femmes	40	39	38	40	38	43
Ont lu un livre ou une BD au cours des douze derniers mois						
Cadres	95	94	96	95	93	86
Employés et ouvriers	74	74	74	70	61	56
Hommes	71	73	74	72	65	56
Femmes	67	72	77	77	75	71

Source : « Enquête sur les pratiques culturelles », 1973-2018, DEPS, ministère de la Culture, 2020.

1. Rédigez une phrase présentant la signification précise des deux données entourées.
2. Calculez l'écart entre la proportion de cadres et d'employés et ouvriers qui ont visité un musée, une exposition ou un monument historique au cours des douze derniers mois.
3. Comparez l'évolution de la lecture de livre ou de BD chez les hommes et chez les femmes entre 1973 et 2018.
4. À l'aide de données, montrez que les pratiques culturelles des individus sont influencées par leur milieu social et leur genre.

2 Tutoiement au travail et milieu professionnel des individus

Objectif de savoir-faire *Lire et analyser un graphique de répartition* ➔ Fiche outil n° 7 p. 312

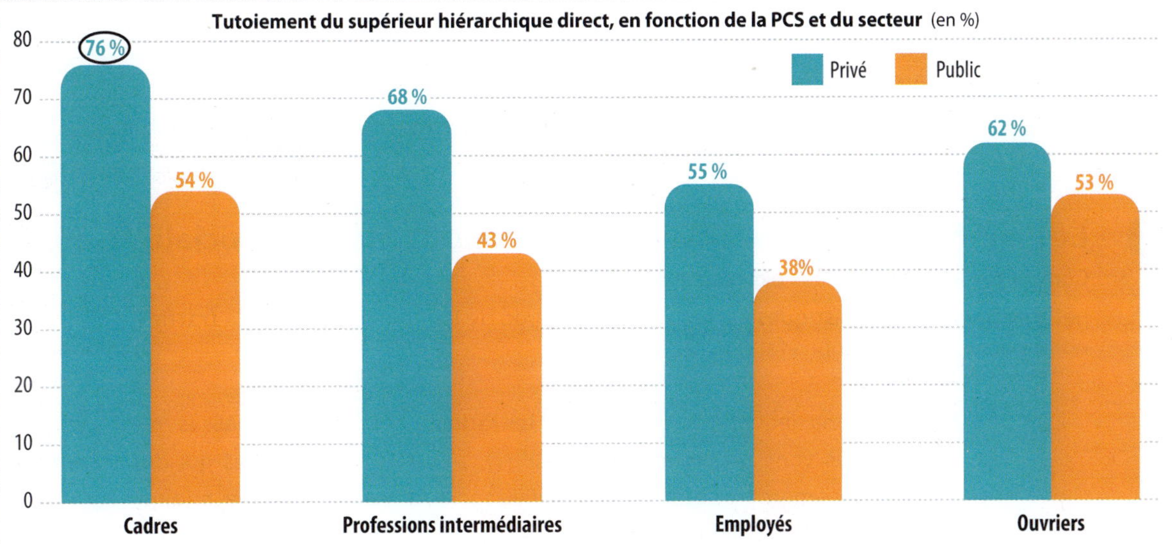

Source : D'après Alex Alber, « Tutoyer son chef. Entre rapports sociaux et logiques managériales », *Sociologie du travail*, Vol. 61, n° 1, janvier-mars 2019.

1. Rédigez une phrase présentant la signification précise de la donnée entourée.
2. Calculez l'écart entre la proportion de cadres et d'employés du privé qui tutoient leur supérieur hiérarchique.
3. Le tutoiement du supérieur hiérarchique direct est-il plus influencé par la catégorie socioprofessionnelle ou par le secteur d'activité du salarié ? Justifiez avec des données.

TESTEZ VOS CONNAISSANCES !

Version interactive hachette-clic.fr/23ses1123

CORRIGÉS P. 338

1 Le processus de socialisation

Choisissez la (ou les) bonne(s) réponse(s).

1. La socialisation désigne :

a) les façons de faire, de penser et d'anticiper l'avenir des individus.
b) le processus d'apprentissage et d'intériorisation des façons de faire, de penser et d'anticiper l'avenir des individus.
c) l'éducation des enfants et des adolescents par leurs parents.

2. Le processus de socialisation est socialement situé car :

a) les façons de faire, de penser et d'anticiper l'avenir des individus sont différentes d'une société à l'autre.
b) les façons de faire, de penser et d'anticiper l'avenir des individus ne sont pas les mêmes selon les groupes sociaux à l'intérieur d'une société.
c) les façons de faire, de penser et d'anticiper l'avenir des individus sont uniques.

3. L'école et les groupes de pairs participent à la socialisation des individus :

a) à la place de famille.
b) de manière complémentaire avec la famille.
c) de manière contradictoire avec la famille.
d) uniquement pour les personnes qui ont peu de liens avec leur famille.

2 Les mécanismes de la socialisation

Reliez chaque situation à l'un des trois mécanismes de socialisation.

1. Un enfant se fait réprimander par ses parents car il ne s'est pas lavé les mains. •
2. Un enfant joue au foot avec ses camarades dans la cour de récréation. •
3. Un enfant écoute ses parents parler de politique à table. •
4. Un parent explique à son enfant qu'il faut prêter ses jouets. •
5. Un parent va au théâtre avec ses enfants. •
6. Un enfant entend des mots vulgaires dans la cour de récréation. •
7. Un parent félicite son enfant car il a bien travaillé à l'école. •

• Inculcation
• Pratiques directes
• Imprégnation

3 Les configurations familiales et les conditions de la socialisation

Complétez le texte avec les expressions suivantes :

hétérogènes • caractéristiques sociales • composition de la famille • taille de la fratrie • milieu social • homogène • configurations familiales.

L'univers familial dans lequel les enfants et les adolescents sont socialisés n'est pas forcément .... Ils vont grandir dans des .... différentes qui dépendent aussi bien des .... des membres de la famille (milieu social, niveau de diplôme, origine migratoire), que de la .... (situation conjugale des parents, ..., présence ou non de la famille élargie) et des relations d'interdépendance que les membres de la famille vont avoir. Ces configurations familiales vont produire des conditions de socialisation .... parmi des individus qui partagent pourtant certaines caractéristiques sociales (même .... ou même type de famille).

4 Socialisation primaire et socialisation secondaire

Associez chacun des acteurs à un type de socialisation.

	Socialisation primaire	Socialisation conjugale	Socialisation professionnelle	Socialisation politique
1. La famille				
2. Les frères et sœurs				
3. Les collègues de travail				
4. Le conjoint ou la conjointe				
5. Les camarades de classe				
6. Les syndicats et partis politiques				
7. Les clients et usagers				

5 Des trajectoires sociologiquement probables ou improbables

Classez les exemples suivants selon qu'il s'agit plutôt d'une trajectoire sociologiquement probable ou improbable.

1. Un fils d'ouvrier qui devient cadre dirigeant d'entreprise.
2. Un enfant d'enseignant qui obtient un baccalauréat général.
3. Une fille de pianiste qui fait du rugby.
4. Un enfant d'ouvrier non qualifié qui obtient un baccalauréat professionnel.
5. Un ouvrier non qualifié qui est en couple avec une cadre supérieure.

Trajectoire sociologiquement probable	Trajectoire sociologiquement improbable

6 Schéma récapitulatif

Complétez le schéma avec les termes suivants :

Socialisation primaire • Configurations familiales • Socialisation scondaire.

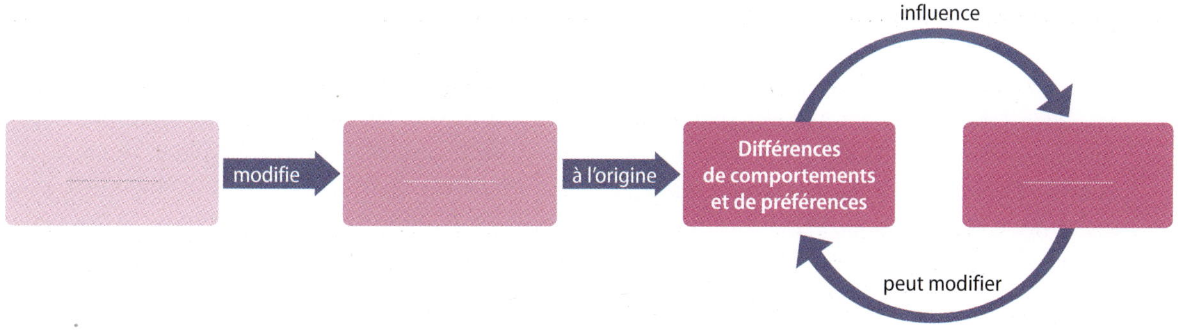

OBJECTIF BAC Épreuve composée

PARTIE 1 MOBILISATION DES CONNAISSANCES 4 PTS

À l'aide de l'exemple de la socialisation politique, montrez que la socialisation secondaire peut remettre en question la socialisation primaire.

Corrigé hachette-clic.fr/23ses1124

PARTIE 2 ÉTUDE D'UN DOCUMENT 6 PTS

Corrigé hachette-clic.fr/23ses1125

Taux de pratique sportive selon le sexe et la catégorie socioprofessionnelle (en %)

	2009	2012	2015
Ensemble	**44,4**	**47,4**	**47,1**
Catégorie socioprofessionnelle			
Agriculteurs, artisans et commerçants	35,1	37,0	35,3
Cadres	63,9	64,8	63,7
Professions intermédiaires	55,8	59,5	57,7
Employés	39,5	42,9	43,8
Ouvriers	34,6	38,0	37,1
Sexe			
Hommes	49,7	50,8	49,7
Femmes	39,6	44,3	44,7

Champ : individus âgés de 16 ans ou plus résidant en ménage ordinaire en France métropolitaine.
Source : « Les chiffres clés du sport 2020 », INJEP, 24 novembre 2020.

QUESTIONS

1. **À l'aide des données du document, comparez l'évolution entre 2009 et 2015 de la pratique sportive chez les cadres et chez les ouvriers.**
2. **À l'aide du document et de vos connaissances, montrez que la socialisation est un processus socialement situé.**

PARTIE 3 RAISONNEMENT S'APPUYANT SUR UN DOSSIER DOCUMENTAIRE 10 PTS

SUJET **À l'aide de vos connaissances et du dossier documentaire, montrez que la pluralité des influences socialisatrices peut être à l'origine de trajectoires improbables.**

DOC 1 Participation culturelle des parents avec l'enfant à 2 ans

En %	Père ou mère	Mère	Père
Fréquentation des lieux culturels au cours des 12 derniers mois			
Cinéma	69	53	57
Bibliothèque, médiathèque	56	47	53
Pratiques en amateur au cours des 12 derniers mois			
Faire du dessin, du chant, de la danse ou jouer d'un instrument de musique	61	45	34
Consommations médiatiques et numériques			
Visionnage de contenus télévisuels (y compris sur Internet)	99	95	95
Lecture de livres	80	66	49
Jeux vidéo	53	21	45
Lecture de bandes dessinées	42	17	34

Champ : 9 269 enfants.
Source : D'après Nathalie Berthomier et Sylvie Octobre, « Primo-socialisation culturelle par les climats familiaux des enfants de la cohorte Elfe », *Culture études*, vol. 2, n° 2, 2019.

DOC 2

Dernier enfant d'un couple hétérogame[1], j'ai hérité de mes parents de dispositions peu compatibles, qui ont implicitement joué dans leur séparation, lorsque j'avais 6 ans. Titulaire du seul brevet des collèges, ma mère est la fille aînée d'une ouvrière et d'un artisan, tous deux sans diplômes. Habitante d'une cité populaire de Carmont, elle a longtemps été employée non qualifiée (fonctionnaire assimilée) dans un organisme social, avant d'être promue à un poste qualifié à la fin de sa carrière, puis licenciée. J'ai vécu seul avec elle après son divorce. Lors de mon entrée au collège, j'ai été accueilli par mon père, qui résidait alors dans une commune rurale. Celui-ci a une trajectoire qui a contribué à ma réussite scolaire. Fils cadet d'un ouvrier et d'une employée de commerce, il a étudié les mathématiques pendant trois ans à l'université locale, grâce à une bourse des PTT. Reçu au concours d'inspecteur des Postes, il a été cadre à des grades de plus en plus élevés jusqu'à sa retraite anticipée. […] Il m'a transmis un goût prononcé pour l'histoire, une bonne volonté scolaire, des bribes de mémoire ouvrière (héritée de son propre père, sympathisant communiste) et, peut-être surtout, un sens de la discipline qui ont beaucoup pesé sur mon avenir.

Paul Pasquali, *Passer les frontières sociales. Comment les « filières d'élite » entrouvrent leurs portes*, La Découverte, 2021.

1. On parle de couple hétérogame lorsque les deux conjoints ne partagent pas les mêmes caractéristiques sociales.

GUIDAGE MÉTHODOLOGIQUE

Guide méthodologique complet
hachette-clic.fr/23ses1126

Fiche Bac n° 1 p. 328 *L'épreuve composée*

N'hésitez pas à annoter les documents directement sur le sujet.

ÉTAPE 3 Étudier le dossier documentaire : extraire les informations en lien avec le sujet

- **Pour bien utiliser le dossier documentaire**, il est nécessaire de compléter les connaissances de cours avec les informations contenues dans les documents. Mais attention, il ne faut pas relever toutes les informations, seulement celles **en lien avec le sujet**.

Au brouillon, nous vous conseillons de trier les informations dans un tableau sur le modèle suivant :

	Informations en lien avec le sujet (données statistiques, citations) *Ces informations pourront vous servir à affirmer, expliciter ou illustrer.*	**Prolongements avec le cours ou lien entre les documents**
Document 1		
Document 2		

- **Complétez le tableau** à l'aide des documents du sujet de raisonnement p. 154.

ÉTAPE 4 Construire son plan détaillé

- **Le plan détaillé consiste à organiser au brouillon les arguments** permettant de « traiter le sujet, tout le sujet, rien que le sujet ». Il faut partir de son questionnement du sujet, des connaissances de cours et des informations extraites des documents. Il s'agit de **rédiger des affirmations** suffisamment précises pour expliciter le contenu de chaque partie, sous-partie ou paragraphe.

Dans un sujet de raisonnement, on conseille de rédiger quatre paragraphes AEI (ou davantage) qui peuvent être ou non insérés dans deux (ou trois) parties.

Plan à 1 niveau	Plan à 2 niveaux
• §1 Affirmation • §2 Affirmation • §3 Affirmation • §4 Affirmation	**I) Titre** • §1 Affirmation • §2 Affirmation **II) Titre** • §3 Affirmation • §4 Affirmation

- **Les titres des parties** doivent être formulés en reprenant les mots clés du sujet. Il ne faut pas hésiter à déplacer, ajouter/enlever des paragraphes, reformuler ses titres, les inverser, etc., afin d'équilibrer les parties.

- **Une fois que vous pensez votre plan terminé**, reprenez le sujet et vérifiez que **chaque titre** répond au sujet et que vos titres traitent **tout le sujet**.

APPLICATION

Voici trois plans proposés pour le sujet de raisonnement.
Choisissez le meilleur plan, écartez les deux autres en justifiant.

Plan 1 : ☐ Accepté ☐ Rejeté	**Plan 2** : ☐ Accepté ☐ Rejeté	**Plan 3** : ☐ Accepté ☐ Rejeté
• §1 Il existe des trajectoires improbables selon le milieu social, par exemple dans l'accès aux diplômes. • §2 Elles s'expliquent aussi par l'influence d'autres instances de socialisation (l'école, les pairs…). • §3 Il existe des trajectoires improbables de genre, par exemple dans la pratique sportive ou les loisirs. • §4 Elles s'expliquent aussi par l'action d'autres acteurs de la socialisation.	**I) Une pluralité des instances socialisatrices.** • §1 Les parents peuvent réaliser des activités différentes avec leurs enfants. • §2 Les parents peuvent être issus de milieux sociaux différents. **II) Qui expliquent les trajectoires improbables.** • §3 Des trajectoires improbables différentes selon les milieux sociaux. • §4 Des trajectoires improbables selon le genre des individus.	**I) L'hétérogénéité familiale peut expliquer les trajectoires improbables.** • §1 L'hétérogénéité familiale. • §2 La diversité des pratiques et des modèles parentaux. **II) La diversité des instances socialisatrices peut également participer à expliquer les trajectoires improbables.** • §3 L'école peut jouer un rôle dans l'explication des trajectoires improbables. • §4 Les groupes de pairs ou des configurations familiales particulières (rôle de la fratrie, des grands parents).

SUJET

Comment la diversité des configurations familiales modifie-t-elle les conditions de la socialisation ?

DOC 1 Conditions de logement des enfants selon le type de famille en 2020

En %	Logement surpeuplé	Statut d'occupation du logement				
		Propriétaire	Locataire HLM	Locataire hors HLM	Logé gratuitement	Ensemble
Famille « traditionnelle »	10,3	65,9	15,8	16,5	1,8	100,0
Famille monoparentale	23,9	28,9	37,1	31,9	2,1	100,0
Famille recomposée	16,3	49,7	21,7	26,7	1,9	100,0
Sans enfant du couple	*14,9*	*50,3*	*19,6*	*28,0*	*2,0*	*100,0*
Avec enfants du couple	*17,3*	*49,2*	*23,2*	*25,8*	*1,9*	*100,0*
Ensemble	**14,0**	**56,0**	**21,1**	**21,0**	**1,9**	**100,0**

Champ : France hors Mayotte, enfants mineurs vivant en famille.
Lecture : en 2020, 37,1 % des enfants mineurs en famille monoparentale résident dans un logement HLM.
Source : INSEE, enquête annuelle de recensement 2020.

DOC 2

L'histoire du soir est une pratique très répandue dès l'âge de 1 an. Il en va de même dans notre population composée d'enfants qui ont quatre à cinq ans de plus. Dans les classes populaires, c'est une pratique quotidienne ou presque pour une petite majorité des enfants. Dans les classes moyennes, elle est très régulière, voire quotidienne pour la majorité. […]

En raison de la fréquence de cette pratique, qui relève de l'évidence et est souvent décrite comme un « rituel » notamment dans les classes moyennes et supérieures, il est intéressant de comprendre les raisons de son absence dans certaines configurations familiales. Dans un premier ensemble de cas, appartenant aux classes populaires précaires, la mauvaise maîtrise du français fait obstacle à la lecture d'histoires. Ainsi, pour la mère d'Ashan, la langue est le principal problème : faute de savoir lire le français, elle ne peut lire à son fils les ouvrages qu'il apporte au domicile. […]

Dans un second ensemble de situations, cette pratique est dénuée de sens au-delà de sa fonction pratique ou vécue comme une obligation. Pour Thibault, l'histoire du soir est occasionnelle et sert uniquement à « l'apaiser ». Les parents de Simon quant à eux privilégient les histoires courtes mais continuent à en raconter, principalement par sentiment d'obligation. Tous deux ont des pères peu diplômés et non lecteurs.

Bernard Lahire, *Enfances de classe*, Éd. du Seuil, Paris 2019.

DOC 3 Fréquence du recours à l'aide informelle pour la garde des jeunes enfants

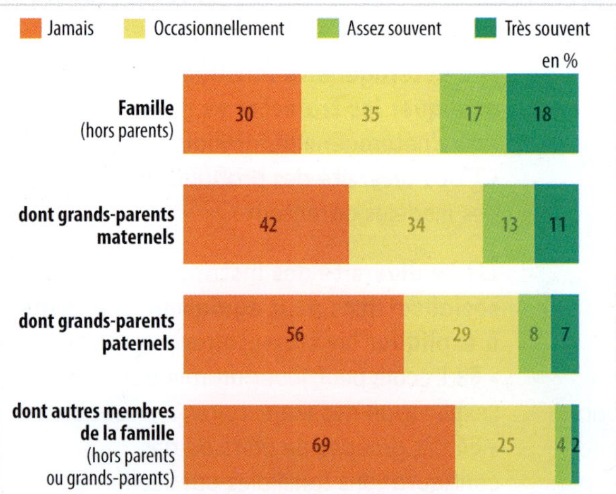

Lecture : 42 % des enfants de moins de 6 ans ne sont jamais gardés par leurs grands-parents maternels.
Champ : France métropolitaine, enfants de moins de 6 ans.
Source : DREES, *Études et Résultats*, n° 1070, juin 2018.

DOC 4 Présence à l'école des enfants en petite section de maternelle selon les caractéristiques de la famille

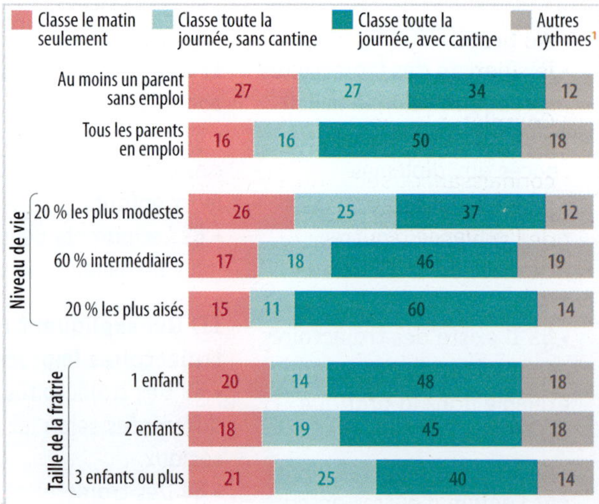

1. Autres formes de présence à temps partiel : 2 ou 3 matinées ou journées entières par semaine.
Champ : France métropolitaine, enfants scolarisés âgés de 3 ans et demi.
Source : INSEE, *France - Portrait social*, édition 2020.

GUIDAGE MÉTHODOLOGIQUE

Fiche Bac n° 2 p. 332 *La dissertation*

Guide méthodologique complet
hachette-clic.fr/23ses1127

ÉTAPE 1 Analyser le sujet

- Pour analyser un sujet, il faut **repérer puis commenter chaque mot du sujet** : les notions clés du programme, puis les verbes, adverbes et tout autre mot du sujet.

Enlevez ou remplacez par un synonyme les adverbes et verbes afin de sentir comment le sujet « bouge » sans ces mots.

Comment : adverbe qui indique qu'il s'agit de montrer les mécanismes. Ici, de quelles façons les configurations familiales peuvent modifier la socialisation des individus.

modifie-t-elle : il s'agit ici de montrer que, selon la configuration familiale dans laquelle grandit l'individu, les conditions de socialisation ne sont pas les mêmes.

Comment la diversité des configurations familiales modifie-t-elle les conditions de la socialisation ?

La **diversité des configurations familiales** renvoie aux différentes caractéristiques du milieu familial dans lequel est socialisé l'individu et qui dépendent de la composition de la famille, de ses ressources et des relations qu'entretiennent les membres de la famille.

Les **conditions de la socialisation** renvoient à la fois aux mécanismes d'apprentissage et d'intériorisation et au contenu de ce qui est intériorisé au cours de la socialisation.

Il faut ensuite parvenir à **rédiger une problématique**. Une problématique synthétise les éléments de réflexion et connaissances mobilisés lors de l'analyse mot à mot du sujet. Elle propose un questionnement, au minimum une reformulation précisant comment on interprète le sujet et donc comment on va y répondre.

Questionnement (ou problématique) : « Ce sujet implique de s'interroger sur la manière dont les différentes caractéristiques du milieu familial dans lequel grandissent les individus vont influencer leurs conditions de socialisation, c'est-à-dire les manières de d'agir, de penser et d'anticiper l'avenir qu'ils vont apprendre et intérioriser, mais aussi les façons dont cet apprentissage va se réaliser. »

APPLICATION

Analysez le sujet suivant :
Les socialisations secondaires sont-elles toujours en continuité avec la socialisation primaire ?

ÉTAPE 2 Organiser ses connaissances (notions, mécanismes, exemples)

- **Au brouillon**, il faut **rassembler ses connaissances en lien avec le sujet**.
- **Complétez le tableau suivant** pour rassembler vos connaissances sur le sujet de dissertation. Nous vous conseillons d'organiser vos connaissances selon qu'elles sont des notions, des mécanismes ou des exemples. Très souvent, ce travail a déjà été amorcé lors de l'analyse du sujet, il faut le compléter.

Dans un premier temps, vous pouvez noter TOUT ce qui vous passe par la tête et dans un second temps, RAYER ce qui n'est pas en lien avec le sujet.

Notions	Mécanismes	Exemples

7 Comment se construisent et évoluent les liens sociaux ?

NOTIONS À DÉCOUVRIR

- Liens sociaux
- Groupe social
- Individualisation
- Solidarité mécanique
- Solidarité organique
- Sociabilité
- PCS
- Précarité
- Ségrégation

NOTIONS DE 2de

- Groupe de pairs
- Emploi
- Chômage

DÉCOUVRIR PAR L'IMAGE

Le sport, un vecteur de lien social ?
Tifo (animation visuelle) des supporters de l'Olympique lyonnais au Groupama Stadium (Lyon), le 11 novembre 2022.

- Comment se construit le lien social au sein du groupe des supporters d'une équipe de football ?

DÉCOUVRIR EN CHANSON

Être aimée, c'est d'être likée
Donc elle s'entraîne devant sa glace
À faire un selfie, filtre beauté

Soprano, extrait de « Fragile »,
album *Phoenix,* 2018.

Clip vidéo

Le rappeur Soprano en concert à Orchies (59), le 23 novembre 2018.

• Quel effet des réseaux sociaux est dénoncé dans cette chanson ?

DÉCOUVRIR EN SITUATION

1. Si les situations suivantes vous arrivaient, listez les personnes, groupes de personnes ou institutions qui pourraient vous aider :

a) Vous êtes malade.

b) Vous recherchez un stage.

c) Vous êtes à l'étranger et votre portefeuille est volé.

d) Vous devez faire un exercice à la maison et n'y arrivez pas.

e) Vous échouez sur un niveau difficile dans un jeu vidéo et cherchez des astuces.

f) Vous êtes passionné(e) d'histoire de la Première Guerre mondiale et cherchez des informations.

g) Vous venez de vivre une rupture amoureuse et vous vous sentez seul(e).

h) Vous devez faire des voeux d'orientation sur Parcoursup.

i) Vous avez crevé à vélo alors que vous êtes loin de chez vous.

2. Classez les différentes personnes, groupes et institutions que vous avez listées en plusieurs catégories (3 au minimum) et donnez un nom à ces catégories.

3. Présentez les catégories que vous avez formées à vos camarades en justifiant le nom que vous leur avez donné.

DOSSIER 1 Quels sont les différents liens sociaux reliant les individus ?

OBJECTIF Comprendre et pouvoir illustrer la diversité des **liens sociaux** qui relient les individus au sein de différents **groupes sociaux** (familles, groupes de pairs, univers professionnel, associations, réseaux).

DOC 1 POUR COMMENCER
Entre Kate Middleton et Omar Sy, cinq degrés de séparation

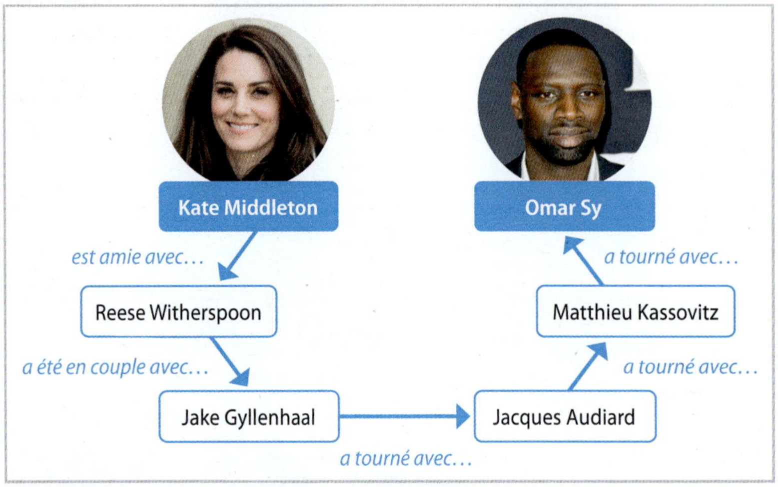

D'après Léa Cardinal, *gala.fr*, 31 mars 2021.

1. Par quels types de liens Omar Sy et Kate Middleton sont-ils reliés ?
2. Pourquoi ne serait-il pas si facile pour Omar Sy de rentrer en contact avec Kate Middleton ?

DOC 2 La diversité des liens sociaux

Les liens sont multiples et de nature différente, mais ils apportent tous aux individus à la fois la protection et la reconnaissance nécessaires à leur existence sociale. La protection renvoie à l'ensemble des supports que l'individu peut mobiliser face aux aléas de la vie (ressources familiales, communautaires, professionnelles, sociales...), la reconnaissance renvoie à l'interaction sociale qui stimule l'individu en lui fournissant la preuve de son existence et de sa valorisation par le regard de l'autre ou des autres. L'expression « compter sur » résume assez bien ce que l'individu peut espérer de sa relation aux autres et aux institutions en termes de protection, tandis que l'expression « compter pour » exprime l'attente, tout aussi vitale, de reconnaissance.

Types de liens	Formes de protection	Formes de reconnaissance
Lien de filiation (entre parents et enfants)	Compter sur la solidarité inter-générationnelle Protection rapprochée	Compter pour ses parents et ses enfants Reconnaissance affective
Lien de participation élective [entre conjoints, amis, proches choisis...]	Compter sur la solidarité de l'entre-soi électif [des proches] Protection rapprochée	Compter pour l'entre-soi électif Reconnaissance affective ou par similitude [ressemblance]
Lien de participation organique (au travail, en entreprise, à l'école...)	Emploi stable Protection contractualisée	Reconnaissance par le travail et l'estime sociale qui en découle
Lien de citoyenneté (entre membres d'une même communauté politique)	Protection juridique (droits civils, politiques et sociaux) au titre du principe d'égalité	Reconnaissance de l'individu souverain [notamment par le droit de vote]

D'après Serge Paugam [sociologue], *Le lien social*, coll. Que sais-je ?, PUF, 2022.

1. Donnez des exemples de protection apportée à l'individu par chaque type de liens.
2. Donnez des exemples de reconnaissance apportée à l'individu par chaque type de liens.
3. En vous appuyant sur un exemple, montrez que vous pouvez avoir des liens sociaux avec des personnes que vous ne connaissez pas personnellement.

DÉFINITION

Liens sociaux
Ensemble des relations qui permettent de relier les individus entre eux. Ces liens contribuent à l'intégration au sein de groupes sociaux comme la famille, l'école, le travail, les groupes de pairs, la citoyenneté, etc.

3 EXERCICE À quels groupes sociaux appartenez-vous ?

Schéma hachette-clic.fr/23ses1128

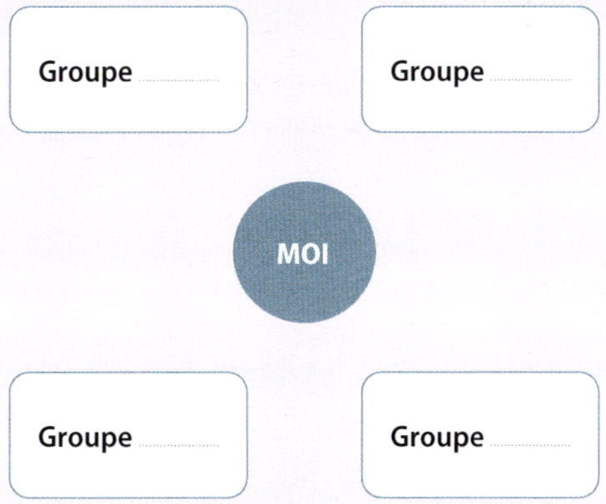

Légende :
- Liens de filiation
- Liens électifs
- Liens organiques
- Liens de citoyenneté

1. Complétez le schéma afin de lister les groupes sociaux avec lesquels vous avez été en contact (en face-à-face ou à distance, par téléphone ou par les réseaux sociaux) au cours des dernières 48 heures.
2. Représentez le lien qui vous unit à chaque groupe par une flèche avec le code couleur indiqué.
3. Vos liens répondent-ils à l'affirmation suivante : « qui se ressemble s'assemble » ? Justifiez votre réponse.
4. Montrez que les liens sociaux entre les personnes qui participent à votre cours de SES sont de plusieurs types.

DÉFINITION

Groupe de pairs
Ensemble des personnes qui se considèrent « semblables », du fait de leur âge, de leur sexe, de leur milieu social.

DOC 4 Des liens plus ou moins intenses

Part de la population ayant des contacts en face-à-face réguliers[1] avec les membres de leurs réseaux
Fréquence des contacts « Une ou plusieurs fois par semaine » et « Plusieurs fois par mois »

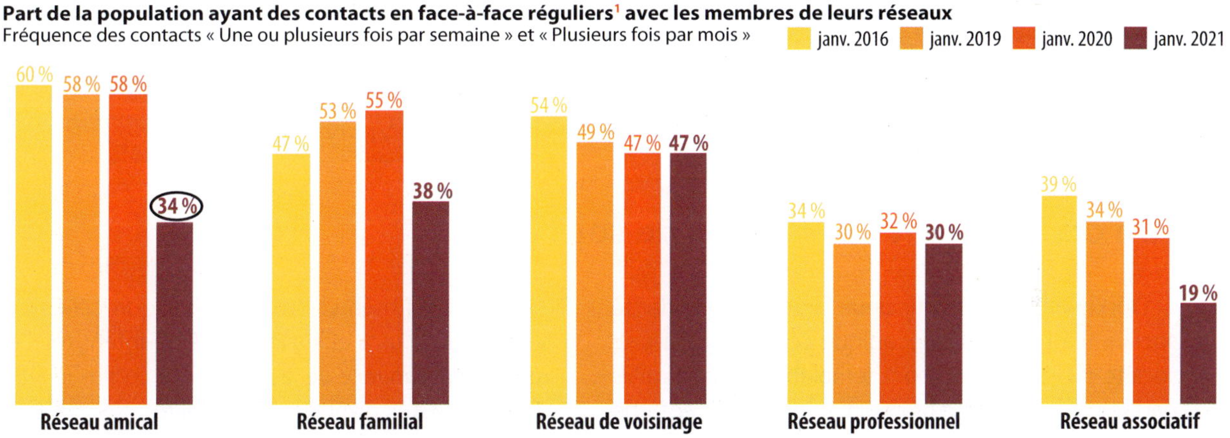

1. Avoir des contacts au moins plusieurs fois par mois.
Champ : ensemble des personnes âgées de 15 ans et plus ; actifs occupés, pour le réseau professionnel.

Source : CREDOC, *Les solitudes en France*, novembre 2021.

1. Rédigez une phrase présentant la signification précise de la donnée entourée.
2. Reliez chaque type de réseau à un type de lien social en utilisant la typologie du document 2.
3. Quels types de contacts en face-à-face étaient les plus fréquents parmi la population en janvier 2019 ?
4. Quels contacts en face-à-face ont été les plus affectés par la crise sanitaire commencée en 2020 ?

S'entraîner

1 S'autoévaluer

CORRIGÉS P. 338

Vrai ou faux ?

1. Les membres d'un même groupe social se connaissent personnellement.
2. Chaque individu appartient à plusieurs groupes sociaux.
3. Travailler dans le même bureau est un lien de participation élective.
4. Un individu peut être protégé au sein d'un groupe dont il ne connaît pas tous les membres.

2 Étude d'un document BAC

1. À l'aide des données du document 4, comparez la fréquence des contacts avec le réseau amical et la fréquence des contacts avec le réseau professionnel.
2. À l'aide du document 4 et de vos connaissances, montrez la diversité des liens sociaux.

DOSSIER 2 Comment a évolué le lien social ?

OBJECTIF Comprendre et savoir illustrer le processus d'**individualisation** ainsi que l'évolution des formes de solidarité en connaissant la distinction classique entre **solidarité « mécanique »** et **solidarité « organique »**.

DOC 1 POUR COMMENCER
Les droits de l'enfant, un signe de l'individualisation dans la famille

« Droits devant – Défense et promotion des droits de l'enfant », Défenseur des droits, 19 octobre 2019.

▶ Durée 1:24

Vidéo hachette-clic.fr/23ses1129

Affiche publiée en novembre 2019 par le département d'Ille-et-Vilaine (35). La Déclaration des droits de l'enfant a été adoptée par l'ONU en 1959.

1. Montrez que les droits de l'enfant ne sont pas seulement une question d'ordre privé.
2. À quel type de lien social pouvez-vous relier la reconnaissance des droits de l'enfant (voir document 2 p. 160) ?
3. À l'aide de l'encadré « Définition », montrez que la reconnaissance des droits de l'enfant est une manifestation du processus d'individualisation.

DÉFINITION

Individualisation
Processus par lequel l'individu s'autonomise, dans ses façons de penser et de se comporter, des prescriptions de ses groupes d'appartenance. Ce mouvement historique, analysé par les sociologues, qui conduit à l'émancipation des individus des tutelles familiales ou religieuses, ne doit pas être confondu avec l'égoïsme.

DOC 2 Un changement des formes de solidarité

Durkheim fait ressortir deux formes de solidarité sociale. La solidarité mécanique correspond à une société où les individus sont semblables en cela qu'ils partagent tous, d'une même manière et suivant une même intensité, les éléments constituant la conscience commune. Cette société ne connaît donc ni la spécialisation des tâches ni, par conséquent, celle des individus. La solidarité mécanique repose sur la similitude des éléments constitutifs de la société. À l'inverse, la solidarité organique repose sur la différenciation des tâches et des individus qui les accomplissent ; l'existence de sous-groupes spécialisés à l'intérieur du groupe social donne libre champ à l'individuation[1] […]. En effet, la spécialisation impose aux individus de se particulariser, ce qui veut dire qu'ils ne partagent plus tous les mêmes croyances et que celles-ci ne s'imposent plus à eux avec la même intensité. Cette moindre prégnance de la conscience commune laisse donc place aux diverses personnalités.

Ces deux modèles de relations sociales s'opposent bien sûr en ce que l'un ne peut prendre place qu'au détriment de l'autre. La solidarité mécanique, forme typique des sociétés primitives, doit céder du terrain pour que puisse prendre place la solidarité organique. […] Cette évolution se traduit par des transformations radicales de la vie sociale avec l'affaiblissement progressif et inéluctable de la conscience commune et l'affirmation de la place accordée à l'individu.

Philippe Steiner [sociologue], *La sociologie de Durkheim*, coll. Repères, La Découverte, 2018.

1. Ou individualisation.

1. À partir du texte, remplissez le tableau suivant avec les signes + ou – :

Caractéristiques	Solidarité mécanique	Solidarité organique
Différenciation entre les individus		
Poids des contraintes collectives sur les individus		
Degré d'individualisation		
Degré d'interdépendance entre les individus		

Tableau hachette-clic.fr/23ses1130

2. Donnez des exemples de spécialisation des tâches dans les sociétés modernes.
3. Comment la spécialisation des tâches est-elle à l'origine du processus d'individualisation ?

3 EXERCICE Distinguer la solidarité mécanique et la solidarité organique

1 Indiquez si les exemples suivants illustrent la solidarité mécanique ou la solidarité organique.

	Solidarité mécanique	Solidarité organique
1. Les supporters de clubs de football portent des vêtements à l'effigie de leur club.		
2. L'encadrement des lycéens est assuré par les enseignants, les surveillants et les CPE.		
3. Grâce à l'école, chaque jeune peut choisir une profession indépendamment de celle de ses parents.		
4. Le principe de laïcité permet à chacun de ne pas être croyant ou de choisir sa religion.		
5. Lors d'une catastrophe, les habitants d'un même quartier s'entraident.		

2 La solidarité mécanique a-t-elle disparu aujourd'hui ? Justifiez votre réponse.

Tableau hachette-clic.fr/23ses1131

DOC 4 Le processus d'individualisation à travers l'exemple du mariage

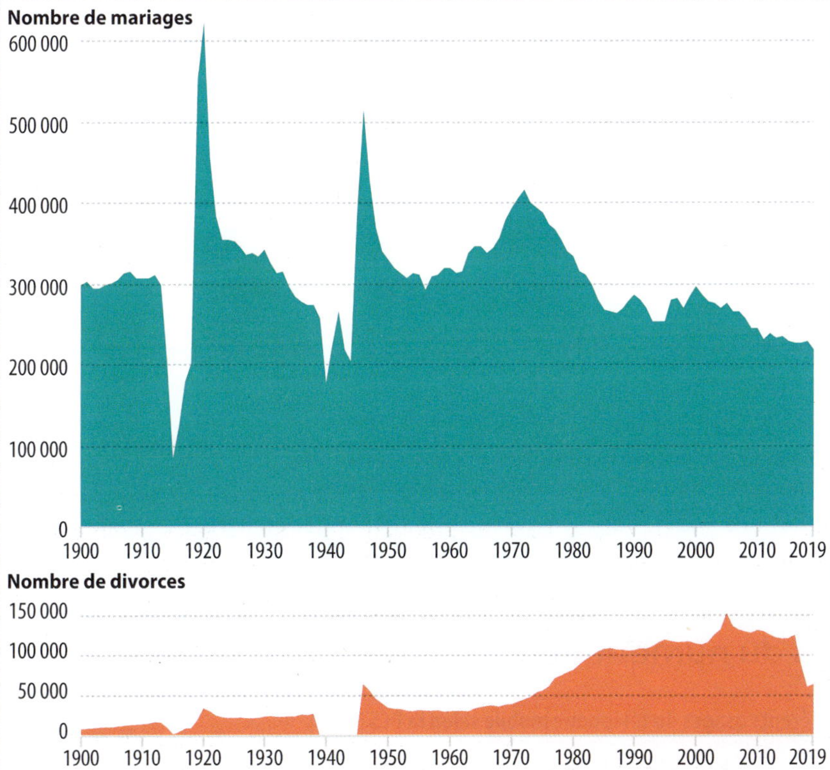

Champ : France métropolitaine.

Source : INED (Institut national d'études démographiques).

REPÈRE

Histoire du mariage et du divorce en France

1791 Création du mariage civil.
1884 Autorisation du divorce, seulement pour faute.
1975 Instauration du divorce par consentement mutuel.
2013 Ouverture du mariage civil aux couples de même sexe.

1 Rédigez une phrase présentant la signification précise des données en 2019.

2 Comment ont évolué le nombre de mariages et le nombre de divorces en France depuis 1900 ?

3 Quelles hypothèses pouvez-vous faire pour expliquer le faible nombre de divorces dans la première moitié du XXe siècle, et leur augmentation ensuite ?

S'entraîner

1 S'autoévaluer

CORRIGÉS P. 338

Complétez le texte avec les mots suivants : mécanique • organique • individualisation • complémentaires • autonomie • ressemblance.

L'.................. permet aux individus d'avoir davantage d'.................. dans leurs choix de vie. Ce processus reflète une évolution du lien social, avec le passage d'une solidarité .... (ce qui rassemble les individus est essentiellement leur .... et le partage de valeurs et croyances communes fortes), à une solidarité .... (tout en ayant des fonctions différentes, les individus sont ....).

2 Raisonnement s'appuyant sur un dossier documentaire BAC

À l'aide de vos connaissances et des documents 1, 2 et 4, montrez que le processus d'individualisation a conduit à une évolution des formes de solidarité.

DOSSIER 3 Quels sont les effets du numérique sur le lien social ?

OBJECTIFS
- Connaître les critères de construction des **Professions et catégories socioprofessionnelles (PCS)**.
- Comprendre comment les nouvelles **sociabilités numériques** contribuent au lien social.

DOC 1 POUR COMMENCER
Rencontrer l'amour en ligne ?

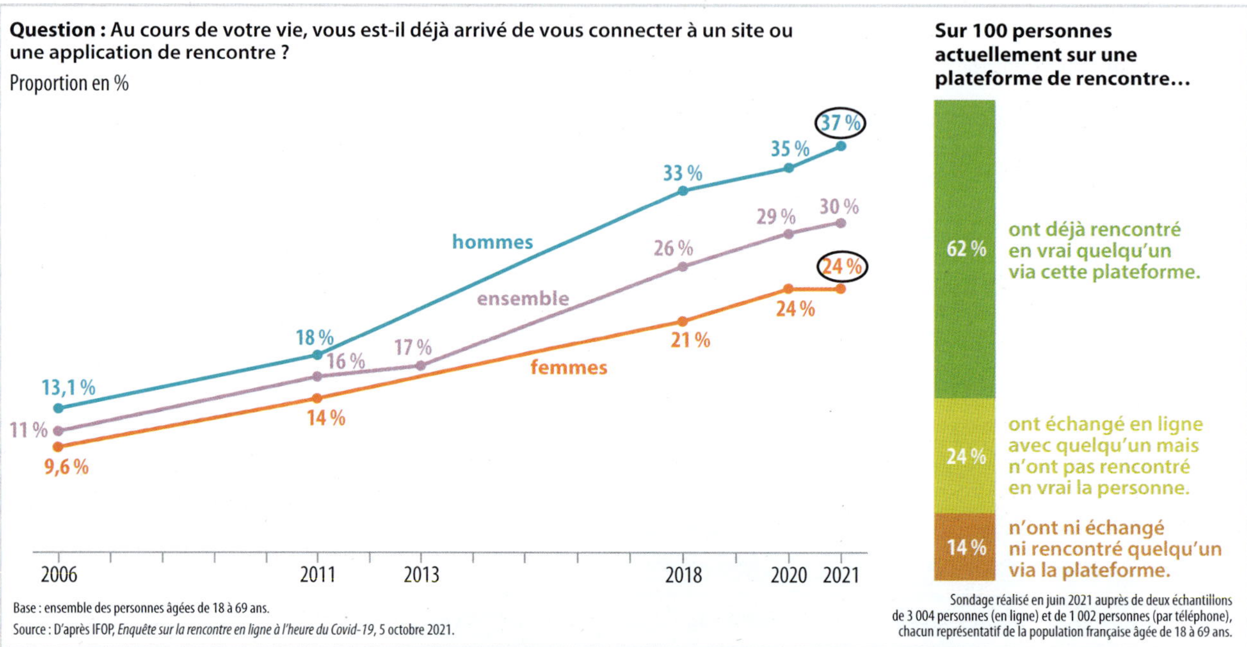

1. Rédigez une phrase présentant la signification précise des données entourées.
2. À l'aide d'un calcul approprié, montrez l'ampleur de la progression de l'utilisation des plateformes de rencontre. ➔ **Fiche outil n° 2 p. 302** *Calculer et interpréter une variation*
3. Ces plateformes créent-elles des relations sociales qui se limitent à des échanges en ligne ? Justifiez votre réponse.

DOC 2 Des usages différents du numérique

Les différents usages du téléphone mobile selon la PCS (en %)

Profession et catégorie socioprofessionnelle	Naviguer sur Internet	Échanger des messages via des applications	Téléphoner via des applications
Agriculteurs exploitants, artisans, commerçants, chefs d'entreprise	82	75	72
Cadres et professions intellectuelles supérieures	87	85	81
Professions intermédiaires	85	78	80
Employés	89	82	80
Ouvriers	82	73	70
Retraités	50	48	40

Source : CREDOC, *Baromètre du numérique*, édition 2021.

1. Rédigez une phrase présentant la signification précise des données entourées.
2. Comparez les usages du téléphone mobile selon la PCS.
3. Quelles hypothèses pouvez-vous faire pour expliquer ces écarts ?

DÉFINITION

Professions et catégories socioprofessionnelles (PCS)
La nomenclature des Professions et catégories socioprofessionnelles (PCS) est un outil de classification statistique de la population à partir de la profession. Les regroupements effectués permettent de faire apparaître des catégories de personnes avec une certaine homogénéité sociale (pratiques sociales proches).

DOC 3 Quelle sociabilité sur les réseaux numériques ?

On observe un clivage très net entre les jeunes qui acceptent des inconnus en amis sur Facebook et ceux qui au contraire calquent leur réseau en ligne sur leur réseau hors-ligne. […] Jason Jones a pu montrer, grâce à une enquête mixte par questionnaire et une analyse des activités sur Facebook[1], que les plus proches amis sur la plateforme en termes d'activité (commentaires, messages partagés) sont déclarés par les enquêtés comme les personnes avec qui ils ont les liens les plus forts hors ligne. L'amitié en ligne est dans cette enquête corrélée à l'amitié hors ligne, en particulier pour les liens forts plébiscités par Facebook.

On peut néanmoins se demander si ce résultat vaut aussi à l'adolescence, puisqu'à cette époque de la vie les liens évoluent, passant de faible à fort ou inversement. Dans une étude du Pew Internet Research Center[2], 33 % des adolescents déclarent être amis sur les réseaux socionumériques avec des personnes qu'ils n'ont jamais rencontrées en face-à-face. Les mécanismes de la rencontre se basent sur le dispositif de visibilité du réseau social et sur l'intérêt pour des goûts communs. La première méthode consiste en effet à accepter des amis d'amis, ouverture qui semble logique à cette période de la vie et préserve l'entre-soi. […] Dans la deuxième situation, ce sont les centres d'intérêt qui sont utilisés comme prétexte pour la rencontre.

Irène Bastard [sociologue], « Quand un réseau confirme une place sociale. L'usage de Facebook par des adolescents de milieu populaire », *Réseaux*, 2018.

1. Étude menée par le sociologue sur 759 utilisateurs de Facebook.
2. Étude menée sur 802 adolescents aux États-Unis.

1. Les relations en ligne remplacent-elles ou s'ajoutent-elles aux relations physiques ?
2. Comment les réseaux sociaux en ligne peuvent-ils favoriser l'entre-soi ?
3. Quelles différences d'usage selon l'âge sont mises en évidence par les études citées ?

DÉFINITION

Sociabilité
Ensemble des interactions sociales qui relient un individu à d'autres individus.

4 EXERCICE Des conséquences diverses du numérique sur le lien social

Les outils numériques font désormais partie du quotidien de la plupart des individus ; ils peuvent avoir des effets multiples sur les liens sociaux.

- Classez les informations suivantes dans le tableau :

a) D'après l'association e-Enfance, 40 % des situations de cyber-harcèlement entre adolescents découlent de rivalités amoureuses ou amicales.
b) D'après l'INSEE, environ 10 % des couples en France se sont formés sur un site de rencontre.
c) 87 % des cadres utilisent leur téléphone mobile pour accéder à Internet contre 82 % des ouvriers et 50 % des retraités, d'après le CREDOC.
d) En 2022, 78 % des 16-25 ans utilisent les réseaux sociaux pour discuter avec leurs amis.

Les sociabilités numériques			
permettent de renforcer des sociabilités déjà existantes	permettent de créer de nouveaux liens de sociabilité	peuvent fragiliser des liens sociaux	ne sont pas investies de la même façon par tous les individus

Tableau hachette-clic.fr/23ses1132

S'entraîner

1 S'autoévaluer CORRIGÉS P. 338

CORRIGÉS P. 338

Choisissez la bonne réponse :

Le développement du numérique [entraîne / n'entraîne pas] l'apparition de nouvelles sociabilités. Mais il apparaît aussi que la sociabilité numérique [renforce / menace] surtout les sociabilités existantes. Enfin, ces sociabilités sont marquées par des inégalités : par exemple, les personnes [jeunes / âgées] ou [plus / moins] diplômées utilisent plus souvent les outils numériques.

2 Étude d'un document BAC

1. À l'aide des données du document 2, comparez les usages du téléphone mobile des cadres et des ouvriers.
2. À l'aide du document 2 et de vos connaissances, montrez comment les sociabilités numériques contribuent au lien social.

DOSSIER 4 Quelles sont les causes de l'affaiblissement ou de la rupture des liens sociaux ?

OBJECTIF Comprendre comment différents facteurs (**précarités**, isolements, **ségrégations**, ruptures familiales) exposent les individus à l'affaiblissement ou à la rupture de liens sociaux.

DOC 1 POUR COMMENCER La précarité étudiante

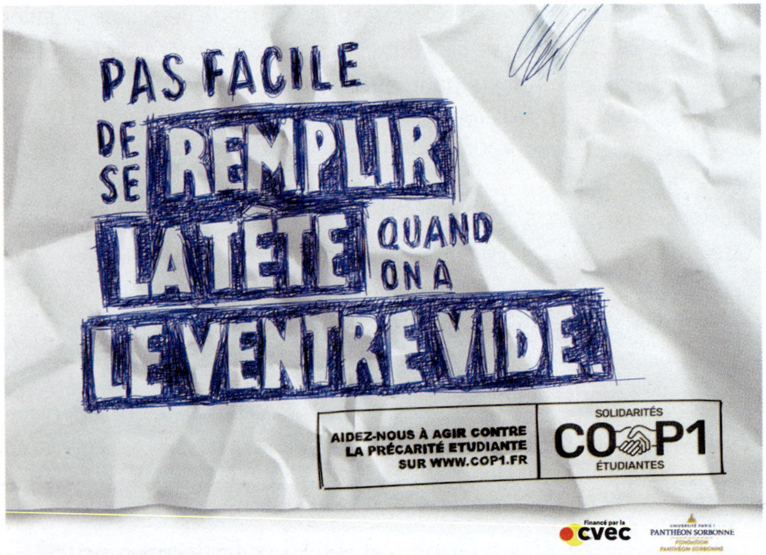

DÉFINITION

Précarité
Situation d'instabilité et d'incertitude qui empêche les individus de se projeter dans l'avenir. La précarité peut être liée à la situation d'emploi (temps partiel, intérim, CDD, horaires variables…) ou à l'absence d'emploi, mais aussi au logement, à la pauvreté, etc.

Campagne d'affichage lancée en septembre 2022. L'association Cop1 – Solidarités étudiantes aide tous les étudiants et jeunes en situation de précarité. Elle distribue gratuitement des denrées alimentaires et des biens de première nécessité, propose aux étudiants des accompagnements personnalisés.

1. Comment comprenez-vous le slogan de cette affiche ?
2. D'après vous, quels facteurs peuvent favoriser la précarité étudiante ?
3. Quels liens sociaux peuvent aider les étudiants à faire face à cette précarité ?

DOC 2 Les facteurs d'entrée dans la pauvreté

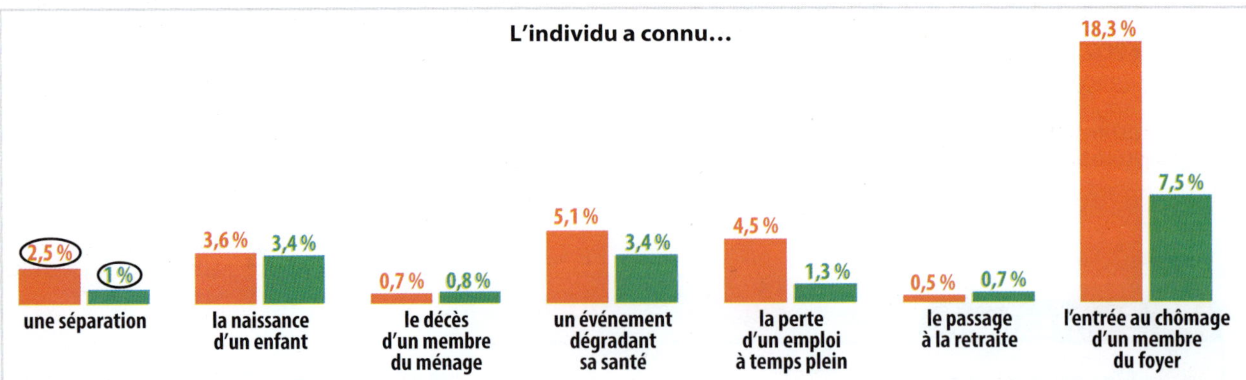

Note : le seuil de pauvreté est fixé à 60 % du revenu médian.
Champ : ensemble des individus de plus de 17 ans.
Source : CNLE (Conseil national des politiques de lutte contre la pauvreté et l'exclusion sociale), *La pauvreté démultipliée*, 2021.

1. Faites une phrase présentant la signification précise des données entourées. ➔ **Fiche outil n° 1 p. 300** *Calculer et interpréter une proportion*
2. Quels événements ont peu d'effet sur la pauvreté ?
3. Quels événements exposent le plus à la pauvreté ?
4. Comment pouvez-vous expliquer l'influence de ces événements ?

REPÈRE

Pauvreté
Situation d'une personne ou d'un ménage dont les ressources ne leur permettent pas de bénéficier de conditions de vie minimales satisfaisantes. La pauvreté résulte le plus souvent d'une situation de précarité prolongée.

3 EXERCICE Le processus de désaffiliation

La rupture des liens sociaux est un processus qui peut s'analyser à travers deux axes. D'abord une distance plus ou moins grande par rapport au réseau de la production de richesses, c'est-à-dire l'emploi où la norme serait un emploi stable à temps plein. Ensuite une distance plus ou moins grande avec un réseau relationnel composé de la famille, des amis… Plus la distance est grande par rapport à ces deux réseaux plus les individus sont dits « désaffiliés » (voir Repère).

- Placez les exemples suivants sur le schéma.

1. Un caissier seul avec son enfant travaille à temps partiel.
2. Un couple dont les deux membres sont au chômage.
3. Un cadre célibataire sans enfant et ayant peu d'amis.
4. Un retraité engagé dans plusieurs associations.
5. Un SDF en couple.
6. Un SDF qui travaille en intérim.
7. Un retraité isolé de sa famille.
8. Un jeune qui a arrêté l'école et qui vit dans un centre d'accueil.

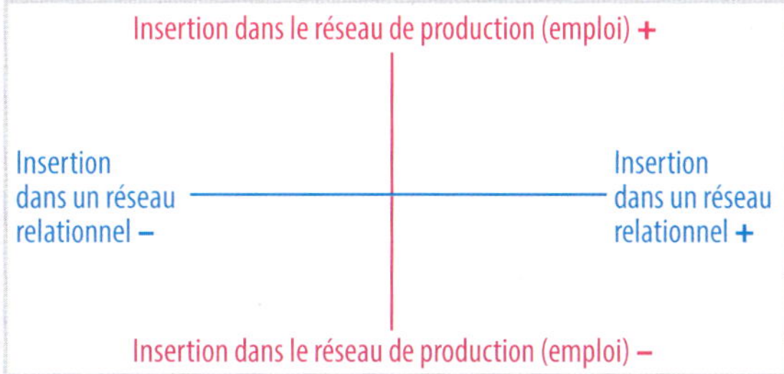

D'après Robert Castel [sociologue], *Les métamorphoses de la question sociale*, © Librairie Arthème Fayard 1995.

Schéma hachette-clic.fr/23ses1133

REPÈRE

La désaffiliation, plutôt que l'exclusion

La désaffiliation est un processus de rupture progressive des liens sociaux, notamment du fait d'une rupture des liens avec la vie professionnelle et/ou d'une rupture des liens familiaux et amicaux. À la suite des travaux de Robert Castel (1933-2013), ce terme a remplacé celui d'« exclusion », car la rupture des liens sociaux est progressive et jamais totale.

DOC 4 La ségrégation résidentielle, facteur d'exclusion sociale

La loi « SRU » (Solidarité et renouvellement urbain de 2000) fixe des quotas de 20 à 25 % de logements sociaux à atteindre d'ici à 2025 dans les communes de plus de 1 500 habitants. […] La loi avait imaginé un jeu de vases communicants entre les quartiers populaires, où prédomine le logement social, et les territoires déficitaires. La translation des populations n'a jamais eu lieu. L'effet de la loi « SRU » sur la ségrégation résidentielle est donc infinitésimal. […] Les habitants des quartiers populaires souhaitent massivement rester dans leur commune, voire dans leur quartier d'origine, où ils ont leurs liens amicaux et familiaux, où ils bénéficient d'une offre de services et d'un coût de la vie compatibles avec leurs besoins et leurs moyens. Au pôle opposé, dans les communes « SRU », il existe un fantasme de « l'envahissement » par des familles venues des cités HLM. De véritables barrages filtrants ont été instaurés pour éviter l'accueil de ces populations. Non seulement les logements HLM produits ne sont pas forcément adaptés à la taille et aux capacités financières de ces familles, mais leur attribution obéit à une règle de préférence communale […]. Il y a un pacte implicite permettant de dire aux maires : vous avez fait un effort pour remplir vos objectifs de construction, donc on ne vous impose pas les ménages dont vous ne voulez pas.

Arthur Devriendt [journaliste], « La loi SRU n'a pas supprimé la ségrégation résidentielle », *lagazettedescommunes.com*, 16 mars 2021.

1. Quels étaient les objectifs de la loi SRU mise en place en 2000 ?
2. Pourquoi cette loi n'a-t-elle pas atteint ses objectifs d'après l'auteur ?
3. Quelles en sont les conséquences sur le lien social ?

DÉFINITION

Ségrégation
Séparation, de droit ou de fait, d'un groupe social d'avec les autres.

S'entraîner

1 S'autoévaluer CORRIGÉS P. 338

Complétez le schéma avec les termes suivants : Affaiblissement / Rupture du lien social • Ségrégation • Précarité • Isolement.

2 Mobilisation des connaissances BAC

Montrez que la précarité peut être un facteur d'affaiblissement des liens sociaux.

ACTIVITÉ 1 Enquêter

OBJECTIFS

Savoirs : PCS, liens sociaux, famille

Savoir-faire : classer les PCS ; calculer, lire et interpréter des proportions exprimées en %

Les PCS peuvent-elles servir à comprendre la formation des couples ?

Votre mission Vous voulez vérifier si le proverbe « qui se ressemble s'assemble » s'applique aux couples. Pour cela, vous allez enquêter sur les couples de parents des élèves de la classe en utilisant les Professions et catégories socioprofessionnelles (PCS).

ÉTAPE 1 Classer les données

Votre enseignant(e) récupère et anonymise les professions des parents des élèves de la classe.

1. Constituez des groupes de 5 élèves, entre lesquels votre enseignant(e) répartit l'ensemble des couples de parents.
2. En utilisant le schéma suivant, retrouvez la PCS dans laquelle sont classés les membres de chaque couple parental qui vous est attribué.

La nomenclature des Professions et catégories socioprofessionnelles (PCS)

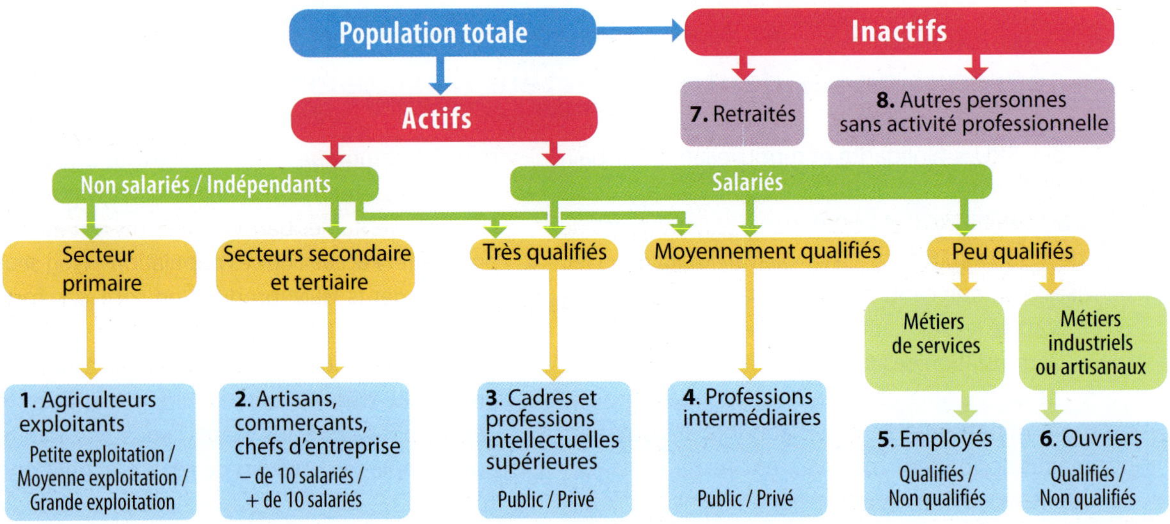

Les chômeurs n'ayant jamais travaillé sont classés dans le groupe 8, mais les chômeurs ayant déjà travaillé sont classés dans leur ancien groupe socioprofessionnel. Les professions libérales (médecins, avocats, architectes, kinés, infirmiers, etc.) sont classées avec les cadres ou les professions intermédiaires selon leur niveau de qualification.

ÉTAPE 2 Interpréter les données

Tableau hachette-clic.fr/23ses1134

3. Complétez le tableau suivant en classe, en partageant vos résultats pour dénombrer l'effectif de chaque type de couple.
4. Repérez les cases qui représentent une situation d'homogamie sociale.

Nombre total de couples :		Conjoint 2						
		Agriculteurs exploitants	Artisans, commerçants, chefs d'entreprise	Cadres et professions intellectuelles supérieures	Professions intermédiaires	Employés	Ouvriers	Inactifs
Conjoint 1	Agriculteurs exploitants							
	Artisans, commerçants, chefs d'entreprise							
	Cadres et professions intellectuelles supérieures							

5. Calculez le pourcentage de couples homogames parmi les parents d'élèves. « Qui se ressemble s'assemble » est-il vérifié parmi les parents d'élèves de votre classe ?
6. À quelle forme de lien social renvoie l'appartenance à une profession ? Et l'appartenance à un couple ? (voir document 2 p. 160)

REPÈRE

Homogamie
Situation d'un couple d'individus appartenant à la même PCS.

ACTIVITÉ 2 Rédiger une note de synthèse

OBJECTIFS

Savoirs : sociabilité numérique, affaiblissement des liens sociaux

Savoir-faire : sélectionner des informations, argumenter

Les effets des réseaux sociaux sur la sociabilité des jeunes

Votre mission La secrétaire d'État chargée de la Jeunesse vous a commandé une note de synthèse pour mesurer l'effet des réseaux sociaux sur les liens sociaux des jeunes.

ÉTAPE 1 Sélectionner et organiser des informations

1. Sélectionnez les informations pertinentes dans les documents.
2. Classez-les au brouillon afin de présenter au moins trois idées :
   - Le cyber-harcèlement s'accentue à partir du collège.
   - Les médias sociaux peuvent être à l'origine d'un affaiblissement des liens sociaux.
   - Ces effets sont différenciés selon le milieu social.

DOC 1 Qui est concerné par le cyber-harcèlement ?

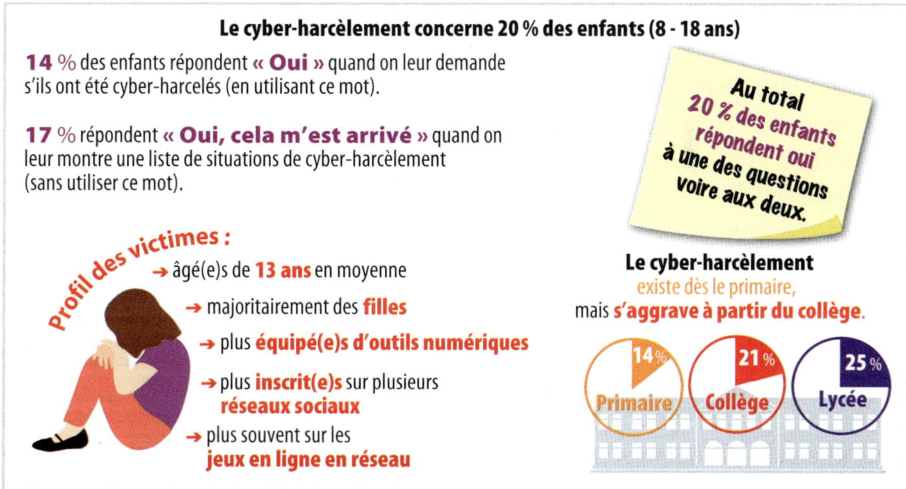

Source : D'après Caisse d'épargne – Association e-enfance/3018 (enquête réalisée en avril et mai 2021 par Internet auprès de 1 204 binômes parent-enfant).

DOC 2 Les effets différenciés des médias sociaux sur le lien social

Les médias sociaux sont au cœur des vies adolescentes. Aux États-Unis, selon les chiffres 2022 du Pew Research Center, 67 % des 13-17 ans sont sur le réseau TikTok, 62 % sur Instagram, 59 % sur Snapchat… Pourtant, comment expliquer que certains deviennent plus accros que d'autres à leurs comptes ? Accros au point de développer une « utilisation problématique des médias sociaux » (PSMU pour Problematic Social Media Use). Cette appellation […] désigne « des problèmes scolaires et de fonctionnement social dont les caractéristiques sont proches de l'addiction – modification de l'humeur, conflit, rechute, tromperie… » Certains déterminants socioéconomiques peuvent-ils être en cause ? C'est la question que s'est posée une équipe internationale de chercheurs en psychologie et en sciences sociales […]. Ces données analysées permettent de montrer que les adolescents issus de milieux défavorisés sont 3,2 fois plus susceptibles de déclarer une PSMU, et que la situation est pire dans les écoles où les différences de richesses et les différences sociales entre les camarades de classe sont importantes. Autre facteur mis en lumière par les chercheurs, le rôle crucial de l'entourage familial : le manque de soutien des proches est un facteur toujours aggravant pour l'adolescent.

Laure Belot [journaliste], « Les ados de milieux défavorisés, plus accros aux médias sociaux », *Le Monde*, 27 septembre 2022.

ÉTAPE 2 Rédiger une note de synthèse

3. Rédigez une introduction présentant le contexte et explicitant le sujet.
4. À partir des informations recueillies et classées à l'étape 1, rédigez trois paragraphes « AEI ». Les trois affirmations à l'origine des arguments sont les trois idées indiquées dans la question 2.
5. Rédigez une courte conclusion.

Fiche méthode n° 1 p. 318 *Construire une argumentation*

ACTIVITÉ 3 Débattre

La digitalisation des services publics, un danger pour le lien social ?

OBJECTIFS

Savoirs : affaiblissement et rupture des liens sociaux

Savoir-faire : repérer et trier des arguments, argumenter et s'exprimer à l'oral

Votre mission Vous allez organiser un débat pour savoir si la digitalisation des services publics risque de fragiliser le lien social ou, au contraire, peut le renforcer.

ÉTAPE 1 Préparer le débat

1. Par groupe de 3 ou 4 élèves, prenez connaissance une première fois des documents.
2. Après une seconde lecture, repérez et classez sur une feuille séparée en deux colonnes tous les arguments issus des documents.

La digitalisation des services publics, un danger pour le lien social ?

Oui	Non
Arguments en faveur de la fragilisation du lien social	Arguments en faveur du renforcement du lien social

DOC 1 Les effets de la digitalisation des services publics

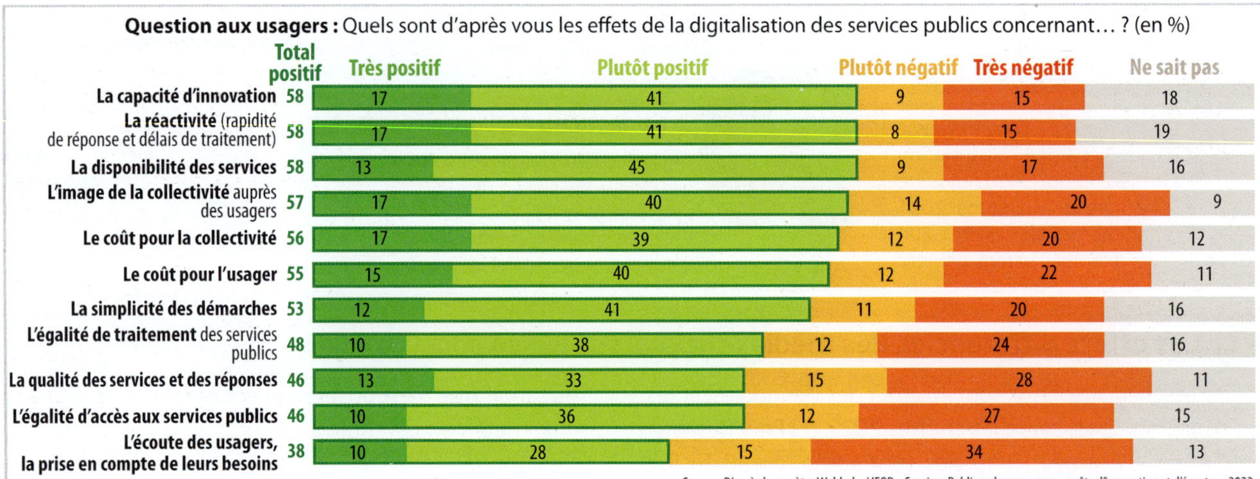

Source : D'après baromètre Webhelp / IFOP « Services Publics : des usagers en quête d'innovation et d'écoute », 2022.

DOC 2 Le développement numérique des services communaux

La crise sanitaire due au Covid-19 et les confinements ont rudement éprouvé les services publics communaux. Mais ils ont aussi eu pour effet d'accélérer leur déploiement numérique […]. Emmanuel Eveno, chercheur au laboratoire interdisciplinaire Solidarités, sociétés, territoires du Centre interdisciplinaire d'études urbaines de Toulouse, souligne « l'inventivité des collectivités territoriales » pour offrir des services permettant de suppléer à ceux auxquels les habitants avaient l'habitude d'accéder, en particulier pendant le confinement. […] Nombre de communes ont également mis en place des plates-formes de soutien à l'économie locale et de simplification des démarches, comme l'accès aux marchés publics, pour favoriser les circuits courts. Des initiatives qui ont aussi concerné la diffusion de programmes culturels en ligne, ou pour permettre une pratique sportive ou simplement physique à domicile dans ces périodes de confinement. […] « Il ne s'agit pas de transformer le citoyen en usager du numérique mais de faire en sorte que le numérique soit une offre complémentaire, et non substitutive, qu'il soit un facilitateur du service public », plaide M. Eveno. À cet égard, le déploiement des 2 000 maisons de services publics, rebaptisées France services, le recrutement de 4 000 conseillers numériques sont autant d'initiatives qui montrent que cette dimension a été prise en considération par l'État au cours de cette dernière législature.

Patrick Roger [journaliste], « Le Covid-19 a accéléré le déploiement d'outils numériques pour l'accès aux services publics », *Le Monde*, 4 février 2022.

DOC 3 L'utilisation d'Internet pour accéder aux services publics

Part des individus ayant utilisé Internet pour contacter une administration ou un service public au cours des douze derniers mois (en %)

Année	Agriculteurs, artisans et commerçants	Cadres et professions libérales	Professions intermédiaires	Employés	Ouvriers	**Ensemble** (actifs occupés)
	Catégorie socioprofessionnelle					
2009	44,7	83,7	71,3	48,8	39,5	**57,1**
2010	58,7	89,4	78,5	61,0	49,8	**67,6**
2011	54,6	87,4	77,2	63,7	48,3	**66,8**
2012	58,4	90,8	84,6	66,2	56,0	**72,1**
2013	56,5	87,5	79,2	63,8	50,5	**68,3**
2014	64,7	90,3	85,7	67,6	54,2	**73,3**
2015	61,9	89,3	80,2	67,8	55,4	**71,6**
2016	66,9	90,1	82,6	73,3	61,9	**75,6**
2017	67,4	93,0	86,9	75,6	61,1	**77,9**
2018	67,0	92,5	86,4	77,4	67,7	**79,4**
2019	75,0	93,9	89,7	82,9	72,1	**83,8**

Champ : actifs occupés de 15 ans ou plus vivant en France dans un ménage ordinaire.

Source : INSEE, enquêtes « Technologies de l'information et de la communication 2009 à 2019 ».

DOC 4 Les effets de la dématérialisation sur les chômeurs et précaires

Aux yeux de Marie Lacoste, secrétaire nationale du Mouvement national des chômeurs et précaires (MNCP), la dématérialisation [de Pôle Emploi] présente certes bien des avantages : Elle a « facilité la vie à beaucoup de gens, car on n'est plus obligé de payer un timbre à chaque fois pour envoyer des papiers, on peut faire les démarches de chez soi, quand on veut et indépendamment des horaires d'ouverture […] ». De sorte que « l'indemnisation va plus vite pour les situations simples ».

En revanche, cette digitalisation peut ralentir, voire bloquer le traitement des dossiers « complexes ». […] Les travailleurs précaires accumulent les contrats, les bulletins de salaire et les attestations employeurs. Et il ne suffit pas d'être organisé pour mener à bien ses démarches, ni même d'être à l'aise avec les outils numériques (18 % des demandeurs d'emplois ne le sont pas, selon un rapport de Pôle emploi), il faut encore avoir le temps et surtout les équipements, tels que l'indispensable scanner. […]

Une course à la « dématérialisation » qu'un conseiller voit quant à lui comme une « machine à décourager les chômeurs ». Il en veut pour preuve la baisse des inscrits à Pôle emploi au premier et au deuxième trimestre 2019. Près de 43 % de cette baisse est imputable à des « cessations d'inscription pour défaut d'actualisation ».

Léa Guedj [journaliste], « Pôle emploi dématérialisé : le casse-tête des travailleurs précaires », *RadioFrance.fr*, 2 novembre 2019.

ÉTAPE 2 Débattre en classe

3 Répartissez-vous en trois groupes : un groupe pour le jury et deux groupes défendant chacun l'une des thèses préparées à l'étape 1.

4 Menez le débat en suivant les indications de la Fiche méthode n° 5 p. 326 *Débattre en classe.*

ÉVALUATION DU DÉBAT

Grille d'évaluation
hachette-clic.fr/23ses1135

- **Une grille d'évaluation du débat est fournie aux quatre membres du jury qui entourent le président.**
  - Chacun(e) évalue les deux équipes, mais sur un aspect précis du débat : le fond ou la forme, les qualités (bonus) ou les défauts (pénalités).
  - Pendant les temps morts du débat, les membres du jury ne doivent pas communiquer entre eux pour éviter de s'influencer.
  - À la fin du débat, le président du jury collecte les quatre grilles et en calcule le solde (bonus – pénalités) afin de désigner l'équipe gagnante.
- **Le jury propose un bref bilan du débat à la classe en indiquant les points forts et les points faibles de chaque équipe.**

L'ESSENTIEL Comment se construisent et évoluent les liens sociaux ?

1 Quels sont les différents liens sociaux reliant les individus ?

Podcast
hachette-clic.fr/23ses1136

■ **Les liens sociaux sont l'ensemble des relations qui relient et unissent les individus les uns aux autres**. Ces liens se déploient entre individus au sein de **groupes sociaux** qui sont des instances d'intégration, en même temps qu'ils sont des instances de socialisation : la famille, l'école, les groupes de pairs, les associations, l'univers professionnel et les réseaux numériques.

■ **Toutes ces instances produisent du lien social**, c'est-à-dire qu'elles permettent, d'une part, à chaque individu, de pouvoir « compter sur » autrui pour recevoir de la **protection matérielle et affective**, et, d'autre part, de « compter pour », c'est-à-dire de pouvoir bénéficier de la **reconnaissance d'autrui**.

■ Tous ces liens s'entrecroisent et sont interdépendants. Chaque lycéen est ainsi inséré dans une multitude de liens sociaux : des **liens de filiation** (avec ses parents), des **liens de participation élective** avec des personnes qu'il choisit par affinités (avec les amis, physiques ou « virtuels » sur les réseaux sociaux), des **liens de participation organique** dans des lieux où il doit tenir un rôle et interagir avec d'autres, comme le lycée (avec les professeurs, les surveillants), et des **liens de citoyenneté** en tant que membre d'une communauté politique (de la commune à la nation).

■ Pour les adultes, **l'univers professionnel** est central car il permet à la fois de construire des liens de participation organique (participer à la production tout en étant protégé par son emploi) et des liens de participation élective (des collègues peuvent devenir des amis).

2 Comment a évolué le lien social ?

■ **Dans les sociétés modernes, c'est la solidarité organique qui domine, c'est-à-dire une solidarité d'interdépendance**. Elle trouve son origine dans la complémentarité entre les individus, qui sont solidaires car dépendants les uns des autres : chacun ayant des activités, des rôles, des compétences différents (que ce soit au travail ou dans les autres domaines de la vie sociale), chacun a besoin des autres. Ainsi, **la solidarité organique est concomitante du développement de l'individualisation, c'est-à-dire le processus moderne d'autonomisation des individus de leurs groupes d'appartenance** comme la famille, le voisinage, la communauté villageoise... sous l'influence des poussées démocratiques et de la division sociale du travail.

■ **L'individualisation est donc créatrice de liens sociaux** parce qu'elle permet à chacun, du fait de sa différence, d'avoir une fonction au sein d'un ensemble plus vaste. Cette solidarité s'oppose au type de solidarité dominant dans les sociétés dites « traditionnelles », que l'on appelle « **solidarité mécanique** ». En effet, **cette dernière repose sur le partage de croyances et de valeurs communes, c'est donc la ressemblance et les similitudes entre les individus qui cimentent les sociétés**. Notons enfin que si la solidarité organique domine dans les sociétés modernes, pour autant, des liens de solidarité mécanique demeurent. ▸ **Schéma 1**

NOTIONS

Liens sociaux : ensemble des relations de protection (« compter sur ») et de reconnaissance (« compter pour ») qui permettent de relier les individus entre eux. Ces liens contribuent à l'intégration au sein de groupes sociaux comme la famille, l'école, le travail, les groupes de pairs, la citoyenneté, etc.

Groupe social : ensemble d'individus, unis par des liens durables plus ou moins intenses, qui se connaissent personnellement ou non, et qui partagent des activités ou des valeurs communes, un sentiment d'appartenance plus ou moins affirmé, et qui est reconnu comme un groupe par les autres.

Solidarité organique : lien social par différenciation qui crée de la complémentarité entre les membres d'un groupe social ou d'une société.

Individualisation : processus par lequel l'individu s'autonomise, dans ses façons de penser et de se comporter, des prescriptions de ses groupes d'appartenance.

Solidarité mécanique : lien social qui repose sur la ressemblance entre les membres d'un groupe social ou d'une société.

1 L'évolution des formes de solidarité

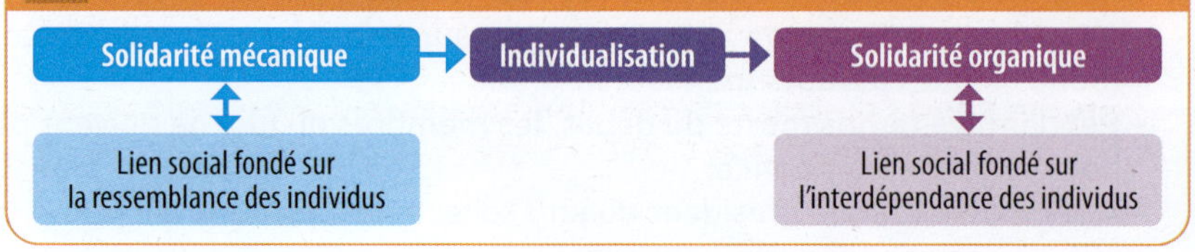

3 Quels sont les effets du numérique sur le lien social ?

Le développement rapide des **réseaux sociaux numériques**, associé à la diffusion planétaire des smartphones, rend désormais ces outils omniprésents dans la sociabilité de nombreux individus. Ces **sociabilités numériques** ne se développent pas que sur les réseaux en ligne, mais aussi par le biais des forums, blogs, mails, podcasts, etc. S'ils peuvent être perçus comme des liens sociaux concurrents des liens sociaux traditionnels, **les liens sociaux numériques sont cependant le plus souvent le reflet des liens sociaux amicaux, professionnels ou familiaux déjà existants.**

Là encore, **les liens sont interdépendants** : les individus qui utilisent le plus les réseaux sociaux numériques sont aussi fréquemment ceux qui sont les plus intégrés. Ainsi, **les sociabilités numériques contribuent à créer ou renforcer des liens de participation élective** (les liens avec les amis, proches ou « virtuels »), mais **nourrissent aussi les liens de filiation** (entre frères et sœurs par exemple), **de participation organique** (entre collègues) et **de participation citoyenne**.

Il faut cependant souligner que les usages du numérique sont différenciés socialement. Pour étudier ces différences, les sociologues utilisent l'outil des **PCS** (Professions et catégories socioprofessionnelles) qui classe la population en groupes de personnes partageant des caractéristiques sociales proches du fait de leur profession. Ainsi, le numérique n'a pas les mêmes conséquences pour tous : parce que tous les individus n'ont pas les mêmes usages ni les mêmes équipements, **l'essor des sociabilités numériques peut creuser les inégalités**, notamment dans l'accès aux services publics (lien de citoyenneté).

NOTIONS

Sociabilité : ensemble des interactions sociales qui relient un individu à d'autres individus.

PCS : la nomenclature des professions et catégories socioprofessionnelles (PCS) est un outil de classification statistique de la population à partir de la profession. Les regroupements effectués permettent de faire apparaître des catégories de personnes avec une certaine homogénéité sociale (pratiques sociales proches).

Précarité : situation d'instabilité et d'incertitude qui empêche les individus de se projeter dans l'avenir. La précarité peut être liée à la situation d'emploi (temps partiel, intérim, CDD, horaires variables...) ou à l'absence d'emploi, mais aussi au logement, à la pauvreté, etc.

Ségrégation : séparation, de droit ou de fait, d'un groupe social d'avec les autres.

4 Quelles sont les causes de l'affaiblissement ou de la rupture des liens sociaux ?

Différentes formes de précarité menacent les liens sociaux : les situations d'instabilité empêchent de se projeter dans l'avenir. Cette fragilisation peut trouver son origine dans une **séparation conjugale** (liens de filiation et de participation élective), ou une **perte d'emploi** (liens de participation organique mais aussi élective). Un **emploi instable avec des conditions de travail dégradées** peut lui aussi affaiblir les liens sociaux tissés dans l'univers professionnel.

Dès lors, **un processus de désaffiliation peut s'enclencher**. Les liens sociaux étant interdépendants, la fragilisation du lien de participation organique, par exemple, peut entraîner la fragilisation du lien de participation élective : le travail est dans les sociétés contemporaines un des principaux facteurs d'intégration sociale et de création de liens. ▶ Schéma 2

En outre, une situation de **ségrégation, c'est-à-dire de séparation, de droit ou de fait, d'un groupe social d'avec les autres** peut fragiliser le lien social de façon globale. La ségrégation, que ce soit dans le logement, à l'école, dans l'emploi, aboutit généralement à **l'intensification des liens à l'intérieur de chaque groupe, mais à la diminution des liens entre les groupes sociaux**. Cette diminution des liens entre groupes sociaux peut aboutir à des préjugés et de la discrimination, qui entretiennent la ségrégation.

2 La désaffiliation

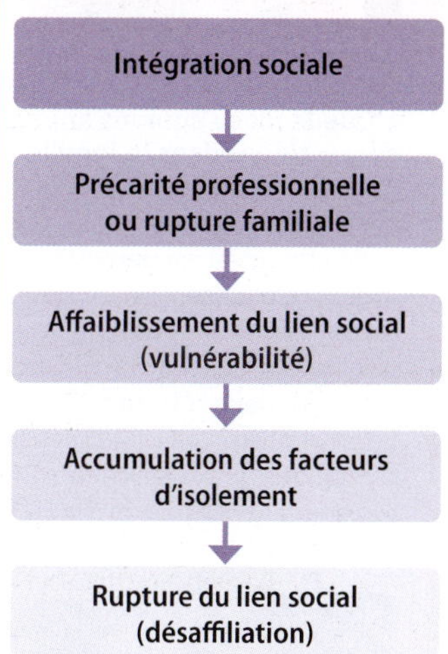

L'essentiel en schéma

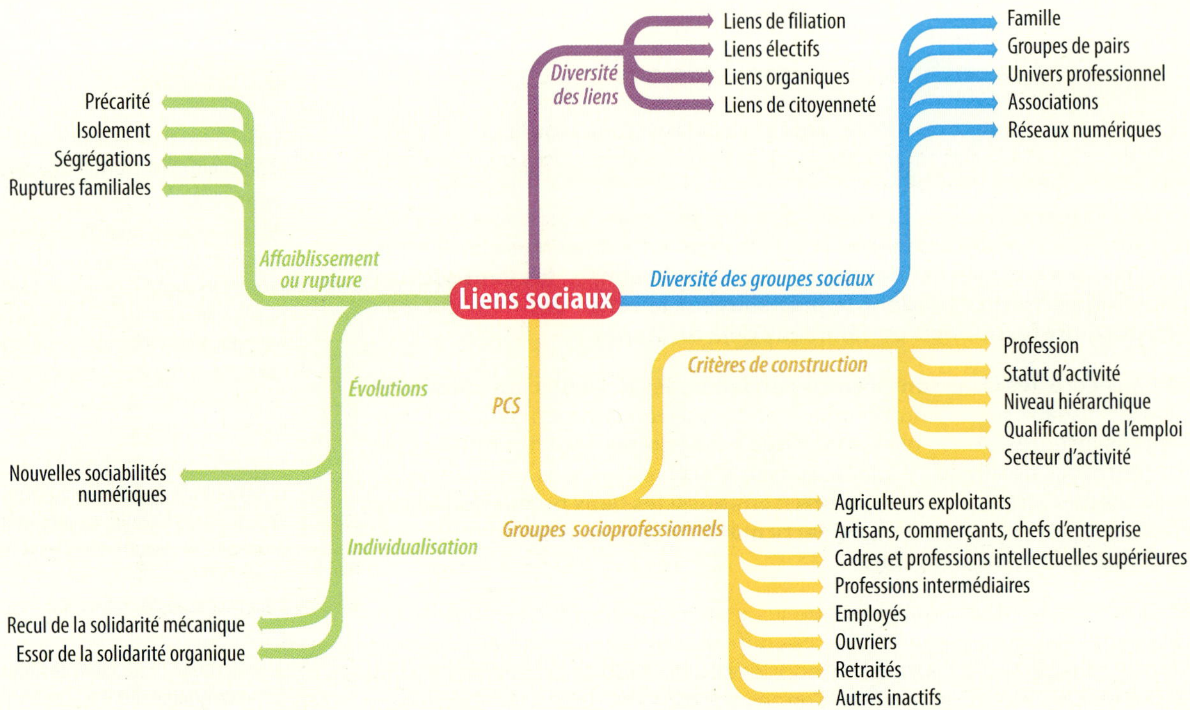

POUR ALLER PLUS LOIN

hachette-clic.fr/23ses1137

« Quelle place pour les animaux domestiques dans la famille ? », Avides de Recherche #34, 18 novembre 2019.

Les animaux aussi peuvent être la source d'un sentiment de reconnaissance et aider à desserrer l'isolement des individus. Quelle place leur faire dans l'étude du lien social ? La journaliste Léa Bello présente le travail des deux chercheurs Émilie Morand et François de Singly.

hachette-clic.fr/23ses1138

« Comment sommes-nous connectés ? », chaîne Fouloscopie, 19 mars 2020.

Comment une vidéo publiée sur Twitter par un vulgarisateur scientifique français peut-elle atterrir sur le compte d'un champion de boxe américain ? L'analyse des réseaux sociaux peut permettre de mieux comprendre la circulation des informations et la logique des connexions sur Internet.

hachette-clic.fr/23ses1139

« Les réseaux sociaux ne sont que le reflet de notre société », Brut, 7 juin 2018.

Le sociologue Dominique Cardon compare les modes de sociabilité hors et sur les réseaux sociaux. Il montre que, loin des caricatures sur des réseaux sociaux qui enfermeraient leurs utilisateurs, les comportements sur les réseaux sociaux sont très similaires aux comportements dans la vie réelle.

hachette-clic.fr/23ses1140

« Précarité des seniors, les femmes en première ligne », *France 3 Normandie*, 13 mai 2022.

À l'âge de la retraite, les femmes cumulent les facteurs de précarité : carrières hachées, charges familiales, etc. Ce reportage revient sur les ressources mobilisables par les femmes pour faire face à la précarité.

UTILISER LES STATISTIQUES

1 Les réseaux sociaux dans le monde

Objectif de savoir-faire *Calculer et interpréter une variation* ➔ **Fiche outil n° 2 p. 302**

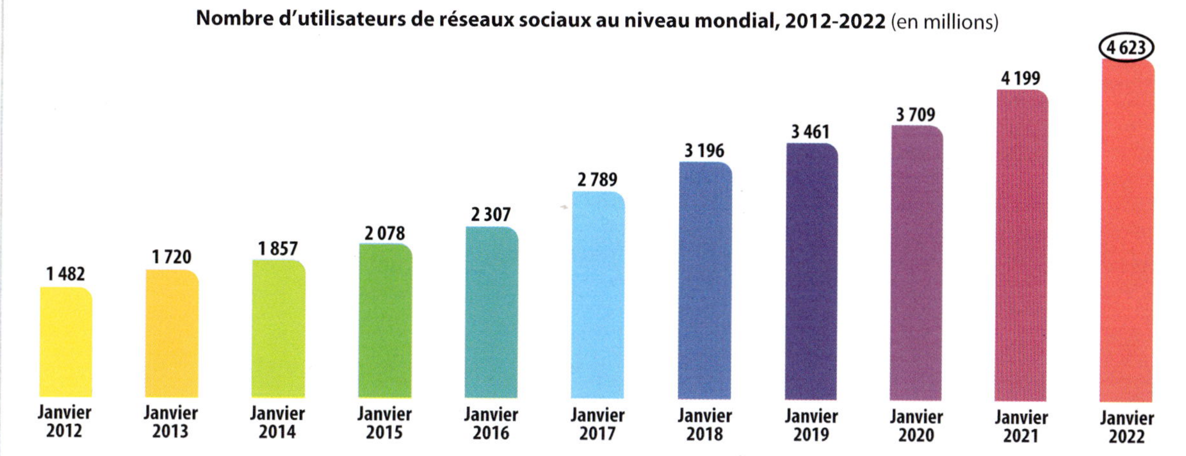

Source : D'après *Digital 2022 Global Overview Report*, janvier 2022.

1. Rédigez une phrase présentant la signification précise de la donnée entourée.
2. À l'aide d'un taux de variation, mesurez l'évolution du nombre d'utilisateurs de réseaux sociaux entre 2012 et 2017.
3. À l'aide d'un coefficient multiplicateur, mesurez l'évolution du nombre d'utilisateurs de réseaux sociaux entre 2017 et 2022.
4. À l'aide d'un calcul approprié, mesurez l'évolution du nombre d'utilisateurs de réseaux sociaux entre 2012 et 2022.

2 La prise d'appels téléphoniques selon l'âge

Objectif de savoir-faire *Lire et analyser un tableau statistique* ➔ **Fiche outil n° 6 p. 310**

En %	Filtre / Refuse systématiquement	Décroche systématiquement
15-29 ans	61,1	37,5
30-44 ans	66,0	33,1
45-59 ans	64,6	35,3
60-74 ans	61,6	38,2
75 ans ou plus	54,6	45,0
Ensemble	**62,5**	**36,9**

Champ : France hors Mayotte, personnes de 15 ans ou plus vivant en logement ordinaire.

Source : INSEE, enquête sur les TIC (Technologies de l'information et de la communication) auprès des ménages, 2021.

1. Parmi les affirmations suivantes, lesquelles sont correctes ? Corrigez celles qui sont erronées.
   a) En 2021, les personnes âgées de 30 à 44 ans qui filtraient ou refusaient systématiquement les appels téléphoniques étaient 66 %.
   b) En 2021, 45 % des personnes qui décrochaient systématiquement leur téléphone avaient 75 ans ou plus.
   c) En 2021, 37,5 % des 15-29 ans décrochaient systématiquement leur téléphone.
   d) En 2021, 62,5 % des personnes de plus de 15 ans filtraient ou refusaient systématiquement les appels téléphoniques.
2. Rédigez une phrase présentant la signification précise des données entourées.
3. Indiquez si les affirmations suivantes sont correctes, et justifiez en utilisant les données du document.
   a) Le refus systématique des appels téléphoniques augmente avec l'âge.
   b) Les 15-29 ans ont un comportement différent des autres tranches d'âge vis-à-vis des appels téléphoniques.
   c) Il est plus fréquent de filtrer ses appels téléphoniques que de décrocher.

TESTEZ VOS CONNAISSANCES !

Version interactive
hachette-clic.fr/23ses1141

CORRIGÉS P. 338

1 La diversité des liens sociaux

Reliez les éléments correspondants entre eux. Plusieurs choix sont possibles !

Exemples	Types de lien	Protection ou reconnaissance ?
1. Sabrina vient d'être licenciée. Parce qu'elle a cotisé auparavant, elle bénéficie des allocations chômage. •	• Lien de filiation •	
2. Iskander a été décoré chevalier de la Légion d'honneur pour services rendus à la Nation. •	• Lien électif •	• Protection
3. Julia et Fatoumata se marient et se promettent fidélité et soutien. •	• Lien organique •	• Reconnaissance
4. La loi impose aux enfants majeurs d'aider leurs parents dans le besoin. •	• Lien de citoyenneté •	

2 Solidarité mécanique et solidarité organique

Classez les éléments de définition suivants dans le tableau selon qu'ils renvoient à la solidarité mécanique ou à la solidarité organique.

1. Est majoritaire aujourd'hui.
2. Est fondée sur le partage de croyances et de valeurs communes.
3. Repose sur la complémentarité des individus.
4. N'a pas complètement disparu aujourd'hui.
5. Fait primer le groupe sur l'individu.
6. Fait primer l'individu sur le groupe.
7. Repose sur la ressemblance entre les individus.
8. Est liée à l'essor de la division du travail social.

La solidarité mécanique	La solidarité organique

3 Les sociabilités numériques

Vrai ou faux ? Lorsque c'est faux, justifiez.

	Vrai	Faux
1. Les réseaux sociaux ne créent pas de liens qui se traduisent par des contacts en face-à-face.	☐	☐
2. Les sociabilités numériques diffèrent selon les milieux sociaux.	☐	☐
3. Les personnes avec le plus de sociabilité en ligne sont souvent aussi les personnes avec le plus de sociabilité en face-à-face.	☐	☐
4. Le numérique ne permet de développer que les liens électifs.	☐	☐
5. Généralement, le numérique renforce les liens déjà forts.	☐	☐

4 Les PCS

1. Complétez le schéma de la nomenclature des PCS avec les éléments suivants (il y a deux intrus) :
Niveau de qualification de l'emploi • Secteur d'activité • Revenu • Statut d'emploi • Niveau de diplôme • Emploi manuel ou de service.

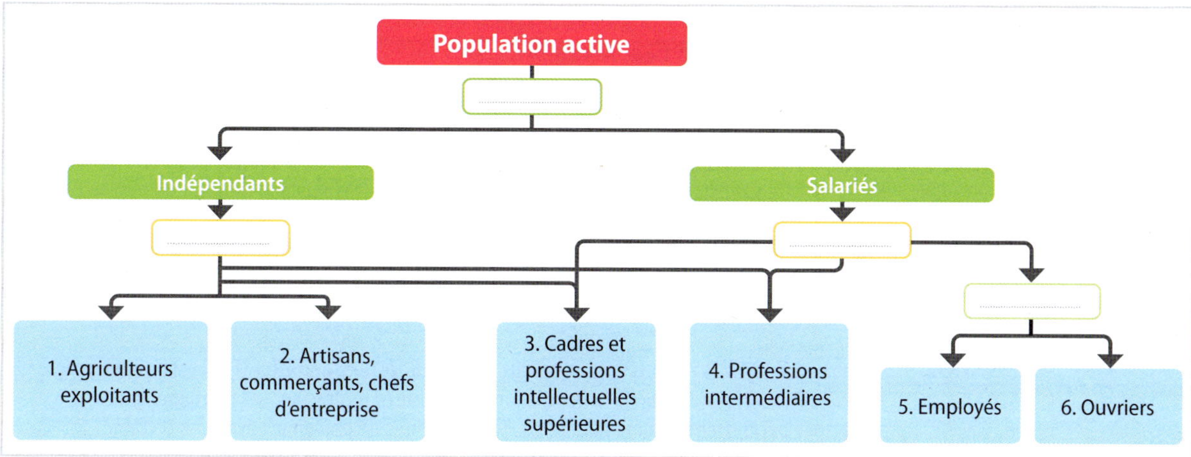

2. Placez chacun des individus suivants dans la PCS appropriée en lui attribuant le numéro correspondant :

a) Hakim, maraîcher.
b) Sonia, secrétaire médicale.
c) Tristan, préparateur de commande dans un entrepôt.
d) Leïla, institutrice en école maternelle.
e) Sacha, artisan souffleur de verre à son compte.
f) Aminata, enseignante chercheuse en sociologie.

5 L'affaiblissement des liens sociaux

Complétez le texte avec les mots suivants :
ségrégation • précarité de l'emploi • rupture familiale • accumulation • isolement • désaffiliation.

Les facteurs d'..................... des individus sont nombreux : ...., séparation, perte d'emploi, etc. Le principal facteur d'affaiblissement des liens sociaux reste la ...., laquelle entraîne une instabilité qui empêche les individus ou les groupes de se projeter dans l'avenir. C'est l'..................... de ces différents facteurs qui peut mener à la rupture des liens sociaux. C'est ce qu'on appelle le processus de .... L'affaiblissement du lien social ne concerne pas uniquement des individus, il peut également s'affaiblir à l'échelle globale, entre les groupes sociaux. C'est ce que l'on retrouve avec les phénomènes de ...., où les groupes sociaux se retrouvent séparés de fait ou en droit.

6 Le processus d'individualisation

Sélectionnez les situations résultant du processus d'individualisation.

1. Les offices religieux sont de moins en moins fréquentés par les personnes croyantes.
2. Les incivilités augmentent dans l'espace public.
3. Le choix du conjoint ou de la conjointe dépend des sentiments et du consentement de chacun.
4. Le choix du conjoint ou de la conjointe peut faire l'objet de pressions familiales.
5. L'avis des enfants est de plus en plus sollicité par les parents pour les décisions les concernant.
6. Les jeunes quittent le domicile parental de plus en plus tardivement.

OBJECTIF BAC Épreuve composée

PARTIE 1 MOBILISATION DES CONNAISSANCES 4 PTS

Présentez deux critères de construction des PCS.

Guidage méthodologique

Fiche Bac n° 1 p. 328 *L'épreuve composée*

- **Analyser le sujet**

Présentez : indiquez les principales caractéristiques ; un exemple est attendu.

Critères de construction : éléments selon lesquels les individus sont classés dans les PCS. Il y en a quatre : le statut d'emploi, le secteur d'activité, le niveau de qualification, et le caractère manuel ou de service de l'activité.

Présentez deux critères de construction des PCS.

La nomenclature des **Professions et catégories socioprofessionnelles (PCS)** est un outil de classification statistique de la population à partir de la profession. Les regroupements effectués permettent de faire apparaître des catégories de personnes avec une certaine homogénéité sociale (pratiques sociales proches).

- Au brouillon, listez les notions et mécanismes du programme qui doivent être mobilisés pour bien expliciter votre réponse.
- Rédigez votre réponse en utilisant les trois étapes « Affirmer, Expliciter, Illustrer » et en utilisant toutes les notions et les mécanismes pertinents du programme.

Fiche méthode n° 1 p. 318 *Construire une argumentation*

Corrigé hachette-clic.fr/23ses1142

PARTIE 2 ÉTUDE D'UN DOCUMENT 6 PTS

Usage d'Internet pour les relations sociales selon l'âge, en 2021

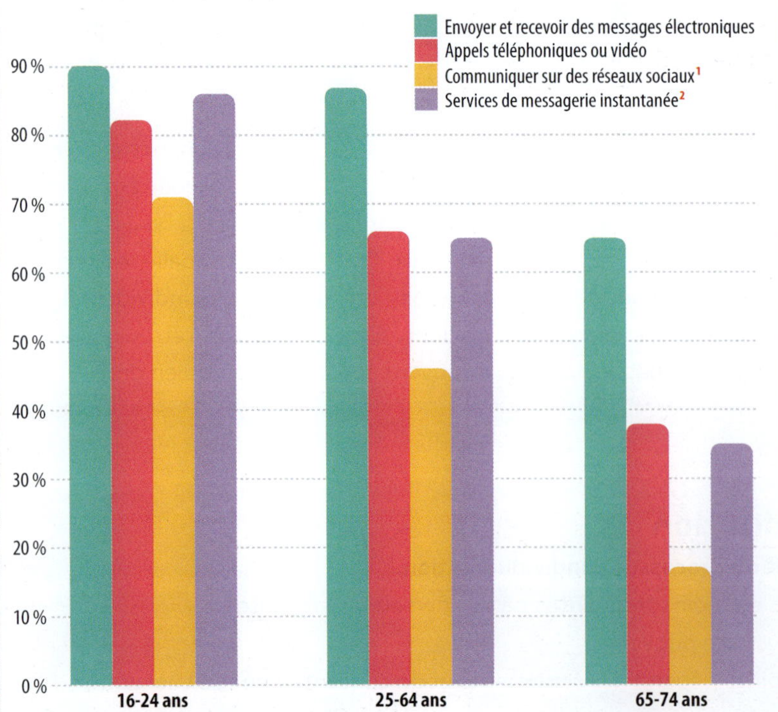

1. Créer un profil d'utilisateur, envoyer des messages ou intervenir sur un ou plusieurs réseaux sociaux.
2. Échange de messages, par exemple via Skype, Messenger, WhatsApp, Viber.

Champ : France, ensemble des particuliers. Source : Eurostat, février 2022.

QUESTIONS

1. À l'aide des données du document, comparez les usages d'Internet pour les relations sociales des 16-24 ans et des 25-64 ans.
2. À l'aide du document et de vos connaissances, montrez que les sociabilités numériques maintiennent les inégalités de sociabilité.

Corrigé hachette-clic.fr/23ses1143

PARTIE 3 RAISONNEMENT S'APPUYANT SUR UN DOSSIER DOCUMENTAIRE 10 PTS

SUJET À l'aide de vos connaissances et du dossier documentaire, vous montrerez comment différents facteurs exposent les individus à l'affaiblissement ou à la rupture des liens sociaux.

Guide méthodologique
hachette-clic.fr/23ses1144

DOC 1 Répartition des élèves selon l'origine sociale à la rentrée 2021

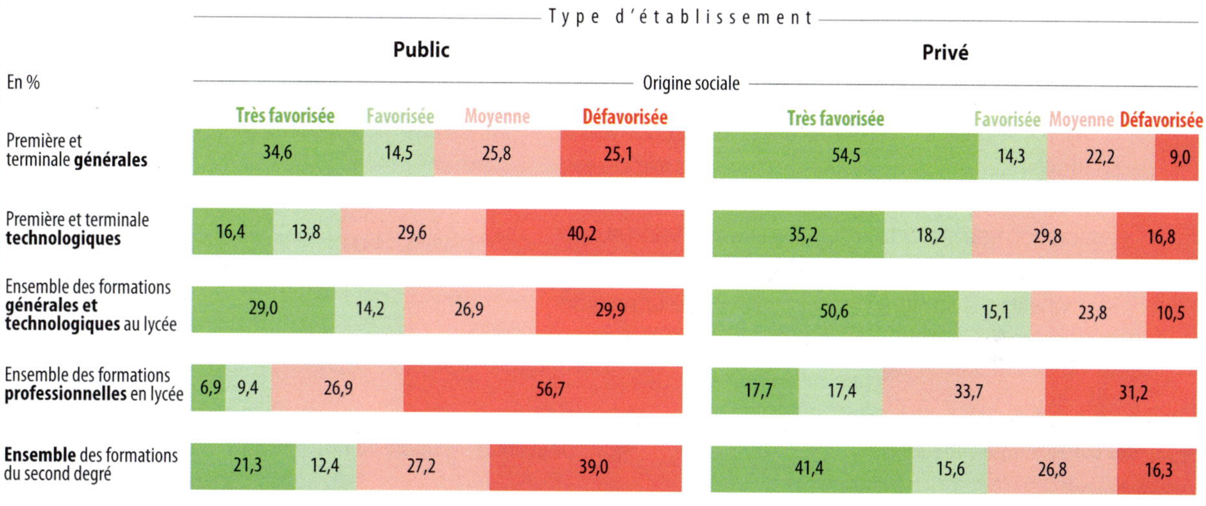

Champ : France métropolitaine + départements et régions d'outre-mer, établissements publics et privés sous contrat.

Source : *Références et repères statistiques 2022*, Direction de l'évaluation, de la prospective et de la performance, Ministère de l'Éducation nationale.

DOC 2

C'est le fonctionnement actuel du marché du travail qui contribue à appauvrir toute une partie de la population et qui fait peser sur tous les salariés une menace potentielle. On peut reprendre ici les développements de Robert Castel sur le chômage, mais aussi la multiplication des situations intermédiaires entre emploi et chômage (activité réduite, intérim). En dépit, en France, de l'existence du salaire minimum, censé offrir des garanties contre le risque de paupérisation[1] des salariés, l'existence de temps partiels contraints contribue aux processus de fragilisation. Du point de vue des populations, la difficulté de se ménager une place stable dans la division du travail se combine avec un décrochage des modes reconnus d'appartenance communautaire (famille, voisinage, groupe de travail, notamment). Les processus de précarisation sont donc situés à l'articulation du rapport au travail et de l'insertion relationnelle, suivant un schéma représentant l'intégration sociale comme un espace construit autour de ces deux axes, qui délimite quatre zones : d'intégration, de vulnérabilité, de désaffiliation et d'assistance. La zone d'intégration est définie par les garanties d'un travail permanent et la solidité des supports relationnels. La zone de vulnérabilité est marquée par la précarité du travail et la fragilité relationnelle. La zone de désaffiliation est définie par l'absence de travail et l'isolement social.

Maryse Bresson, *Sociologie de la précarité*, coll. « Cursus », Armand Colin, 2020.

1. Appauvrissement.

DOC 3 Taux de pauvreté[1] par configuration familiale en 2019 (en %)

Configuration familiale	Taux de pauvreté
La personne de référence du ménage a moins de 65 ans	**16,0**
Personnes seules	20,6
Familles monoparentales	32,8
Couples sans enfant	7,2
Couples avec enfant(s)	12,8
La personne de référence du ménage a 65 ans ou plus	**9,6**
Personnes seules	15,9
Couples	6,4
Ensemble	**14,6**

1. Le taux de pauvreté est la proportion de personnes dont le revenu est inférieur à 60 % du revenu médian de la population française.

Champ : France métropolitaine, hors étudiants.

Source : INSEE, enquête Revenus fiscaux et sociaux 2019, 10 novembre 2021.

OBJECTIF BAC Dissertation

SUJET

Comment évoluent les liens sociaux aujourd'hui en France ?

DOC 1

Le journaliste Marc Bonomelli s'intéresse aux différentes formes de spiritualité ayant émergé ces dernières années, surfant sur la sécularisation[1] et l'individualisme de nos sociétés contemporaines. [...]

Les « nouveaux spirituels » auxquels vous vous intéressez mettent un point d'honneur à se différencier des religions traditionnelles. Pourquoi ?

M. B. : À travers le refus des dogmes, ces nouveaux spirituels rejettent toute institution qui nous imposerait ce que l'on devrait croire plutôt que de faire notre propre exploration et vivre notre propre expérience. Selon eux, la spiritualité serait quelque chose de pur, dans l'ouverture, la connexion à soi et à l'univers, alors que la religion représenterait la rigidité, la fermeture et la violence. C'est une idée très partagée, véhiculée notamment sur les réseaux sociaux au sein de cette mouvance. [...]

Peut-on mesurer le nombre d'adeptes de ces nouvelles spiritualités ?

M. B. : Le phénomène est très difficile à quantifier car n'importe qui peut être plus ou moins concerné par au moins une pratique « spirituelle ». Comme il n'y a pas d'institution, il est difficile d'avoir un recensement précis... Mais la tendance semble fortement à la hausse.

D'après « Les nouveaux spirituels rejettent toute institution qui nous imposerait ce que l'on devrait croire », propos recueillis par Matthieu Stricot, *Le Monde*, 15 janvier 2023.

1. Perte d'influence sociale de la religion.

DOC 2 Participer à des sites de réseaux sociaux au cours des douze derniers mois (en %)

		Oui	Non
Sexe	Homme	65	35
	Femme	68	32
Âge	12-17 ans	70	30
	18-24 ans	84	16
	25-39 ans	82	18
	40-59 ans	72	28
	60-69 ans	58	42
	70 ans et plus	38	62
Diplôme	Pas de diplôme	44	56
	BEPC (brevet)	63	37
	Bac	73	27
	Diplômé du supérieur	75	25
Profession, catégorie sociale	Agriculteur exploitant, artisan, chef d'entreprise	79	21
	Cadre, profession intellectuelle supérieure	81	19
	Profession intermédiaire	73	27
	Employé	77	23
	Ouvrier	70	30
	Personne au foyer	63	37
	Retraité	44	56
	Autre inactif	80	20

Champ : ensemble de la population de 12 ans et plus, en %.
Source : CREDOC, *Baromètre du numérique*, édition 2021.

DOC 3 Part des personnes concernées par les difficultés de logement (logement insalubre ou trop petit) (en %)

	Au moins une année en 2014 ou en 2017	En 2014 et en 2017 (durables)
Type de ménage		
Personne seule	26	8
Couple sans enfant	18	5
Couple avec enfant(s)	29	10
Famille monoparentale	50	24
Âge de la personne de référence		
Moins de 40 ans	36	12
De 40 à 49 ans	32	14
50 ans ou plus	21	7
Niveau de vie du ménage		
Ménage modeste	45	20
Ménage aisé	16	6
Type d'unité urbaine		
Commune rurale	22	7
Unité urbaine de moins de 100 000 habitants	29	9
Unité urbaine de 100 000 habitants ou plus	28	10
Unité urbaine de Paris	34	14
Ensemble	**28**	**10**

Champ : France métropolitaine
Source : INSEE, enquête Statistiques sur les ressources et conditions de vie (SRCV).

DOC 4 Évolution de la part d'individus isolés dans la population française (en %)

Note : une personne est dite isolée quand elle n'a de contacts en face-à-face, que quelques fois dans l'année ou moins, avec sa famille, ses amis, ses voisins, ses collègues ou des contacts associatifs.

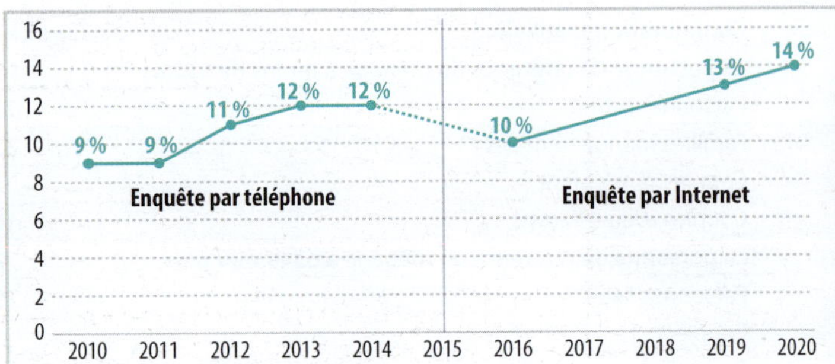

Champ : France, personnes âgées de 18 ans et plus (2010-2014), ou 15 ans et plus (2016-2020).
Sources : Institut TMO Régions (2010-2014) ; Crédoc (2016-2020), enquêtes Conditions de vie et aspirations.

GUIDAGE MÉTHODOLOGIQUE

Guide méthodologique complet
hachette-clic.fr/23ses1145

Fiche Bac n° 2 p. 332 *La dissertation*

ÉTAPE 3 Étudier le dossier documentaire : extraire les informations en lien avec le sujet

N'hésitez pas à annoter les documents directement sur le sujet.

- **Pour bien utiliser le dossier documentaire**, il est nécessaire de compléter les connaissances de cours avec les informations contenues dans les documents. Mais attention, il ne faut pas relever toutes les informations, seulement celles **en lien avec le sujet**. Au brouillon, nous vous conseillons de trier les informations dans un tableau sur le modèle suivant :

	Informations en lien avec le sujet (données statistiques, citations) *Ces informations pourront vous servir à affirmer, expliciter ou illustrer.*	**Prolongements avec le cours ou lien entre les documents**
Document 1		
Document 2		
Document 3		
Document 4		

- **Complétez le tableau** à l'aide des documents du sujet de dissertation p. 180.

ÉTAPE 4 Construire son plan détaillé

- **Le plan détaillé consiste à organiser au brouillon les arguments** permettant de « traiter le sujet, tout le sujet, rien que le sujet ». Il faut partir de son questionnement du sujet, des connaissances de cours et des informations extraites des documents. Il s'agit de **rédiger des affirmations** suffisamment précises pour expliciter le contenu de chaque partie, sous-partie ou paragraphe.
- **Les titres des parties** doivent être formulés en reprenant les mots clés du sujet. Il ne faut pas hésiter à déplacer, ajouter/enlever des paragraphes, reformuler ses titres, les inverser, etc., afin d'équilibrer les parties.
- **Une fois que vous pensez votre plan terminé**, reprenez le sujet et vérifiez que **chaque titre** répond au sujet et que vos titres traitent **tout le sujet**.

Plan à 2 niveaux	Plan à 2 niveaux	Plan à 3 niveaux
I) Titre • §1 Affirmation • §2 Affirmation • §3 Affirmation **II) Titre** • §4 Affirmation • §5 Affirmation • §6 Affirmation	**I) Titre** • §1 Affirmation • §2 Affirmation **II) Titre** • §3 Affirmation • §4 Affirmation **III) Titre** • §5 Affirmation • §6 Affirmation	**I) Titre** A) Sous-titre • §1 Affirmation • §2 Affirmation B) Sous-titre • §3 Affirmation • §4 Affirmation **II) Titre** A) Sous-titre • §5 Affirmation • §6 Affirmation B) Sous-titre • §7 Affirmation • §8 Affirmation

APPLICATION

Voici trois plans proposés pour le sujet de dissertation.
Choisissez le meilleur plan, écartez les deux autres en justifiant.

Plan 1 : ☐ Accepté ☐ Rejeté	**Plan 2** : ☐ Accepté ☐ Rejeté	**Plan 3** : ☐ Accepté ☐ Rejeté
I) Des liens sociaux diversifiés. • §1 Des liens sociaux autour de la famille. • §2 Des liens sociaux autour des amis. **II) Des liens sociaux qui se transforment.** • §3 L'individualisation conduit à une transformation des liens sociaux. • §4 L'effet des sociabilités numériques sur les liens sociaux. **III) La rupture des liens sociaux.** • §5 Causée par la précarité. • §6 Causée par la ségrégation.	**I) L'individualisation transforme les liens sociaux.** • §1 L'individualisation entraîne le déclin de la solidarité mécanique. • §2 Ce qui conduit à l'émergence de la solidarité organique. **II) Les sociabilités numériques ont des effets ambivalents sur les liens sociaux.** • §3 Le numérique contribue à renforcer les liens électifs et familiaux. • §4 Des pratiques numériques qui demeurent inégales. **III) Les liens sociaux peuvent être fragilisés.** • §5 Des causes de fragilité multiples. • §6 Qui peuvent conduire à la désaffiliation.	**I) La transformation des liens sociaux.** • §1 La solidarité mécanique. • §2 La solidarité organique. • §3 Les sociabilités numériques. **II) La fragilisation des liens sociaux.** • §4 La précarité de l'emploi. • §5 Les fragilités familiales. • §6 La désaffiliation.

8 Quels sont les processus sociaux qui contribuent à la déviance ?

NOTIONS À DÉCOUVRIR

- Normes sociales
- Normes juridiques
- Contrôle social
- Déviance
- Stigmatisation
- Étiquetage
- Carrière déviante
- Délinquance

NOTIONS DE 2de

- Valeurs
- Normes
- Socialisation
- Groupe de pairs

DÉCOUVRIR PAR L'IMAGE

Les « superhéros » se multiplient aux États-Unis.
Une communauté de quelques centaines de superhéros masqués patrouillent dans les rues américaines, intervenant pour régler les incidents entre les personnes et « combattre la criminalité » dans leur ville. Ici, à San Diego (Californie).

- Pourquoi ces individus s'habillent-ils en superhéros ?

DÉCOUVRIR PAR LA VIDÉO

« Avec le "crédit social", la Chine classe les "bons" et les "mauvais" citoyens », France 24, 1er mai 2019.
▶ Durée 4:39

1. Comment fonctionne ce dispositif de « crédit social » en Chine ?
2. Proposez un argument favorable et un argument défavorable à l'instauration d'un tel dispositif en France.

Vidéo
hachette-clic.fr/23ses1146

DÉCOUVRIR EN DONNANT SON AVIS

• Êtes-vous d'accord, pas d'accord ou sans opinion avec les affirmations suivantes ?

1. Les normes sociales sont de moins en moins contraignantes en France.
2. La surveillance des individus s'intensifie avec le développement des nouvelles technologies.
3. Se tatouer est devenu banal en France, quel que soit le milieu social ou l'âge.
4. Au collège, avoir des bonnes notes ou des bonnes appréciations, c'est se couper des autres.
5. Il faut interdire certaines tenues aux élèves à l'école.
6. En France, pour lutter contre l'alcoolisme, il faudrait interdire la consommation d'alcool dans l'espace public.
7. Pour faire baisser les statistiques de la délinquance en France, il faudrait qu'il y ait davantage de policiers.
8. La délinquance est principalement le fait des hommes.
9. Les personnes fortunées enfreignent moins la loi que les pauvres.

Vous pouvez reporter vos réponses dans la grille à télécharger. **Grille** hachette-clic.fr/23ses1147

Pour visualiser les réponses de la classe, utilisez le **Q-Sort interactif** hachette-clic.fr/23ses1148

DOSSIER 1 Comment s'exerce le contrôle social ?

OBJECTIF Comprendre la distinction entre **normes sociales** et **normes juridiques**, et connaître la diversité des formes de **contrôle social**.

DOC 1 POUR COMMENCER

Les « violences éducatives ordinaires », entre norme et transgression

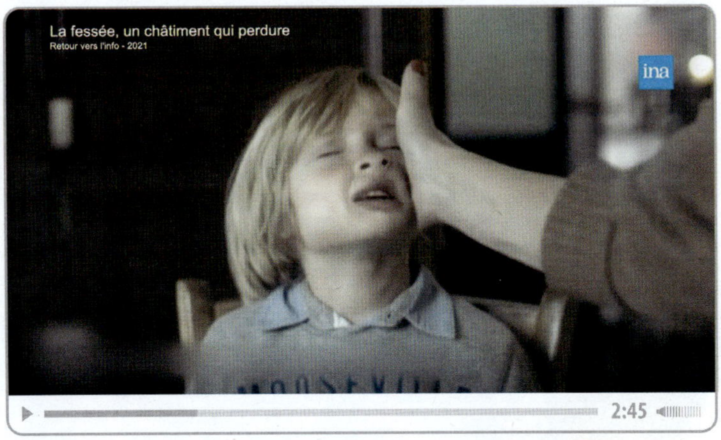

« La fessée, un châtiment qui perdure », INA, 13 juillet 2021.

Vidéo
hachette-clic.fr/23ses1149

NE PAS CONFONDRE

Normes juridiques et normes sociales
Une **norme** est une règle que les individus doivent respecter dans une société ou un groupe donné (ce qu'il faut faire ou ne pas faire). La norme peut être **juridique** si elle est inscrite dans le droit (loi, code de la route, règlement intérieur d'un lycée, etc.), ou **sociale** si elle est non écrite et tacitement acceptée par de nombreux individus.

1. Pourquoi certains parents recourent-ils à des « violences éducatives ordinaires » ?
2. Montrez que donner une fessée était une norme sociale en France dans les années 1970.
3. Aujourd'hui, donner une fessée à son enfant, est-ce une norme ou la transgression d'une norme ?

2 EXERCICE La diversité des formes de contrôle social

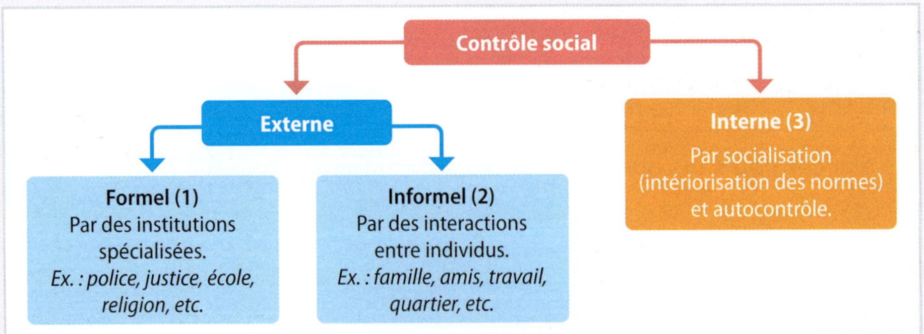

DÉFINITION

Contrôle social
Ensemble des actions qui visent à ce que les individus se conforment aux normes sociales et juridiques.

• À quelle forme de contrôle social correspondent les situations suivantes ?

1. Camille est réprimandé par un surveillant après avoir doublé des camarades dans la file d'attente de la cantine.
2. Florian est mis à l'écart par ses amis parce qu'il ne sait pas garder un secret.
3. Tiago paie et valide toujours son titre de transport en commun.
4. Nadia écope d'un carton rouge pour un mauvais tacle sur Karine lors d'un match de foot.
5. Chloé se voit confisquer son téléphone après 20 h par ses parents car elle regarde trop de vidéos.
6. Ambre est convoquée en conseil de discipline pour insolence envers un enseignant.
7. Noé est verbalisé par la police parce qu'il a utilisé son téléphone au volant.

DOC 3 Le contrôle social conduit à intérioriser les normes

Toute éducation consiste dans un effort continu pour imposer à l'enfant des manières de voir, de sentir et d'agir auxquelles il ne serait pas spontanément arrivé. Dès les premiers temps de sa vie, nous le contraignons à manger, à boire, à dormir à des heures régulières, nous le contraignons à la propreté, au calme, à l'obéissance ; plus tard, nous le contraignons pour qu'il apprenne à tenir compte d'autrui, à respecter les usages, les convenances, nous le contraignons au travail, etc. Si, avec le temps, cette contrainte cesse d'être sentie, c'est qu'elle donne peu à peu naissance à des habitudes, à des tendances internes qui la rendent inutile […]. Cette pression de tous les instants que subit l'enfant, c'est la pression même du milieu social qui tend à le façonner à son image et dont les parents et les maîtres ne sont que les représentants et les intermédiaires.

Émile Durkheim [sociologue], *Les règles de la méthode sociologique*, 1895.

REPÈRE

Émile Durkheim (1858-1917)

Considéré comme l'un des fondateurs de la sociologie, il définit les méthodes employées pour étudier les faits sociaux, des faits extérieurs à l'individu et qui exercent une contrainte sur lui, comme les normes sociales.

1. Le contrôle social représenté par la photographie est-il externe ou interne ?
2. Expliquez la phrase soulignée.
3. Cherchez d'autres exemples de normes qui sont intériorisées par les individus.

DOC 4 Le contrôle social dans l'univers du manga

On le voit à l'assignation aux uns et aux autres des *shonens* et des *shojos*, apprendre son genre, quand on est un garçon, passe par le fait d'adhérer aux principes de la masculinité, incarnés ici par la violence, mais également par le fait de se démarquer des pratiques de l'autre sexe. Ainsi, la réaction est très vive quand on émet l'hypothèse qu'ils aient pu lire des mangas « pour filles ». Si un garçon se doit de lire des mangas de garçons, surtout, il se doit de dédaigner les mangas pour filles, notamment devant ses copains. Comme le dit Octave (17 ans, Terminale) : « Je vois pas de garçon faire : Ohhh, c'est trop triste !!! Si j'en vois un qui commence à faire ça, oui, c'est sûr, je me moquerai volontiers de lui ». Hacine (15 ans, 3e) l'a appris à ses dépens, lui qui pour avoir essayé de défendre *Fruits Basket*, dont il avait lu et apprécié les cinq premiers tomes, a essuyé les moqueries de ses copains, sous prétexte que c'est un « truc de femmes » […].

Christine Détrez [sociologue], « Des *shonens* pour les garçons, des *shojos* pour les filles ? Apprendre son genre en lisant des mangas », *Réseaux*, 2011, n° 168-169.

REPÈRE

Les mangas au prisme du genre

Au Japon, le public auquel s'adressent les mangas est segmenté, à la fois en termes de sexe et d'âge. Les *shojos* sont par exemple considérés comme des mangas pour adolescentes et les *shonens* pour adolescents. Cette segmentation est largement importée en France.

1. Selon vous, qu'est-ce qui distingue les mangas « pour filles » des mangas « pour garçons » ?
2. Pourquoi les garçons lisent-ils rarement les *shojos* ?
3. Montrez que le rire et les moqueries ont une fonction de contrôle social.

S'entraîner

1 S'autoévaluer CORRIGÉS P. 338

Complétez le texte avec les mots suivants : externe • interne • juridiques • socialisation • formel • sociales • contrôle social • informel.

Les normes peuvent être .... (droit) ou .... (tacites). Le respect des normes s'exerce par des actions qui constituent le .... Lorsque les normes sont intériorisées par les individus au cours de la ...., il s'agit de contrôle social .... Le contrôle social ...., au contraire, est réalisé par des institutions spécialisées (contrôle social ....), ou lors des interactions avec d'autres individus (contrôle social ....).

2 Raisonnement s'appuyant sur un dossier documentaire BAC

À l'aide de vos connaissances et des documents 2, 3 et 4, vous montrerez la diversité des formes du contrôle social.

DOSSIER 2 Comment expliquer les processus de déviance ?

OBJECTIFS

- Comprendre que la **déviance** et/ou la désignation d'un acte comme déviant se définissent comme une transgression des normes et qu'elles revêtent des formes variées selon les sociétés et, en leur sein, selon les groupes sociaux.
- Comprendre que la déviance peut s'analyser comme le produit de différents processus sociaux (étiquetage, **stigmatisation**, **carrières déviantes**).

DOC 1 POUR COMMENCER
Dire « wesh » : une déviance ?

« Je dis donc je suis », France Télévisions, 19 février 2019.
▶ Durée 2:59

Vidéo hachette-clic.fr/23ses1150

1. Pourquoi la lycéenne dans la vidéo pense-t-elle qu'elle « parle mal » parfois ?
2. Dans quels contextes dire « wesh » passe-t-il pour une déviance ? Pourquoi ?

DÉFINITION

Déviance
Comportement qui transgresse des normes sociales ou juridiques, ou qui est perçu comme tel.

DOC 2 Un processus de stigmatisation au cœur des interactions sociales

Lorsqu'un inconnu se présente à nous, ses premières apparitions ont toutes chances de nous mettre en mesure de prévoir la catégorie à laquelle il appartient et les attributs qu'il possède, son « identité sociale », pour employer un terme meilleur que celui de « statut social », car il s'y inclut des attributs personnels tel que l'« honnêteté », tout autant que des attributs structuraux comme la « profession ».

Nous appuyant alors sur ces anticipations, nous les transformons en attentes normatives, en exigences présentées à bon droit. [...] Tout le temps que l'inconnu est en notre présence, des signes peuvent se manifester montrant qu'il possède un attribut qui le rend différent des autres membres de la catégorie de personnes qui lui est ouverte, et aussi moins attrayant [...]. Un tel attribut constitue un stigmate [...] ; parfois aussi on parle de faiblesse, de déficit ou de handicap.

Erving Goffman [sociologue], *Stigmate. Les usages sociaux des handicaps* traduit de l'anglais par Alain Kihm © Minuit, 1975.

Campagne du Secours Populaire affichée dans le métro parisien en 2019.

1. Comment le sociologue Erving Goffman définit-il le concept de « stigmate » ?
2. Quel stigmate porte la petite fille sur l'affiche ?
3. Quelles seraient les « anticipations » puis les « attentes normatives » qui pourraient être associées à ce stigmate ?

3 EXERCICE L'étiquetage comme mécanisme central dans la déviance

Les groupes sociaux créent la déviance en instituant des normes dont la transgression constitue la déviance, en appliquant ces normes à certains individus et en les étiquetant comme des déviants. De ce point de vue, la déviance n'est pas une qualité de l'acte commis par une personne, mais plutôt une conséquence de l'application, par les autres, de normes et de sanctions à un « transgresseur ». Le déviant est celui auquel cette étiquette a été appliquée avec succès et le comportement déviant est celui auquel la collectivité attache cette étiquette.

Howard Becker [sociologue], *Outsiders. Études de sociologie de la déviance* [1963], Éditions Métailié, 1985.

1. D'après Howard Becker, suffit-il qu'un individu transgresse une norme pour être caractérisé comme déviant ? Justifiez.
2. Illustrez les quatre situations du tableau par un exemple plausible.

	Obéissant à la norme	**Transgressant la norme**
Perçu comme déviant	Accusé à tort Exemple :	Pleinement déviant Exemple :
Non perçu comme déviant	Conforme Exemple :	Secrètement déviant Exemple :

Tableau hachette-clic.fr/23ses1151

3. Pourquoi Howard Becker parle-t-il d'« étiquetage » pour expliquer la déviance ?

DOC 4 L'anorexie comme déviance

Pour le sociologue, l'anorexie constitue une déviance bien particulière. […] Elle débute non par la transgression mais par la soumission à un certain nombre de normes corporelles, diététiques, parfois scolaires ou culturelles, donc par des actes socialement souhaitables, légitimes, et non désapprouvés. C'est ensuite le maintien de l'engagement dans la déviance (et non l'engagement lui-même) qui va « faire » déviance, c'est-à-dire entraîner des réactions de désapprobation sociale et constituer des infractions à un certain nombre de normes, comme celle du poids normal par exemple, sachant que le moment où le poids « fait » infraction est lui-même variable et peut dépendre des normes locales de poids dans la famille, de normes locales professionnelles (en danse ou en gymnastique par exemple) ou encore du passé corporel des enquêtées. La première phase de la carrière anorexique n'est donc déviante que rétrospectivement, parce qu'elle a été suivie d'une deuxième phase, et qu'elle a été alors recodée comme telle […] sous égide hospitalière. […] La carrière anorexique est ainsi une carrière déviante parce qu'elle est étiquetée comme telle.

Muriel Darmon [sociologue], « Déviances corporelles et classes sociales », dans *Normes, déviances, insertions*, Éd. Seismo, 2008.

1. Montrez que la norme de la maigreur est variable selon les contextes sociaux.
2. Le point de départ du processus qui conduit à l'anorexie est-il une transgression ou une conformité aux normes ?
3. Qu'est-ce qui fait entrer les individus en quête de maigreur dans la déviance ?
4. Qui sont les agents qui contribuent à définir et à prescrire ces normes de maigreur ?

DÉFINITION

Carrière déviante
À l'image d'une « carrière professionnelle », parcours d'individus qui, au cours d'interactions sociales, transgressent des normes, sont considérés comme déviants par les autres, et intègrent parfois des groupes revendiquant les comportements déviants comme une norme.

1. L'individu transgresse une norme. → **2.** L'individu est désigné publiquement comme déviant. → **3.** L'individu entre dans un groupe déviant organisé.

S'entraîner

1 S'autoévaluer

CORRIGÉS P. 338

Placez ces trois termes au bon endroit dans le schéma : étiquetage • stigmate • carrière déviante.

.... → .... → ....

2 Mobilisation des connaissances

BAC Montrez que la déviance peut s'analyser comme le produit de différents processus sociaux.

DOSSIER 3 Quelles sont les frontières entre déviance et délinquance ?

OBJECTIF Comprendre et illustrer la distinction entre **déviance** et **délinquance**.

DOC 1 POUR COMMENCER
Le port du pantalon par les femmes

« Toute femme désirant s'habiller en homme doit se présenter à la Préfecture de police pour en obtenir l'autorisation et celle-ci ne peut être donnée qu'au vu d'un certificat d'un officier de santé. »

Ordonnance du 16 brumaire an IX (7 novembre 1800) de Louis Nicolas Dubois, préfet de police de Paris.

Cette ordonnance est incompatible avec les principes d'égalité entre les femmes et les hommes qui sont inscrits dans la Constitution [...]. De cette incompatibilité découle l'abrogation implicite de l'ordonnance du 7 novembre qui est donc dépourvue de tout effet juridique [...].

Communiqué de presse du ministère du Droit des femmes, 31 janvier 2013.

POUR ALLER PLUS LOIN

« Paris : le port du pantalon autorisé pour les femmes », 19/20 France 3, INA, 3 février 2013.

Vidéo hachette-clic.fr/23ses1152

NE PAS CONFONDRE

Déviance et délinquance
La **déviance** est la transgression d'une norme sociale ou juridique. La **délinquance** ne désigne que la transgression des normes spécifiquement juridiques.

1. Pour une femme, porter un pantalon, au XIXe siècle, était-ce une déviance ou de la délinquance ?
2. Qu'en est-il aujourd'hui ?

DOC 2 La législation sur l'usage personnel du cannabis en Europe en 2021

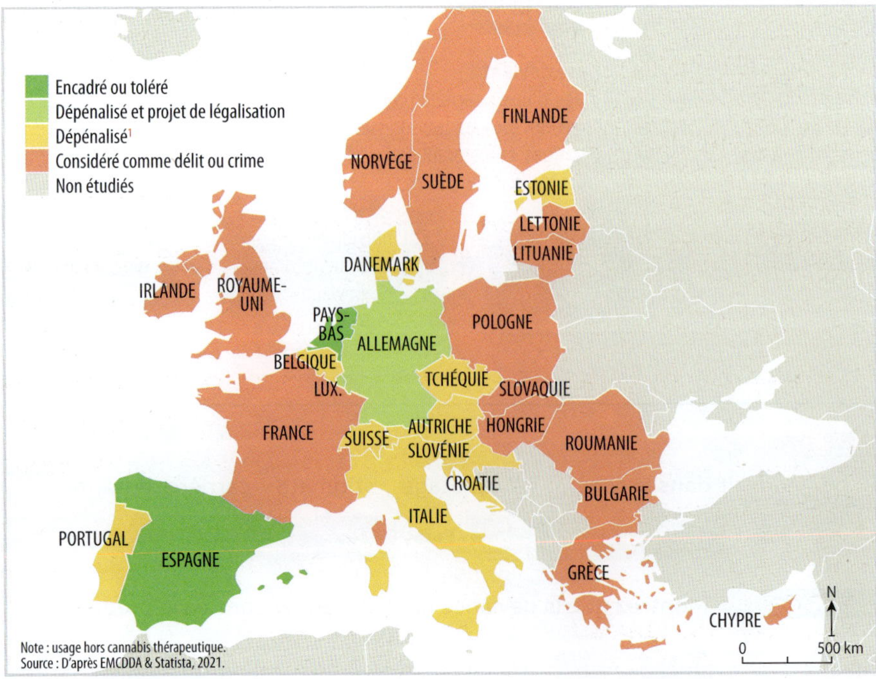

Note : usage hors cannabis thérapeutique.
Source : D'après EMCDDA & Statista, 2021.

1. Donnez le sens des termes suivants : « encadré ou toléré », « dépénalisé », « projet de légalisation », « délit ou crime ».
2. Juridiquement, le cannabis est-il considéré de la même manière dans tous les pays européens ?
3. Montrez qu'en France aujourd'hui, l'usage de cannabis est à la fois une déviance et de la délinquance.

1. L'usage et/ou la possession de petites quantités reste passible d'une amende dans la plupart de ces pays.

DOC 3 Les incivilités : entre déviance et délinquance

À la différence de la civilité qui est un concept ancien, la notion d'incivilité, dans son acception actuelle, est relativement récente. Importée des États-Unis où elle a été développée dans le cadre d'analyses relatives à la croissance de l'insécurité, et à la recrudescence, à partir des années 1970 et 1980, de la délinquance, de la violence et de la criminalité, la notion s'est formée à l'aune d'une inquiétude pour les troubles de l'ordre. Les premières études sont les travaux désormais célèbres de Kelling et Wilson sur la « vitre brisée » en 1982[1]. En France, le succès considérable rencontré par la notion est également lié à la préoccupation croissante pour l'insécurité et l'interprétation du sentiment d'insécurité […].

Un élément décisif dans la constitution du problème public de l'incivilité est la désignation de ces conduites par leur caractère infra-légal[2]. […]. S. Roché[3] note : « Quelqu'un qui jette un papier par terre commet un délit. Quelqu'un qui laisse la porte du métro retomber en pleine figure de celui qui le suit n'enfreint en revanche aucune loi. » Cette absence de définition juridique est vue comme le cœur du problème : l'extension des sanctions pénales devient la réponse obligée […].

Carole Gayet-Viaud [sociologue], « La civilité est-elle réac ? », *Politix*, volume 32, n° 125/2019.

1. James Wilson et George Kelling soutiennent que ce n'est pas la délinquance qui dégrade la vie quotidienne (vitres brisées, notamment), mais que c'est la dégradation de la vie quotidienne par des incivilités qui crée un contexte favorable à la délinquance.
2. En dehors du cadre légal.
3. Politologue français spécialisé en criminologie.

1. Cherchez des exemples d'incivilités.
2. Les incivilités sont-elles des formes de déviance ou de délinquance ?
3. Pensez-vous que la pénalisation croissante des incivilités soit favorable à la baisse de la délinquance ?

DOC 4 La criminalisation des migrants

Des migrants demandent de l'aide au navire Aquarius de SOS Méditerranée au large de l'île italienne de Lampedusa, 17 avril 2016.

« En Grèce, la criminalisation des migrants », France 24, 26 janvier 2023.
▶ Extrait jusqu'à 3:32

Vidéo hachette-clic.fr/23ses1153

1. Dans la vidéo, pour quel délit inscrit dans la loi en Grèce en 2014 ces migrants sont-ils condamnés ?
2. Pourquoi les peines de prison dépassent-elles parfois la centaine d'années ?
3. Après le départ du passeur, un des migrants prend les commandes du bateau en perdition. Est-ce un acte de déviance ? De délinquance ?

S'entraîner

1 S'autoévaluer CORRIGÉS P. 338

Déviance, délinquance, ou les deux ?

1. Porter un jean, pour une fille, en France avant les années 1960.
2. Fumer du cannabis.
3. Jeter un papier par terre dans la rue.
4. Bloquer l'ascenseur d'un immeuble sans raison.

2 Mobilisation des connaissances BAC

À l'aide d'un exemple, distinguez les notions de déviance et de délinquance.

DOSSIER 4 Comment peut-on mesurer la délinquance ?

OBJECTIF Comprendre et illustrer les difficultés de mesure de la délinquance.

DOC 1 POUR COMMENCER — Y a-t-il plus de violences sexuelles aujourd'hui qu'avant ?

violences-sexuelles.info, 20 janvier 2020.

Vidéo hachette-clic.fr/23ses1154

1. Pourquoi les victimes de violences sexuelles portent-elles si peu plainte ?
2. Que signifie le hashtag #MeToo ?
3. Quels effets le mouvement #MeToo a-t-il eu sur le nombre de plaintes déposées ?

REPÈRE

Le mouvement #MeToo

Particulièrement médiatisé depuis 2017-2018, #MeToo (« moi aussi ») est un mouvement social dont le but est d'encourager la libération de la parole des femmes sur les violences sexuelles qu'elles ont subies. Il encourage aussi les victimes à porter plainte contre les agresseurs.

DOC 2 Les statistiques de la délinquance en France

Nombre de faits constatés par la police et la gendarmerie et taux de variation (en %)

	Nombre de faits constatés		Variation (en %)
	2016	2021	
Homicides (y compris coups et blessures volontaires suivis de mort)	936*	930*	–
Coups et blessures volontaires (sur personnes de 15 ans ou plus)	225 500	306 700	+36
Violences sexuelles	37 500	75 800	+102
Vols avec armes (armes à feu, armes blanches ou par destination)	11 000	8 500	-23
Vols violents sans arme	95 600	62 100	-35
Vols sans violence contre des personnes	714 500	583 800	-18
Cambriolages de logements	249 800	190 300	-24
Vols de véhicules (automobiles ou deux-roues motorisés)	166 400	122 700	-26
Vols dans les véhicules	273 300	225 400	-18
Vols d'accessoires sur véhicules	106 900	77 300	-28
Destructions et dégradations volontaires	637 900	544 500	-15
Escroqueries	318 200	423 000	+33
Usage de stupéfiants	182 400	220 300	+21
Trafic de stupéfiants	40 700	46 700	+15

Champ : France. * Données hors expertise qualitative exhaustive.

Source : SSMSI, base des crimes et délits enregistrés par la police et la gendarmerie, 2020-2021.

1. Qui enregistre les crimes et les délits en France ?
2. Rédigez une phrase présentant la signification précise des deux données entourées.
3. Par quel calcul a été obtenue la donnée en % ?
4. Indiquez les trois types de crimes et délits qui ont le plus augmenté et le plus baissé en 5 ans.

DOC 3 Les difficultés de mesure de la délinquance

Les chiffres de la « délinquance » sont très souvent invoqués dans les médias, notamment pour souligner la « montée inexorable » de la violence (en particulier de la violence urbaine), dans une rhétorique que l'on peut qualifier d'alarmiste. Or mesurer l'activité criminelle et délictuelle suppose d'abord comme préalable indispensable, comme pour toute quantification, de la définir. [...] Cette définition pose une difficulté importante pour la mesure même du phénomène : le droit évolue et certaines pratiques, auparavant condamnées, ne le sont plus aujourd'hui (comme c'est le cas des interruptions volontaires de grossesse), alors que d'autres au contraire connaissent le chemin inverse (comme pour la pénalisation des clients de la prostitution). [...]

Le ministère de l'Intérieur publie à la fin de chaque mois une « analyse conjoncturelle des crimes et délits enregistrés par la police et la gendarmerie » sur le site Interstats. Les nombreux documents publiés par ce biais précisent d'emblée un aspect essentiel : les chiffres présentés ne recensent pas la totalité des infractions commises mais seulement l'intégralité des crimes et délits enregistrés sur le territoire. C'est que toutes les victimes ne se font pas connaître : cela correspond au fameux « chiffre noir » de la délinquance, c'est-à-dire à toutes les infractions qui ne parviennent jamais aux oreilles des autorités. Ce chiffre noir peut être approché en changeant de méthode de recension, c'est-à-dire en interrogeant directement les potentielles victimes.

Anaïs Henneguelle, Arthur Jatteau [sociologues], *Sociologie de la quantification*, coll. Repères, La Découverte, 2021.

1. Pourquoi est-il difficile de comparer les données de la délinquance au cours du temps ?
2. À quoi correspond le « chiffre noir » de la délinquance ?
3. Selon vous, si les moyens de la police et de la justice augmentaient, quel serait l'effet immédiat sur la délinquance enregistrée par ces services ?

DOC 4 L'écart entre délinquance mesurée et vécue

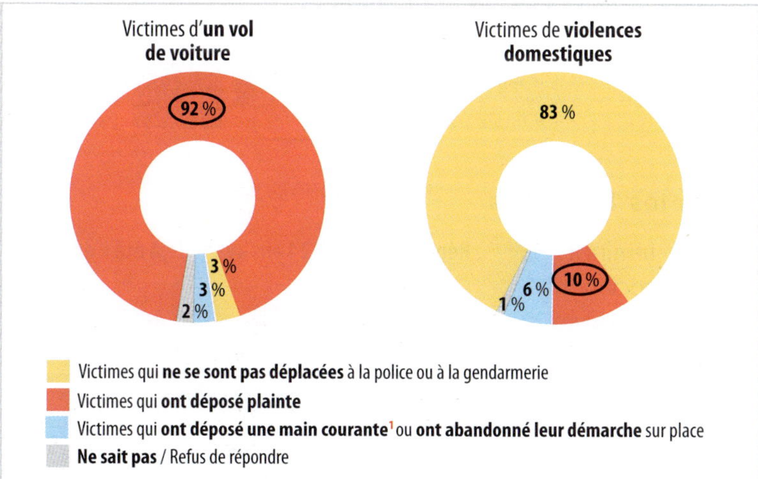

1. Une main courante est une déclaration de faits qui laisse une trace dans les fichiers des services de police ou de gendarmerie sans qu'il n'y ait d'action en justice.

Champ : individus de 18 à 75 ans de France métropolitaine, incident le plus récent dans l'année.
Source : D'après Enquête cadre de vie et sécurité 2013 à 2017, INSEE-ONDRP-SSMSI.

1. Rédigez une phrase présentant la signification précise des deux données entourées.
2. Comment expliquer l'écart entre le taux de plaintes déposées par les victimes de vol de voiture et celui des violences domestiques ?
3. Quel est l'intérêt des enquêtes de victimation, réalisées sur population générale, par rapport aux données de la police et de la gendarmerie ?

REPÈRE

Enquête de victimation

L'enquête de victimation vise à mesurer la délinquance. En interrogeant un échantillon représentatif de la population, elle permet d'estimer la proportion de personnes qui déclarent avoir été victimes d'actes de délinquance.

S'entraîner

1 S'autoévaluer

CORRIGÉS P. 338

Vrai ou faux ?

1. Les statistiques de la police et de la gendarmerie mesurent bien le nombre de crimes et délits commis.
2. Les statistiques issues des enquêtes de victimation sont moins élevées que les statistiques administratives.
3. L'évolution des normes juridiques peut avoir un effet sur les statistiques administratives de la délinquance.

2 Étude d'un document BAC

1. À l'aide des données du document 4, comparez vol et violences domestiques dans les déclarations à la police.
2. À l'aide du document 4 et de vos connaissances, vous montrerez qu'il est difficile de mesurer la délinquance.

ACTIVITÉ 1 Réaliser une affiche

OBJECTIFS

Savoirs : normes sociales et juridiques, déviance, délinquance, enquête de victimation

Savoir-faire : sélectionner des informations, organiser et hiérarchiser des idées

Les violences dans les couples adolescents

Votre mission Vous participez à une action de sensibilisation dans votre lycée sur les violences dans les relations amoureuses chez les jeunes. Vous devez réaliser une affiche de prévention à destination des lycéen(ne)s expliquant ce que sont les violences dans les couples adolescents.

ÉTAPE 1 Sélectionner les informations

1. Par groupe de 3 à 4 élèves, prenez connaissance des documents et répertoriez les informations et les données qui éclairent les violences dans les couples adolescents.
2. Identifiez les éléments qui maintiennent ces violences dans l'ombre et qu'il faudrait cibler dans votre affiche pour qu'elle joue son rôle de prévention.

DOC 1 « C'est normal, non ? »

a) Je le laisse regarder mon téléphone quand on se voit.

« Épisode 1 : Le téléphone », Maison des adolescents (Manche), 2018.

▶ Durée 1:25

Vidéo hachette-clic.fr/23ses1155

b) Il me donne des surnoms.

« Épisode 2 : Les surnoms », Maison des adolescents (Manche), 2018.

▶ Durée 1:25

Vidéo hachette-clic.fr/23ses1156

DOC 2 Une enquête de victimation ciblée sur les 12-24 ans

Le sondage, réalisé par Les Petites Glo, newsletter féministe destinée aux adolescentes, et En avant toute(s), association qui lutte pour l'égalité de genre et la fin des violences, ouvre le débat sur un sujet trop peu abordé en France : les violences chez les jeunes couples. 3 127 personnes entre 12 et 24 ans ont répondu au questionnaire.

Réponses des 12-24 ans ayant déjà été « en couple »

	Oui	Non
Insultes	47 %	53 %
Phrases rabaissantes	46 %	54 %
Relations sexuelles ou pratiques forcées	59 %	41 %
En avez-vous parlé ?	38 %	62 %

Source : D'après lamaisondesmaternelles.fr, 14 décembre 2021.

ÉTAPE 2 Concevoir l'affiche

3. Composez votre affiche en recherchant un slogan, des images, un graphisme, des données... Vous pouvez vous inspirer de l'affiche suivante, et d'exemples d'affiches de prévention disponibles en ligne. (pix)
4. À l'aide d'un logiciel, d'un collage ou d'un dessin, réalisez votre affiche. N'hésitez pas à tester plusieurs couleurs ou plusieurs mises en page pour gagner en efficacité concernant le message. (pix)

Campagne contre la violence sexuelle dans les relations amoureuses chez les jeunes, en Belgique (2018).

POUR ALLER PLUS LOIN

Le violentomètre, un outil de sensibilisation des jeunes aux violences dans les relations amoureuses.

Document hachette-clic.fr/23ses1157

ACTIVITÉ 2 Défendre un point de vue

OBJECTIFS

Savoirs : contrôle social, étiquetage, stigmatisation

Savoir-faire : argumenter

Peut-on rire de tout ?

Votre mission Vous participez à la rédaction d'un dossier intitulé « Peut-on rire de tout ? » pour le journal de votre lycée. Vous devez écrire un texte argumenté défendant l'un des points de vue suivants :

a) Le rire et l'humour remplissent des fonctions sociales universelles indispensables à la vie en société.

b) On ne peut pas rire de tout avec tout le monde car l'humour peut être offensant et stigmatisant.

ÉTAPE 1 Exploiter les documents

1. Prenez connaissance des trois documents.
2. Pour chaque document, listez les informations qui vous permettront ensuite de défendre un des deux points de vue de façon argumentée.

DOC 1 Le rire comme pratique sociale

Vidéo hachette-clic.fr/23ses1158

« Ce que le rire dit de nous », interview Twitch Sciences Humaines de Laure Flandrin [sociologue], 18 juillet 2022.

▶ Extrait de 2:10 à 11:40

DOC 2 « On peut rire de tout mais pas avec tout le monde »

Le « point Desproges », c'est le moment où quelqu'un, afin de donner de l'autorité à son propos, se réfère à une fameuse phrase de l'humoriste [...] : on peut rire de tout, mais pas avec n'importe qui. [...]

Signe de toutes les interprétations possibles, une image postée par un groupe Facebook intitulé « On peut rire de tout, mais pas avec n'importe qui » additionne les sujets dont on peut rire « avec certains » (les Noirs, les homos, les Arabes, les handicapés...) en se demandant de quoi on peut bien rire « avec les autres ». Comme si cette liste faisait le tour de tous les sujets pouvant prêter à rire. Comme si, surtout, il y avait urgence à rire de ces choses-là en particulier. [...]

Toute la difficulté alors, quand on veut par exemple faire de l'humour sur le racisme, est de signifier que l'on ne rit pas des victimes de ce racisme, mais de ses auteurs.

Frantz Durupt, « Mise au point : On peut rire de tout, mais on peut aussi arrêter de citer Desproges n'importe comment », *Libération*, 24 février 2016.

DOC 3 Le rire comme retournement du stigmate

Yacine, lycéen de terminale S à La Courneuve en Seine-Saint-Denis, est scolarisé dans un lycée de ZEP où la mixité sociale est faible. Enfant d'une famille d'origine algérienne, son père est un ancien agent de maintenance et sa mère est sans profession.

[Yacine] raconte aussi comment fusent parfois en classe les dénominations intercommunautaires moqueuses entre élèves (« rebeu », « négro », « céfran »). Elles témoignent de la force d'intériorisation des catégories racialisées, disponibles dans l'espace public, retournées contre eux-mêmes et rendues performatives dans les échanges de vannes acceptées et rendues. Ces jeux en miroir sont une manière de retourner le stigmate racial en se le réappropriant : Goffman a bien montré que le meilleur moyen d'échapper à la honte sociale est de reprendre l'humiliation pour la retourner comme une fierté. Ce jeu relaie le sentiment collectif de stigmatisation tout en l'atténuant par les moyens de la dérision.

Laure Flandrin [sociologue], *Le Rire. Enquête sur la plus socialisée de toutes nos émotions*, La Découverte, 2021.

ÉTAPE 2 Rédiger

3. Choisissez un des deux points de vue à défendre et rédigez un ou deux paragraphes AEI (Affirmer, Expliciter, Illustrer) à partir des informations sélectionnées dans les documents.

Fiche méthode n° 1 p. 318 *Construire une argumentation*

ACTIVITÉ 3 Exposer

OBJECTIFS

Savoirs : déviance, délinquance, étiquetage, stigmatisation, carrière déviante

Savoir-faire : s'exprimer à l'oral

La culture hip-hop est-elle déviante ou conformiste ?

Votre mission Vous préparez un exposé sur la culture hip-hop à partir du rap, du graff et du break dance. Vous devez présenter ce qui, dans chacune de ces trois pratiques, relève d'une pratique déviante ou conformiste.

ÉTAPE 1 Découvrir la culture hip-hop

1. Formez des groupes de 4 élèves qui vont chacun être en charge d'une pratique de la culture hip-hop : le rap, le graff ou le break dance.
2. Chaque groupe étudie le ou les documents correspondant à la pratique choisie, en répondant à la question posée en titre de l'activité. À la fin, chaque élève doit être capable de présenter oralement à ses camarades les éléments importants.

Le rap, voix de la contestation ou business ?

DOC 1 La fin du rap engagé ?

C'est principalement la jeunesse des quartiers défavorisés qui s'empare de ce courant musical en France, directement influencé par l'évolution du rap aux États-Unis. En effet, dans les années 80, le groupe américain *Public Enemy* donnera un second souffle au style. Il s'éloigne de son côté originellement festif, pour se focaliser sur un aspect plus contestataire, dénonçant dans leurs titres les inégalités sociales et raciales. [...] L'évolution du rap est le reflet de l'évolution de la société : hyperconsommation, individualisme et *entertainment*[1]. [...] [Aujourd'hui] les thèmes sont plus légers, les textes moins consistants et la musicalité prend le dessus sur le fond. Il faut capter l'attention rapidement pour se démarquer dans un paysage rap de plus en plus varié. La scène se remplit d'artistes en tout genre, le public s'agrandit et se compose de véritables consommateurs qu'il faut satisfaire. C'est à partir de 2013 que l'évolution se ressent franchement avec l'arrivée de la trap venue d'Atlanta. Ce nouveau courant bouscule les codes du rap avec des sonorités électro sombres, une rythmique plus lente, quasi nonchalante et des textes considérablement réduits qui offrent plus de place à la production. [...] L'avènement de la trap codifie le rap français et oblige les rappeurs à revoir leurs formules musicales. C'est dorénavant la mélodie qui fait le texte et non plus l'inverse. Les thématiques sont orientées argent, relations, drogues, influencées par les rappeurs d'outre-Atlantique.

Jihane Hadjri [blogueuse], « Le rap engagé en France : une histoire qui dure », Thesaurap.fr, 2 août 2021.

1. Divertissement.

DOC 2 Qui écoute du rap ?

Personnes qui déclarent écouter du rap parmi les personnes qui écoutent de la musique (en %)

Âge	1997	2008	2018
15-24 ans	17	44	71
25-34 ans	3	21	55
35-44 ans	1	10	38
45-54 ans	1	5	16
55-64 ans	0	2	8
65 ans et plus	0	1	3

PCS de la personne de référence	1997	2008	2018
Agriculteur	0	9	21
Indépendant	5	9	37
Cadre ou assimilé	7	9	33
Profession intermédiaire	4	12	39
Employé	6	15	34
Ouvrier	7	18	47

Source : D'après les enquêtes « Pratiques culturelles » 2018, 2008 et 1997, DEPS, ministère de la Culture, 2022.

Taguer l'espace public, art ou vandalisme ?

DOC 3 Street art, du délit à l'art

Selon Banksy, « Un mur est une arme redoutable. C'est l'une des plus dangereuses avec laquelle vous pouvez frapper quelqu'un ». Le mur constitue justement l'un des supports favoris du street art. Le street art [...] est un courant artistique né dans les années 1960/1970 aux États-Unis, partant de la côte est jusqu'à la côte ouest, à la suite de l'apparition de la bombe aérosol. [...] Cette forme d'expression est construite autour du fait que l'artiste crée une œuvre dans l'espace public, sur des supports, publics ou privés, qui ne lui appartiennent pas. La plupart du temps, l'artiste souhaite que l'œuvre ait vocation à être vue et appréciée par la population, librement. Il manifeste ainsi l'expression d'une volonté de liberté dirigée contre les systèmes économique et politique. Le sort du mur de Berlin est, à cet égard, l'un des symboles forts d'une telle revendication, puisqu'un an après la réunification de l'Allemagne, les artistes ont envahi la partie inaccessible jusqu'alors pour en faire une véritable galerie à ciel ouvert protégée au titre des monuments historiques. [...] Les actes accomplis par les auteurs de street art ne sont pas par essence illicites. Ils ne le deviennent que s'ils prennent place dans certaines conditions, lorsqu'ils révèlent une volonté et un mode d'action vandales, légitimant la réponse du droit pénal.

Artistes graffeurs sur le mur de la rue Ordener à Paris, 14 octobre 2017.

Marie-Christine Sordino [juriste], *Revue de science criminelle et de droit pénal comparé* n° 3, 2019.

Break dance aux JO : un tremplin ou le début du déclin ?

DOC 4 Le break dance fait son entrée aux Jeux olympiques de 2024

Le break dance sera désormais une discipline olympique. L'annonce a été plutôt bien accueillie. Anne Nguyen[1] y voit « un effet qui peut être très positif pour la danse hip-hop, cette culture à part, artistique, sans enjeu d'argent en général. Cela peut permettre à des personnes qui ne la connaissent pas dans certains pays d'avoir l'idée de commencer à danser. » La chorégraphe rappelle que la danse est bénéfique pour l'individu et la société car elle crée du lien, des opportunités pour se rassembler, de la mixité, tout en ayant des enjeux et des objectifs. Son entrée aux JO permettra de la démocratiser mais reste à savoir comment. [...] C'est l'un des grands défis qui attend le milieu du break dance. Car codifier une « danse de rue » semble presque être une mission impossible. « C'est une danse de rue [...] qui ne s'apprend pas, qui se pratique de manière informelle. Il y a une tradition orale de transmission particulière qui fait que c'est vivant, c'est toujours en évolution et c'est quelque chose d'organique, de dynamique », d'après Anne Nguyen. Alors, oubliez les figures imposées, pour la chorégraphe. « S'il y a trop de choses contraignantes, ce ne serait pas bénéfique pour la discipline, cela la formaterait, l'académiserait. »

Demi-finale de break dance aux Jeux olympiques de la jeunesse à Buenos Aires (2018) où la discipline a été introduite.

Fiona Moghaddam [journaliste], « Le break dance aux Jeux olympiques : la crainte de dénaturer un art », *France Culture*, 20 juin 2019.

1. Danseuse et chorégraphe.

ÉTAPE 2 Exposer à l'oral

3 Chaque groupe désigne un rapporteur qui doit synthétiser à l'oral devant la classe en 5 minutes la pratique de la culture hip-hop étudiée par son groupe.

Fiche méthode n° 4 p. 324 *S'exprimer à l'oral*

4 Chaque élève complète le tableau de synthèse des arguments exposés.

Tableau hachette-clic.fr/23ses1159

	Déviance	Conformisme
Rap		
Graff		
Break dance		

L'ESSENTIEL

Quels sont les processus sociaux qui contribuent à la déviance ?

1 Comment s'exerce le contrôle social ?

Au sein de chaque société et au sein des divers groupes sociaux, des normes fixent les comportements attendus des individus et ceux qui leur sont défendus. Ce sont des **normes juridiques**, prescrites par le droit, ou des **normes sociales**, prescrites par les individus eux-mêmes dans leurs interactions. Le **contrôle social** désigne l'ensemble des actions qui contrôlent la conformité des comportements à ces normes.

Le contrôle social peut être exercé par des institutions spécialisées (police, justice, école...). Il s'agit alors d'un **contrôle social formel** qui s'appuie sur des règles explicites, qui sont pour beaucoup des règles juridiques (lois, règlement intérieur d'un lycée, etc.), mais aussi des normes sociales (exemple : un carton jaune donné par un arbitre à un joueur pour comportement « antisportif »).

Le contrôle social peut aussi être exercé par les individus eux-mêmes dans leurs interactions. Il s'agit ici d'un **contrôle social informel** qui vise à faire respecter des normes sociales, mais aussi juridiques parfois. Ainsi, celui ou celle qui jette un détritus dans la rue s'expose à une sanction de la police, qui peut lui demander de payer une contravention, mais aussi à la désapprobation des passants.

Ces deux formes de contrôle social sont externes, car elles impliquent une contrainte exercée par des institutions ou des individus sur la personne. **Ce contrôle social externe agit conjointement avec la socialisation pour permettre l'intériorisation des normes par les individus.** Ceux-ci finissent par se conformer d'eux-mêmes aux normes, par une forme de contrôle social interne. Pas besoin de rappel à l'ordre pour ne pas jeter de détritus dans la rue ! ▸ Schéma 1

2 Comment expliquer les processus de déviance ?

Le contrôle social n'est jamais absolu au point de faire disparaître la transgression des normes, appelée déviance. Devenir déviant est un processus jalonné d'étapes. C'est la raison pour laquelle certains sociologues ont nommé ce phénomène « **carrière déviante** » : l'individu transgresse une norme en vigueur dans le groupe ou la société ; puis, il est perçu par les autres comme ne respectant pas la norme en vigueur et étiqueté comme déviant ; cette perception par les autres change la manière dont l'individu agit et se perçoit ; enfin, l'individu entre éventuellement dans un groupe déviant organisé (et qui peut justifier par exemple son mode de vie).

Il s'agit d'un processus d'étiquetage où un système de représentations, c'est-à-dire de stéréotypes, est associé aux personnes contrevenant aux normes. Ces représentations peuvent conduire les autres à assigner un stigmate à l'individu, un attribut dépréciateur, dans un **processus de stigmatisation**. Par exemple, un gros fumeur peut cacher cet attribut dépréciateur dans un contexte professionnel car la révélation de cet attribut le conduirait à être étiqueté comme tel et à être stigmatisé.

L'étude de la déviance comme un processus montre que ce qui est perçu comme étant déviant varie dans le temps et d'une société à une autre. Ainsi en France, l'homosexualité a longtemps été criminalisée, et même considérée légalement comme une maladie jusqu'en 1981, alors que les couples homosexuels et hétérosexuels ont aujourd'hui des droits très proches. Dans ce domaine comme dans d'autres, l'évolution des normes juridiques accompagne celle des normes sociales.

Podcast hachette-clic.fr/23ses1160

NOTIONS

Normes juridiques : ensemble des règles que les individus doivent respecter car elles sont codifiées dans le droit (loi, règlement, etc.).

Normes sociales : ensemble des règles que les individus doivent respecter car elles sont partagées par les membres d'une société et/ou d'un groupe social.

Contrôle social : ensemble des actions qui visent à ce que les individus se conforment aux normes sociales et juridiques.

Déviance : comportement qui transgresse des normes sociales ou juridiques, ou qui est perçu comme tel.

Carrière déviante : à l'image d'une « carrière professionnelle », parcours d'individus qui, au cours d'interactions sociales, transgressent des normes, sont considérés comme déviants par les autres, et intègrent parfois des groupes revendiquant les comportements déviants comme une norme.

Étiquetage : processus qui vise à appliquer une étiquette négative aux personnes contrevenant à une norme et, de ce fait, à les percevoir comme déviantes.

Stigmatisation : caractéristique visible ou non d'un individu (stigmate), attribuée lors d'interactions sociales avec d'autres, qui le déprécient aux yeux des autres.

1 Les formes de contrôle social

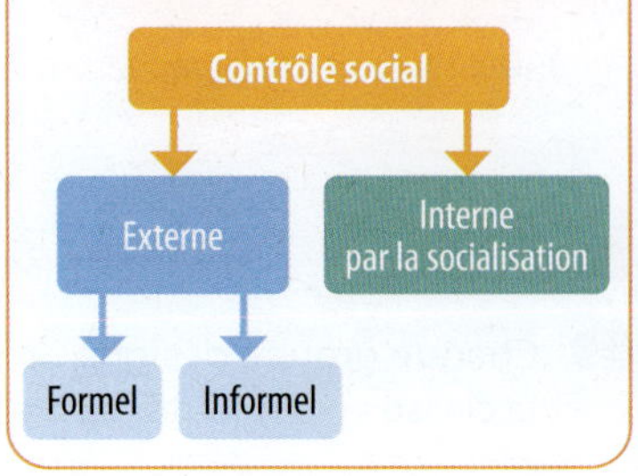

3 Quelles sont les frontières entre déviance et délinquance ?

Quand la déviance consiste à transgresser une norme juridique, il s'agit de délinquance. Ce qui est considéré comme de la délinquance est bien souvent considéré aussi comme de la déviance puisque **contrevenir à une norme juridique, c'est bien souvent contrevenir *aussi* à une norme sociale** (le vol, par exemple, est interdit par la loi mais aussi mal vu dans la société). La réciproque n'est pas nécessairement vraie : ce n'est pas parce qu'on transgresse une norme sociale qu'on transgresse également une norme juridique. Par exemple, avoir un enfant hors mariage est mal vu dans certains groupes sociaux, mais ce n'est pas pour autant interdit par la loi !

Dans chaque société, les infractions délinquantes sont hiérarchisées en fonction de leur gravité considérée, estimée en fonction de l'évolution des mentalités. Cette hiérarchisation, qui évolue aussi dans le temps, se caractérise en France par trois niveaux et des sanctions légales *considérées* comme adaptées à la gravité *estimée* de l'acte : contravention, délit, crime.

Ainsi, il a fallu attendre la refonte du code pénal en 1994 pour que le viol conjugal soit intégré dans le droit pénal. En effet, pour les juges, le consentement au mariage était interprété comme un consentement aux actes sexuels. De même, ce nouveau code pénal prescrit des sanctions en cas de harcèlement sexuel, mais c'est l'évolution des mentalités (mouvement « Me Too ») qui conduit aujourd'hui à le réprimer plus durement, tandis que le secret se lève sur les crimes sexuels longtemps cachés au sein des familles.

NOTIONS

Délinquance : comportement qui transgresse des normes juridiques.

4 Comment peut-on mesurer la délinquance ?

La mesure de la délinquance à partir des statistiques de la police, de la gendarmerie et de la justice est nécessairement imparfaite. Elle comptabilise le nombre de faits portés à la connaissance de ces institutions par les victimes, ou découverts par les institutions elles-mêmes. Ces statistiques nous informent autant sur la délinquance (davantage de faits commis), que sur l'activité des institutions (lois plus rigides, hausse du nombre de contrôles de police, etc.) et la relation entre les citoyens et ces institutions (nombre de plaintes).

Ainsi, certains faits de délinquance sont plus déclarés que d'autres : les violences conjugales sont sous-évaluées car encore aujourd'hui taboues, alors que les vols de voiture sont presque systématiquement déclarés car une plainte est nécessaire pour faire jouer les assurances. Une augmentation des chiffres des violences sexuelles ne signifie donc pas forcément une hausse des cas, mais une hausse des signalements de ces cas. Le phénomène social #MeToo a ainsi joué un rôle dans la libération de la parole des femmes.

Ces difficultés invitent à explorer le « chiffre noir » de la délinquance : ce que les statistiques policières ne mesurent pas. Ainsi, les **enquêtes de « victimation »** demandent aux personnes si elles ont été victimes de différentes formes de délinquance et sont exploitées en prenant en compte les écarts possibles entre ce qui est déclaré et ce qui est réellement vécu. C'est le croisement de ces enquêtes et des données officielles qui permet d'analyser rigoureusement les évolutions de la délinquance. ▸ Schéma 2

2 Le chiffre noir de la délinquance

L'essentiel en schéma

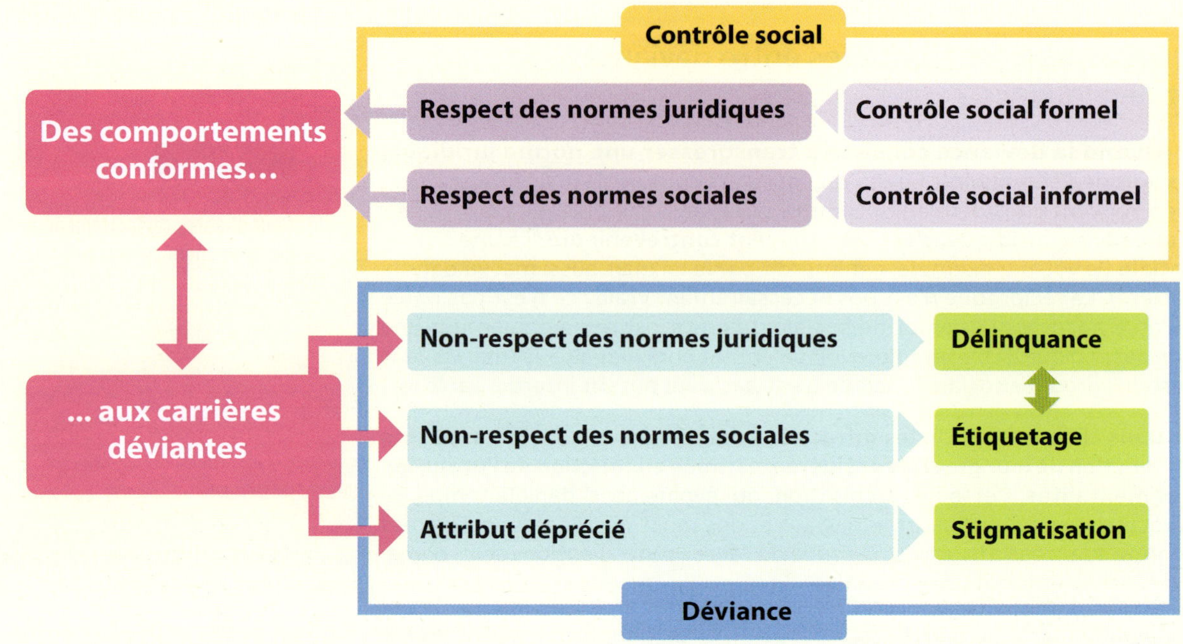

POUR ALLER PLUS LOIN

hachette-clic.fr/23ses1161

« Sociologie de la déviance – *Outsiders* », Socio avec Caro !, 20 octobre 2021.

La youtubeuse Caro présente l'apport du sociologue américain Howard Becker à l'étude de la déviance, conçue comme un processus d'étiquetage, dans son célèbre ouvrage *Outsiders*, paru en 1963.

hachette-clic.fr/23ses1163

hachette-clic.fr/23ses1162

« Ma femme a du crédit », LCP, 5 février 2022.

Sébastien Le Belzic, journaliste, s'est filmé pendant un an avec sa femme à Pékin, où ils habitent. Comme l'ensemble des citoyens, ils sont en permanence surveillés par l'État qui attribue à chacun une note, un « crédit », auquel des avantages et des restrictions sont associés.

« La mesure de la délinquance », CESDIP, juin 2022.

Dans cet extrait de l'Abécédaire vidéo « Les mots de la sociologie de la déviance », la sociologue Renée Zauberman fait le point sur les mesures de la délinquance et sur les enjeux actuels.

Annie Colère, film de Blandine Lenoir, 2022.

Février 1974. Parce qu'elle se retrouve enceinte accidentellement, Annie, ouvrière et mère de deux enfants, rencontre le MLAC (Mouvement pour la Liberté de l'Avortement et de la Contraception) qui pratique les avortements illégaux ouvertement.

UTILISER LES STATISTIQUES

1 Âge et délinquance

Objectif de savoir-faire *Distinguer corrélation et causalité* ➔ Fiche outil n° 4 p. 306

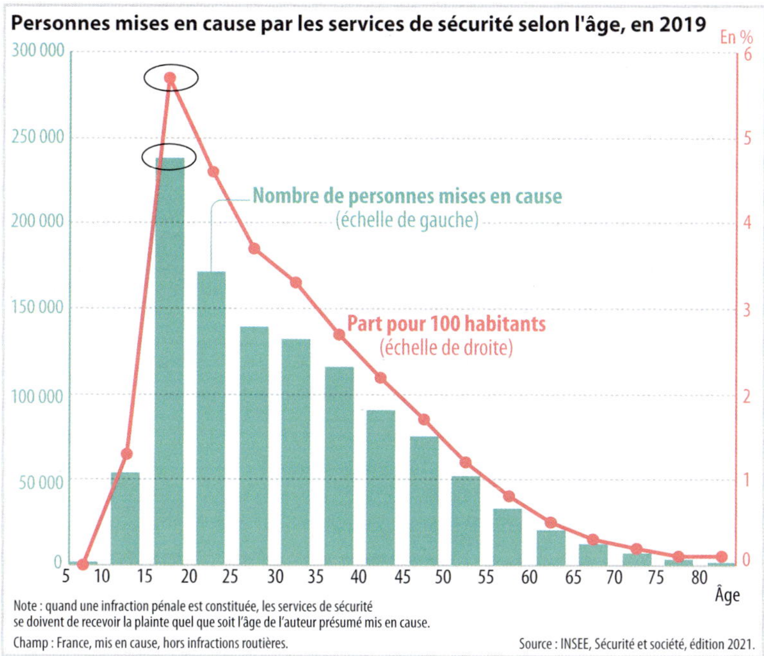

1. Rédigez une phrase présentant la signification précise des données entourées.
2. Quelle corrélation pouvez-vous établir entre l'âge des personnes et la fréquence de la mise en cause par les services de sécurité ?
3. Suggérez des liens de causalité entre « âge » et « mise en cause par les services de sécurité ».

2 Évolution du tabagisme en France

Objectifs de savoir-faire *Calculer et interpréter une variation* ➔ Fiche outil n° 2 p. 302
Lire et analyser un graphique chronologique ➔ Fiche outil n° 8 p. 314

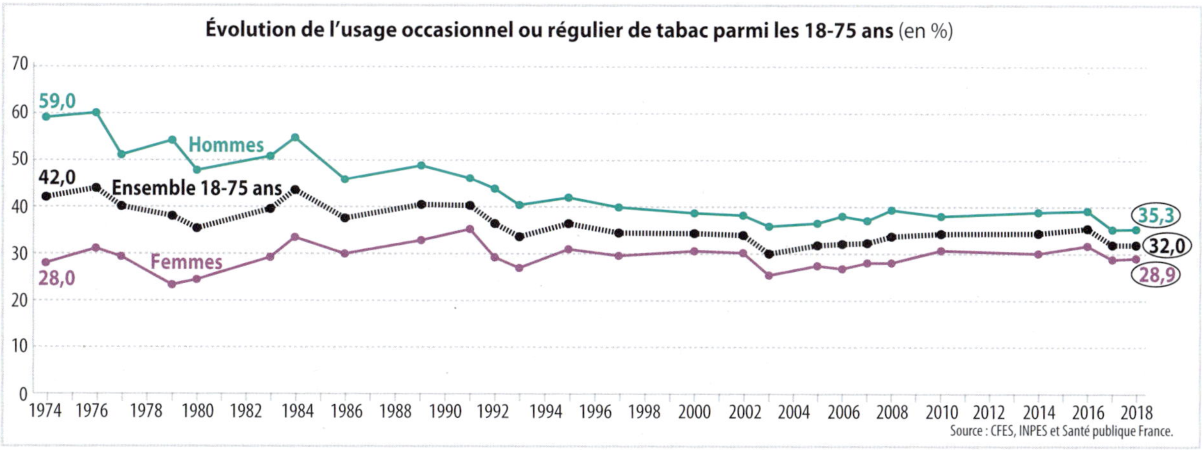

1. Rédigez une phrase présentant la signification précise des données entourées.
2. À l'aide d'un calcul pertinent, mesurez la diminution de l'usage (occasionnel ou régulier) de tabac par les hommes de 18 à 75 ans entre 1974 et 2018, puis rédigez une phrase présentant la signification du résultat.
3. Proposez un autre calcul pour mesurer l'évolution de l'usage de tabac par les femmes, puis rédigez une phrase présentant la signification du résultat.
4. Complétez le texte suivant :

En France, la part des hommes de 18-75 ans qui déclarent fumer du tabac occasionnellement ou régulièrement a diminué de 23,7 .... entre 1974 et 2018. C'est une variation absolue, qui est moins parlante que la variation relative ou taux de variation de -40,2 .... Cela correspond par ailleurs à une .... par 0,6 (soit une baisse car le .... est inférieur à 1).

TESTEZ VOS CONNAISSANCES !

Version interactive
hachette-clic.fr/23ses1164

CORRIGÉS P. 338

1 Norme sociale et/ou norme juridique ?

Classez les injonctions suivantes (ordres) dans le tableau. Attention : plusieurs possibilités parfois !

1. Va te brosser les dents !
2. N'oublie pas d'aller voter demain !
3. Arrête-toi au feu rouge !
4. Range tes écouteurs quand tu entres en classe !
5. Range tes écouteurs quand tu circules à vélo !
6. Repose ce paquet de bonbons, on ne l'a pas payé !

Norme sociale	Norme juridique

2 Les formes de contrôle social

Reliez ces exemples de la vie quotidienne à des formes de contrôle social.

1. Ne pas tricher lors d'un devoir, par honnêteté. •
2. Valider son titre de transport à la vue d'un contrôleur dans le bus. •
3. Plaisanter sur les vêtements d'un(e) ami(e). •
4. Recevoir une contravention pour avoir roulé sur le trottoir. •
5. Éviter le langage familier en parlant à un enseignant. •
6. Découvrir sa tête à la demande d'un surveillant. •

- • Contrôle social formel
- • Contrôle social informel
- • Contrôle social interne

3 Normes, contrôle social, déviance et délinquance

Vrai ou faux ? Lorsque c'est faux, justifiez.

	Vrai	Faux
1. Normes sociales et normes juridiques se recoupent parfois.	☐	☐
2. Le contrôle social interne résulte de l'intériorisation de normes sociales et juridiques.	☐	☐
3. La police est la principale instance de contrôle social informel.	☐	☐
4. On parle de conformité lorsque l'individu respecte les normes.	☐	☐
5. Le contrôle social externe s'exerce aussi par le groupe de pairs.	☐	☐
6. L'étiquetage est le repérage par les autres de la non-conformité.	☐	☐
7. Le stigmate est toujours immédiatement visible par autrui.	☐	☐
8. Être délinquant, c'est être déviant.	☐	☐
9. Être déviant, c'est être délinquant.	☐	☐
10. Être délinquant, c'est être criminel.	☐	☐
11. Parler de déviance, c'est affirmer qu'un acte est intrinsèquement mauvais.	☐	☐

4 Mots croisés

Complétez la grille à l'aide des définitions.

Grille hachette-clic.fr/23ses1165

VERTICAL

1. Règle à respecter, qui peut être sociale et/ou juridique.
2. Parcours d'individus qui deviennent petit à petit déviants ou délinquants.
3. Action qui vise à ce que les individus respectent les normes en vigueur.

HORIZONTAL

4. Acte qui contrevient à une norme juridique.
5. Mise à l'écart d'un individu à partir d'un stigmate, visible ou découvert.
6. Acte qui contrevient à une norme sociale.
7. Processus qui vise à poser une étiquette sur les individus qui transgressent une norme.

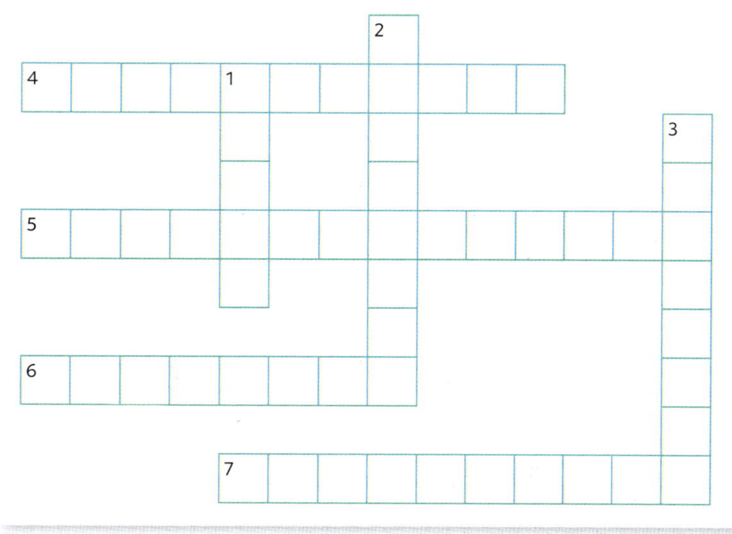

5 Selon quels critères les normes varient-elles ?

Reliez les exemples aux affirmations. Parfois, il y a plusieurs possibilités.

1. Les filles portent des pantalons sans que cela soit considéré comme un habit masculin. •
2. Il faut manger avec des baguettes en bois. •
3. Regarder la télévision à table, ou ne surtout pas la regarder à table. •
4. Rouler à gauche ou à droite en voiture. •
5. Pas de relations sexuelles avant le mariage, surtout pour les filles. •
6. Ne pas manger de viande pour préserver la planète. •

• Les normes varient dans le temps (selon les époques : siècles, années).

• Les normes varient dans l'espace (selon les lieux : pays, régions).

• Les normes varient dans une même société (selon les groupes sociaux : sexe, niveau de revenu, etc.).

6 La déviance comme processus

Complétez le texte avec les mots suivants :

informel • stigmate *(deux fois)* • déviance • processus • étiquetage • carrières • transgression • groupe.

La .... n'est pas un état mais un .... qui conduit les individus à appartenir à un groupe identifié comme tel. C'est pourquoi les sociologues parlent de .... déviantes.

La possession d'un ...., un caractère spécifique et dévalorisant, ou la .... d'une norme sociale ou juridique, conduit à un .... des individus, alors perçus comme déviants par d'autres individus dans des interactions sociales ou par des institutions spécialisées. La déviance peut conduire à des sanctions, un contrôle social .... dans le premier cas, formel dans le second.

En définitive, les individus perçus comme déviants peuvent aussi s'intégrer dans un .... où ils ne sont pas perçus comme tels, voire même qui revendique positivement le .... initialement dévalorisé (retournement).

OBJECTIF BAC Épreuve composée

PARTIE 1 MOBILISATION DES CONNAISSANCES 4 PTS

À l'aide d'exemples, distinguez normes sociales et normes juridiques.

Corrigé hachette-clic.fr/23ses1166

PARTIE 2 ÉTUDE D'UN DOCUMENT 6 PTS

Taux de dépôt de plainte estimés à partir de l'enquête Cadre de vie et sécurité

Proportion de victimes déclarées ayant déposé plainte (en %)	Années 2017, 2018 et 2020
Cambriolages « réalisés »	69
Tentatives de cambriolages	33
Actes de vandalisme contre le logement	10
Vols de voiture	89
Tentatives de vols de voiture	37
Vols à la roulotte (dans la voiture)	39
Vols d'accessoires de véhicules (sur la voiture)	18
Actes de vandalisme contre la voiture	18
Vols et tentatives de vol de deux-roues à moteur	52
Vols et tentatives de vol de vélos	19
Escroqueries bancaires	18
Vols et tentatives de vols avec violence ou menaces	42
Vols et tentatives de vols sans violence ou menaces	32
Violences physiques hors ménage (hors situation de vol)	24
Violences sexuelles hors ménage	15
Violences physiques ou sexuelles au sein du ménage	11

Champ : France métropolitaine.
Source : INSEE-SSMSI, enquêtes Cadre de vie et sécurité 2018-2021.

QUESTIONS

1. À l'aide des données du document, vous comparerez le taux de dépôt de plainte estimé pour les cambriolages « réalisés » avec celui des violences physiques ou sexuelles au sein du ménage.
2. À l'aide du document et de vos connaissances, vous expliquerez pourquoi certains faits font plus l'objet de dépôt de plaintes que d'autres.

Guidage méthodologique

Fiche Bac n° 1 p. 328 *L'épreuve composée*

QUESTION 1 2 PTS

- **Analyser le sujet**

comparer : présenter les points communs et les différences.

Premier élément de la comparaison.

À l'aide des données du document, vous comparerez le taux de dépôt de plainte estimé pour les cambriolages « réalisés » avec celui des violences physiques ou sexuelles au sein du ménage.

Second élément de la comparaison.

- **Sélectionner les données pertinentes**

Laquelle de ces trois phrases de lecture est correcte ? Repérez les erreurs des deux autres.

a. En moyenne en 2017, 2018 et 2020, il y a eu 69 cambriolages déclarés en France.
b. En moyenne en 2017, 2018 et 2020, 69 % des cambriolages ont donné lieu à un dépôt de plainte en France.
c. En moyenne en 2017, 2018 et 2020, il y a eu 69 % de cambriolages en France.

Surlignez sur le document les données pertinentes pour répondre au sujet. N'oubliez pas de mesurer les écarts en points de %.

- **Rédiger votre réponse**

Rédigez un paragraphe AI « Affirmer, Illustrer » sans explicitation : vous affirmez le constat puis vous l'illustrez avec les données pertinentes que vous avez collectées.

Fiche méthode n° 1 p. 318 *Construire une argumentation*

Corrigé hachette-clic.fr/23ses1167

PARTIE 3 RAISONNEMENT S'APPUYANT SUR UN DOSSIER DOCUMENTAIRE 10 PTS

SUJET **À l'aide de vos connaissances et du dossier documentaire, vous montrerez que différents processus sociaux sont à l'origine de la déviance.**

Guide méthodologique
hachette-clic.fr/23ses1168

DOC 1 Enquête sur la fréquence des contrôles d'identité en 2016 (en %)

« Au cours des 5 dernières années, combien de fois avez-vous eu personnellement un contrôle d'identité par la police ou la gendarmerie ? »

	Jamais	1 à 5 fois	Plus de 5 fois	Total
Selon l'âge				
18-24 ans	60,8	29,8	9,4	100
25-34 ans	77,6	18,5	3,9	100
35-44 ans	84,1	14,3	1,7	100
45-54 ans	86,9	10,7	2,3	100
55-64 ans	91,9	7,8	0,3	100
65-79 ans	93,9	6,1	0	100
Selon la couleur de la peau perçue				
Perçu comme arabe	51,5	26,7	21,9	100
Perçu comme noir	47	40,1	12,9	100
Perçu comme blanc	82,6	15,5	2	100

Note : le total n'est pas toujours égal à 100 du fait des arrondis.
Champ : Ensemble de la population interrogée (5 117 personnes) âgée de 18 à 79 ans en France métropolitaine, en 2016.
Source : D'après « Enquête sur l'accès aux droits. Relations police/population, le cas des contrôles d'identité », *Le Défenseur des droits*, 2017.

DOC 2

Traiter une personne qui est déviante sous un rapport comme si elle l'était sous tous les rapports, c'est énoncer une prophétie[1] qui contribue à sa propre réalisation. Ainsi, se mettent en branle divers mécanismes qui concourent à modeler la personne sur l'image qu'en ont les autres. D'abord, la participation à des groupes plus respectueux des normes conventionnelles tend à devenir impossible, même lorsque les conséquences de l'activité déviante en question n'auraient par elles-mêmes jamais entraîné l'isolement de son auteur, si [l'activité déviante] n'avait pas été publiquement connue et n'avait suscité de réactions […]. Quand le déviant se fait prendre, il est traité selon le diagnostic porté par le sens commun sur les raisons de sa conduite, et ce traitement lui-même peut en outre contribuer à amplifier sa déviance […]. On peut formuler ce problème d'une manière plus générale : la manière dont on traite les déviants équivaut à leur refuser les moyens ordinaires d'accomplir des activités routinières de la vie quotidienne.

Howard Becker, *Outsiders. Études de sociologie de la déviance* [1963], Éditions Métailié, 1985.

1. Annonce, prédiction d'un évènement futur.

DOC 3 Récidive des condamnés pour crime selon la nature du crime et de la peine, en 2019 (en %)

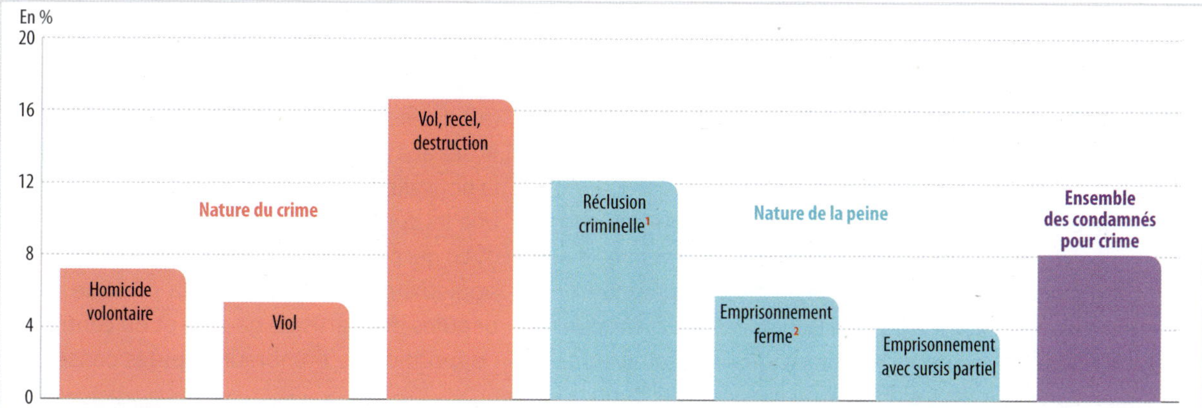

1. Emprisonnement pour un crime.
2. Emprisonnement pour un délit.

Lecture : En 2019, 7,2 % des personnes condamnées pour homicide volontaire sont en état de récidive légale.
Champ : France, condamnés pour crime en 2018. Source : ministère de la Justice, SDSE.

SUJET

Les données de la police et de la gendarmerie sont-elles suffisantes pour mesurer le niveau de la délinquance en France ?

DOC 1 Évolution des atteintes à la personne enregistrées par les services de sécurité de 2010 à 2019

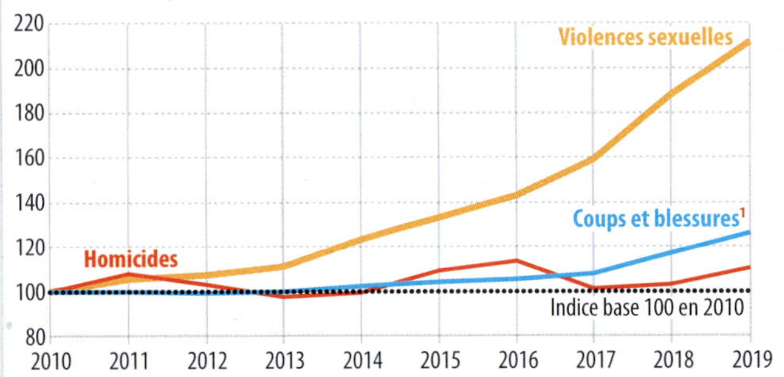

1. Coups et blessures volontaires sur personne de 15 ans ou plus.

Champ : France.

Source : SSMSI, base des crimes et délits enregistrés par la police et la gendarmerie et INSEE, Sécurité et société, 2021.

DOC 2 Violences au sein du ménage : déclaration aux autorités (2011-2018)

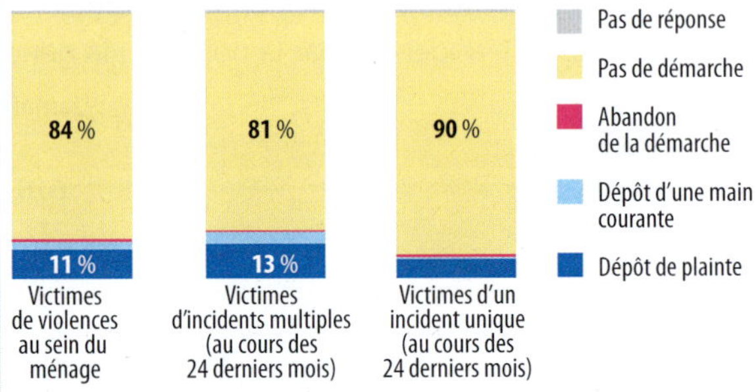

Lecture : en moyenne entre 2011 et 2018, parmi les victimes de violences au sein du ménage, 11 % ont déposé plainte.
Champ : personnes de 18-75 ans vivant en ménage en France métropolitaine, incident le plus récent.
Source : « Les violences physiques et/ou sexuelles au sein du ménage », Enquête Cadre de vie et sécurité, ONDRP, 2019.

DOC 3 Taux de dépôt de plainte : proportion de victimes déclarées ayant déposé plainte (en %)

	2009-2013	2014-2018	Évolution (en points de %)
Cambriolages « réalisés »	78	72	-6
Tentatives de cambriolages	32	31	-1
Actes de vandalisme contre le logement	10	11	1
Vols de voiture	92	91	-1
Tentatives de vols de voiture	38	37	-1
Vols à la roulotte (dans la voiture)	48	44	-4
Vols d'accessoires de véhicules (sur la voiture)	17	16	-1
Actes de vandalisme contre la voiture	20	18	-2
Vols et tentatives de vol de deux-roues à moteur	55	55	0
Vols et tentatives de vol de vélos	17	20	3
Escroqueries bancaires	–	25	–
Vols et tentatives de vols avec violence ou menaces	33	40	7
Vols et tentatives de vols sans violence ou menaces	33	32	-1
Violences physiques hors ménage (hors situation de vol)	26	25	-1
Violences sexuelles hors ménage[1]	8	15	7
Violences physiques ou sexuelles au sein du ménage	11	11	0

1. L'effectif de victimes concernées dans l'échantillon est faible. La statistique associée n'est donc pas robuste et est seulement fournie à titre indicatif.

Champ : France métropolitaine.

Source : INSEE-SSMSI, enquêtes Cadre de vie et sécurité 2010 à 2019.

DOC 4

L'avortement est une pratique de régulation de la fécondité qui a probablement toujours existé et qui est traitée de façons très diverses selon les pays. Toléré, voire institué dans nombre de sociétés anciennes, il a par la suite souvent été criminalisé et assimilé à l'infanticide, sous l'influence notamment des églises. En France, […] avec le code pénal de 1810, l'avortement est en effet passible de la cour d'assises, puni de prison, voire de travaux forcés. Il est alors renvoyé vers des pratiques clandestines souvent dangereuses pour la santé. Nombre de sages-femmes le pratiquent, on les appellera longtemps les « faiseuses d'anges » […]. Le régime de Vichy, traditionnaliste, familialiste et nataliste, durcit et dramatise encore la question de l'avortement que la loi du 15 février 1942 punit de la peine de mort […]. À la Libération, si cette loi est abrogée, les poursuites atteignent néanmoins leur maximum et plusieurs milliers de femmes sont encore condamnées dans les années 1950. Les mouvements féministes et médicaux comme le Planning familial (fondé en 1960) vont cependant gagner du terrain au fil des ans […]. Après l'élection présidentielle de 1974, la nouvelle ministre de la Santé, Simone Veil, prépare une loi sur « l'interruption volontaire de grossesse » (IVG) qui sera votée le 17 janvier 1975 après un débat houleux, grâce aux voix de la presque totalité des députés des partis de gauche et du centre et malgré l'opposition de nombreux députés conservateurs.

Laurent Mucchielli, *Sociologie de la délinquance*, Armand Colin, 2018.

GUIDAGE MÉTHODOLOGIQUE

Fiche Bac n° 2 p. 332 *La dissertation*

Guide méthodologique complet
hachette-clic.fr/23ses1169

ÉTAPE 5 Rédiger l'introduction du sujet de dissertation

- **L'introduction**, quels que soient le sujet ou la discipline, est composée de **quatre éléments incontournables**, répartis en paragraphes (avec un retour à la ligne à chaque fois) :

1er paragraphe :
présentation du sujet (accroche ou mise en contexte) ;

2e paragraphe :
– **définition brève des notions** du sujet ;
– **questionnement** du sujet (résume la phase de questionnement ▸ **Étape 1**) ;
– **annonce de la problématique** qui indique comment le sujet est interprété (et qui découle de la phase de questionnement ▸ **Étape 1**) ;

3e paragraphe :
annonce des grands axes du plan.

L'accroche est facultative. Attention aux mauvaises accroches du type : « De tout temps, l'Homme… » Mieux vaut pas d'accroche qu'une mauvaise accroche !

En SES, l'accroche est souvent une référence à l'actualité ou, par défaut, une citation/une donnée que vous prenez dans le dossier documentaire (sans développer).

- **Repérez les points forts et les points faibles** de l'introduction suivante écrite par un élève, puis proposez des améliorations.

> Les médias évoquent souvent une hausse de la délinquance en France. La délinquance se caractérise par le non-respect d'une norme juridique, c'est-à-dire inscrite dans le droit, un règlement intérieur, etc. La mesure de la délinquance se fait notamment à partir du nombre de plaintes déposées. À ce titre, les données de la police et de la gendarmerie sont une source importante pour mesurer le niveau de la délinquance en France.
> Mais ces données sont-elles suffisantes pour mesurer la délinquance ?
> Pour répondre à cette question, nous étudierons d'une part ce sur quoi ces données nous renseignent ainsi que leurs limites, puis nous verrons d'autre part qu'il existe d'autres sources statistiques en complément, pour pallier ce que les sociologues ont appelé « le chiffre noir de la délinquance ».
> Nous utiliserons pour cela trois documents statistiques et un texte.

La problématique n'est pas forcément formulée sous forme de question. Elle peut se présenter ainsi : « Nous nous demandons… » ou « Traiter ce sujet nécessite de se demander si… / comment… ».

- **Rayez les accroches maladroites** dans la liste proposée en justifiant, puis choisissez celle qui a votre préférence en justifiant également.

> a) La délinquance correspond au non-respect des normes juridiques.
> b) La délinquance est un phénomène difficile à mesurer.
> c) La délinquance a toujours existé dans le monde entier.
> d) Si les statistiques de la police et de la gendarmerie sont une source essentielle pour la mesure de la délinquance, elles ne sont pas suffisantes car subsiste un « chiffre noir ».

- **Choisissez une citation ou une donnée** extraite de l'un des quatre documents pour formuler votre accroche.

- **Rédigez l'introduction** du sujet de dissertation en suivant le guidage proposé.

9

Comment se forme et s'exprime l'opinion publique ?

NOTIONS À DÉCOUVRIR

- Opinion publique
- Démocratie
- Sondage
- Démocratie d'opinion
- Participation électorale
- Communication politique

NOTIONS DE 2de

- Partis politiques
- Médias
- Enquête

DÉCOUVRIR PAR LA VIDÉO

« Présidentielles : les sondages influencent-ils les électeurs sur le choix de leur candidat ? », *Le Figaro*, 19 décembre 2021.

▶ Extrait jusqu'à 2:12

Vidéo hachette-clic.fr/23ses1170

- Pourquoi est-il nécessaire de réguler les instituts de sondage ?

DÉCOUVRIR PAR LES DONNÉES

71 % des Français estiment que les sondages n'influencent pas leur vote à une élection présidentielle.

64 % des Français estiment que les sondages ne sont pas fiables.

56 % des Français pensent qu'il y a trop de sondages sur les intentions de vote.

29 % des Français aimeraient que les sondages sur les intentions de vote soient interdits un mois avant le premier tour de la présidentielle.

D'après une enquête réalisée entre les 2 et 3 novembre 2021 par l'institut de sondage Yougov pour le *Huffington Post* sur 1 000 personnes représentatives de la population française, âgées de 18 ans et plus.

1. Selon vous, pourquoi l'opinion des Français sur les sondages est-elle si négative ?
2. Montrez qu'il y a une contradiction entre les différents résultats présentés par ce sondage.

DÉCOUVRIR PAR LES RÉSEAUX SOCIAUX

Anne Hidalgo 7 avril 2022

Soyez libres, ouvrez la fenêtre et regardez au-delà des **sondages** qui tentent de vous enfermer dans quelque chose qui ne reflète pas de la réalité.

Dimanche, votez pour vos convictions !

#JeVoteHidalgo #Hidalgo2022

Valérie Pécresse 3 avril 2022

Les Français, et eux seuls, font l'élection. Jamais les **sondages**. La seule chose qui compte, c'est la voix du peuple de France. Et le peuple de France est un peuple libre, impatient de tourner la page de ce quinquennat pour presque rien.

#PécressePrésidente

Jean-Luc Mélenchon 17 octobre 2021

Ne vous laissez pas impressionner par les **sondages**. Dites-vous que nous n'avons qu'une seule chose à faire, qui est notre responsabilité individuelle et collective, aller chercher les nôtres à la maison pour qu'ils viennent voter. Car s'ils votent, on a gagné.

D'après des tweets publiés entre 2021 et 2022 par des candidat(e)s à l'élection présidentielle des 10 et 24 avril 2022.

1. Dans ces tweets, comment ces candidates et ce candidat à l'élection présidentielle considèrent-ils les sondages ?
2. Tous disent de ne pas écouter les sondages. Pensez-vous qu'eux-mêmes n'y accordent pas d'importance ? Justifiez votre réponse.

DOSSIER 1 Comment l'opinion publique a-t-elle évolué depuis le XVIIIe siècle ?

OBJECTIF Comprendre que l'émergence de l'**opinion publique** est indissociable de l'avènement de la **démocratie**.

DOC 1 POUR COMMENCER

Quelques représentations de l'opinion publique

Lecture dans un salon, dit *La Lecture de Molière*, Jean-François de Troy, vers 1728.

La grève au Creusot, Jules Adler, 1899.

DÉFINITION

Opinion publique
Construction politique et médiatique, historiquement située, de ce que pense la population.

Une représentation de l'opinion publique aujourd'hui.

1. Pourquoi peut-on dire que ces trois illustrations représentent chacune à leur manière l'opinion publique ?
2. Quelles différences peut-on faire entre ces trois représentations de l'opinion publique ?
3. Dans la dernière image, pourquoi peut-on dire que l'opinion publique s'exprime désormais individuellement ?

DOC 2

Une opinion publique restreinte au XVIIIe siècle

En France, on peut dater du milieu du XVIIIe siècle la diffusion de l'emploi de l'expression « opinion publique » (ou, dans un sens très proche, celle d'« esprit public ») que l'on retrouve alors fréquemment dans les écrits des philosophes et des gens de lettres, mais aussi des agents éclairés du pouvoir monarchique. Si on la trouve aussi parfois sous la plume des contempteurs[1] des Lumières, l'expression « opinion publique » émerge surtout comme l'un des principaux instruments théoriques de la contestation anti-absolutiste[2]. [...] Cependant, il convient tout de suite de préciser que, pour les penseurs du temps et leurs commentateurs assidus, l'opinion publique n'est pas le peuple. Du moins, pas la « populace » miséreuse et illettrée des villes. Et encore moins le peuple des campagnes, perçu par les élites d'alors comme un monde abandonné par les nobles et l'esprit de civilisation qu'ils y apportaient. [...] Dans l'imaginaire des philosophes, l'opinion publique est donc celle des gens de lettres et de leurs lecteurs, « l'ensemble du public qui lit » dit Kant dans *Qu'est-ce que les Lumières ?* (1784). [...] Dans les salons, les académies, les sociétés, s'organise toute une socialité mondaine – constituée à distance et, souvent, en opposition à la cour [...]. Initialement passionnée par les débats esthétiques et intellectuels, ce n'est que progressivement que cette société bourgeoise se dresse face au pouvoir.

Philippe Aldrin, Nicolas Hubé [politistes],
Introduction à la communication politique,
De Boeck Supérieur, 2022.

1. Personnes qui méprisent, dénigrent.
2. Qui s'oppose à l'absolutisme, régime où tous les pouvoirs sont concentrés dans les mains d'une seule personne (roi, chef d'État) sans contrôle extérieur.

1. Qui représente l'opinion publique naissante au XVIIIe siècle ?
2. Comment l'opinion publique conteste-t-elle ici l'absolutisme ?
3. Où cette contestation de l'absolutisme a-t-elle lieu ?

DOC 3 Le rôle de la presse et de la propagande dans l'affaire Dreyfus

La loi du 29 juillet 1881 sur la liberté de la presse, l'essor de l'alphabétisation ainsi que l'invention de la presse rotative au XIXe siècle vont permettre l'essor de la presse écrite et des journaux de propagande. Ceux-ci vont jouer un rôle essentiel sur l'opinion publique dans l'affaire Dreyfus.

REPÈRE

L'affaire Dreyfus

Elle débute en 1894 par la condamnation du capitaine Dreyfus pour trahison. À cette date, où l'antisémitisme domine en France, l'opinion de la classe politique française est très défavorable à Dreyfus. Il faut attendre la publication de l'article « J'accuse » par Émile Zola en 1897 pour que les rangs des dreyfusards s'élargissent. L'affaire Dreyfus devient alors une affaire d'État qui divise la société française.

Affiche publiée en 1898 dans le journal dreyfusard *Le Siècle*.

Affiche antidreyfusarde publiée par la Ligue des patriotes, en 1898.

1. À la fin du XIXe siècle, quelles transformations permettent de modifier l'opinion publique ?
2. En reprenant des éléments des deux affiches, montrez comment la presse a contribué à diviser l'opinion publique à propos de l'affaire Dreyfus.

DOC 4 L'élargissement de l'opinion publique aux XIXe et XXe siècles

L'instauration du suffrage universel rend indispensable la consultation des gouvernés dans la vie politique. La démocratie parlementaire fondée sur le principe de la représentation politique conduit néanmoins à une intervention limitée des électeurs dont la principale intervention s'exerce par le bulletin de vote. Un certain nombre de transformations sociales permettent, dès la première moitié du XXe siècle, l'émergence d'une « nouvelle » opinion publique qui s'étend, cette fois, à l'expression de l'ensemble du corps électoral. Le développement des moyens de communication de masse et notamment l'importance de la télévision, le recours croissant à l'outil informatique, les perfectionnements des méthodes statistiques, le développement du marketing… toutes ces évolutions contribuent à rendre légitime l'interrogation de la population que l'on peut, grâce aux techniques nouvelles, atteindre directement. Dans cet esprit, les sondages peuvent être considérés comme un auxiliaire appréciable de la démocratie puisque les autorités politiques sont immédiatement informées des réactions que leurs décisions suscitent chez leurs électeurs. […] L'avènement des sondages s'apparenterait alors à un triomphe de la démocratie directe puisque la population pourrait désormais trancher directement les débats politiques sans dépendre des intermédiaires que sont les professionnels de la politique.

Philippe Riutort [politiste], *Premières leçons de sociologie*, PUF, 2018.

1. Pourquoi la proclamation du suffrage universel masculin a-t-elle été une étape décisive dans la transformation de l'opinion publique ?
2. Au XXe siècle, comment l'opinion publique est-elle modifiée par l'avènement des sondages ?

REPÈRE

Le suffrage universel en France

En France, le droit de vote universel masculin est proclamé par un décret en 1848. Le nombre d'électeurs passe subitement de 250 000 à plus de 10 millions. Mais ce n'est qu'en 1944 que les femmes majeures obtiennent également le droit de vote.

S'entraîner

1 S'autoévaluer CORRIGÉS P. 338

Complétez le schéma avec les éléments suivants : du plus grand nombre • les sondages • démocratie • des élites éclairées • les médias.

XVIIIe Opinion publique = opinion ....
Moyens : salons, publications savantes

→

XXe Opinion publique = opinion ....
Moyens : ...., ...

2 Mobilisation des connaissances (BAC)

Montrez que l'opinion publique n'a pas toujours été entendue comme l'opinion du plus grand nombre.

DOSSIER 2 Comment l'opinion publique est-elle mesurée ?

OBJECTIF Comprendre les principes et les techniques des **sondages**.

DOC 1 POUR COMMENCER La fabrication des sondages

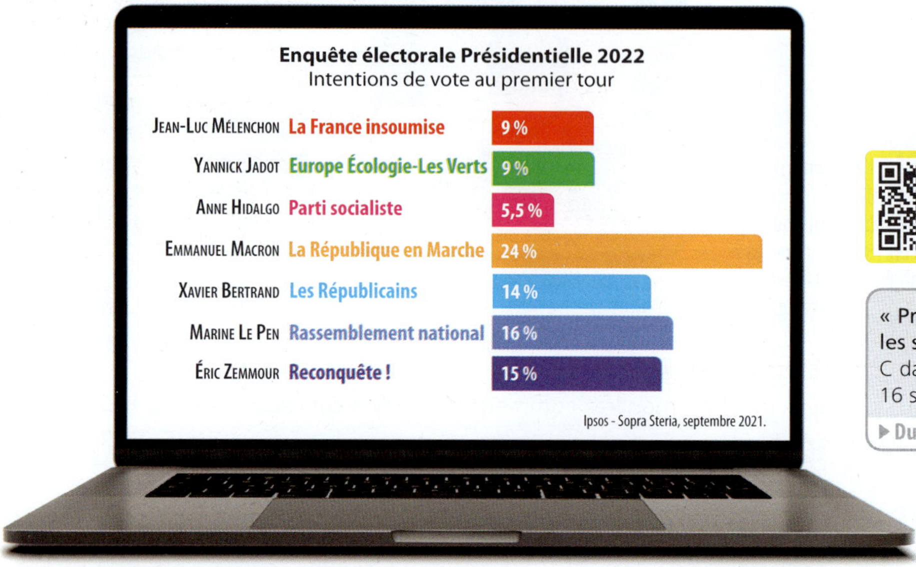

Vidéo hachette-clic.fr/23ses1171

« Présidentielles : comment les sondages sont-ils réalisés ? », C dans l'air, France Télévisions, 16 septembre 2021.
▶ Durée 4:09

1. Par qui sont réalisés les sondages politiques ?
2. Comment est constitué l'échantillon des personnes interrogées ?
3. Pourquoi les sondeurs « redressent-ils » les réponses recueillies ?

DÉFINITION

Sondage
Méthode statistique qui vise à connaître les caractéristiques d'une population – par exemple ses opinions (sondage d'opinion) ou son vote (sondage électoral) – à partir de l'interrogation d'une partie de cette population (échantillon).

DOC 2 Des « votes de paille » aux sondages

Avant même l'apparition des sondages, plusieurs méthodes rationalisées existent pour tenter de saisir l'opinion publique. La plus célèbre de ces méthodes voit le jour dans les États-Unis des années 1850, marquées par le développement d'une presse d'opinion très massivement diffusée dans le pays. Il s'agit des « votes de paille » ou « *straw poll* », dont l'objectif est de mener une consultation électorale avant l'échéance politique officielle. Les électeurs doivent alors retourner un coupon au journal en indiquant leur vote, et les journalistes complètent ces données en allant interroger des personnes dans la rue ou les cafés. La notion de représentativité est évidemment totalement absente de cette opération, mais on peut rapprocher l'ambition de celle que mettront par la suite en avant les sondeurs : rendre compte de l'avis majoritaire d'une population en n'en interrogeant seulement une partie.

Cette technique voit cependant son hégémonie prendre fin en 1936, à l'occasion des élections présidentielles. La revue *Literary Digest* réalise alors un « vote de paille » en envoyant vingt millions de bulletins et prévoit la victoire de Landon sur Roosevelt. De son côté, un certain George Gallup, avec son institut, prédit l'élection de Roosevelt à 56 % à partir d'un échantillon plus rigoureusement constitué, mais de seulement quelques milliers de personnes. Au final, Roosevelt remportera l'élection avec 62 % des voix. Cette victoire est alors autant celle du Président Roosevelt que de la méthode moderne des sondages.

Hugo Touzet [politiste], « Une brève histoire de l'opinion publique », *The Conversation*, 17 octobre 2018.

1. Qu'est-ce que la méthode des « votes de paille » utilisée aux États-Unis avant l'apparition des sondages ?
2. Pourquoi peut-on dire que l'élection présidentielle américaine de 1936 constitue une victoire des sondages ?
3. Quel est l'intérêt des sondages par rapport aux votes de paille ?

3 EXERCICE Les différents types de sondages

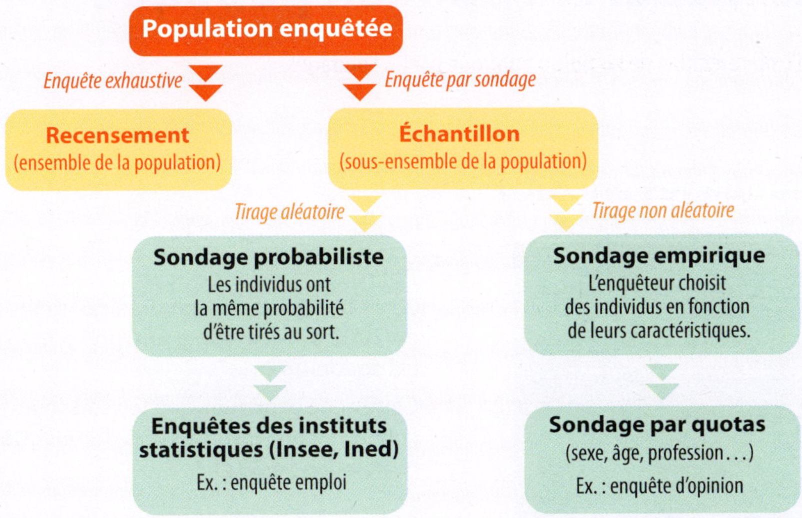

REPÈRE

Le sondage par quotas

Les enquêtes d'opinion utilisent majoritairement la technique du sondage par quotas. Elle consiste à construire un échantillon qui reproduit les caractéristiques sociodémographiques de la population enquêtée (même proportion de femmes et d'hommes, d'âges, de professions…). Ces sondages sont aujourd'hui très largement réalisés en ligne à partir d'un panel constitué par les instituts de sondage ou par des entreprises spécialisées.

1. Qu'est-ce qui distingue une enquête par sondage d'un recensement ?
2. Quelles sont les deux façons de construire un échantillon ?
3. Pourquoi parle-t-on de « sondages par quotas » pour les enquêtes d'opinion ?

DOC 4 Évolution du nombre de sondages réalisés pour l'élection présidentielle

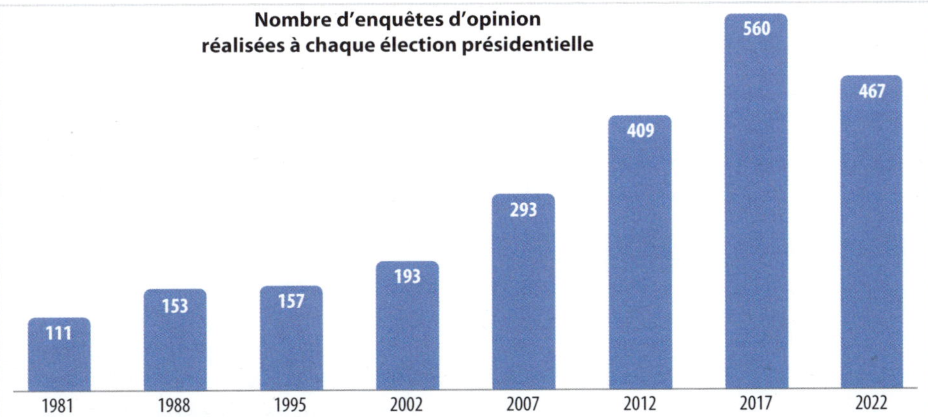

Note : La légère baisse du nombre de sondages en 2022 s'explique par l'absence de primaires ouvertes. Une primaire ouverte est un mode de désignation d'un candidat par les sympathisants d'un parti politique.

Source : Commission des sondages et Sénat.

REPÈRE

La régulation des sondages en France

La Commission des sondages a été créée en 1977 pour veiller à la transparence dans l'élaboration des sondages. Elle veille au respect de la réglementation, notamment l'interdiction de diffusion de tout sondage électoral la veille de chaque élection.

1. À l'aide d'un calcul approprié, mesurez l'évolution du nombre de sondages entre l'élection présidentielle de 1981 et celle de 2022. Rédigez une phrase avec votre résultat.
2. Comment expliquer la forte augmentation du nombre de sondages pendant les campagnes présidentielles ?

S'entraîner

1 S'autoévaluer CORRIGÉS P. 338

Vrai ou faux ?

1. Les sondages d'opinion interrogent l'ensemble de la population française en âge de voter.
2. Les sondages d'opinion utilisent majoritairement la méthode des quotas.
3. En 1936, la méthode du vote de paille a permis de prédire le résultat de l'élection présidentielle américaine.
4. La plupart des sondages d'opinion sont désormais réalisés sur Internet.
5. Le nombre de sondages réalisés pour l'élection présidentielle est constant depuis 1981.

2 Mobilisation des connaissances BAC

Présentez la méthode de réalisation d'un sondage d'opinion.

DOSSIER 3 Les sondages sont-ils fiables pour mesurer l'opinion publique ?

OBJECTIF Comprendre les débats relatifs à l'interprétation de l'**opinion publique** par les **sondages**.

DOC 1 POUR COMMENCER
L'échec cuisant des sondages en 2002

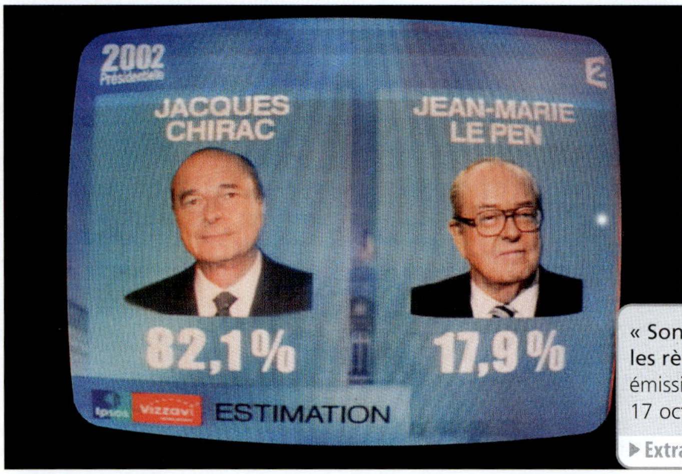

« Sondages : faut-il changer les règles » ? »,
émission Sens Public, Public Sénat, 17 octobre 2022.
▶ Extrait jusqu'à 2:20

Vidéo hachette-clic.fr/23ses1172

1. Pourquoi le score de Jean-Marie Le Pen au 1er tour de l'élection présidentielle de 2002 a-t-il été mal anticipé par les sondeurs ?
2. Comment expliquer que les sondeurs se soient encore trompés lors des élections régionales de 2021 ?

DOC 2 La marge d'erreur des sondages

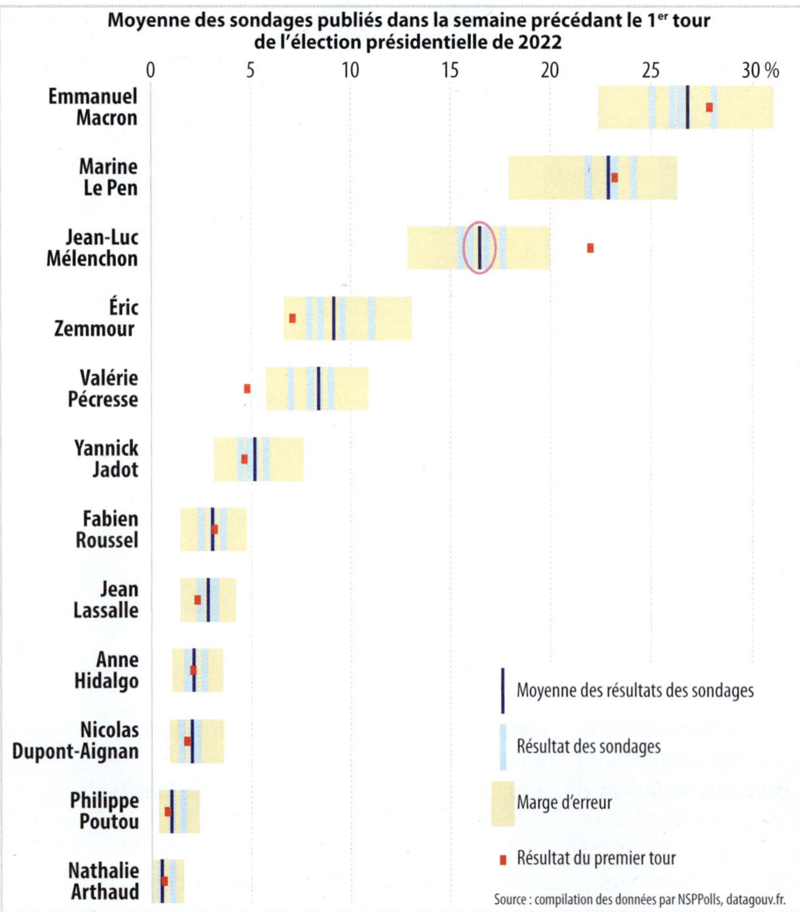

D'après Alice Clair et Julien Guillot [journalistes], « Ce que disaient les sondages à quelques jours des précédentes élections présidentielles », *Libération*, 8 avril 2022.

1. Rédigez une phrase présentant la signification précise de la donnée entourée, en exprimant l'ampleur de la marge d'erreur.
2. Comment un échantillon trop petit peut-il fausser les résultats ?
3. Pourquoi n'était-il pas possible de prédire de façon certaine le trio de tête au 1er tour de l'élection présidentielle de 2022 à partir des sondages réalisés la semaine précédant le scrutin ?

REPÈRE

La marge d'erreur des sondages

La marge d'erreur est une estimation de l'étendue que pourraient prendre les résultats d'un sondage si l'on recommençait l'enquête. Elle dépend du résultat obtenu et de la taille de l'échantillon. Plus l'échantillon est grand, plus la marge d'erreur est faible.
Par exemple, pour un échantillon de 1 000 personnes interrogées et un résultat de 10 %, la marge d'erreur s'élève à 1,8 point de pourcentage. En recommençant le sondage, les résultats pourraient donc être compris entre 8,2 % et 11,8 % (10 % plus ou moins 1,8 point).

DOC 3 L'influence de la formulation des questions

Question : Concernant le fonctionnement du modèle social français[1], de laquelle des opinions suivantes êtes-vous le plus proche ?
Ensemble des Français, en %

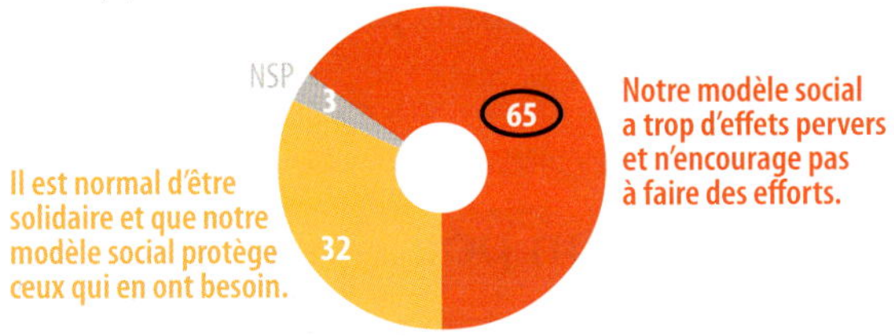

1. Le modèle social français désigne l'ensemble du système de protection sociale de l'État. Il comprend principalement le système de retraite, la prise en charge des soins et l'assurance chômage.

Source : D'après sondage Elabe réalisé auprès de 1 000 personnes résidant en France métropolitaine âgées de 18 ans et plus, du 4 au 5 octobre 2022.

Question : Concernant le système d'assurance-chômage aujourd'hui en France, diriez-vous qu'il fonctionne… ?
Ensemble des Français, en %

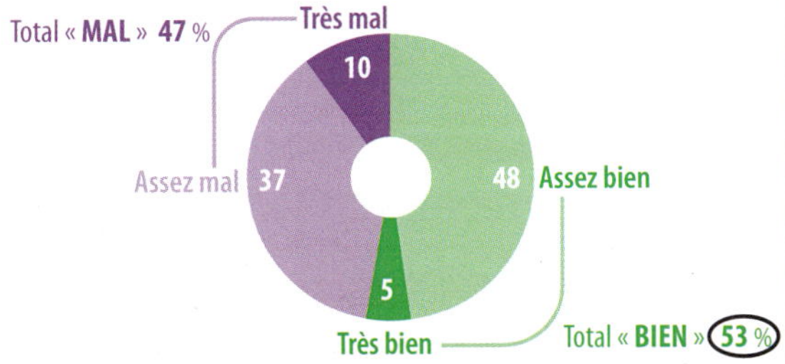

Source : D'après sondage Elabe réalisé auprès de 1 000 personnes résidant en France métropolitaine âgées de 18 ans et plus, du 1er au 3 août 2022.

1. Rédigez une phrase présentant la signification précise de chaque donnée entourée.
2. Le sondage de gauche propose aux personnes sondées des opinions préétablies. Quel problème cela pose-t-il ?

DOC 4 L'opinion publique existe-t-elle ?

Toute enquête d'opinion suppose que tout le monde peut avoir une opinion ; ou, autrement dit, que la production d'une opinion est à la portée de tous. Quitte à heurter un sentiment naïvement démocratique, je contesterai ce premier postulat.

Deuxième postulat : on suppose que toutes les opinions se valent. Je pense que l'on peut démontrer qu'il n'en est rien et que le fait de cumuler des opinions qui n'ont pas du tout la même force réelle conduit à produire des artefacts[1] dépourvus de sens.

Troisième postulat implicite : dans le simple fait de poser la même question à tout le monde se trouve impliquée l'hypothèse qu'il y a un consensus sur les problèmes, autrement dit qu'il y a un accord sur les questions qui méritent d'être posées.

Ces trois postulats impliquent, me semble-t-il, toute une série de distorsions qui s'observent lors même que toutes les conditions de la rigueur méthodologique sont remplies dans la recollection et l'analyse des données. […]

Le sondage d'opinion est, dans l'état actuel, un instrument d'action politique ; sa fonction la plus importante consiste […] à imposer l'idée qu'il existe quelque chose qui serait comme la moyenne des opinions ou l'opinion moyenne. […] Cette opinion publique est un *artefact* pur et simple dont la fonction est de dissimuler que l'état de l'opinion à un moment donné du temps est un système de forces, de tensions et qu'il n'est rien de plus inadéquat pour représenter l'état de l'opinion qu'un pourcentage.

Pierre Bourdieu [sociologue], *Questions de sociologie*, Éditions de minuit, 1984.

1. Objets fabriqués.

1. Quels sont les trois postulats (principes) énoncés par Pierre Bourdieu pour critiquer les enquêtes d'opinion ?
2. Pourquoi Pierre Bourdieu considère-t-il que l'opinion publique ainsi construite est un « artefact » ?
3. À quoi servent alors les sondages d'opinion ?

S'entraîner

1 S'autoévaluer CORRIGÉS P. 338

Choisissez la bonne réponse :

1. Il arrive [souvent / très rarement / jamais] aux sondages de se tromper dans leurs prédictions.
2. Il faudrait [toujours / parfois / jamais] présenter la marge d'erreur avec le résultat d'un sondage.
3. La formulation d'une question a une influence [forte / faible / nulle] sur les résultats d'un sondage.

2 Étude d'un document BAC

1. À l'aide des données du document 3, comparez les opinions positives sur le modèle social français et le fonctionnement de l'assurance chômage.
2. À l'aide du document 3 et de vos connaissances, montrez que la fiabilité des sondages peut être discutée.

DOSSIER 4 Comment les sondages transforment-ils la démocratie ?

OBJECTIF Comprendre comment le recours fréquent aux sondages d'opinion contribue à forger l'opinion publique et modifie l'exercice de la démocratie (**démocratie d'opinion**) et de la vie politique (contrôle des gouvernants, **participation électorale**, **communication politique**).

DOC 1 POUR COMMENCER — Les sondages transforment la communication politique

Stéphane Le Foll (PS), Marine Le Pen (RN) et Nicolas Sarkozy (LR), 22 mars 2015, 1er tour des élections départementales.

Aurore Gorius, Vincent Sorel et Vincent Mahé, *À l'oreille des politiques* (extrait), Lesjours.fr et La Revue dessinée, février 2022.

1. Où ces phrases ont-elles été prononcées par ces personnalités politiques ?
2. D'après vous, par qui et pourquoi ces « éléments de langage » sont-ils écrits ?
3. Quels effets l'usage d'éléments de langage par chaque camp politique produit-il dans le débat médiatique ?

DOC 2 Une démocratie d'opinion ?

De ces deux âges [la démocratie des notables puis la démocratie des partis], je distingue le troisième âge du gouvernement représentatif que j'appelle « démocratie du public » [encore appelée « démocratie d'opinion » par d'autres auteurs]. Ce qui caractérise ce nouvel âge, c'est d'abord le nouveau type d'élite qui est sélectionné. Il ne s'agit plus des élites de la notabilité, ni du talent organisationnel et du dévouement militant, mais des élites de la communication, qui ont la capacité de véhiculer des messages et de les faire recevoir. Deuxièmement, la liberté d'action des représentants se manifeste par le fait que les programmes politiques sont de moins en moins précis. Les partis ne présentent plus aux électeurs des listes de mesures précises, mais plutôt des orientations générales, voire des images. Troisième élément, le clivage entre les partis politiques n'est plus le reflet condensé de tous les clivages de la société. Sur de multiples questions, telles que la sécurité ou la reconnaissance de l'homosexualité, pour prendre deux exemples français, les clivages ne se situent pas entre les partis, mais à l'intérieur de chaque parti. Enfin, le dernier élément de cette forme : le lieu de la discussion publique se déplace. Celle-ci n'est plus ni renfermée dans l'enceinte du Parlement, ni restreinte aux partis politiques. Elle se déroule dans un espace plus vaste, de structure différente, celui des médias.

Bernard Manin [politiste], entretien avec Hugues Jallon, « La démocratie n'est pas un système apaisé », *Mouvements*, n° 18, 2001.

Les trois âges de la démocratie représentative (d'après Bernard Manin)

Démocratie des notables — Parlementarisme — XIXe siècle ▶▶ **Démocratie des partis** — XXe siècle ▶▶ **« Démocratie d'opinion »** — Démocratie du public — Depuis 1980

1. En quoi les élites politiques de la démocratie d'opinion diffèrent-elles des âges précédents de la démocratie représentative ?
2. Quels sont les quatre caractéristiques de la démocratie d'opinion selon Bernard Manin ?
3. Pourquoi les sondages et les médias ont-ils une influence plus forte dans ce type de démocratie ?

3 EXERCICE Les effets des sondages sur la participation électorale

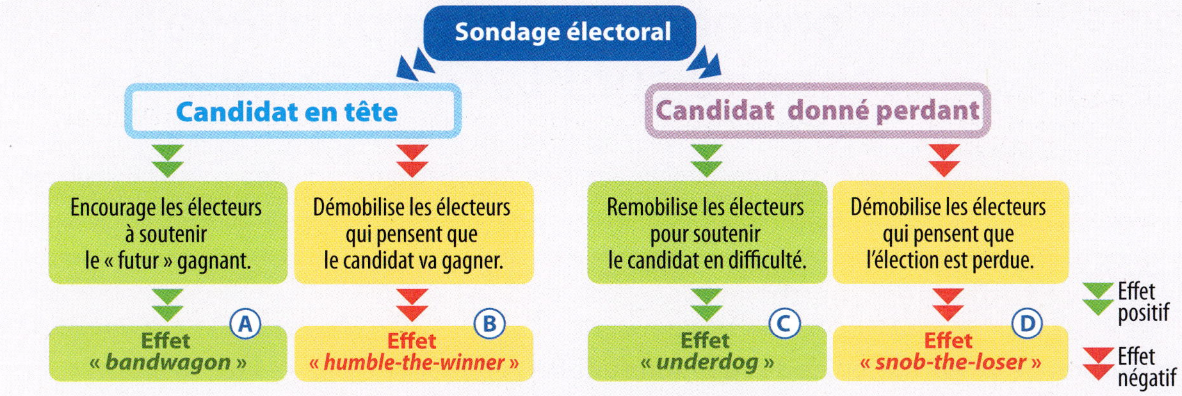

1. Indiquez à quel type d'effet (A, B, C ou D) correspondent les situations suivantes :
   a) Anthony pense que son candidat va perdre et encourage son entourage à voter pour lui.
   b) Élise hésite entre deux candidats et se décide finalement à voter pour le candidat annoncé en tête.
   c) Aminata soutient un candidat, dernier dans les sondages. Elle décide de s'abstenir.
   d) Guillaume hésite entre deux candidats et choisit de soutenir le moins bien placé des deux.
2. La publication de sondages électoraux favorise-t-elle la participation électorale ? Justifiez.

DOC 4 L'influence des sondages sur la sélection des candidats

Les baromètres sur les intentions de vote contribuent souvent à la sélection des candidats au sein des partis. Prenant le contre-pied des cadres du PS, les militants avaient ainsi désigné Ségolène Royal, bien placée dans les sondages, lors de la primaire socialiste de 2006. C'est une conséquence de l'effet « vote utile » que connaissent tous les stratèges politiques. Au moment de déposer son bulletin dans l'urne au premier tour, il conduit certains électeurs à se rallier à la bannière de celui qui a la meilleure chance de figurer parmi une liste de prétendants dont ils se sentent plus ou moins proches. « En 2017, dès que le socialiste Benoît Hamon a été en perte de vitesse dans les estimations, Jean-Luc Mélenchon a progressé, et cette tendance s'est ensuite accentuée », rappelle Emmanuel Rivière. Les études sondagières influent surtout sur la mobilisation des électeurs, des militants, des cadres des partis et sur l'intérêt des médias. […] Inversement, il arrive qu'une série de bons chiffres desserve un prétendant. En annonçant systématiquement un second tour Jospin-Chirac en 2002, c'est-à-dire le Premier ministre et le président sortant, les estimations ont sûrement contribué à l'abstention record de 28,4 % et à la multiplication des candidatures à gauche qui permettront finalement à Jean-Marie Le Pen de créer la surprise.

Olivier Tallès [journaliste], « Présidentielle 2022 : comment les sondages pèsent sur une élection », *la-croix.com*, 25 mars 2022.

1. Montrez que les sondages et les médias influencent le choix des candidat(e)s par les partis politiques.
2. Donnez un exemple récent de candidat(e) dont la sélection a été favorisée par les sondages.

S'entraîner

1 S'autoévaluer CORRIGÉS P. 338

Complétez le tableau avec les mots suivants : démocratie d'opinion • déclin • médias • communication • électeurs • imprécis • candidats • participation électorale.

Effet des sondages sur la démocratie (passage à une ....)				Effet des sondages sur les élections		
.... politique accrue	Programmes politiques	.... des clivages partisans	Emprise des	Effet sur la	Effet sur le choix des	Effet sur la sélection des ....

2 Raisonnement s'appuyant sur un dossier documentaire BAC

À l'aide de vos connaissances et des documents 3 et 4, montrez que le recours fréquent aux sondages peut avoir des effets sur les élections.

ACTIVITÉ 1 Argumenter

OBJECTIFS

Savoirs : opinion publique

Savoir-faire : rédiger un paragraphe argumenté

Comment l'opinion publique a-t-elle changé sur l'IVG en France ?

Votre mission Vous êtes journaliste. Votre rédactrice en chef vous demande de rédiger un paragraphe argumenté (AEI) montrant que le procès de Bobigny en 1972 a contribué à faire basculer l'opinion publique sur l'IVG en France.

ÉTAPE 1 Étudier les documents

DOC 1 L'évolution de la législation et de l'opinion sur l'IVG en France

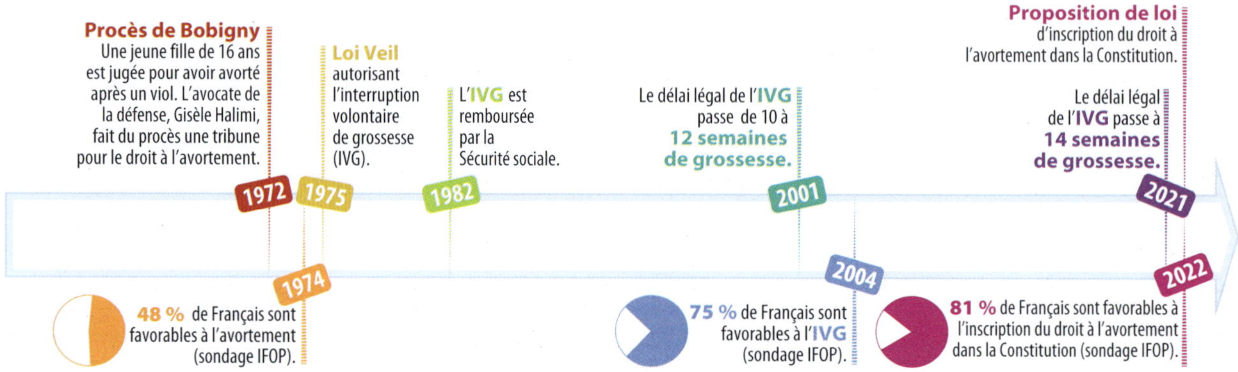

DOC 2 Un évènement majeur pour faire basculer l'opinion publique, le procès de Bobigny

« Procès de Bobigny : le combat de Gisèle Halimi pour légaliser l'avortement », Lumni, 13 mai 2022.

▶ Durée 6:14

Vidéo hachette-clic.fr/23ses1173

REPÈRE

Gisèle Halimi (1927-2020)

Avocate et militante féministe. Dans les années 1970, elle défend des femmes accusées d'avortement illégal ou encore des femmes victimes de viol collectif.

Aidez-vous des questions suivantes pour trouver les explications de votre paragraphe AEI :

1. Quelles caractéristiques de l'« affaire de Bobigny » permettent à Gisèle Halimi d'en faire « le procès de l'avortement » ? (documents 1 et 2)
2. Quelle stratégie Gisèle Halimi met-elle en œuvre lors du procès pour marquer l'opinion publique ? (document 2)
3. Aujourd'hui, comment a évolué l'opinion publique sur l'avortement ? (document 1)

ÉTAPE 2 Rédiger un paragraphe argumenté

4. À l'aide de vos réponses aux questions précédentes, rédigez un paragraphe argumenté (AEI) montrant que le procès de Bobigny en 1972 a contribué à faire basculer l'opinion publique sur l'IVG en France.

Fiche méthode n° 1 p. 318 *Construire une argumentation*

Coup de pouce

Pour que l'ensemble du paragraphe soit cohérent, l'illustration peut être ici un exemple précis d'un fait évoqué en explicitation : une loi récente, un chiffre sur l'opinion publique ou une citation d'un protagoniste du procès (vidéo).

ACTIVITÉ 2 Convaincre

“ Prendre la parole

OBJECTIFS

Savoirs : communication politique

Savoir-faire : lister des arguments, s'exprimer à l'oral

Mobiliser l'opinion publique de la classe

Votre mission Votre professeur(e) de SES souhaite placer une évaluation la semaine prochaine. Vous devez le (la) convaincre que l'évaluation doit avoir lieu plus tard.

ÉTAPE 1 Repérer les étapes d'un discours

« À la tribune », documentaire réalisé par Bénédicte Loubère, LCP-Assemblée nationale, 2021.

▶ Durée 5:58

Vidéo hachette-clic.fr/23ses1174

La ministre de la Justice Christiane Taubira lors du débat sur l'ouverture du mariage aux personnes de même sexe à l'Assemblée nationale, le 29 janvier 2013.

La rhétorique d'un discours est codifiée depuis l'Antiquité par 5 grandes étapes :

1. **L'exorde :** elle commence le discours et doit susciter l'attention et la bienveillance de l'auditoire ; elle peut chercher la proximité avec le public, dramatiser l'enjeu du discours ou créer la surprise.
2. **La narration :** il s'agit d'exposer les faits, de raconter l'histoire qui concerne le sujet évoqué.
3. **L'argumentation :** c'est l'étape essentielle qui énonce les preuves permettant de défendre sa position.
4. **La réfutation :** elle permet de réfuter les arguments adverses en montrant qu'ils sont faux.
5. **La péroraison :** c'est la conclusion du discours ; elle doit le résumer et insister sur son bien-fondé. Elle peut se terminer par une formule permettant d'y poser un point final.

1 Choisissez un sujet du quotidien comme la météo du jour, votre avis sur le dernier film que vous avez vu, un sujet d'actualité, etc.

2 Individuellement, entraînez-vous à rédiger un mini-discours comportant deux phrases pour chaque étape énoncée ci-dessus.

REPÈRE

La rhétorique

La rhétorique est un art, au sens d'un savoir-faire, d'une pratique : celui de convaincre, par le discours, oral ou écrit. Il est au cœur de la vie politique, car il vise à mobiliser l'opinion publique. Cet art a été théorisé dans l'Antiquité par de grands orateurs comme Cicéron (avocat et homme politique, Ier siècle av. J.-C.).

ÉTAPE 2 Préparer son discours

3 À partir des étapes du discours repérées dans la vidéo, rédigez votre discours, par groupe de 3 ou 4 élèves, en ayant pour objectif de convaincre votre professeur(e) et la classe de repousser la prochaine évaluation. Ce discours devra être concis et ne pas dépasser 5 minutes.

4 Lorsque la préparation du discours est terminée, désignez au sein de votre groupe l'orateur ou l'oratrice chargé(e) de le lire devant la classe. Entraînez votre représentant(e) pour qu'il (elle) développe certaines compétences orales : débit de la voix, diction, gestes…

Fiche méthode n° 4 p. 324 *S'exprimer à l'oral*

ÉTAPE 3 Passer à l'oral et voter

5 Chaque élève désigné passe à l'oral pour convaincre de la nécessité de repousser l'évaluation. Quand tous les discours sont passés, chaque groupe doit désigner l'élève qui aura été le plus convaincant, tant sur la forme que sur le fond. Il est interdit de voter pour le représentant de son groupe.

L'ESSENTIEL Comment se forme et s'exprime l'opinion publique ?

1 Comment l'opinion publique a-t-elle évolué depuis le XVIIIe siècle ?

Podcast
hachette-clic.fr/23ses1175

La notion d'**opinion publique** est déjà évoquée dans la pensée antique. Appelée *doxa* par les Grecs, elle désigne le jugement ou la réputation. Mais **l'opinion publique s'incarne véritablement au XVIIIe siècle, siècle des Lumières**, avec la contestation de la monarchie absolue. L'opinion publique s'exprime alors dans des espaces publics restreints comme les salons littéraires, les cafés, les sociétés savantes ou les parlements régionaux. **Cette opinion publique éclairée n'est alors que celle d'une minorité bourgeoise et lettrée**. L'opinion publique n'est donc pas encore l'opinion de la population mais une « opinion rendue publique ».

Au cours du XIXe siècle, l'avènement de la démocratie va transformer la notion d'opinion publique. En France, l'instauration du suffrage universel masculin en 1848 fait passer le nombre d'électeurs de moins de 200 000 à presque 10 millions. L'opinion publique est désormais celle du peuple mais aucune technique n'existe encore pour recueillir l'avis de celui-ci. L'opinion publique est donc celle qui se manifeste publiquement lors de manifestations. Le développement de la presse écrite va aussi permettre à cette opinion de s'exprimer.

Au XXe siècle, la vision de l'opinion publique évolue sous l'influence croissante des médias et avec le développement de la technique des sondages. L'opinion publique n'est plus celle de groupes mobilisés mais devient l'opinion de l'ensemble de la population, même celle de la majorité silencieuse. Elle est alors construite par les sondages comme la somme des opinions individuelles. ▸ Schéma 1

1 Typologie historique des visions de l'opinion publique

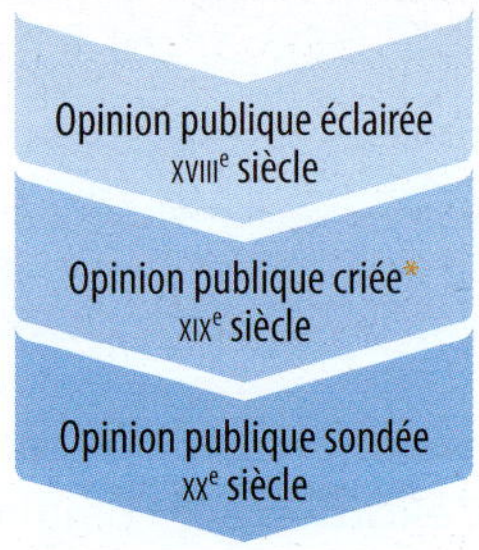

* Par la voix de ceux qui protestent.

2 Comment l'opinion publique est-elle mesurée ?

Les sondages d'opinion apparaissent aux États-Unis dans les années 1930. Ils remplacent les votes de paille réalisés par les journaux sous forme de coupon-réponse à renvoyer par les lecteurs. En France, les sondages se développent dans les années 1950. Ils vont être au cœur de la construction de l'opinion publique contemporaine.

Les instituts de sondage effectuent des sondages par quotas pour étudier les opinions de la population à travers un échantillon. Cette technique consiste à sélectionner des enquêtés qui présentent les mêmes caractéristiques que la population générale qu'on souhaite étudier. Des quotas sont donc définis en fonction du sexe, de l'âge, de la catégorie socioprofessionnelle, etc., pour faire en sorte que l'échantillon interrogé partage la même proportion d'individus avec ces caractéristiques que dans la population globale. On parle alors d'échantillon représentatif.

Le recours aux sondages a explosé. Entre l'élection présidentielle de 1981 et celle de 2022, le nombre de sondages électoraux a été multiplié par 4 environ d'après la Commission des sondages. Cela s'explique par l'usage massif des sondages par les médias mais aussi par la baisse du coût de fabrication des sondages. Alors que le recueil des réponses se faisait en face à face, puis par téléphone, nécessitant le recours à des enquêteurs, les instituts de sondage passent désormais très majoritairement par Internet pour obtenir des réponses.

NOTIONS

Opinion publique : construction politique et médiatique, historiquement située, de ce que pense la population.

Démocratie : forme de gouvernement respectant les libertés fondamentales dans laquelle la légitimité du pouvoir s'appuie sur le peuple. Elle est représentative quand les gouvernants sont élus.

Sondage : méthode statistique qui vise à connaître les caractéristiques d'une population – par exemple ses opinions (sondage d'opinion) ou son vote (sondage électoral) – à partir de l'interrogation d'une partie de cette population (échantillon).

3 Les sondages sont-ils fiables pour mesurer l'opinion publique ?

Les sondages font l'objet de débats et de critiques sur leurs méthodes depuis leur apparition. Tout d'abord, tout résultat à un sondage possède une **marge d'erreur** qui n'est généralement pas présentée par les médias qui les diffusent. Cette marge d'erreur peut être significative si l'échantillon interrogé est de petite taille.

Ensuite, la **construction des échantillons** peut poser problème. En fonction du mode de recueil de données choisi (face à face, téléphone, Internet), certaines catégories de la population sont plus difficiles à atteindre, ce qui peut, malgré les redressements effectués par les instituts de sondages, entraîner des biais dans les résultats.

Enfin, la **formulation des questions** peut influencer les réponses des enquêtés. De nombreux sondages comprennent des termes non neutres qui induisent une réponse. L'ordre des questions peut aussi jouer dans ce sens.

Les sondages sont aussi critiqués car ils donnent l'illusion d'une opinion publique qui serait la somme des opinions individuelles de la population, une sorte d'opinion moyenne de la population.

Premièrement, les sondages donnent le même poids à toutes les réponses alors que tous les enquêtés n'ont pas le même degré d'intérêt sur les questions posées. Tout le monde n'a pas forcément une opinion mais les questions sont posées à tout le monde.

Deuxièmement, toutes les opinions ne se valent pas car certaines personnes sont mieux informées et plus compétentes que d'autres sur les questions abordées.

Troisièmement, tout le monde n'est pas d'accord sur les questions qui méritent d'être posées. Les problématiques des sondages sont imposées par ceux qui les commandent et ne sont pas forcément celles de ceux qui y répondent. Voilà pourquoi le sociologue Pierre Bourdieu considère en 1973 que « l'opinion publique n'existe pas ». ▸ Schéma 2

NOTIONS

Démocratie d'opinion : mode d'exercice de la démocratie dans lequel l'opinion publique, construite par les sondages, devient l'acteur central de la vie politique qui influence l'action des gouvernants et des partis politiques.

Communication politique : ensemble des techniques utilisées par les partis, et plus largement par le personnel politique, pour convaincre les électeurs et l'opinion publique de les soutenir.

Participation électorale : désigne le fait, pour un électeur inscrit sur les listes électorales, d'aller voter à une élection.

2 Les limites des sondages selon Pierre Bourdieu

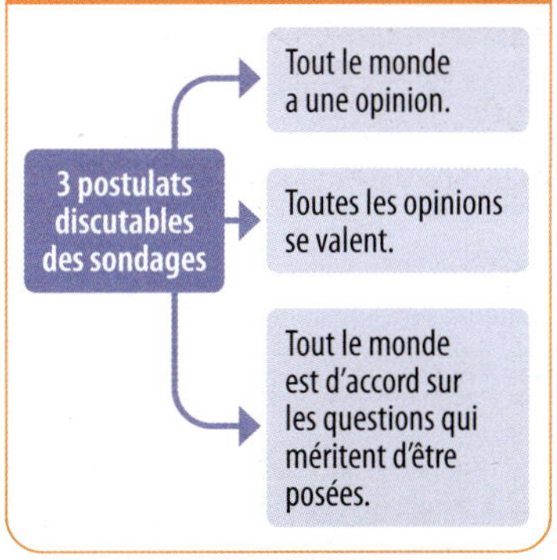

4 Comment les sondages transforment-ils la démocratie ?

Les sondages, par leur omniprésence dans les médias, jouent un rôle de plus en plus important dans le fonctionnement de la démocratie et de la vie politique. Ils transforment l'exercice de la démocratie, au point que l'on puisse parler de « **démocratie d'opinion** ». L'opinion publique, telle qu'elle est construite par les sondages, y devient l'acteur central de la vie politique au détriment des partis politiques et des organisations de la société civile comme les syndicats ou les associations. Pour convaincre l'opinion publique, les représentants politiques développent des stratégies de **communication politique** qui passent par les médias dont le rôle est renforcé.

Les sondages et les médias ont aussi des effets multiples sur la vie politique. Si leurs effets sur la **participation électorale** et le **choix des électeurs** sont ambigus (différents effets contradictoires peuvent se neutraliser), leurs effets sur le personnel politique sont plus nets. En soumettant le personnel politique à un jugement quotidien, ils vont le contraindre fortement dans ses actions, notamment en influençant le processus de **sélection et** de **légitimation des candidats** aux élections, ainsi que dans le processus de rédaction des programmes politiques.

REPÈRE

Pierre Bourdieu (1930-2002)

Il est considéré comme l'un des sociologues les plus influents de la deuxième moitié du XXe siècle. À côté de ses nombreuses recherches sur le système éducatif et les hiérarchies sociales, il a proposé dans les années 1970 une critique influente des sondages et de la façon dont ils participent à construire une opinion publique. Sa critique a inspiré de nombreux chercheurs et de nombreux travaux sur la construction de l'opinion publique et le rôle joué par les médias et les sondages.

L'essentiel en schéma

Opinion publique

Comment a-t-elle évolué ?	Où s'exprime-t-elle ?	Évolution du contexte politique
Opinion d'une minorité éclairée : XVIIIe siècle →	Salons, publications savantes, Parlement	Contestation de la monarchie absolue
↓ Opinion mobilisée : XIXe siècle →	Manifestations, courriers des lecteurs	Avènement de la démocratie
↓ Opinion du plus grand nombre : XXe-XXIe siècles →	Médias et sondages d'opinion	Démocratie d'opinion

Sondages

Quelles sont les méthodes des sondages ?

- Construction d'un échantillon
  - Probabiliste → Enquêtes statistiques
  - Représentatif (par quotas) → Sondages d'opinion

Quelles sont les limites des sondages ?

- Marge d'erreur
- Représentativité de l'échantillon
- Neutralité de la formulation des questions

= Opinion publique illusoire créée par les sondages

Quels sont les effets des sondages ?

- Sur la démocratie → Passage à une démocratie d'opinion →
  - Affaiblissement des partis
  - Développement de la communication politique
  - Influence des médias
- Sur les élections → Effets
  - sur la participation électorale
  - sur le choix des électeurs
  - sur la sélection des candidats

POUR ALLER PLUS LOIN

hachette-clic.fr/23ses1176

« Sondages : faut-il changer les règles ? », émission Sens Public, Public Sénat, 17 octobre 2022.

Un débat sur les conséquences des sondages sur la vie électorale, à l'occasion d'un colloque tenu en octobre 2022 au Sénat.

hachette-clic.fr/23ses1177

« Présidentielle 2022 : les sondages sont-ils fiables ? », *Le Monde*, 11 mars 2020.

Réalisée par des journalistes du *Monde*, cette vidéo permet de comprendre la méthode de construction d'un sondage politique et les débats sur ces méthodes.

Baron noir, série Canal +, 2016-2020.

Cette série est une fiction sur les ressorts de la démocratie d'opinion. Elle met en scène la vie politique française à partir du personnage de Philippe Rickwaert, député-maire PS de Dunkerque. On y voit les coulisses du fonctionnement d'un parti politique, de la construction des campagnes électorales et de la communication politique.

La communication politique. L'art de séduire pour convaincre, Christian Delporte, Terreur Graphique, Le Lombard, 2017.

Cette bande-dessinée revient sur l'histoire de la communication politique, dont les règles ont été établies il y a un demi-siècle aux États-Unis, et sur le fonctionnement actuel de cette communication. Les conseillers en communication guident les hommes et les femmes politiques dans leurs relations aux médias et à l'opinion publique.

UTILISER LES STATISTIQUES

1 Noter les candidates et les candidats à l'élection présidentielle 2022

Objectif de savoir-faire *Lire et interpréter une moyenne et une médiane* ➔ **Fiche outil n° 5 p. 308**

Question : Vous personnellement, quelle note de 1 à 20 attribueriez-vous à chacune des personnalités suivantes, candidat(e)s au premier tour de l'élection présidentielle en 2022 ?

La note 1 signifie que cette personnalité n'a pas du tout les qualités pour exercer la fonction présidentielle, la note 20 signifie que cette personnalité a absolument toutes les qualités pour exercer cette fonction, les notes intermédiaires servent à nuancer votre jugement.

	Moyenne	Médiane
Emmanuel Macron	8,3	8
Valérie Pécresse	7,6	8
Marine Le Pen	7,3	5
Jean-Luc Mélenchon	5,7	4
Yannick Jadot	5,2	4
Éric Zemmour	5,0	2

Source : Enquête réalisée par l'IFOP pour Fondamental.fr entre le 11 et le 13 janvier 2022 auprès d'un échantillon de 1 200 personnes représentatif de la population française âgée de 18 ans et plus.

1. Complétez le texte :

Cette enquête de l'.......... présente les résultats d'un sondage réalisé entre le 11 et le 13 janvier 2022 auprès d'un échantillon de .... personnes âgées de .... ans et plus. Elle présente la .... et la .... des notes attribuées par les personnes sondées aux candidat(e)s au premier tour de l'élection présidentielle 2022, selon leurs qualités pour exercer la fonction présidentielle.

On constate un écart entre la moyenne et la médiane, plus ou moins marqué selon les candidat(e)s. Par exemple, Emmanuel Macron obtient une moyenne de .... et une médiane de ...., soit un écart de .... point. Marine Le Pen obtient quant à elle une moyenne de .... mais une médiane de ...., soit un écart de .... Pour la médiane, cela signifie que .... % des sondés lui ont attribué une note inférieure à .... et .... % lui ont donné une note supérieure à ....

2. À l'aide d'un calcul, comparez la note moyenne et la note médiane attribuées à Éric Zemmour.

3. Comment interpréter un tel écart entre la moyenne et la médiane ?

2 Les motivations du vote

Objectifs de savoir-faire *Calculer et interpréter une proportion* ➔ **Fiche outil n° 1 p. 300**
Lire et analyser un graphique de répartition ➔ **Fiche outil n° 7 p. 312**

Sondage réalisé le jour du 1er tour de l'élection présidentielle de 2022 auprès des votants (en %)

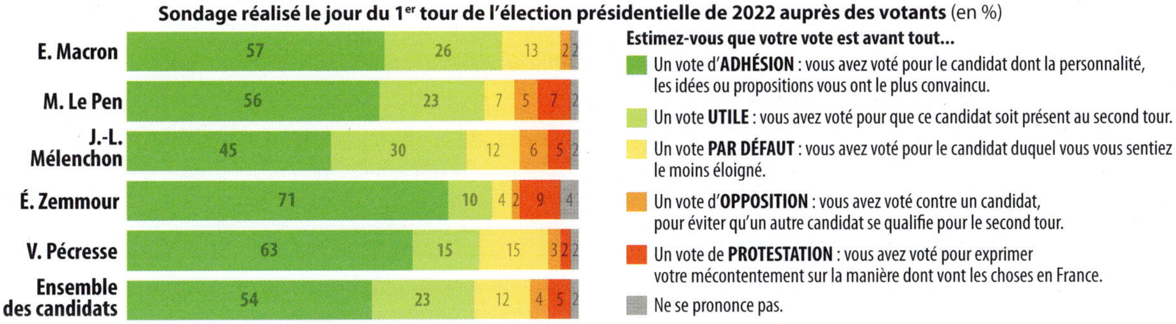

Source : D'après sondage Harris-Interactive réalisé le 10 avril 2022 sur un échantillon de 6 523 personnes inscrites sur les listes électorales âgées de 18 ans et plus.

1. Complétez les phrases suivantes :
a) .... des électeurs d'Emmanuel Macron ont voté utile.
b) Sur 100 votants, ... ont réalisé un vote d'adhésion.
c) .... des électeurs de Jean-Luc Mélenchon ont voté par opposition.
d) .... des électeurs d'Éric Zemmour ont voté par protestation.

2. Répondez par vrai ou faux aux affirmations suivantes :
a) 12 % des électeurs de Marine Le Pen ont voté soit par opposition soit par protestation.
b) Le vote par défaut représente 20 % des votes pour Emmanuel Macron et Marine Le Pen.
c) En moyenne, le vote d'adhésion représente 56,5 % des votes pour Emmanuel Macron ou pour Marine Le Pen.
d) Le vote utile représente 23 % de l'ensemble des votes au 1er tour de l'élection présidentielle de 2022.

3. Peut-on faire un lien entre les motivations du vote présentées par ce graphique et les effets des sondages sur la participation électorale présentés dans le document 3 p. 215 ?

TESTEZ VOS CONNAISSANCES !

Version interactive
hachette-clic.fr/23ses1178

CORRIGÉS P. 338

1 Les sondages électoraux

Choisissez la (ou les) bonne(s) réponse(s).

1. L'opinion publique éclairée désigne :
- a) l'opinion de toute la population représentée par les sondages.
- b) l'opinion véhiculée dans les médias.
- c) l'opinion des personnes qui manifestent.
- d) l'opinion d'une minorité lettrée.

2. Un échantillon est représentatif si :
- a) il compte autant de femmes que d'hommes.
- b) il représente toutes les professions.
- c) il sonde une proportion de chaque groupe d'individus similaire à la population étudiée.
- d) il prend en compte les non-réponses parmi les réponses exprimées.

3. Les sondages apparaissent aux États-Unis dans :
- a) les années 1850.
- b) les années 1920.
- c) les années 1930.
- d) les années 1950.

4. Entre l'élection présidentielle de 1981 et celle de 2022, le nombre de sondages électoraux a été multiplié par :
- a) 2
- b) 4
- c) 10
- d) 40

2 L'évolution de l'opinion publique

Complétez le texte avec les mots suivants :

manifestations • criée • éclairée • sondée • minorité • sondages • démocratie • savantes • médias.

Au XVIIIe siècle, l'opinion publique désigne d'abord l'opinion d'une .... Cette opinion publique .... est exprimée par des philosophes, des gens de lettres dans des lieux privés : cafés littéraires, sociétés savantes, et s'exprime dans des publications .... Il faut attendre le XIXe siècle pour que l'opinion publique désigne l'avis du peuple, avec l'avènement de la .... et du suffrage universel masculin en 1848. Elle s'exprime lors de .... et est facilitée par le développement de la presse écrite. Cette expression est alors désignée comme une opinion publique .... Mais aucune technique n'existe encore pour mesurer l'avis de toute la population. Il faut attendre le XXe siècle et le développement des .... et des .... de masse pour que l'opinion publique puisse être l'expression de tous les citoyens. On parle alors d'opinion publique ....

3 Les effets des sondages

Classez les items dans le tableau.

1. Accroît le rôle des médias.
2. Contribue à la sélection des candidats.
3. Efface les clivages partisans.
4. Renforce la communication politique.
5. Influence la participation électorale.
6. Conduit à des programmes politiques moins précis.
7. Joue un rôle sur le choix des électeurs.

Effets des sondages sur le fonctionnement démocratique	Effets des sondages sur les élections

4 Les effets contrastés des sondages sur le vote

Reliez les exemples à leur effet.

1. En 1995, Jacques Chirac est annoncé en troisième position dans les sondages, derrière Lionel Jospin et Édouard Balladur. Il remporte finalement l'élection présidentielle. •
2. En 2002, Lionel Jospin est annoncé en tête des sondages pour l'élection présidentielle. Il sera devancé par Jacques Chirac et Jean-Marie Le Pen, qualifiés au second tour. •
3. En 2022, Valérie Pécresse est créditée en moyenne de 8 % des intentions de vote dans les sondages. Elle obtient finalement 4,78 % des suffrages exprimés au 1er tour de l'élection présidentielle. •
4. En 2022, Jean-Luc Mélenchon est crédité en moyenne de 17 % des intentions de vote dans les sondages. Il obtient finalement 21,95 % des suffrages exprimés au 1er tour de l'élection présidentielle. •

- Effet « *bandwagon* »
- Effet « *humble-the-winner* »
- Effet « *underdog* »
- Effet « *snob-the-loser* »

5 Sondages et démocratie

Vrai ou faux ? Lorsque c'est faux, justifiez.

	Vrai	Faux
1. La démocratie d'opinion désigne le fait que les sondages remplacent les élections.	☐	☐
2. La démocratie d'opinion commence au XIXe siècle avec le développement de la presse.	☐	☐
3. La démocratie d'opinion a conduit à un affaiblissement du pouvoir des médias.	☐	☐
4. Il faut tenir compte de la marge d'erreur pour analyser les résultats d'un sondage.	☐	☐
5. L'effet « *bandwagon* » des sondages conduit à une démobilisation des électeurs qui pensent que leur candidat va perdre.	☐	☐
6. L'essor de l'opinion publique est indissociable de celui de la démocratie.	☐	☐
7. Les sondages par quotas désignent des sondages qui choisissent les personnes interrogées de façon aléatoire.	☐	☐
8. Les sondages poussent les électeurs à voter pour le candidat en tête.	☐	☐

6 Les limites des sondages d'opinion

Complétez le schéma avec les termes suivants :

Construction d'une moyenne des opinions individuelles • Construction des questions posées • Création d'une opinion publique artificielle • Définition de l'échantillon.

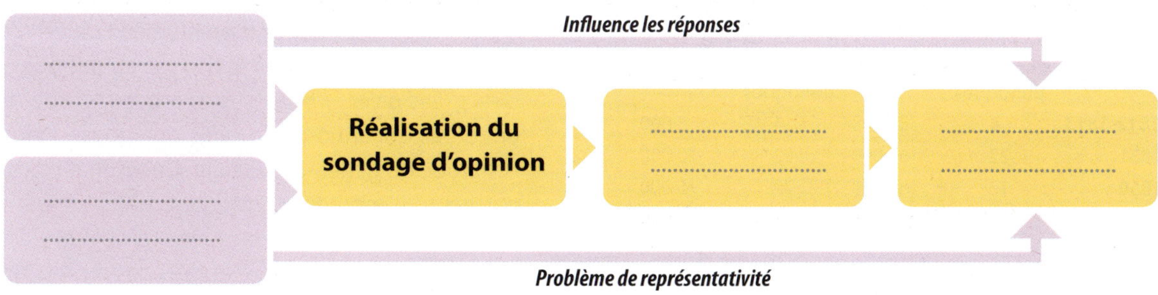

OBJECTIF BAC Épreuve composée

PARTIE 1 MOBILISATION DES CONNAISSANCES 4 PTS

Présentez deux limites des sondages pour mesurer l'opinion publique.

Corrigé
hachette-clic.fr/23ses1179

PARTIE 2 ÉTUDE D'UN DOCUMENT 6 PTS

Corrigé
hachette-clic.fr/23ses1180

Échantillon de sondage et structure de la population française

	Nombre de personnes interrogées	Proportion parmi les personnes interrogées (en %)	Structure de la population française au 1er janvier 2022 (en %)
SEXE			
Homme	1 139	47	48
Femme	1 285	53	52
ÂGE			
18-24 ans	267	11	11
25-34 ans	388	16	14
35-49 ans	630	26	24
50-64 ans	606	25	24
65 ans et plus	533	22	27

Échantillon de 2 424 personnes représentatif de la population française âgée de 18 ans et plus.

Sources : Sondage Harris Interactive-Toluna, Baromètre d'intentions de vote pour les législatives 2022, 10 juin 2022 et INSEE, estimations de population à fin 2021.

QUESTIONS

1. **À l'aide des données du document, comparez la structure par âge parmi les personnes interrogées par le sondage à la structure de la population française.**
2. **À l'aide du document et de vos connaissances, montrez que l'échantillon utilisé dans ce sondage n'est pas totalement représentatif de la population française.**

PARTIE 3 RAISONNEMENT S'APPUYANT SUR UN DOSSIER DOCUMENTAIRE 10 PTS

SUJET **À l'aide de vos connaissances et du dossier documentaire, montrez que l'émergence de l'opinion publique est liée à l'avènement de la démocratie.**

DOC 1 Évolution du nombre d'électeurs en France de 1815 à 1870

	Restauration (1815-1830)		Monarchie de Juillet (1830-1848)		Deuxième République (1848-1852)		Second Empire (1852-1870)	
	1815	1827	1831	1847	1848	1850	1852	1870
Nombre d'électeurs	66 500	89 000	166 000	248 000	9 600 000	6 800 000	10 200 000	11 000 000
Pourcentage d'électeurs par rapport à la population masculine de plus de 21 ans	0,8 %	1,0 %	1,8 %	2,3 %	90,0 %	64,0 %	92,0 %	94,0 %

Source : Jean-Michel Gaillard (dir.), *Histoire 2nde. Les fondements du monde contemporain*, Paris, Bréal, 2001.

DOC 2 Évolution du nombre et du tirage des quotidiens au XIXe siècle

	Paris		Province	
	Nombre de quotidiens politiques	Tirage total	Nombre de quotidiens politiques	Tirage total
1812-1813	4	33 000	4	3 000
1831	22	60 000	32	20 000
1850	12	160 000	70	75 000
1862	16	200 000	55	113 000
1870	36	1 070 000	100	350 000

Source : Ivan Chupin, Nicolas Hubé, Nicolas Kaciaf, *Histoire politique et économique des médias en France*, Éditions La Découverte, Paris, 2012.

DOC 3

L'introduction des sondages d'opinion n'a pas été une chose aussi facile que la réussite actuelle pourrait le laisser croire. [...] Un événement politique contribue grandement à légitimer les sondages d'opinion en France : l'élection présidentielle de 1965 qui se déroule au suffrage universel direct. Les divers instituts font procéder à de multiples enquêtes qui annoncent, dans une quasi-unanimité, le ballotage du général de Gaulle. Ce résultat électoral, qui parut sur le moment surprenant, annoncé par avance, avec exactitude par les enquêtes d'opinion, crédibilise fortement cette technique auprès des professionnels de la politique qui espèrent y trouver un nouveau moyen de prévoir et donc d'anticiper les résultats électoraux.

Philippe Riutort, *Premières leçons de sociologie*, PUF, 2013.

GUIDAGE MÉTHODOLOGIQUE

Guide méthodologique complet
hachette-clic.fr/23ses1181

Fiche Bac n° 1 p. 328 *L'épreuve composée*

ÉTAPE 5 Rédiger l'introduction du sujet de raisonnement

- **L'introduction**, quels que soient le sujet ou la discipline, est composée de **quatre éléments incontournables**, répartis en paragraphes (avec un retour à la ligne à chaque fois) :

1er paragraphe :

présentation du sujet (accroche ou mise en contexte) ;

2e paragraphe :

– **définition brève des notions** du sujet ;

– **questionnement** du sujet (résume la phase de questionnement ▶ **Étape 1**) ;

– **annonce de la problématique** qui indique comment le sujet est interprété (et qui découle de la phase de questionnement ▶ **Étape 1**) ;

3e paragraphe :

annonce des grands axes du plan.

L'accroche est facultative. Attention aux mauvaises accroches du type : « De tout temps, l'Homme… » Mieux vaut pas d'accroche qu'une mauvaise accroche !

En SES, l'accroche est souvent une référence à l'actualité ou, par défaut, une citation/une donnée que vous prenez dans le dossier documentaire (sans développer).

- **Repérez les points forts et les points faibles** de l'introduction suivante écrite par un élève, puis proposez des améliorations.

> Depuis toujours, l'opinion publique est essentielle à la démocratie.
> La démocratie est un régime politique dans lequel la légitimité du pouvoir s'appuie sur le peuple. C'est « le gouvernement du peuple, par le peuple, pour le peuple », selon l'expression d'Abraham Lincoln. L'opinion publique est en lien avec la démocratie. Elle ne pourrait exister sans elle. Dire qu'il y a un lien entre les deux, c'est affirmer l'existence d'une corrélation.
> Nous voulons démontrer que l'opinion publique est liée à la démocratie, c'est-à-dire qu'elle se développe grâce à elle.
> Dans une première partie, nous verrons l'émergence de l'opinion publique, puis dans une deuxième partie, l'avènement de la démocratie. Dans une troisième partie, nous verrons le lien entre opinion publique et démocratie.

La problématique n'est pas forcément formulée sous forme de question. Elle peut se présenter ainsi : « Nous voulons démontrer que… » ou « Répondre à ce sujet nécessite de montrer que… et que… ».

- **Rayez les accroches maladroites** dans la liste proposée en justifiant, puis choisissez celle qui a votre préférence en justifiant également.

> a) Depuis toujours, l'opinion publique est essentielle à la démocratie.
> b) En 1936, à l'occasion de l'élection présidentielle américaine, George Gallup révolutionne la façon de considérer l'opinion publique par l'invention des sondages.
> c) Comment comprendre que la notion d'opinion publique ait évolué à travers le temps ?
> d) Les origines de la démocratie remontent à l'Antiquité, dans la cité grecque d'Athènes. Sous la forme d'une démocratie directe, tous les citoyens pouvaient participer à la vie de la cité.

- **Choisissez une citation ou une donnée** extraite de l'un des trois documents pour formuler votre accroche.

- **Rédigez l'introduction** du sujet de raisonnement en suivant le guidage proposé.

SUJET

Comment les sondages d'opinion modifient-ils l'exercice de la vie politique ?

DOC 1

Au printemps 2001, la coalition gouvernementale dite de « gauche plurielle » se désagrège. Les Verts décident de présenter une candidature autonome à la présidentielle. Lors d'un vote interne le 20 juin 2001, les adhérents choisissent à la surprise générale le député européen Alain Lipietz.

Ce choix ne séduit pas l'opinion. Alain Lipietz se classe en troisième position des candidats « les plus crédibles pour représenter les idées écologistes » (12 %), loin derrière Brice Lalonde (21 %) et Corinne Lepage (20 %). À la rentrée, il est crédité de seulement 3 % des voix dans les intentions de vote. Ce score étriqué ne correspond pas aux ambitions électorales des Verts et se situe en-dessous de la barre des 5 % nécessaires pour obtenir le remboursement des frais de campagne, ce qui conduit les instances du parti à envisager un changement de candidat.

Le 13 octobre, un vote des militants désavoue la candidature d'Alain Lipietz au profit de Noël Mamère. Pour la première fois, un candidat est volontairement remplacé en raison de la médiocrité de ses performances dans les sondages. Ce choix stratégique est payant. Noël Mamère est immédiatement crédité de 7 % d'intentions de vote.

Frédéric Micheau, *Le Sacre de l'opinion*, Éditions du Cerf, 2022.

DOC 2 **Budget consacré aux sondages par le SIG**

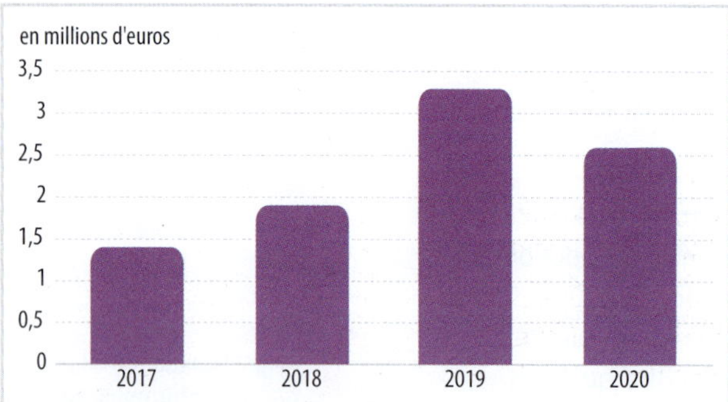

Depuis le scandale engendré par les sondages commandés hors de tout appel d'offres par la présidence Sarkozy, et les condamnations judiciaires qui s'en sont suivies, l'Élysée ne commande plus d'enquêtes d'opinion sur son budget. Les demandes passent par le SIG (Service d'information du Gouvernement), sous tutelle de Matignon.

D'après Pierre Januel et Laura Motet, « Un exécutif attentif aux humeurs d'opinion », *Le Monde*, 31 mars 2022.

DOC 3 **Évolution des estimations des sondages pour le 1er tour de l'élection présidentielle de 2022**

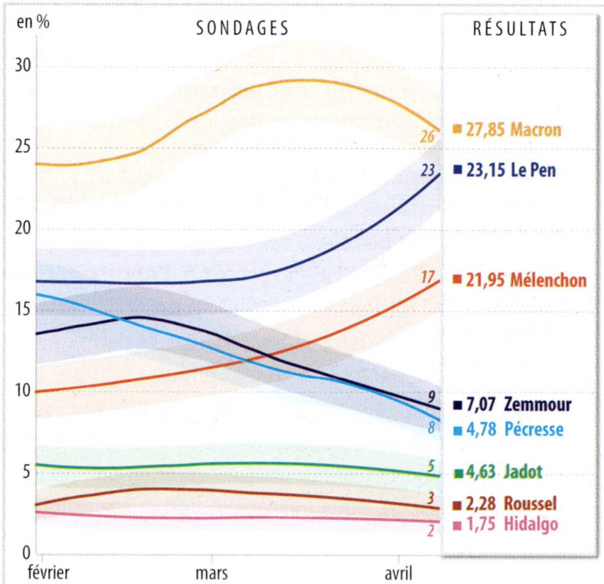

Source : d'après « Sondages 2022 : explorez les tendances et visualisez les marges d'erreur », France Info, 8 avril 2022.

DOC 4

Effectivement, les sondages influent sur le vote. Plus exactement, ils font partie des éléments que les électeurs ont à leur disposition pour choisir. Or, le système électoral français, avec le couperet du second tour, renforce l'influence de ces outils de décision. Puisqu'au second tour, il ne peut y avoir que deux candidats, les électeurs regardent qui est le plus susceptible d'être qualifié. C'est la notion de « vote utile ».

On en constate bien les effets dans les résultats de dimanche, qui montrent l'écrasement de tous ceux qui n'avaient aucune chance d'accéder au second tour et le report, dès le premier tour, de leurs potentiels électeurs vers des candidats mieux placés dans les sondages. On observe ainsi un report de ceux qui auraient pu voter pour Valérie Pécresse vers Emmanuel Macron, et peut-être un peu sur Marine Le Pen, et un report des votants potentiels pour Yannick Jadot, Fabien Roussel et Anne Hidalgo vers Jean-Luc Mélenchon.

Cela a pu jouer aussi, mais plus à la marge, pour Emmanuel Macron : la progression très rapide de Marine Le Pen dans les sondages a pu influencer une partie de l'électorat, qui a pu décider de voter pour son adversaire le mieux placé.

Margot Barberousse et Nathalie Birchem, « Présidentielle 2022 : les sondages ont-ils influencé le vote du premier tour ? », *la-croix.com*, 11 avril 2022.

GUIDAGE MÉTHODOLOGIQUE

Guide méthodologique complet
hachette-clic.fr/23ses1182

Fiche Bac n° 2 p. 332 *La dissertation*

ÉTAPE 6 Rédiger les paragraphes AEI (Affirmer, Expliciter, Illustrer)

Fiche méthode n° 1 p. 318 *Construire une argumentation*

- **Voici un paragraphe d'élève** sur le sujet de dissertation p. 226. Repérez les points forts et les points faibles de ce paragraphe, puis proposez des améliorations.

> § 1 Les sondages accroissent le rôle de la communication politique.
>
> D'abord, le recours aux sondages accroît le rôle de la communication politique. En effet, la communication politique est la façon qu'ont les politiques de communiquer. Et comme les hommes ou les femmes politiques font très attention à ce qui se passe dans les sondages, ils adaptent leurs messages pour plaire à l'opinion publique. Cela conduit à trouver des éléments de langage qui plaisent au plus grand nombre. Ces « petites phrases » sont répétées dans les médias pour marquer l'opinion publique. Comme Nicolas Sarkozy qui disait « travailler plus pour gagner plus ».

Vérifiez qu'il y a bien une affirmation, une explicitation et une illustration dans ce paragraphe.

Les mots de liaison sont-ils assez nombreux et diversifiés ?

- **Rédigez le deuxième paragraphe AEI** du sujet de dissertation :

> § 2 Les sondages augmentent l'emprise des médias sur la vie politique.

ÉTAPE 7 Rédiger la conclusion

- **Toute conclusion**, quels que soient l'exercice et la discipline, est composée de deux éléments incontournables : le **bilan du développement** et la **réponse explicite à la problématique/au sujet**.

L'ouverture est facultative. Attention aux mauvaises ouvertures du type : « On peut se demander si un jour, l'Homme... ». Mieux vaut pas d'ouverture qu'une mauvaise ouverture !

- **Rédigez le bilan du développement** de la dissertation en partant du plan suivant :

> **I) Les sondages d'opinion modifient la façon de faire de la politique.**
> § 1 Les sondages accroissent le rôle de la communication politique.
> § 2 Les sondages augmentent l'emprise des médias sur la vie politique.
> § 3 Le recours aux sondages est un facteur du déclin des clivages partisans dans les démocraties.
>
> **II) Les sondages d'opinion modifient la façon de participer aux élections.**
> § 4 Les sondages ont des effets sur la participation électorale.
> § 5 Les sondages ont des effets sur le vote des électeurs.
> § 6 Les sondages ont des effets sur la sélection des candidats.

- **Rayez les ouvertures maladroites** dans la liste proposée en justifiant, puis choisissez celle qui a votre préférence en justifiant également.

> a) Est-ce que les sondages existeront toujours et dans toutes les démocraties ?
> b) Les sondages ont-ils vraiment modifié la démocratie et empêchent-ils celle-ci de fonctionner correctement ?
> c) Les sondages doivent-ils être supprimés ou est-il au moins nécessaire d'en réguler davantage l'usage pendant les campagnes électorales ?
> d) Compte tenu des transformations évoquées, sommes-nous encore dans une démocratie ?

Si l'on est inspiré(e), on rédige une question en guise d'ouverture. Souvent, la question d'ouverture porte sur un sujet ou chapitre proche de celui traité.

- **Proposez à votre tour une question d'ouverture** sur le sujet de dissertation.

10 Voter : une affaire individuelle ou collective ?

NOTIONS À DÉCOUVRIR

- Taux d'inscription
- Participation électorale
- Taux de participation
- Abstention électorale
- Taux d'abstention
- Compétence politique
- Degré d'intégration sociale
- Appartenances sociales
- Variables sociales
- Variables contextuelles
- Offre électorale
- Identification politique
- Volatilité électorale
- Vote intermittent
- Clivage gauche-droite

NOTIONS DE 2de

- Pouvoir politique
- Modes de scrutin
- Partis politiques

DÉCOUVRIR PAR LA VIDÉO

« Bientôt le droit de vote à 16 ans ? », L'Actu du jour par le youtubeur *HugoDécrypte*, 15 février 2018.

▶ Durée 4:17

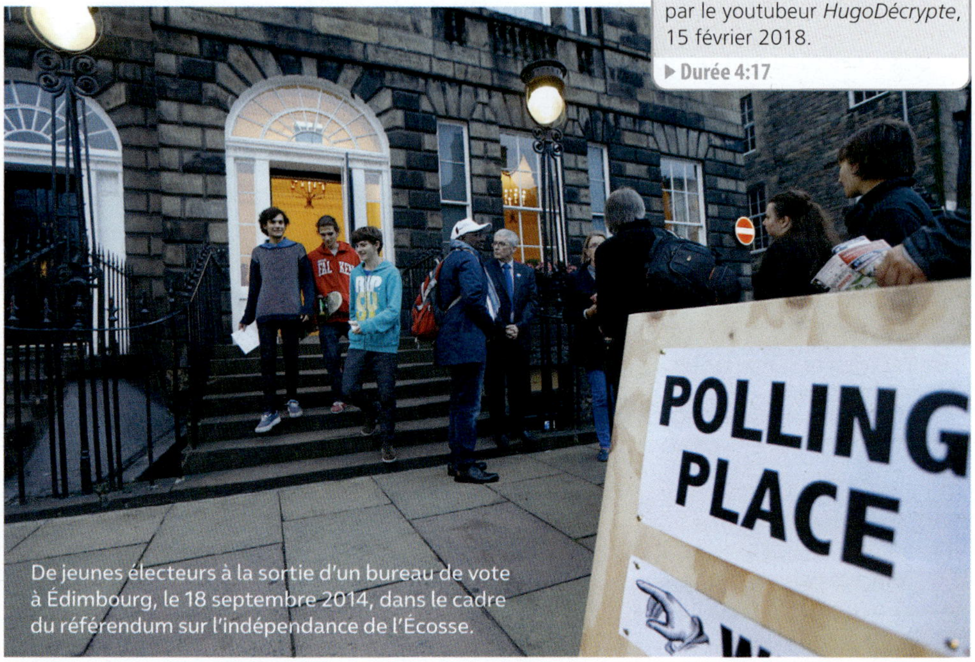

De jeunes électeurs à la sortie d'un bureau de vote à Édimbourg, le 18 septembre 2014, dans le cadre du référendum sur l'indépendance de l'Écosse.

1. Recensez les arguments en faveur et en défaveur du droit de vote à 16 ans.
2. Quels sont les pays européens dans lesquels le droit de vote a déjà été accordé à l'âge de 16 ans ?

Vidéo hachette-clic.fr/23ses1183

DÉCOUVRIR PAR L'IMAGE

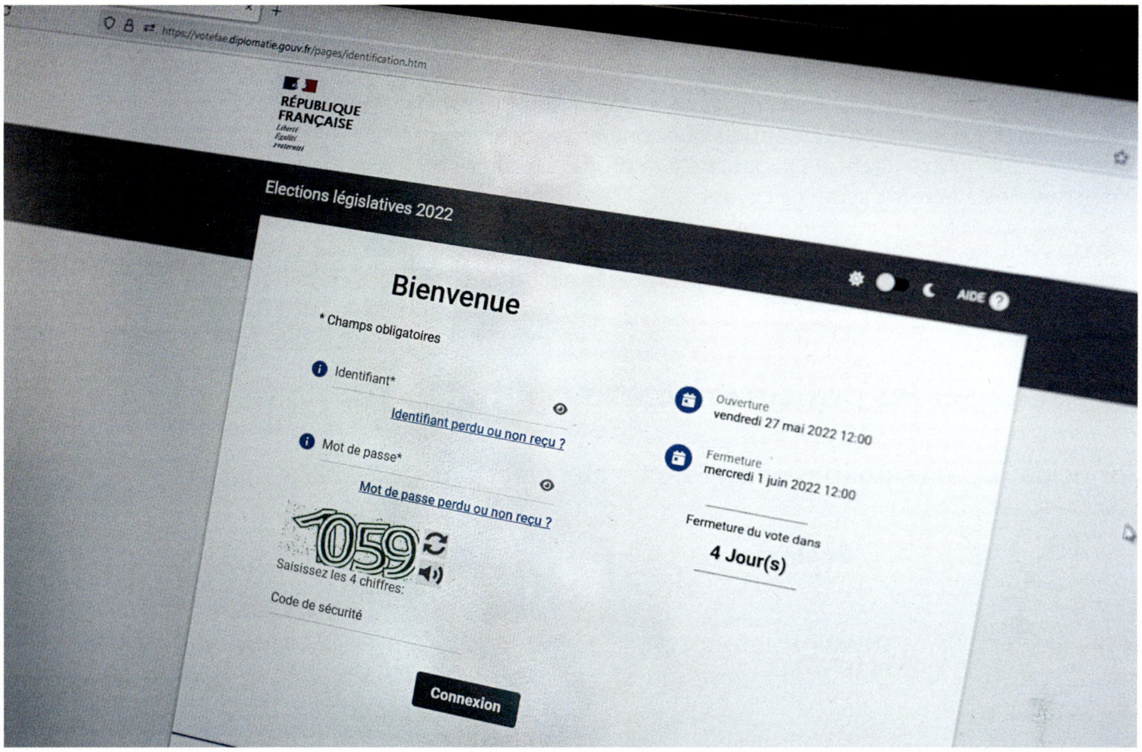

Lors des élections législatives de 2022, les Français de l'étranger (résidant hors de France) ont pu voter en ligne, sur une plateforme dédiée.

- Quels peuvent être les avantages et les inconvénients du vote électronique à distance par rapport au vote « classique », avec des bulletins de vote en papier ?

DÉCOUVRIR EN DONNANT SON AVIS

- Êtes-vous d'accord, pas d'accord ou sans opinion avec les affirmations suivantes ?

1. Aujourd'hui, la droite et la gauche, c'est la même chose.
2. Les jeunes votent pour le même camp politique que leurs parents.
3. S'abstenir de voter, ou voter blanc ou nul, cela peut être un moyen d'envoyer un message politique.
4. On devrait rendre le vote obligatoire aujourd'hui en France.
5. Le vote est un des seuls choix vraiment personnels.
6. Il faudrait pouvoir mettre fin au mandat des élus avant son terme s'ils ne donnent pas satisfaction.
7. Les citoyennes et les citoyens devraient pouvoir voter avant l'âge de 18 ans.
8. Ce sont les personnes les plus diplômées qui votent le plus.
9. Il est fréquent que les personnes votent pour des partis assez différents entre deux élections.

Vous pouvez reporter vos réponses dans la grille à télécharger. **Grille** hachette-clic.fr/23ses1184

Pour visualiser les réponses de la classe, utilisez le **Q-Sort interactif** hachette-clic.fr/23ses1185

EXPÉRIMENTER EN SCIENCES SOCIALES

Découvrir l'offre électorale et le clivage gauche-droite

Voter, c'est choisir dans un menu où les choix sont limités par l'offre électorale, en grande partie déterminée par les acteurs essentiels que sont les partis politiques. Ces choix sont représentés souvent sur un axe allant de la gauche à la droite. Des enquêtes d'opinion permettent aussi de situer les électeurs selon ce clivage.

Votre mission Vous allez explorer l'éventail des choix électoraux et l'analyser à partir du clivage gauche-droite. Puis vous interpréterez le positionnement des candidat(e)s à l'élection présidentielle de 2022.

ÉTAPE 1 Classer les principaux partis politiques sur un axe gauche-droite

DOC 1 Les principaux partis politiques en France aux élections de 2022

RE · Europe Écologie Les Verts · PCF Parti communiste français · La France insoumise · Rassemblement National · Mouvement Démocrate · PS Social-Écologie · Lutte ouvrière · Reconquête ! · UDI Le centre droit · NPA · Les Républicains · Debout la France !

REPÈRE

Le clivage gauche-droite dans l'histoire

En pleine Révolution française, le 11 septembre 1789, s'est tenue la première séance de l'Assemblée qui doit donner une Constitution à la France. Spontanément, les représentants favorables au maintien du pouvoir du roi se sont placés à la droite du président de l'Assemblée, et les partisans d'une limitation de ces pouvoirs, à sa gauche. C'est l'origine du clivage gauche-droite, une appellation utilisée depuis dans de nombreux pays !

1 Sur l'échelle gauche-droite suivante, où classeriez-vous les différents partis politiques ?

Schéma hachette-clic.fr/23ses1186

Très à gauche	Gauche	Centre gauche	Centre	Centre droit	Droite	Très à droite

Je ne sais pas :

ÉTAPE 2 Analyser le clivage gauche-droite dans ses dimensions économiques et culturelles

DOC 2 Une représentation du clivage gauche-droite

De nombreux politistes considèrent de manière schématique que gauche et droite peuvent se distinguer aussi bien sur un axe économique que sur un axe culturel.

AXE ÉCONOMIQUE	
Libéralisme économique (droite) Faible intervention de l'État dans l'économie	**Interventionnisme étatique (gauche)** Forte intervention de l'État dans l'économie
• L'État doit se limiter à des fonctions régaliennes (justice, sécurité). • Défense de la liberté d'entreprendre et du mérite, en acceptant que cela puisse créer des inégalités. • Croyance dans le progrès technique (innovations) et les incitations financières (envers les entreprises) pour résoudre les problèmes environnementaux.	• Nécessité de partager les richesses et de réduire les inégalités. • Assurer des services publics importants (école, justice, transports, santé…) accessibles à tous (même les moins aisés) et financés par l'impôt. • Promouvoir des investissements « verts » et fixer des règles qui limitent les dégâts environnementaux.

AXE CULTUREL	
Libéralisme culturel (gauche) Défense du pluralisme culturel et des libertés individuelles	**Conservatisme culturel (droite)** Préservation des traditions
• Forte ouverture aux changements et faible influence des traditions. • Favoriser les libertés individuelles (liberté de pratiquer sa religion, liberté d'orientation sexuelle, égalité de genre, liberté de s'habiller différemment des conventions sociales...).	• Préserver les pratiques traditionnelles et hostilité aux changements concernant l'identité des individus. • Immigration limitée, attachement à la famille « traditionnelle » (par opposition aux couples homoparentaux, aux enfants issus de PMA/GPA...). • Méfiance à l'égard des pratiques culturelles et religieuses issues de cultures étrangères.

D'après CEVIPOF-Sciences Po, 2022.

2 Indiquez si les mesures suivantes relèvent plutôt :
- du **libéralisme économique** ou de l'**interventionnisme étatique** si elles relèvent de l'axe économique ;
- du **libéralisme culturel** ou du **conservatisme culturel** si elles relèvent de l'axe culturel.

a) Augmenter fortement les impôts pour les personnes gagnant plus de 4 000 € par mois.
b) Autoriser le mariage entre personnes de même sexe.
c) Privatiser des entreprises publiques.
d) Rétablir la peine de mort.
e) Accueillir en France des immigrés issus de pays en guerre ou de pays connaissant des crises économiques.
f) Diminuer les cotisations sociales payées par les entreprises sur les salaires et qui financent la protection sociale (retraites, assurance maladie...).
g) Réduire le temps de travail à 30 h par semaine au lieu de 35 h.
h) Instaurer des normes anti-pollution très strictes pour les entreprises polluantes.
i) Reconnaître dans l'état civil français une filiation complète entre les enfants issus de gestation pour autrui à l'étranger et leurs parents.

ÉTAPE 3 Interpréter le positionnement politique des candidat(e)s

DOC 3 Le positionnement politique des candidat(e)s à l'élection présidentielle de 2022

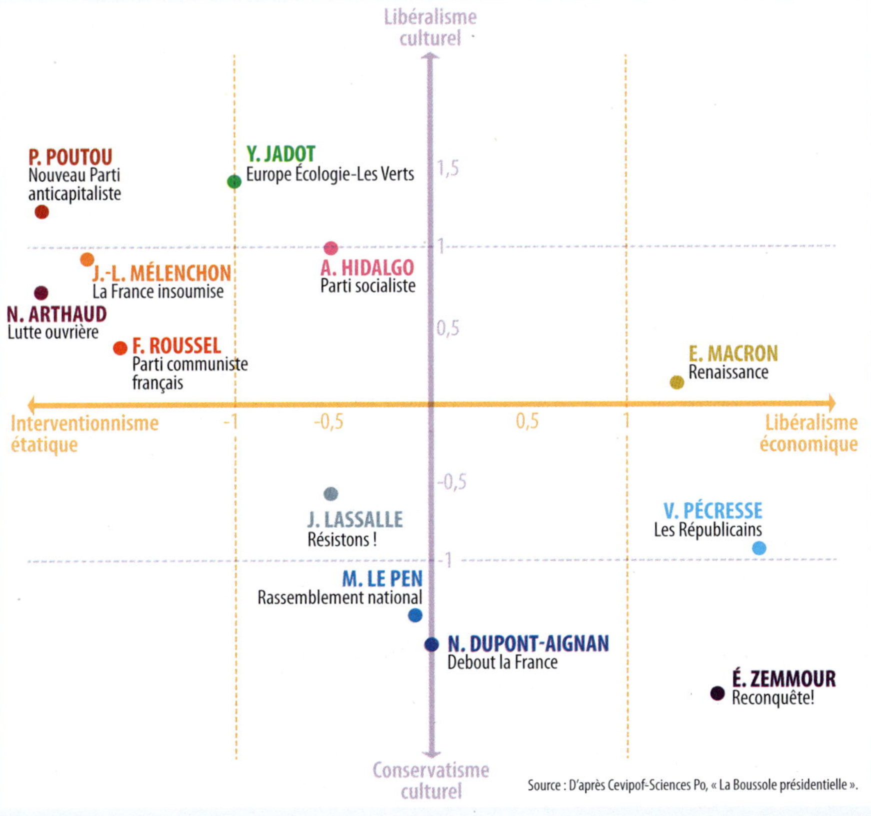

Source : D'après Cevipof-Sciences Po, « La Boussole présidentielle ».

3 Quel est le candidat ou la candidate qui vous paraît le plus à gauche d'un point de vue à la fois économique et culturel ? Le plus à droite ?

4 Qu'est-ce qui distingue le plus Fabien Roussel d'Emmanuel Macron selon cette représentation ?

DOSSIER 1 Comment mesurer la participation aux élections ?

OBJECTIF Être capable d'interpréter des **taux d'inscription** sur les listes électorales, des **taux de participation et d'abstention** aux élections.

DOC 1 POUR COMMENCER

Vote et participation au 2nd tour de l'élection présidentielle

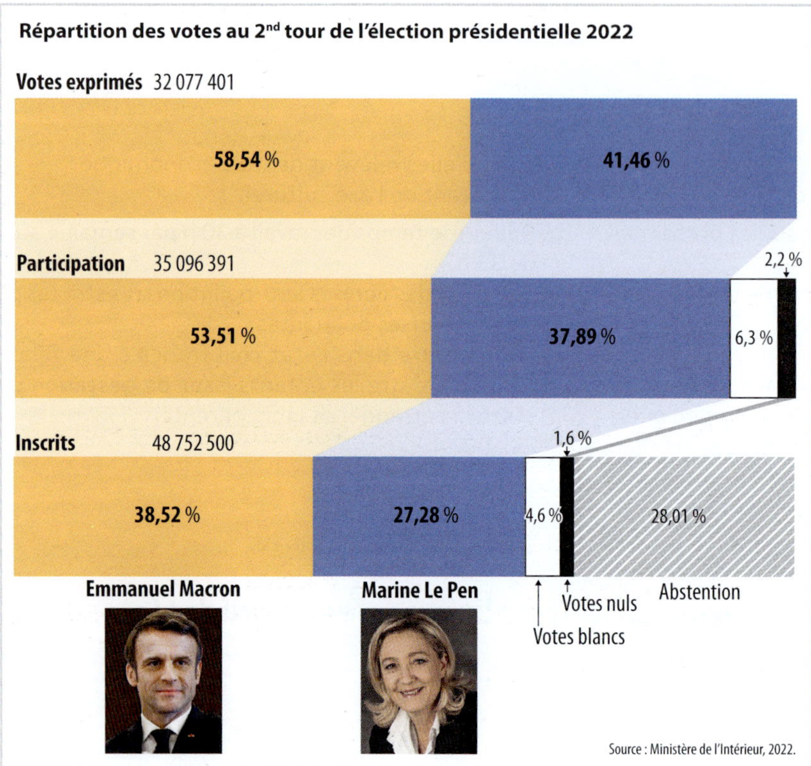

Bureau de vote à Lyon au second tour de l'élection présidentielle, le 24 avril 2022.

1. Quel a été le score obtenu par Emmanuel Macron au 2nd tour de l'élection présidentielle en 2022 ?
2. Est-il correct de dire que plus de la moitié des Français inscrits sur les listes électorales ont voté pour Emmanuel Macron ? Justifiez.
3. Distinguez inscription et participation électorale.

DOC 2

L'inscription sur les listes électorales en France

En France métropolitaine et dans les DOM, 95 % des Français en âge de voter sont inscrits sur une liste électorale principale [...]. Grâce à la procédure d'inscription d'office des jeunes atteignant 18 ans à l'issue de leur recensement citoyen, la quasi-totalité des adultes de moins de 30 ans est inscrite sur une liste électorale. Le taux d'inscription est plus faible entre 35 et 49 ans (91 à 92 %). Après un déménagement, tous les électeurs ne se réinscrivent pas sur la liste de leur nouvelle commune alors qu'ils peuvent être radiés de l'ancienne liste par la mairie qui constate leur « perte d'attache communale ». Certains ont pu aussi n'être jamais inscrits, l'inscription d'office ayant été mise en place à la fin des années 1990. Au-delà de 50 ans, le taux d'inscription croît jusqu'à 79 ans avant de diminuer avec l'avancée en âge. Les pratiques d'inscription sur les listes électorales des femmes et des hommes sont proches, à l'exception des jeunes adultes de 30 à 34 ans et des personnes de plus de 90 ans pour lesquels le taux d'inscription des hommes est légèrement supérieur à celui des femmes.

INSEE Focus n° 264, mars 2022.

1. Quelles sont les personnes qui n'ont pas eu la possibilité de voter aux élections présidentielles et législatives de 2022 ?
2. Que signifie un taux d'inscription sur les listes électorales de 95 % ?
3. Pourquoi le taux d'inscription des personnes de 35 à 49 ans est-il plus faible ?

NE PAS CONFONDRE

Taux d'inscription, de participation et d'abstention
Taux d'inscription = Inscrits / Français en âge de voter
Taux de participation = Votants / Inscrits
Taux d'abstention = Abstentions / Inscrits

DOC 3 La participation et l'abstention aux élections de 2022

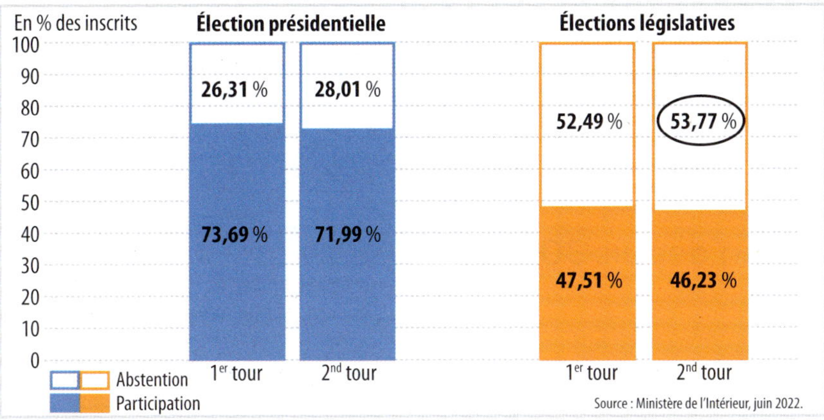

1. Rédigez une phrase présentant la signification précise de la donnée entourée.
2. Quelle a été la participation au 1er tour de l'élection présidentielle de 2022 ?
3. Comparez l'abstention et la participation à l'élection présidentielle et aux élections législatives.

4 EXERCICE Mesurer la participation électorale

Résultats du 1er tour de l'élection présidentielle du 10 avril 2022

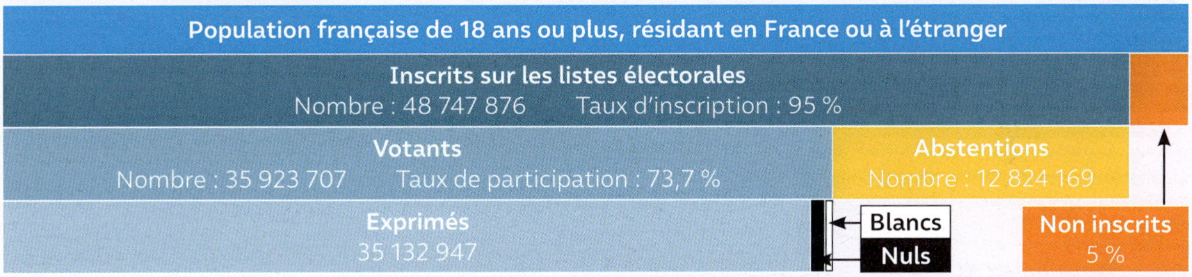

Source : Ministère de l'Intérieur, INSEE Focus n° 264, mars 2022.

1. Retrouvez le calcul permettant d'obtenir le taux de participation de 73,7 %.
→ Fiche outil n° 1 p. 300 *Calculer et interpréter une proportion*
2. Pourquoi ne peut-on pas dire que 73,7 % des Français en âge de voter ont participé au 1er tour de l'élection présidentielle ?
3. Calculez le taux d'abstention lors de ce 1er tour.
4. Calculez la part des électrices et des électeurs qui n'ont pas exprimé un choix.

S'entraîner

1 S'autoévaluer CORRIGÉS P. 338

Reliez chaque exemple à la situation correspondante.

1. Kevin est inscrit sur les listes électorales de sa commune mais il n'est pas allé voter lors de l'élection présidentielle. •
2. Erwan a déménagé et ne s'est pas réinscrit dans sa nouvelle commune, il s'est rendu à son ancien bureau de vote mais n'a pas pu voter. •
3. Émilie s'est rendue au bureau de vote mais n'a voté pour aucun candidat lors du 2e tour de l'élection présidentielle. •
4. Samira est allée voter aux deux tours de l'élection présidentielle. •

Non-participation
- Non-inscription
- Abstention

Participation électorale
- Suffrage exprimé
- Vote blanc ou nul

2 Étude d'un document BAC

1. À l'aide des données du document 3, montrez que le taux de participation est différent selon les élections.
2. À l'aide du document 3 et de vos connaissances, vous expliquerez la différence entre inscription, participation électorale et abstention.

DOSSIER 2 Comment expliquer l'abstention et la participation électorales ?

OBJECTIF Comprendre que la participation électorale est liée à divers facteurs inégalement partagés au sein de la population (**degré d'intégration sociale**, intérêt pour la politique, sentiment de **compétence politique**) et de **variables contextuelles** (perception des enjeux de l'élection, types d'élection).

DOC 1 POUR COMMENCER
L'évolution de l'abstention depuis 30 ans

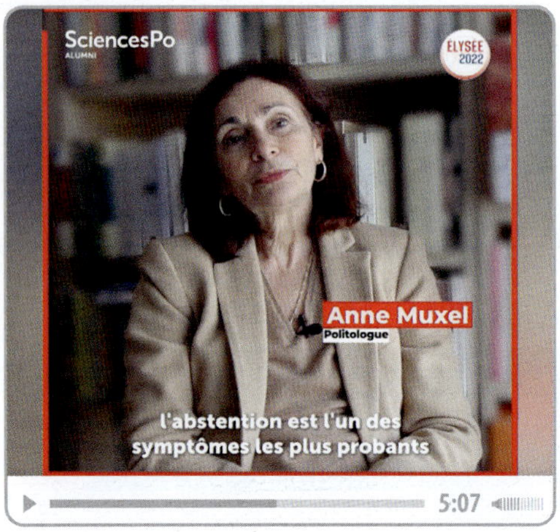

« L'abstention » par Anne Muxel [politiste et sociologue], *SciencesPo Alumni*, 4 avril 2022.

1. Comment l'abstention a-t-elle évolué sous la Ve République ?
2. Donnez des exemples de raisons conjoncturelles qui expliquent l'abstention.
3. Quel est le profil sociologique des abstentionnistes ?

Vidéo hachette-clic.fr/23ses1187

DÉFINITION

Compétence politique
Capacité à s'intéresser à la politique, à s'informer et à émettre des jugements politiques.

DOC 2 Une abstention qui diffère selon les élections

Évolution du taux d'abstention au 1er tour des élections en France sous la Ve République
(en % des inscrits)

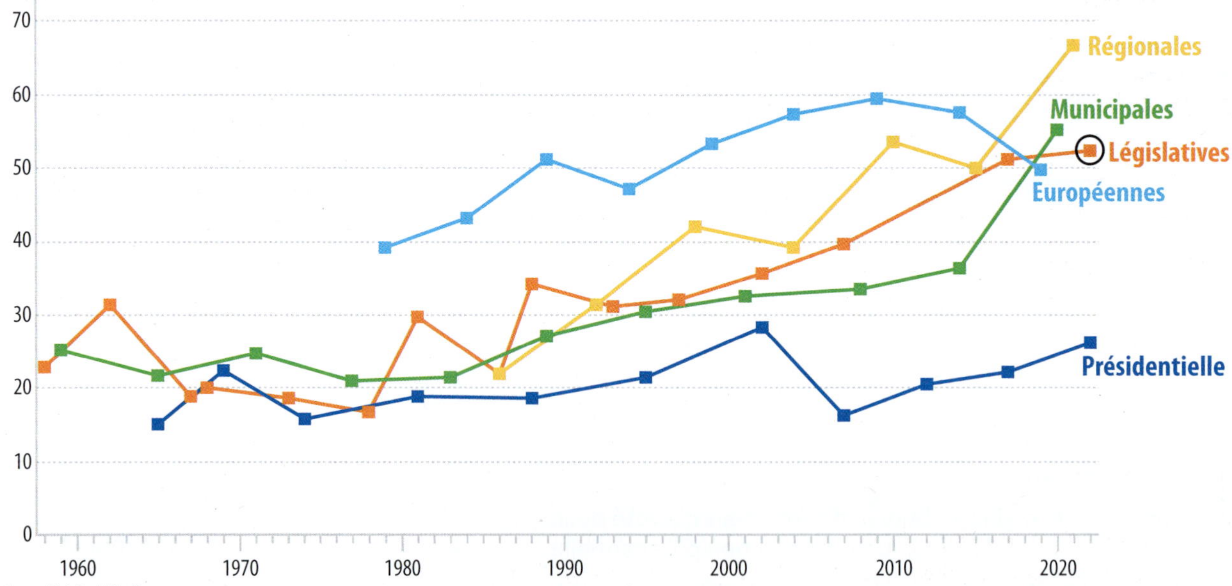

Source : Ministère de l'Intérieur.

1. Rédigez une phrase présentant la signification précise de la donnée entourée.
2. En suivant les évolutions des différentes courbes, pouvez-vous repérer une tendance concernant l'évolution de l'abstention ? Quand cette tendance s'affirme-t-elle ?
3. Quelles sont les élections pour lesquelles le taux d'abstention est le plus élevé ?
4. Formulez des hypothèses pour expliquer cette abstention différentielle selon les élections.

3 Les déterminants de la participation électorale

S'il n'y a pratiquement plus de différence de vote selon le genre, on observe toujours de fortes différences selon les générations : les 18-34 ans s'abstiennent beaucoup plus que les autres, l'abstention décroissant avec l'âge. […]

La participation correspond aussi à des logiques sociales : les catégories populaires votent moins que les groupes plus favorisés. Et les sans diplômes sont beaucoup plus abstentionnistes que les personnes ayant fait des études. Plus on a de faibles revenus, plus on a aussi tendance à s'abstenir. L'exclusion sociale tend à produire de l'auto-exclusion politique. Les individus précaires s'intéressent moins aux élections, pensent avant tout à améliorer leur situation et ne croient pas que le résultat de la présidentielle y contribuera. […]

Outre les logiques sociales de l'abstention, on peut repérer plusieurs logiques politiques. On vote d'autant plus qu'on comprend les enjeux électoraux, donc selon qu'on est informé, politisé et qu'on comprend les enjeux de la vie politique et institutionnelle. On peut distinguer différents types d'abstentionnistes selon leur rapport à la politique. Environ la moitié des abstentionnistes ne sont pas dépolitisés, ils restent « dans le jeu », pouvant se mobiliser dans certaines conjonctures alors qu'ils s'abstiennent dans d'autres. Ces abstentionnistes, plutôt intéressés par la politique, ont en fait un vote intermittent. La montée de l'abstention depuis 30 ans correspond surtout à un développement important du vote intermittent, très important dans les jeunes générations. Au contraire, les abstentionnistes « hors-jeu » sont totalement dépolitisés et ne vont pratiquement jamais voter.

Pierre Bréchon [politiste], « La cause cachée de la montée de l'abstention », *The Conservation*, 30 mars 2022.

1. Comment l'âge et le genre des individus influencent-ils le niveau d'abstention ?
2. Quels sont les liens entre l'abstention et le degré d'intégration sociale ?
3. Quel est le lien entre l'abstention et la compétence politique réelle ou supposée des individus ?
4. Qu'est-ce qui distingue les abstentionnistes « dans le jeu » des abstentionnistes « hors-jeu » ?

DÉFINITION

Degré d'intégration sociale
Degré de participation aux instances créatrices de lien social (famille, groupes d'amis, travail, école, organisations politiques, etc.).

4 Des comportements différents selon le profil des électeurs

Participation électorale aux élections présidentielle et législatives de 2022
(en % des inscrits sur les listes électorales)

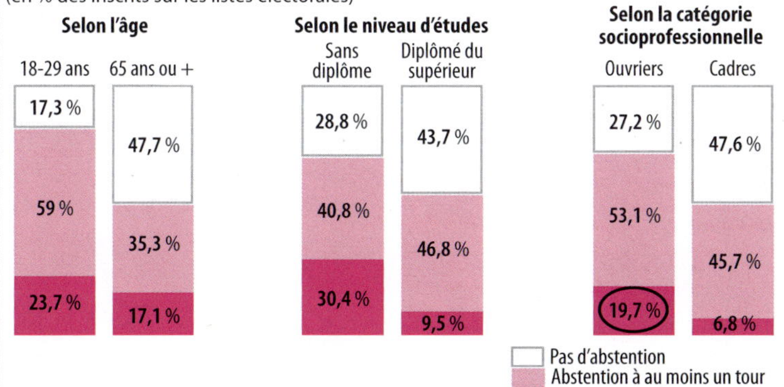

Source : INSEE Première n° 1929, 17 novembre 2022.

1. Rédigez une phrase présentant la signification précise de la donnée entourée.
2. À l'aide d'un calcul, comparez la participation électorale des cadres à celle des ouvriers.
3. Quel est le profil des électeurs qui se sont abstenus systématiquement à tous les tours des élections de 2022 ?
4. À quel type d'abstention l'abstentionnisme « hors du jeu politique » (voir document 3) pourrait-il correspondre ?

S'entraîner

1 S'autoévaluer CORRIGÉS P. 338

Choisissez la bonne réponse.

1. Moins les individus sont intéressés par la politique, [plus / moins] ils s'abstiennent.
2. Plus les individus sont intégrés socialement, [plus / moins] ils participent aux élections.
3. Moins les individus perçoivent clairement les enjeux de l'élection, [plus / moins] ils participent.
4. Les individus s'abstiennent [plus / moins] lors des élections législatives que lors des élections présidentielles.

2 Raisonnement s'appuyant sur un dossier documentaire BAC

À l'aide de vos connaissances et des documents 2, 3 et 4, montrez que la participation électorale dépend de divers facteurs.

DOSSIER 3

Le vote n'est-il qu'affaire de choix individuels ?

OBJECTIF Comprendre que le vote est à la fois un acte individuel (expression de préférences en fonction d'un **contexte** et d'une **offre électorale**) et un acte collectif (expression d'**appartenances sociales**).

DOC 1 POUR COMMENCER
L'influence de la famille sur les choix politiques

Extrait du documentaire *Famille, dispute et politique* réalisé par Nolwenn Lavigne et Anne Muxel, *Public Sénat*, 2012.

Vidéo hachette-clic.fr/23ses1188

1. Quelle est la proportion de Français du même bord politique que leurs parents ?
2. À partir de la vidéo, comparez les professions ainsi que les tendances politiques des familles Brocart, Lange et Pacot.
3. Pour chaque famille, relevez des valeurs transmises qui alimentent les repères politiques.

DOC 2 Quelles variables influencent le vote ?

Vote au 1er tour de l'élection présidentielle de 2022 selon l'âge et la PCS

	Électeurs de											
	P. Poutou & N. Arthaud	Jean-Luc Mélenchon	Fabien Roussel	Yannick Jadot	Anne Hidalgo	Emmanuel Macron	Valérie Pécresse	Jean Lassalle	Nicolas Dupont-Aignan	Marine Le Pen	Éric Zemmour	% TOTAL
Ensemble	1,5	20,3	2,6	4,3	2	28,5	4,8	3,2	2,2	23,6	7	100
Âge												
18-24 ans	1	31	3	6	1	20	2	2	0	26	8	100
25-34 ans	3	34	0	4	1	23	3	2	0	25	5	100
35-49 ans	3	22	3	5	2	24	2	4	3	28	4	100
50-59 ans	0	22	2	4	1	24	3	4	3	30	7	100
60-69 ans	1	17	4	5	2	30	4	4	2	22	9	100
70 ans et plus	1	9	3	4	3	41	12	2	3	13	9	100
Profession												
Cadre	1	25	1	5	4	35	6	4	2	12	5	100
Ouvrier	2	23	3	1	0	18	2	3	3	36	9	100
Retraité	1	11	3	4	3	38	9	3	3	17	8	100

Source : Enquête réalisée par Ipsos et Sopra Steria auprès d'un échantillon représentatif de 4 000 personnes inscrites sur les listes électorales interrogées du 6 au 9 avril 2022.

1. Rédigez deux phrases présentant la signification précise des données entourées.
2. Montrez que l'âge des électeurs est corrélé à leur vote.
3. Montrez que la profession des électeurs est également corrélée à leur vote.
→ **Fiche outil n° 4 p. 306** *Distinguer corrélation et causalité*
4. Comment l'offre électorale lors du scrutin de 2022 peut-elle expliquer le faible score de Valérie Pécresse, candidate de la droite républicaine ?

DÉFINITIONS

Variables sociales
Sexe, âge, niveau de diplôme, statut professionnel, groupe socioprofessionnel…

Variables contextuelles
Ensemble des éléments du contexte politique influençant la participation électorale et le vote (type d'élections, enjeux, offre électorale…).

3 Le rôle du contexte : la guerre en Ukraine lors de la présidentielle 2022

Selon un sondage réalisé par Elabe, la crise russo-ukrainienne aura une incidence sur le choix de 38 % des électeurs. Faut-il pour autant s'attendre à un chambardement des pronostics ? A priori non : pour le moment, les tendances confortent Emmanuel Macron, déjà favori. La cote de confiance du président sortant a même gagné cinq points ce mois-ci, atteignant les 40 %. On peut parler « d'effet drapeau », un phénomène par lequel, au cours d'une crise, une partie de la population affiche sa solidarité avec le gouvernement. Le même qui, en 2015, avait fait bondir de 20 points la cote de popularité de François Hollande quelques jours après les attentats. [...]

L'invasion russe en Ukraine avantage d'autant plus le président sortant que, derrière, trois des quatre candidats au-dessus de la barre des 10 % sont dans des situations délicates et doivent se justifier des positions pro-Poutine qu'ils ont défendues. [...] « Les positions d'Éric Zemmour l'ont mis en porte-à-faux. On voit mal comment ça pourrait lui rapporter des points », abonde Bruno Cautrès du Cevipof. Sa posture sur la question de l'accueil des réfugiés renforce ce constat. [...] Même Marine Le Pen, qui a toujours fait de la question migratoire son fonds de commerce, juge aujourd'hui « naturel » d'accueillir des réfugiés européens. Alors que 79 % des Français seraient favorables à leur accueil selon un sondage Harris Interactive, la candidate du Rassemblement national marque quelques points lui permettant de conforter sa place au second tour de l'élection présidentielle.

Arthur Quentin et Victor Boiteau [journalistes], « Guerre en Ukraine : quel impact électoral pour les candidats à la présidentielle en France ? », *Libération*, 3 mars 2022.

1 Comment « l'effet drapeau » peut-il augmenter la popularité d'un président en exercice ?

2 À l'aide de l'exemple de la guerre en Ukraine, montrez que le vote peut être l'expression de préférences en fonction d'un contexte et d'une offre électorale.

4 EXERCICE L'offre électorale face à la rationalité des électeurs

Appelons « droite » la moitié de l'électorat qui veut un impôt inférieur à 50 % et « gauche » l'autre moitié. Supposons qu'il y ait :

- trois électeurs de « gauche » souhaitant le taux d'imposition suivant : A : 95 % ; B : 85 % ; C : 60 % ;
- trois électeurs de « droite » souhaitant le taux d'imposition suivant : D : 40 % ; E : 15 % ; F : 5 %.

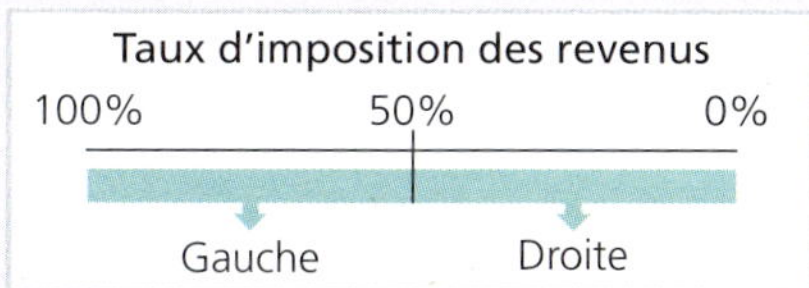

Schéma hachette-clic.fr/23ses1189

➔ **Fiche outil n° 5 p. 308** *Lire et interpréter une moyenne et une médiane*

1 Positionnez les 6 électeurs sur l'axe du schéma.

2 Quel taux doit proposer le candidat de gauche s'il veut représenter au mieux les préférences de son électorat ? Et le candidat de droite ? Représentez ces deux taux sur le schéma.

3 Que peut faire le candidat de gauche s'il cherche à gagner l'élection en attirant au moins un électeur de droite ? Comment réagirait le candidat de droite ?

4 Montrez que, dans le cadre de ce modèle, l'offre électorale s'ajuste pour attirer les électeurs du centre.

DÉFINITION

Offre électorale
Ensemble des programmes, candidats et partis politiques en compétition lors d'une élection.

S'entraîner

1 S'autoévaluer CORRIGÉS P. 338

Vrai ou faux ?

1. La majorité des individus ont des opinions politiques très différentes de celles de leurs parents.
2. Les personnes plus âgées votent généralement plus à droite que l'ensemble de l'électorat.
3. Le contexte d'une élection n'a pas d'influence sur les résultats de cette élection.
4. Proposer un programme centriste au premier tour de l'élection présidentielle renforce les chances de se qualifier au second tour.

2 Mobilisation des connaissances BAC

À l'aide d'un exemple, montrez que le vote peut être l'expression d'appartenances sociales.

DOSSIER 4 Les électeurs sont-ils de plus en plus volatils ?

OBJECTIF Comprendre que la **volatilité électorale** revêt des formes variées (**intermittence du vote**, changement des préférences électorales) et qu'elle peut refléter un affaiblissement ou une recomposition du poids de certaines variables sociales, un déclin de l'**identification politique** (**clivage gauche/droite** notamment) et un renforcement du poids des **variables contextuelles**.

DOC 1 POUR COMMENCER
L'évolution du vote entre 2017 et 2022

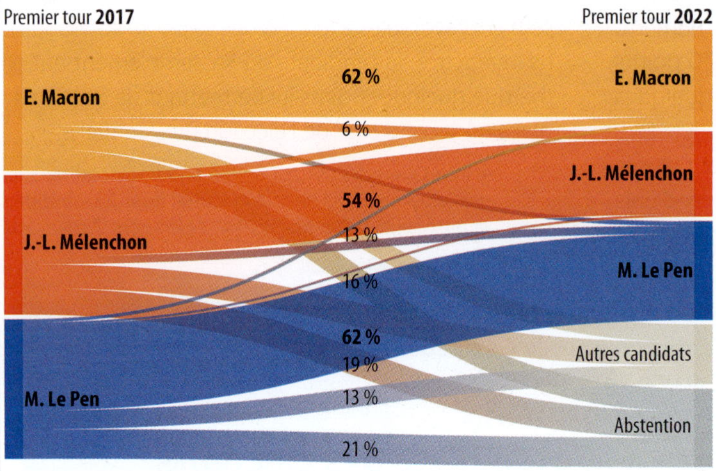

Lecture : 62 % des électeurs d'Emmanuel Macron au 1er tour de l'élection présidentielle de 2017 ont voté pour lui au 1er tour de 2022.
Source : D'après données chiffrées Ipsos et Sopra Steria, 6 au 9 avril 2022.

1. Quelle est la proportion d'électeurs de Jean-Luc Mélenchon en 2017 qui ont voté pour lui au 1er tour de 2022 ?
2. Parmi les électeurs de 2017 de Jean-Luc Mélenchon, de Marine Le Pen et d'Emmanuel Macron, quels sont ceux qui se sont le plus abstenus en 2022 ?
3. Le changement de préférence politique apparaît-il important entre 2017 et 2022 ? Justifiez.

DOC 2 Le déclin de l'identification politique

L'identification partisane peut se définir comme un attachement durable à une formation politique donnée, attachement que l'électeur hérite généralement de son milieu familial et qui revêt à la fois une dimension affective et une dimension politique. […] L'identification partisane aurait un impact déterminant sur le comportement électoral, la grande majorité des électeurs votant en faveur de la formation politique à laquelle ils s'identifient. […] Cependant, les comportements électoraux ont profondément changé au cours des dernières décennies en raison des grands bouleversements sociaux, politiques et culturels qu'ont connus les sociétés occidentales. […] Plusieurs auteurs ont ainsi constaté une certaine érosion du vote de classe et du vote religieux dans les démocraties occidentales. De nos jours, de moins en moins d'électeurs votent pour une formation politique censée défendre les intérêts de leur groupe social d'appartenance, la formation communautaire des préférences électorales ayant fait place à une individualisation croissante des choix électoraux. Par ailleurs, les résultats de nombreuses études indiquent que, dans les pays occidentaux, la proportion de citoyens qui s'identifient à un parti a progressivement diminué au cours des quarante dernières années. […]

En effet, certains travaux montrent que les choix électoraux sont aujourd'hui fortement influencés par des facteurs de « court terme », comme les enjeux du scrutin, les propositions programmatiques des partis, le bilan de la majorité sortante, la personnalité des candidats ou encore les principaux événements de la campagne (par exemple, les débats télévisés).

Simon Willocq et Camille Kelbel [politistes], « Un électeur, plusieurs partis ? Affinités partisanes multiples et vote fractionné », *Courrier hebdomadaire du CRISP*, n° 2324-2325, 2016.

1. Relevez la définition du concept d'« identification partisane » et illustrez-le avec un exemple.
2. Qu'appelle-t-on « vote de classe » ?
3. Comment a-t-il évolué au cours des décennies ?
4. Comment a évolué le degré d'identification partisane dans le même temps ?
5. Pourquoi une augmentation du poids des facteurs de court terme dans les choix électoraux peut-elle expliquer une augmentation de la volatilité électorale ?

DÉFINITION

Identification politique (ou partisane)
Fait d'appartenir ou de se considérer comme proche d'une tendance ou d'un parti politique.

3 EXERCICE La volatilité électorale

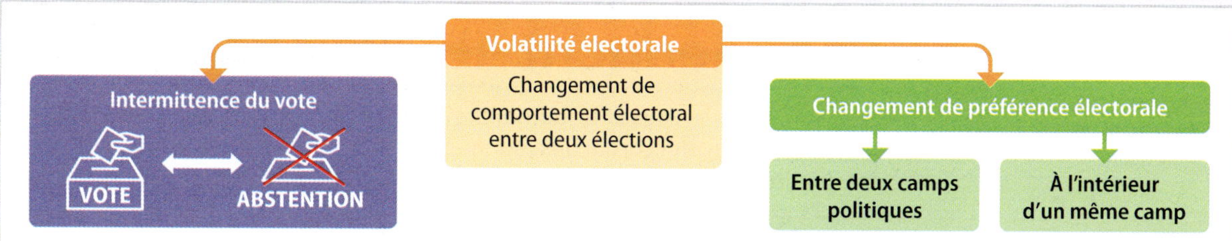

1. Quelles sont les deux formes possibles de volatilité électorale ?
2. Indiquez à quel type de volatilité électorale correspondent les exemples suivants :
   a) Pedro a voté au 1er tour de la présidentielle 2017 pour le candidat socialiste Benoît Hamon et en 2022 pour Jean-Luc Mélenchon.
   b) Safia a voté pour Emmanuel Macron au 1er tour de la présidentielle 2022 et a voté pour un candidat de la NUPES (alliance de gauche) au 1er tour des élections législatives de 2022.
   c) Rémi a voté au 1er tour de la présidentielle 2022 et s'est abstenu au 1er tour des élections législatives.
   d) Myriam s'est abstenue au 1er tour des élections législatives mais a voté au 2nd tour.

DOC 4 Une volatilité électorale qui peut être liée au contexte politique

La sociologie électorale a montré que les électeurs « volatils » n'étaient pas nécessairement des « électeurs stratèges », très informés et qui finiraient par hésiter à force d'en savoir trop sur les programmes des candidats et de trouver des avantages comparatifs chez chacun. Parmi eux, on trouve davantage d'électeurs perdus dans le maquis épais de la campagne électorale que d'électeurs surinformés. La sociologie de la volatilité électorale montre qu'il s'agit d'électeurs moins ancrés dans de fortes appartenances idéologiques et que la « volatilité » se réalise souvent à l'intérieur d'un camp politique (on passe davantage d'un vote socialiste à écologiste ou inversement que d'un vote socialiste ou écologiste à un vote à droite). [...]

Si la France a connu ce phénomène de « volatilité » bien avant l'élection d'Emmanuel Macron, la « disruption »[1] de 2017 a créé les conditions d'une situation potentiellement fortement volatile et de « réalignements » électoraux : la création de nouveaux mouvements politiques (LREM et LFI), l'élection d'Emmanuel Macron, la crise du système partisan qui s'est ensuivie, tous ces éléments ont amené des électeurs qui votaient auparavant LR ou PS à être mécaniquement mobiles.

Bruno Cautrès [politiste], « 2022 : une présidentielle à l'heure de la volatilité électorale », *Libération*, 14 mars 2022.

1. Stratégie de bouleversement par l'innovation d'un marché sur lequel les positions étaient établies. Le terme a été appliqué à la stratégie mise en place en 2017 par Emmanuel Macron pour bouleverser le paysage politique.

1. Quel est le profil des électeurs les plus volatils ?
2. Illustrez par un exemple comment l'offre électorale peut conduire les électeurs à être volatils.
3. Pourquoi la volatilité électorale avait-elle été relativement forte en 2017 ?

S'entraîner

1 S'autoévaluer

CORRIGÉS P.338

Complétez le texte avec les mots suivants : vote intermittent • contextuelles • sociales • la volatilité électorale • l'identification politique.

.... désigne le changement de comportement électoral entre deux élections. Elle se traduit soit par un .... (passage du vote à l'abstention, ou inversement), soit par un changement des préférences électorales. Elle peut refléter un affaiblissement ou une recomposition de certaines variables ...., un déclin de .... (clivage gauche-droite notamment) et un renforcement du poids des variables ....

2 Mobilisation des connaissances BAC

À l'aide d'exemples, montrez que la volatilité électorale peut refléter un renforcement du poids des variables contextuelles.

ACTIVITÉ 1 Argumenter

OBJECTIFS

Savoirs : abstention, facteurs de la participation électorale

Savoir-faire : sélectionner des informations, rédiger un argumentaire

Pourquoi les jeunes s'abstiennent-ils davantage ?

Votre mission Vous êtes journaliste indépendant et vous voulez proposer un article sur l'abstention électorale des jeunes à différents médias. À l'aide des informations des documents, vous rédigerez deux paragraphes pour distinguer les effets de l'âge et de la génération sur la participation électorale.

ÉTAPE 1 Lister et classer les arguments

1 Analysez les trois documents puis classez les différents arguments dans le tableau suivant :

Tableau hachette-clic.fr/23ses1190

Affirmation	
Explicitation 1 (effet de l'âge)	
Illustration de l'effet d'âge	
Explicitation 2 (effet de la génération)	
Illustration de l'effet de génération	

DOC 1 L'entrée dans la participation électorale

L'entrée dans la participation électorale se fait très progressivement. Il faut attendre la trentaine voire la quarantaine pour arriver aux taux de participation équivalents à ceux de l'ensemble de la population.

Ces effets structurels s'expliquent par les conditions propres à cet âge de la vie, où se jouent l'entrée dans la vie adulte et l'insertion professionnelle, d'autant que l'accès à une autonomie économique et résidentielle se fait de plus en plus tard, souvent dans des conditions assez instables et précaires. C'est donc une période où les jeunes sont occupés par d'autres urgences : s'inscrire dans la société, y trouver une place. C'est aussi une période de construction identitaire, et d'expérimentation, où ils renégocient les comportements hérités de la socialisation familiale, les choix politiques qui ont pu leur être transmis.

Anne Muxel [politiste et sociologue], « Comprendre l'abstention des jeunes en cinq questions », *The Conversation*, 13 avril 2022.

DOC 2 Vote et abstention à la présidentielle de 2022 selon l'âge

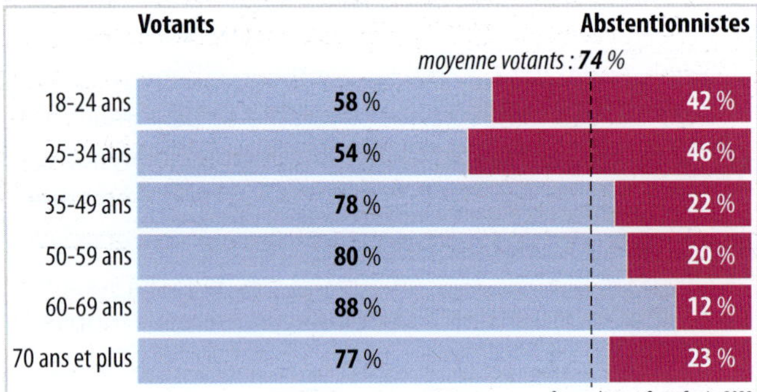

Source : Ipsos et Sopra Steria, 2022.

DOC 3 Une relation au vote différente selon la génération

Au-delà des effets d'âge, les effets de générations sont particulièrement forts : plus une génération est récente, plus son lien au vote est intermittent. […]

Parallèlement, la proportion d'abstentionnistes systématiques progresse avec le renouvellement générationnel : aux élections nationales, seulement 4 % à 7 % des électeurs nés avant 1961 disent ne jamais voter, mais c'est le cas de 12 % des membres de la cohorte 1961-1970, de 15 % dans la cohorte 1971-1980 et de 25 % des électeurs nés après 1980. […] Pour comprendre ces évolutions, il faut rappeler que le vote ne veut plus dire la même chose pour les différentes cohortes. Les générations nées avant-guerre et sans doute une partie des baby-boomers sont dans la culture du vote de devoir, d'où leur assiduité aux urnes. Dans les cohortes récentes, le vote n'a plus la même importance, soit parce qu'il ne suffit plus, soit parce qu'il n'est pas forcément le meilleur moyen pour se faire entendre.

Vincent Tiberj [politiste], « Trop apathiques ou trop remuants ? Générations et participation politique », dans *Générations désenchantées ?*, La Documentation française, INJEP, 2021.

NE PAS CONFONDRE

Effet d'âge et effet de génération

On parle d'**effet d'âge** lorsqu'un comportement varie avec l'âge des répondants, donc au cours de leur vie. On parle d'**effet de génération** lorsqu'un comportement dépend de l'année de naissance des répondants mais ne change pas ou peu au cours de leur vie.

ÉTAPE 2 Rédiger un paragraphe argumenté

2 Par groupe de 2 à 4 élèves et à partir des différents éléments de l'argumentation que vous avez identifiés dans votre tableau, rédigez deux paragraphes AEI qui expliquent la plus forte abstention des jeunes électeurs.

Fiche méthode n° 1 p. 318 *Construire une argumentation*

ACTIVITÉ 2 Exposer

Prendre la parole

OBJECTIFS

Savoirs : abstention électorale

Savoir-faire : prendre la parole en continu

Faut-il rendre le vote obligatoire ?

Votre mission Par groupe de 3 élèves, vous allez préparer un exposé de 3 à 5 minutes sur la question du vote obligatoire pour lutter contre l'abstention, que vous présenterez ensuite à la classe.

ÉTAPE 1 Cerner le sujet : quelles modalités au vote obligatoire ?

Pour mieux comprendre ce que l'on entend par « vote obligatoire » :

1. Identifiez les conséquences auxquelles les abstentionnistes s'exposent dans les pays d'Europe où le vote est obligatoire (document 1).
2. Imaginez d'autres modalités envisageables pour rendre le vote obligatoire.
3. Calculez la proportion de pays concernés par le vote obligatoire dans le monde (document 2).

DOC 1 Les pays d'Europe où le vote est obligatoire

En Belgique, où le vote est obligatoire depuis 1893, un électeur qui ne se rend pas aux urnes peut être contraint de régler une amende. Et si cela se reproduit quatre fois en moins de quinze ans, sans aucun justificatif, le citoyen est alors rayé des listes électorales pour dix années. Une mesure qui semble efficace puisque la Belgique fait partie des pays européens où la participation est toujours élevée comme lors des élections européennes de 2014.

Du côté de la Grèce, on considère le vote comme un devoir et pas seulement comme un droit. S'il n'y a pas de sanction pécuniaire à l'encontre des personnes qui ne se déplacent pas aux urnes, des conséquences administratives peuvent en découler. Ainsi, obtenir un passeport ou son permis de conduire peut être plus difficile si l'on ne s'est pas acquitté de ses obligations d'électeur.

Du côté de la Suisse, seul le canton de Schaffhouse a inscrit cette obligation dans ses textes, pour les électeurs jusqu'à 65 ans, sous peine d'amende.

Au Luxembourg, le vote est également un acte citoyen obligatoire, et l'on s'expose à une amende en cas de manquement.

Enfin, le Liechtenstein est également soumis à cette obligation de vote. À noter qu'en Italie, le droit de vote obligatoire a été aboli en 1993.

ouest-france.fr, 7 avril 2022.

DOC 2 Le vote obligatoire dans le monde

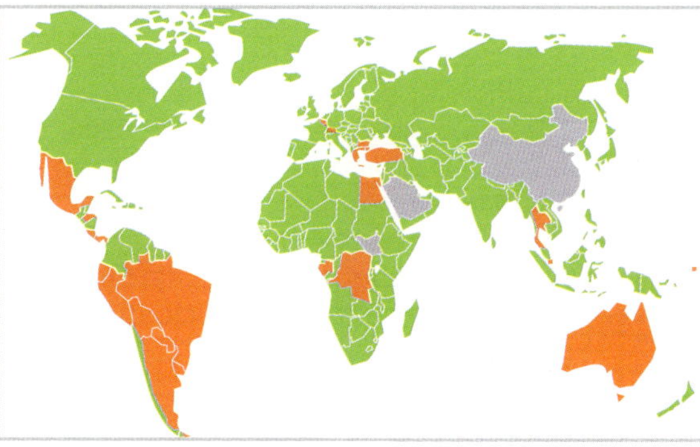

Source : International Institute for democracy and electoral assistance, 2021.

ÉTAPE 2 Construire votre exposé

4. Chaque membre du groupe se charge d'un aspect précis de l'exposé :
   - **Introduction :** présentation du problème de la montée de l'abstention, énoncé de la problématique, annonce du plan.
   - **Partie 1 :** l'intérêt et les modalités possibles du vote obligatoire (voir étape 1).
   - **Partie 2 :** les limites du vote obligatoire (voir dossier 2 p. 234-235 et les causes de l'abstention).
   - **Conclusion :** réponse synthétique à votre problématique.

Coup de pouce

Sur votre trame écrite, n'indiquez que les idées, sans développer. Moins vous rédigerez, moins vous serez tenté(e) de lire vos notes pendant l'exposé !

ÉTAPE 3 Prendre la parole

5. Ayez bien en tête les critères d'évaluation de votre exposé lors de votre prestation devant vos camarades.
6. Aidez-vous de la Fiche méthode n° 4 p. 324 *S'exprimer à l'oral.*

Grille d'évaluation hachette-clic.fr/23ses1191

L'ESSENTIEL Voter : une affaire individuelle ou collective ?

1 Comment mesurer la participation aux élections ?

Podcast
hachette-clic.fr/
23ses1192

■ **En France, le droit de vote ne concerne pas tous les habitants :** « Sont électeurs [...] tous les nationaux français majeurs des deux sexes, jouissant de leurs droits civils et politiques » (article 3 de la Constitution). **Parmi ces personnes en âge de voter, toutes ne sont cependant pas inscrites** sur les listes électorales : ainsi, en mars 2022, le **taux d'inscription** était de 95 %, c'est-à-dire que 5 % des Français en âge de voter n'étaient pas inscrits sur les listes électorales.

■ Si la **participation électorale** dépend donc du nombre de personnes inscrites sur les listes, **elle dépend aussi du niveau d'abstention** aux élections. Parmi les électeurs inscrits, certains peuvent ne pas se déplacer au bureau de vote et ne pas participer au scrutin. Lors du 1er tour de l'élection présidentielle de 2022, 26,3 % des électeurs inscrits se sont ainsi abstenus. **Le taux de participation électorale a tendance à baisser ces dernières décennies** et l'abstention augmente. Ainsi, plus de la moitié des électeurs ne sont pas allés voter au premier tour des élections législatives de 2022. ▸ Schéma 1

1 Participation et non-participation électorales

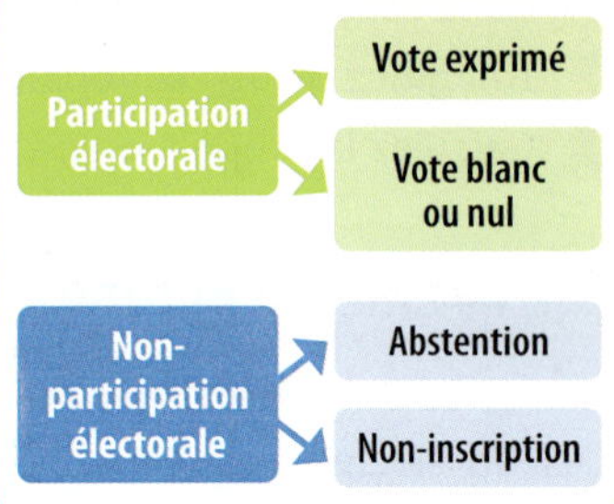

2 Comment expliquer l'abstention et la participation électorales ?

■ De nombreuses analyses ont montré **l'importance des variables sociales en matière de participation aux élections**. Les plus jeunes, les moins diplômés et les personnes les plus précaires s'abstiennent davantage. L'abstention peut alors refléter le faible **degré d'intégration sociale** de certaines franges de la population ayant un plus faible intérêt pour la politique en raison d'un moindre sentiment de **compétence politique**. Ce dernier repose principalement sur des ressources (maîtrise du langage, connaissances des institutions, des programmes...) inégalement distribuées en fonction du niveau de diplôme et de l'âge.

■ Néanmoins, ces facteurs sociaux ne suffisent pas à expliquer le niveau croissant d'abstention en France. **Des variables contextuelles influent aussi sur la participation électorale.** Ainsi, la participation diffère selon le type d'élections et en fonction de la perception de l'enjeu du scrutin, compte tenu du contexte économique, politique ou de la personnalité des candidates et candidats. Par exemple, le caractère incertain d'une élection ou la personnalité clivante des candidats peuvent faire croître la participation.

3 Le vote n'est-il qu'affaire de choix individuels ?

■ **Le vote est souvent représenté comme un moment d'une pure délibération personnelle. Mais les choix personnels sont aussi le produit des appartenances sociales des individus**, et de leurs expériences socialisatrices antérieures, qui modèlent leurs valeurs, leur attirance pour un parti donné. Les préférences politiques peuvent ainsi se construire très tôt au sein de la famille, ce qui explique que les deux tiers des Français se situent dans la continuité des choix politiques de leurs parents.

■ **La socialisation politique, comme toute socialisation, ne se limite pas à la socialisation familiale et se poursuit tout au long de la vie.** Ainsi, les enquêtes montrent que les **variables sociales** (le sexe, l'âge, la religion, le groupe socioprofessionnel...) structurent l'**identification politique** et les préférences partisanes des individus.

NOTIONS

Taux d'inscription : rapport entre le nombre d'inscrits sur les listes électorales et le nombre de Français en âge de voter.

Participation électorale : acte de voter, comprenant donc les suffrages exprimés, les votes blancs et votes nuls.

Abstention électorale : fait qu'un électeur inscrit sur les listes électorales ne vote pas.

Taux d'abstention : rapport entre le nombre d'abstentionnistes et le nombre d'inscrits.

Taux de participation : rapport entre le nombre de votants et le nombre d'inscrits.

Variables sociales : sexe, âge, niveau de diplôme, statut professionnel, groupe socioprofessionnel...

Degré d'intégration sociale : degré de participation aux instances créatrices de lien social (famille, groupes d'amis, travail, école, organisations politiques, etc.).

Compétence politique : capacité à s'intéresser à la politique, à s'y informer et à émettre des jugements politiques.

Variables contextuelles : ensemble des éléments du contexte politique influençant la participation électorale et le vote (type d'élections, enjeux, offre électorale...).

Appartenances sociales : caractéristiques des individus qui les rattachent à un groupe social (âge, sexe, groupe socioprofessionnel, niveau de diplôme...).

Identification politique : fait d'appartenir ou de se considérer comme proche d'une tendance ou d'un parti politique.

L'influence des appartenances sociales n'exclut cependant pas que **le vote soit également l'expression des préférences des électeurs en fonction de variables contextuelles** (économique et social, national ou international…) mais aussi en fonction de l'**offre électorale** (programmes des partis, personnalité des candidats…). Ainsi, le vote des électeurs se détermine également selon les caractéristiques de chaque élection, telles que la nature du scrutin, les candidatures, la conjoncture économique et politique dans laquelle elle se déroule et les enjeux de la campagne.

4 Les électeurs sont-ils de plus en plus volatils ?

Depuis les années 1980, on observe des phénomènes croissants d'instabilité du vote. En effet, une proportion de plus en plus élevée d'électeurs ne vote plus systématiquement : on parle de **vote intermittent**. Ainsi, aux élections de 2022, le vote systématique ne concernait que 36 % des électeurs. Par ailleurs, les électeurs ne conservent plus systématiquement leur vote d'une élection à l'autre : seuls 12 % des votants pour le Parti socialiste au premier tour de l'élection présidentielle de 2017 ont voté pour ce même parti en 2022.

Aujourd'hui, les électeurs s'autopositionnent bien moins fréquemment à droite ou à gauche que dans les années 1980. Ce symptôme d'un **affaiblissement du clivage gauche-droite** peut s'analyser comme la **montée d'un électorat devenu plus stratège** avec la hausse du niveau de diplôme, n'hésitant pas à changer de candidat selon ses préférences électorales et le contexte. L'apparition d'un enjeu saillant pendant une campagne peut modifier les logiques classiques du vote, comme cela a pu être le cas avec le déclenchement de la guerre en Ukraine en 2022.

Rares sont cependant les déplacements complets sur le spectre politique, les électeurs votant le plus souvent pour des partis proches de ceux pour lesquels ils avaient voté précédemment. **La volatilité électorale peut aussi parfois davantage résulter d'une transformation de l'offre politique** (création d'un nouveau parti ou changement de doctrine d'un parti) que d'un changement de préférence des électrices et des électeurs. Enfin, la volatilité est plus souvent le fait des électeurs et des électrices ayant un moindre niveau de diplôme. ▸ Schéma 2

2 Distinguer stabilité et volatilité électorales

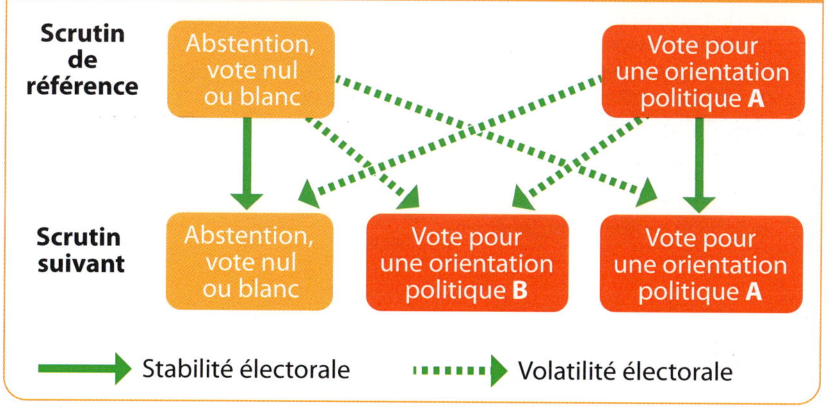

> **NOTIONS**
>
> **Offre électorale :** ensemble des programmes, candidats et partis politiques en compétition lors d'une élection.
>
> **Vote intermittent :** fait de ne pas voter systématiquement à tous les scrutins (alternance vote et abstention).
>
> **Clivage gauche-droite :** système de structuration de l'espace politique qui permet aux électeurs et aux partis de se situer politiquement, notamment sur des axes économiques et culturels.
>
> **Volatilité électorale :** changement de comportement électoral entre deux élections (vote intermittent, changement de choix électoral).

L'essentiel en schéma

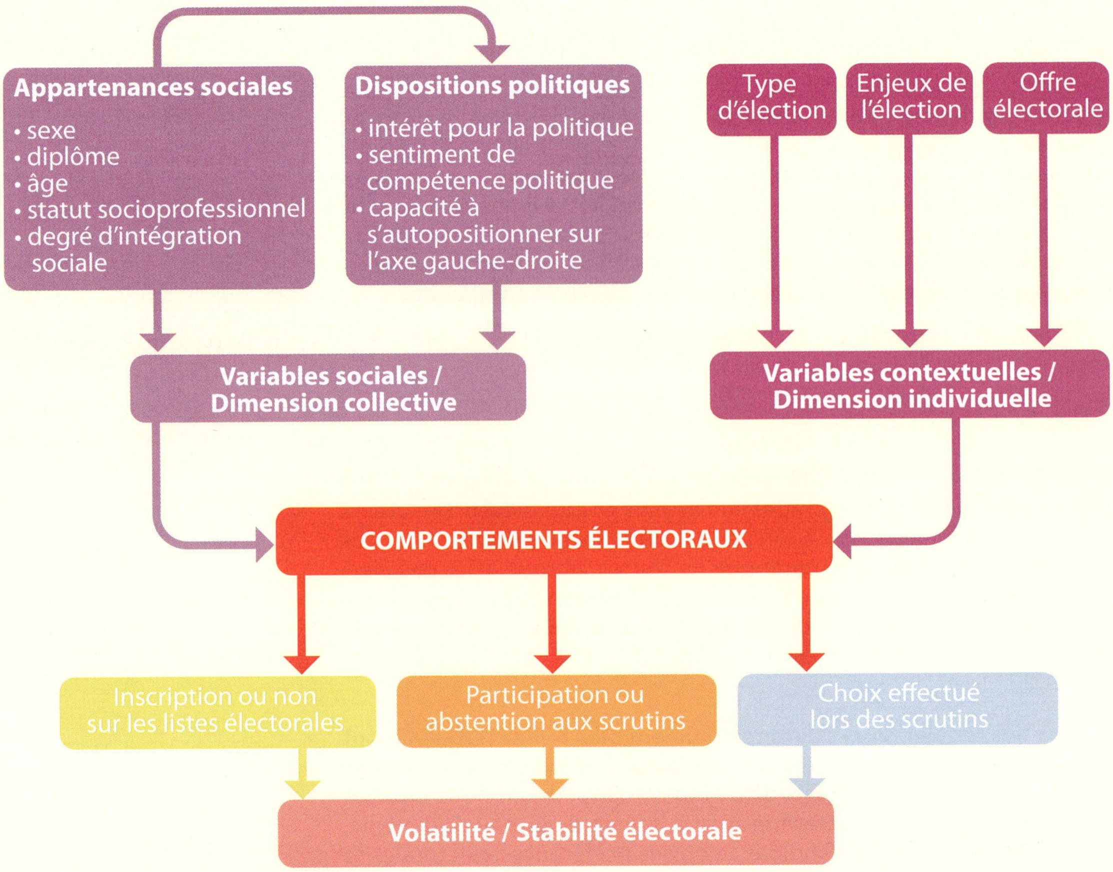

POUR ALLER PLUS LOIN

hachette-clic.fr/23ses1193

« Générations désenchantées ? », entretien avec Vincent Tiberj, *Politika*, 2022.

Qu'en est-il de la jeunesse, ou plutôt des jeunesses ? Comment leurs valeurs s'orientent-elles ? Quels sont leurs rapports au politique ? Dans ses derniers travaux, le politiste Vincent Tiberj s'est intéressé à ce qu'il appelle les « générations désenchantées » par la politique.

hachette-clic.fr/23ses1194

« À la recherche des voix perdues », documentaire sur le vote blanc et nul, 2017.

Fruit d'une recherche sociologique de cinq ans, ce film de Jérémie Moualek, enseignant-chercheur, s'appuie sur le dépouillement de plus de 15000 bulletins annulés issus des scrutins présidentiels et législatifs de 2007 et 2012. Il repose également sur les témoignages d'électeurs mettant en lumière les conditions sociales et politiques de leur geste.

hachette-clic.fr/23ses1195

« Je vote, tu votes, nous votons », Public Sénat, 2022.

Chaque semaine, pendant toute la campagne électorale de 2022, Tâm Tran Huy, journaliste à *Public Sénat*, a interrogé les chercheurs du CEVIPOF sur différents thèmes concernant le comportement électoral des Français.

hachette-clic.fr/23ses1196

« Le droit de vote des femmes », *La Grande Explication*, INA, mai 2019.

Les Françaises n'obtiennent le droit de vote qu'en 1944. Pourquoi si tardivement ? Quelles sont les grandes figures de ce combat ? Quels ont été les modes d'action utilisés par les mouvements féministes pour obtenir ce droit ?

UTILISER LES STATISTIQUES

1 Taux de participation et taux d'abstention

Objectif de savoir-faire *Calculer et interpréter une proportion* → Fiche outil n° 1 p. 300

Participation électorale au 1er tour des élections législatives

	2017	2022
Nombre d'inscrits	47 570 988	48 953 748
Abstention	24 403 480	25 697 541
Votants	23 167 508	23 256 207
Blancs	357 018	362 193
Nuls	156 326	149 306
Exprimés	22 654 164	22 744 708

Source : Ministère de l'Intérieur, 2022.

1. Calculez le taux d'abstention au 1er tour des élections législatives de 2017 et à celles de 2022.
2. Comment l'abstention a-t-elle évolué entre 2017 et 2022 ?
3. Calculez le taux de participation au 1er tour des élections législatives de 2022.
4. Quelle est la relation entre le taux d'abstention et le taux de participation à une élection ?
5. Calculez la part des suffrages exprimés parmi les votants au 1er tour des élections législatives de 2022.

2 L'influence du niveau de revenu des électeurs sur le vote

Objectifs de savoir-faire *Calculer et interpréter une proportion* → Fiche outil n° 1 p. 300
Distinguer corrélation et causalité → Fiche outil n° 4 p. 306

Vote au 1er tour de l'élection présidentielle de 2022 selon les revenus mensuels nets du foyer

	Électeurs de											
	P. Poutou & N. Arthaud	Jean-Luc Mélenchon	Fabien Roussel	Yannick Jadot	Anne Hidalgo	Emmanuel Macron	Valérie Pécresse	Jean Lassalle	Nicolas Dupont-Aignan	Marine Le Pen	Éric Zemmour	% TOTAL
Ensemble	**1,5**	**20,3**	**2,6**	**4,3**	**2**	**28,5**	**4,8**	**3,2**	**2,2**	**23,6**	**7**	**100**
Moins de 1 250 €	1	28	1	5	2	14	2	2	4	31	7	100
De 1 250 à 1 999 €	3	25	4	4	1	23	3	3	1	26	7	100
De 2 000 à 2 999 €	1	19	3	4	1	27	5	3	3	27	7	100
3 000 € et plus	1	18	2	4	3	35	6	4	2	19	6	100

Source : Enquête réalisée par Ipsos et Sopra Steria auprès d'un échantillon représentatif de 4 000 personnes inscrites sur les listes électorales et interrogées par Internet du 6 au 9 avril 2022.

1. Comparez les deux données entourées.
2. À l'aide de données précises et de comparaisons en points de pourcentage, énoncez un lien statistique entre niveau de revenu et vote au 1er tour de l'élection présidentielle 2022.
3. Imaginez une causalité directe qui pourrait expliquer ce lien.
4. Parmi les variables cachées suivantes, lesquelles pourraient également expliquer ce lien : âge, statut professionnel, genre, diplôme. Justifiez votre réponse.

TESTEZ VOS CONNAISSANCES !

CORRIGÉS P. 338

Version interactive hachette-clic.fr/23ses1197

1 Inscription, abstention et participation électorales

Choisissez la (ou les) bonne(s) réponse(s).

1. **Le taux d'inscription désigne :**
   a) le nombre d'inscrits sur les listes électorales.
   b) la proportion d'inscrits sur les listes électorales parmi la population résidant en France.
   c) la proportion d'inscrits sur les listes électorales parmi la population française en âge de voter.

2. **Le taux d'abstention désigne :**
   a) la proportion de Français qui se sont abstenus parmi la population en âge de voter.
   b) la proportion d'électeurs qui se sont abstenus parmi les inscrits sur les listes électorales.
   c) la proportion d'électeurs qui ont voté blanc ou nul.

3. **Le taux de participation désigne :**
   a) la proportion d'électeurs qui ont exprimé un vote parmi les inscrits sur les listes électorales.
   b) la proportion d'électeurs qui ont voté à une élection parmi la population.
   c) la proportion d'inscrits sur les listes électorales qui ont voté à une élection.

2 Participation et abstention

Vrai ou faux ? Lorsque c'est faux, justifiez.

	Vrai	Faux
1. La participation électorale augmente avec le degré d'intégration sociale.	☐	☐
2. L'intérêt pour la politique est le même dans toutes les catégories sociales.	☐	☐
3. Les plus diplômés ont un plus grand sentiment de compétence politique qui amène à davantage d'abstention.	☐	☐
4. Les électeurs participent davantage aux élections lorsque les enjeux de l'élection sont très clivants.	☐	☐
5. La participation est plus importante aux élections locales qu'aux élections nationales.	☐	☐
6. L'abstention est plus importante aux élections législatives qu'à l'élection présidentielle.	☐	☐

3 Les déterminants de la participation électorale

Complétez le texte avec les expressions suivantes :

sentiment de compétence politique • degré d'intégration sociale • variables contextuelles • déterminants sociaux • perception des enjeux de l'élection • type d'élections.

La participation électorale dépend de nombreux facteurs. Il existe tout d'abord des .... de la participation : l'âge, le diplôme mais aussi le .... influencent le niveau d'abstention de la population. Les plus jeunes, les moins diplômés et les catégories populaires vont en moyenne avoir moins d'intérêt pour la politique et partager un moins grand .... , ce qui les conduit à s'abstenir davantage. Mais la participation dépend également de .... Selon le .... , la participation est différente. L'élection présidentielle est le scrutin qui suscite le plus d'intérêt de la part de la population, ce qui se traduit par une participation supérieure à celle des élections législatives ou européennes. Pour un même scrutin la participation dépend également de la .... : plus les enjeux apparaissent importants aux électeurs, plus l'élection est susceptible de mobiliser l'électorat.

4 Les dimensions collectives et individuelles du vote

Classez les exemples suivants selon qu'ils correspondent à des variables sociales (dimension collective) ou contextuelles (dimension individuelle) du comportement électoral.

1. Enfant, Eléa entendait souvent ses parents commerçants se plaindre qu'ils payaient trop d'impôts.

2. Josh se demande s'il va aller voter car le week-end des élections, il est invité à une fête par des amis dans le sud de la France.

3. Le candidat en tête dans les sondages vient d'être mis en examen pour fraude fiscale.

4. Teva a longtemps été victime de discrimination. Elle milite au sein d'une organisation antiraciste.

5. Marc est un catholique pratiquant.

6. Les sondages indiquent qu'il y a une forte probabilité qu'un candidat xénophobe accède au deuxième tour de l'élection présidentielle.

Variables sociales (dimension collective)	**Variables contextuelles** (dimension individuelle)

5 Gauche ou droite ?

Pour chacune des propositions politiques suivantes, indiquez si elles sont davantage susceptibles d'être défendues par un parti de gauche ou par un parti de droite.

Propositions	**Gauche**	**Droite**
1. Abaisser le montant de l'impôt sur les bénéfices des entreprises.		
2. Augmenter nettement le salaire minimum.		
3. Limiter fortement l'accès des immigrés en France.		
4. Aboutir à la gratuité des études publiques d'enseignement supérieur.		

6 Mots croisés

Complétez la grille à l'aide des définitions.

Grille
hachette-clic.fr/23ses1198

HORIZONTAL

1 Acte de voter, comprenant donc les suffrages exprimés, les votes blancs et votes nuls.

4 Processus par lequel les individus intériorisent notamment des valeurs (ce qui influencera leurs choix politiques).

6 Ensemble des éléments conjoncturels qui peuvent influencer le choix des électeurs.

7 Changement de comportement électoral entre deux élections.

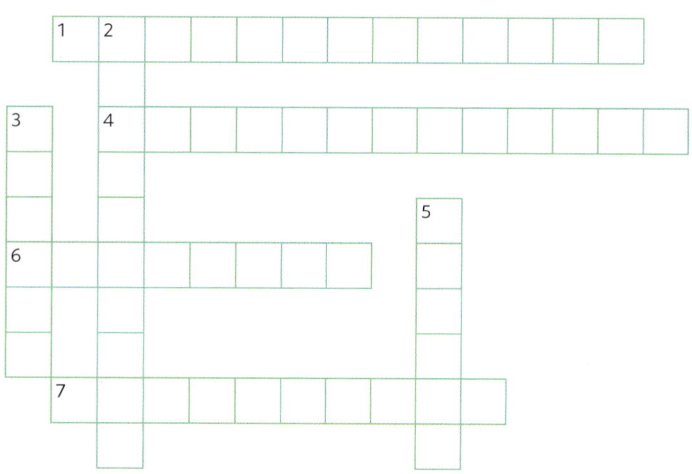

VERTICAL

2 Fait de ne pas voter lors d'un scrutin alors qu'on est inscrit sur les listes.

3 Camp politique qui tend à défendre une intervention forte de l'État dans l'économie et à promouvoir le libéralisme culturel.

5 Camp politique qui tend à promouvoir le libéralisme économique et à défendre les traditions.

OBJECTIF BAC Épreuve composée

PARTIE 1 MOBILISATION DES CONNAISSANCES 4 PTS

À l'aide de deux exemples, montrez comment le sentiment de compétence politique peut influer sur la participation électorale.

Guidage méthodologique

Fiche Bac n° 1 p. 328 *L'épreuve composée*

- **Analyser le sujet**

À l'aide de deux exemples : il faut illustrer avec deux, et seulement deux, exemples. Il est possible de les placer après l'affirmation.

montrez comment : formulation qui implique de détailler des mécanismes/ processus, donc des enchaînements causes → conséquences.

sentiment : terme indiquant une vision subjective de la part des individus concernés.

À l'aide de deux exemples, montrez comment le sentiment de compétence politique peut influer sur la participation électorale.

compétence politique : capacité à s'intéresser à la politique, à s'informer sur elle et à émettre des jugements politiques.

peut influer : le verbe « pouvoir » signifie que l'influence n'est pas systématique, mais il ne signifie pas qu'il faut traiter le sujet comme un débat !

participation électorale : acte de voter, comprenant les suffrages exprimés, les votes blancs et votes nuls.
[notions liées : abstention, intégration sociale]

- Au brouillon, listez les notions et mécanismes du programme qui doivent être mobilisés pour bien expliciter votre réponse.
- Rédigez votre réponse en utilisant les trois étapes « Affirmer, Expliciter, Illustrer » et en utilisant toutes les notions et les mécanismes pertinents du programme.

Fiche méthode n° 1 p. 318 *Construire une argumentation*

Corrigé
hachette-clic.fr/23ses1199

PARTIE 2 ÉTUDE D'UN DOCUMENT 6 PTS

Les valeurs des Français selon la proximité avec les partis politiques (2021)

Part des répondants en accord avec les affirmations suivantes (en %)	LFI / PCF	EELV	PS	LREM[1]	LR	RN	Ensemble
1. « Il faudrait rétablir la peine de mort aujourd'hui en France. »	29	37	39	38	54	80	50
2. « La mondialisation est une opportunité aujourd'hui pour la France. »	48	46	45	68	44	21	42
3. « On vit dans une société patriarcale, c'est-à-dire une société où le pouvoir est détenu par les hommes. »	83	83	77	75	73	65	71
4. « Il y a trop d'étrangers aujourd'hui en France. »	45	42	50	47	85	95	64
5. « Pour établir la justice sociale, il faudrait prendre aux riches pour donner aux pauvres. »	87	75	83	45	33	67	60
6. « Les chômeurs pourraient trouver du travail s'ils le voulaient vraiment. »	47	48	41	73	83	67	62
7. « C'est principalement la modification importante de nos modes de vie qui permettra de limiter le changement climatique. »	70	74	55	61	45	40	55

1. La République en marche est devenue Renaissance en 2022.

Source : D'après « Fractures françaises » 2021 – 9e édition, Ipsos/Sopra Steria. Sondage réalisé du 25 au 27 août 2021 auprès de 983 personnes constituant un échantillon représentatif de la population française âgée de 18 ans et plus.

Corrigé
hachette-clic.fr/23ses1200

QUESTIONS

1. **À l'aide des données du document, comparez le degré d'adhésion à l'affirmation 1 « Il faudrait rétablir la peine de mort aujourd'hui en France » selon le parti politique dont les répondants se sentent le plus proches.**
2. **À l'aide du document et de vos connaissances, vous expliquerez comment le vote des électeurs peut dépendre de leurs préférences politiques.**

PARTIE 3 RAISONNEMENT S'APPUYANT SUR UN DOSSIER DOCUMENTAIRE 10 PTS

SUJET **À l'aide de vos connaissances et du dossier documentaire, vous expliquerez pourquoi il peut exister une certaine volatilité électorale.**

Guide méthodologique hachette-clic.fr/23ses1201

DOC 1 Évolution de l'autopositionnement[1] gauche-droite de 1976 à 2021

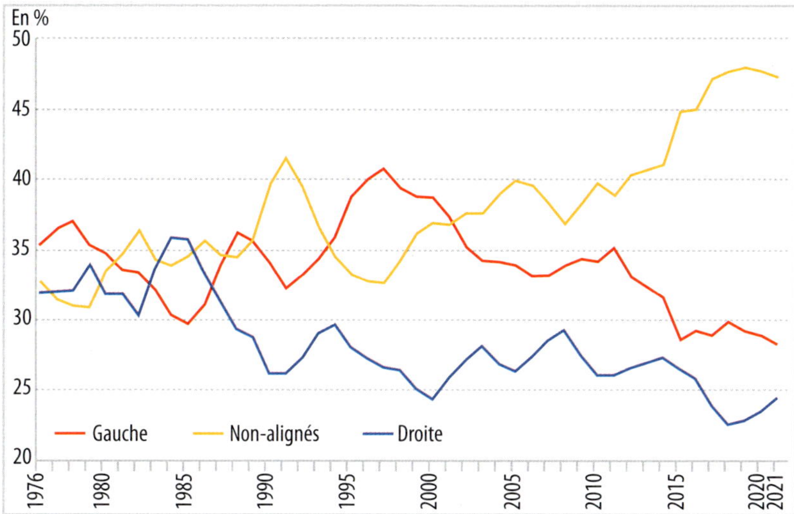

1. Autopositionnement : position sur l'axe gauche-droite sur lequel les personnes déclarent elles-mêmes se situer.

Sources : Eurobaromètres, compilation et calculs de l'auteur. Vincent Tiberj, « À force d'y croire : la France s'est-elle droitisée ? », *Revue Esprit*, 2022.

DOC 2

Durant près de deux siècles, le clivage gauche-droite a structuré la vie politique française. [...] Les notions essentielles de la gauche sont le progrès, les droits nouveaux et l'égalité, et celles de la droite, la responsabilité, la liberté, le devoir, l'autorité et le respect de la tradition. Ces sensibilités de gauche et de droite s'incarnent dans des partis politiques. Cependant, ces notions vont progressivement devenir de moins en moins opérantes, car à partir de 1983 les politiques mises en œuvre se rapprochent et, par la suite, chaque famille politique va emprunter certaines notions à ses opposants [...].

Par ailleurs, d'autres clivages émergent, percutant les familles politiques traditionnelles :

– un clivage « ouvert-fermé » caractérisant l'attitude face à la mondialisation libérale. Dès la signature du traité de Maastricht (1992), il traverse la droite et pose la question majeure de la souveraineté nationale. En 2005, lors du référendum sur le traité constitutionnel européen, il fracture la gauche [...] ;

– le clivage peuple-élite : il sonne comme un désaveu pour la gauche et la droite, qui ont toutes deux vocation à représenter le peuple. Mais celui-ci leur échappe. Le Front national puis La France insoumise battent la charge contre « les élites » ou « l'oligarchie (petit groupe de personnes) financière » et drainent les suffrages populaires. [...]

Brice Teinturier, « Perception de la politique et vote : ce qui a changé », *vie-publique.fr*, 21 mars 2022.

DOC 3 Vote au 1er tour de l'élection présidentielle de 2022 selon le vote à l'élection présidentielle de 2017 (en %)

	Électeurs de										
	P. Poutou & N. Arthaud	Jean-Luc Mélenchon	Fabien Roussel	Yannick Jadot	Anne Hidalgo	Emmanuel Macron	Valérie Pécresse	Jean Lassalle	Nicolas Dupont-Aignan	Marine Le Pen	Éric Zemmour	% TOTAL
Ensemble	**1,5**	**20,3**	**2,6**	**4,3**	**2**	**28,5**	**4,8**	**3,2**	**2,2**	**23,6**	**7**	**100**
Jean-Luc Mélenchon	2	66	8	3	2	6	1	3	1	7	1	100
Benoît Hamon	2	42	6	18	12	13	0	2	0	4	1	100
Emmanuel Macron	1	7	1	5	3	74	2	1	0	4	2	100
François Fillon	0	2	0	3	0	39	21	2	3	18	12	100
Marine Le Pen	0	2	0	1	0	3	1	0	1	78	14	100

Source : Enquête réalisée par Ipsos et Sopra Steria auprès d'un échantillon représentatif de 4 000 personnes inscrites sur les listes électorales et interrogées par Internet du 6 au 9 avril 2022.

ÉTAPE 2 EFFECTUER DES RECHERCHES DOCUMENTAIRES ET CONSTRUIRE SON PLAN

Pour répondre à la question que vous avez élaborée (▸ voir Grand oral, p. 130-131), il est nécessaire de rechercher des informations qui vont vous permettre de dégager les enjeux, de problématiser votre sujet puis d'appuyer votre argumentation. Ces informations devront ensuite être organisées au sein d'un plan. Voyons comment procéder avec le sujet guidé suivant.

SUJET GUIDÉ **Peut-on lutter contre l'abstention électorale des jeunes ?**

1 Effectuer des recherches documentaires

- Vous pouvez **partir des documents étudiés en classe**, ceux utilisés par votre enseignant(e) et ceux de votre manuel. Quelles notions avez-vous découvertes ? Quels données ou exemples sont surprenants ou décisifs concernant votre sujet ?
- Il faut ensuite **compléter vos recherches en mobilisant des sources externes** au cours afin d'approfondir votre maîtrise du sujet et votre argumentation. Cette recherche documentaire va s'appuyer sur des documents textes, statistiques, des podcasts ou des vidéos. Il est primordial d'accorder de l'importance aux sources des informations que vous utiliserez, en ayant toujours à l'esprit d'exercer un esprit critique sur ces sources.

Enregistrez vos documents et les liens pertinents dans un Padlet ou un dossier numérique. **Notez bien les sources !**

Types de source	Exemples
Sites institutionnels	INSEE, INED, Cevipof, Banque de France, OCDE, Union européenne, etc.
Presse ou médias généralistes	Le Figaro, Libération, La Croix, Le Monde, France Culture (podcasts), etc.
Sites ou vidéos de vulgarisation	Datagueule, Stupid Economics, Dessine-moi l'éco, Heu?reka, Citeco, etc.
Encyclopédie en ligne	Wikipedia, Encyclopædia Universalis
Ouvrages et revues spécialisées / scientifiques	Persee.fr, livres d'économistes, de politistes ou de sociologues (CDI)

À VOUS DE JOUER !

1. Parmi les sources suivantes, lesquelles vous paraissent fiables pour traiter le sujet guidé ?

DÉBATS

« Le surcroît d'abstention des jeunes accentue le problème posé à la démocratie »

Fortement abstentionnistes, les 18-24 ans sont souvent attirés par des formes plus directes d'engagement, non médiatisées par le vote, note la sociologue Anne Muxel.

Propos recueillis par Luc Cédelle
Le Monde, 2 juillet 2020

Politiquement jeune

Livre d'Anne Muxel publié par la Fondation Jean Jaurès & Les éditions de l'Aube, 2018

Dans cet essai, Anne Muxel, directrice de recherches au CNRS (Cevipof/Sciences Po), analyse le vote des jeunes lors des élections présidentielle et législatives du printemps 2017, interrogeant les usages démocratiques contemporains dont les jeunes sont porteurs ainsi que les tensions, voire les paradoxes, qui sont à l'œuvre dans ce renouveau.

Le vote et les jeunes

La complexe relation entre les jeunes et la politique en France

LVH News, le journal jeune et engagé

2. Comment avez-vous évalué le degré de fiabilité de chacun des types de sources ?
3. Quels sont les critères qui peuvent être utilisés pour évaluer le degré de fiabilité des sources ?
4. Relevez, dans les documents sélectionnés, les arguments qui répondent à votre sujet.

2 Organiser les informations et construire son plan

- Parmi les critères d'évaluation de votre prestation orale figurent la « **maîtrise des enjeux du sujet** », et la « capacité à conduire et exprimer une **argumentation personnelle**, bien construite et raisonnée ». Il est donc indispensable de structurer votre exposé par un plan pertinent.

Grille d'évaluation indicative
hachette-clic.fr/23ses1202

À VOUS DE JOUER !

Voici trois plans correspondant au sujet guidé p. 250 :

Plan n° 1 :
1. Les causes de l'abstention électorale des jeunes.
2. Des solutions possibles pour lutter contre l'abstention.

Plan n° 2 :
1. Diverses solutions sont envisageables pour lutter contre l'abstention électorale des jeunes.
2. Mais elles rencontrent des limites.

Plan n° 3 :
1. Rendre le vote obligatoire et reconnaître le vote blanc.
2. Développer la socialisation politique à l'école et l'apprentissage de la démocratie.

1. Quel est, selon vous, le plan le plus adapté ? Expliquez pourquoi.

2. Positionnez dans la fiche suivante, au sein du plan que vous avez choisi, les informations identifiées lors de la recherche documentaire afin de construire quatre paragraphes AEI.

Vous n'avez que **5 minutes** pour développer la réponse à votre sujet. Il est primordial de cibler les arguments principaux et les plus robustes pour répondre à la question. Ne cherchez pas à être exhaustif, vous risqueriez de survoler votre sujet.

Introduction

[Accroche] ....

[Définition des termes spécifiques du sujet] ....

[Énoncé de la problématique] ....

[Annonce du plan] ....

Titre de la première partie : ....

Titre de la première sous-partie : ....

A
E
I

Titre de la seconde sous-partie : ....

A
E
I

Titre de la seconde partie : ....

Titre de la première sous-partie : ....

A
E
I

Titre de la seconde sous-partie : ....

A
E
I

Conclusion

[Résumé en une phrase de vos arguments] ....

[Ouverture : une nouvelle question qui se pose une fois que le sujet a été traité] ....

....

Fiche
hachette-clic.fr/23ses1203

S'appuyer sur l'intelligence artificielle pour construire son plan ?

→ Attention, l'intelligence artificielle conversationnelle peut vous servir d'appui pour construire un plan, mais en aucun cas se substituer à votre réflexion personnelle !

Demandez à l'intelligence artificielle de proposer un plan pour le sujet travaillé. Exercez votre esprit critique sur ses propositions, effectuez vos propres choix et exercez votre créativité humaine sur ces propositions ! Soumettez vos doutes et vos questions à votre enseignant(e).

Intervention de secours sur une ligne à haute tension dans le cadre d'un exercice par le Peloton de Gendarmerie de Haute Montagne (PGHM) de Chamonix. Les secouristes se préparent à différentes situations.

PARTIE III

REGARDS CROISÉS

11 Comment l'assurance et la protection sociale contribuent-elles à la gestion des risques ?

NOTIONS À DÉCOUVRIR

- Risque
- Risques sociaux
- Aversion au risque
- Assurance
- Prévention
- Mutualisation
- Diversification
- Aléa moral
- Protection sociale
- Assistance

NOTIONS DE 2de

- Production marchande
- Production non marchande
- Administration publique

DÉCOUVRIR PAR L'IMAGE

Le département de la Seine-Saint-Denis lance une campagne qui détourne les publicités pour les opérateurs de paris sportifs, novembre 2022.

1. Quel type de risque est visé par cette campagne de prévention ?
2. Quels sont les individus particulièrement ciblés par cette campagne ?
3. Quels seraient, selon vous, les autres moyens de se prémunir d'un tel risque ?

DÉCOUVRIR EN SITUATION

Vous avez le projet d'acheter un logement. La loi impose aux propriétaires vendeurs de fournir aux acheteurs un diagnostic des risques près du logement. Mais, sans attendre, vous décidez de consulter Géorisques, un site Internet mis en ligne par le ministère de la Transition écologique pour recenser les risques naturels et technologiques des logements (inondations, travaux souterrains, séismes, pollutions, etc.).

hachette-clic.fr/23ses1204

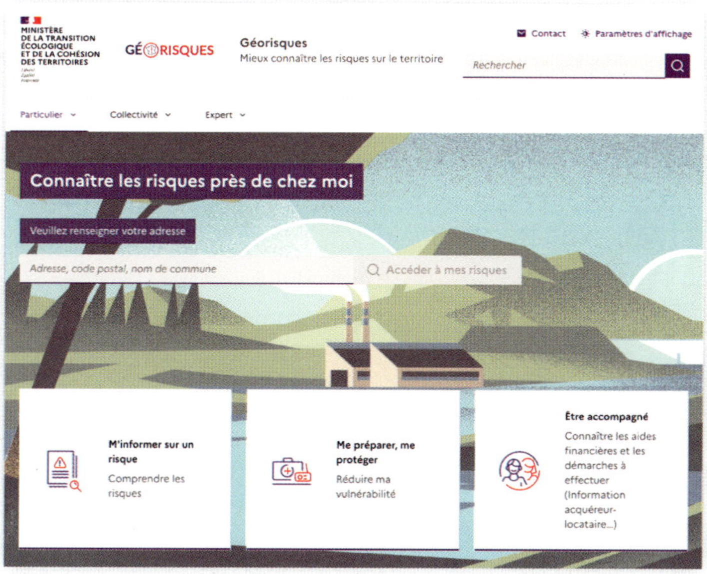

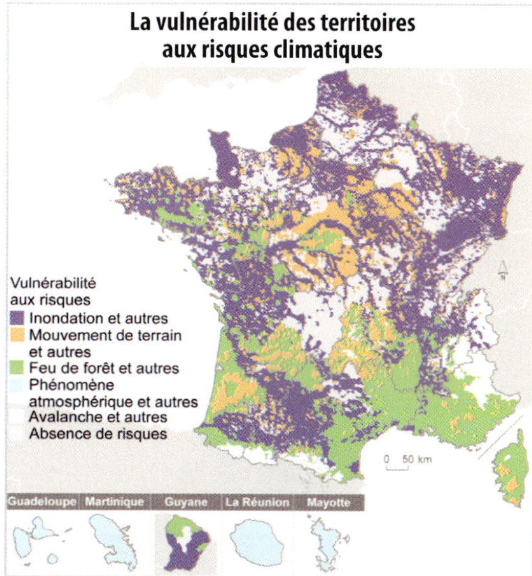

Source : Ministère de la Transition écologique et de la Cohésion des territoires (MTES).

pix **1.** Rendez-vous sur Géorisques, saisissez une adresse et recensez les risques naturels et technologiques auxquels sont exposés les logements à cette adresse.

2. Quels sont les moyens possibles pour vous couvrir contre ces risques : les éviter, les minimiser, ou ne pas en subir les dommages ?

DÉCOUVRIR EN DONNANT SON AVIS

• Êtes-vous d'accord, pas d'accord ou sans opinion avec les affirmations suivantes ?

1. Le risque d'avoir un accident de la route est le même pour tous.
2. Il est impossible d'éviter les dommages liés aux risques de catastrophes naturelles.
3. La famille permet de faire face à certains risques.
4. L'assurance est un système de solidarité collective.
5. Chacun devrait assumer seul les risques de santé.
6. Il y a plus de risques aujourd'hui qu'il y a un siècle.
7. Tout le monde a le même risque d'être licencié et d'être au chômage.
8. Mon téléphone portable n'est pas assuré, je suis donc plus vigilant quand je l'utilise.
9. Être à son compte est plus risqué que d'être salarié.

Vous pouvez reporter vos réponses dans la grille à télécharger. **Grille** hachette-clic.fr/23ses1205

Pour visualiser les réponses de la classe, utilisez le **Q-Sort interactif** hachette-clic.fr/23ses1206

DOSSIER 1 Quelles expositions et attitudes face aux risques ?

OBJECTIFS
- Connaître les principaux types de **risques économiques et sociaux** auxquels les individus sont confrontés (maladie, accident, perte d'emploi, vieillesse).
- Comprendre que l'exposition au risque et l'attitude face au risque (perception du risque, **aversion au risque**, conduites à risque) diffèrent selon les individus, les groupes sociaux et les sociétés, et être capable de l'illustrer par des exemples.

DOC 1 POUR COMMENCER
Inégalités de santé et espérance de vie

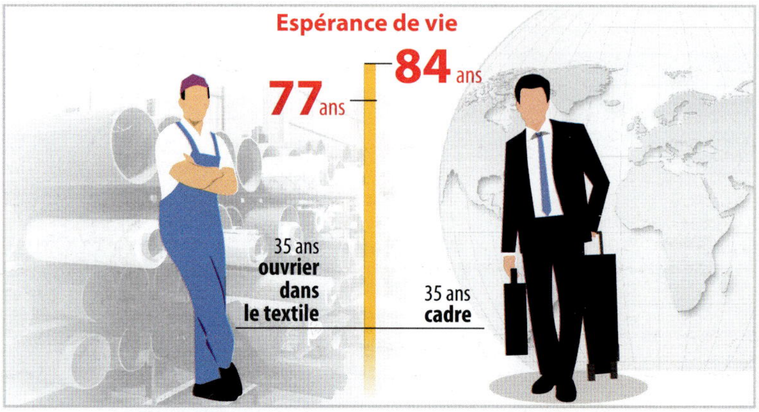

« Inégalités sociales de santé », webzine du Conseil national de l'Ordre des médecins, 2 juillet 2020.
▶ Durée 0:50

Vidéo hachette-clic.fr/23ses1207

1. Comment l'exposition au risque peut-elle expliquer la différence d'espérance de vie entre ces deux individus ?
2. Quels comportements à risques renforcent les inégalités sociales de santé ?

DÉFINITION

Risque
Probabilité qu'un événement survienne et qu'il provoque des dommages à un agent.

DOC 2 Des expositions face aux risques qui diffèrent selon les secteurs d'activités

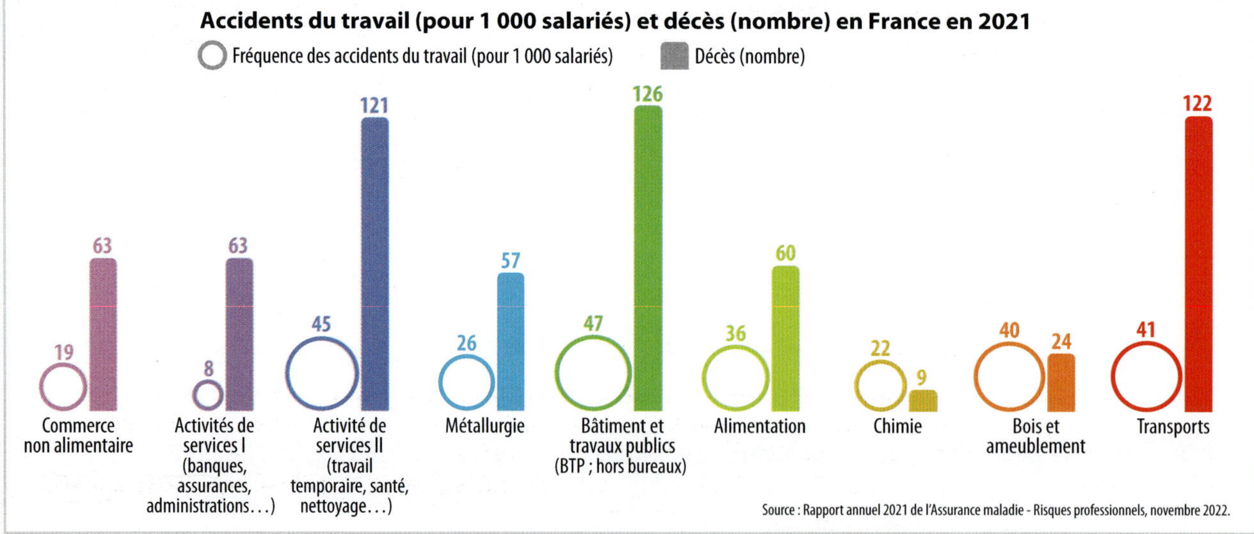

Source : Rapport annuel 2021 de l'Assurance maladie - Risques professionnels, novembre 2022.

1. Rédigez une phrase présentant la signification précise des données concernant le BTP.
2. Comment s'expliquent les écarts d'accidents du travail entre secteurs d'activité ?
3. D'après vous, comment les employeurs et les pouvoirs publics peuvent-ils agir pour diminuer le risque d'accident au travail ?

DÉFINITION

Risques sociaux
Risques qui impliquent une baisse des revenus ou une hausse des dépenses pour les individus qui en sont victimes et qui sont pris en charge collectivement (maladie, vieillesse, chômage, accident du travail, famille).

3 EXERCICE Découvrez votre attitude face au risque financier

« Préférez-vous un gain certain ou un gain plus important mais incertain ? » La réponse à cette question détermine votre attitude face au risque, avec deux possibilités : l'aversion au risque ou la propension au risque.
Voici deux jeux, proposant un choix entre deux options.

Jeu n° 1

Gain certain ou aléatoire ?
Option A : Un gain de 500 euros.
Option B : Jouer à pile ou face, gagner 1 000 euros si la pièce tombe sur « pile », ou rien du tout si c'est « face ».

Jeu n° 2

Perte certaine ou aléatoire ?
Option A : Une perte de 500 euros.
Option B : Jouer à pile ou face, perdre 1 000 euros si la pièce tombe sur « pile », ou rien du tout si c'est « face ».

1. Dans chaque jeu, quel choix faites-vous entre l'option A et l'option B ?
2. Dans les deux jeux, l'option A correspond-elle à une propension ou à une aversion au risque ?
3. Avez-vous la même attitude face à un risque de gain et face à un risque de perte ? Pourquoi selon vous ?

DÉFINITION

Aversion au risque
Attitude d'un agent économique qui préfère un gain ou une perte certains à un gain ou une perte risqués. C'est l'attitude de celui qui préfère payer une assurance plutôt que de supporter un risque. *Contraire* : propension au risque.

REPÈRE

Daniel Kahneman (né en 1934)
Psychologue et économiste américano-israélien, lauréat du prix Nobel d'économie en 2002 pour ses travaux fondateurs sur la théorie des perspectives qui sert de base à la finance comportementale.

DOC 4 De nouveaux risques plus complexes ?

Au niveau mondial, si la cybercriminalité était une économie nationale, elle se situerait au 3e rang derrière celles des États-Unis et de la Chine, avec 6 000 milliards d'euros (soit un doublement depuis 2015). En France, les cyberattaques ont concerné 90 % des ETI et PME françaises en 2020. Quant aux catastrophes « naturelles » dues au dérèglement climatique (inondations, tempêtes, sécheresse, submersion marine), le coût des sinistres augmenterait de 90 % en moyenne annuelle entre les périodes 1988-2014 et 2014-2039, passant de 1,9 milliard d'euros à 3,5 milliards d'euros [...]. Enfin la troisième menace a trait aux pandémies qui se multiplient et se globalisent, comme le syndrome respiratoire aigu sévère (SRAS), le H1N1 et plus récemment, la pandémie mondiale de Covid-19. Au-delà des problématiques de santé, cette dernière s'est traduite en France par 180 milliards d'euros de pertes d'exploitation subies par les entreprises, soit trois fois le montant des fonds propres des assureurs. [...] Nous sommes peut-être à l'orée d'une nouvelle ère où les risques sont non seulement plus globaux mais aussi de plus en plus « interconnectés » : la réalisation de l'un peut conduire à la survenance de l'autre et en amplifier les impacts, et ce à l'échelle d'un large territoire voire d'un pays. Ainsi une pandémie entraîne un usage démultiplié des outils numériques, qui à leur tour, favorisent les cyberattaques.

« Climat, cyber, pandémie : le modèle assurantiel français mis au défi des risques systémiques », Conseil économique, social et environnemental, avril 2022.

1. À quels risques serions-nous de plus en plus exposés ?
2. Quelles sont les principales caractéristiques de ces risques ?
3. En quoi celles-ci peuvent-elles rendre les risques plus difficiles à prendre en charge ?

S'entraîner

1 S'autoévaluer

CORRIGÉS P. 338

Vrai ou faux ?

1. Tous les individus sont exposés de la même manière au risque d'accident du travail.
2. Les attitudes face aux risques ne sont pas les mêmes selon les individus.
3. Un individu qui a de l'aversion au risque prend davantage de risques que les autres.

2 Mobilisation des connaissances

BAC À l'aide de deux exemples, montrez que les individus sont confrontés à de multiples risques économiques et sociaux.

DOSSIER 2 Comment s'organise la gestion collective des risques ?

OBJECTIFS
- Connaître les principes (**prévention**, **mutualisation** et **diversification**) qui permettent la gestion collective des risques et savoir les illustrer par des exemples.
- Connaître le rôle des principales institutions qui contribuent à la gestion des risques (famille, sociétés et mutuelles d'**assurance**, pouvoirs publics).

DOC 1 POUR COMMENCER
Des assurances de plus en plus exposées au risque climatique

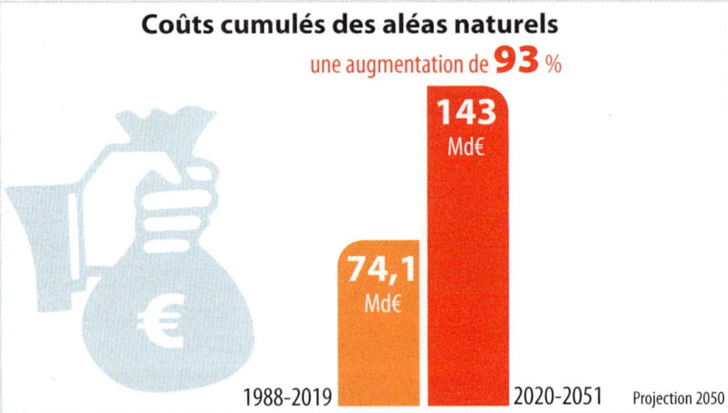

« Changement climatique : quel impact sur l'assurance à l'horizon 2050 ? », France Assureurs, 12 janvier 2022.
▶ Durée 0:49

Vidéo hachette-clic.fr/23ses1208

1. Pourquoi les catastrophes naturelles peuvent-elles être considérées comme des risques ?
2. Comment le réchauffement climatique peut-il générer des dommages couverts par les assurances ?
3. D'après vous, comment les assureurs peuvent-ils faire pour continuer à couvrir ces dommages sans faire de pertes ?

REPÈRE

Une tragédie des horizons ?
En 2015, Mark Carney, Gouverneur de la banque centrale du Royaume-Uni, prononce un discours devant une assemblée d'assureurs pour alerter sur la « tragédie des horizons » liée au changement climatique. Les dommages sont perçus comme trop lointains alors qu'ils font peser des risques financiers importants.

DOC 2 La gestion des risques par une société d'assurance

D'une certaine façon, tout contrat d'assurance constitue un pari. Il est possible que l'assuré ne soit jamais impliqué dans un accident de la circulation, ne voie jamais sa maison détruite par le feu et n'ait jamais besoin de médicaments coûteux. La plupart du temps, l'assuré paiera sa prime à la compagnie d'assurance et n'obtiendra en retour rien d'autre que la tranquillité d'esprit. En réalité, la compagnie d'assurance mise sur le fait que la plupart des assurés ne déposeront pas de réclamation. Dans le cas contraire, elle ne pourrait pas verser aux assurés malchanceux les importantes indemnités prévues et demeurer en affaires.

Dans l'économie prise globalement, le rôle de l'assurance ne consiste pas à éliminer les risques de la vie, mais bien à mieux les partager. Prenons le cas de l'assurance incendie : celle-ci ne réduit pas le risque que la maison de l'assuré soit détruite par le feu. Toutefois, si un tel événement malheureux survenait, la compagnie d'assurance indemniserait l'assuré. Plutôt que d'être assumé uniquement par l'assuré, le risque est réparti entre les milliers d'actionnaires de la compagnie d'assurance. En raison de l'aversion pour le risque, il est plus facile pour 10 000 personnes d'assumer 1/10 000 du risque que pour une personne d'assumer elle-même la totalité du risque en question.

G. Mankiw, Germain Belzile, Benoît Pépin [économistes], *Principes de macroéconomie*, 2e édition, Modulo Inc., 2014.

1. Qu'est-ce qui incite les individus à s'assurer ?
2. Montrez que la mutualisation des risques repose sur un principe de partage des risques.
3. Pourquoi une société d'assurance n'assure-t-elle pas uniquement un seul type de risque, comme celui de l'incendie ?
4. En contrepartie de la couverture du risque incendie, citez des exemples d'obligations qu'une société d'assurance peut demander aux assurés pour limiter le risque.

NE PAS CONFONDRE

Prévention, mutualisation et diversification des risques
La gestion collective des risques repose sur trois principes complémentaires. La **prévention** des risques consiste à agir pour réduire leur probabilité. La **mutualisation** des risques est le partage de tout ou partie d'un même risque entre plusieurs agents. La **diversification** des risques consiste pour un agent à gérer non pas un mais plusieurs types de risques ayant différentes probabilités de se réaliser.

3 EXERCICE La mutualisation et la diversification des risques

Vous êtes chargé(e) d'affaires dans une société d'assurance spécialisée dans le sport professionnel. La société protège 26 000 clients contre les blessures subies ou causées pendant les séances d'entraînement ou les compétitions. En échange du paiement d'une prime annuelle de 650 €, les soins et les frais de justice sont garantis aux assurés à hauteur de 150 000 €. En moyenne chaque année, la probabilité d'avoir un tel accident est de 3 sur 1 000.

1. Calculez la recette et le montant des dépenses attendues, et déduisez la marge réalisée par la société d'assurance.
2. L'année suivante, vous proposez de répartir les sports en trois catégories et d'offrir aux clients des tarifs (primes) en fonction des risques (probabilité d'accident). Complétez le tableau avec les éléments suivants :
1 sur 100 • 16 sur 10 000 • 3 sur 1 000 • 2 000 € • 500 € • 650 €.

	Faible risque 5 000 contrats	Risque moyen 20 000 contrats	Très haut risque 1 000 contrats
Probabilité			
Prime annuelle			

3. Calculez le nouveau montant des recettes, des dépenses ainsi que la marge totale réalisée.
4. Quels sont les avantages et les inconvénients de proposer des tarifs différenciés pour la compagnie ?
5. Comment une compagnie d'assurance peut-elle être durablement rentable ?

Tableau hachette-clic.fr/23ses1209

DOC 4 Prévenir les risques professionnels

L'Organisme Professionnel de Prévention du Bâtiment et des Travaux Publics a été créé par les pouvoirs publics en 1947 du fait, notamment, de la très importante exposition aux risques d'accident du travail dans le BTP. Il a pour mission principale la sensibilisation et la prévention des acteurs de ce secteur.

1. Quels sont les objectifs de ces affiches ?
2. Qui a intérêt à financer ce genre de campagne de sensibilisation ?
3. Quels autres risques professionnels pourraient faire l'objet d'affiches comme celles-ci ?

S'entraîner

1 S'autoévaluer

CORRIGÉS P. 338

Classez les propositions suivantes dans le tableau :

1. Les pouvoirs publics diffusent un spot radio pour informer d'une épidémie de bronchiolite.
2. Une compagnie d'assurance veille à couvrir des risques de probabilités différentes.
3. Les compagnies d'assurance proposent aux agriculteurs des contrats d'indemnisation des pertes liées aux aléas climatiques.
4. Selon le Code du travail, les employeurs ont l'obligation d'organiser les visites médicales de leurs salariés.

Prévention	Mutualisation	Diversification

2 Mobilisation des connaissances BAC

Montrez que la prévention participe à la gestion collective des risques.

DOSSIER 3 Le partage des risques n'a-t-il que des effets positifs ?

OBJECTIF Comprendre les effets positifs (bien-être, incitation à l'innovation) et négatifs (**aléa moral**) du partage des risques tant pour les individus que pour la société.

DOC 1 POUR COMMENCER Le forfait patient aux urgences

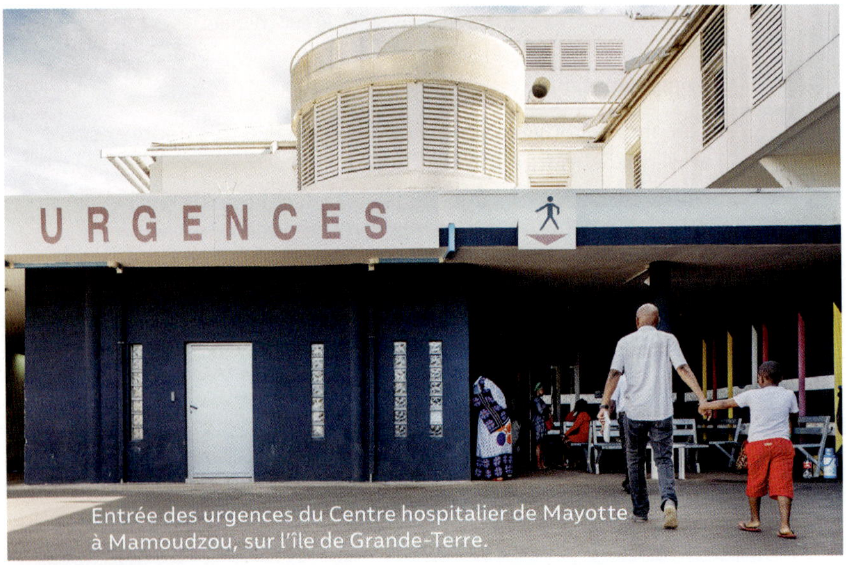

Entrée des urgences du Centre hospitalier de Mayotte à Mamoudzou, sur l'île de Grande-Terre.

« 1er janvier 2022, un forfait patient d'urgences à régler », Mayotte la 1re, 29 décembre 2021.
▶ Durée 1:11

Vidéo hachette-clic.fr/23ses1210

1. Pour quelles raisons le gouvernement souhaite-t-il rendre payants certains accès aux urgences ?
2. Qui va prendre en charge le paiement de ce forfait ?
3. D'après vous, quelles peuvent être les conséquences d'un tel dispositif pour les malades ?

REPÈRE

Le forfait hospitalier

En France, depuis 1983, les patients hospitalisés doivent participer aux frais d'hébergement et d'entretien en payant une somme fixe par journée, un forfait de 20 euros environ par jour. La somme n'est pas remboursée par le Sécurité sociale mais peut l'être par des complémentaires santé (mutuelles par exemple).

DOC 2 Des aides publiques pour inciter à l'innovation

Entreprises bénéficiaires de différentes aides publiques à l'innovation entre 2016 et 2019

	Nombre de bénéficiaires	Proportion de bénéficiaires	Montant des aides (en M€)	Part dans le montant total des aides	Montant moyen (en €)
Aides BPI France	15 613	100 %	4 638	32 %	297 032
Aides fiscales/sociales	7 835	50 %	7 729	54 %	986 422
Aides régionales	2 638	17 %	595	4 %	225 584
Aides Ademe[1]	446	3 %	501	4 %	1 123 193
BPI Investissement	160	1 %	819	6 %	5 119 140
Total			**14 281**		

Source : Cour des comptes, « Les aides publiques à l'innovation des entreprises », 20 mai 2021.

1. Agence de l'environnement et de la maîtrise de l'énergie.

1. Rédigez une phrase présentant la signification précise des données entourées.
2. Parmi les entreprises bénéficiaires d'aides de BPI France, quelles sont les aides les plus fréquemment touchées, et pour quel montant par entreprise ?
3. Pourquoi l'innovation peut-elle être appréhendée comme une forme de risque pour les entreprises ?
4. Pourquoi les pouvoirs publics peuvent-ils avoir intérêt à prendre en charge une partie du risque d'innovation ?

REPÈRE

La Banque publique d'investissement (BPI)

La BPI est un organisme public chargé d'accompagner le développement des entreprises françaises. Elle délivre notamment des prêts et des subventions permettant aux entreprises de financer leurs innovations.

DOC 3 Quand l'assurance génère de l'aléa moral

On dira qu'il y a aléa moral dans un contrat – ou dans une relation de subordination – lorsque l'un des acteurs en présence prend plus de risques sachant que son comportement n'est pas directement observable par celui ou celle avec qui il a noué un contrat, ou pas directement observable par celui censé le surveiller. […]

Tel est le cas quand on laisse se développer des banques tellement grosses, tellement interconnectées et internationalisées qu'il est quasi impossible de les laisser faire faillite sous peine de provoquer un cataclysme financier. On dit que ces banques sont systémiques. Ces établissements obèses bénéficient des garanties implicites des États, une sorte d'assurance qui ne dit pas son nom. Ils peuvent donc impunément avoir des structures de bilan et des comportements plus risqués que leurs concurrents. Or en finance, plus de risques, c'est plus de rendements.

Ces surprofits permis par la garantie des États sont privatisés et largement accaparés par les actionnaires, les dirigeants et les traders des banques systémiques. Mais quand les pertes sont si importantes qu'elles mettent en cause la viabilité de ces banques systémiques, elles sont socialisées. C'est le contribuable qui paie l'addition.

Laurence Scialom [économiste], « Comment faire payer aux autres nos propres prises de risques ? », France Culture, 12 octobre 2021.

1. Pourquoi certaines banques bénéficient-elles d'une « sorte d'assurance » de la part des États ?
2. Montrez que cette situation d'aléa moral peut les conduire à des pratiques plus risquées.
3. Citez d'autres exemples d'aléa moral liés à un partage des risques.

Aléa moral voir chapitre 3, p. 66

REPÈRE

Le soutien des États aux banques après la crise de 2008

À la suite de la crise financière de 2008, plusieurs banques exposées à des risques de faillites ont bénéficié d'un soutien des États pour poursuivre leurs activités et éviter une aggravation de la crise. Elles ont ainsi eu accès à des dispositifs pour emprunter plus facilement ou à des apports de fonds propres (l'État devenant temporairement actionnaire de la banque).

4 EXERCICE Les limites du partage des risques individuels et collectifs

Vous souhaitez souscrire une assurance pour votre téléphone mobile et vous comparez trois offres en fonction des risques couverts, de la franchise (la part des dommages qui restera à votre charge) et du plafond de garantie (le remboursement maximal en cas de dommage).

	Offre	Casse	Vol	Perte	Franchise	Plafond de garantie
A	6,99 €/mois	✓	✗	✗	10 % du coût	2 fois la valeur du modèle
B	11 €/mois	✓	✓	✗	100 €	1 000 € (appareil -3 ans) puis 400 €
C	14,99 €/mois	✓	✓	✓	60 € par déclaration	2 000 €

1. Choisissez un contrat et expliquez votre choix.
2. Quels instruments permettent à la compagnie d'assurance de limiter le fait que les assurés fassent moins attention à préserver leur téléphone mobile (aléa moral) ?
3. Dans quels cas ces instruments sont-ils incitatifs pour vous ?

S'entraîner

1 S'autoévaluer

CORRIGÉS P. 338

Vrai ou faux ?

1. La mutualisation des risques n'a que des effets positifs.
2. Une prise de risque individuelle peut profiter à la société tout entière.
3. Quand les entreprises innovent, il n'est pas possible de réduire leur risque de faillite.
4. Le fait de se savoir couvert n'incite pas les individus à prendre des risques.

2 Raisonnement s'appuyant sur un dossier documentaire (BAC)

À l'aide de vos connaissances et des documents 2 et 3, vous montrerez que le partage des risques a des effets positifs et négatifs sur les individus.

DOSSIER 4

La protection sociale : tous solidaires face aux risques ?

OBJECTIF Comprendre que la **protection sociale**, par ses logiques d'**assurance** et d'**assistance**, contribue à une couverture des risques fondée sur le principe de solidarité collective.

DOC 1 POUR COMMENCER

Les organismes d'assurance en matière de santé

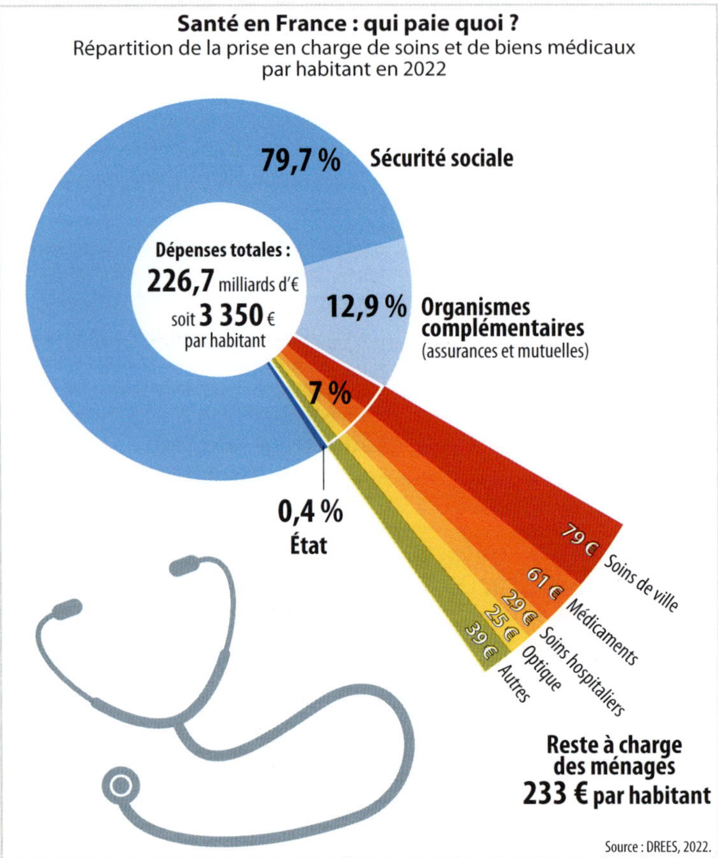

Source : DREES, 2022.

1 Quels sont les différents acteurs de la prise en charge du risque de soins et biens médicaux en France ?

2 Qu'est-ce qui distingue les sociétés d'assurance des mutuelles ?
▸ voir chapitre 12, p. 284-285

3 Qui peut aider les individus à assumer le reste à charge ?

REPÈRE

Sociétés et mutuelles d'assurance

En France, les compagnies d'assurance sont de deux sortes : sociétés et mutuelles. Toutes deux sont des entreprises privées, mais les sociétés d'assurance sont à but lucratif (elles distribuent une partie des profits à leurs actionnaires) alors que les mutuelles sont à but non lucratif et appartiennent en partie à leurs assurés.

	Sociétés d'assurance	Mutuelles
Objectifs	but lucratif	but non lucratif
Direction contrôlée par	assemblée générale des actionnaires	assemblée générale des adhérents
Exemples	AXA, Allianz, Crédit Agricole Assurances, etc.	Groupama, MACIF, MAIF, etc.

DOC 2

La protection sociale en France aujourd'hui : entre assurance et assistance

« La protection sociale », T'as Capté ? (épisode 7), Citéco, 24 juin 2021.

Vidéo hachette-clic.fr/23ses1211

DÉFINITION

Protection sociale
Gestion collective des risques sociaux (maladie, vieillesse, chômage…) en partie fondée sur un principe de solidarité collective, à travers des systèmes d'assurance sociale et d'assistance, et en partie sur une logique individuelle, à travers des assurances privées.

1 Quels sont les principaux risques couverts par la protection sociale en France ?

2 Qu'est-ce qui distingue les bénéficiaires de l'assurance sociale et de l'assistance ?

3 Comment sont financés ces deux types de dispositifs ?

4 Qu'est-ce qui distingue la protection sociale en France de celle qui existe aux États-Unis ?

DOC 3 Des prestations sociales qui contribuent à la solidarité collective

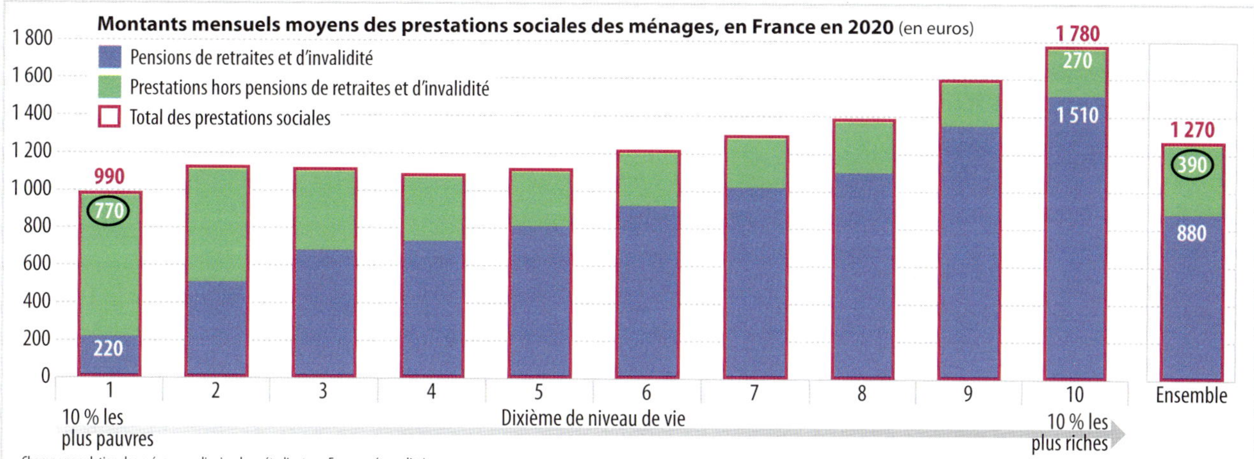

Champ : population des ménages ordinaires hors étudiants en France métropolitaine.

Source : DREES, 2021.

1. Recherchez des exemples de prestations sociales « hors pensions de retraite et d'invalidité » versées par des administrations publiques.
2. Rédigez une phrase présentant la signification précise des données entourées.
3. Les prestations sociales dont bénéficient les ménages sont-elles les mêmes selon le niveau de vie ? Justifiez à l'aide de données précises.
4. Pourquoi le montant total des prestations sociales augmente-t-il avec le niveau de vie ?

4 EXERCICE Les divers modèles de protection sociale

	Modèle corporatiste	Modèle social-démocrate	Modèle libéral résiduel
Objectif	Couvrir les risques sociaux	Réduire les inégalités	Lutter contre la pauvreté
Bénéficiaires	Seulement les ménages ayant cotisé	Tous les citoyens	Seulement les plus démunis
Source des droits	Statut de travailleur	Citoyenneté	Pauvreté
Prestations	Contributives et proportionnelles au revenu	Universelles et élevées Services publics	Sous condition de ressources et faibles
Mode de financement	Cotisations	Impôts	Impôts
Exemples	*Allemagne, Autriche, Italie*	*Danemark, Finlande, Suède*	*Australie, États-Unis, Royaume-Uni*

D'après Gosta Esping-Andersen [sociologue], *Les trois mondes de l'État-providence*, PUF, 2007.

1. Dans lequel de ces modèles l'assurance sociale joue-t-elle un rôle essentiel ?
2. Dans lequel est-ce l'assistance qui joue un rôle essentiel dans la protection sociale ?
3. En prenant l'exemple de la protection sociale en matière de santé (document 1), montrez que le modèle français emprunte des éléments à chacun de ces modèles.

S'entraîner

1 S'autoévaluer CORRIGÉS P.338

Complétez le texte avec les mots suivants :
logique d'assistance • collective • cotisations sociales • protection sociale • prestations sociales • logique d'assurance.

La .... désigne les mécanismes de prise en charge .... des risques sociaux. Elle repose en partie sur des prestations sociales et des prestations de services publics. Les .... sont versées selon deux logiques : une .... qui conditionne l'accès aux prestations sociales à un versement de .... par les salariés et les employeurs, et une .... qui permet aux plus démunis de percevoir certaines prestations sociales sans contrepartie.

2 Étude d'un document (BAC)

1. À l'aide des données du document 3, comparez les prestations sociales des ménages du premier dixième (décile) avec celles de la moyenne des ménages en France.
2. À l'aide du document 3 et de vos connaissances, montrez que la protection sociale repose en France sur un principe de solidarité.

ACTIVITÉ 1 Argumenter

OBJECTIFS

Savoirs : risques sociaux, assurance, mutualisation, protection sociale

Savoir-faire : sélectionner des informations, construire une argumentation

Faut-il repousser l'âge légal de départ à la retraite ?

Votre mission Vous êtes conseiller(ère) au ministère du Travail, qui souhaite lancer une réforme du système de retraite. Une des pistes envisagées est de reculer l'âge de départ à la retraite. Vous devez rédiger, à destination du ministre, une note synthétique présentant les avantages et inconvénients de cette mesure.

ÉTAPE 1 S'informer

DOC 1 Une solidarité collective menacée ?

Le vieillissement de la population française, lié à la baisse de la natalité et à l'augmentation de l'espérance de vie, va-t-il dégrader la situation ? On pourrait le craindre, car dans l'actuel système par répartition, les pensions des retraités sont payées par les cotisations des actifs. Or, ils seront de moins en moins nombreux au cours des prochaines décennies (1,3 actif pour 1 retraité à l'horizon 2070, contre 2 actifs pour 1 retraité au début des années 2000). Pourtant, selon le COR[1], cette évolution démographique défavorable sera contrebalancée à moyen terme par l'augmentation de l'âge de départ à la retraite déjà prévue par les réformes passées.

Certes, l'arrêt de l'économie lors de la pandémie de Covid-19 a plombé les comptes des caisses de retraite : le système a accusé un déficit de 18 milliards d'euros en 2020 (0,8 % du PIB). Pourtant, le COR estime que cela ne devrait pas peser durablement sur le système, qui devrait revenir à un équilibre budgétaire pérenne entre le milieu des années 2030 et la fin des années 2050, selon les hypothèses retenues – et ce, sans devoir mener une nouvelle réforme.

Si l'on s'arrête là, les prévisions du COR peuvent laisser penser que le financement des retraites dans la durée est un non-sujet. La réalité est en fait plus nuancée. Les projections d'équilibre financier n'ont qu'une valeur indicative, car elles dépendent de plusieurs indicateurs, souvent difficiles à anticiper des décennies en amont : la démographie, l'espérance de vie, le nombre d'immigrés, la croissance économique, le taux de chômage, etc.

Adrien Sénécat, Maxime Vaudano et Jérémie Baruch [journalistes], « Comprendre les enjeux d'une réforme des retraites », *Le Monde*, 15 avril 2022.

1. Conseil d'orientation des retraites : institution rattachée au Premier ministre et chargée de réaliser des études et prévisions sur le système de retraite.

1. Comment fonctionne un système par répartition ?
2. Quel est l'âge légal de départ à la retraite actuellement ?
3. À quelle(s) difficulté(s) notre gestion collective des retraites fait-elle face ?
4. Comment le recul de l'âge de la retraite pourrait-il y apporter une solution ?
5. Une telle mesure ne présenterait-elle cependant pas des inconvénients ? Expliquez.

POUR ALLER PLUS LOIN

« Comprendre le système de retraite en France », Dessine-moi l'éco, mai 2014

Vidéo hachette-clic.fr/23ses1212

DOC 2 Une espérance de vie marquée par des inégalités

Part des survivants par âge et par niveau de vie

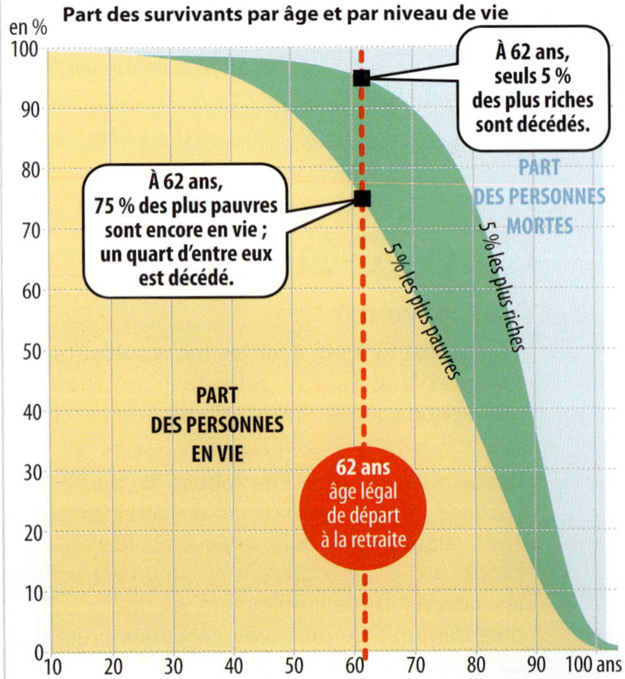

Source : INSEE, données 2018.

ÉTAPE 2 Rédiger un argumentaire

6. À l'aide de vos réponses aux questions, rédigez deux paragraphes argumentés :
   - le premier pour exposer les avantages de la solution du recul de l'âge de départ à la retraite,
   - le second pour en exposer les inconvénients.

Fiche méthode n° 1 p. 318 *Construire une argumentation*

ACTIVITÉ 2 Réaliser un spot radio

« Prendre la parole

OBJECTIFS

Savoirs : risques, prévention, protection sociale

Savoir-faire : construire une argumentation pour convaincre, prendre la parole

Enregistrer un message de prévention des risques

Votre mission Vous êtes chargé(e) de la communication au sein d'une administration publique. Vous devez écrire et enregistrer un spot radio de 60 secondes à l'attention d'une population ciblée pour la prévention d'un risque.

ÉTAPE 1 Analyser la gestion collective d'un risque

1 Par groupe de 3 ou 4 élèves, choisissez parmi les sujets suivants le risque sur lequel vous allez travailler.

Risque n° 1
Un orage avec d'importantes inondations touchera le lycée demain.

Risque n° 2
Un accident nucléaire est sur le point de se produire.

Risque n° 3
Plusieurs jours de canicule sont prévus la semaine prochaine.

Risque n° 4
La consommation d'alcool des jeunes est en nette augmentation.

Risque n° 5
Faire respecter les normes de santé et de sécurité dans les emplois particulièrement exposés aux accidents du travail.

Risque n° 6
Une aide de financement de formation est attribuée pour les chômeurs de longue durée.

Risque n° 7
Limiter le cyber-harcèlement au lycée.

Risque n° 8
Suite à une avarie technique, une usine rejette un liquide toxique dans les canalisations d'eau potable de la ville.

Risque n° 9
Les accidents de la route se multiplient aux abords du lycée.

2 Effectuez une recherche documentaire permettant de caractériser le risque choisi : le groupe d'individus visé, le degré de gravité, la temporalité des événements probables, et le mode de gestion collective du risque. Vous pouvez vous aider des ressources suivantes :

1. « Orages : quels dangers et comment s'en protéger ? », site *meteofrance.com*.
2. « Le risque nucléaire », site des Services de l'État en Indre-et-Loire.
3. « Canicules et fortes chaleurs : définition et risques sur la santé », site *Ameli.fr*.
4. « Alcool et santé, Lutter contre un fardeau à multiples visages », site de l'INSERM.
5. Site de l'INRS (Institut National de Recherche et de Sécurité pour la prévention des accidents du travail et des maladies professionnelles), onglet « Risques ».
6. « CPF, aides de Pôle emploi… 10 solutions pour financer tout ou partie de votre formation », *capital.fr*, 2 septembre 2022.
7. « Harcèlement scolaire et cyber-harcèlement : mobilisation générale pour mieux prévenir, détecter et traiter », Rapport d'information au Sénat, 22 septembre 2021.
8. « Quels sont les risques liés à la pollution de l'eau ? », site de Santé Publique France.
9. « Prévention des risques d'accident de la circulation », site des Sapeurs-Pompiers de France.

3 Rédigez votre texte en veillant à réinvestir le vocabulaire étudié en cours.

Coup de pouce
Pour écrire un message radio, privilégiez les phrases courtes. Le texte doit être accessible et intelligible par tous, le but est d'informer la population ainsi que d'influencer les comportements des individus (décourager des pratiques dangereuses ou encourager d'autres pratiques plus vertueuses). Par exemple, citer un chiffre marquant peut aider à susciter l'attention et la préoccupation.

ÉTAPE 2 Enregistrer le message de prévention

4 À l'aide d'un téléphone portable ou d'un ordinateur, chaque groupe enregistre son message. Vous pouvez ajouter des jingles sonores et réaliser un montage avec un logiciel (Audacity ou Reaper par exemple).

Fiche méthode n° 4 p. 324 *S'exprimer à l'oral*

5 En classe entière, écoutez les spots des autres groupes et votez pour choisir un spot à diffuser dans le lycée.

Coup de pouce
Selon le degré de gravité du message, vous pouvez dramatiser votre propos en jouant sur le ton de la voix.

L'ESSENTIEL

Comment l'assurance et la protection sociale contribuent-elles à la gestion des risques ?

1 Quelles expositions et attitudes face aux risques ?

Historiquement liée au commerce maritime (*risco* en italien du XIVe siècle signifie « récif », puis englobe tout danger encouru par le transport de marchandises), la notion de **risque** désigne la probabilité qu'un événement provoque des dommages à un agent économique.

Les individus sont confrontés et inégalement exposés à des risques économiques et sociaux tout au long de leur vie (maladie, accident, perte d'emploi, vieillesse). Cette exposition dépend de leurs comportements, de leurs conduites prudentes ou « à risque », mais aussi des groupes sociaux auxquels ils appartiennent. Par exemple, les risques de chômage et d'accident de travail sont plus élevés pour les travailleurs exerçant les emplois les moins qualifiés.

L'exposition aux risques dépend de la perception des risques : de la probabilité de leur occurrence et de l'estimation de l'ampleur des dommages. **Elle dépend aussi de l'attitude face au risque** : certains agents ont une **aversion au risque** qui les conduit à utiliser des procédés pour y être moins exposés ou ne pas supporter les dommages. La socialisation explique ainsi largement l'exposition, la perception et l'attitude face aux risques.

Les risques, tout comme leur perception, évoluent à travers le temps et au sein des sociétés. Ainsi, aujourd'hui, les conséquences du réchauffement climatique, les crises sanitaires ou les attaques informatiques, par exemple, renouvellent la prise en charge collective des risques.

2 Comment s'organise la gestion collective des risques ?

La prise en charge des risques repose en premier lieu sur un principe de prévention des risques : pour éviter les conséquences néfastes de la survenue d'un risque, le mieux est encore de faire en sorte qu'il ne se réalise pas. Les pouvoirs publics ainsi que les compagnies d'assurance se mobilisent pour communiquer, prévenir, dépister un certain nombre de risques. Néanmoins, il est impossible de supprimer totalement le risque par des conduites prudentes. Des dispositifs sont donc mis en place qui permettent la gestion des risques.

Différents acteurs contribuent à la gestion collective des risques. C'est l'un des rôles de la famille, instance de solidarité éprouvée en situation de chômage, de maladie ou de vieillesse. Des entreprises ont aussi développé des techniques de gestion collective des risques : le service d'**assurance**, fourni par des sociétés à but lucratif ou des mutuelles à but non lucratif. Enfin, face à l'inégalité des situations individuelles, dans de nombreux pays des systèmes de protection sociale obligatoires reposant sur la solidarité collective ont été mis en place par les pouvoirs publics.

Au-delà de la prévention, la gestion collective des risques repose sur leur mutualisation et leur diversification, par exemple par les sociétés d'assurance. En effet, chaque assuré paie une prime en échange de l'assurance d'être dédommagé si le risque se réalise. Ces sociétés effectuent une mutualisation des risques : plutôt que chaque individu paie au cas où le dommage se réalise pour lui, chacun paie une petite somme qui finance le dommage de ceux, minoritaires, pour qui le risque se réalise. Elles effectuent aussi une diversification des risques, qui consiste à assurer des risques différents pour qu'ils ne se réalisent pas tous simultanément. ▸ Schéma 1

Podcast hachette-clic.fr/23ses1213

NOTIONS

Risque : probabilité qu'un événement survienne et qu'il provoque des dommages à un agent.

Risques sociaux : risques qui impliquent une baisse des revenus ou une hausse des dépenses pour les individus qui en sont victimes et qui sont pris en charge collectivement (maladie, vieillesse, chômage, accident du travail, famille).

Aversion au risque : attitude d'un agent économique qui préfère un gain ou une perte certains à un gain ou une perte risqués. C'est l'attitude de celui qui préfère payer une assurance plutôt que de supporter un risque. *Contraire :* propension au risque.

Prévention : ensemble des mesures (économiques, sociales, techniques, sanitaires, environnementales, réglementaires…) et des attitudes permettant qu'un risque ne se réalise pas.

Assurance : service de gestion collective des risques où ceux-ci sont pris en charge par un acteur collectif contre le paiement de cotisations. Il s'appuie sur la mutualisation et la diversification des risques, mais aussi sur la solidarité entre assurés dans le cas de l'assurance sociale.

Mutualisation : principe de gestion du risque qui consiste à le répartir sur plusieurs agents pour diminuer la charge qui pèse sur chacun.

Diversification : principe de gestion assurantielle selon lequel un assureur ne doit pas couvrir des risques trop homogènes (en termes de probabilité de survenue et de gravité) pour ne pas être mis en difficulté financière lors des indemnisations.

1 Le rôle des principales institutions dans la gestion des risques

3 Le partage des risques n'a-t-il que des effets positifs ?

Le partage du risque a des effets positifs, individuellement et collectivement. Connaître, prévenir et partager certains risques économiques et sociaux est favorable à l'innovation. Cela fournit à l'entrepreneur qui innove un filet de sécurité. De même, le partage du risque contribue au bien être individuel et collectif en permettant de mieux répartir la charge des risques, celui qui est exposé à un risque n'étant pas seul à en supporter les conséquences. Ainsi, il permet de renforcer le lien social en donnant à chacun à la fois une reconnaissance de son statut dans la société, et une protection.

Cependant, le partage du risque peut aussi engendrer des comportements et des pratiques susceptibles de mettre en danger les individus. En effet, certains agents se sachant assurés pourraient être tentés de prendre plus de risques qu'ils ne le feraient s'ils ne bénéficiaient d'aucune couverture. Pour éviter cet **aléa moral**, les assureurs mettent en place des dispositifs pour inciter les assurés à ne pas adopter des conduites à risque, comme la franchise, le plafonnement des remboursements, ou le malus (augmentation de la prime d'assurance à payer après un accident). ▸ Schéma 2

2 Les limites du partage des risques

▸ voir chapitre 3, p. 66.

NOTIONS

Aléa moral : situation dans laquelle, après la signature d'un contrat, une des parties modifie son comportement au détriment de l'autre. *Voir aussi :* Sélection adverse.

Protection sociale : gestion collective des risques sociaux (maladie, vieillesse, chômage...) en partie fondée sur un principe de solidarité collective, à travers des systèmes d'assurance sociale et d'assistance, et en partie sur une logique individuelle, à travers des assurances privées.

Assistance : dispositif de protection sociale mis en place par les pouvoirs publics pour couvrir les risques sociaux des personnes les plus démunies et financé par les impôts.

4 La protection sociale : tous solidaires face aux risques ?

Les systèmes de protection sociale ont accompagné l'émergence et le développement de sociétés industrielles. En effet, les solidarités familiales et les systèmes d'assurance privée se sont révélés insuffisants pour prendre en charge certains risques sociaux : le risque d'événements comme les accidents du travail, la maladie, la vieillesse ou le chômage, qui génèrent des pertes de revenus ou une augmentation des dépenses de nature à diminuer fortement le niveau de vie des personnes.

À côté des systèmes d'assurance privée, la protection sociale met en place des systèmes qui reposent sur la solidarité collective face à ces risques. D'une part, il s'agit de systèmes d'**assurances sociales** : des systèmes d'assurance obligatoires où les cotisations financent des prestations en opérant une redistribution, selon les situations des personnes assurées. Ainsi, en France, le système d'assurance maladie prélève des cotisations proportionnelles aux salaires, mais verse des prestations qui dépendent des besoins des personnes. D'autre part, il s'agit de systèmes d'**assistance** sociale qui versent des prestations aux plus démunis, financées par les impôts.

En France, la protection sociale combine ces différents systèmes de gestion collective des risques. Depuis leur origine en 1945, les institutions de Sécurité sociale reposent principalement sur une logique d'assurance, à destination des travailleurs qui reçoivent des prestations en échange des cotisations versées. Mais le système intègre progressivement des dispositifs d'assistance, comme les minima sociaux (RSA, minimum vieillesse). Progressivement, l'assurance maladie est devenue universelle et financée, en plus des cotisations, par des impôts (la CSG). Enfin, le tout est complété par des assurances privées, auprès de mutuelles ou de sociétés d'assurance.

L'essentiel en schéma

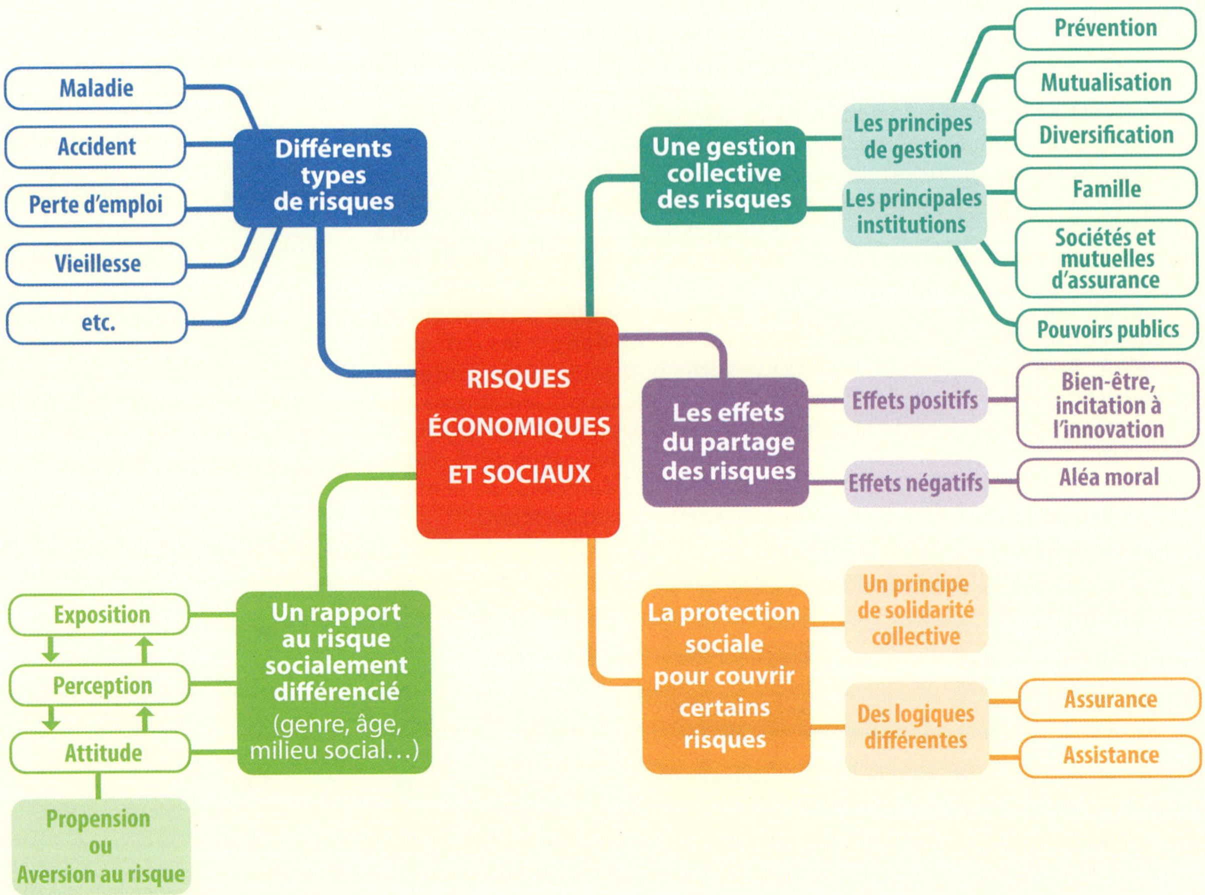

POUR ALLER PLUS LOIN

hachette-clic.fr/23ses1214

« La Sociale », film de Gilles Perret, 2016.

Cet extrait du film documentaire revient sur les origines et l'histoire de la Sécurité sociale. Entre images d'archives et témoignages de spécialistes, le film rend compte des obstacles, des enjeux et débats, y compris contemporains, de la protection sociale en France.

hachette-clic.fr/23ses1215

« L'aléa moral », T'as Capté ?, épisode 4, Cité de l'Économie, 12 mars 2021.

Qu'est-ce que l'aléa moral ? Pourquoi les assurances appliquent-elles des franchises ? La crise des subprimes est-elle un exemple d'aléa moral ? Autant de questions auxquelles cette vidéo apporte des réponses.

hachette-clic.fr/23ses1216

« Le coût de la virilité : 95,2 milliards d'euros par an en France », France 24, 2 avril 2021.

Être viril, ça coûte cher ? L'historienne Lucile Peytavin montre, chiffres à l'appui, que certains comportements des hommes coûtent beaucoup à la société.

hachette-clic.fr/23ses1217

« Régimes spéciaux : pourquoi le système de retraite français est si complexe », *Le Monde*, 29 décembre 2019.

Comment expliquer la diversité des régimes de retraites en France ? Un détour par l'Histoire pour mieux comprendre les enjeux des réformes actuelles !

UTILISER LES STATISTIQUES

1 Les accidents du travail

Objectifs de savoir-faire *Calculer et interpréter une variation* → Fiche outil n° 2 p. 302
Calculer et interpréter des indices → Fiche outil n° 3 p. 304

Nombre d'accidents de trajet et de maladies professionnelles avec arrêt de travail (base 100 en 2010)

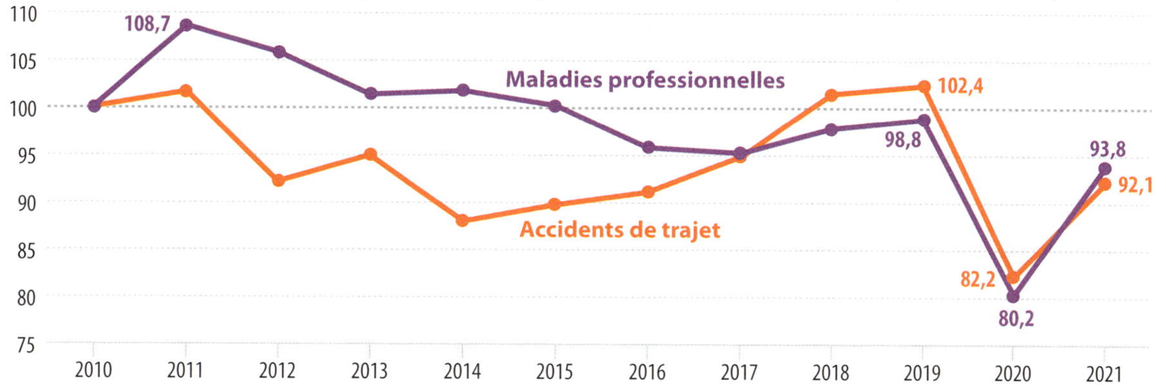

Source : Direction de la Sécurité sociale, 2022.

1. Rédigez une phrase présentant la signification précise de l'indice des accidents de trajet en 2020.
2. À l'aide de calculs pertinents, quantifiez l'évolution des accidents et maladies sur la période 2010-2021.
3. D'après vous, comment s'expliquent les chiffres de l'année 2020 ?

2 L'évolution de la perception des risques en France

Objectif de savoir-faire *Lire et analyser un graphique chronologique* → Fiche outil n° 8 p. 314

Question : En France, parmi les sujets suivants, lequel est selon vous le plus préoccupant ? (en % des répondants, autorisés à citer deux risques)

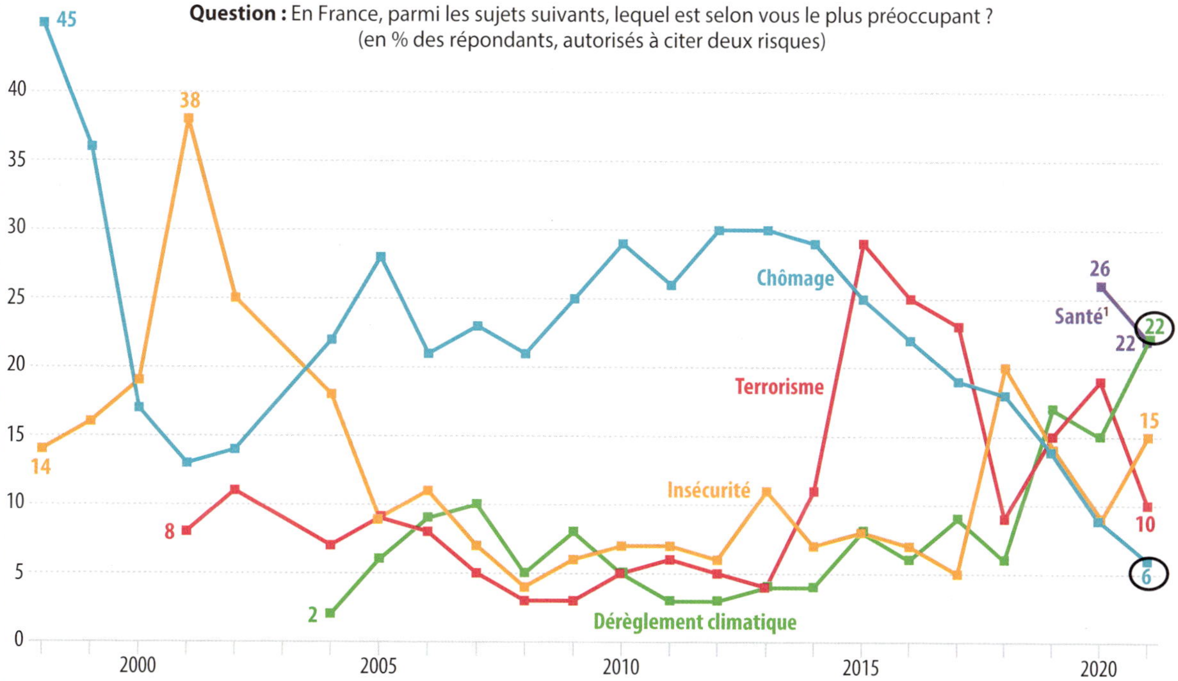

1. La perception du risque sanitaire n'est sondée que depuis 2020.

Source : IRSN, 2022.

1. Rédigez une phrase présentant la signification précise des données entourées.
2. Identifiez les sujets qui apparaissaient préoccupants et qui le sont moins aujourd'hui.
3. Inversement, identifiez les sujets qui apparaissent préoccupants aujourd'hui et ne l'étaient pas auparavant.
4. Caractérisez l'évolution de la perception du dérèglement climatique sur la période étudiée.
5. Même question concernant le chômage.

TESTEZ VOS CONNAISSANCES !

Version interactive hachette-clic.fr/23ses1218

CORRIGÉS P. 338

1 De la prévention à la gestion du risque

Vrai ou faux ? Lorsque c'est faux, justifiez.

	Vrai	Faux
1. Le risque est toujours prévisible.	☐	☐
2. Les risques et leur perception évoluent selon les époques et les sociétés.	☐	☐
3. Selon l'âge, l'attitude face aux risques peut différer.	☐	☐
4. La diversification des risques est un principe dangereux pour une assurance.	☐	☐
5. Les assurances reposent sur un principe de mutualisation des risques.	☐	☐
6. Le partage des risques n'a que des effets positifs.	☐	☐
7. La famille ne participe pas à la prise en charge des risques.	☐	☐
8. Les mutuelles, comme les compagnies d'assurance, sont des entreprises privées qui ont pour but la recherche du profit.	☐	☐
9. La protection sociale repose sur une logique d'assurance.	☐	☐
10. La protection sociale repose sur une logique de solidarité entre les individus.	☐	☐

2 Comment les individus s'assurent-ils face aux risques ?

Complétez le texte avec les mots suivants :

collective • famille • mutuelles • chômage • pauvreté • sociaux • risque • habitation • assurance • facultative.

Lorsqu'un individu est exposé à un ...., il peut chercher à s'en prémunir en s'assurant. Si dans certains cas sa .... peut l'aider à faire face aux conséquences, ce n'est pas toujours possible et il lui faut alors se tourner vers le système de protection sociale et/ou vers les compagnies d'...................
Ainsi, en ce qui concerne les risques ...., il existe une prise en charge .... mise en œuvre par les pouvoirs publics : en effet, la protection sociale cherche à prémunir les individus des aléas de la vie tels que la maladie, la vieillesse ou encore le .... Elle cherche aussi, dans une certaine mesure, à lutter contre la .... et l'exclusion sociale. Pour autant, dans certains cas, les individus doivent eux-mêmes s'assurer contre certains risques et font alors appel à des compagnies d'assurance que sont les sociétés d'assurance et les .... ; c'est vrai dans le domaine des risques sociaux (qui ne sont pas intégralement pris en charge par la protection sociale) mais aussi dans de nombreux autres domaines, parfois de manière obligatoire (responsabilité civile, ..., voiture, etc.) et parfois de manière .... (voyage, téléphone, accidents domestiques, etc.).

3 Les principes de la gestion collective des risques

Reliez chaque définition à la notion correspondante.

1. Principe de gestion du risque qui permet à plusieurs agents d'en assurer la charge. •	• Prévention
2. Principe de gestion qui vise à empêcher un risque de se produire ou à en limiter les conséquences. •	• Diversification
3. Principe de gestion du risque qui consiste à ne pas mettre tous ses œufs dans le même panier. •	• Mutualisation

4 La gestion collective des risques

Complétez le schéma avec les termes suivants :

Incitation à l'innovation • Hausse des coûts de prise en charge des risques • Hausse du niveau de vie • Aléa moral.

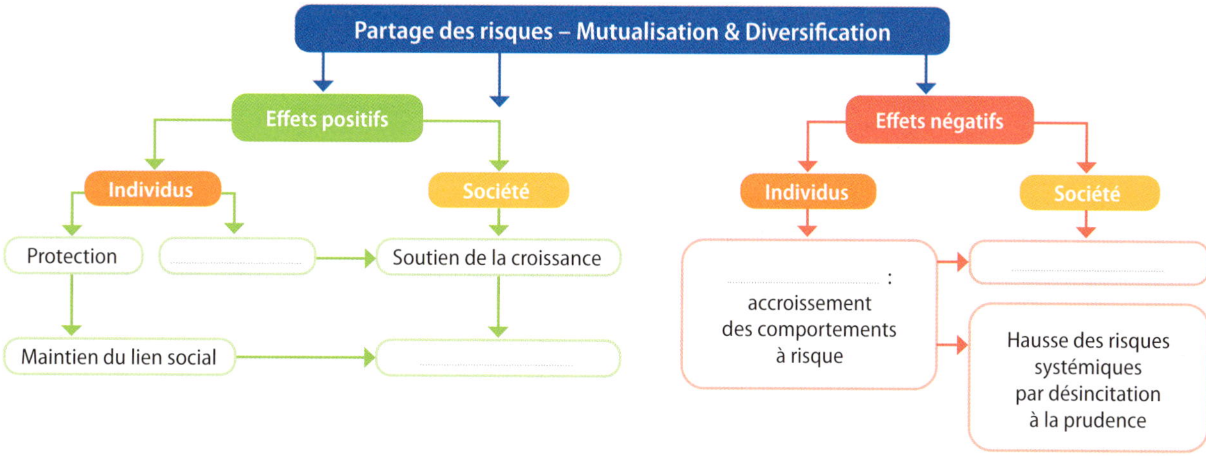

5 Les logiques de la protection sociale

Complétez le schéma avec les termes suivants :

risques sociaux • situations de pauvreté • impôts • cotisations sociales.

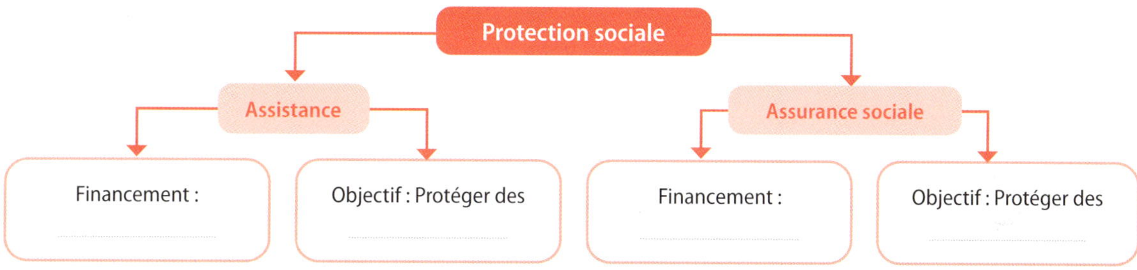

6 Les grands modèles de la protection sociale

Choisissez la (ou les) bonnes(s) réponse(s).

1. Le modèle corporatiste de protection sociale est financé par :
a) les impôts.
b) les cotisations sociales.
c) les cotisations sociales et l'impôt.

2. Le modèle social-démocrate de protection sociale a pour principal objectif de :
a) lutter contre la pauvreté.
b) réduire les inégalités.
c) couvrir les principaux risques sociaux.

3. Le modèle libéral résiduel de protection sociale organise des prestations qui bénéficient à :
a) l'ensemble des citoyens.
b) les ménages ayant cotisé au préalable.
c) les ménages identifiés comme les plus démunis.

4. Le modèle corporatiste de protection sociale peut être associé :
a) à l'Australie, les États-Unis ou le Royaume-Uni.
b) à l'Allemagne, l'Autriche ou l'Italie.
c) au Danemark, la Finlande ou la Suède.

OBJECTIF BAC Épreuve composée

PARTIE 1 MOBILISATION DES CONNAISSANCES 4 PTS

Présentez un effet négatif du partage des risques dans nos sociétés contemporaines.

Corrigé hachette-clic.fr/23ses1219

PARTIE 2 ÉTUDE D'UN DOCUMENT 6 PTS

Les prestations du risque maladie entre 2018 et 2020

		Niveaux (en milliards d'euros)[1]			Évolutions (en %)	
		2018	2019	2020	2018/2019	2019/2020
Public	**Administrations publiques**	**185,8**	**190,7**	**202,0**	**2,6**	**5,9**
	Soins de santé maladie pris en charge par l'Assurance maladie et l'État	161,3	165,4	171,7	2,6	3,8
	Indemnités journalières	11,7	12,2	15,2	4,0	24,4
	Prestations médico-sociales (personnes âgées)	9,8	10,1	12,1	3,4	20,0
	Autres dépenses de santé	3,1	3,0	3,0	-1,3	-0,8
Privé	**Mutuelles et institutions de prévoyance**	**22,9**	**22,9**	**21,1**	**0,3**	**-8,2**
	Remboursements de soins	20,5	20,6	18,4	0,5	-10,4
	Maintien de salaire / complément d'indemnités journalières	2,4	2,4	2,6	-1,6	10,4
	Prestations extra-légales d'employeurs	**4,4**	**4,5**	**4,5**	**2,9**	**-2,1**
Total du risque maladie		213,1	218,2	227,5	2,4	4,3

Source : DRESS, 2021. 1. Données arrondies.

QUESTIONS

1. **À l'aide des données du document, caractérisez l'évolution des prestations versées au titre du risque maladie entre 2018 et 2020.**
2. **À l'aide du document et de vos connaissances, montrez qu'en France le risque maladie est géré collectivement en combinant différents principes.**

Guidage méthodologique

Fiche Bac n° 1 p. 328 *L'épreuve composée*

QUESTION 2 4 PTS

Analyser le sujet

À l'aide du document : il faut sélectionner, lire et comparer des données issues du document.

et de vos connaissances : il faut mobiliser des concepts (à définir), des mécanismes, voire des exemples.

montrez : formulation qui invite à faire connaître quelque chose au lecteur, faire apparaître et expliciter une ou plusieurs affirmations.

À l'aide du document et de vos connaissances, montrez qu'en France le risque maladie est géré collectivement en combinant différents principes.

risque maladie : il s'agit des risques sociaux couverts par la protection sociale.

Au moins **trois principes de gestion collective des risques** peuvent être mis en évidence : la **mutualisation**, la **diversification** et la **prévention**. Par ailleurs, la **protection sociale** repose en France, par ses logiques d'**assurance** et d'**assistance**, sur un principe de solidarité collective.

Sélectionner les données pertinentes

Surlignez dans le tableau plusieurs données pertinentes pour répondre au sujet.

Mobiliser les connaissances pertinentes

Listez les connaissances du programme (notions et mécanismes) en plus de celles qui ont déjà été mobilisées pour l'analyse du sujet. Par exemple :

risques, risques sociaux, protection sociale, assurance, assistance, mutualisation.

Rédiger votre réponse

Rédigez votre réponse en utilisant les trois étapes « Affirmer, Expliciter, Illustrer ». Il vous faut expliciter avec les connaissances de cours et illustrer à nouveau avec des données pertinentes issues du tableau. N'oubliez pas les connecteurs logiques pour bien lier les différentes étapes entre elles.

Fiche méthode n° 1 p. 318 *Construire une argumentation*

Corrigé hachette-clic.fr/23ses1220

PARTIE 3 RAISONNEMENT S'APPUYANT SUR UN DOSSIER DOCUMENTAIRE 10 PTS

SUJET À l'aide de vos connaissances et du dossier documentaire, vous montrerez que l'exposition et l'attitude face aux risques diffèrent selon les individus et les groupes sociaux.

Guide méthodologique hachette-clic.fr/23ses1221

DOC 1 Conditions de travail pénibles et exposition aux risques psychosociaux des salariés selon le sexe et la catégorie socioprofessionnelle, en 2019

En %	Cadres		Ouvriers		Ensemble	
	Femmes	Hommes	Femmes	Hommes	Femmes	Hommes
Contraintes horaires						
Travail de nuit (habituel ou occasionnel)	9	11	13	22	9	19
Horaires alternants (2x8, 3x8)	1	1	21	17	7	10
Contraintes physiques						
Station debout ou dans une posture pénible	29	26	86	82	57	59
Déplacements à pied longs ou fréquents	13	15	53	57	32	43
Port de charges lourdes	13	10	59	69	38	44
Secousses ou vibrations	2	5	23	54	7	29
Intensité du travail et pression temporelle						
Au moins 3 contraintes de rythme	21	23	49	55	29	39
Devoir se dépêcher	55	43	53	38	49	41

Lecture : en 2019, 9 % des femmes cadres travaillent de nuit.
Champ : France, ensemble des salariés.
Source : Dares-DRESS-DGAFP, Enquête Conditions de travail 2019.

DOC 2

Les façons de vieillir sont marquées non seulement par des inégalités de classe, mais aussi par des différences de genre : en France, les femmes vivent en moyenne six ans de plus que les hommes et elles sont plus nombreuses à atteindre un âge élevé (cinq centenaires sur six sont des femmes en 2016). Les hommes meurent davantage à tous les âges de maladie cardiovasculaires et d'accidents. [...] Les sociologues essaient de comprendre ce fait social : adopter des conduites à risque (notamment à bord de véhicule à moteur), consommer beaucoup d'alcool, et de viande, ne pas se préoccuper de ses problèmes de santé et se percevoir comme (quasi) invulnérable sont des comportements qui sont traditionnellement considérés comme distinguant les « vrais hommes » des « femmelettes ». Les normes de la virilité seraient-elles donc néfastes pour la santé et pour la longévité des hommes eux-mêmes ? Les hommes, au cours de leur vie, sont-ils moins préparés à prendre soin de leur corps et à affronter les formes de vulnérabilité qui peuvent se développer avec l'avancée dans le grand âge ?

Juliette Rennes, « Femmes et hommes, égaux devant l'âge ? » dans *Manuel indocile des sciences sociales*, La Découverte, 2019.

DOC 3 Évolution de l'usage de cannabis dans l'année par groupe d'âge (en %)

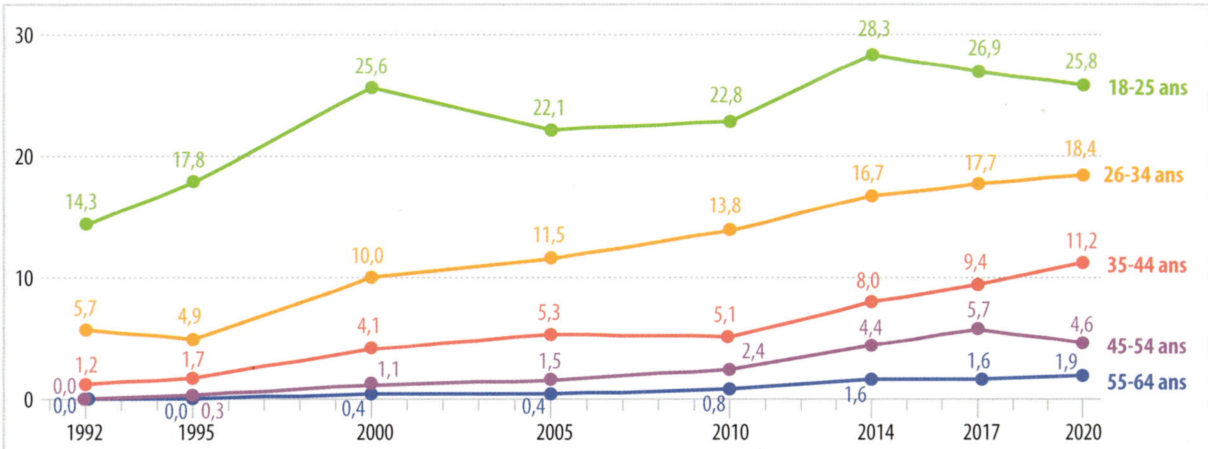

Source : OFDT, Les niveaux d'usage de cannabis en France en 2020.

12 Comment les entreprises sont-elles organisées et gouvernées ?

NOTIONS À DÉCOUVRIR

- Cycle de vie d'une entreprise
- Statut juridique
- Entrepreneur
- Manager ou Dirigeant
- Actionnaire
- Gouvernance
- Autorité
- Décentralisation / Centralisation des décisions
- Coopération
- Hiérarchie
- Conflit
- Parties prenantes
- Coopérative

NOTIONS DE 2de

- Chiffre d'affaires, Valeur ajoutée, Bénéfice
- Diversité des producteurs
- Économie sociale et solidaire
- Entreprise
- Pouvoir

DÉCOUVRIR PAR LA VIDÉO

« Paroles d'entreprise : Peinture Fraîche, bien vivre son travail ! », Demaintv, 7 février 2022.

1. Quel a été le parcours de cette peintre décoratrice pour devenir entrepreneure individuelle ?
2. Quelles sont les principales caractéristiques de son entreprise ?
3. Pourquoi a-t-elle décidé de ne pas développer davantage son activité ?

Vidéo hachette-clic.fr/23ses1222

DÉCOUVRIR EN SITUATION

OFFRES DE REPRISE D'ENTREPRISES

Activité exercée : PIZZERIA – KEBAB
Localisation : Gardanne et ses environs (13)
Département : Bouches-du-Rhône
Région : Provence-Alpes-Côte d'Azur
Secteur d'activité : Restauration rapide
Prix : 225 000 €
Chiffre d'affaires : de 200 à 350 k€
Effectif : 3

À vendre à Gardanne (13), le fonds de commerce d'une pizzeria, kebab. Le local d'une superficie d'environ 55 m² est composé d'une salle de restaurant plus une cuisine et un sanitaire. Loyer mensuel 730 euros (non assujetti à la TVA). Possibilité d'avoir un garage proche du local en location pour 110 euros par mois. Prix du fonds net vendeur 225 000 euros.

Activité exercée : agence d'architecture
Région : Île-de-France
Secteur d'activité : Bureau d'études, ingénierie, R&D
Prix : 1 750 000 €
CA : de 750 k€ à 1,75 M€
Effectif : 5 à 10

Depuis 45 ans, cette agence d'architecture a une expérience spécifique dans le domaine des bâtiments industriels – propose à ses clients des prestations de grande qualité grâce à une équipe de professionnels composée de 5 architectes salariés, 2 ingénieurs et 1 secrétaire – CA 2022 : 1,2 M€ – bonne rentabilité – clientèle très fidèle et récurrente, de très belles références – cession de 100 % des parts sociales – raison de la cession : départ à la retraite.

D'après des annonces publiées sur les sites Transentreprise et FUSACQ.

1. Quels sont les principaux critères auxquels un entrepreneur doit veiller en cas de reprise d'une entreprise ?
2. Selon vous, quelles sont les principales difficultés qu'un entrepreneur repreneur pourrait rencontrer ?

DÉCOUVRIR PAR LES DONNÉES

Qui dirige les entreprises de 10 à 5 000 salariés en France ?

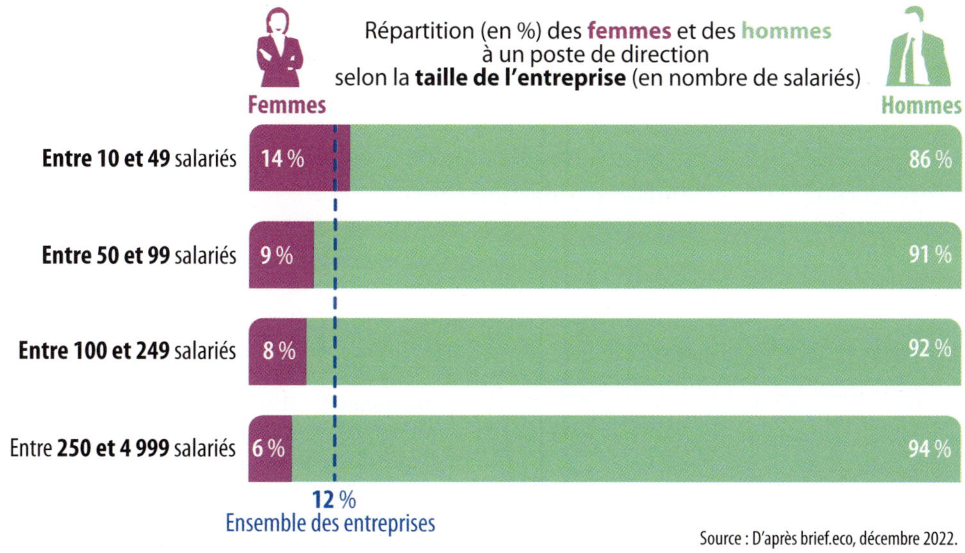

Source : D'après brief.eco, décembre 2022.

1. Dans l'ensemble, quel est le pourcentage de femmes dirigeantes d'entreprise en France ?
2. Quelle relation observe-t-on entre la taille de l'entreprise et le pourcentage de femmes dirigeantes ?
3. D'après vous, comment peut-on expliquer ces données ?

Expérimenter en sciences sociales

Enquêter sur l'entrepreneuriat dans votre région

En 2022, près de 1 million d'entreprises (y compris les micro-entrepreneurs) ont été créées. Les entrepreneurs à l'origine de ces créations d'entreprises ont des statuts très variés, du travailleur indépendant au dirigeant ou à la dirigeante d'entreprise.

Votre mission Vous allez réaliser le portrait d'une personne engagée dans l'entrepreneuriat dans votre région, ceci pour comprendre ses motivations ainsi que la façon dont elle dirige son entreprise.

ÉTAPE 1 Choisir une entreprise et préparer l'entretien

1. Par groupe de 2 ou 3, recherchez dans votre environnement une entreprise locale que vous pouvez facilement contacter.
2. Rédigez une demande d'entretien auprès du dirigeant ou de la dirigeante de l'entreprise choisie. Vous ferez relire votre courriel à votre enseignant(e) avant de l'envoyer.
3. Triez les questions suivantes dans le tableau selon qu'elles concernent le profil de l'entrepreneur(e), ses principales motivations ou la manière dont il (elle) prend ses décisions :

Selon vous, quelles sont les principales qualités pour devenir entrepreneur(e) ? Quel est votre niveau de diplôme ? Comment se fixent votre rémunération et les salaires de vos collaborateurs ? Comment se fixent votre emploi du temps et celui des salariés ? Pourquoi avez-vous décidé de devenir entrepreneur(e), quelles sont vos principales motivations ?

Coup de pouce
Pour trouver une entreprise et un(e) entrepreneur(e), n'hésitez pas à solliciter les professionnels que vous avez pu rencontrer lors du stage d'observation en 3e ou lors du forum des métiers organisé dans votre lycée.

Tableau hachette-clic.fr/23ses1223

Qui ? Portrait de l'entrepreneur(e) – Présentation de l'activité	*Pourquoi ?* Motivations personnelles	*Comment ?* Prises de décisions et organisation

4. Comparez vos résultats avec les autres groupes.
5. Proposez d'autres questions pour chacun des trois thèmes.
6. Par groupe de 2 ou 3, sélectionnez et hiérarchisez les questions à poser. Ces dernières pourront être triées de la plus directive à la moins directive, ou classées par thématique.
7. Au sein de votre groupe, partagez-vous les questions à poser ainsi que les tâches à réaliser (prendre des notes, assurer la captation sonore ou vidéo, le cas échéant).

REPÈRE
L'entretien (ou l'interview) est un type de relation interpersonnelle que le chercheur organise. Cet **outil d'enquête** permet d'obtenir des informations, c'est-à-dire des connaissances, des expériences et des opinions attachées à un ou plusieurs individus.
On distingue **plusieurs types d'entretiens** selon le type de questions et le degré de liberté dont disposent enquêtés et enquêteurs. Par exemple, un **entretien directif** comprend des questions aux réponses courtes ou fermées. À l'inverse, un **entretien non directif** laisse plus de liberté aux réponses et demande une attitude d'écoute de la part de l'enquêteur.

ÉTAPE 2 Réaliser l'entretien et recueillir les informations

Demandez l'accord de la personne interviewée si vous effectuez une captation sonore ou vidéo de l'entretien.

8 Par groupe de 2 ou 3, réalisez l'interview conformément à la répartition des rôles.

Coup de pouce

- Lors de l'entretien, soyez particulièrement attentif(ve).
- Vérifiez que les informations désirées ont été obtenues. N'hésitez pas à revenir en arrière ou à reposer différemment une question à laquelle le dirigeant ou la dirigeante n'aurait pas répondu.
- Respectez le temps prévu.

9 Après l'entretien, à partir de la captation et de la prise de notes, vous synthétiserez les informations recueillies. Vous les classerez selon qu'elles répondent aux trois thèmes du tableau de la question 3. Vous listerez également les questions qui demeurent sans réponse.

Coup de pouce

Synthétiser permet d'extraire les informations principales d'une source, ici l'entretien, puis d'en présenter une vue d'ensemble. Vous devez donc écarter toute information qui ne concerne pas les trois thèmes.

ÉTAPE 3 Présenter le portrait d'un(e) entrepreneur(e)

10 pix À l'aide d'un logiciel de présentation, créez une diapositive pour chacun des thèmes de votre tableau, en mettant en avant les principales informations recueillies.

Fiche méthode n° 3 p. 322 *Schématiser*

11 Devant la classe, présentez en quelques minutes :

- le portrait de l'entrepreneur(e) ainsi que l'activité de son entreprise ;
- ses principales motivations personnelles ;
- la manière dont il (elle) prend les décisions dans son organisation ;
- en conclusion, des éléments de recul critique sur votre enquête (difficultés rencontrées, analyse des propos de la personne interrogée, confrontation avec d'autres sources, etc.).

Fiche méthode n° 4 p. 324 *S'exprimer à l'oral*

REPÈRE

Lors d'un entretien, le chercheur en sciences sociales s'intéresse autant aux informations brutes qu'à la manière dont elles sont énoncées. Conformément à une approche narrative, il peut être intéressant de présenter comment la personne interrogée (se) raconte, (re)présente ses motivations, quels procédés linguistiques elle mobilise pour convaincre.

DOSSIER 1 Quel est le cycle de vie d'une entreprise ?

OBJECTIF Comprendre le **cycle de vie d'une entreprise** à partir de quelques exemples (création, croissance, changement de **statuts juridiques**, disparition).

DOC 1 POUR COMMENCER

Ubisoft : la naissance d'une « succes story » familiale

L'histoire d'Ubisoft débute au sein d'une entreprise familiale de commerce de machines agricoles dans les années 1980. L'aîné de la fratrie va d'abord vendre de petits ordinateurs, avant de lancer une entreprise de distribution de jeux vidéo.

« Ubisoft, une réussite familiale et mondiale », INA Actu, 3 septembre 2019.

Vidéo hachette-clic.fr/23ses1224

1. Qui sont les créateurs d'Ubisoft ?
2. Comment l'entreprise a-t-elle été créée ?
3. Quelles sont les grandes étapes du développement de l'entreprise ?

DÉFINITION

Cycle de vie d'une entreprise
Succession de phases dans le développement d'une entreprise : sa création, sa croissance, ses changements de statut juridique, sa disparition (par rachat et absorption par une autre, ou par faillite et liquidation).

DOC 2

La croissance de 1083, fabricant de jeans « made in France »

Des jeans écoresponsables « made in France », et rentables ? C'est le défi de « 1083 », la première marque à avoir relocalisé la production de ce pantalon iconique en France. « Un jean traditionnel parcourt jusqu'à 65 000 km avant d'être porté. Nous certifions que nos jeans ne parcourent pas plus de 1 083 kilomètres – soit la distance maximale entre les deux villes les plus éloignées de France » explique Thomas Huriez, fondateur de l'entreprise installée à Romans-sur-Isère dans la Drôme. Ce pari de circuit court séduit aussi les épargnants. L'entreprise vient de réaliser une collecte de 1,083 million d'euros (tout un symbole) en seulement 12 heures sur la plateforme de crowdfunding[1] Lita.co. Du jamais vu pour cette plateforme spécialisée dans le financement de projets à impact social et environnemental.

En échange de leur participation (sous forme d'obligations), les épargnants recevront un rendement de 5 % par an pendant 5 ans. Les sommes récoltées vont servir à accompagner la croissance de l'entreprise en finançant l'augmentation des stocks de jeans et de tissus pour faire face à la demande croissante. La société créée en 2013 vend aujourd'hui 40 000 jeans par an et a réalisé un chiffre d'affaires consolidé de 8,3 millions d'euros en 2019. En légère perte l'an passé, elle compte être bénéficiaire en 2020. L'autre activité à bénéficier de cet emprunt participatif est un projet de recherche visant à relocaliser une partie de la production de coton grâce au recyclage. L'entreprise se revendique à 97 % « made in France ». Le coton, bio, est cultivé en Tanzanie, les rivets des jeans sont faits en Italie.

Jorge Carasso [journaliste], « Le jean "made in France" séduit les épargnants », *lefigaro.fr*, 3 mars 2020.

1. Financement participatif, par des contributions directes récoltées via une plateforme en ligne.

1. Rappelez la différence entre chiffre d'affaires et bénéfice.
2. Comment cette entreprise a-t-elle obtenu plus d'un million d'euros de financement extérieur ?
3. Pourquoi la rentabilité est-elle importante pour la croissance de cette entreprise ?
4. Comment l'entreprise compte-t-elle utiliser le financement extérieur pour sa croissance ?

DOC 3 Les différents statuts juridiques des entreprises

Création d'entreprises en France par statut juridique, en 2021

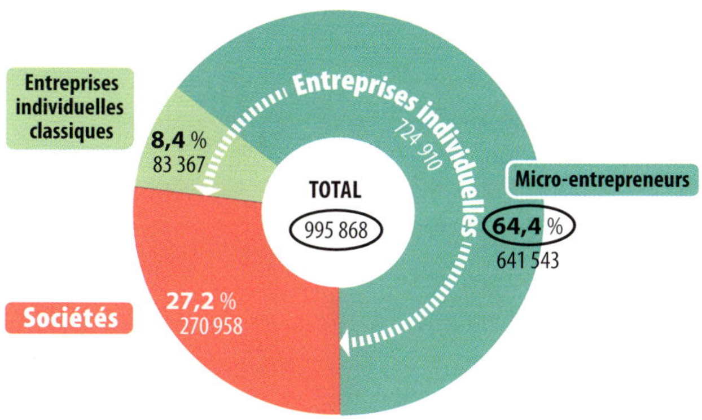

Champ : France entière, ensemble des activités marchandes non agricoles.
Source : INSEE, Observatoire de la création d'entreprise.

1. Rédigez une phrase présentant la signification précise des données entourées.
2. Calculez la part des entreprises individuelles dans le total des créations d'entreprises.
3. Pour quelles raisons une entreprise individuelle peut-elle être amenée à devenir une société au cours de son cycle de vie ?

DÉFINITION

Statut juridique
Cadre légal de l'activité de l'entreprise. Il définit la manière dont le chef d'entreprise, les salariés et ses clients sont liés. Les entreprises individuelles n'ont pas de personnalité juridique propre (l'entreprise, c'est l'entrepreneur), contrairement aux sociétés, ce qui permet de bénéficier des apports de plusieurs associés et de limiter leur responsabilité.

4 EXERCICE La disparition d'une entreprise

« Je m'appelle Karim, et j'étais artisan confiseur. La société que nous détenions avec mon associé a disparu, effacée du Registre du commerce et des sociétés (RCS) ce matin ! Il ne s'agissait pas de vouloir mettre fin volontairement à l'activité, ni pour la société qu'elle soit absorbée ou fusionnée avec une autre entreprise. La société faisait des pertes depuis deux ans, que nous ne pouvions plus compenser en apportant de nouveaux capitaux. La société ne pouvait donc plus régler les fournisseurs, payer les salaires et rembourser les dettes. La situation de **cessation de paiement** nous a obligé à faire une déclaration au Tribunal de commerce le plus proche. Certes un plan de redressement bien ficelé aurait pu nous permettre de continuer une partie de l'activité en la réorganisant, mais il aurait fallu licencier nos trois salariés. Le **redressement judiciaire** aurait permis de vendre une partie de notre activité, mais il n'y avait pas de repreneur. Finalement, la liquidation judiciaire a été déclarée. Le reste des marchandises ainsi que le matériel ont été vendus et le licenciement des trois salariés acté. La **disparition** de la société était ainsi effective. »

1. Complétez le schéma à l'aide des mots soulignés dans le texte.

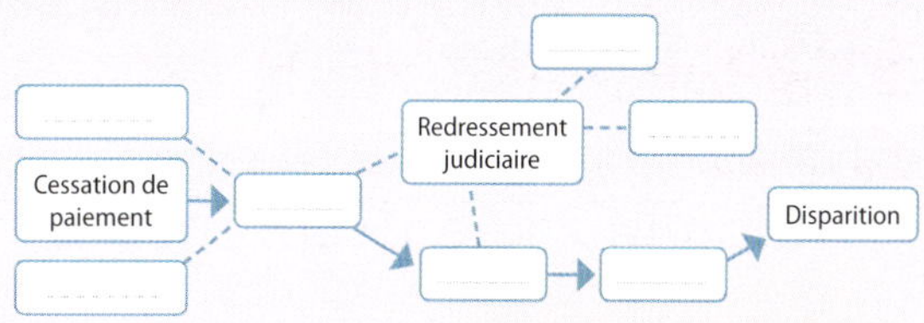

Schéma
hachette-clic.fr/23ses1225

2. Indiquez, à l'aide du schéma, la situation des entreprises suivantes :
   a) Le Tribunal de commerce refuse le plan de continuation de Camaïeu et ordonne sa liquidation judiciaire.
   b) L'entreprise Tati, placée en cessation de paiement, est rachetée par le groupe Gifi.
   c) L'entreprise de transport en autocar Eurolines est rachetée par Flixbus.
   d) Le dirigeant d'une PME décède sans avoir de descendants.

S'entraîner

1 S'autoévaluer CORRIGÉS P. 338

Vrai ou faux ?

1. Il n'est pas possible de modifier le statut juridique d'une entreprise après sa création.
2. En France, ce sont surtout des sociétés plus que des micro-entreprises qui sont créées.
3. La disparition d'une entreprise est nécessairement confirmée par un tribunal.

2 Mobilisation des connaissances (BAC)

À l'aide d'un exemple, montrez que le cycle de vie d'une entreprise peut être marqué par des changements de statut.

DOSSIER 2 Qui sont les entrepreneur(e)s ?

OBJECTIF Connaître et être capable d'illustrer la diversité des figures de l'**entrepreneur** : par leur statut juridique (entrepreneur individuel, micro-entrepreneur, chef d'entreprise) ; par leur position et leurs fonctions économiques (**entrepreneur-innovateur, manager, actionnaire**).

DOC 1 POUR COMMENCER
Entreprendre et diriger une entreprise

« **Kelly Massol, un modèle de réussite** », Les témoins d'outre-mer (LTOM), France 3, 1er avril 2021.

▶ **Durée 3:16**

Vidéo hachette-clic.fr/23ses1226

1. En quoi cette entrepreneure peut-elle être qualifiée d'innovatrice ?
2. Comment a-t-elle débuté son activité ?
3. Quel est son rôle dans l'entreprise aujourd'hui ?

DÉFINITION

Entrepreneur(e)
Personne qui participe directement ou indirectement à la direction d'une entreprise, parce qu'elle l'a créée, ou parce qu'elle en est partiellement propriétaire (actionnaire), ou parce qu'elle la dirige (manager), ou parce qu'elle a joué un rôle dans l'innovation (innovateur).

DOC 2 Elon Musk, entrepreneur innovateur et actionnaire

« Ça coûte combien ? » On est en 2017 et sur Twitter, Elon Musk s'interroge sur le prix du réseau social, qu'il adore. Cinq ans plus tard, le milliardaire de 50 ans connaît la réponse : il a annoncé, lundi 25 avril, qu'il allait débourser 44 milliards de dollars pour en racheter 100 % des parts. Après les étoiles (SpaceX), les transports (Tesla, Hyperloop), les infrastructures (The Boring Company), la science (Neurolink) ou les cryptomonnaies, l'homme à la fortune estimée à 219 milliards de dollars (208 milliards d'euros), selon Forbes, agrandit donc encore son empire. « Il suit généralement ses intuitions, pour le meilleur ou pour le pire. Cela fonctionne plutôt bien pour lui dans l'ensemble », dépeint son biographe, qui qualifie le milliardaire de « plus grand preneur de risques au monde ». […]

Elon Musk a 18 ans quand il s'envole pour le Canada avec 2 500 dollars en poche, comme il l'a raconté dans un tweet. Du Canada, il traverse la frontière et rejoint la prestigieuse université de Pennsylvanie, à Philadelphie (États-Unis), pour étudier l'économie et la physique, rapporte *Le Monde*. Mais il lorgne plutôt sur la côte ouest et la Silicon Valley, épicentre de la « tech » et de l'innovation. […]

En Californie, il fait fortune grâce à Internet. Il fonde, en ligne, un annuaire (Zip2) et une banque (X.com) qui débouchera sur Paypal. En 2002, après le rachat du service de paiement par eBay pour 1,5 milliard de dollars, Elon Musk touche le jackpot : 180 millions de dollars. Sa fortune est faite.

Luc Chagnon et Benoît Jourdain [journalistes], « Twitter, SpaceX, Tesla… Elon Musk, l'entrepreneur et innovateur qui ne se fixe aucune limite », *France Info*, 1er mai 2022.

1. Quelle est l'origine de la fortune d'Elon Musk ?
2. À l'aide du « Repère », montrez qu'Elon Musk peut être considéré comme un entrepreneur innovateur au sens de Schumpeter.
3. Montrez qu'il est aussi un entrepreneur actionnaire.

REPÈRE

Joseph Aloïs Schumpeter (1883-1950)
Économiste autrichien, il s'intéresse notamment au rôle de l'entrepreneur et de l'innovation dans le capitalisme. Pour lui, l'entrepreneur est nécessairement un innovateur. Le profit est une source de motivation, mais il n'est pas le principal déterminant de l'entrepreneuriat qui se révèle davantage être la volonté d'innover et prendre des risques, « le rêve » ou encore « la joie de créer une forme économique nouvelle ».

DOC 3 Des entrepreneur(e)s aux profils divers

Le profil des personnes placées dans une dynamique entrepreneuriale[1], en France en 2021

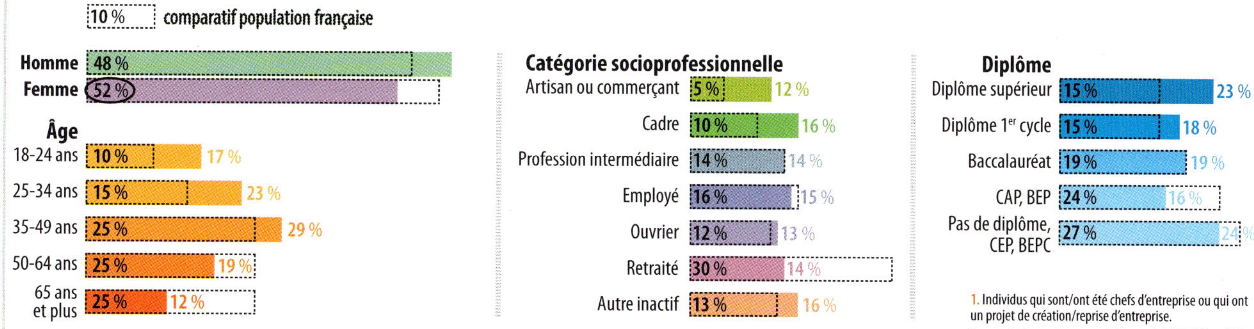

1. Individus qui sont/ont été chefs d'entreprise ou qui ont un projet de création/reprise d'entreprise.

Source : Indice entrepreneurial français 2021, BPI et IFOP.

1 Rédigez une phrase présentant la signification précise des données entourées.

2 Dressez le profil type des individus placés dans une dynamique entrepreneuriale en 2021 en France.

3 Montrez que le diplôme est un déterminant de la dynamique entrepreneuriale.

4 EXERCICE Comment sont nommés les managers des sociétés ?

La plupart des grandes entreprises ont le statut de Société anonyme (SA) : les apporteurs de capitaux propres sont des actionnaires « anonymes » car les actions peuvent s'acheter et se vendre librement. Les entrepreneur(e)s qui assument la direction de ces sociétés sont choisis selon les préférences et l'influence des actionnaires.

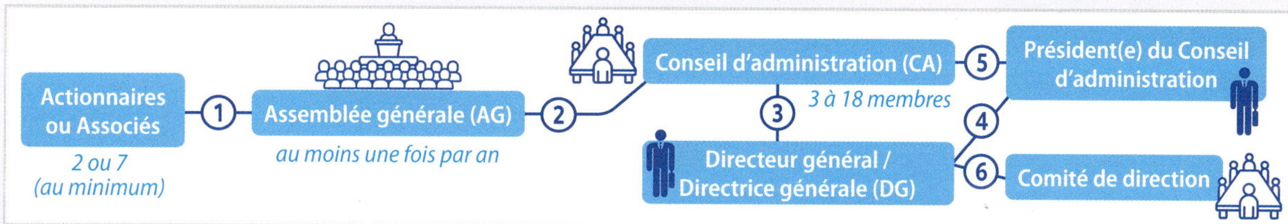

1 Associez chaque proposition suivante à une liaison numérotée sur le schéma :

a) Le CA est présidé par l'un de ses membres, souvent l'actionnaire principal.

b) Le CA nomme un DG pour diriger la société, un manager choisi pour ses compétences.

c) L'AG des actionnaires élit les administrateurs, membres du CA qui détermine les grandes orientations de la société. Ce sont des actionnaires ou des personnalités qualifiées.

d) Un(e) P-DG est un(e) Président(e) du CA qui exerce aussi les fonctions de DG.

e) Les actionnaires se réunissent au moins une fois par an en Assemblée générale (AG).

f) Le DG préside le Comité de direction, dont les membres sont des managers salariés. Ils gèrent et organisent la production de l'entreprise au quotidien en suivant les orientations du CA.

2 À partir du schéma, listez les intitulés de fonction des dirigeant(e)s/managers d'une SA.

3 Dans cette liste, distinguez ceux qui sont le plus souvent des actionnaires et ceux qui n'en sont pas.

S'entraîner

1 S'autoévaluer CORRIGÉS P. 338

Voici quelques étapes de la vie de Steve Jobs (1955-2011). Indiquez pour chacune s'il a agi en tant qu'entrepreneur innovateur, manager ou actionnaire (plusieurs possibilités parfois).

1976 Steve Jobs et Steve Wozniak créent la société Apple et lancent l'Apple I.
1983 Steve Jobs devient Président d'Apple qui recrute un Directeur général.
1985 Steve Jobs est démis de ses fonctions de Président par le CA, revend ses actions et fonde NeXT.
1997 Steve Jobs revend NeXT à Apple contre des actions Apple, et revient comme P-DG.
2007 Lancement de l'iPhone.

2 Raisonnement s'appuyant sur un dossier documentaire BAC

À l'aide de vos connaissances et des documents 2 et 3, vous montrerez que les profils des entrepreneur(e)s sont divers.

DOSSIER 3 Qui décide dans l'entreprise ?

OBJECTIF Comprendre les notions de **gouvernance**, d'**autorité** et de **décentralisation/centralisation des décisions** au sein d'une entreprise.

DOC 1 POUR COMMENCER

Qui décide du salaire des dirigeant(e)s ?

« La rémunération de Carlos Tavares choque jusqu'aux actionnaires de Stellantis », France 24, 14 avril 2022.
▶ Extrait jusqu'à 3:50

▶ **Vidéo** hachette-clic.fr/23ses1227

1. Comment est justifiée ici la rémunération du dirigeant ?
2. Quels acteurs de l'entreprise s'opposent à cette rémunération ?
3. Dans ce cas, qui prend la décision finale du montant de la rémunération ?
4. En France, qui décide de la rémunération des dirigeant(e)s d'un tel groupe ?

Carlos Tavares, P-DG de Stellantis, en conférence de presse après une réunion avec les syndicats le 31 mars 2022 à Turin (Italie).

DOC 2

Les mécanismes d'incitation au cœur de la gouvernance

La relation entre l'actionnaire et le manager est déséquilibrée au profit du second : si l'actionnaire n'y prend pas garde, le manager poursuivra ses propres objectifs, et non ceux des actionnaires. Pour éviter cette divergence, il faut que soient mises en place les bonnes « incitations » : dans ce cas, le manager poursuivra « spontanément » des objectifs conformes aux intérêts de l'actionnaire. Dans le cas d'un P-DG, il s'agit en particulier de changer son mode de rémunération afin que son intérêt (financier personnel) soit le même que celui des actionnaires.

Cela se passe notamment, depuis le début des années 1980, par l'utilisation de stock-options. Il s'agit d'options d'achat d'actions : le dirigeant est rémunéré par un droit d'acheter des actions à une date et un prix fixés à l'avance. Si, au moment de l'achat, le cours de l'action est supérieur au prix fixé, une revente rapide lui offre des bénéfices très importants.

Pierre François et Claire Lemercier [sociologues], *Sociologie historique du capitalisme*, La Découverte, 2021.

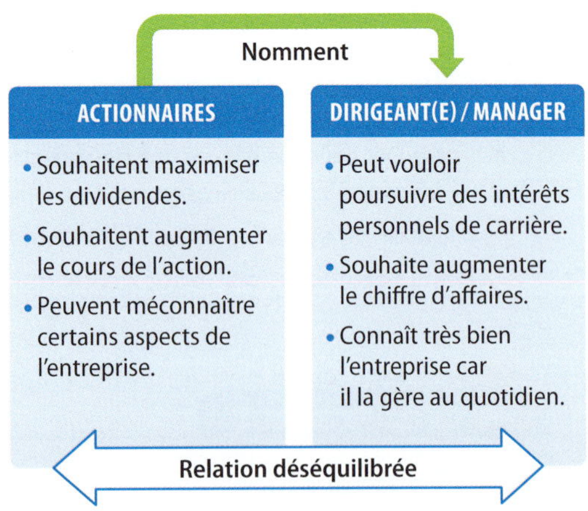

1. À l'aide du schéma, expliquez pourquoi la relation entre actionnaires et managers peut être déséquilibrée.
2. Que désignent les « stock-options » ?
3. Montrez que ce mécanisme de rémunération fait converger les intérêts des managers vers ceux des actionnaires.

DÉFINITION

Gouvernance
Ensemble des dispositifs qui organisent la prise de décisions, l'administration ainsi que le contrôle d'une organisation. Ses modalités, plus ou moins centralisées, définissent les relations qu'entretiennent actionnaires, direction, salariés, clients, etc.

DOC 3 Renault développe l'actionnariat salarié

Le plan d'actionnariat salarié de Renault est massif, il couvre plus de 29 pays. Axa, Danone, Air liquide ont mis en place des dispositifs de cette ampleur mais globalement, cela reste assez marginal au sein des entreprises françaises. […]

Renault, en plus des six actions gratuites, va donner à une majorité de ses salariés la possibilité d'acquérir des actions à prix réduit de 30 %. Très concrètement, cela veut dire que presque tous les employés de Renault seront détenteurs d'une partie de l'entreprise. L'objectif de Renault est particulièrement ambitieux : multiplier par trois le nombre de salariés-actionnaires d'ici 2030, pour que 10 % de son capital soit détenu par ses collaborateurs. Aujourd'hui, au sein du CAC 40[1], les salariés détiennent en moyenne moins de 4 % du capital des groupes.

Renault fait ce choix parce que c'est une façon de récompenser ses salariés, de partager les profits avec eux, comme il le fait avec ses autres actionnaires. Si Renault engrange de bons résultats, ce sera une source de revenus non négligeable pour ses équipes. C'est aussi une façon de les associer à la stratégie car quand vous êtes actionnaires, vous pouvez assister à l'Assemblée générale, un moyen de les fidéliser à un moment où les entreprises s'arrachent les talents et où il y a de fortes tensions de recrutement, c'est aussi un levier.

Fanny Guinochet [journaliste], « Renault : plus de 110 000 salariés vont recevoir des actions gratuites », *France Info*, 17 novembre 2022.

1. Nom de l'indice qui regroupe les 40 plus importantes capitalisations boursières françaises.

1. Comment l'entreprise Renault procède-t-elle pour rendre ses salariés actionnaires ?
2. Quels sont les effets attendus d'une telle mesure ?
3. Montrez que l'actionnariat salarié peut participer à décentraliser la prise de décision dans l'entreprise.

4 EXERCICE Quelle hiérarchie et quelle autorité dans l'organisation ?

Vous avez créé et dirigez ● une entreprise de montage et d'installation de purificateurs d'air : installation chez les particuliers, en entreprise, dans les collectivités locales, et maintenance. Vous pensez embaucher 7 ouvriers qualifiés ●, 4 ingénieurs conseils ●, 2 ingénieurs en R&D ●, 2 cadres commerciaux ●, 2 secrétaires ●. Vous avez réfléchi à trois modes de gouvernance différents :

Gouvernance n° 1	Gouvernance n° 2	Gouvernance n° 3
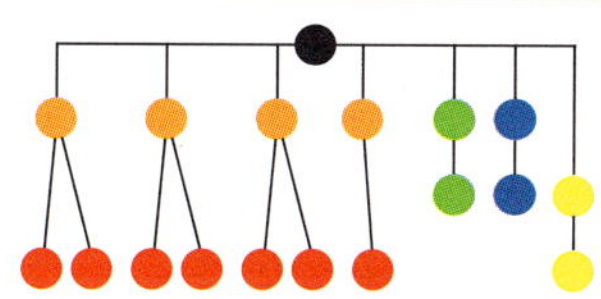	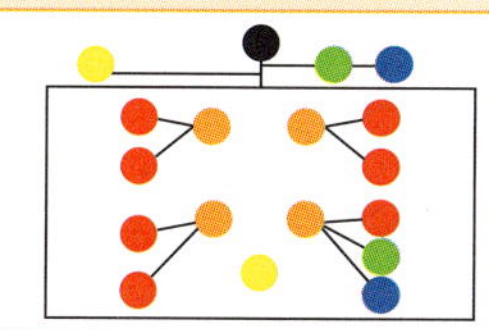	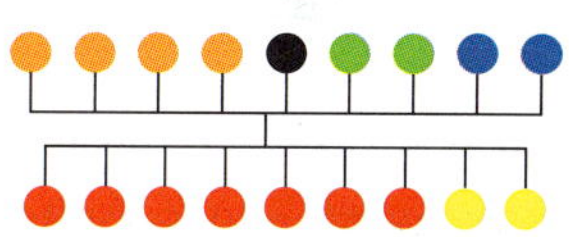

1. Associez chacune des relations suivantes à l'organigramme correspondant :
   a) Secrétaires et ouvriers reçoivent des ordres de plusieurs cadres (ingénieurs ou commerciaux).
   b) Chaque salarié ne dépend que d'un seul supérieur hiérarchique.
   c) Chaque ingénieur conseil gère un type de chantier. Les moyens et les compétences sont répartis par type de chantier.
   d) Une secrétaire assiste la direction, l'autre assiste les ingénieurs conseils.
   e) Les décisions stratégiques sont prises de manière collégiale par les salariés les plus diplômés.
2. Précisez pour chaque mode de gouvernance si la hiérarchie est forte ou faible.

S'entraîner

1 S'autoévaluer CORRIGÉS P. 338

Vrai ou faux ?

1. Dans les entreprises, les prises de décision sont toujours centralisées.
2. Les dirigeants ne sont pas soumis à l'autorité du ou des propriétaires.
3. Les salariés ne peuvent pas participer à la prise de décision.

2 Mobilisation des connaissances BAC

Montrez que les salariés ont plus ou moins de pouvoir dans la gouvernance de leur entreprise.

NE PAS CONFONDRE

Autorité et hiérarchie
L'**autorité** est la capacité de commander, qui peut être légitimée par la position dans la hiérarchie mais aussi par des caractéristiques individuelles d'une personne (charisme, par exemple). La **hiérarchie** est la structure d'une organisation dans laquelle certains individus sont subordonnés à d'autres, qui exercent alors une relation d'autorité sur eux. Par exemple, les salariés sont subordonnés aux dirigeant(e)s.

DOSSIER 4 Comment sont organisées les relations sociales dans l'entreprise ?

OBJECTIF Comprendre qu'une entreprise est un lieu de relations sociales (**coopération**, **hiérarchie**, **conflit**) entre différentes **parties prenantes** (salariés, managers, propriétaires/actionnaires, partenaires d'une **coopérative**).

DOC 1 POUR COMMENCER
Une utopie réalisée, entre coopération et hiérarchie

La fonderie de l'usine du Familistère de Guise.

« Le Familistère de Guise, une utopie réalisée », CNRS, Urbanisme Habitat Société, 2014.

▶ Durée 6:53

Vidéo hachette-clic.fr/23ses1228

1. Quels éléments sont mis en place pour favoriser les conditions de vie et de travail des ouvriers ?
2. Comment cela peut-il favoriser la coopération dans l'entreprise ?
3. Montrez que l'entreprise Godin reste une entreprise avec des relations sociales hiérarchiques.

DÉFINITIONS

Coopération
Comportement où chacun poursuit ses propres intérêts en prenant en compte ceux des autres, ou agit au nom d'intérêts communs pour « co-opérer », c'est-à-dire agir ensemble.

Hiérarchie
Mode d'organisation dans lequel il existe un groupe d'individus subordonnés à d'autres. Par exemple, les salariés sont subordonnés aux dirigeant(e)s.

DOC 2 Des entreprises coopératives où les salariés « co-opèrent »

Les Sociétés coopératives et participatives prévoient des dispositifs pour se préserver des opérations spéculatives et pour assurer un contrôle sur la production et les décisions. Dans les SCOP[1], les salariés détiennent au moins 51 % du capital social de l'entreprise et 65 % des droits de vote. Ils élisent les membres du conseil d'administration comme de l'équipe dirigeante et prennent part aux grandes décisions stratégiques selon le principe égalitaire « une personne, une voix », quel que soit le montant du capital détenu. Les règles de partage des bénéfices favorisent en outre la redistribution au personnel salarié et l'accumulation obligatoire d'une partie du profit dans des réserves impartageables.

Anne Catherine Wagner [sociologue], *Coopérer, Les SCOP et la fabrique de l'intérêt collectif*, CNRS Éditions, 2022.

1. Société coopérative de production.

Répartition sectorielle des SCOP et des entreprises en France en 2019 (en % du total)

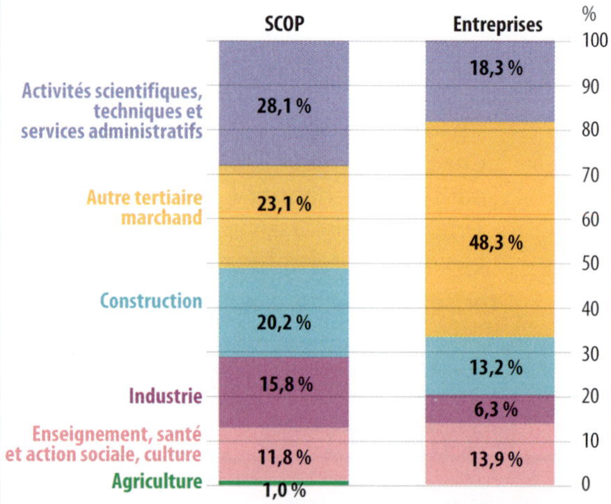

Champ : 2 196 SCOP actives en 2019.

Source : Confédération générale des Scop.

1. Comment les coopératives favorisent-elles la coopération au sein de l'entreprise ?
2. Calculez le nombre de SCOP dans la construction en France en 2019.
3. Comparez les secteurs d'activités des SCOP et des entreprises en France.

DÉFINITION

Coopérative
Société qui regroupe des partenaires (salariés, producteurs, acheteurs, etc.) pour développer une activité commune. L'adhésion est volontaire et ouverte à tous. Sa gouvernance se veut démocratique.

DOC 3 Conflits et négociations dans les hôtels du groupe Accor

« C'est la joie ! » Après vingt-deux mois de lutte – dont huit de grève et quatorze mois d'activité partielle –, la « victoire » est au rendez-vous pour Sylvie Kimissa, femme de chambre à l'hôtel Ibis Batignolles de Paris, et dix-neuf de ses collègues. Un protocole d'accord, qui sera finalisé mardi 25 mai, a été négocié entre la CGT des hôtels de prestige et économiques (CGT-HPE), AccorInvest, la foncière immobilière d'Accor, et STN, le sous-traitant du nettoyage employeur des salariés. […]

Le blocage des discussions était complet depuis que ces personnels – dix-sept femmes de chambre, deux gouvernantes et un équipier – s'étaient mis en grève le 17 juillet 2019, dénonçant l'inégalité de traitement entre eux, employés par le sous-traitant du nettoyage STN, et les salariés de l'hôtel. […]

Comment expliquer ce déblocage ? « On n'arrêtait pas de les embêter depuis près de deux ans, souligne Claude Lévy, de la CGT-HPE. Je pense qu'Accor a compris que les salariés ne lâcheraient pas, qu'il ne pouvait pas continuer à gérer ainsi, car les gens ne supportent plus ce type de conditions de travail et cela nuit à leur image de marque. Accor ne voulait pas rater la reprise de l'activité. » Régulièrement, les salariés envahissaient des halls d'hôtels du groupe Accor, participaient à des fêtes de quartier, tenaient un piquet de grève à l'Ibis.

Francine Aizicovici [journaliste], « Fin de grève victorieuse pour les salariés du nettoyage de l'hôtel Ibis Batignolles », *Le Monde*, 24 mai 2021.

1. Quelles étaient les raisons de la grève des femmes de chambre ?
2. Quels acteurs interviennent lors de ce conflit ?
3. Comment s'explique le « déblocage » d'après l'article ?
4. À l'aide de cet exemple, montrez que la grève ne s'oppose pas forcément à la négociation.

DÉFINITION

Conflit
Affrontement entre des acteurs aux intérêts distincts que les systèmes d'incitation ou de coopération échouent à concilier.

4 EXERCICE Des relations multiples entre les parties prenantes

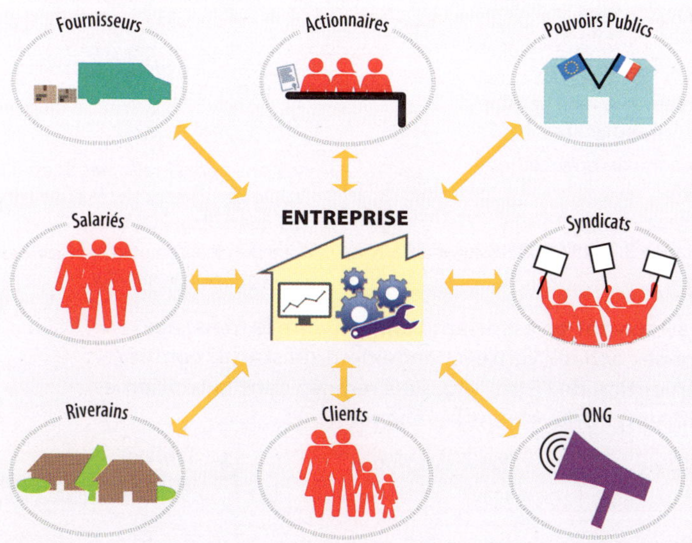

Source : D'après novethic.fr.

1. Pour chacune des parties prenantes, indiquez l'objectif recherché.
2. Choisissez une entreprise : imaginez, pour deux parties prenantes, une situation de conflit et une situation de coopération.

DÉFINITION

Parties prenantes
Ensemble des agents qui peuvent affecter ou être affectés par les décisions d'une entreprise (actionnaires, salariés, dirigeants, sous-traitants, créanciers, État, citoyens ou consommateurs représentés par des associations, etc.).

S'entraîner

1 S'autoévaluer CORRIGÉS P.338

Choisissez les mentions exactes.

1. Les parties prenantes [internes / externes], comme les clients, peuvent avoir une influence sur l'entreprise.
2. Dans les conseils d'administration des coopératives, ce sont [les salariés / des actionnaires extérieurs] qui possèdent la majorité des droits de vote.
3. Les conflits dans l'entreprise [empêchent toute coopération / peuvent conduire à des négociations entre parties prenantes].

2 Étude d'un document BAC

1. À l'aide des données du document 2, montrez que la répartition des SCOP, en termes de secteur d'activité, diffère des autres entreprises en France.
2. À l'aide du document 2 et de vos connaissances, montrez que le statut de coopérative peut favoriser la coopération entre parties prenantes.

ACTIVITÉ 1 Schématiser

OBJECTIFS

Savoirs : cycle de vie d'une entreprise, statut juridique, conflit, coopération, parties prenantes

Savoir-faire : rechercher des informations, synthétiser, réaliser un schéma

Le cycle de vie hors du commun de l'entreprise Scop-TI

Votre mission Vous êtes journaliste pour un quotidien national de la presse économique française. La rédaction vous demande, pour illustrer un article sur Scop-TI, de créer une infographie schématisant le développement de l'entreprise. Vous décidez de créer une frise chronologique retraçant les étapes de son cycle de vie.

Marseille, le 26 mai 2015, les ex-Fralib (devenus Scop-TI) dévoilent la marque de leurs thés et infusions « 1 336 », correspondant aux jours d'occupation de l'usine suite à l'annonce de sa fermeture le 28 septembre 2010.

ÉTAPE 1 Rechercher des informations

1 Par groupe de 3 ou 4 élèves, effectuez des recherches sur l'histoire de l'entreprise, notamment sur les différentes étapes de son cycle de vie. Vous pouvez exploiter les ressources suivantes :

- Site Internet de l'entreprise Scop-TI, onglet « Démarche ».
- « Les Scop-TI (ex-Fralib) commercialisent leur nouvelle gamme de thés et infusions "1336" », *France Bleu*, 24 septembre 2015.
- « Scop-TI : les ex-Fralib lancent une campagne de financement participatif », *Le Figaro*, 8 septembre 2017.
- « Gémenos : face au succès des thés "1336" et "Scop-TI", les ex-Fralib ont besoin de trésorerie », France 3, 4 juillet 2019.
- « Les Fralib devenus patrons », JT 19/20, France 3, 6 février 2021.
- « 7 ans après Fralib, les Scop-TI toujours présents », France Inter, 25 novembre 2021.

2 À l'aide de vos recherches, complétez le tableau suivant en associant l'année (voire le mois) aux étapes importantes du cycle de vie de l'entreprise : achat / vente, changement de statut, conflit / coopération, obtention de financements, intervention de l'État, etc. Puis rédigez dans la troisième colonne une à deux phrases permettant de présenter brièvement l'événement.

Date	Étape du cycle de vie	Brève description

Tableau hachette-clic.fr/23ses1229

ÉTAPE 2 Concevoir la frise chronologique

Fiche méthode n° 3 p. 322 *Schématiser*

3 pix Sur une feuille ou en ligne, réalisez une frise chronologique en veillant à rendre compte visuellement de la date et des différentes étapes du cycle de vie de l'entreprise. Utilisez des couleurs différentes.

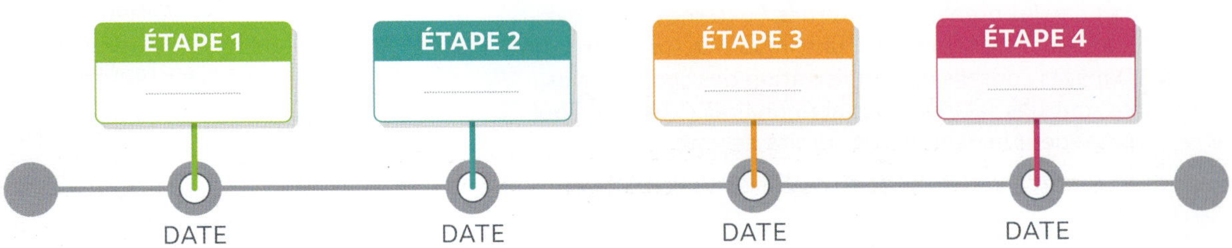

ACTIVITÉ 2 Convaincre

Prendre la parole

OBJECTIFS

Savoirs : coopération, hiérarchie, conflit, salariés, parties prenantes, partenaires d'une coopérative

Savoir-faire : construire une argumentation pour convaincre, s'entraîner à prendre la parole

Négocier en entreprise

Votre mission L'entreprise est un lieu de relations sociales entre différentes parties prenantes, où il est parfois nécessaire d'être particulièrement convaincant et persuasif pour obtenir gain de cause. Par groupe de 2, vous allez exercer vos capacités à convaincre en argumentant à propos de l'une des situations proposées.

ÉTAPE 1 Tirer au sort les différentes situations

1 Formez des binômes puis tirez au sort, avec un dé, une mission (de 1 à 6), un rôle (convaincre ou être convaincu), et une contrainte verbale ou corporelle (de A à F).

LES MISSIONS

1. Un représentant syndical rencontre le directeur ou la directrice de l'usine pour négocier une augmentation globale des salaires.
2. Un ingénieur chef de projet souhaite convaincre son manager d'investir dans un logiciel payant.
3. Un(e) entrepreneur(e) d'une marque écoresponsable souhaite obtenir une subvention du président de la Région.
4. Le (La) dirigeant(e) d'une entreprise lance une campagne de financement participatif auprès de futurs clients.
5. Un(e) P-DG doit convaincre les actionnaires d'ouvrir une nouvelle usine dans un autre pays européen.
6. Un manager doit persuader ses salariés de faire des heures supplémentaires pour atteindre un objectif financier.

LES NORMES VERBALES OU CORPORELLES

A. Rester debout et se déplacer.
B. Parler en introduisant des silences entre les phrases.
C. Parler avec le sourire.
D. Parler en chuchotant.
E. Parler sans quitter le regard de l'autre.
F. Utiliser les mains pour parler (en surjouant).

ÉTAPE 2 Préparer son pitch

2 Si vous devez convaincre, préparez votre intervention en quelques points à l'aide de l'encadré « Conseils ».

3 À l'inverse, si vous devez être convaincu, notez en quelques points ce qui vous permettra d'évaluer le discours de votre interlocuteur. Pour cela, complétez les items du tableau suivant et associez-leur un nombre de points.

Respect de la norme verbale ou physique	.../2
Qualité des arguments	.../2
....	.../2

Grille d'évaluation hachette-clic.fr/23ses1230

CONSEILS POUR PRÉPARER SON INTERVENTION

1. Réinvestissez le vocabulaire étudié en cours.
2. Organisez la structure de votre argumentation en trois parties :

Accroche	• Qui suis-je ? En quoi suis-je légitime pour intervenir ?
Pertinence de la demande	• Quel besoin ? Pourquoi est-ce important ? • Qu'est-ce que cela va apporter à l'entreprise ? • Que va-t-il se passer si votre interlocuteur ne répond pas à la demande ?
Demande concrète	• Quoi, où et quand ? N'hésitez pas à demander plus que nécessaire. Votre interlocuteur aura l'impression de faire des concessions en vous accordant ce que vous voulez réellement.

ÉTAPE 3 Convaincre son interlocuteur

2 min

4 Placez-vous face à votre interlocuteur. Vous avez 2 minutes top chrono pour pitcher votre demande en respectant la norme verbale ou corporelle tirée au sort.

Fiche méthode n° 4 p. 324 *S'exprimer à l'oral*

5 Identifiez tous ensemble les ressorts du succès d'un bon pitch.

Coup de pouce

Veillez à votre articulation et à vos intonations. Efforcez-vous de parler plus lentement que d'habitude, de bien marquer la ponctuation.

L'ESSENTIEL

Comment les entreprises sont-elles organisées et gouvernées ?

1 Quel est le cycle de vie d'une entreprise ?

Une entreprise est créée par un ou des entrepreneur(e)s, qui coordonnent les actions d'acteurs internes à l'entreprise, comme des salariés, des dirigeant(e)s ou des managers, ou externes à l'entreprise, comme des apporteurs de fonds propres (actionnaires), des créanciers, l'État, des clients, des fournisseurs, etc.

Au cours de son cycle de vie, une entreprise peut croître au fur et à mesure que son activité se développe, ce qui implique de recruter des salariés, d'acquérir des équipements, de racheter d'autres entreprises ou de nouer des partenariats**. La croissance de l'entreprise la pousse à faire évoluer son statut juridique**. Beaucoup de micro-entreprises sont des entreprises individuelles, qui se confondent avec la personnalité de l'entrepreneur, mais les entreprises de plus grande taille se dotent d'un statut de société. Dans ce cadre, l'entreprise a une personnalité juridique propre, et peut combiner les apports de plusieurs associés, ce qui favorise sa croissance.

Faire des profits permet aux entreprises de croître en finançant leurs investissements, mais faire des pertes peut conduire à des difficultés financières et à la disparition de l'entreprise. La bonne gestion de l'entreprise lui permet d'honorer ses obligations, comme de payer ses fournisseurs, rembourser ses créanciers et rémunérer ses propriétaires et salariés. Dans le cas contraire, l'entreprise se déclare en cessation de paiement. Si aucune solution de relance n'est trouvée (apports de nouveaux capitaux, reprise, etc.), l'entreprise est liquidée et disparaît : les salariés sont licenciés, ce que la société possède est vendu pour rembourser les créanciers. ▸ Schéma 1

2 Qui sont les entrepreneur(e)s ?

Ce sont d'abord les créateurs d'entreprises qui sont appelés « entrepreneur(e)s », et une grande partie d'entre eux sont de simples entrepreneurs individuels, comme les micro-entrepreneurs, c'est-à-dire des personnes qui travaillent avec un statut d'indépendant plutôt que de salarié, sans lien de subordination avec un employeur.

Dans les sociétés, plusieurs figures de l'entrepreneur doivent être distinguées. En effet, dans une société anonyme, les **actionnaires** élisent en Assemblée générale des membres du Conseil d'administration, qui nomment un(e) Président(e), très souvent actionnaire principal, une Directrice générale ou un Directeur général (DG), le plus souvent une personne recrutée pour ses compétences, ou une seule personne pour ces deux rôles, avec le titre de P-DG. Ces personnes sont chargées par les actionnaires de représenter cette société et de la diriger.

Les entrepreneur(e)s peuvent remplir plusieurs fonctions économiques. Ils sont d'abord des **managers**, dirigeant(e)s de l'entreprise, ils peuvent être des actionnaires, et peuvent aussi être des innovateurs. Ces trois fonctions sont parfois assurées par une seule personne. Mais la croissance des entreprises conduit fréquemment à confier ces rôles à différentes personnes. Il est souvent indispensable de faire appel à des actionnaires pour apporter des capitaux et cela implique, pour le créateur initial, de partager les fonctions de direction avec d'autres personnes. ▸ Schéma 2

Podcast
hachette-clic.fr/23ses1231

1 Exemple de cycle de vie d'une entreprise

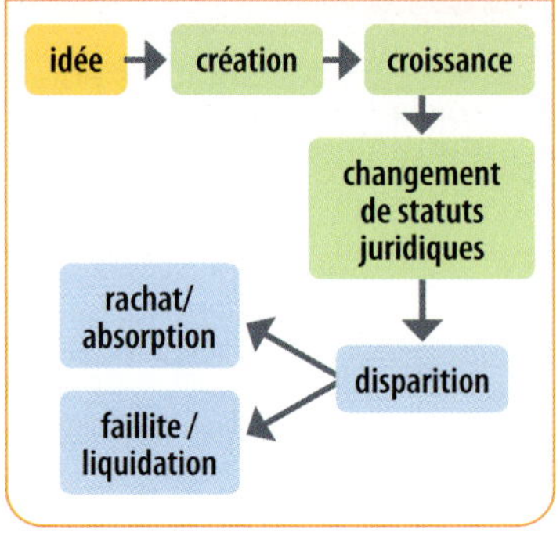

NOTIONS

Cycle de vie d'une entreprise : succession de phases dans le développement d'une entreprise : sa création, sa croissance, ses changements de statut juridique, sa disparition (par rachat et absorption par une autre, ou par faillite et liquidation).

Statut juridique : cadre légal de l'activité de l'entreprise. Il définit la manière dont le chef d'entreprise, les salariés et ses clients sont liés.

Entrepreneur(e) : personne qui participe directement ou indirectement à la direction d'une entreprise, parce qu'elle l'a créée, ou parce qu'elle en est partiellement propriétaire (actionnaire), ou parce qu'elle la dirige (manager), ou parce qu'elle a joué un rôle dans l'innovation (innovateur).

Actionnaire : propriétaire d'actions, titres de propriété sur une fraction du capital social d'une entreprise.

Manager ou Dirigeant(e) : personne chargée de prendre des décisions de gestion courante de l'entreprise.

2 Les fonctions économiques des entrepreneurs

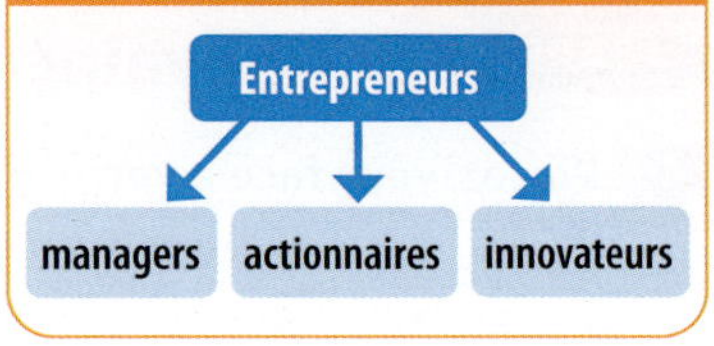

3 Qui décide dans l'entreprise ?

La gouvernance des entreprises est fondée sur des relations d'autorité. Les dirigeant(e)s ou managers sont ceux qui incarnent juridiquement les intérêts de l'entreprise et qui la représentent. Les travailleurs salariés doivent donc leur obéir dans le cadre des obligations qui découlent de leur contrat de travail.

Mais la gouvernance ne se réduit pas aux seuls managers – dirigeant(e)s. Ceux-ci sont nommés ou révoqués par les actionnaires. Or, les intérêts des dirigeant(e)s peuvent différer de ceux des actionnaires : les premiers visent davantage à augmenter la taille de l'entreprise pour augmenter leurs responsabilités, leur prestige et leur rémunération ; alors que les seconds souhaitent maximiser le profit pour recevoir des dividendes ou voir le prix de l'action augmenter. Des systèmes d'incitation sont alors mis en place pour aligner leurs intérêts : rémunérations variables selon les résultats de l'entreprise, pouvoir de révocation des dirigeant(e)s par le Conseil d'administration, etc.

Selon les entreprises, la gouvernance se caractérise par des degrés de centralisation ou décentralisation des décisions. La centralisation des décisions s'appuie sur les relations d'autorité et des systèmes d'incitation dans une organisation hiérarchique, où les intérêts des actionnaires priment souvent. Mais la prise de décisions peut aussi être plus ou moins décentralisée. C'est le cas quand toutes les parties prenantes (actionnaires, managers, salariés) sont représentées dans les institutions qui gouvernent l'entreprise. Ainsi, l'actionnariat salarié ou la présence d'administrateurs salariés au sein des conseils d'administration peuvent générer des prises de décisions plus démocratiques.

4 Comment sont organisées les relations sociales dans l'entreprise ?

L'entreprise met en relation des acteurs divers, les parties prenantes, qui peuvent affecter ses décisions ou être affectés par ses décisions. Ces parties prenantes sont à la fois au sein de l'entreprise (salariés, syndicats, actionnaires, etc.) et à l'extérieur de celle-ci, en lien direct ou indirect avec elle (ONG, pouvoirs publics, clients, etc.). Leurs objectifs sont distincts, parfois convergents, parfois divergents.

Au sein de l'entreprise, plusieurs formes de relations sociales coexistent. La **hiérarchie** régule les différends, avec des modes de gouvernance plus ou moins centralisés et autoritaires. Ces dispositifs n'empêchent pas l'existence de **conflits** où des intérêts divergents s'affrontent, comme lors des grèves. Les relations sociales dans l'entreprise peuvent aussi reposer sur la **coopération** : la capacité à agir ensemble dans un but partagé malgré la pluralité des intérêts. Créer les conditions de cette coopération est un atout pour l'efficacité de l'entreprise car la performance y est toujours collective, liée aux contributions de chacun.

Les coopératives offrent un exemple de statut juridique d'entreprise qui favorise des relations de coopération entre parties prenantes. Dans les sociétés coopératives de production (SCOP), les salariés sont propriétaires d'une partie majoritaire du capital de la société. Leurs intérêts convergent donc en partie avec ceux de l'ensemble des propriétaires. Par ailleurs, la gouvernance se veut plus démocratique que celle des autres sociétés, avec le principe « une personne = une voix » pour les décisions stratégiques et des prises de décision plus décentralisées.

NOTIONS

Gouvernance : ensemble des dispositifs qui organisent la prise de décisions, l'administration ainsi que le contrôle d'une organisation. Ses modalités, plus ou moins centralisées, définissent les relations qu'entretiennent actionnaires, direction, salariés, clients, etc.

Autorité : capacité de commander, qui peut être légitimée par la position dans la hiérarchie mais aussi par des caractéristiques individuelles d'une personne (charisme, par exemple).

Décentralisation / Centralisation des décisions : processus de prise de décision, d'administration et de contrôle d'une organisation. La centralisation est caractéristique d'une structure hiérarchique dans laquelle le pouvoir détenu est peu partagé ; à l'inverse de la décentralisation dans laquelle l'autorité est partagée.

Parties prenantes : ensemble des agents qui peuvent affecter ou être affectés par les décisions d'une entreprise (actionnaires, salariés, dirigeants, sous-traitants, créanciers, État, citoyens ou consommateurs représentés par des associations, etc.).

Hiérarchie : structure d'une organisation dans laquelle certains individus sont subordonnés à d'autres, qui exercent alors une relation d'autorité sur eux. Par exemple, les salariés sont subordonnés aux dirigeant(e)s.

Conflit : affrontement entre des acteurs aux intérêts distincts que les systèmes d'incitation ou de coopération échouent à concilier.

Coopération : comportement où chacun poursuit ses propres intérêts en prenant en compte ceux des autres, ou agit au nom d'intérêts communs pour « co-opérer », c'est-à-dire agir ensemble.

Coopérative : société qui regroupe des partenaires (salariés, producteurs, acheteurs, etc.) pour développer une activité commune. L'adhésion est volontaire et ouverte à tous. Sa gouvernance se veut démocratique.

L'essentiel en schéma

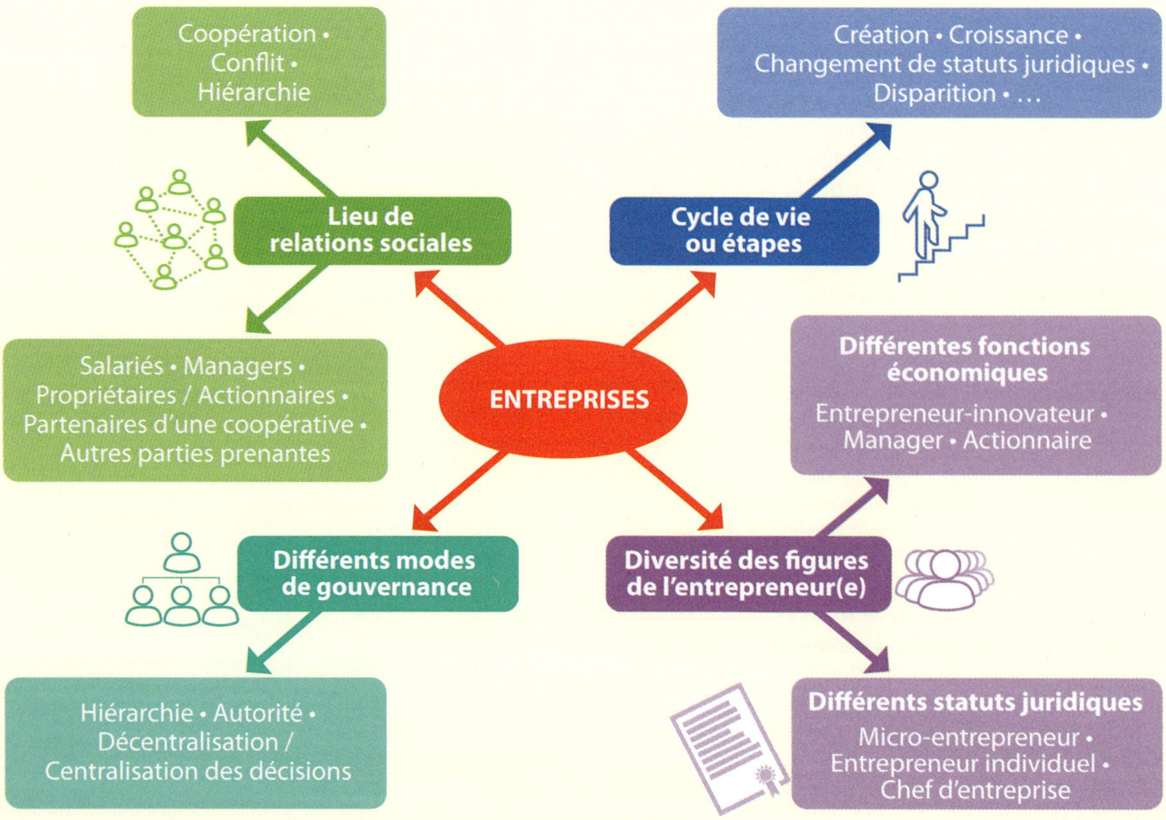

POUR ALLER PLUS LOIN

hachette-clic.fr/23ses1232

« Solides », BPI France et Konbini, 2021-2022.

Ils se sont reconvertis, ont hésité, se sont lancés… Cette série de 4 reportages propose des portraits d'entrepreneur(e)s aux profils variés, et qui ont réussi !

hachette-clic.fr/23ses1233

14:15 **« Entreprise libérée, entreprise délivrée ? »**, Frictions, 16 novembre 2021.

Un entretien avec les salariés et les dirigeants de Terre adélice, fabricant de glaces artisanales. L'entreprise a abandonné toute hiérarchie en définissant de nouveaux rôles et de nouvelles responsabilités pour tous.

hachette-clic.fr/23ses1234

58:42 **« Actionnaires, managers, salariés : partager le pouvoir »**, France Culture, 2 septembre 2019.

Qui décide dans l'entreprise ? À qui doit-elle appartenir ? Cet épisode d'« Entendez-vous l'éco » offre un éclairage historique et juridique sur les modes de gouvernance en entreprise.

Open Space, Pandémie Télétravail et autres contrariétés, James, éd. Dargaud, 2021.

Par une série de gags, James décrit avec humour les relations sociales au sein d'une entreprise. Les rapports de hiérarchie et d'autorité se heurtent aux problématiques que connaissent les entreprises aujourd'hui : télétravail, RTT, mondialisation, conflit…

UTILISER LES STATISTIQUES

1 La rémunération des patrons du CAC 40

Objectif de savoir-faire *Lire et interpréter une moyenne et une médiane* ➔ **Fiche outil n° 5 p. 308**

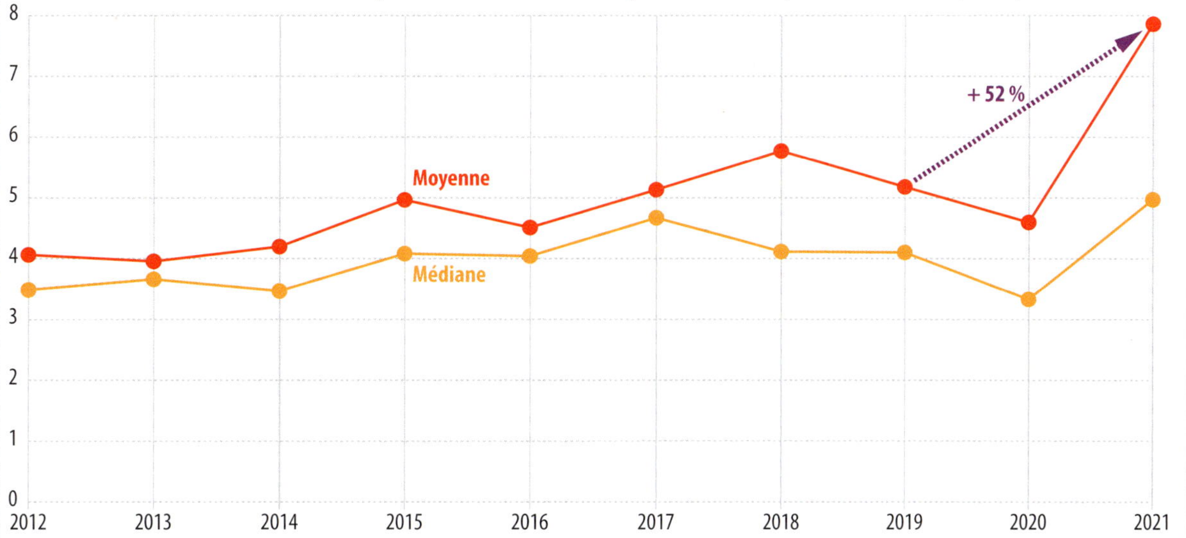

Source : D'après cabinet Proxinvest, société de conseil et d'analyse financière.

1. Rédigez une phrase présentant la signification précise des données de 2021.
2. Comparez les rémunérations médianes et moyennes de 2012 et 2021.
3. Comment expliquer que la moyenne soit systématiquement supérieure à la médiane ?

2 Les créations d'entreprises en France

Objectif de savoir-faire *Lire et analyser un graphique de répartition* ➔ **Fiche outil n° 7 p. 312**

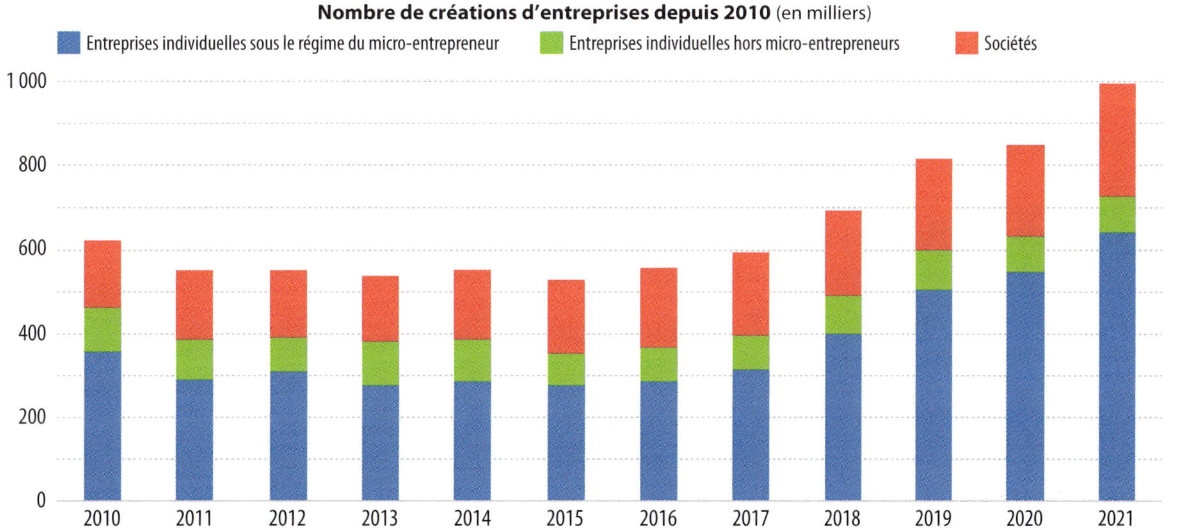

Lecture : en 2021, 995 900 entreprises ont été créées (dont 271 000 sociétés).
Champ : ensemble des activités marchandes non agricoles.
Source : INSEE, Répertoire des entreprises et des établissements (Sirene).

1. À l'aide d'un calcul pertinent, calculez l'évolution du nombre de créations d'entreprises entre 2010 et 2021. Rédigez une phrase interprétant le résultat obtenu.
2. Calculez la part des entreprises individuelles dans le total des créations en 2021. Rédigez une phrase interprétant le résultat obtenu.
3. Comment évoluent les parts respectives de chacun des trois statuts juridiques au sein de l'ensemble des créations ?

TESTEZ VOS CONNAISSANCES !

Version interactive hachette-clic.fr/23ses1235

CORRIGÉS P. 338

1 La diversité des entreprises

Vrai ou faux ? Lorsque c'est faux, justifiez.

	Vrai	Faux
1. Il y a deux principaux statuts juridiques de l'entreprise : l'entreprise individuelle et la société.	☐	☐
2. On peut être actionnaire d'une microentreprise.	☐	☐
3. L'entrepreneur est le seul à pouvoir prendre des décisions dans l'entreprise.	☐	☐
4. Un entrepreneur est nécessairement un innovateur.	☐	☐
5. Il y a autant de femmes entrepreneures que d'hommes entrepreneurs.	☐	☐
6. Les intérêts des managers et des actionnaires ne sont pas les mêmes.	☐	☐
7. Permettre aux salariés de devenir actionnaires de l'entreprise contribue à une gouvernance décentralisée.	☐	☐
8. Le conflit conduit nécessairement à une situation de blocage dans l'entreprise.	☐	☐
9. Les coopératives mettent en place une gouvernance démocratique.	☐	☐

2 Création d'une entreprise et statut juridique

Complétez le texte avec les mots suivants :

entreprise • entreprise individuelle • entrepreneur *(2 fois)* • société *(2 fois)* • statut juridique *(2 fois)* • micro-entrepreneur • disparition • procédure simplifiée • cessation de paiement • création.

Une .... est une unité économique et juridique dont la fonction est de produire des biens et des services afin de les vendre sur un marché. Elle est le résultat de la volonté d'un .... qui décide de sa ...., en adoptant le .... le plus adapté à sa situation : .... ou .... Le statut de .... a permis la création d'un grand nombre d'entreprises individuelles grâce à sa .... et sa gestion facilitée : comptabilité souple, impôt et cotisations sociales forfaitaires sur le chiffre d'affaires. En revanche, si le chiffre d'affaires dépasse les 176 200 euros (pour les activités commerciales) ou 76 200 (pour les autres), il faut changer de .... La .... quant à elle permet à l'.................... de ne pas confondre ses biens et ceux de l'entreprise, ce qui le protège en cas de pertes trop importantes qui pourraient conduire à la .... et à la .... de l'entreprise.

3 La diversité des figures de l'entrepreneur(e)

Classez les exemples suivants dans le tableau. Il peut y avoir plusieurs bonnes réponses !

1. Florence gère une chaîne de fast foods qu'elle a créée.
2. L'entreprise Renault nomme une nouvelle directrice pour son usine de Flins.
3. Le rappeur et entrepreneur Jay-Z investit dans une entreprise de champagne en France.
4. Un investisseur américain souhaite racheter le club de football de l'Olympique lyonnais.
5. Le conseil d'administration de la Société Générale désigne un nouveau directeur général pour l'entreprise.
6. Samia crée une entreprise qui produit des chaussures avec des pots de yaourts recyclés.

Innovateur	Actionnaire	Manager

4 Conflit et coopération

Complétez le schéma avec les termes suivants :

Actionnaires • Salariés • Maximisation de la taille de l'entreprise • Maximisation du profit.

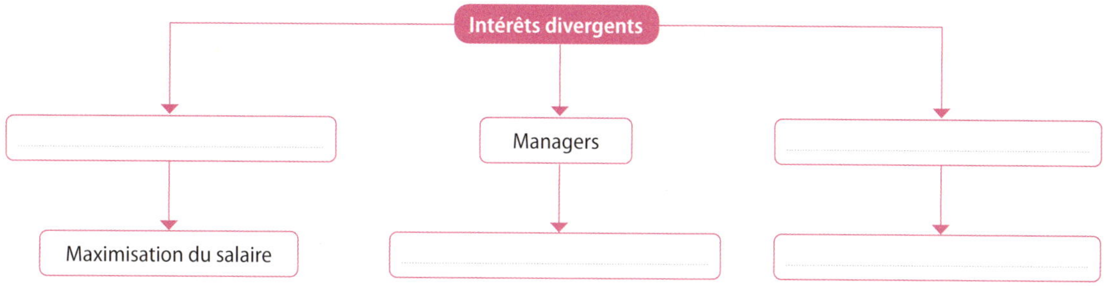

5 Mots croisés

Complétez la grille à l'aide des définitions.

Grille
hachette-clic.fr/23ses1236

HORIZONTAL

3. Unité de production qui combine les facteurs travail et capital.
6. Capacité ou pouvoir de commander.
7. Antagonisme qui peut prendre la forme de grève ou de blocage.
8. Type d'entrepreneur créatif. Il introduit de nouveaux produits ou de nouveaux procédés.
9. Elle peut être décentralisée ou plutôt centralisée.
10. Qui travaille pour une organisation productive et est soumis à un lien de subordination.

VERTICAL

1. Agir ensemble.
2. Société associée en France à l'économie sociale et solidaire.
4. Prendre des décisions et des responsabilités dans l'entreprise.
5. Propriétaire de tout ou partie du capital social d'une entreprise.

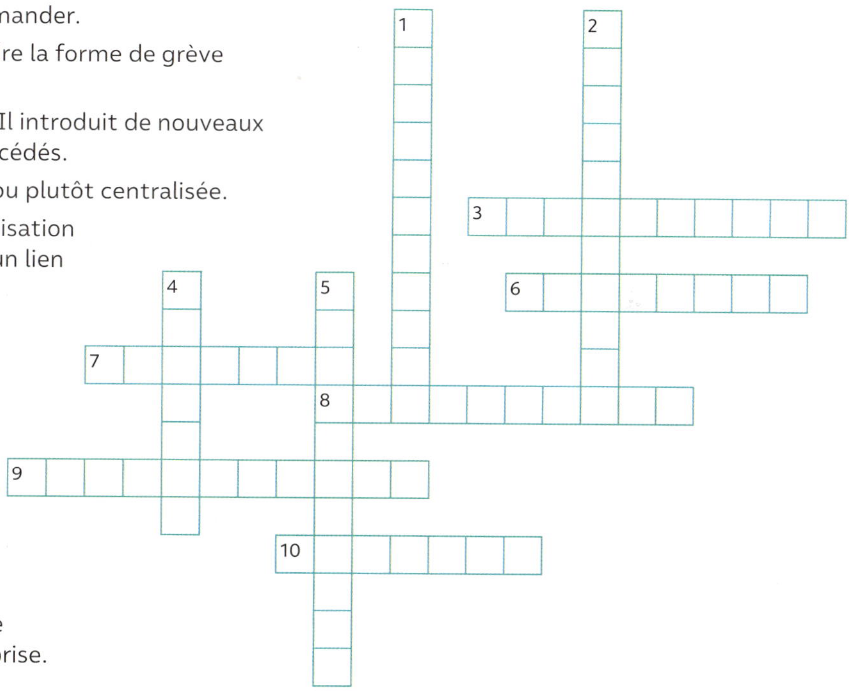

6 Des gouvernances plus moins centralisées

Reliez chaque proposition à un mode de gouvernance.

1. Chaque courriel envoyé à des clients doit être relu par le directeur de l'entreprise. •
2. Une entreprise ouvre son conseil d'administration à 10 salariés. •
3. Le conseil d'administration d'une entreprise est composé des membres de la famille fondatrice. •
4. Les créations d'emplois dans une entreprise sont décidées collectivement par différents services (ressources humaines, comptabilité, services opérationnels, etc.). •
5. Une entreprise choisit au cours de son développement le statut de coopérative. •

• Gouvernance centralisée

• Gouvernance décentralisée

OBJECTIF BAC Épreuve composée

PARTIE 1 MOBILISATION DES CONNAISSANCES 4 PTS

Montrez que l'entreprise est un lieu de relations sociales entre différentes parties prenantes.

Corrigé hachette-clic.fr/23ses1237

PARTIE 2 ÉTUDE D'UN DOCUMENT 6 PTS

Évolution du nombre de créations d'entreprises (hors micro-entreprises)

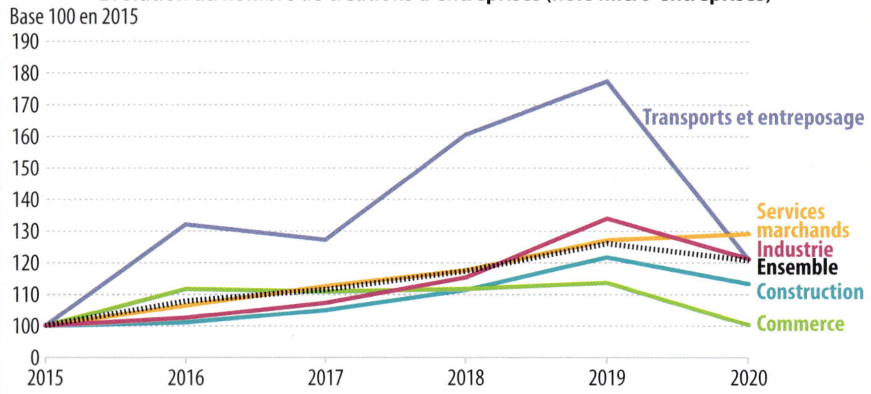

Lecture : entre 2015 et 2020, le nombre d'entreprises hors micro-entreprises créées dans l'ensemble des secteurs a augmenté de 21 %.
Champ : France, ensemble des activités marchandes non agricoles.
Source : INSEE, Répertoire des entreprises et des établissements (Sirene).

QUESTIONS

1. À l'aide des données du document, caractérisez l'évolution des créations d'entreprises selon le secteur d'activité entre 2015 et 2020.
2. À l'aide du document et de vos connaissances, montrez que la création n'est qu'une étape parmi d'autres du cycle de vie d'une entreprise.

Corrigé hachette-clic.fr/23ses1238

PARTIE 3 RAISONNEMENT S'APPUYANT SUR UN DOSSIER DOCUMENTAIRE 10 PTS

SUJET **À l'aide de vos connaissances et du dossier documentaire, vous montrerez que la prise de décision dans l'entreprise peut être plus ou moins centralisée.**

DOC 1

Une fois par an, dans une immense salle de conférences de Stuttgart, on peut assister à un spectacle singulier : l'assemblée générale (AG) de Porsche SE, la société financière qui détient la majorité des actions dotées de droits de vote (53 %) du géant automobile Volkswagen (VW). C'est la réunion d'une des plus puissantes familles du capitalisme allemand : la famille Porsche-Piëch […].

Sur le podium, Wolfgang Porsche, bientôt 80 ans, président du conseil de surveillance de la holding, siège toujours en patriarche. À ses côtés, son cousin et rival Hans Michel Piëch, 80 ans, tient aussi sa place. Pour l'AG 2022, ces deux petits-fils de Ferdinand Porsche ont refusé d'abandonner leurs fonctions, en dépit de toutes les limites d'âge.

Dans l'ombre de la salle, au premier rang, il faut être bien informé pour reconnaître leurs enfants, petits-enfants et cousins, actionnaires de Porsche SE. Environ 200 héritiers, qui portent souvent Ferdinand, ou une de ses déclinaisons, dans leur prénom.

Cécile Boutelet, « L'entrée en Bourse de Porsche ou la revanche d'un clan », *Le Monde*, 28 septembre 2022.

DOC 2 Évolution de la part des salariés ayant accès à un dispositif de participation, d'intéressement ou d'épargne salariale

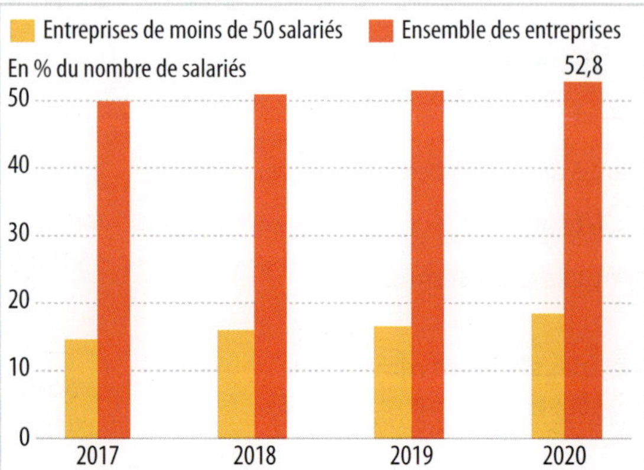

Champ : entreprises privées, France (hors Mayotte).
Source : DARES.

DOC 3 La perception de l'autorité en entreprise

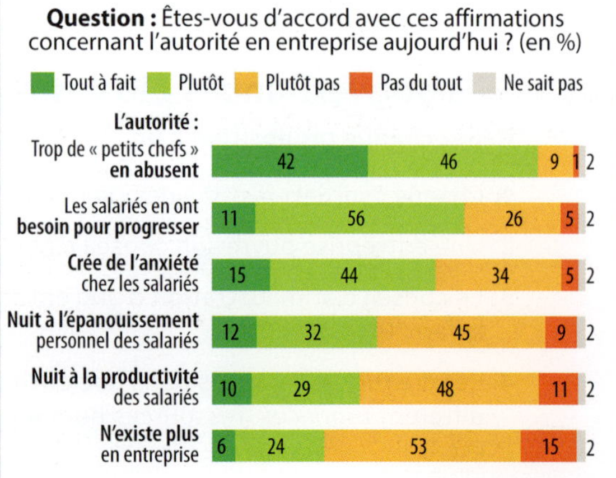

Source : « L'autorité au travail », sondage Opinion Way, mai 2019.

GUIDAGE MÉTHODOLOGIQUE

Fiche Bac n° 1 p. 328 *L'épreuve composée*

Guide méthodologique complet
hachette-clic.fr/23ses1239

ÉTAPE 6 Rédiger les paragraphes AEI (Affirmer, Expliciter, Illustrer)

Fiche méthode n° 1 p. 318 *Construire une argumentation*

- **Voici un paragraphe d'élève** sur le sujet de raisonnement p. 294. Repérez les points forts et les points faibles de ce paragraphe, puis proposez des améliorations.

> § 1 La prise de décision en entreprise peut être centralisée.
>
> Par exemple, Porsche où la gouvernance est très centralisée. Cette entreprise est, en effet, dirigée par un clan familial qui prend les décisions stratégiques de l'entreprise. On parle de gouvernance centralisée quand la prise de décision est issue d'une structure hiérarchique dans laquelle le pouvoir détenu est peu partagé.

Vérifiez qu'il y a bien une affirmation, une explicitation et une illustration dans chaque paragraphe.

Les mots de liaison sont-ils assez nombreux et diversifiés ?

- **Rédigez le deuxième paragraphe AEI** du sujet de raisonnement :

> § 2 Une centralisation trop importante de la prise de décision peut se révéler inefficace.

ÉTAPE 7 Rédiger la conclusion

- **Toute conclusion**, quels que soient l'exercice et la discipline, est composée de deux éléments incontournables : le **bilan du développement** et la **réponse explicite à la problématique/au sujet**.
L'ouverture est facultative. Attention aux mauvaises ouvertures du type : « On peut se demander si un jour, l'Homme… ». Mieux vaut pas d'ouverture qu'une mauvaise ouverture !

- **Rédigez le bilan du développement** du sujet de raisonnement en partant du plan suivant :

> § 1 La prise de décision en entreprise peut être centralisée.
> § 2 Une centralisation trop importante de la prise de décision peut se révéler inefficace.
> § 3 Les entreprises peuvent mettre en place des mécanismes visant à décentraliser la prise de décision.
> § 4 Les entreprises coopératives sont souvent davantage décentralisées dans leur gouvernance.

- **Rayez les ouvertures maladroites** dans la liste proposée en justifiant, puis choisissez celle qui a votre préférence en justifiant également.

> a) Si la décentralisation de la prise de décision peut jouer un rôle décisif quant à l'implication des salariés, elle peut aussi réduire significativement les conflits.
> b) On peut cependant se demander si les entreprises ont toujours intérêt à décentraliser la prise de décision.
> c) Si l'on a vu les différents modes de prise de décision, on peut aussi s'interroger sur le profil des entrepreneurs.
> d) La décentralisation de la prise de décision va-t-elle se poursuivre dans les entreprises ?

Si l'on est inspiré(e), on rédige une question en guise d'ouverture. Souvent, la question d'ouverture porte sur un sujet ou chapitre proche de celui traité.

- **Proposez à votre tour une question d'ouverture** sur le sujet de raisonnement.

OBJECTIF BAC Grand oral

ÉTAPE 3 SE PRÉPARER AU DÉROULEMENT DE L'ÉPREUVE

Vous allez découvrir ici les principales attentes du jury le jour J du Grand oral et pouvoir travailler les compétences attendues pour mener une bonne prestation orale.

Rappel : l'épreuve dure 20 minutes, et se déroule en trois temps devant un jury composé de deux professeurs. Vous disposez d'un temps de préparation de 20 minutes. ▶ voir Grand oral, p. 130

1 Que faire pour être efficace pendant le temps de préparation ? (20 min)

Des feuilles de brouillon seront à votre disposition dans la salle de préparation. Vous devez y écrire de façon synthétique les passages importants de votre présentation de 5 minutes, afin de vous constituer un mémo. Nous vous conseillons d'y faire figurer, sous forme de liste ou de schéma :
– votre phrase d'introduction,
– les titres de vos parties,
– les affirmations de vos paragraphes,
– votre phrase de conclusion.

Fiche méthode n° 2 p. 320 *Prendre des notes*

- Pliez votre feuille.
- Écrivez gros, sur le recto seulement.
- Soulignez ou encadrez de différentes couleurs les éléments à mobiliser : notions clés, exemples et données notamment.

À VOUS DE JOUER !

1. À partir du sujet et du plan détaillé suivants, construisez votre mémo sous forme de liste, de carte mentale ou de schéma.

Fiche méthode n° 3 p. 322 *Schématiser*

SUJET GUIDÉ Faut-il démocratiser la gouvernance des entreprises en France ?

I) La gouvernance des entreprises en France

- §1 En France, les entreprises sont souvent moins démocratiques qu'en Allemagne.
  Notions : gouvernance, hiérarchie, centralisation/décentralisation des décisions
- §2 Les inconvénients du manque de démocratie dans les entreprises en France.
  Notions : parties prenantes, autorité, conflit

II) Les défis de la démocratisation des entreprises en France

- §3 Diverses pistes de démocratisation.
  Exemples : la loi PACTE de 2019 (intéressement et participation), l'entreprise libérée, le *happyness management*, les SCOP
- §4 Les avantages attendus d'une gouvernance plus démocratique.
  Notions : relations sociales dans l'entreprise, coopération, innovation, bien-être au travail et productivité des travailleurs

2. Par groupe de 2 ou 3, comparez l'efficacité de vos supports.

Tableau hachette-clic.fr/23ses1240

Je peux visualiser la trame, le déroulement et la structure de ma présentation.	Je peux retrouver rapidement les notions à définir, les exemples significatifs, les chiffres clés.
Points positifs :	Points positifs :
Points à améliorer :	Points à améliorer :

2 Comment bien exposer mon sujet ? 5 min

- Prenez soin de suivre la trame préparée : une brève introduction qui énonce le sujet et annonce les paragraphes de réponse (moins d'1 minute), les deux parties du développement composées de deux paragraphes AEI chacune (comptez entre 45 secondes et 1 minute par argument), puis terminez par une rapide conclusion (30 secondes maximum). Soyez attentif(ve) à formuler des phrases simples (sujet + verbe + complément).

> Posez une montre devant vous afin de vous assurer que vous respectez bien les 5 minutes attendues.

- Vous pouvez tenir votre mémo dans une main et y jeter un coup d'œil pendant votre prestation, mais abstenez-vous de lire. Vous devez communiquer avec le jury, et donc regarder dans sa direction.
- En plus du fond sur lequel vous aurez travaillé préalablement (maîtrise des notions, arguments, véracité), le jury portera son attention sur les critères d'évaluation suivants :

L'expression d'un propos cohérent :
- Le sujet est problématisé.
- La réponse est structurée (introduction, développement, conclusion).

Votre voix et votre posture :
- La voix soutient le discours efficacement.
- Le débit est adapté, fluide.
- Le (la) candidat(e) regarde le jury.
- Le (la) candidat(e) est debout durant sa prestation.

À VOUS DE JOUER !

1. Trouvez votre voix pix

À l'aide du support que vous avez préparé, simulez votre présentation en vous enregistrant avec votre téléphone. Écoutez votre voix et choisissez les bons termes :
- Ma voix est [trop forte / à peine audible / posée].
- Mon débit de parole est [trop rapide / trop lent / bon].
- J'articule [trop peu / assez bien].
- Le ton de ma voix est [exagéré / monotone / adapté].
- Mes tics de langage sont [trop nombreux / maîtrisés].

2. Trouvez votre posture pix

À l'aide de votre support papier, simulez votre présentation debout en vous filmant.
Visionnez la vidéo et choisissez les bons termes :
- Je bouge [trop / pas assez / ni trop ni trop peu].
- Mes jambes [ne sont pas / sont] bien ancrées sur mes appuis.
- Mes mains [n'accompagnent pas / accompagnent] mes propos.
- Je [ne regarde pas / regarde] mon auditoire.

3. Comptabilisez le nombre de termes verts, orange et rouges.
Répétez les exercices jusqu'à avoir un maximum de réponses vertes.

> Visionnez et commentez votre vidéo avec vos proches, sans son puis avec le son.

3 Comment échanger et interagir avec le jury ? 10 min + 5 min

Que vous ayez ou non terminé votre présentation, le jury vous indiquera qu'il s'agit désormais d'un temps de questions. Il vous demandera des précisions et des compléments sur des points abordés (10 min), et vous questionnera ensuite sur votre projet d'orientation (5 min).

> Efforcez-vous de développer vos réponses car il est insuffisant de répondre par « oui » ou « non » !

À VOUS DE JOUER !

Voici quatre questions que le jury pourrait poser sur le sujet guidé p. 296 :

- Pourriez-vous donner des exemples de pratiques relevant d'une gouvernance décentralisée en entreprise ?
- Que pensez-vous du respect de la hiérarchie dans une entreprise ?
- Qui sont les parties prenantes d'une entreprise ?
- Les actionnaires ont-ils trop de pouvoir dans les entreprises ?

1. Distinguez parmi ces questions celles qui demandent des connaissances précises et celles qui demandent d'expliciter une réflexion.
2. À l'aide de votre manuel, trouvez deux autres questions : l'une factuelle et l'autre nécessitant une réflexion ou un regard critique.
3. Entraînez-vous à répondre à ces différentes questions.

SES UP

Un jeu pour mobiliser vos connaissances en SES

But du jeu

Réviser et remporter le maximum de points en équipe !

Matériel
- les cartes de jeu
- un chronomètre

Cartes hachette-clic.fr/23ses1241

Règles du jeu

La classe est divisée en deux équipes. Une partie se déroule en trois manches.
Les cartes de jeu sont communes aux deux équipes et sont réutilisées pour les trois manches.
L'équipe gagnante est celle qui a deviné le plus de mots écrits sur les cartes durant les trois manches.

- Chaque équipe joue à tour de rôle. Elle désigne un de ses membres pour passer au tableau, de manière tournante pour que tous les membres de l'équipe jouent ce rôle.
- Le joueur choisi pioche les cartes, l'une après l'autre. En 1 minute, il doit faire deviner à ses coéquipiers le plus grand nombre de mots inscrits sur les cartes. Lorsqu'un mot est deviné, la carte est mise de côté. Lorsque le joueur passe un mot, la carte est remise sous la pile. À l'issue du tour, le score de l'équipe est noté au tableau.
- Les cartes passent d'une équipe à l'autre toutes les minutes, jusqu'à ce que tous les mots aient été devinés.

Déroulement des trois manches

- **Première manche :** le joueur choisi peut parler autant qu'il veut (en français exclusivement), mais n'a pas le droit de mimer. Les mots de la même famille sont interdits. Il peut passer les cartes difficiles.
- **Deuxième manche :** le joueur ne peut prononcer qu'un seul mot (et un seul !) et n'a pas le droit de mimer. Les mots de la même famille sont interdits. Il peut passer les cartes difficiles.
- **Troisième manche :** le joueur fait deviner par le mime exclusivement. Il n'a pas le droit de parler et peut passer les cartes difficiles.

Variante
Troisième manche : le joueur dessine au tableau. Il n'a pas le droit de parler ni de mimer. Il peut passer les cartes difficiles.

Coup de pouce
Soyez attentif(ve) à ce qui est utilisé par les autres joueurs pour faire deviner les mots. Vous en aurez besoin quand les mots passés reviendront en haut de la pile et qu'il ne restera que les mots difficiles !

vers la Terminale

Quiz Orientation

Allez-vous garder la spécialité SES en Terminale ?

1 Vous êtes en retard en cours de SES...

- ☐ ● Ce n'est pas la première fois, ni la dernière, que ça arrive !
- ☐ ★ Dommage ! Vous aimez bien ce cours.
- ☐ ■ Ce sont des choses qui arrivent.
- ☐ ◆ Le drame ! C'est votre cours préféré.

2 Vous avez une interro lundi prochain en SES...

- ☐ ◆ Vos fiches sont prêtes, votre cahier de SES est très bien tenu. Vous relisez, complétez, surlignez régulièrement vos notes.
- ☐ ■ Vous réviserez si vous trouvez du temps !
- ☐ ● Pas la peine de réviser, ce n'est pas votre spécialité préférée.
- ☐ ★ Vous écoutez et participez bien en cours, et vous relisez régulièrement vos notes.

3 Vous avez à étudier un document statistique en SES...

- ☐ ■ Un document statistique, ça change un peu des textes !
- ☐ ◆ La périodisation des graphiques chronologiques, la lecture de proportions, les écarts en points de %, etc., n'ont aucun secret pour vous.
- ☐ ★ Vous aimez manipuler les statistiques : 120 données chiffrées, cela ne vous impressionne pas.
- ☐ ● Découvrir un document statistique vous fait tourner de l'œil.

4 Vous avez 1h devant vous, que vous souhaitez occuper à approfondir le cours de SES...

- ☐ ★ Vous regardez une vidéo qui a été conseillée par votre enseignant(e).
- ☐ ● Vous zappez entre des vidéos sur Internet, mais vous n'êtes pas captivé(e) !
- ☐ ■ Vous commencez à regarder une vidéo, puis vous passez à autre chose.
- ☐ ◆ Vous trouvez une vidéo bien faite et vous la partagez à vos ami(e)s sur votre réseau préféré.

5 Vous lisez des articles de presse sur l'économie, la société ou la politique...

- ☐ ● Une fois par mois.
- ☐ ■ Une fois par semaine.
- ☐ ★ Plusieurs fois par semaine.
- ☐ ◆ Tous les jours.

6 En première, vous avez utilisé votre manuel de SES...

- ☐ ■ Une fois de temps en temps.
- ☐ ● Jamais.
- ☐ ★ Vous avez relu les synthèses de certains chapitres et fait quelques exercices interactifs.
- ☐ ◆ Vous avez feuilleté systématiquement le manuel pour lire les documents et exploiter les ressources en ligne.

7 Pour vous, les 4h de spé SES en première, c'est...

- ☐ ◆ Un temps indispensable pour comprendre le monde actuel et se préparer au post-bac.
- ☐ ■ Une des trois spécialités, parce qu'il fallait en choisir trois en première.
- ☐ ★ Une spécialité qui favorise des choix d'orientation diversifiés après le bac.
- ☐ ● 4h de temps contraint par semaine.

8 Vous partez en vacances...

- ☐ ● Enfin, ne plus penser aux cours !
- ☐ ★ Vous emportez des articles de presse et d'actualité pour rester informé(e).
- ☐ ◆ Vous passez au CDI afin d'emprunter des livres d'économie, de sociologie ou de science politique.
- ☐ ■ Vous emportez votre manuel de SES !

Vous avez un maximum de ● Vous ne choisirez peut-être pas la spécialité SES en Terminale. Cette année, vous avez approfondi les SES en spécialité et vous n'avez pas autant accroché que vous l'espériez. Vous avez cependant accru votre culture générale. Ça vous servira plus tard !

Vous avez un maximum de ■ Vous choisirez peut-être la spécialité SES en Terminale. Votre projet d'orientation s'est précisé cette année, vous envisagez une orientation dans un champ purement scientifique ou littéraire. Vous êtes cependant satisfait(e) d'avoir accru votre culture générale, ça vous permet de mieux comprendre l'actualité.

Vous avez un maximum de ★ Vous choisirez certainement la spécialité SES en Terminale. Cette année, vous avez approfondi les SES avec intérêt. Vous prenez toujours plus plaisir à suivre l'actualité économique et sociale, et vous vous apercevez que cette spécialité ouvre beaucoup de portes après le bac.

Vous avez un maximum de ◆ Vous êtes un(e) élève qui gardera la spécialité SES en Terminale : vous avez hâte d'avoir 6h de SES par semaine pour pouvoir approfondir les sujets ! Après le bac, vous envisagez une orientation centrée autour d'une ou de plusieurs sciences sociales (économie, sociologie, ou science politique), et les SES vous donnent des atouts pour réussir.

FICHE OUTIL 1 CALCULER ET INTERPRÉTER UNE PROPORTION

Applications
→ Chapitre 2, exercice 1 p. 53
→ Chapitre 5, document 4 p. 115
→ Chapitre 6, exercice 1 p. 151
→ Chapitre 7, document 4 p. 166
→ Chapitre 9, exercice 1 p. 221
→ Chapitre 10, document 4 p. 233
→ Chapitre 10, exercices 1 et 2 p. 245

Pour mesurer l'importance d'une donnée exprimée en **valeur absolue** (en milliers, en millions ou milliards d'euros ou de personnes, par exemple), il faut la transformer en **valeur relative**. Pour cela, on la compare à une autre donnée exprimée en valeur absolue : on calcule alors une **proportion** exprimée en pour cent (%), qu'il faut savoir interpréter.

Fiche animée
hachette-clic.fr/23ses1242

Pourquoi calculer une proportion ?

EXEMPLE

Question : « La carte bancaire est-elle souvent utilisée dans les transactions en monnaie scripturale ? »

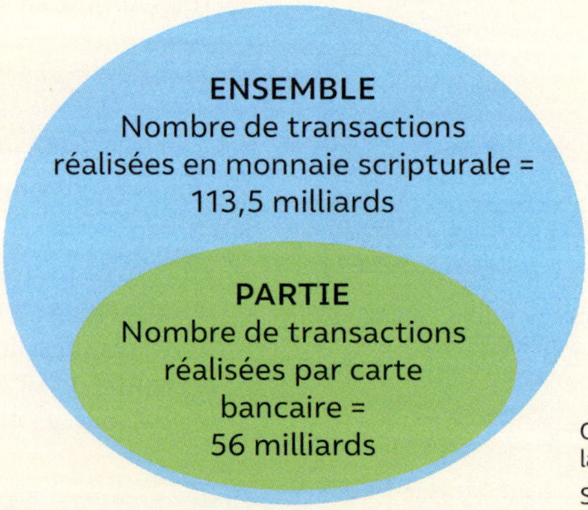

Champ : 19 pays de la zone euro, en 2021.
Source : BCE, 2022.

→ La **valeur absolue** « 56 milliards de transactions réalisées par carte bancaire » ne suffit pas pour répondre ! En effet, tout dépend du nombre total de transactions réalisées en monnaie scripturale. Pour pouvoir répondre précisément, il faut transformer cette valeur en **valeur relative**, en calculant la **proportion** de transactions réalisées par carte bancaire dans le total des transactions en monnaie scripturale.

Comment calculer une proportion ?

Pour mesurer l'importance d'une grandeur A par rapport à une grandeur B, il faut faire un rapport (c'est-à-dire une division) entre les deux :

$$\text{Proportion} = \frac{A}{B}$$

Très souvent, la grandeur B est l'ensemble auquel appartient la partie A. Ainsi, les transactions par carte bancaire (grandeur A) sont une partie du total des transactions (grandeur B). La formule peut donc s'écrire :

$$\text{Proportion} = \frac{\text{Partie}}{\text{Ensemble}}$$

EXEMPLE

Pour calculer la proportion de transactions réalisées par carte bancaire dans le total des transactions réalisées en monnaie scripturale, le calcul est le suivant :

$$\frac{56}{113{,}5} = 0{,}493 = 49{,}3\,/100 = 49{,}3\ \%$$

→ En 2021, 49,3 % des transactions en monnaie scripturale étaient des transactions réalisées par carte bancaire.

Comment présenter une proportion dans une phrase ?

Une proportion n'a de signification que par rapport à un ensemble. **Toute phrase d'interprétation doit donc citer clairement cet ensemble.**

Toujours se demander « % de quoi ? »

EXEMPLE

D'après les données de la BCE, en 2019,

% de quoi ?

48,2 % des transactions en monnaie scripturale étaient des transactions réalisées par carte bancaire.

ensemble — partie

Comment comparer deux données exprimées en % ?

Lorsqu'on veut comparer deux données en %, on peut soustraire la plus petite à la plus grande.

*Le résultat s'exprime en **points de pourcentage**, et non en %.*

EXEMPLE

En 2021, la proportion des transactions réalisées par carte bancaire dans le total des transactions en monnaie scripturale était de 49,3 %.
De combien a-t-elle augmenté par rapport à 2019 ?

Proportion en 2021 − proportion en 2019 = 49,3 − 48,2 = 1,1

→ Entre 2019 et 2021, la proportion des transactions réalisées par carte bancaire dans le total des transactions en monnaie scripturale a augmenté de 1,1 point.

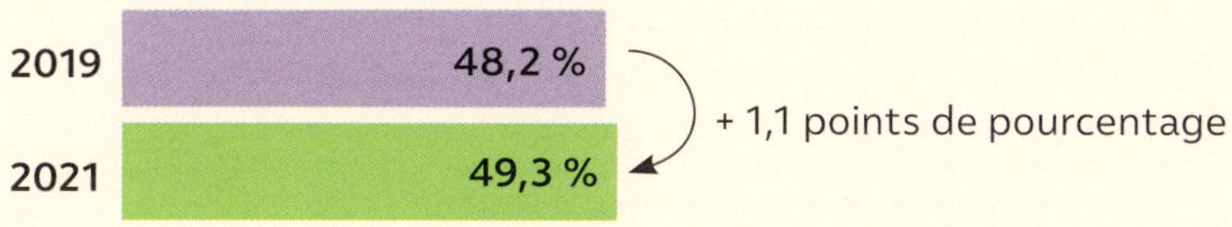

À RETENIR

CALCULER

$$\text{Proportion} = \frac{\text{Partie}}{\text{Ensemble}}$$

INTERPRÉTER

Une proportion s'exprime toujours en **pourcentage** (%) d'un ensemble. Dans une phrase présentant une proportion, il ne faut donc jamais oublier de **préciser l'ensemble**.

COMPARER

Pour comparer deux proportions, on soustrait l'une à l'autre pour calculer la différence. Celle-ci s'exprime toujours en **points de pourcentage** et non en %.

REPRÉSENTATION USUELLE

Transactions en monnaie scripturale dans la zone euro en 2021 (en %)

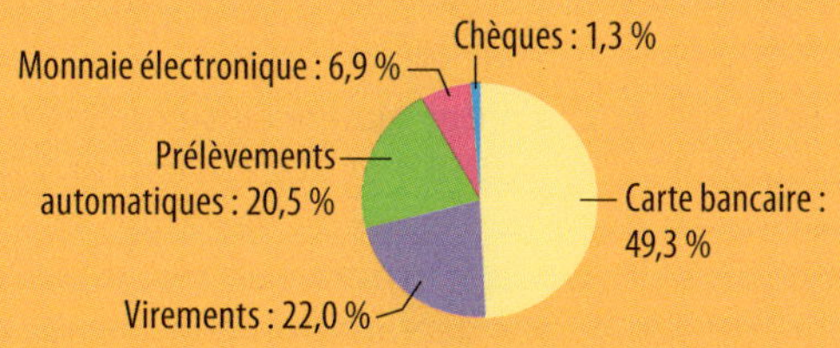

Source, BCE, enquête Space (2021).

FICHE OUTIL 2 CALCULER ET INTERPRÉTER UNE VARIATION

Applications
→ Chapitre 1, exercice 1 p. 29
→ Chapitre 2, document 4 p. 45
→ Chapitre 2, exercice 2 p. 53
→ Chapitre 4, exercice 1 p. 101
→ Chapitre 7, document 1 p. 164
→ Chapitre 7, exercice 1 p. 175
→ Chapitre 8, exercice 2 p. 199
→ Chapitre 11, exercice 1 p. 269

Pour étudier l'évolution d'une variable, on peut calculer sa **variation absolue** (en centaines, en milliers, etc.) ou sa **variation relative** qui permet de mesurer l'ampleur du phénomène par rapport à sa valeur de départ. Deux outils permettent de l'exprimer : les **taux de variation** (en %) et les **coefficients multiplicateurs**. Savoir les interpréter vous sera très utile pour les épreuves de SES du baccalauréat.

Fiche animée
hachette-clic.fr/23ses1243

Pourquoi calculer une variation relative ?

EXEMPLE

Question : « Les violences sexuelles enregistrées par les services de sécurité ont-elles augmenté ou baissé depuis 2012 ? Les variations sont-elles importantes ? »

Évolution des atteintes à la personne enregistrées par les services de sécurité entre 2010 et 2021

	2012	2013	2014	2015	2016	2017	2018	2019	2020	2021
Homicides	928	873	884	1051	936	854	870	901	873	930
Violences sexuelles	28 000	29 200	32 400	34 800	37 500	41 600	49 400	55 500	57 100	75 800

Champ : France.
Source : SSMSI, bases des crimes et délits enregistrés par la police et la gendarmerie 2012 à 2019, www.vie-publique.fr.

→ Ce tableau montre que, entre 2012 et 2021, les violences sexuelles enregistrées par les services de sécurité ont augmenté de : Valeur d'arrivée – valeur de départ = 75 800 – 28 000 = 47 800

Mais cette **variation absolue** ne suffit pas à dire si l'augmentation des violences sexuelles enregistrées par les services de sécurité est importante. Pour le savoir, il faut calculer la **variation relative** des violences sexuelles enregistrées par les services de sécurité qui permet d'évaluer l'ampleur de l'augmentation par rapport à la valeur de départ.

Comment calculer une variation relative ?

Avec un taux de variation

En France, entre 2012 et 2021, les violences sexuelles enregistrées par les services de sécurité augmentent. Mais de combien de % ?

$$\text{Taux de variation} = \frac{\text{Valeur d'arrivée} - \text{Valeur de départ}}{\text{Valeur de départ}}$$

$$= \frac{\text{Violences sexuelles enregistrées par les services de sécurité en 2021} - \text{Violences sexuelles enregistrées par les services de sécurité en 2012}}{\text{Violences sexuelles enregistrées par les services de sécurité en 2012}}$$

$$= \frac{75\,800 - 28\,000}{28\,000} = 1{,}707 = \frac{170{,}7}{100} = 170{,}7\ \%$$

Avec un coefficient multiplicateur

Le coefficient multiplicateur répond à la question :
« Par combien la valeur de départ a-t-elle été multipliée ? »
Il se calcule ainsi :

$$\text{Coefficient multiplicateur} = \frac{\text{Valeur d'arrivée}}{\text{Valeur de départ}} = \frac{\text{Violences sexuelles enregistrées par les services de sécurité en 2021}}{\text{Violences sexuelles enregistrées par les services de sécurité en 2012}} = \frac{75\,800}{28\,000} = 2{,}7$$

Comment calculer un taux de variation cumulé ?

Le taux de variation des violences sexuelles enregistrées par les services de sécurité entre 2012 et 2016 est de 33,9 %. Entre 2016 et 2021, il est de 102,1 %.
Peut-on en déduire le taux de variation entre 2012 et 2021 en faisant la somme de ces deux taux de variation ? NON, cela donnerait un résultat erroné.
Pour trouver le taux de variation cumulé sur l'ensemble de la période, il faut passer par les coefficients multiplicateurs en appliquant la méthode suivante :

1. Transformer chaque taux de variation en coefficient multiplicateur.
On utilise la formule suivante : coefficient multiplicateur = (taux de variation en % / 100) + 1
→ Entre 2012 et 2016, le coefficient multiplicateur est de 1,339 = (33,9 / 100) + 1
→ Entre 2016 et 2021, le coefficient multiplicateur est de 2,021 = (102,1 / 100) + 1

2. Multiplier les coefficients multiplicateurs pour obtenir un coefficient multiplicateur cumulé
→ Entre 2012 et 2021, le coefficient multiplicateur cumulé est donc de 1,339 × 2,021 = 2,706

3. Transformer ce coefficient multiplicateur cumulé en taux de variation cumulé
On utilise la formule suivante : taux de variation en % = (coefficient multiplicateur – 1) × 100
→ Taux de variation cumulé en % entre 2012 et 2021 = (2,706 – 1) × 100 = 170,6 %

Comment choisir le bon indicateur ?

Lorsque la variable étudiée a plus que doublé, il est plus clair d'utiliser le coefficient multiplicateur.
Par exemple, dire que violences sexuelles enregistrées par les services de sécurité ont été multipliées par 2,7 entre 2012 et 2021 est plus clair que de dire qu'elles ont augmenté de 170 %.

Dans tous les autres cas (augmentation inférieure à un doublement ou baisse), utilisez le taux de variation.
Dire que les homicides ont baissé de 5,9 % entre 2012 et 2013 est plus clair que de dire qu'ils ont été multipliés par 0,941.

Comment interpréter une variation relative et la formuler dans une phrase ?

Avec un taux de variation

Deux éléments permettent d'interpréter un taux de variation :

1. Son signe : – Si le taux de variation est positif, alors la variable a augmenté.
– Si le taux de variation est négatif, alors la variable a diminué.
– Si le taux de variation est nul, alors la variable a stagné.

2. Sa valeur : elle indique l'importance de l'augmentation ou de la diminution. Plus cette valeur est élevée, plus la variation est forte.

→ Le taux de variation des homicides entre 2020 et 2021 est de 6,5 %, c'est-à-dire que *les homicides ont augmenté de 6,5 % entre 2020 et 2021.*

→ Le taux de variation des homicides entre 2019 et 2020 est de – 3,1 %, c'est-à-dire que *les homicides ont diminué de 3,1 % entre 2019 et 2020.*

Avec un coefficient multiplicateur

Le coefficient multiplicateur des violences sexuelles enregistrées par les services de sécurité entre 2012 et 2021 est de 2,7, c'est-à-dire que les violences sexuelles enregistrées par les services de sécurité ont été multipliées par 2,7 entre 2012 et 2021.

À RETENIR

CALCULER

$$\text{Taux de variation} = \frac{\text{(Valeur d'arrivée – Valeur de départ)}}{\text{Valeur de départ}}$$

$$\text{Coefficient multiplicateur} = \frac{\text{Valeur d'arrivée}}{\text{Valeur de départ}}$$

CHOISIR LE BON INDICATEUR

- Si la variable a plus que doublé, utiliser le **coefficient multiplicateur**.
- Si la variation est négative ou inférieure à un doublement, privilégier le **taux de variation**.

INTERPRÉTER

- La **variation absolue** exprime la variation entre les valeurs de départ et d'arrivée. L'unité est celle de la variable.
- Le **taux de variation** s'exprime en % de la valeur de départ. S'il est positif, la variable a augmenté. S'il est négatif, la variable a diminué.
- Le **coefficient multiplicateur** n'a pas d'unité. Il exprime par combien la valeur de départ a été multipliée entre deux dates. S'il est supérieur à 1, la variable a augmenté. S'il est inférieur à 1, elle a baissé.

Passer d'un indicateur à l'autre :

$$\text{Coefficient multiplicateur} = 1 + \frac{\text{Taux de variation en \%}}{100}$$

$$\text{Taux de variation en \%} = \text{(Coefficient multiplicateur – 1)} \times 100$$

FICHE OUTIL 3 CALCULER ET INTERPRÉTER DES INDICES

Applications
→ Chapitre 3, exercice 1 p. 77
→ Chapitre 4, activité 1 p. 94
→ Chapitre 11, exercice 1 p. 269

Fiche animée
hachette-clic.fr/23ses1244

Transformer des données en **indices** facilite la comparaison entre les valeurs prises par une variable, notamment dans le temps. Comment ? Prenons un exemple avec les données des dépenses de santé dans trois pays sur la période 2011-2019.

EXEMPLE

Dépenses de santé courante, en milliards d'euros					
	2011	**2013**	**2015**	**2017**	**2019**
Grèce	18,7	15,2	14,5	14,4	15,0
France	230,2	241,7	251,7	260,3	269,5
Roumanie	6,2	7,5	7,9	9,7	12,8

Eurostat.

Comment calculer des indices pour mesurer une variation dans le temps ?

L'intérêt des indices est qu'ils permettent d'étudier des séries chronologiques en faisant apparaître les variations par rapport à une date, appelée « **année de base** ». Les indices peuvent ensuite être facilement transformés en taux de variation ou en coefficient multiplicateur.

Par convention, l'indice pour l'année de base est égal à 100, d'où l'expression « base 100 en telle année ».

EXEMPLE

En choisissant 2011 comme année de base :

Indice des dépenses de santé courante en France en 2019, base 100 en 2011 = **Indice dépenses de santé courante en France** $_{2019/2011}$ = $\dfrac{\textbf{Dépenses de santé courante en France en 2019}}{\textbf{dépenses de santé courante en France en 2011}} \times 100 = \dfrac{269{,}5}{230{,}2} \times 100 \approx 117{,}1$

⚠ Les données en indices sont sans unité !

Dépenses de santé courante, indices base 100 en 2011					
	2011	**2013**	**2015**	**2017**	**2019**
Grèce	100	81,3	77,5	77,0	80,2
France	100	105,0	109,3	113,1	117,1
Roumanie	100	121,0	127,4	156,4	206,5

Eurostat, calcul de l'auteur.

- Un **indice supérieur à 100** pour une année donnée signifie donc que la variable a augmenté par rapport à l'année de base.
- Un **indice inférieur à 100** signifie que la variable a baissé par rapport à l'année de base.

Comment interpréter ces indices dans le temps ?

Cette interprétation doit passer par trois étapes :

1. Faire une phrase avec l'indice en précisant l'année de base.
- L'indice des dépenses de santé courante en Grèce était de 80,2 en 2019, base 100 en 2011.
- L'indice des dépenses de santé courante en France était de 117,1 en 2019, base 100 en 2011.
- L'indice des dépenses de santé courante en Roumanie était de 206,5 en 2019, base 100 en 2011.

2. Transformer l'indice en coefficient multiplicateur (quand la variable a plus que doublé) ou en taux de variation (dans tous les autres cas).
- Taux de variation des dépenses de santé courante en Grèce entre 2011 et 2019 (en %)

$$= \frac{\text{Indice des dépenses de santé courante en Grèce}_{2019/2011} - 100}{100} = \frac{80{,}2 - 100}{100} = \frac{-19{,}8}{100} = -19{,}8\ \%$$

- Taux de variation des dépenses de santé courante en France entre 2011 et 2019 (en %)

$$= \frac{\text{Indice des dépenses de santé courante en France}_{2019/2011} - 100}{100} = \frac{117{,}1 - 100}{100} = \frac{17{,}1}{100} = 17{,}1\ \%$$

- Coefficient multiplicateur des dépenses de santé courante en Roumanie entre 2011 et 2019

$$= \frac{\text{Indice des dépenses de santé courante en Roumanie en 2019}}{\text{Indice des dépenses de santé courante en Roumanie en 2011}} = \frac{206{,}5}{100} \approx 2{,}1$$

3. Faire une phrase d'interprétation avec le résultat obtenu.

- Les dépenses de santé courante en Grèce ont diminué de 19,8 % entre 2011 et 2019.
- Les dépenses de santé courante en France ont augmenté de 17,1 % entre 2011 et 2019.
- Les dépenses de santé courante en Roumanie ont été multipliées par 2,1 entre 2011 et 2019.

Attention aux erreurs d'interprétation

En 2019, l'indice des dépenses de santé en Roumanie est supérieur à l'indice des dépenses de santé en France. Mais cela ne signifie pas que les dépenses de santé sont supérieures en Roumanie par rapport à la France en 2019.

L'indice ne nous indique pas le montant des dépenses de santé, mais l'ampleur de leur variation par rapport à l'année de base. Il indique que les dépenses de santé ont augmenté plus vite entre 2011 et 2019 en Roumanie qu'en France. Mais ces dépenses de santé sont bien plus élevées en France !

Comment calculer et interpréter des indices dans l'espace ?

Les indices peuvent également être utilisés pour comparer des données dans l'espace, par exemple entre différents pays, différents groupes sociaux ou différents produits dont l'un est choisi pour « base ».

EXEMPLE

Par exemple, on peut calculer l'indice des dépenses de santé en Roumanie par rapport aux dépenses de santé en France en 2019 qui constitueront la « base ».

$$\textbf{Indice des dépenses de santé en 2019}_{\text{Roumanie/France}} = \frac{\textbf{Dépenses de santé en 2019 en Roumanie}}{\textbf{Dépenses de santé en 2019 en France}} \times 100 = \frac{12{,}8}{269{,}5} \times 100 = 4{,}7$$

La phrase d'interprétation sera la suivante : l'indice dépenses de santé en Roumanie en 2019 est de 4,7 base 100 pour les dépenses de santé en France en 2019, ce qui signifie que les dépenses de santé en Roumanie en 2019 sont inférieures de 95,3 % à celles observées en France en 2019.

Remarque :

Si l'indice était de 250, la phrase d'interprétation aurait été « les dépenses de santé en Roumanie en 2019 sont 2,5 fois supérieures à celles observées en France en 2019 ».

Si l'indice était de 130, la phrase d'interprétation aurait été « les dépenses de santé en Roumanie en 2019 sont supérieures de 30 % à celles observées en France en 2019 ».

- Un **indice supérieur à 100** signifie que la donnée comparée est supérieure à la donnée choisie comme base.
- Un **indice inférieur à 100** signifie que la donnée comparée est inférieure à la donnée choisie comme base.

REPÈRE

Des indices simples aux indices synthétiques

L'indice boursier appelé « CAC 40 » est calculé à partir du cours des actions de quarante entreprises. Cet indice est dit « synthétique » car il est obtenu en pondérant le cours de chaque action par son poids dans la capitalisation boursière du CAC 40 (la valeur totale de toutes les actions des entreprises du CAC 40). Par exemple, si l'action LVMH pèse pour environ 15 % de cette capitalisation boursière et que son cours augmente de 1 %, alors que les cours des actions des autres entreprises restent identiques, cela entraînera une hausse de l'indice CAC 40 de $(0{,}15 \times 0{,}01) = 0{,}0015 = 0{,}15 / 100 = 0{,}15$ point.

À RETENIR

CALCULER

Indice en A base 100 en B :

$$\textbf{Indice}_{A/B} = \frac{\textbf{Valeur en A}}{\textbf{Valeur en B (base)}} \times 100$$

Une donnée en indice n'a **pas d'unité**.

INTERPRÉTER

- Faire une phrase du type : L'indice en [A] est de [valeur de l'indice], base 100 en [B].
- Puis transformer l'indice en **coefficient multiplicateur** (si la valeur en A est plus du double de la valeur en B, la base) ou en **taux de variation** (dans tous les autres cas), et faire une phrase avec le résultat obtenu.

ERREUR À ÉVITER

Un indice qui mesure la variation d'une variable au cours du temps n'indique pas la valeur de cette variable, mais seulement l'ampleur de la variation par rapport à la date choisie pour référence.

DISTINGUER CORRÉLATION ET CAUSALITÉ

Applications
→ Chapitre 4, document 4 p. 89
→ Chapitre 5, exercice 1 p. 125
→ Chapitre 6, activité 1 p. 146
→ Chapitre 8, exercice 1 p. 199
→ Chapitre 10, document 2 p. 236
→ Chapitre 10, exercice 2 p. 245

En 2018, le site Magicmaman titrait un article en ligne « Quel prénom donner à son enfant pour viser la mention très bien au bac ?» relatant les résultats d'une étude montrant que certains prénoms obtenaient plus de mention au bac. Ce type de constat entre prénom et mention au bac s'appelle une corrélation, mais elle ne dit en rien que porter un certain prénom augmente les capacités scolaires !

Qu'est-ce qu'une corrélation ?

Une **corrélation** est un constat statistique que deux variables évoluent dans le même sens (corrélation positive) ou en sens inverse (corrélation négative). Quand les évolutions des deux variables paraissent indépendantes l'une de l'autre, il n'y a pas de corrélation.

Imaginons que des économistes cherchent à comparer, pour une centaine de pays, la proportion d'utilisateurs d'Internet et le nombre de calories ingérées par personne et par jour. Voici les trois cas de figure possibles pour les résultats (chaque point représente un pays).

EXEMPLE

Cas 1 : Les deux variables évoluent dans le même sens.

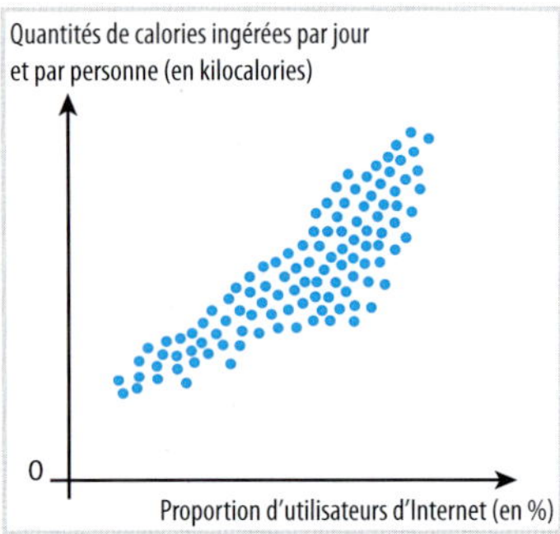

Dans les pays où la proportion d'utilisateurs d'Internet est plus grande, la population ingère plus de calories. ➔ Il s'agit d'une **corrélation positive.**

Cas 2 : Les deux variables évoluent en sens inverse.

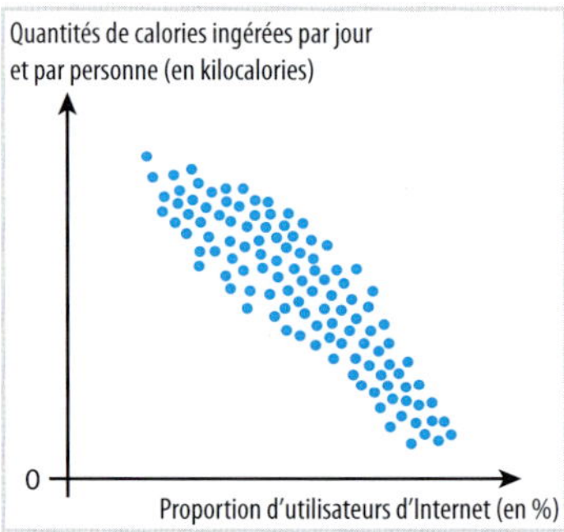

Dans les pays où la proportion d'utilisateurs d'Internet est plus grande, la population ingère moins de calories. ➔ Il s'agit d'une **corrélation négative**.

Cas 3 : Les deux variables évoluent indépendamment l'une de l'autre.

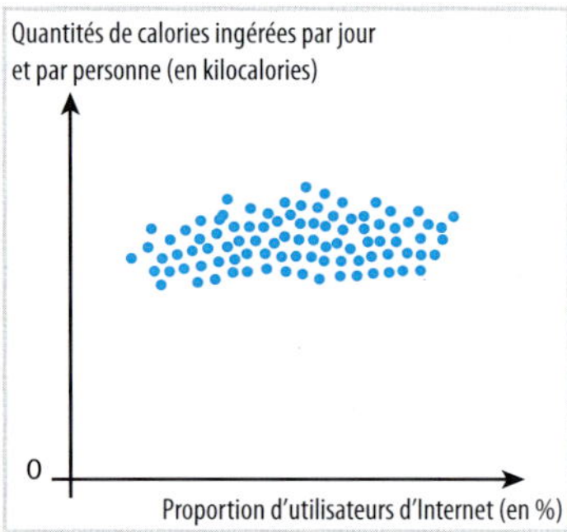

Dans les pays où la proportion d'utilisateurs d'Internet est plus grande, la population ingère parfois plus, parfois moins de calories. ➔ Il n'y a **pas de corrélation**.

De la corrélation à la causalité

Voici les résultats trouvés à partir de l'application en ligne *Gapminder World*. Chaque pays est figuré par un point, dont la taille est proportionnelle à sa population. https://www.gapminder.org/world/

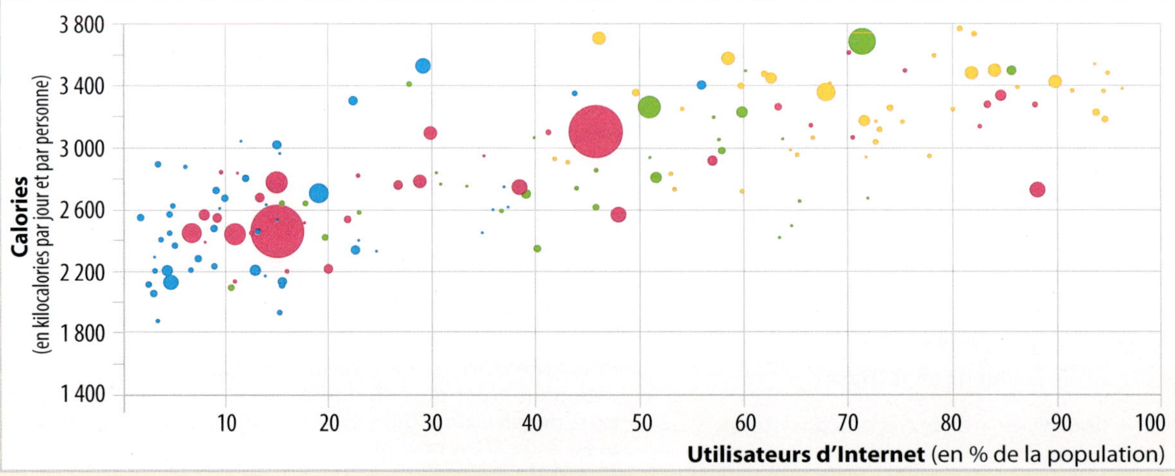

➔ Ici, il y a une corrélation et elle est positive : dans les pays où la proportion d'utilisateurs d'Internet est plus grande, la population ingère plus de calories.

Pour dégager une **causalité** entre ces deux phénomènes mesurés par les variables A (proportion d'utilisateurs d'Internet) et B (quantité de calories ingérées par jour et par personne), vous devez élaborer une relation de cause à effet sous la forme d'une déduction : A entraîne B ou B entraîne A.

➔ Ici, iriez-vous imaginer qu'utiliser Internet développe l'appétit ?

➔ Ou que manger plus calorique incite à se connecter à Internet ?

Cet exemple montre qu'**une corrélation n'implique pas nécessairement de lien de causalité entre deux variables A et B.**

Une des raisons peut être qu'il existe une troisième variable C qui explique la corrélation trouvée entre A et B. Ici, c'est le niveau de vie du pays : avec un revenu par habitant relativement élevé, il est plus facile de se nourrir et d'avoir accès à Internet !

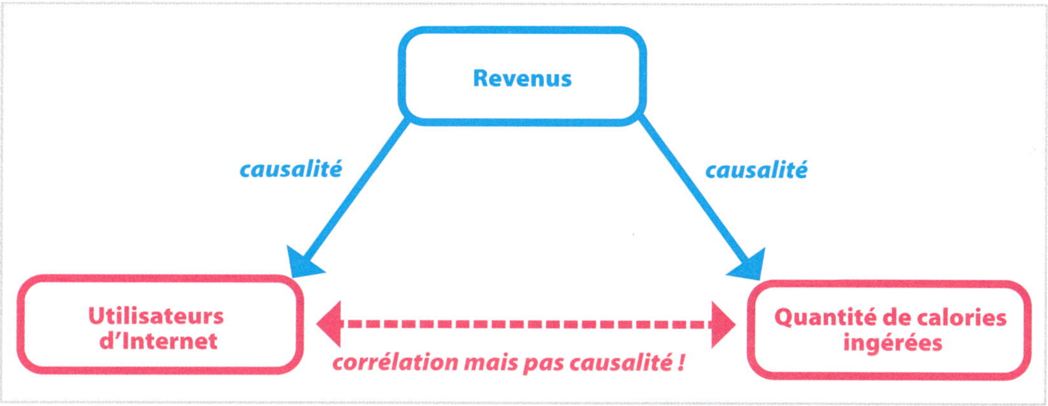

Conclusion

Une corrélation n'est donc qu'un indice d'une causalité possible entre deux variables, mais **un indice à considérer avec précaution**, en retirant l'influence de variables cachées.

➔ Ici, en ne prenant que les habitants d'un même pays, avec des revenus homogènes, il n'y a plus de corrélation entre la proportion d'utilisateurs d'Internet et le nombre de calories ingérées par personne et par jour !

Une corrélation peut aussi être le simple fruit du hasard. Vous pouvez vous amuser à générer des corrélations absurdes, sans liens de causalité, avec cette animation : https://goo.gl/vP66tD.

➔ Par exemple, depuis vingt ans, il y a une excellente corrélation positive entre deux variables qui baissent régulièrement : les ventes de cigarettes et le nombre d'homicides en France !

À RETENIR

- Une **corrélation** est un lien statistique entre deux variables.
- Une corrélation peut être **positive** ou **négative**.
- Pour dégager une **causalité**, il faut élaborer une **relation de cause à effet** sous la forme d'une déduction : A entraîne B.
- **Une corrélation n'est pas toujours synonyme de causalité** : une **variable cachée** peut expliquer le lien statistique ou la corrélation peut être un simple hasard.

FICHE OUTIL 5 LIRE ET INTERPRÉTER UNE MOYENNE ET UNE MÉDIANE

Applications
→ Chapitre 9, exercice 1 p. 221
→ Chapitre 10, document 4 p. 237
→ Chapitre 12, exercice 1 p. 291

La moyenne et la médiane sont les deux valeurs centrales les plus utilisées pour résumer simplement une série statistique.

Fiche animée
hachette-clic.fr/23ses1245

Qu'est-ce qu'une moyenne et comment la calculer ?

La moyenne permet de connaître ce que serait la valeur de chaque donnée si ces données étaient toutes identiques. Par exemple, le salaire moyen permet de se représenter ce que chaque salarié percevrait si tous les salariés percevaient le même salaire.

- Pour calculer une **moyenne simple**, il faut additionner toutes les valeurs d'une série statistique, puis diviser le total par le nombre de valeurs additionnées.

$$\text{Moyenne simple} = \frac{\text{Somme de toutes les valeurs}}{\text{Nombre de valeurs}}$$

EXEMPLE

Dans une classe, lors d'un devoir de SES, 11 élèves ont obtenu les notes sur 20 suivantes : 18 ; 14 ; 6 ; 12 ; 10 ; 14 ; 9 ; 9 ; 6 ; 14 ; 17

$$\text{Moyenne simple} = \frac{18 + 14 + 6 + 12 + 10 + 14 + 9 + 9 + 6 + 14 + 17}{11} = \frac{129}{11} \approx 11{,}7$$

La moyenne des notes obtenues par les 11 élèves de la classe au devoir de SES est de 11,7 sur 20.

- Pour calculer une **moyenne pondérée**, il faut additionner toutes les valeurs d'une série statistique, mais en les multipliant par un coefficient qui reflète leur poids dans la moyenne recherchée, puis diviser le total par la somme des coefficients.

$$\text{Moyenne pondérée} = \frac{\text{Somme de toutes les valeurs, chacune étant multipliée par un coefficient}}{\text{Somme des coefficients}}$$

Qu'est-ce qu'une médiane et comment la calculer ?

Lorsque les valeurs d'une série statistique sont ordonnées par ordre croissant (ou décroissant), la médiane est la valeur qui sépare la série en deux parties d'effectif égal. Il y a donc autant de valeurs supérieures à la médiane que de valeurs inférieures.

EXEMPLE

Dans la classe, les valeurs de la note des 11 élèves au devoir de SES peuvent être ordonnées par ordre croissant : 6 ; 6 ; 9 ; 9 ; 10 ; 12 ; 14 ; 14 ; 14 ; 17 ; 18

La **médiane** est de 12 car il y a autant d'élèves dont la note est inférieure que d'élèves dont la note est supérieure.

Comment interpréter moyenne et médiane ?

EXEMPLE

Étudions le niveau des individus en France en 2019

Niveau de vie individuel annuel en 2019			
En euros	Ensemble	Hommes	Femmes
Niveau de vie moyen	25 190	25 610	24 790
Niveau de vie médian	22 040	22 380	21 730

Source : insee.

En 2019, le **niveau de vie** annuel s'élevait **en moyenne** à 25 190 euros. En faisant l'hypothèse que la somme des revenus versés serait identique, cela signifie que si tous les individus avaient le même niveau de vie annuel, celui-ci serait de 25 190 euros, en faisant l'hypothèse que la somme des revenus versés ne change pas.

Le **niveau de vie** annuel **médian** s'élevait en 2019 à 22 040 euros. Cela signifie que 50 % des individus avaient un niveau de vie annuel supérieur à 22 040 euros et que 50 % des individus avaient un niveau de vie annuel inférieur à 22 040 euros.

Quel est l'intérêt respectif de la moyenne et de la médiane ?

La moyenne est intéressante pour comparer la situation de deux populations statistiques. Par exemple, en 2019, le niveau de vie moyen des hommes était de 25 610 euros et celui des femmes de 24 790 euros, ce qui montre une inégalité de niveau de vie entre femmes et hommes.
En revanche, **la moyenne donne une moins bonne représentation des niveaux de vie au sein de la population que la médiane.**

EXEMPLE

Observons comment sont distribués les niveaux de vie en France, en classant les individus par ordre croissant de niveau de vie annuels, des plus faibles (les 10 % des individus les plus pauvres avaient un niveau de vie annuel inférieur à 11 660 euros) aux plus élevés (les 10 % des individus les plus riches avaient un niveau de vie annuel supérieur à 39 930 euros).

Niveau de vie annuel en France en 2019 (en euros)

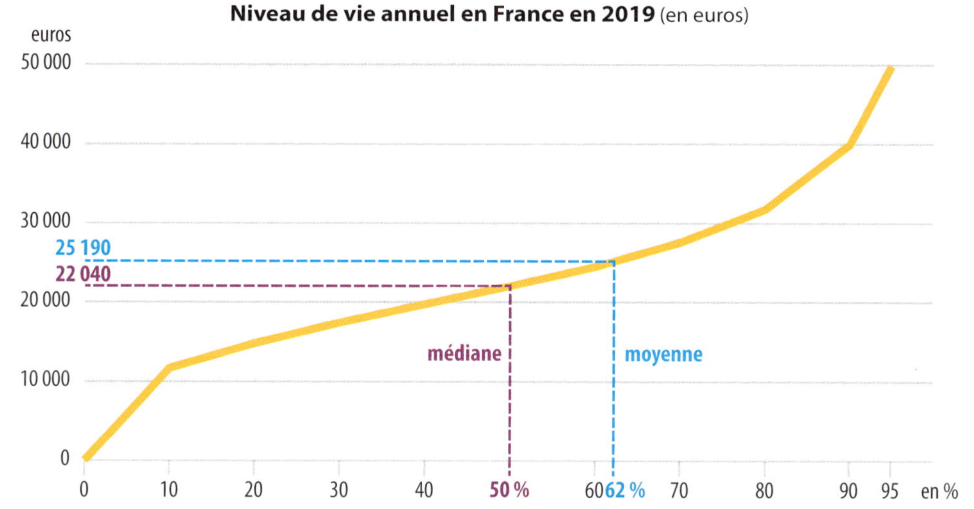

Entre 60 % et 70 % des individus ont un niveau de vie annuel inférieur au niveau de vie annuel moyen, c'est-à-dire 25 190 euros. En effet, la moyenne est tirée vers le haut par les niveaux de vie élevés de quelques uns alors qu'ils sont peu nombreux.
Le niveau de vie moyen permet de se représenter ce que chaque individu percevrait si tous les individus avaient le même niveau de vie. Mais il ne reflète pas la situation de la majeure partie des individus. La médiane est bien plus significative, car les valeurs extrêmes qui font baisser ou augmenter artificiellement la moyenne n'ont pas d'effet sur elle. Imaginez que les individus à très hauts niveaux de vie décident de quitter la France : le niveau de vie annuel moyen changerait, le niveau de vie annuel médian très peu, voire pas du tout !

À RETENIR

CONTEXTUALISER

$$\text{Moyenne} = \frac{\text{Somme des valeurs}}{\text{Nombre de données}}$$

Médiane : Après avoir rangé les valeurs par ordre croissant (ou décroissant), la médiane est la donnée qui sépare la population en deux parties d'effectif égal.

INTERPRÉTER

- La moyenne est la valeur qu'aurait chaque donnée d'une série statistique si toutes les données de cette série étaient identiques. Par exemple, la note moyenne à un devoir est celle que chacun aurait si tous avaient la même note.
- 50 % des individus au sein de la population présentent une valeur inférieure à la médiane pour la caractéristique étudiée, et 50 % une valeur supérieure. Par exemple : la moitié des élèves de la classe a une note inférieure à la médiane, et l'autre moitié une note supérieure.

ANALYSER

La moyenne permet de résumer facilement les valeurs d'une série de données pour une population donnée. Mais la médiane est un indicateur plus représentatif.

FICHE OUTIL 6 LIRE ET ANALYSER UN TABLEAU STATISTIQUE

Applications
→ Chapitre 2, exercice 2 p. 53
→ Chapitre 7, exercice 2 p. 175

Fiche animée
hachette-clic.fr/23ses1246

En SES, les tableaux permettent d'organiser de manière claire les données statistiques sur une population et de traiter celles-ci efficacement. Comment lire ces tableaux pour en retirer les informations pertinentes ?

Comment repérer les informations essentielles dans un tableau ?

EXEMPLE

titre — date

Répartition des députés des différents partis représentés à l'Assemblée nationale en 2022 selon leurs catégories socioprofessionnelles

unité →

(en %)	LFI	Renaissance	LR	RN	Ensemble
Agriculteurs exploitants	0	1	3	2	2
Artisans, commerçants, chefs d'entreprise	3	15	8	6	8
Cadres et professions intellectuelles supérieures	58	70	64	56	68
Professions intermédiaires	12	4	5	13	8
Employés	16	1	3	6	5
Ouvriers	3	0	2	3	1
Autres	8	9	15	14	8
Ensemble	100	100	100	100	100

Champ : députés élus en 2022. ← champ

Source : site de l'Assemblée nationale, calculs de l'auteur. ← source

Contextualiser les données

- **LE TITRE** indique de quel phénomène traitent les données
  → Répartition des députés des différents partis représentés à l'Assemblée nationale en 2022 selon leur catégorie socioprofessionnelle
- **LA SOURCE** indique d'où proviennent les données.
  → Site de l'Assemblée nationale.
- **LE CHAMP** indique la population statistique étudiée
  → Députés élus en 2022.
- **LA DATE** ou **PERIODE** de recueil des données → 2022.

Interpréter les données

- Les **UNITES** indiquent si les données du tableau sont des valeurs absolues (des centaines, des milliers, etc.) ou des valeurs relatives (souvent en %). Les unités se trouvent soit dans le titre du tableau, soit en haut à gauche, soit dans l'intitulé des lignes ou des colonnes. → Ce sont des pourcentages (%).
- Le **CARACTERE EN COLONNES** indique l'une des deux caractéristiques selon lesquelles les données sont étudiées. → Ici, le caractère en colonnes est le parti politique du député. Il se divise en plusieurs modalités : LFI, Renaissance, LR, RN.
  Remarque : la colonne « Ensemble » regroupent les députés de tous les partis, y compris d'autres partis que les quatre indiqués.
- Le **CARACTERE EN LIGNES** indique l'une des deux caractéristiques selon lesquelles les données sont étudiées. → Ici, le caractère en lignes est la catégorie socioprofessionnelle des députés.

Lorsque les valeurs du tableau sont étudiées à partir de **deux** caractères, on parle de tableau à **double** entrée.

Comment interpréter une donnée d'un tableau ?

Avant d'analyser le tableau, il est important de vérifier que vous êtes capable de faire une phrase d'interprétation avec chaque donnée. Pour une donnée particulière, la phrase doit reprendre au minimum les éléments suivants (exemple avec la donnée 56 % dans la première colonne) :

- la valeur indiquée et son unité → 56 %
- la modalité du caractère en ligne → Cadres et professions intellectuelles supérieures
- la modalité du caractère en colonne → RN
- le champ → Députés élus en 2022.
- la date → 2022
- le lieu → France
- la source → Site de l'Assemblée nationale.

→ Si les données sont des **valeurs absolues** (en milliers, millions, milliards, etc.), pensez à les convertir quand vous les interprétez. Par exemple, pour une donnée exprimée en milliers dans un tableau, pensez à ajouter trois 0.

→ Si les données sont des **valeurs relatives** en %, demandez-vous si ce sont des **proportions** (>Fiche outil n°1) ou des **taux de variation** (> Fiche outil n°2). Ici, les données concernent une seule date (2022) et on trouve dans le tableau un total de 100 %. Pas de doute, ce sont des proportions.

S'il s'agit de proportions, quel est **l'ensemble** auquel elles se rapportent. → Ici, l'ensemble (100 %) placé dans la dernière ligne indique le sens de lecture du tableau : l'ensemble inclut tous les députés du même parti. Si l'ensemble n'est pas indiqué, il faut additionner les données en ligne ou en colonne pour rechercher un total de 100 % : c'est là que se situe l'ensemble.

S'il s'agit de proportions, quelle est la **partie** ? → La partie se trouve au croisement de la ligne « Cadres et professions intellectuelles » et de la colonne « RN ». Elle est donc composée des députés RN étant membres de la catégorie : « cadres et professions intellectuelles supérieures ».

Utilisez l'ensemble des points précédents pour construire votre phrase d'interprétation : **Selon le site de l'Assemblée nationale, en France, 56 % des députés RN élus en 2022 sont membres de la catégorie socioprofessionnelle « cadres et professions intellectuelles supérieures ».**

Les phrases suivantes sont erronées :

56 % des députés membres de la catégorie « cadres et professions intellectuelles supérieures » ont été élus sous l'étiquette RN. → Erreur sur l'ensemble de référence. Cette phrase serait juste si le 100 % se trouvait dans la dernière colonne, mais ce n'est pas le cas.

56 % des militants RN sont membres de la catégorie « cadres et professions intellectuelles supérieures. → Erreur sur le champ/la population qui ne concerne que les députés RN et pas tous les militants RN.

Comment analyser les données du tableau ?

1. Dégagez les informations générales à partir de la modalité la plus générale (« Ensemble » ou « Total »). → Quel que soit le parti, plus de la moitié des députés sont issus de la catégorie socioprofessionnelle « cadres et professions intellectuelles supérieures ».
2. Repérez d'éventuelles valeurs extrêmes (donnée la plus élevée et donnée la plus faible) et cherchez des liens logiques entre ces données et les modalités qui leur correspondent. → Parmi les députés « Renaissance », 70 % sont issus la catégorie socioprofessionnelle « cadres et professions intellectuelles supérieures » alors que seuls 1 % d'entre eux sont ouvriers ou employés.
3. Comparez la répartition de la colonne « Ensemble » à celle des autres colonnes (partis) : observez-vous des différences significatives ? → Alors que seuls 5 % des députés sont employés, c'est le cas de 16 % des députés LFI, ce qui est supérieur de 11 points : les employés sont donc surreprésentés parmi les députés LFI. À l'inverse, seuls 3 % des députés LR sont employés, ce qui est inférieur de 2 points par rapport à ce qui est observé pour l'ensemble des députés : les employés sont donc sousreprésentés parmi les députés LR.

À RETENIR

CONTEXTUALISER

- Titre du tableau
- Source
- Date
- Champ

INTERPRÉTER

- Interpréter les données avec trois informations essentielles : **unités, caractère en ligne, caractère en colonne**.
- Attention aux unités :
  → Si ce sont des valeurs absolues, penser à convertir les données du tableau (en ajoutant trois 0 si ce sont des milliers par exemple).
  → Si ce sont des valeurs relatives (en %), se demander si ce sont des proportions ou des taux de variation.

ANALYSER

- Aller du général (ligne ou colonne « Ensemble » ou « Total ») au particulier (influence des autres modalités).
- Repérer les valeurs extrêmes.
- Comparer les données d'une ligne (ou d'une colonne) à la ligne (ou colonne) « Ensemble ».

FICHE OUTIL 7 LIRE ET ANALYSER UN GRAPHIQUE DE RÉPARTITION

Applications
→ Chapitre 3, exercice 2 p. 77
→ Chapitre 6, exercice 2 p. 151
→ Chapitre 9, exercice 2 p. 221
→ Chapitre 12, exercice 2 p. 291

Un graphique permet de représenter visuellement les données statistiques d'un tableau. Selon la nature des données étudiées, on choisit des graphiques de types différents pour les représenter : **diagrammes circulaires** ou **en barres**.

Comment choisir la bonne représentation graphique ?

Répartition des élèves de terminale à la rentrée 2021 selon la combinaison de spécialités

En %	Filles	Garçons	Ensemble
Mathématiques / Physique-chimie	10,6	25,7	17,2
SES / HGGSP	16,2	14,5	15,5
Physique-Chimie / SVT	14,8	9,8	12,6
SES / Mathématiques	5,7	8,1	6,7
SES / LLCE	8,3	4,1	6,5
Mathématiques / SVT	5,8	5,5	5,7
Autres	38,6	32,3	35,8
Total	100	100	100

Champ : élèves de terminale générale à la rentrée 2021.
Ministère de l'éducation nationale, 2022.

- Pour représenter la répartition d'**une seule population statistique**, le **diagramme circulaire** est le plus approprié.

EXEMPLE

On veut représenter la répartition des élèves de terminale selon les combinaisons de spécialités.

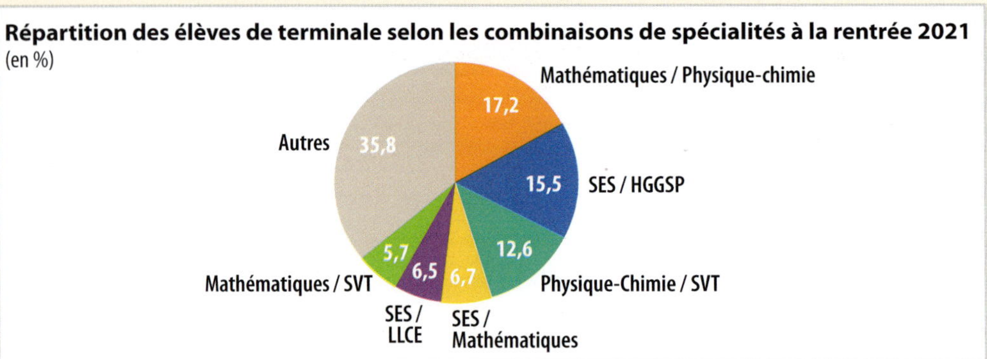

- Pour comparer la répartition d'**au moins deux populations statistiques**, le **diagramme en barres** est le plus approprié car il permet de juxtaposer plusieurs répartitions (dates ou ensembles différents, par exemple)

EXEMPLE

On veut représenter sur un même graphique la répartition des filles et des garçons dans les combinaisons de spécialités.

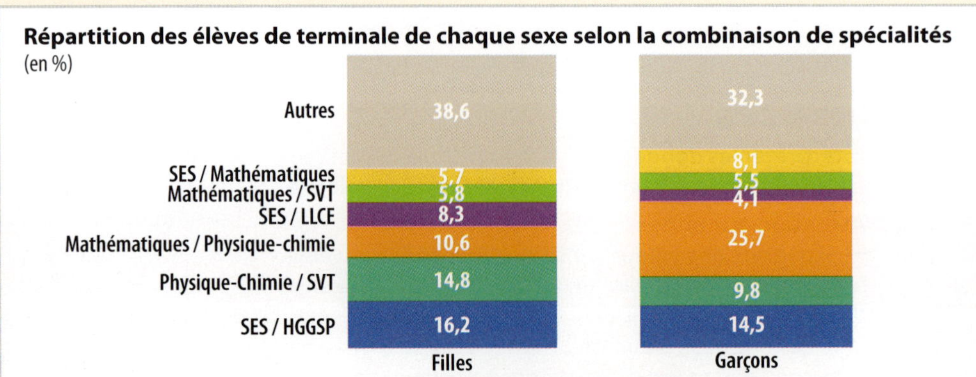

Comment lire un graphique de répartition ?

Contextualiser les données

- **LE TITRE** indique de quel phénomène traitent les données.
  → Répartition des élèves de terminale de chaque sexe selon la combinaison de spécialités.
- **LA SOURCE** indique d'où proviennent les données.
  → Ministère de l'Éducation nationale.
- **LE CHAMP** indique la population statistique étudiée.
  → Élèves de terminale générale.
- **LA DATE** ou **PERIODE**
  → Rentrée 2021.

Interpréter les données

- **LES UNITES**
  → Ce sont des pourcentages (%).
- **L'ENSEMBLE** : le diagramme circulaire est un diagramme de répartition en %, donc il faut se demander quel est l'ensemble auquel se rapportent les différentes parties.
  → Ici, il s'agit des élèves de terminale générale à la rentrée 2021.
- **L'INTITULE DES PARTIES** indique les critères à partir desquels est effectuée la répartition.
  → Ici, il s'agit des élèves de terminale générale dans les différentes combinaisons de spécialités.
- **FORMULER UNE PHRASE AVEC UNE DONNEE** pour vérifier le sens de lecture.

  – Diagramme circulaire → À la rentrée 2021, 17,2 % des élèves de terminale générale avaient choisi la combinaison : Mathématiques / Physique-Chimie.

  – Diagramme en barres → À la rentrée 2021, 16,2 % des filles en terminale générale avaient choisi la combinaison SES / HGGSP.

Analyser et hiérarchiser les données pour retenir l'essentiel

- Dans un diagramme circulaire, il faut **interpréter les parts** en partant des plus importantes.
  → La moitié des élèves de terminale générale à la rentrée 2021 se répartissent dans 4 combinaisons : Mathématiques / Physique-Chimie, SES / HGGSP, Physique-Chimie / SVT et SES / Mathématiques.
- Dans un diagramme en barres empilées, il faut **comparer les deux répartitions** en repérant les proportions qui diffèrent le plus.
  → Le poids de la combinaison Mathématiques / Physique-Chimie est plus important chez les garçons (25,7 %) que chez les filles (10,6 %). En revanche, le poids de la combinaison SES / LLCE est plus important chez les filles (8,3 %) que chez les garçons (4,1 %).

À RETENIR

CONTEXTUALISER
- Titre du graphique
- Source
- Date
- Champ

INTERPRÉTER

Les données sont interprétées à partir de trois informations essentielles : **unités**, **ensemble**, **parties**.

ANALYSER

Il faut analyser les données en les hiérarchisant :
- dans un **diagramme circulaire**, on part des plus grandes proportions ;
- dans un **diagramme en barres**, on repère les proportions qui diffèrent.

FICHE OUTIL 8 LIRE ET ANALYSER UN GRAPHIQUE CHRONOLOGIQUE

Applications
→ Chapitre 1, exercice 2 p. 29
→ Chapitre 4, document 4 p. 92
→ Chapitre 5, document 3 p. 119
→ Chapitre 5, exercice 2 p. 125
→ Chapitre 8, exercice 2 p. 199
→ Chapitre 10, exercice p. 245
→ Chapitre 11, exercice 2 p. 269

Les graphiques chronologiques permettent de représenter l'**évolution d'une variable** au cours du temps. Comment les interpréter ?

Comment lire un graphique chronologique ?

EXEMPLE

Exemple de facture annuelle TTC de fourniture de gaz naturel au tarif réglementé

En € courants, client consommant 14 MWh/an

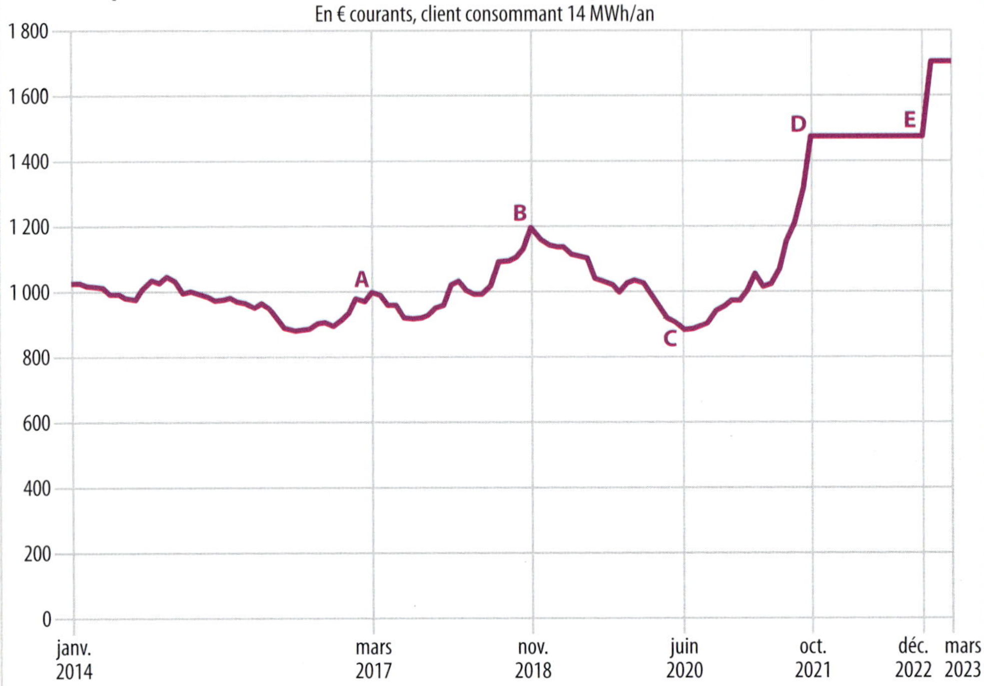

Source : Site « gaz-tarif-reglemente.fr ». Groupe engie.

Contextualiser les données

- **LE TITRE** indique le sujet du diagramme
  → Exemple de facture annuelle TTC de fourniture de gaz naturel au tarif réglementé.
- **LA SOURCE** indique d'où proviennent les données.
  → Site d'Engie. C'est une grande entreprise du secteur de l'énergie, qui est notamment fournisseur de gaz naturel en France.

Interpréter les données

- **LES UNITÉS**
  → Ce sont des euros pour une consommation annuelle de 14 000 MWh.
- **L'AXE DES ORDONNÉES** indique les valeurs prises par la variable aux différentes dates.
  → Ici, c'est la facture annuelle TTC pour ces 14 MWh au tarif réglementé.

Le diagramme représente l'évolution d'un exemple de facture annuelle TTC de fourniture de gaz naturel au tarif réglementé, d'Engie. L'axe des ordonnées présente le montant de cette facture annuelle TTC et l'axe des abscisses présente les dates. Chaque point de la courbe présente donc le montant de la facture annuelle de fourniture de gaz.

- **L'AXE DES ABSCISSES** indique les différentes dates.
  → Ici, les valeurs sont données tous les deux mois entre janvier 2014 et mars 2023.

→ **POUR LIRE UNE DONNEE**, prendre un point de la courbe et reporter ce point sur l'axe des abscisses et l'axe des ordonnées. Par exemple, pour le point C, on voit qu'en novembre 2018 (axe des abscisses), le prix des tarifs réglementés du gaz naturel pour une consommation annuelle de 14 000 kwh était d'environ 1 200 euros (axe des ordonnées).

Comment analyser un graphique chronologique ?

• Donner la **tendance générale** en indiquant comment la variable a évolué entre les deux dates les plus éloignées.

→ Ici, l'on voit que la tendance générale est à la hausse puisque le prix des tarifs réglementés du gaz naturel est passé de 1 000 euros en janvier 2014 à près de 1 700 euros en mars 2023.

• Déterminer les **points de rupture** quand :

– la courbe était croissante ou décroissante et se met à stagner (et réciproquement) ;

– la courbé était croissante et devient décroissante (et réciproquement) ;

– la courbe avait une pente forte et qu'elle devient plus faible (et réciproquement).

→ Dans ce graphique, les points de rupture sont A, B, C, D, E.

• **Périodiser**, c'est-à-dire déterminer plusieurs périodes significatives chaque fois situées entre deux points de rupture.

→ Dans ce graphique, 6 grandes périodes peuvent être repérées :

– Entre janvier 2014 et mars 2017 (point A), le montant de la facture annuelle de gaz connaît de faibles fluctuations et a tendance à stagner autour de 1 000 euros.

– Entre mars 2017 (point A) et novembre 2018 (point B), le montant de la facture annuelle de gaz augmente passant de 1 000 euros à 1 200 euros.

– Entre novembre 2018 (point B) et juin 2020 (point C), le montant de la facture annuelle de gaz diminue de 300 euros environ passant de 1 200 euros à 900 euros environ.

– Entre juin 2020 (point C) et octobre 2021 (point D), le montant de la facture annuelle de gaz augmente de 600 euros passant de 900 euros à près de 1 500 euros.

– Entre octobre 2021 (point D) et décembre 2022 (point E), le montant de la facture annuelle de gaz reste stable en raison du bouclier tarifaire adopté par le gouvernement.

– Entre décembre 2022 (point E) et mars 2023, la facture annuelle de gaz augmente, passant de près de 1 500 euros à plus de 1 700 euros.

Il ne s'agit pas de décrire chaque mouvement de la courbe à la hausse ou à la baisse. Il faut repérer les grandes tendances. On détermine en général entre 2 et 6 périodes, pas plus.

→ Par exemple, entre A et B, le montant de la facture annuelle de gaz alterne périodes de diminution et d'augmentation. Mais comme ces augmentations et diminutions se compensent et ne modifient pas significativement la tendance globale sur cette période, ces fluctuations peuvent être négligées.

Coup de pouce

Placez votre règle entre deux points de la courbe pour repérer les grandes tendances et les points de rupture entre ces tendances. Cela vous aidera à laisser de côté les fluctuations les moins importantes pour ne retenir que les principales.

À RETENIR

CONTEXTUALISER

• Titre du graphique
• Source

INTERPRÉTER

• Les données sont interprétées à partir de trois informations essentielles : **unités, axe des ordonnées, axe des abscisses**. L'axe des abscisses donne toujours les dates ou périodes.

ANALYSER

• Repérer d'abord la tendance générale.
• Périodiser le graphique, c'est-à-dire le découper en périodes en trouvant les points de rupture.

FICHE OUTIL 9 LIRE ET INTERPRÉTER UNE VALEUR NOMINALE ET UNE VALEUR RÉELLE

Application
→ Chapitre 4, Activité 1 p. 94
→ Chapitre 4, exercice 2 p. 101

Fiche animée
hachette-clic.fr/23ses1247

Valait-il mieux gagner 1 500 euros en 2022 ou 1 400 euros en 2012 ? La réponse vous semble évidente ? Pourtant elle ne l'est pas.
En effet, les prix sont variables au cours du temps et modifient ce qu'il est possible d'acheter avec un euro (son pouvoir d'achat). Et il en est de même de toutes les grandeurs évaluées en monnaie ! Pour comparer deux variables exprimées en monnaie au cours du temps, il faut donc distinguer leur **valeur nominale** de leur **valeur réelle** qui corrige l'effet de la variation des prix.

L'évolution du pouvoir d'achat de l'euro

Chaque année, des prix augmentent, d'autres baissent. L'INSEE (Institut national des statistiques et des études économiques) recueille des informations sur ces prix. Imaginons un panier de biens et de services représentatif de la consommation moyenne des ménages en France qui aurait une valeur de 100 € en 2022. Avec ces données, il est possible de montrer que l'évolution du prix de ce panier au cours du temps.

Il coûtait 90 € en 2012 – 1 € de 2022 a le même pouvoir d'achat que 0,90 € de 2012 – Les 1 500 € en 2022 ont donc le même pouvoir d'achat que 1 500 x 0,90 = 1 350€ de 2012.

Réponse : il vaut donc mieux gagner 1 400 € en 2012 que 1 500 € en 2022 !

EXEMPLE

Recherchez l'évolution du pouvoir d'achat de l'euro avec l'outil interactif mis en ligne par l'INSEE :

INSEE
hachette-clic.fr/23ses1248

→ 1 € de 2022 a le même pouvoir d'achat que 0,70 € de 1999.
→ 1 € de 2022 a le même pouvoir d'achat que 0,16 € de 1973 ... soit qu'un Franc de l'époque !

Il n'est donc pas possible de comparer des variables exprimées en monnaie à deux dates différentes. Il faut pour cela faire un petit calcul pour convertir les **valeurs nominales** (telles qu'elles sont « nommées », mesurées, en euros du moment, ou **euros courants**) en valeurs réelles (exprimées en euro d'une année de référence, ou euros constants).

Des dividendes en valeur nominale aux dividendes en valeur réelle

Versement annuel de dividendes par les sociétés non-financières
(en milliards d'euros)

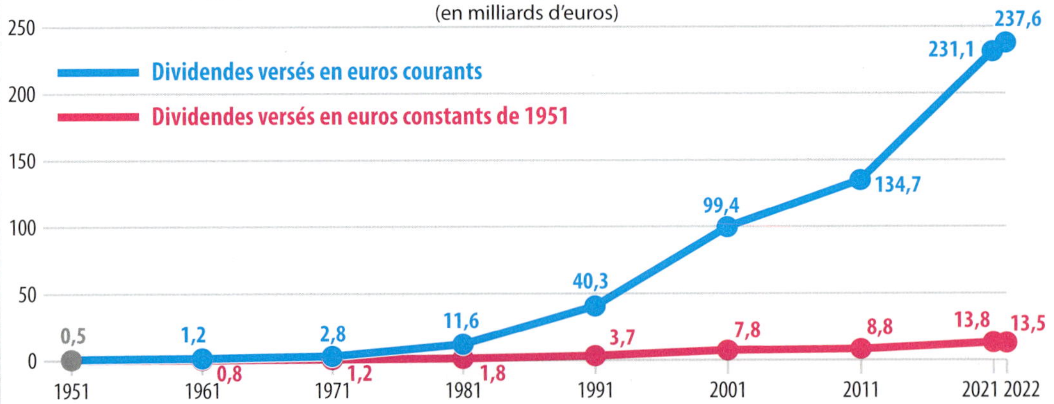

Interprétation :

- En 2022, les dividendes en **valeur nominale** représentaient 237,6 milliards d'**euros courants**.
- Mais les dividendes en **valeur réelle** étaient de 13,5 milliards : cette somme représente les dividendes versés en 2022 exprimés en **euros constants** de 1951, en tenant compte du fait que les prix à la consommation ont augmenté entre 1951 et 2022, et dégradé la valeur de l'euro.
- Bien sûr, il n'y avait pas encore d'euros en circulation en 1951 ! Mais, depuis la création de l'euro en 1999, 1€ vaut environ 6,6 Francs. Et 6,6 Francs de 1951, donc l'équivalent d'1€ à l'époque, ont le même pouvoir d'achat que 17,6€ de 2022 ! Les prix à la consommation ont donc été multipliés par 17,6.

- Pour chaque année, les dividendes en valeur nominale sont donc supérieurs aux dividendes en valeur réelle, car ceux-ci sont obtenus en retirant l'effet de la hausse des prix qui dégrade le pouvoir d'achat de la monnaie. L'écart entre la courbe en bleu et la courbe en rouge montre cette augmentation des prix entre 1951 et 2022.
- Par définition, en 1951, les dividendes en euros courants de 1951 sont égaux aux dividendes en euros constants de cette même année !

→ **Pour connaître les dividendes en valeur réelle, il faut diviser les dividendes en valeur nominale par un indice de prix, c'est-à-dire le « déflater ».**

Du taux d'intérêt nominal au taux d'intérêt réel

Le **taux d'intérêt** représente le coût du crédit pour celui qui emprunte ou le rendement de l'épargne pour celui qui place son argent. Le **taux d'intérêt nominal** est le taux indiqué sur le contrat.

EXEMPLES

- Cas 1 : si un ménage emprunte sur un an 100 € au taux d'intérêt nominal de 2 %, il devra rembourser un an plus tard les 100 € plus 100 x 2/100 = 2 € d'intérêts, soit 102 € au total.
- Cas 2 : si un ménage place sur un an 100 € au taux d'intérêt nominal de 2 %, il détiendra un an plus tard 102 €, dont 2 € d'intérêts.

→ Ce taux d'intérêt n'indique pas le coût réel de l'emprunt, ni le rendement réel d'une épargne. En effet, les intérêts sont des euros payés ou reçus demain. Or, le pouvoir d'achat de la monnaie change au cours du temps avec l'**inflation** : il baisse si les prix augmentent, et augmente si les prix baissent.

→ Il faut donc calculer un **taux d'intérêt réel** pour connaître le coût réel d'un emprunt ou la rémunération réelle d'un placement. Il correspond au taux d'intérêt nominal corrigé des effets de l'inflation. Lorsque le taux d'intérêt nominal et l'inflation sont faibles, il est possible de calculer une approximation du taux d'intérêt réel de la façon suivante :

Taux d'intérêt réel = Taux d'intérêt nominal – Taux d'inflation

Durant l'année, les prix ont augmenté de 4 %. Un an plus tard, il faut 104 euros pour acheter ce qui valait 100 euros ; le taux d'intérêt réel est égal à 2 – 4 = - 2 %.

- Cas 1 : l'emprunt coûte « nominalement » 2 % de la somme empruntée, mais a permis d'acheter tout de suite, donc d'éviter la hausse des prix. → Le coût réel de l'emprunt est négatif... donc il rapporte plus qu'il ne coûte !
- Cas 2 : le placement rapporte « nominalement » 2 % de la somme placée, mais a conduit à reporter dans le temps les achats, qui se font plus tard donc plus cher (le pouvoir d'achat des sommes placées baisse). → La rémunération réelle du placement est négative... donc il rapporte moins qu'il ne coûte !

Comme toute variable portant sur des grandeurs monétaires, les taux d'intérêt nominaux doivent être déflatés, corrigés de l'évolution des prix, pour connaître le coût réel des emprunts ou le rendement réel des placements.

À RETENIR

- Une **valeur nominale** se mesure en monnaie courante, aux prix de l'année en cours.
- Une **valeur réelle** se mesure en monnaie constante, corrigée de la variation des prix par rapport à une année de référence.
- Pour comparer deux variables en unités monétaires à deux dates différentes, il faut calculer leur valeur réelle, en monnaie constante d'une année de référence.
- Pour connaître le **taux d'intérêt réel**, il faut soustraire au **taux d'intérêt nominal** le taux d'inflation.
- **Quelques synonymes**

Données non corrigées de la variation des prix = « Non déflatées »	Données corrigées de la variation des prix = « Déflatées »
Nominales	Réelles
En valeur	En volume
Monnaie courante	Monnaie constante

FICHE MÉTHODE 1

Applications

→ Chapitre 2 Activité 1 p. 46
→ Chapitre 3 Activité 2 p. 71
→ Chapitre 9 Activité 1 p. 216
→ Chapitre 10 Activité 1 p. 240
→ Chapitre 11 Activité 1 p. 264

CONSTRUIRE UNE ARGUMENTATION

Lorsque vous vous exprimez à l'oral comme à l'écrit, vous devez chercher à convaincre en développant des arguments. Pour rendre ces arguments les plus efficaces possible, **A**ffirmer ne suffit pas. Il faut aussi **E**xpliciter cette affirmation et l'**I**llustrer. En clair, il faut appliquer la méthode « AEI ».

Argumenter, c'est développer, à partir de l'**Affirmation** d'une idée, une **Explicitation** et une **Illustration**. → **Méthode AEI** → **Objectif = CONVAINCRE** celui qui va me lire ou m'écouter.

Les trois piliers de la méthode AEI

- **A** — **AFFIRMER une idée** qui répond précisément au sujet.
- **E** — **EXPLICITER l'idée :** détailler l'affirmation par un mécanisme, une définition, expliquer ce qui est affirmé.
- **I** — **ILLUSTRER l'idée explicitée :** donner un ou des exemples en rapport avec l'affirmation et l'explicitation, notamment des statistiques quand c'est possible.

ASTUCE

Pour passer de l'affirmation à l'explicitation, ponctuez votre affirmation d'un « c'est-à-dire que... » ou « en effet... ». En répondant à cette question, vous commencerez à expliciter. Pour passer de l'explicitation à l'exemple, ponctuez votre explicitation d'un « par exemple ».

Application de la méthode AEI

Question : « Comment expliquer les inégalités en matière de lecture ? »

A — Il existe des inégalités en matière de lecture **car** les pratiques de lecture des enfants sont fortement liées à leur milieu social.

*On complète son affirmation d'un **« en effet »**.*

E — **En effet**, les enfants ont des chances plus ou moins fortes de lire régulièrement selon que leurs parents sont des lecteurs réguliers ou au contraire ne lisent jamais. Ainsi, les enfants dont les parents ont fait des études longues voient souvent leurs parents lire et auront tendance à les imiter. Par ailleurs, leurs parents les inciteront davantage à la lecture en leur offrant des livres ou en les emmenant à la bibliothèque.

*On complète son explicitation par des **exemples**.*

I — **Par exemple**, les enquêtes statistiques montrent qu'à 17 ans les enfants dont les parents sont membres de la catégorie « cadres et professions intellectuelles supérieures » lisent deux à quatre fois plus que les enfants d'ouvriers.

Utiliser des connecteurs logiques

Les connecteurs logiques (mots de liaison) donnent de la cohérence à l'argumentation en affichant clairement le lien logique entre les phrases. Voyons ce qu'ils apportent à notre paragraphe sur les inégalités de lecture.

« **En effet** » indique que vous allez reprendre en détaillant ce qui précède.

Le « **car** » dans l'affirmation permet de bien relier l'affirmation avec la question posée.

Le « **ainsi** » indique la **conséquence**.

Il existe des inégalités en matière de lecture car les pratiques de lecture des enfants sont fortement liées à leur milieu social. En effet, les enfants ont des chances plus ou moins fortes de lire régulièrement selon que leurs parents sont des lecteurs réguliers ou au contraire ne lisent jamais. Ainsi, les enfants dont les parents ont fait des études longues voient souvent leurs parents lire et auront tendance à les imiter. Par ailleurs, leurs parents les inciteront davantage à la lecture en leur offrant des livres ou en les emmenant à la bibliothèque. Par exemple, les enquêtes statistiques montrent qu'à 17 ans les enfants dont les parents sont membres de la catégorie « cadres et professions intellectuelles supérieures » lisent deux à quatre fois plus que les enfants d'ouvriers.

Le « **par ailleurs** » exprime la **gradation**. Cela indique que cette phrase va dans le même sens que la précédente.

Le « **par exemple** » indique que vous allez **illustrer** l'explicitation précédente.

Tableau des connecteurs logiques

Nature du lien entre les idées	Exemples de connecteurs logiques
La **succession**	D'abord…, ensuite…, enfin En premier lieu…, en second lieu… **D'une part**…, **d'autre part**…
La **gradation** (vous ajoutez un argument qui va dans le même sens que votre argument précédent et qui accentue encore votre propos)	De plus, de surcroît, **en outre**, puis, également, par ailleurs Non seulement…, mais encore…
L'**opposition** (vous développez un argument qui va dans un sens opposé à votre précédent argument)	Au contraire, a contrario, **en revanche**, en fait Or, à l'inverse, inversement
La **concession** (vous faites une concession sur un point mineur de votre argumentation, mais cela ne remet pas du tout en cause votre développement ; la nuance a des conséquences plus importantes que la simple concession)	S'il est vrai que…, il n'en reste pas moins que **Certes…, mais…** Bien que, quoique Même si, en dépit de, malgré
La **restriction** ou la **nuance** (vous nuancez ce que vous venez de développer)	**Cependant**, néanmoins, pourtant, toutefois, mais
La **causalité** (vous allez énoncer la cause du phénomène que vous venez d'énoncer)	**Car**, parce que, en raison de, du fait que, puisque **En effet**, effectivement
La **conséquence** (vous allez énoncer la conséquence du phénomène que vous venez d'énoncer)	**Donc**, **ainsi**, aussi, c'est pourquoi, si bien que, **dès lors**, d'où **De ce fait**, afin de, dans le but de, par conséquent En conséquence, par suite, c'est dire que
L'**alternative**	Soit…, soit… Ou bien…, ou bien… Ou…, ou…
L'**analogie** (vous faites se succéder deux phrases ou deux paragraphes qui développent des arguments similaires ou proches)	**De même**, ainsi que, comme, parallèlement, simultanément
Le **paradoxe**	**Paradoxalement**, contre toute attente
L'**illustration**	**Par exemple**, ainsi, en effet
La **conclusion**	Pour conclure, en conclusion, en fin de compte, in fine, **finalement**, en définitive, pour en finir

À RETENIR

- Pour **argumenter** de manière convaincante, je ne me contente pas d'**affirmer** quelque chose, je l'**explicite** (je détaille) et l'**illustre** (je donne un ou des exemples).
- **Expliciter** est le plus difficile. Il s'agit de mobiliser ses connaissances de cours (mécanisme(s) précis ou la(les) définition(s) de la(des) notion(s) de l'affirmation) afin de préciser et prouver l'affirmation.
- **L'illustration** doit être la plus précise possible pour ne pas être redondante avec l'explicitation. Il faut que l'exemple renforce encore la compréhension du § (§ = paragraphe).
- Pour donner de la cohérence à mon §, j'utilise des **connecteurs logiques**.
- Il n'y a pas de longueur de § requise, il faut adapter la longueur à ce qui vous est nécessaire pour bien argumenter. C'est variable selon les questions et selon les élèves.
- Un § AEI commence toujours par un **alinéa** (deux carreaux) et est rédigé d'un seul bloc (pas de retour à la ligne à l'intérieur du §).

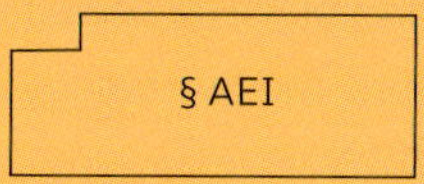

- Un § AEI comporte obligatoirement **une seule affirmation**, chaque nouvelle affirmation fait l'objet d'un nouveau §.

FICHE MÉTHODE 2

Applications

→ Chapitre 1, document 1 p. 20
→ Chapitre 6, document 1 p. 144
→ Chapitre 11, « Le coût de la virilité » p. 268
→ Chapitre 12, document 1 p. 284

PRENDRE DES NOTES

Pour comprendre un cours et garder une trace des connaissances à retenir en vue des révisions pour l'évaluation, il est indispensable de savoir prendre des notes. Cette compétence transversale complexe ne repose pas seulement sur des techniques d'abréviation mais aussi sur des gestes mentaux, comme sélectionner des informations, comprendre et reformuler simultanément.

La prise de notes : une compétence essentielle

Vidéo
hachette-clic.fr/23ses1249

« Prendre des notes », Le Monde Campus, 11 mai 2016.

1:10

Quelques principes

La polyvalence

Prendre des notes efficacement est une activité intellectuelle à haute intensité car cela nécessite de faire plusieurs choses en même temps :
- **être attentif** et **comprendre** ce qu'on écoute ;
- **analyser** et **synthétiser** ces informations pour en tirer l'essentiel ;
- **écrire** ce que l'on a retenu de manière concise et rapide, mais intelligible.

Une technique pour comprendre et mémoriser

Prendre des notes permet de comprendre et mémoriser un discours, tout en fabriquant son propre **outil de révision**.

Synthétiser

Prendre des notes nécessite de **s'attacher aux idées** plutôt qu'aux phrases. Ne faites surtout pas de retranscription mot à mot ! Reformulez, parfois avec des mots plus simples, des abréviations, des petits schémas, etc.

Quelques techniques pour écrire vite

→ Les prises de notes sont personnelles, elles n'ont qu'un destinataire : vous ! Vous pouvez donc laisser libre cours à votre imagination en **créant vos propres expressions**.

→ Écrire de manière lisible en abrégé permet de gagner du temps. L'idée, c'est de s'inventer son **propre dictionnaire d'abréviations**. Peu importe les abréviations que vous choisissez, du moment que vous gardez les mêmes tout au long du cours.

→ Ne pas écrire tous les mots : privilégier les **verbes**, **noms** (vocabulaire spécifique / mots clés) et **adjectifs**.

→ Ne pas écrire les mots en entier : les **abréger**. Pour ce faire, privilégier les consonnes, remplacer la fin des mots en *-ement* par un *t*, ceux en *-sation* par °, etc.

→ Coder les mots récurrents en utilisant des **symboles** (∞ † ✗ ✓ ⚐ ☹ ☺ ® ↗ ↘ → ⇒, etc.), et la **phonétique** comme dans les SMS.

→ Utiliser des mots en langue étrangère à orthographe plus courte, par exemple *only* à la place de *seulement*.

→ Utiliser la couleur, des surligneurs, des petits schémas, des pictogrammes, des encadrés.

→ Privilégier **clarté** et **aération** :
- sauter beaucoup de lignes (à chaque nouvelle idée) ;
- écrire sous forme de listes à l'aide de tirets ou de signes (•, ◆, →) ;
- numéroter les idées ou étapes d'un raisonnement (① ② ③ ④ ⑤, etc.).

→ Barrer (proprement) plutôt que de perdre du temps à effacer une erreur.

→ Ne pas perdre le fil. Si une phrase vous échappe, laissez un blanc pour compléter plus tard car le cours continue.

EXEMPLES

Ce que dit l'enseignant(e) :
Au prix de marché, si la quantité offerte est supérieure à la quantité demandée, alors le prix tend à diminuer. En conséquence, la quantité offerte baisse et la quantité demandée augmente jusqu'à ce que les deux s'égalisent.
Ce que vous notez :
Si Q de O>D ⇒ ↘ P ⇒ ↘ O et ↗ D ⇒ Q de O=D

Ce que dit l'enseignant(e) :
La socialisation est un processus qui se déroule tout au long de la vie. Elle est différenciée selon les groupes sociaux et selon le genre féminin et masculin, d'où des normes et des comportements différents.
Ce que vous notez :
Social° ≠ selon GS et ♀/♂ ⇒ Δ normes et cpt

L'indispensable retour sur sa prise de notes

L'idéal est de **relire ses notes rapidement** après le cours, au maximum 24 heures après les avoir prises, afin :
- de **compléter** ses notes avec des éléments qui vous reviennent en mémoire et que vous n'aviez pas notés, de noter des définitions à l'aide d'un **lexique** ;
- d'ajouter des couleurs, de **souligner** les titres, **surligner** les mots clés pour mettre en valeur les **points importants**.

ASTUCE

Ne recopiez jamais vos notes ! L'objectif est de prendre des notes qui soient directement utilisables et que vous pourrez compléter après coup.

C'est en faisant qu'on apprend

Comme pour apprendre le saut en longueur ou progresser en lancer à 3 points au basket, il faut s'entraîner, répéter les gestes mentaux et se faire confiance pour parvenir à bien prendre des notes, notamment trouver ses réglages (notez ni trop ni trop peu), avoir l'habitude de hiérarchiser, d'abréger, de mettre en valeur les points importants…

Le matériel dont vous aurez besoin

Que choisir : des classeurs, des fiches ou des cahiers ?
- Le classeur permet de rajouter des feuilles, de changer leur ordre, et d'y insérer des documents annexes.
- L'avantage du cahier est qu'on ne perd rien. Ce n'est pas à négliger si vous êtes un peu désordonné(e) ! Si vous utilisez des fiches, pensez à prendre toujours le même format pour les classer correctement.
- N'oubliez pas de prévoir des stylos de couleur et des surligneurs, qui vous permettront de mettre en valeur les points importants dans vos notes. Éviter le crayon à papier.

ABRÉVIATIONS COURANTES ET SYMBOLES UTILES EN SES

	Abrév°
Administrations publiques	APU
Agent économique	AE
Biens et services	B&S
Capital (*Kapital* en allemand), capitaux	K, K^{x}
Chiffre d'affaires	CA
Chômage (*Unemployment* en anglais)	U
Comportement	Cpt
Consommation	C°
Croissance	↺
Demande	D
Économique	Eco^{q}
Emploi	E
Entreprises	Ent.

	Abrév°
Environnement	Env^{t}
Financement	Fi^{t}
Groupes sociaux	GS
Individus	indiv
Inégalités	inég
Investissement	I
Lien social	LS
Main-d'œuvre	Mdo
Marché	$\overline{m}$
Mondialisation	mondial°
Niveau de vie	Ndv
Offre	O
Opinion publique	OP
Politique	pol

	Abrév°
Prélèvements obligatoires	PRO
Production	Prod°
Productivité	Prod^{té}
Profit / Bénéfice	π
Quantité	Q
Revenus	R, Y
Salaire (*Wage* en anglais), salarié	W, W^{é}
Socialisation	Social°
Travail (*Labour* en anglais), travailleur	L, L^{r}
Valeur ajoutée	VA
Million	Mio
Milliard	Mrd

	Symbole
Aucun / pas, absence	∅
Appartient à	∈
Attention, important	⚠
Augmentation, hausse, essor, croissance	↗
Baisse, déclin, diminution	↘
Donc, entraîne, implique	⇒
Égale, correspond, équivaut à	= ≡

	Symbole
Environ	≈
Différent	≠ ≢
Euro, Europe, européen	€
Il existe	∃
Par cœur	♥
Plus ou moins	+/–
Plus grand, supérieur	>

	Symbole
Plus petit, inférieur	<
Par rapport à	/
Somme	Σ
Variation	Δ
Féminin, femme	♀
Masculin, homme	♂

À RETENIR

- Pour bien prendre des notes, il faut :
  - être concentré(e) dans une **écoute active** ;
  - **sauter des lignes**, **abréger** et utiliser **symboles** et **couleurs**.
- Prendre des notes implique de **trier** les informations énoncées et n'écrire que les idées principales en les reformulant.
- Prendre des notes permet de **mémoriser durablement**.

FICHE MÉTHODE 3

Applications

→ Chapitre 5 Activité 1 p. 120
→ Chapitre 6 Activité 1 p. 146

SCHÉMATISER

« Un dessin vaut mieux qu'un long discours ! » Cet adage populaire s'applique parfaitement à l'usage des schémas dans les apprentissages scolaires. Dans certaines situations, pour certaines personnes, un schéma, parce qu'il permet une visualisation rapide et globale, est souvent très efficace pour comprendre, prendre des notes, mémoriser, réviser…

Pourquoi utiliser un schéma ?

Devant un flux important d'informations, le cerveau est incapable de les retenir toutes. Il va nécessairement sélectionner les plus importantes. Schématiser permet de **mieux raisonner, comprendre ou mémoriser** en faisant ressortir sur un support visuel les éléments essentiels. En effet, raisonner, comprendre et mémoriser, c'est être capable de faire des liens entre des informations, or, construire un schéma, c'est représenter ces liens. Dans le cadre de votre travail scolaire, l'utilisation des schémas peut servir à :

- **Prendre des notes ou les remettre en forme.** Un schéma permet d'organiser graphiquement votre prise de notes et de sélectionner l'essentiel.
- **Problématiser un sujet.** Un schéma permet d'analyser un sujet en cherchant à en identifier les enjeux pour ensuite dégager l'enjeu central (la problématique). On peut partir des mots clés autour du sujet et aboutir à une problématique.
- **Réviser un cours**. Un schéma facilite la mémorisation, la compréhension et l'apprentissage au cours de sa réalisation, mais aussi lors de sa relecture. En effet, il clarifie les connaissances à retenir en rendant visible l'organisation des informations essentielles et les liens entre elles.
- **Présenter un exposé oral**. Un schéma peut servir de support à une présentation orale. Il sera alors montré à l'auditoire et l'aspect visuel permettra de capter l'attention de celui-ci.

Comment schématiser ?

Pour schématiser, il faut choisir la **forme d'ensemble pertinente** et adaptée, user de **symboles** (formes des « boîtes ») et de « **connecteurs** » (traits, flèches), et ne pas hésiter à jouer sur les couleurs, les épaisseurs…

Schématiser exige de réduire les connaissances à des **mots clés**. Il faut en effet écrire le moins possible, l'idéal étant de n'écrire qu'un seul mot par « boîte » et d'**ordonner** et **relier** les boîtes, donc les mots clés, **de façon logique** en respectant l'ordre du raisonnement, ou en allant du général au particulier.

Quels sont les différents schémas d'implication ?

Linéaire

Circulaire

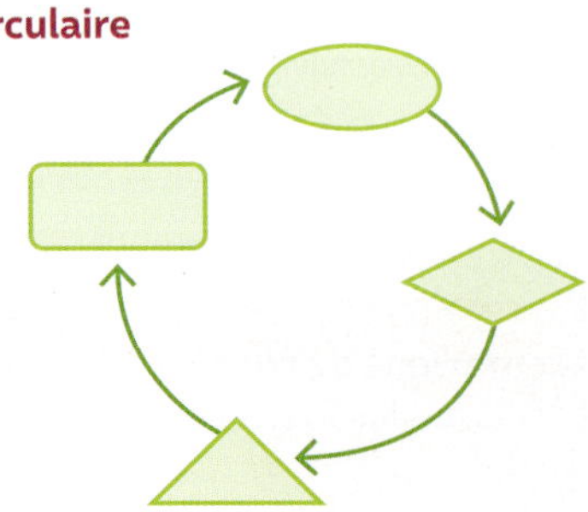

Descendant

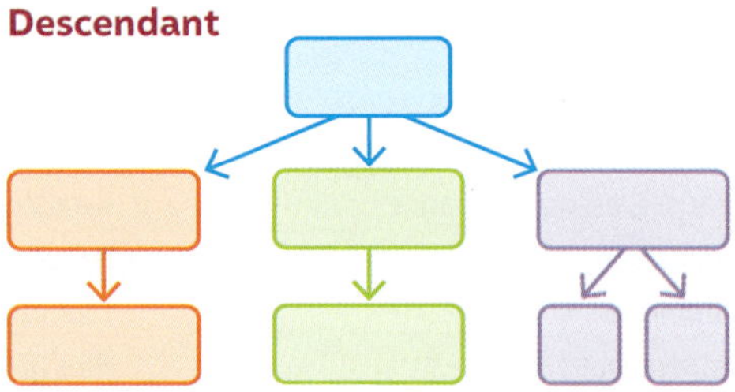

Horizontal

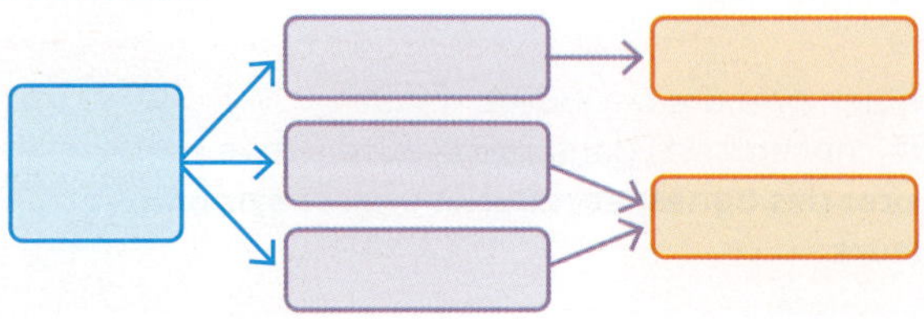

Qu'est-ce qu'une carte mentale ?

Une carte mentale est une **représentation schématique** de **mise en réseau des idées ou des connaissances** autour d'un sujet central (mot clé). Elle permet de rassembler et réorganiser ses idées.

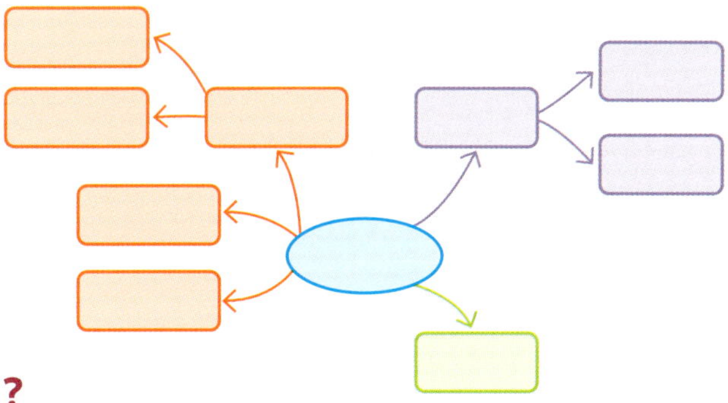

Comment réaliser une carte mentale ?

- **Partir du sujet central** qui est représenté au centre de la feuille en format paysage.
- **Représenter les connaissances ou idées essentielles** au moyen d'un mot clé ou de deux ou trois mots maximum.
- **Représenter les relations** entre ces connaissances ou liens sous forme de **branches** au moyen de traits simples ou fléchés si l'on veut donner une direction aux relations établies. Privilégier les arborescences de **2 à 4 branches** (exceptionnellement 5 ou 6). Attention : les branches ne doivent pas se croiser !
- **Utiliser des couleurs :** une couleur par branche pour bien distinguer le contenu de chacune d'elles.
- **Inclure des petites images ou symboles** qui faciliteront la mémorisation.
- **Hiérarchiser les idées** en utilisant une **taille** plus importante de caractères pour les idées essentielles.

CONSEILS

Une carte mentale se lit dans le sens des aiguilles d'une montre.

Au centre de la carte mentale, le général ; vers l'extérieur, des idées de plus en plus précises.

Éventuellement, utiliser un logiciel gratuit en ligne qui permet de créer des cartes mentales, comme Coggle ou Wisemapping par exemple.

EXEMPLE DE CARTE MENTALE

Comment se construisent et évoluent les liens sociaux ? → chapitre 7, p. 174

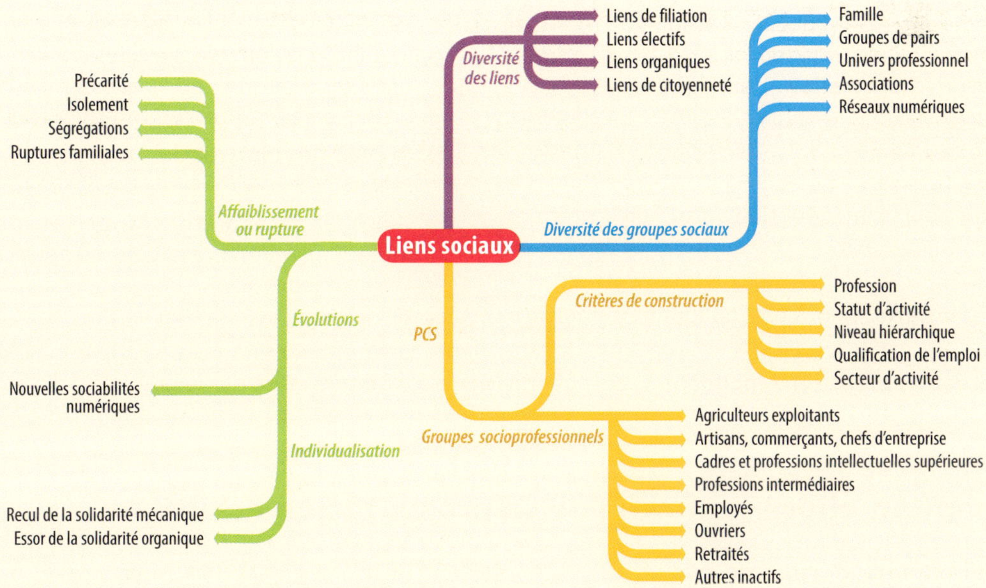

À RETENIR

- Utilisations possibles : résumer et mémoriser un **cours**, prendre des **notes** ou les mettre en forme, présenter un **exposé oral** ou **problématiser** un sujet.
- Schématiser implique de sélectionner, hiérarchiser, **traduire** un discours **en mots clés**.
- Schématiser aide à penser PENDANT que le schéma est créé. APRÈS sa réalisation, il est un outil de révision et de mémorisation efficace.
- Soigner la présentation : **couleurs**, taille des mots, épaisseur des traits, images, **symboles**, etc.

FICHE MÉTHODE 4

Applications

→ Chapitre 5 Activité 2 p. 121
→ Chapitre 6 Activité 2 p. 147
→ Chapitre 8 Activité 2 p. 193
→ Chapitre 8 Activité 3 p. 194
→ Chapitre 9 Activité 2 p. 217
→ Chapitre 10 Activité 2 p. 241
→ Chapitre 11, Activité 2 p. 265
→ Chapitre 12 Activité 2 p. 287

S'EXPRIMER À L'ORAL

Comme pour l'écrit, la maîtrise de l'oral n'est pas une compétence spontanée, elle se travaille ; d'où l'intérêt d'appliquer les conseils présentés dans cette fiche méthode. Une communication orale efficace doit conjuguer deux qualités. Elle doit soigner la **forme**, la **manière de dire**. Elle repose aussi sur le **fond**, la **manière de penser**.

Comment préparer sa présentation orale ?

- Soit vous avez la possibilité de préparer cette présentation orale en amont. Vous disposez alors d'un temps relativement important qui vous permettra de préparer de manière très précise ce que vous allez exposer, y compris les formulations choisies.
- Soit vous avez un **temps limité** le jour de l'examen pour préparer votre présentation et vous passez votre oral dans la foulée. Dans ce cas, vous devez, au **brouillon**, aller à l'essentiel et vous concentrer uniquement sur le **plan** avec les **titres** des principales parties et les **idées essentielles**. Seules quelques phrases d'introduction pourront être intégralement rédigées pour vous rassurer en début de présentation, ainsi que la dernière phrase qui clôturera votre exposé.

Pensez à **indiquer au brouillon** le timing : par exemple, mon introduction fera 1 minute, mon premier argument 2 minutes, etc.

Comment améliorer le fond de sa présentation orale ?

Principes

- **Mobiliser** des **connaissances appropriées** et le **vocabulaire spécifique** à la discipline scolaire concernée.
- **Problématiser :** l'auditoire doit identifier clairement l'enjeu central de votre propos qui doit être organisé autour d'une question qui pose un problème.
- **Structurer** votre présentation **autour d'un plan** avec des parties construites en rapport avec l'objectif de votre démonstration. L'annoncer clairement à l'auditoire en fin d'introduction, puis tout au long de votre exposé lorsque vous passez à l'argument suivant.
- **Faire une courte introduction** qui définit les termes, expose l'enjeu de votre présentation et le plan qui sera utilisé.
- **Exposer les arguments** en appliquant la méthode AEI.
- **Conclure** votre exposé **en répondant à la problématique**.

Le jour J : le langage et l'organisation

- Vous pouvez vous munir d'un **pense-bête** : une trame qui donne la structure de votre présentation et les principales idées, mais **ne lisez pas vos notes**.
- **Utiliser le langage légitime**, celui qui est valorisé dans la société et se rapproche du langage écrit. Éviter d'utiliser un langage trop familier.
- **Expliquer les termes** que vous employez en précisant par exemple que vous utilisez tel terme « au sens de ». Ne pas hésiter à reformuler une même idée.
- **Prévoir des phrases de transition**, plus encore qu'à l'écrit.
- N'hésitez pas à **faire des rappels** en utilisant des formulations telles que : « comme nous l'avons montré tout à l'heure ».
- **Respecter le timing**. Si vous ne terminez pas votre présentation dans le temps imparti, vous risquez d'être pénalisé par le jury, voire d'être interrompu.

Comment améliorer la forme de sa présentation orale ?

La voix : intonation, rythme et débit

- La **voix** doit montrer votre engagement dans votre discours et traduire votre **conviction**. Elle doit être audible, vous devez articuler. Évitez à la fois un débit trop lent qui traduit un manque de dynamisme et un débit trop rapide qui peut rendre votre exposé difficile à suivre.
- N'hésitez pas à ménager des **temps de silence**. Cela montre le caractère réfléchi de votre intervention.

LE RYTHME ET LE SILENCE

Trouver le bon rythme à l'oral nécessite d'ajuster la vitesse de sa parole. Pour travailler votre rythme, vous pouvez vous entraîner chez vous en chronométrant votre présentation orale, de préférence avec un public. On considère que le bon rythme à l'oral est d'environ 140 à 160 mots par minute, ce qui correspond à un texte de 700 à 800 mots pour une présentation de 5 minutes.

La posture et la gestuelle

→ Votre force de conviction dépend également de votre présence, de la gestuelle : montrez du dynamisme, mais aussi de la maîtrise. C'est ce qu'on appelle « **la communication non verbale** ». Pensez par exemple à ce que vous faites de vos mains. Évitez les gestes qui traduisent votre nervosité : balancements, différents tics, etc.

LA POSTURE, LES GESTES, LES MAINS

Ne croisez pas vos bras. Efforcez-vous de vous tenir droit (sans être raide), épaules ouvertes et tête dégagée. Vous pouvez faire quelques pas ou changer votre jambe d'appui pendant votre exposé (mais ne vous balancez pas !).

Vos mains ne doivent pas être dans votre dos ou dans vos poches car cela vous inciterait à rester trop statique. N'hésitez pas à accompagner votre propos par des mouvements de vos mains (seulement la main droite ou les deux mains simultanément), à réunir vos mains puis les ouvrir comme si vous teniez un ballon.

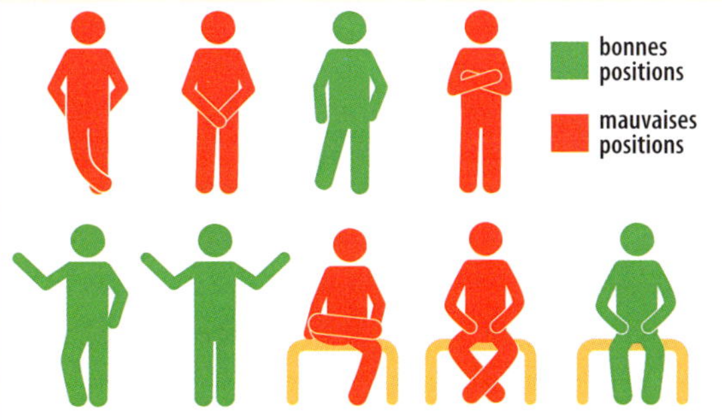

→ **Regardez votre public** en veillant à ne pas fixer seulement une personne ou un membre du jury. Aucun d'entre eux ne doit se sentir mis à l'écart. Vous pouvez fixer l'oreille ou le nez de votre interlocuteur si vous êtes déstabilisé(e) à l'idée de regarder votre public dans les yeux.

→ **Tenez-vous droit(e)**, **souriez**, montrez que vous êtes heureux(se) d'être là, content(e) de vous adresser à votre public et d'échanger avec le jury. Évitez de montrer que cet oral est une épreuve pour vous.

ÊTRE À L'AISE DEBOUT ET ASSIS

La position debout permet d'avoir une gestuelle plus ample et dynamique, de mieux projeter sa voix et d'impliquer tout son corps dans la communication.

Si vous préférez la position assise, veillez à vous tenir bien droit et vos jambes ni croisées ni sous votre chaise, afin de pouvoir utiliser votre buste.

Le trac

→ **Il est normal et courant d'avoir le trac** lors d'une prise de parole en public. Le stress peut vous faire perdre vos idées, vous pouvez avoir la bouche sèche et ne plus parvenir à articuler correctement, les mains moites, le cœur qui s'emballe, etc. Pour diminuer ces symptômes, apprenez et entraînez-vous à respirer.

→ Le jour de votre présentation orale, si vous avez un trou de mémoire en plein exposé ou des difficultés à articuler, **n'hésitez pas à vous interrompre**, en indiquant à votre auditoire ou votre jury que vous avez besoin de boire (ayez une bouteille d'eau à portée de main), ou à recommencer votre phrase afin de retrouver vos esprits et de poursuivre. Le simple fait de s'interrompre pour signifier son embarras fait baisser le stress.

Les tics verbaux

→ Les tics verbaux surviennent lorsque vous êtes stressé(e), si vous vous lancez dans des réponses sans savoir exactement ce que vous allez répondre et lorsque vous cherchez vos mots, vos idées. Pour les éviter, il est d'abord nécessaire d'**identifier** quels sont **vos tics verbaux habituels** : demandez à votre entourage ou filmez-vous en train de parler.

→ Une fois que vous avez identifié vos tics verbaux, entraînez-vous à les remplacer par des silences, des respirations, des modulations de voix, des mots de liaison.

À RETENIR

- **Le FOND :**
  - → Vocabulaire de la discipline
  - → Fil directeur
  - → Argumentation organisée autour d'un plan : introduction + paragraphes AEI + conclusion
- **La FORME :**
  - → Voix et posture
  - → Langage et organisation explicites avec phrases de transition

FICHE MÉTHODE 5

Application

→ Chapitre 2 Activité 3 p. 48
→ Chapitre 3 Activité 3 p. 72
→ Chapitre 4 Activité 3 p. 96
→ Chapitre 7 Activité 3 p. 170

DÉBATTRE EN CLASSE

En SES, les questions étudiées font souvent l'objet de débats, y compris parmi les chercheurs en sciences sociales. Il peut alors être intéressant de débattre entre élèves au sein d'une classe. Mais pour que ces échanges soient fructueux, un peu d'organisation est nécessaire.

Quel est l'intérêt d'organiser un débat ?

- S'entraîner à **sélectionner des arguments** dans un dossier documentaire.
- Améliorer ses capacités à **argumenter à l'oral**, mais aussi **à l'écrit**.
- **S'approprier les arguments** sur le sujet et la problématique d'un cours.
- **Donner du sens au cours** en le reliant à des questions de société ou d'actualité.

ASTUCE

Il est parfois efficace de répondre en commençant par saluer la véracité ou la qualité de l'argument adverse, avant de contre-argumenter : « Je suis d'accord avec cet argument, mais… ».

Que signifie « débattre » ?

Débattre, ce n'est pas :

- se battre, chercher à dominer les autres en parlant plus fort ou en coupant la parole ;
- échanger des opinions, sans justification.

Débattre, c'est :

- échanger des arguments, c'est-à-dire des affirmations s'appuyant sur des explications et des illustrations ;
- écouter les autres, pour anticiper leurs arguments, et pour contre-argumenter.

Comment préparer le débat ?

Au moins une semaine avant le débat, le professeur fournit aux élèves un **dossier documentaire reprenant les principaux arguments et données factuelles**. L'idéal est de faire porter le débat sur un chapitre de cours déjà étudié.

À la maison, **les élèves doivent repérer** dans le dossier documentaire les **informations et arguments** utiles pour le débat et **les classer en deux colonnes**. Il faut également qu'ils anticipent les contre-arguments et préparent d'éventuelles réponses à ces derniers.

Les élèves ne savent pas à l'avance dans quelle équipe ils se trouveront et donc quelle position ils devront défendre dans le débat. Ils **doivent se préparer à défendre les deux positions**.

Par exemple, à propos d'un débat « Pour ou contre la robotisation ? », les élèves pourront organiser leur feuille de copie ainsi :

« Pour »
Oui il faut augmenter les dépenses publiques car...

Argument 1
Contre-argument
Réponse au contre-argument

Argument 2
Contre-argument
Réponse au contre-argument

Etc.

« Contre »
Non il ne faut pas augmenter les dépenses publiques car...

Argument 1
Contre-argument
Réponse au contre-argument

Argument 2
Contre-argument
Réponse au contre-argument

Etc.

ASTUCE

Un contre-argument placé du côté POUR peut constituer un argument pour le CONTRE, et inversement.

Quelles sont les règles à respecter lors du débat ?

- En demi groupe (possible en classe entière mais la moitié des élèves restent alors spectateurs).
- **2 équipes** (5 à 7 élèves) **+ un jury** (5 élèves). La **répartition** des élèves dans les deux équipes et dans le jury se fait **au hasard**.
- **Chaque équipe** est **chargée de défendre une position** dans le débat.
- Le **professeur** ne fait qu'observer et se place physiquement **en retrait**.
- **3 rounds de débat de 5 minutes** chacun avec un **arrêt de 3 minutes entre chaque round**.
- Chaque équipe peut demander **1 temps mort par round** (1 minute de temps mort).
- **Chaque équipe se choisit 2 champions** : le débat a donc lieu entre 4 élèves.
- Les équipiers scrutent le débat afin de **conseiller le champion lors des coupures** entre chaque round ou des temps morts, qu'ils sont les seuls habilités à demander.
- Au début de **chaque round**, un champion ou les deux **peuvent être remplacés** par des membres de leur équipe.
- **Pendant les rounds, l'équipe doit être silencieuse** et n'a surtout pas le droit de communiquer avec ses champions.

Quelle organisation spatiale de la salle lors du débat ?

Disposition des tables

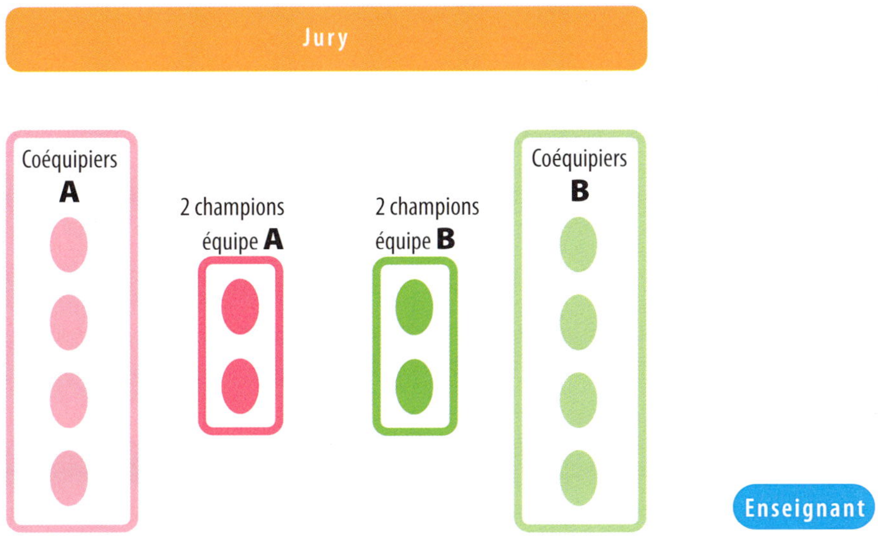

Quel est le rôle du jury ?

Matériel nécessaire pour le jury :

- 2 montres-chronomètres (1 pour les rounds, 1 pour les temps morts)
- 1 cloche ou sonnette

Chaque membre du jury a un rôle précis qui lui est attribué :

- Le **président de jury** lance le débat et intervient uniquement dans les cas extrêmes. Il est le chef de la cloche et des 2 chronomètres (un pour les rounds, un pour les temps morts).
- **Chaque autre membre** du jury **évalue EXCLUSIVEMENT l'une des 4 cases** de la grille pour les 2 équipes. Il attribue une barre à chaque fois que c'est nécessaire, au regard de ce qu'il évalue.

À **la fin du débat**, le **président de jury** centralise les « barres » et en fait le solde des points et des pénalités. Il **déclare quelle est l'équipe qui a gagné** et le jury fait un bref bilan de son évaluation du débat : il énonce les points forts et les points faibles de chaque équipe.

Grille d'évaluation du jury

	FORME	FOND
+	Clarté de l'expression Capacité à écouter Capacité à reprendre la parole Capacité à convaincre (posture, ton, regard, gestes…) Capacité à bien jouer son rôle Temps morts demandés au bon moment	Nombre d'arguments Qualité des arguments (maîtrise, pertinence, précision, vocabulaire économique, sociologique ou de la science politique) Capacité à choisir le bon argument pour contre-argumenter Capacité à réorienter le débat
–	Couper la parole Rester silencieux/en retrait Monopoliser la parole Être impoli/grossier/agressif Les coéquipiers parlent pendant les rounds	Pauvreté des arguments (arguments faibles) Affirmations gratuites (sans preuves) Répétitions (enferme le débat) Contradictions/erreurs Propos hors sujet

À RETENIR

- Pour un débat réussi, il faut des **règles**, pour encadrer les échanges, et des valeurs partagées (écoute, rigueur, honnêteté intellectuelle).
- Les débats vous font progresser dans vos **compétences de forme à l'oral** : qualité de l'expression, niveau de langage, aisance.
- Les débats vous font progresser dans votre **maîtrise des connaissances** en SES, en vous poussant à les utiliser comme des arguments. C'est aussi une excellente préparation à la **dissertation**, que vous aborderez en première et terminale.

FICHE BAC 1 L'ÉPREUVE COMPOSÉE

L'épreuve composée est, avec la dissertation, l'un des deux sujets au choix en SES au baccalauréat.

Au baccalauréat, l'épreuve composée dure 4 heures et est composée de 3 parties indépendantes portant sur 3 chapitres distincts :

- **Mobilisation des connaissances** : cette première partie de l'épreuve, sans document d'appui, est composée d'une unique question notée sur **4 points**.
- **Étude d'un document :** cette deuxième partie de l'épreuve est une étude d'un document statistique (graphique, tableau, carte, etc.) comportant deux questions. Elle est notée sur **6 points**.
- **Raisonnement s'appuyant sur un dossier documentaire :** il s'agit de traiter un sujet en développant un raisonnement dans un écrit organisé comportant une introduction, un développement et une conclusion, en exploitant les documents du dossier et en faisant appel à ses connaissances personnelles. Cette troisième partie est notée sur **10 points**.

PARTIE 1 MOBILISATION DES CONNAISSANCES — 4 PTS

Cette partie comporte une question qui vise à évaluer votre maîtrise des connaissances (définition de concepts, explicitation de raisonnements, etc.).

Entraînements guidés

→ Chapitre 1, page 32
→ Chapitre 4, page 104
→ Chapitre 7, page 178
→ Chapitre 10, page 248

Guidage méthodologique

1 Analysez le sujet.

À l'aide de deux exemples : il faut illustrer avec deux, et seulement deux, exemples. Il est possible de les placer après l'affirmation.

montrez comment : formulation qui implique de détailler des mécanismes/ processus, donc des enchaînements causes → conséquences.

sentiment : terme indiquant une vision subjective de la part des individus concernés.

À l'aide de deux exemples, montrez comment le sentiment de compétence politique peut influer sur la participation électorale.

compétence politique : capacité à s'intéresser à la politique, à s'informer sur elle et à émettre des jugements politiques.

peut influer : le verbe « pouvoir » signifie que l'influence n'est pas systématique, mais il ne signifie pas qu'il faut traiter le sujet comme un débat !

participation électorale : acte de voter, comprenant les suffrages exprimés, les votes blancs et votes nuls. [notions liées : abstention, intégration sociale]

a. De quoi parle le sujet ? Il faut entourer les notions qui y figurent.

b. Que faut-il faire ? Pour identifier la tâche, il faut souligner le ou les mots qui l'indique(nt), souvent un verbe.

2 Au brouillon, listez les notions et mécanismes du programme qui doivent être mobilisés, pour bien expliciter votre réponse.

3 Rédigez votre réponse en utilisant les trois étapes « Affirmer, Expliciter, Illustrer »

Fiche méthode n° 1 p. 318 *Construire une argumentation*

> **1.** Au début ou au cours de votre réponse, vous devez définir brièvement la ou les notions clés du sujet.
> **2.** Si la consigne indique de répondre « à l'aide d'un (ou deux) exemple(s) », vous prendrez soin de bien développer l'exemple. Dans ce cas, il estpréférable de ne pas terminer par l'Illustration mais de commencer par elle, ou de la placer juste après l'Affirmation (§ IAE ou AIE).

PARTIE 2 ÉTUDE D'UN DOCUMENT — 6 PTS

Cette deuxième partie de l'épreuve est une étude d'un **document statistique** (graphique ou tableau) de 120 données chiffrées au maximum, comportant deux questions.
Vous devez répondre aux **deux questions** en mobilisant les connaissances acquises dans le cadre du programme et en adoptant une **démarche méthodologique rigoureuse, de collecte et de traitement de l'information**.

Entraînements guidés

→ Chapitre 2, page 56 (question 1)
→ Chapitre 5, page 128 (question 2)
→ Chapitre 8, page 202 (question 1)
→ Chapitre 11, page 272 (question 2)

Guidage méthodologique

La **première question** est une question de traitement des données statistiques. Vous n'avez pas à expliquer. Il faut constater, à l'aide de données.

1. Identifiez la tâche à réaliser selon le verbe d'action : comparer, caractériser une évolution, décrire...
2. Sélectionnez les données qui permettent de réaliser cette tâche.

Vous aurez donc à faire un § AI sans Explicitation : vous affirmez le constat puis vous l'illustrez avec des données pertinentes.

La **seconde question** nécessite d'**expliciter avec des connaissances de cours** (notions et mécanismes) et d'**illustrer à nouveau avec des données pertinentes** extraites du document statistique, y compris si ces données ont déjà été utilisées dans la première question. Vous aurez donc à rédiger la réponse sous la forme de §AEI. Fiche méthode n° 1 p. 318 *Construire une argumentation*

- N'hésitez pas à entourer les données pertinentes directement sur le sujet.
- Hiérarchisez les constats du général au particulier. Procédez le cas échéant à des regroupements pertinents.
- Au brouillon, rédigez une phrase, la plus précise et explicite possible, avec une donnée pertinente. Cette phrase devra être utilisée au moins une fois dans votre réponse.

Dans vos réponses aux deux questions, insérez dès que possible des petits calculs (coefficients multiplicateurs, taux de variation en %, ou écarts en points de %).

PARTIE 3 RAISONNEMENT S'APPUYANT SUR UN DOSSIER DOCUMENTAIRE 10 PTS

- Le libellé du sujet vous invite à **développer un raisonnement**, à rassembler et mettre en ordre des informations pertinentes issues du dossier documentaire et de vos connaissances personnelles.
- Le **dossier documentaire** mis à votre disposition ne doit ni borner votre horizon (en le détournant du recours à ses propres connaissances), ni vous servir de prétexte à une paraphrase ou à un commentaire systématique et détaillé.
- Il comporte **deux ou trois documents de natures différentes** (texte, graphique, tableau statistique, schéma, etc.). Aucun texte ne devra dépasser 2 500 signes ni aucun document statistique comporter plus de 120 données chiffrées.
- Il n'y a pas d'indication de longueur attendue dans les consignes officielles, mais il faut viser une longueur de 2 à 4 pages.

Guidage méthodologique

1. Analyser le sujet au brouillon p. 81
2. Organiser ses connaissances au brouillon p. 81
3. Étudier le dossier documentaire au brouillon p. 155
4. Construire son plan détaillé au brouillon p. 155
5. Rédiger son introduction au brouillon p. 225
6. Sur la copie, rédiger le développement (paragraphes AEI) p. 295
7. Sur la copie, rédiger sa conclusion p. 295

À RETENIR

	ÉPREUVE DE 4 HEURES	
PARTIE 1 MOBILISATION DES CONNAISSANCES	**1 question sur 4 points**	Les trois parties de l'épreuve composée portent sur trois questions différentes et au moins deux parties du programme.
PARTIE 2 ÉTUDE D'UN DOCUMENT	**6 points** • Une question de traitement statistique sur **2 points** « À l'aide des données du document, … » • Une question d'analyse (décrire et expliquer) statistique sur **4 points** « À l'aide du document et de vos connaissances, … »	
PARTIE 3 RAISONNEMENT S'APPUYANT SUR UN DOSSIER DOCUMENTAIRE	**10 points** 3 documents (dont au moins un texte et un document statistique) : « À l'aide de vos connaissances et du dossier documentaire, … »	

COPIE D'ÉLÈVE COMMENTÉE

PARTIE 3 RAISONNEMENT S'APPUYANT SUR UN DOSSIER DOCUMENTAIRE

SUJET **À l'aide de vos connaissances et du dossier documentaire, vous montrerez que les nouvelles sociabilités numériques contribuent au lien social.**

La sociabilité peut se définir comme l'ensemble des relations sociales qui relient un individu à d'autres individus. La façon dont les individus forment des relations avec les autres, la sociabilité, évolue avec les technologies. Nous allons montrer que les nouvelles sociabilités numériques contribuent au lien social. Pour cela, dans un premier temps, nous parlerons des réseaux sociaux qui renforcent les liens amicaux et familiaux puis dans un deuxième temps, nous parlerons des autres formes de liens créés par les réseaux sociaux numériques.

Introduction
On retrouve bien les trois éléments attendus d'une introduction d'EC3 (présentation du sujet, brèves définitions des mots clés, annonce du plan). Cela annonce que le sujet est compris et maîtrisé. C'est une assez bonne introduction.

Tout d'abord, Internet et les réseaux sociaux numériques ont permis l'émergence de nouvelles formes de sociabilité qui permettent de créer de nouveaux liens et d'entretenir les liens déjà existants.

Annonce de la première partie
Présence d'une annonce pertinente de la première partie.

Les réseaux sociaux sont des applications fondées sur des technologies d'internet qui permettent de mettre en relation de nombreux internautes selon leurs passe-temps, passions, etc. pour pouvoir développer des communautés. Grâce à leur développement, de nombreuses personnes communiquent et entrent en relation plus facilement les unes avec les autres. Nous pouvons trouver de multiples réseaux sociaux numériques en fonction des usages recherchés par les utilisateurs. Par exemple, Facebook sert à mettre en relation des « amis » en ligne. Aussi, cela peut permettre de se faire connaître, de trouver un emploi ou encore de rejoindre une communauté d'intérêt, les réseaux sociaux réalisent une source de liens sociaux très puissante.

§1 du développement
On retrouve bien une affirmation qui répond au sujet, une explicitation et une illustration pertinentes. Attention, la dernière phrase du paragraphe n'est pas à sa place puisqu'elle concerne les §3 et 4.

Mais les réseaux sociaux peuvent aussi renforcer des liens forts. En effet, les réseaux sociaux permettent d'augmenter la fréquence des échanges avec nos propres amis donc de renforcer un lien déjà existant, mais ils renforcent aussi la fréquence des sorties et rencontres hors-ligne. C'est-à-dire que les réseaux sur internet facilitent les sorties entre amis. Donc les réseaux augmentent la fréquence des relations « réelles » entre les personnes. Par exemple, dans le document 1 selon un sondage auprès d'un échantillon représentatif réalisé par Godefroy DAN NGUYEN et Virginie LETHIAIS en 2016, nous pouvons voir l'impact perçu de Facebook sur la sociabilité avec 63 % des personnes qui ont repris contact avec certaines personnes grâce à Facebook, soit plus de la moitié, et 42 % des personnes qui communiquent plus facilement avec leurs amis depuis qu'ils utilisent Facebook. Donc, ces réseaux offrent l'opportunité de renouer des liens avec de la famille lointaine ou des anciens amis.

§2 du développement
On retrouve bien une affirmation distincte de celle du premier §, toujours en lien avec le sujet, une explicitation et une illustration pertinente tirée d'un des documents du dossier.

Deuxièmement, les réseaux sociaux numériques et Internet créent d'autres formes de liens sociaux que des liens amicaux ou familiaux. En effet, les réseaux sociaux apportent aussi des liens de participation organique, c'est-à-dire des liens entre des acteurs de la vie professionnelle, ou encore des liens de citoyenneté, c'est-à-dire des liens entre des personnes d'une même communauté politique.

Transition et annonce de la deuxième partie
Présence d'une annonce pertinente de la deuxième partie.

Les réseaux sociaux ont tendance à favoriser ces créations de liens grâce à certains réseaux particulièrement faits pour cela comme le réseau LinkedIn qui met en relation des personnes en fonction de leur travail. Par exemple, le document 3 présente les différents moyens utilisés par les entreprises pour recruter des cadres en 2013 et 2017. En France, selon l'APEC, alors qu'en 2013 seulement 22 % des entreprises recrutaient grâce aux réseaux sociaux comme LinkedIn, c'est le cas de 49 % des entreprises en 2017, soit plus de 2 fois plus en seulement 4 ans.

§3 du développement
On retrouve une affirmation et une illustration précises avec des données bien choisies et renforcées par un calcul de coefficient multiplicateur pertinent. Il manque cependant une véritable explicitation.

Cela permet aussi d'entrer en relation avec des personnes dans le monde entier que l'on ne pourrait pas rencontrer hors-ligne, tout simplement à cause de la distance. Par exemple, dans le document 1, le site Change.org est présenté. Il permet de lancer des campagnes, de mobiliser des sympathisants et de trouver des solutions avec des décideurs, en mettant en relation des personnes de tous horizons pour qu'ils s'entraident. Cela montre donc comment un réseau social peut créer des liens autres qu'amicaux ou familiaux.

§4 du développement
Ce paragraphe débute par une affirmation maladroite car elle ne répond pas assez explicitement au sujet. L'illustration est correcte, mais on a du mal à percevoir l'explicitation. Heureusement, la dernière phrase du § permet de raccrocher au sujet.

Finalement, les nouvelles sociabilités numériques contribuent et renforcent le lien social dans de nombreux domaines. Ils permettent la création et le renforcement de liens de filiation et de participation élective, mais permettent aussi de mettre en relation des personnes afin de créer des liens de participation organique et de citoyenneté. Les réseaux sociaux numériques sont donc favorables au lien social.

Conclusion
Bilan précis qui utilise les notions appropriées (liens de filiation/de participation élective/de participation organique/de citoyenneté). Bonne conclusion.

Copie de Samia

BILAN

ASPECTS RÉUSSIS

- Respect de la structure introduction / développement / conclusion ;
- Bon usage des documents et bonne lecture des données ;
- Bon niveau de maîtrise des connaissances utilisées de façon pertinente ;
- Développement bien structuré en 2 parties comportant chacune 2 §.

POINTS DE PROGRESSION

- C'est dommage que les notions précises utilisées en conclusion n'aient pas été utilisées plus tôt dans le développement, cela aurait permis de formuler des affirmations et des explications plus solides dans le développement, notamment dans la deuxième partie où l'on perçoit que l'élève s'essouffle.

FICHE BAC 2 LA DISSERTATION

La dissertation est l'un des deux sujets au choix en SES au baccalauréat. C'est aussi une épreuve utilisée dans de nombreux concours et examens après le bac (classes préparatoires, instituts d'études politiques, université, etc.).

Remarque : À la différence de la dissertation en français et en philosophie, et de la composition en histoire-géographie, la dissertation de SES est accompagnée d'un dossier documentaire.

- La dissertation invite à poser et à traiter, d'une façon organisée et réfléchie, un problème exigeant un effort d'analyse en mobilisant des connaissances issues des sciences sociales (économie, sociologie, science politique).
- Il vous est donc demandé :
  – de répondre à la question posée par le sujet ;
  – de construire une argumentation à partir d'une problématique, qu'il faut élaborer à partir du sujet ;
  – de mobiliser des connaissances et des informations pertinentes pour traiter le sujet, notamment celles figurant dans un dossier composé de trois ou quatre documents (texte, graphiques, tableaux) de nature factuelle ;
  – de rédiger, en utilisant le vocabulaire économique et social spécifique et approprié à la question, en organisant le développement sous la forme d'un plan cohérent qui ménage l'équilibre des parties, en veillant à la clarté de l'expression et en soignant la présentation.

  Pour réussir une dissertation, il est indispensable d'adopter une démarche méthodologique rigoureuse.

Les étapes 1 à 5 ci-dessous sont à faire au brouillon.

AU BROUILLON

ÉTAPE 1 Analyser le sujet pour le problématiser (durée indicative : 15 min)

→ voir guidage Chapitre 1, page 35 Chapitre 6, page 157

- Sur votre brouillon, recopiez le sujet sur une ligne. Pour analyser un sujet, repérez puis commentez chaque mot du sujet : les notions clés du programme, puis les verbes, adverbes et tout autre mot du sujet.

Exemple d'analyse mot à mot d'un sujet

Comment : il s'agit de détailler les mécanismes d'actions publiques

les pouvoirs publics : il s'agit de l'Etat, des collectivités territoriales et de la sécurité sociale

défaillances du marché : situations dans lesquelles le marché n'est pas efficace pour allouer les ressources rares (en présence de biens collectifs, et communs, d'externalités et d'asymétrie d'information).

Comment les pouvoirs publics peuvent-ils faire face aux défaillances du marché ?

peuvent-ils : il s'agit d'indiquer les moyens possibles : les incitations et la réglementaiton principalement

faire face : compenser, trouver des solutions

- Il faut ensuite parvenir à rédiger une phrase synthétisant les éléments de réflexion et connaissances mobilisés lors de l'analyse mot à mot du sujet pour proposer un questionnement (qu'on appelle une problématique), au minimum une reformulation du sujet précisant comment il est interprété et donc comment la réponse est orientée.
- Problématiser n'est ni un recopiage du sujet ni une simple reformulation du sujet : problématiser revient à révéler la ou les questions sous-entendues par le sujet et à expliciter leurs enjeux implicites.
  – La problématique n'est pas forcément formulée sous forme de question. Elle peut se présenter ainsi : « Nous voulons démontrer que… » ou « Répondre à ce sujet nécessite de montrer que… et que… ».
  – Cette étape doit vous conduire à pressentir deux ou trois (plus rares en SES) axes du plan provisoire.

> Enlevez ou remplacez par un synonyme les adverbes et verbes afin de sentir comment le sujet « bouge » sans ces mots.

ÉTAPE 2 Organiser ses connaissances (durée indicative : 20 min)

→ voir guidage Chapitre 1, page 35 Chapitre 6, page 157

Au brouillon, il faut ensuite rassembler ses connaissances en lien avec le sujet.

- Les connaissances peuvent être décomposées en notions, mécanismes, et exemples qui illustrent ces notions ou mécanismes.

Notions	Mécanismes	Exemples

- Notez TOUTES les connaissances en lien avec le sujet, y compris les faits d'actualité, tirés de vos lectures, etc.
- RAYEZ celles qui ne sont finalement pas en lien avec le sujet.

ÉTAPE 3 Étudier le dossier documentaire (durée indicative : 40 min)

→ voir guidage Chapitre 2, page 59 Chapitre 7, page 181

Pour chaque document :
- Lisez-le une première fois pour le comprendre et identifier les phrases ou les mots en lien avec le sujet.
- Lisez-le une deuxième fois pour l'analyser. Cela peut permettre de compléter un tableau comme celui-ci :

Dès la première lecture, n'hésitez pas à souligner, entourer, surligner, annoter à l'aide de symboles (|| ⚠) les documents du sujet, textes comme documents statistiques.

	Informations en lien avec le sujet (données statistiques, citations). Ces informations pourront vous servir à affirmer, expliciter	Prolongements avec le cours ou lien entre les documents
Document 1		
Document 2		
Etc.		

1. Faites des calculs simples pour comparer les données chiffrées (par exemple, en calculant un écart en points de %, un taux de variation en % ou un coefficient multiplicateur).
2. Lors de la phase de rédaction, pour faire référence à un document, notez simplement son numéro entre parenthèses (« … (document 2) … »).

ÉTAPE 4 Construire son plan détaillé (durée indicative : 20 min)

→ voir guidage Chapitre 2, page 59 Chapitre 7, page 181

- Le plan détaillé consiste à organiser au brouillon les arguments permettant de « traiter le sujet, tout le sujet, rien que le sujet ». Il faut partir de son questionnement du sujet, des connaissances de cours et des informations extraites des documents. Il s'agit de rédiger des phrases suffisamment précises pour expliciter de quoi chaque partie, sous-partie ou paragraphe va traiter.
- Dans un sujet de dissertation, il est conseillé de rédiger au moins six paragraphes AEI qui sont insérés dans deux ou trois parties de longueur équivalente.
- La construction du plan est un travail qui se fait rarement en un seul jet mais plutôt par tâtonnements successifs. Il ne faut pas hésiter à faire « bouger » son plan, c'est-à-dire déplacer des paragraphes, ajouter/enlever des paragraphes, reformuler ses titres, les inverser, etc.

Remarque : Si cela vous aide, en SES, les titres des parties et sous-parties peuvent apparaître dans le devoir.

Plan à 2 niveaux	Plan à 2 niveaux	Plan à 3 niveaux
I) Titre • §1 Affirmation • §2 Affirmation • §3 Affirmation **II) Titre** • §4 Affirmation • §5 Affirmation • §6 Affirmation	**I) Titre** • §1 Affirmation • §2 Affirmation **II) Titre** • §3 Affirmation • §4 Affirmation **III) Titre** • §5 Affirmation • §6 Affirmation	**I) Titre** A) **Sous-titre** • §1 Affirmation • §2 Affirmation B) **Sous-titre** • §3 Affirmation • §4 Affirmation **II) Titre** A) **Sous-titre** • §5 Affirmation • §6 Affirmation B) **Sous-titre** • §7 Affirmation • §8 Affirmation

1. Une fois que vous pensez votre plan terminé, reprenez le sujet et vérifiez que chaque titre répond au sujet et que vos titres traitent tout le sujet.
2. Un bon plan est souvent construit autour de titres qui reprennent les mots clés du sujet.
3. Hiérarchisez les arguments du plus important au moins important.

ÉTAPE 5 Rédiger l'introduction (durée indicative : 30 minutes)

→ voir guidage Chapitre 3, page 83 Chapitre 8, page 205

Quels que soient le sujet ou la discipline, l'introduction d'une dissertation est composée de cinq éléments incontournables, répartis en trois paragraphes (avec un retour à la ligne à chaque fois) :

1er paragraphe :

présentation du sujet (accroche ou mise en contexte) ;

2e paragraphe :

- définition brève des notions du sujet ;
- questionnement du sujet (résume la phase de questionnement ▸ Étape 1) ;
- annonce de la problématique qui indique comment le sujet est interprété (et qui découle de l'Étape 1 de questionnement) ;

3e paragraphe :

annonce des grands axes du plan.

L'accroche est facultative. Attention aux mauvaises accroches du type : « De tout temps, l'Homme… »

Mieux vaut pas d'accroche qu'une mauvaise accroche !
En SES, l'accroche est souvent une référence à l'actualité, à l'histoire, ou, par défaut, une citation ou une donnée que vous prenez dans le dossier documentaire (sans développer). Elle "accroche" en mettant en avant un fait qui soulève un enjeu, un questionnement, en lien avec le sujet, pour "accrocher" le lecteur.

DIRECTEMENT SUR LA COPIE

ÉTAPE 6 Rédiger le développement et les paragraphes AEI (durée indicative : 1h30)

→ voir guidage Chapitre 4, page 107 Chapitre 9, page 227

- Si vous ne recopiez pas les titres, chaque partie du développement débute par une phrase introductive qui annonce le titre de la partie.
- Marquez un alinéa à chaque début de paragraphe : visuellement, il doit être possible de repérer vos arguments.
- Chaque paragraphe comporte une Affirmation en lien avec le sujet et une ou plusieurs Explicitations et Illustrations en rapport avec l'Affirmation.

▸ Fiche méthode n° 1 p. 318 *Construire une argumentation*

- Aérez la copie : sautez une ou deux lignes entre l'introduction et le développement puis entre le développement et la conclusion, ainsi qu'entre chaque partie du développement.
- Pensez à rédiger une transition entre les deux parties du développement (ce n'est pas nécessaire si vous rédigez les titres des parties).

ÉTAPE 7 Rédiger la conclusion (durée indicative : 10 minutes)

→ voir guidage Chapitre 4, page 107 Chapitre 9, page 227

Toute conclusion de dissertation est composée de deux éléments incontournables : **le bilan du développement** et **la réponse explicite** à la problématique/au sujet.

Facultatif : une ouverture.

Attention aux mauvaises ouvertures du type : « On peut se demander si un jour, l'Homme… »

Mieux vaut pas d'ouverture qu'une mauvaise ouverture !

Pour rédiger le bilan de son développement, il suffit de reprendre les titres des parties (ou sous-parties) de son plan détaillé rédigé sur le brouillon.

Puis une phrase répond à la question posée dans l'introduction.

Enfin, si l'on est inspiré, on rédige une question en guise d'ouverture. En effet, répondre à la question peut suggérer d'autres questions liées, qui permettent d'aller plus loin ou d'explorer d'autres enjeux.

Utilisez le présent et le passé composé, évitez le passé simple ou le futur.
Relisez votre copie pour vérifier le sens des phrases et corriger les fautes d'orthographe ou de grammaire.

COPIE D'ÉLÈVE COMMENTÉE

SUJET Comment les pouvoirs publics peuvent-ils faire face aux défaillances du marché ?

Le 6 novembre, la COP27 qui a commencé en Egypte montre que le marché ne suffit pas pour régler les problèmes environnementaux. En effet, ces défaillances de marché nécessitent la réunion de représentants d'Etats afin de pallier aux problèmes environnementaux.

Ainsi, nous allons nous demander comment les pouvoirs publics (État, collectivités, Europe) peuvent faire face aux défaillances de marché. Une situation de défaillance de marché correspond à une situation où le marché ne parvient pas à allouer les ressources de manière optimale.

Nous allons voir dans un premier temps que les pouvoirs publics peuvent gérer les externalités, qu'elles soient positives ou négatives. Nous parlerons ensuite de la gestion des biens communs et collectifs. Et pour finir nous verrons pourquoi les pouvoirs publics ont intérêt à faire respecter la politique de la concurrence afin de pallier les défaillances de marché.

> **Introduction**
> Il y a bien les trois § attendus d'une introduction de dissertation (présentation du sujet, brèves définitions des mots clés / questionnement / annonce de la problématique, annonce du plan). Il y a une accroche et elle est pertinente. Le sujet est compris. C'est une introduction correcte !

Premièrement, une externalité est une situation où un acteur économique a une répercussion sur un autre, qu'elle soit positive ou négative sans compensation monétaire. Les pouvoirs publics ont intérêt à favoriser les externalités positives et défavoriser les externalités négatives. Pour favoriser les externalités positives, les pouvoirs publics peuvent mettre en place des subventions. Par exemple, nous pouvons parler des aides financières aux façades extérieures. En effet, un individu refaisant sa façade extérieure le fait pour lui mais indirectement il participe à embellir le village : c'est une externalité positive. Les pouvoirs publics, ici le Maire, ont intérêt à aider les gens dans cette situation afin d'embellir leur village.

> **§1**
> On retrouve bien l'Affirmation, l'Explicitation et l'Illustration, mais l'affirmation ne répond pas assez explicitement au sujet. Exemple pertinent. Bon usage des connecteurs logiques.

Au contraire, les externalités négatives ont intérêt à être diminuées. Cela peut être fait soit avec des taxes, soit avec des interdictions. Pour les taxes on peut parler de la taxe carbone mise en place par les différents pays européens. Nous voyons en même temps que les pays européens ne mettent pas tous les mêmes moyens afin de limiter les externalités négatives comme ici la pollution carbonée. Et pour donner un exemple d'interdiction nous pouvons parler de l'interdiction de certains pesticides.

> **§2**
> Absence d'affirmation reliée au sujet qui aurait pu être « Les pouvoirs publics peuvent faire face aux externalités négatives en les taxant ou en les réglementant ». Le document statistique qui compare le poids des taxes environnementales en Europe est utilisé de façon trop imprécise, aucune donnée n'est utilisée. L'exemple d'interdiction de « certains pesticides » aurait pu être plus précis (nicotinoïdes ?).

Nous venons de parler des externalités, cependant les pouvoirs publics peuvent aussi agir sur les biens communs et biens collectifs.

> **Transition** précise et efficace entre les deux parties.

[...]

Pour conclure nous pouvons dire que les pouvoirs publics peuvent lutter contre les défaillances de marché avec trois différentes façons que sont la gestion des externalités (positives et négatives), l'investissement de l'Etat dans les biens communs et collectifs ainsi que le fait de faire respecter la politique de la concurrence. L'État est obligé de s'immiscer dans ces secteurs là car le marché en tant que tel ne parvient pas à allouer les ressources de façon optimale.

Ce raisonnement nous a permis de nous demander si les politiques européennes visant à ne pas faire émerger de "champions européens" sont si bénéfiques pour les consommateurs ?

> **Conclusion**
> Bonne conclusion qui dresse le bilan du développement et répond précisément au sujet. Présence d'une ouverture, mais elle est assez obscure !

Extraits de la copie d'Esteban

BILAN

ASPECTS RÉUSSIS

- respect de la structure introduction / développement / conclusion ;
- plan équilibré en 3 parties comportant chacune 2 § ;
- présence systématique d'une transition pertinente entre les parties ;
- réponse sous forme de §AEI la plupart du temps ;
- introduction correcte ;
- conclusion réussie.

POINTS DE PROGRESSION

- débuter les § par une affirmation davantage reliée au sujet ;
- utiliser le dossier documentaire de façon plus précise, notamment en extrayant des données ;
- ouverture peu claire, qui termine la dissertation sur une impression mitigée.

LES TYPES DE SUJETS ET DE PLANS

L'analyse du sujet est une étape essentielle et primordiale pour réussir une dissertation ou un raisonnement.

ÉTAPE 1 Repérer la consigne pour déterminer le type de sujet

La consigne débute par un terme introductif qui permet d'identifier le type de sujet. On distingue deux grands types de sujets : les sujets de type analyse/démonstration (en raisonnement et dissertation) et les sujets de type débat/discussion (en dissertation uniquement).

Termes introductifs	Que dois-je faire ?	Sujet
Comment… ?	Décrire et expliquer les **mécanismes**, les liaisons, les enchaînements qui valident l'existence de la relation qui suit le « comment ».	**Analyse**
Pourquoi… ? *Expliquez…*	Décrire et expliquer les **causes**.	
Quels effets… ?	Décrire et expliquer les **conséquences**.	
Montrez que…	Énoncer des **arguments**, des justifications permettant de **prouver** l'affirmation qui suit le « montrez que ».	
Dans quelle mesure… ? *Peut-on dire que… ?*	**Discuter** l'influence d'un phénomène ou la pertinence d'une explication. Appelle une **réponse nuancée**.	**Discussion, débat**

ÉTAPE 2 Comprendre le verbe de la consigne

Vous devez ensuite comprendre le sens de la tâche à effectuer, dans le cadre de laquelle vous allez argumenter. Cela suppose que vous compreniez le verbe qui la définit :

- **Comparer** consiste à mettre en parallèle deux ou plusieurs faits de façon à isoler les ressemblances et les différences.
- **Caractériser** suppose de donner des éléments caractéristiques d'un fait. Si on dispose de données chiffrées, on les utilise pour quantifier la description.
- **Distinguer** consiste à mettre en parallèle deux ou plusieurs faits de façon à isoler les différences uniquement.
- **Expliquer** signifie « dire pourquoi » ; c'est donner les éléments nécessaires pour faire comprendre un fait, un phénomène ou une situation.
- **Montrer** consiste à expliciter une idée ou un argument en le prouvant par des faits.

ÉTAPE 3 Trouver le plan adapté à la consigne

Les consignes ou questions ouvertes correspondent à des plans d'analyse thématique. Par exemple, le sujet de raisonnement « Vous montrerez que le marché est défaillant » suppose un plan dans lequel chaque partie ou paragraphe expliquera une défaillance de marché.

Les questions fermées, qui n'offrent que deux possibilités de réponse, renvoient à des plans de type : « oui (ou non) mais… ». Par exemple, le sujet de dissertation « Le vote n'est-il qu'un acte individuel ? » va donner lieu à un plan du type : « oui (ou non) mais… ».

Sujet	Termes introductifs	Plans possibles
Analyse	*Comment… ?*	I. Mécanisme n° 1 / II. Mécanisme n° 2, etc.
	Pourquoi… ?	I. Cause n° 1 / II. Cause n° 2, etc.
	Quels effets (rôles)… ?	I. Effets positifs / II. Effets négatifs
	Mettez en évidence...	I. Sur l'offre / II. Sur la demande
	Expliquez…	I. Quantitatifs / II. Qualitatifs
	Montrez que…	I. Directs / II. Indirects
	Quels sont les déterminants… ?	I. Déterminant n° 1 / Déterminant n° 2, etc.
Discussion, débat	*Dans quelle mesure… ?* *Peut-on dire que… ?* Questions fermées	I. Oui (ou Non)… II. Mais…

Vous pourrez ensuite, après avoir mis en relation vos connaissances avec les informations extraites du dossier documentaire, construire un plan en 1, 2 ou 3 niveaux selon l'épreuve et le sujet :

Plan à 1 niveau Succession logique de paragraphes	**Plan à 2 niveaux**	**Plan à 3 niveaux**
• §1 Affirmation • §2 Affirmation • §3 Affirmation • §4 Affirmation	**I) Titre** • §1 Affirmation • §2 Affirmation • §3 Affirmation **II) Titre** • §4 Affirmation • §5 Affirmation • §6 Affirmation	**I) Titre** A) Sous-titre • §1 Affirmation • §2 Affirmation B) Sous-titre • §3 Affirmation • §4 Affirmation **II) Titre** A) Sous-titre • §5 Affirmation • §6 Affirmation B) Sous-titre • §7 Affirmation • §8 Affirmation
Raisonnement avec 2 ou 3 documents	Raisonnement avec 2 ou 3 documents Dissertation	Dissertation

Un exemple de plan à 2 niveaux

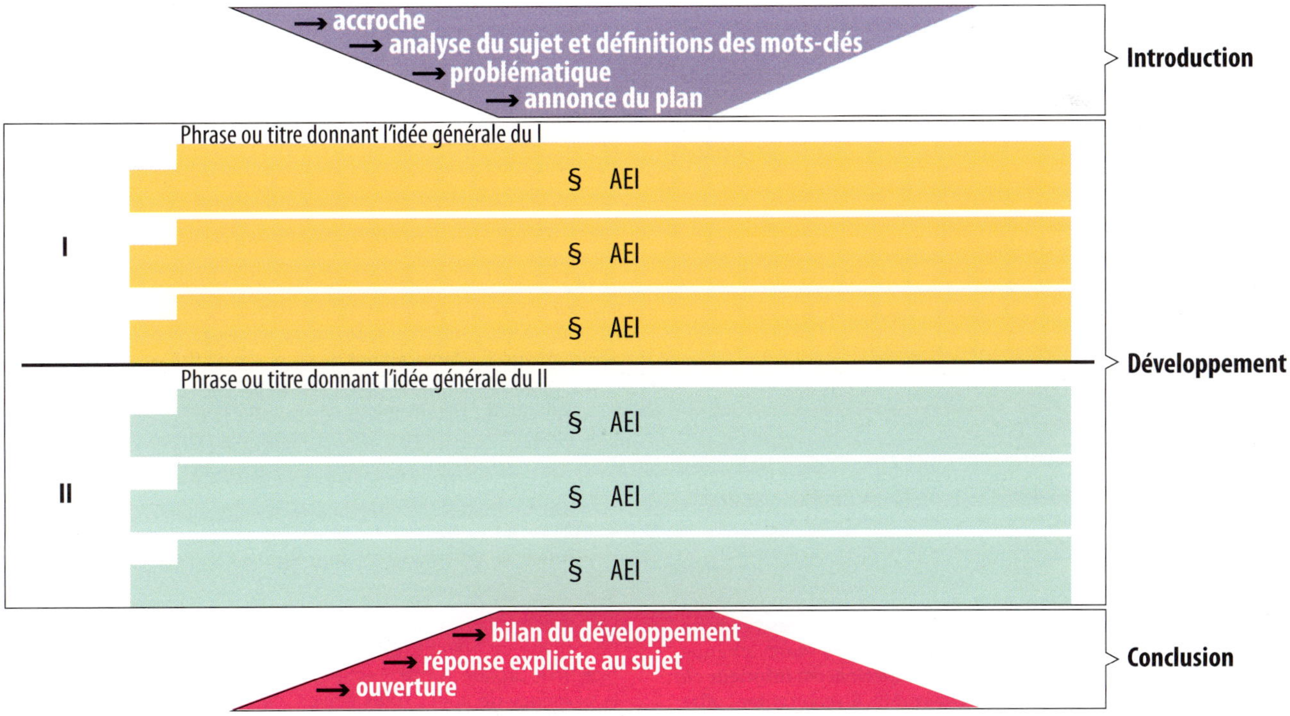

CORRIGÉS

BILAN DE DÉBUT D'ANNÉE

Les mécanismes du marché p. 8

1. **Faux.** Seules les quantités demandées diminuent. – 2. **Vrai.** – 3. **Faux.** Le prix doit augmenter. – 4. **Vrai.** – 5. **Faux.** Des particuliers revendent aussi des vêtements d'occasion (exemple : Vinted). – 6. **Vrai.** – 7. **Vrai.**

La détermination du prix d'équilibre sur le marché p. 8

(De gauche à droite et de haut en bas) 1. Baisse du prix – 2. Baisse de la quantité offerte & Hausse de la quantité demandée – 3. Hausse du prix – 4. Hausse de la quantité offerte & Baisse de la quantité demandée

Travail, capital ou consommations intermédiaires p. 8

1. Un ordinateur → Capital ; 2. De la farine pour des pâtisseries → Consommations intermédiaires ; 3. Un vendeur dans une librairie → Travail ; 4. Une machine-outil pour fabriquer des voitures → Capital ; 5. De l'eau pour fabriquer de la limonade → Consommations intermédiaires ; 6. L'électricité pour faire fonctionner des robots → Consommations intermédiaires ; 7. Une camionnette de livraison → Capital ; 8. Une chercheuse dans un laboratoire pharmaceutique → Travail.

La diversité des producteurs p. 8

(De gauche à droite et de haut en bas)
1. Production marchande → Les entreprises → privées / publiques / de l'économie sociale et solidaire
2. Production non marchande → Les administrations publiques

Le processus de socialisation et ses acteurs p. 9

1. c) ; 2. b) ; 3. c) d) ; 4. a) ; 5. a)

La diversité des acteurs contribuant à la vie politique p. 9

En démocratie, différents types d'acteurs contribuent à la vie politique. Tout d'abord, les **partis politiques** ont pour objectif d'exercer le pouvoir politique. Pour cela, ils organisent la compétition politique et la mobilisation électorale en **sélectionnant** des candidats, en élaborant des **programmes** et en **organisant** des meetings politiques. Par ailleurs, d'autres organisations forment la **société civile organisée** et ont pour objectif d'**influencer** le pouvoir politique afin que les décisions défendent leurs intérêts ou leur cause. Par exemple, les **syndicats** défendent les intérêts des salariés et utilisent certaines modalités d'action (manifestations, **grèves**, négociation...). Enfin, les **médias** contribuent également à la vie politique : ils participent à la démocratie en informant les citoyens, en animant le débat politique et en jouant un rôle de **contre-pouvoir**.

Les déterminants du salaire p. 9

(De haut en bas) Milieu social → Diplôme → **Capital humain** → **Productivité** → Revenu ← **Expérience**
(De gauche à droite) Genre → Revenu ← **Type d'entreprise**

Chapitre 1

DOSSIER 1 S'autoévaluer p. 17

1. **Vrai.** – 2. **Faux.** Sur un marché concurrentiel, le prix est déterminé par le marché et les producteurs sont preneurs de prix. – 3. **Vrai.** – 4. **Vrai**.

DOSSIER 2 S'autoévaluer p. 19

Généralement, lorsque le prix augmente, la quantité demandée par les acheteurs **diminue** alors que la quantité offerte par les vendeurs **augmente**. En effet, avec un coût marginal croissant, chaque producteur produit les unités dont le coût marginal est **inférieur** ou égal au prix de marché pour maximiser son profit. En confrontant offre et demande, un prix d'équilibre se fixe, qui équilibre **quantité** offerte et **quantité** demandée.

DOSSIER 3 S'autoévaluer p. 21

1. Déplacement sur la courbe d'offre. – 2. Déplacement de la courbe d'offre. – 3. Déplacement de la courbe de demande.

DOSSIER 4 S'autoévaluer p. 23

Les échanges volontaires permettent un **gain à l'échange**, tant pour chaque producteur que pour chaque consommateur. Le **surplus** total généré est maximisé quand les échanges se font au **prix d'équilibre**, car c'est à ce prix que la **quantité** échangée est maximale. Les interventions publiques sur le prix diminuent le **surplus** total, mais peuvent se justifier pour d'autres raisons.

TESTEZ VOS CONNAISSANCES ! p. 30

Exercice 1

Zone bleue : **Surplus des consommateurs** – Zone rouge : **Surplus des producteurs** – Courbe bleue : **Demande** – Courbe rouge : **Offre** – En ordonnée : **Prix d'équilibre** – En abscisse : **Quantité d'équilibre**

Exercice 2

Pour décider de la quantité à produire qui maximise son profit, chaque producteur compare ce que lui rapporte chaque unité supplémentaire produite (le **prix**) avec ce qu'elle lui coûte (le **coût marginal**). La quantité qui maximise le profit est donc celle pour laquelle le **prix** est égal au **coût marginal**. Donc, si le prix de marché augmente, la quantité produite par chaque producteur **augmente**. Au total, une hausse du prix provoque donc un déplacement **sur la courbe** d'offre : pour un prix plus élevé, la quantité offerte **augmente**.
Si le **coût marginal** de chaque unité produite augmente, à la suite d'une hausse du coût des matières premières par exemple, pour le même niveau de prix, la quantité que produit chaque producteur **baisse**. Au total, une hausse des coûts provoque donc un déplacement **de la courbe** d'offre : à prix égal, la quantité offerte **baisse**.

Exercice 3

1. **Faux.** La quantité offerte augmente, mais la quantité demandée baisse. – 2. **Vrai.** – 3. **Vrai.** – 4. **Faux.** En cas d'offre excédentaire, le prix baisse. – 5. **Vrai.** – 6. **Faux.** Les consommateurs qui accordent une valeur au produit inférieure au prix d'équilibre ne souhaitent pas acheter. – 7. **Vrai.** – 8. **Faux.** Le surplus des consommateurs est égal à la somme des gains à l'échange des consommateurs, générés par l'écart positif entre la valeur qu'ils accordent au produit et son prix. – 9. **Faux.** Sur un marché concurrentiel, les producteurs ne peuvent pas fixer un prix plus élevé que le prix de marché, car dans ce cas aucun consommateur n'achète leurs produits. – 10. **Vrai.**

Exercice 4

1. Marché – 2. Institutions – 3. Concurrence – 4. Prix – 5. Offre – 6. Consommateurs – 7. Coût marginal – 8. Surplus – 9. Taxe – 10. Quantité – 11. Échange

Exercice 5

a) Graphique 2 / Déplacement de la courbe d'offre vers la droite.
b) Graphique 2 / Déplacement de la courbe d'offre vers la droite.
c) Graphique 3 / Déplacement de la courbe d'offre vers la gauche.
d) Graphique 1 / Déplacement sur la courbe d'offre.
e) Graphique 2 / Déplacement de la courbe d'offre vers la droite.
f) Graphique 3 / Déplacement de la courbe d'offre vers la gauche.
g) Graphique 2 / Déplacement de la courbe d'offre vers la droite.
h) Graphique 3 / Déplacement de la courbe d'offre vers la gauche.

Chapitre 2

DOSSIER 1 S'autoévaluer p. 39

La concurrence est qualifiée d'**imparfaite** quand les offreurs ont un pouvoir de marché, c'est-à-dire une marge de manœuvre pour fixer leur prix de vente. Cette configuration peut s'expliquer par la présence de coûts **fixes** élevés, ce qui constitue une barrière **naturelle** à l'entrée sur ce marché, mais aussi par d'autres formes de barrières. Les offreurs sont également **incités** à mettre en place une entente afin de **renforcer** leur pouvoir de marché.

DOSSIER 2 S'autoévaluer p. 41

1. **Vrai.** – 2. **Faux.** L'entreprise en situation de monopole compare sa recette marginale au coût marginal. – 3. **Faux.** Au contraire, le surplus des consommateurs diminue car le monopoleur vend une quantité plus faible à un prix plus élevé qu'en concurrence parfaite. – 4. **Vrai.**

DOSSIER 3 S'autoévaluer p. 43

Sur un marché oligopolistique, un **petit** nombre d'entreprises est présent sur le marché, contrairement à un marché parfaitement concurrentiel où il y a **grand** nombre de producteurs. Si ces entreprises ne coopèrent pas, le dilemme du prisonnier montre que chaque entreprise a un intérêt **individuel** à choisir une solution qui s'avère ensuite contraire à l'intérêt **collectif**. Les entreprises en oligopole ont donc intérêt à former une **entente** pour **maximiser** leur profit. Ces pratiques sont toutefois illégales.

DOSSIER 4 S'autoévaluer p. 45

1. Abus de position dominante – 2. Entente – 3. Opération de fusion-acquisition.

TESTEZ VOS CONNAISSANCES ! p. 54-55

Exercice 1

1. La mise en place d'ententes (a) / l'existence de barrières à l'entrée (c) / le nombre limité d'offreurs présents sur le marché (d).
2. L'équilibre du monopole est inefficace puisque les prix sont plus élevés et les quantités plus faibles (b) / entraîne une baisse du surplus des consommateurs et du surplus total (c).
3. Un monopole naturel est un monopole qui émerge en raison de coûts fixes élevés (a).
4. Le dilemme du prisonnier permet de montrer que chaque entreprise a intérêt à trahir l'autre (a) / les entreprises ont intérêt à coopérer et ainsi former une entente (c).

Exercice 2

a) Monopole institutionnel : 3 ; 4
b) Monopole naturel : 5 ; 6
c) Monopole d'innovation : 1 ; 2 ; 7

Exercice 3

(**De haut en bas**) 1. Coûts fixes très élevés – 2. Innovations – 3. Loi qui limite l'accès au marché. – 4. Fusions et acquisitions – (**de gauche à droite**) 6. Ententes – 7. Pouvoir de marché.

Exercice 4

Lorsque les entreprises ont la possibilité de s'éloigner du prix qui s'établirait s'il y avait une concurrence parfaite, on dit qu'elles disposent d'un **pouvoir de marché**.
Le pouvoir de marché est particulièrement fort dans le cas extrême où l'entreprise est en situation de **monopole**. C'est le cas lorsqu'une entreprise a su s'imposer sur un marché grâce à une **innovation** protégée par un brevet. Toutefois, dans certains cas, c'est la **loi** qui impose qu'il n'y ait qu'une seule entreprise sur le marché, dans les cas particuliers où l'Etat souhaite avoir un contrôle de la production. Enfin, dans certaines situations, la production ne pourrait pas être rentable s'il y avait plusieurs entreprises présentes, en raison de **coûts fixes** extrêmement élevés. On parle alors de monopole **naturel**.
Le pouvoir de marché existe aussi dans le cas d'un **oligopole**, lorsqu'il y a un petit nombre d'entreprises présentes sur le marché pour une multitude de demandeurs. Le **dilemme du prisonnier** montre que les entreprises ont alors intérêt à coopérer et former une entente pour accroître leurs profits. Ces ententes sont cependant illégales et peuvent faire l'objet de sanctions dans le cadre de la **politique de la concurrence**. Les **abus de position dominante**, lorsqu'une entreprise détient une forte part de marché et utilise cet avantage pour développer des pratiques qui restreignent la concurrence, sont également interdits.

Exercice 5

(**De gauche à droite et de haut en bas**) 1. Concentration – 2. D'offreurs – de demandeurs – 3. Oligopolistique – 4. Renforcer. – 5. Ententes – 6. Innovations.

Exercice 6

1. **Faux**, c'est l'inverse, elles veillent à maintenir la concurrence. 2. **Faux**, elle vise à augmenter le surplus des consommateurs. 3. **Faux**, elles sont au contraire plus difficiles à mettre en œuvre. 4. **Faux**, elle lutte contre les abus de position dominante. 5. **Faux**, ce ne sont pas des pratiques illicites, elles ne font donc pas l'objet d'amendes au contraire des ententes et abus de position dominante. 6. **Vrai.** 7. **Vrai.** 8. **Faux**, il s'agit des ententes.

Chapitre 3

DOSSIER 1 S'autoévaluer p. 63

1. **Externalités négatives :** pollution visuelle, baisse de l'attractivité des biens immobiliers à proximité donc perte de valeur de ces biens, risques sur la santé des riverains en raison des champs électromagnétiques…
2. Pendant les travaux : **externalités négatives** engendrant une baisse de la valeur des biens des logements du fait des nuisances causées par les travaux (bruit, stationnement, pollution visuelle…). Après les travaux : **externalités positives** car les logements mieux desservis par les transports sont plus demandés, ce qui augmente leur valeur marchande.
3. **Externalités positives** car la découverte d'un vaccin réduit la propagation du virus et permet de créer une immunité collective.
4. **Externalités négatives** car les émissions de CO_2 contribuent au dérèglement climatique qui a des effets néfastes sur le bien-être des générations futures.

DOSSIER 2 S'autoévaluer p. 65

Les biens collectifs sont des biens non **rivaux** et non **exclusifs** : par exemple, **la police** et l'éclairage public. Ces biens étant non **exclusifs**, le marché est défaillant car les individus sont rationnels et agissent en « passager clandestin » : pourquoi paieraient-ils alors que ces biens sont en accès libre et qu'ils bénéficient à tous ? Les biens communs sont des biens non **exclusifs** mais ils sont **rivaux**. C'est le cas, par exemple, des ressources de la mer et des **pâturages**. Les individus vont utiliser ces biens en accès libre jusqu'à provoquer une **surexploitation**, voire une disparition de la ressource. C'est la « **tragédie** des biens communs ».

DOSSIER 3 S'autoévaluer p. 67

Sélection adverse : 1 et 4 – **Aléa moral :** 2 et 3

DOSSIER 4 S'autoévaluer p. 69

Externalité négative → Taxe sur le carburant → Taxation
Asymétrie d'information → Bilan énergétique des biens immobiliers → Réglementation
Bien commun → Quota de pêche → Réglementation
Externalité positive → MaPrimeRénov' (pour isoler les logements) → Subvention

TESTEZ VOS CONNAISSANCES ! p. 78

Exercice 1

On parle d'externalité lorsque l'activité d'un **producteur** ou d'un **consommateur** engendre un avantage (externalité **positive**) ou un **coût** (externalité **négative**) sans être compensé monétairement sur le marché. En effet, le coût **social** est différent du coût privé car il n'intègre pas les **coûts externes**. Par exemple, si une entreprise pollue, son coût privé est plus **faible** que le coût social. Ainsi, elle produit **plus** que si elle intégrait le coût de l'externalité. Par conséquent, les externalités constituent une **défaillance** du marché.

Exercice 2

1. **Faux**. Un phare n'est pas un bien rival. – 2. **Vrai.** – 3. **Faux.** Si l'entrée est payante, alors la piscine municipale est un bien exclusif. – 4. **Vrai.** – 5. **Vrai.** – 6. **Faux.** Le fait de payer entraîne l'exclusivité. – 7. **Vrai.** – 8. **Faux.** Les poissons dans une rivière ne sont pas des biens exclusifs, mais sont rivaux. Ce sont donc des biens communs.

Exercice 3

Sélection adverse : définition **h) l'agent ne dispose pas de toute l'information sur le produit**, porte sur **f) une caractéristique des produits**, se situe **e) avant l'échange**, défaillance car **d) le prix ne reflète pas la qualité du produit et les produits de bonne qualité disparaissent du marché**, exemple : **b) le marché des voitures d'occasion**.
Aléa moral : définition **c) ne remplit pas toutes ses obligations une fois le contrat conclu**, porte sur **a) le comportement des acheteurs**

ou vendeurs, se situe **i) après l'échange**, défaillance car **j) l'agent économique le mieux informé modifie son comportement au détriment du moins bien informé**, exemple : **g) le marché des assurances.**

Exercice 4

1. Sélection adverse – 2. Bien commun – 3. Externalité positive – 4. Bien collectif – 5. Aléa moral – 6. Externalité négative.

Exercice 5

(de haut en bas et de gauche à droite) 1. Biens non exclusifs mais rivaux – 2. Biens non exclusifs et non rivaux – 3. Sélection adverse – 4. Aléa moral – 5. Externalités – 6. Défaillances du marché.

Exercice 6

Externalité négative : 1 et 3 – **Externalité positive :** 5 – **Sélection adverse :** 4 – **Aléa moral :** 6 – **Bien commun :** 2 et 7.

Chapitre 4

DOSSIER 1 S'autoévaluer p. 87

(de gauche à droite et de haut en bas) Agents en besoin de financement Investissement > Épargne – Financement – Agents en capacité de financement Investissement < Epargne

DOSSIER 2 S'autoévaluer p. 89

1. Autofinancer un investissement correspond à un financement externe. **Faux.** C'est un financement interne.
2. Les entreprises peuvent emprunter sur les marchés financiers en émettant des actions. **Vrai**
3. Les entreprises en besoin de financement peuvent emprunter aux banques. **Vrai**
4. Une entreprise ne peut investir que si elle réalise des profits. **Faux.** Si elle n'a pas un EBE positif, elle peut toujours recourir à un financement externe.

DOSSIER 3 S'autoévaluer p. 91

Taux d'intérêt nominal → Taux convenu par contrat
Taux d'intérêt réel → Taux auquel on a retiré le taux d'inflation
Marché des fonds prêtables → Offre et demande de fonds prêtables
Coût de l'emprunt → Taux d'intérêt débiteur
Rémunération du placement → Taux d'intérêt créditeur

DOSSIER 4 S'autoévaluer p. 93

Dans le cas d'une politique de **relance budgétaire**, les **recettes** de l'État sont inférieures aux dépenses, ce qui entraîne une augmentation du **déficit public**, qui a deux conséquences, elle **stimule** l'activité économique et crée donc de la **croissance économique**. Mais dans le même temps, la hausse du déficit public entraîne une augmentation de la **dette publique** qui peut créer un **effet d'éviction** en raison d'une hausse des taux d'intérêt. Dans ce cas, l'effet total sur la croissance économique est **faible**.

TESTEZ VOS CONNAISSANCES ! p. 102

Exercice 1

1. **Faux**, c'est un agent à capacité de financement. – 2. **Vrai** – 3. **Faux**, ils peuvent avoir des besoins de financement lorsque leur épargne est insuffisante pour financer leur investissement. – 4. **Vrai** – 5. **Faux**, il est en situation de besoin de financement. – 6. **Faux**, il peut aussi placer son épargne et utiliser des financements extérieurs pour ses investissements.

Exercice 2

1. **Recourir au financement externe direct signifie :**
a) émettre des actions.
b) émettre des obligations.
2. **Une action :**
a) est un titre de propriété.
c) permet de recevoir des dividendes si l'entreprise réalise des profits.
3. **Une obligation :**
b) est un titre de créance.
d) représente un emprunt réalisé sur les marchés financiers.
4. **L'emprunt bancaire :**
a) représente un financement externe indirect.
c) est la seule source de financement accessible pour de nombreuses PME.
d) représente un coût pour les entreprises.

Exercice 3

(de gauche à droite et de haut en bas) Émissions d'actions ou d'obligations – Financement indirect – Crédit bancaire – Financement interne

Exercice 4

1. Obligation 2. EBE 3. Epargne 4. Crédit 5. Marché 6. Intérêt 7. Autofinancement 8. Créance 9. Relance 10. Déficit

Exercice 5

1. Déficit public → c) Situation dans laquelle les dépenses sont supérieures aux recettes publiques.
2. Obligations d'Etat → d) Titre d'emprunt émis par l'État sur les marchés financiers.
3. Dette publique → e) Ensemble des emprunts contractés par l'État pour financer le déficit.
4. Dépenses publiques → f) Dépenses effectuées par l'État, comme les prestations sociales, les investissements publics, etc.
5. Relance par la demande → b) Augmentation des dépenses de l'État pour stimuler consommation et investissement.
6. Effet d'éviction → a) Hausse des taux d'intérêt provoquée par la demande de fonds prêtables de l'Etat.

Exercice 6

a. taux d'intérêt d'équilibre
b. épargne = investissement
c. offre de fonds prêtables
d. demande de fonds prêtables

Chapitre 5

DOSSIER 1 S'autoévaluer p. 113

1. Fiduciaire
2. Scripturale
3. Réserve de valeur

DOSSIER 2 S'autoévaluer p. 115

1. **Faux**, ce n'est pas la monnaie centrale qu'elle prête, et elle crée de la monnaie. – 2. **Vrai.** – 3. **Faux** car ces réserves sont de la monnaie centrale qui ne sert qu'aux transactions entre banques.

DOSSIER 3 S'autoévaluer p. 117

(de gauche à droite) taux directeurs – taux d'intérêt à court terme – création monétaire – stabilité des prix

DOSSIER 4 S'autoévaluer p. 119

1. **Vrai.** – 2. **Faux**, augmenter les taux directeurs risque de faire augmenter le chômage. 3. **Vrai.** 4. **Vrai.**

TESTEZ VOS CONNAISSANCES ! p. 126

Exercice 1

1. a – 2. b. – 3. b – 4. b

Exercice 2

1. b – 2. c – 3. a

Exercice 3

1. La masse monétaire augmente.
2. La masse monétaire est inchangée.
3. La masse monétaire diminue.
4. La masse monétaire est inchangée.

Exercice 4

1. **Vrai.** – 2. **Faux**, c'est le taux auquel la banque centrale rémunère la monnaie centrale déposée sur ses comptes par les banques commerciales. – 3. **Faux**, car les banques ont souvent le choix entre emprunter auprès de la banque centrale ou sur le marché monétaire à d'autres banques. 4. **Vrai.** – 5. **Faux** car les banques commerciales peuvent également le faire. – 6. **Faux** car s'il y a beaucoup de crédit,

cela augmente la demande (consommation et investissement) ce qui peut générer de l'inflation.

Exercice 5

Acteurs favorisés par une forte inflation	Acteurs défavorisés par une forte inflation
3. Une entreprise qui fait produire ses biens en Italie et les vend en France. 5. L'État dont la dette publique est conséquente.	1. Un salarié dont le salaire est fixe. 2. Une entreprise qui produit en France et vend ses produits en Italie. 4. Un propriétaire de logement qui perçoit des loyers fixes.

Exercice 6

Pour mettre en œuvre sa politique monétaire, une banque centrale peut faire varier ses **taux directeurs**, notamment le taux auquel elle prête de la monnaie centrale aux banques commerciales. Pour lutter contre l'inflation, la banque centrale va ainsi **augmenter** ses taux directeurs, ce qui pousse à la hausse le taux auquel les banques empruntent sur le marché **monétaire**. Les banques commerciales vont alors être contraintes d'augmenter les taux d'intérêt sur les **crédits** qu'elles accordent. Ces derniers devenant plus **coûteux** pour les ménages et les entreprises, ces acteurs vont renoncer à des projets de consommation ou d'investissement qu'ils ne peuvent plus financer. La demande globale **ralentit**, de même que la hausse des prix, ce qui était l'effet recherché. En revanche, cela peut avoir un effet **récessif** : la demande globale étant moins forte, la croissance ralentit, et l'emploi peut **diminuer**.

Chapitre 6

DOSSIER 1 S'autoévaluer p. 139

La socialisation est le processus d'**apprentissage** et d'**intériorisation** de façons d'agir, de penser et d'anticiper l'avenir, qui sont situées socialement en fonction de la société et des groupes dans lesquels l'individu vit. La socialisation se réalise de différentes façons, par **inculcation**, lorsque les adultes transmettent volontairement des normes et valeurs aux enfants, mais aussi par des **pratiques directes** et par **imprégnation** lorsque ceux-ci vont imiter, reproduire et modifier leurs comportements au cours des qu'ils ont avec leur entourage.

DOSSIER 2 S'autoévaluer p. 141

1. Conditions de socialisation homogènes 2. Conditions de socialisation hétérogènes 3. Conditions de socialisation hétérogènes 4. Conditions de socialisation homogènes

DOSSIER 3 S'autoévaluer p. 143

Les amis • Les colocataires • Les collègues de travail • Le conjoint.

DOSSIER 4 S'autoévaluer p. 145

1. Faux. – 2. Vrai. – 3. Faux. – 4. Vrai.

TESTEZ VOS CONNAISSANCES ! p. 152

Exercice 1

1. b – 2. a. b. – 3. b. c.

Exercice 2

1. Inculcation 2. Pratiques directes 3. Imprégnation 4. Inculcation 5. Pratiques directes 6. Imprégnation 7. Inculcation

Exercice 3

L'univers familial dans lequel les enfants et les adolescents sont socialisés n'est pas forcément **homogène**. Ils vont grandir dans des différentes **configurations familiales** qui dépendent aussi bien des **caractéristiques sociales** des membres de la famille (milieu social, niveau de diplôme, origine migratoire), que de la **composition de la famille** (situation conjugale des parents, **taille de la fratrie**, présence ou non de la famille élargie) et des relations d'interdépendance que les membres de la famille vont avoir. Ces configurations familiales vont produire des conditions de socialisation **hétérogènes** parmi des individus qui partagent pourtant certaines caractéristiques sociales (même **milieu social** ou même type de famille).

Exercice 4

1. La famille : **Socialisation primaire**
2. Les frères et sœurs : **Socialisation primaire**
3. Les collègues de travail : **Socialisation professionnelle**
4. Le conjoint ou la conjointe : **Socialisation conjugale**
5. Les camarades de classe : **Socialisation primaire**
6. Les syndicats et partis politiques : **Socialisation politique**
7. Les clients et usagers : **Socialisation professionnelle**

Exercice 5

Trajectoire sociologiquement probable : **2** et **4**
Trajectoire sociologiquement improbable : **1**, **3** et **5**

Exercice 6

(de gauche à droite) Configurations familiales – Socialisation primaire – Socialisation secondaire

Chapitre 7

DOSSIER 1 S'autoévaluer p. 161

1. **Faux** : par exemple, dans une grande entreprise, tous les membres ne se connaissent pas personnellement. – 2. **Vrai.** – 3. **Faux :** il s'agit d'un lien de participation organique. – 4. **Vrai.**

DOSSIER 2 S'autoévaluer p. 163

L'**individualisation** permet aux individus d'avoir davantage d'**autonomie** dans leurs choix de vie. Ce processus reflète une évolution du lien social, avec le passage d'une solidarité **mécanique** (ce qui rassemble les individus est essentiellement leur **ressemblance** et le partage de valeurs et croyances communes fortes), à une solidarité **organique** (tout en ayant des fonctions différentes, les individus sont **complémentaires**).

DOSSIER 3 S'autoévaluer p. 165

Le développement du numérique **entraîne** l'apparition de nouvelles sociabilités. Mais il apparaît aussi que la sociabilité numérique **renforce** surtout les sociabilités existantes. Enfin, ces sociabilités sont marquées par des inégalités : par exemple, les personnes **jeunes** ou **plus** diplômées utilisent plus souvent les outils numériques.

DOSSIER 4 S'autoévaluer p. 167

Précarité → Rupture des liens professionnels et familiaux → Isolement → Affaiblissement / rupture du lien social ← Stéréotypes et discriminations ← Ségrégation

TESTEZ VOS CONNAISSANCES ! p. 176

Exercice 1

1. → Lien organique et Lien de citoyenneté → Protection
2. → Lien de citoyenneté → Reconnaissance
3. → Lien électif et protection → Reconnaissance
4. → Lien de filiation → Protection

Exercice 2

La solidarité mécanique : 2 ; 4 ; 5 ; 7
La solidarité organique : 1 ; 3 ; 6 ; 8

Exercice 3

1. **Faux** : les réseaux sociaux renforcent souvent les liens pré-existants, et peuvent aussi aboutir à des rencontres physiques. 2. **Vrai.** – 3. **Vrai.** 4. **Faux :** ils peuvent aussi développer les liens organiques (ex : télétravail) et de citoyenneté (ex : services publics dématérialisés). 5. **Vrai.**

Exercice 4

1. **(de haut en bas et de gauche à droite)** Statut d'emploi – Secteur d'activité – Niveau de qualification de l'emploi – Emploi manuel ou de service
2. **a)** 1. – **b)** 5. – **c)** 6. – **d)** 4. – **e)** 2. – **f)** 3.

Exercice 5

Les facteurs d'**isolement** des individus sont nombreux : **rupture familiale**, séparation, perte d'emploi, etc. Le principal facteur d'affaiblissement des liens sociaux reste la **précarité**, laquelle entraîne une instabilité qui empêche les individus ou les groupes de se projeter dans l'avenir. C'est l'**accumulation** de ces différents facteurs qui peut mener à la rupture des liens sociaux. C'est ce qu'on appelle le processus de **désaffiliation**. L'affaiblissement du lien social ne concerne pas uniquement des individus, il peut également s'affaiblir à l'échelle globale, entre les groupes sociaux. C'est ce que l'on retrouve avec les phénomènes de **ségrégation**, où les groupes sociaux se retrouvent séparés de fait ou en droit.

Exercice 6

1 ; 3 ; 5

Chapitre 8

DOSSIER 1 S'autoévaluer p. 185

Les normes peuvent être **juridiques** (droit) ou **sociales** (tacites). Le respect des normes s'exerce par des actions qui constituent le **contrôle social**. Lorsque les normes sont intériorisées par les individus au cours de la **socialisation**, il s'agit de contrôle social **interne**. Le contrôle social **externe**, au contraire, est réalisé par des institutions spécialisées (contrôle social **formel**), ou lors des interactions avec d'autres individus (contrôle social **informel**).

DOSSIER 2 S'autoévaluer p. 187

Stigmate → Étiquetage → Carrière déviante

DOSSIER 3 S'autoévaluer p. 189

1. Au XIXe siècle en France, porter un jean, pour une femme, pouvait être perçu comme une déviance (car c'était mal vu) et aussi comme de la délinquance (car c'était interdit par la loi). Cette restriction s'est progressivement assouplie jusqu'à devenir désuète à la fin du XXe siècle (ce n'est plus une déviance ni de la délinquance).
2. En France aujourd'hui, fumer du cannabis peut être perçu comme une déviance (cela dépend des groupes sociaux) et c'est un acte de délinquance car la loi l'interdit (une amende peut être infligée).
3. Jeter un papier par terre dans la rue peut être perçu comme un acte déviant (car c'est mal vu) et aussi comme de la délinquance (car on peut avoir à régler une amende).
4. Bloquer l'ascenseur d'un immeuble sans raison peut être perçu comme une déviance (car c'est mal vu) mais pas comme de la délinquance car il n'existe pas de sanction prévue par le droit.

DOSSIER 4 Autoévaluation p. 191

1. Faux. Les statistiques de la police et de la gendarmerie mesurent l'activité des institutions (dépôts de plainte notamment) mais il subsiste un « chiffre noir de la délinquance », des informations non communiquées à ces institutions (par exemple en cas d'absence de dépôt de plainte) et qui n'apparaissent pas dans les données. – **2. Faux.** Au contraire, les statistiques issues des enquêtes de victimation sont, dans leur globalité, plus élevées que les statistiques administratives, elles se rapprochent plus de « la réalité » des infractions, puisqu'elles dépendent des témoignages et non de leur dénonciation à l'administration (certains faits ne sont pas toujours ou pas souvent dénoncés, comme les violences intrafamiliales, fortement sous-estimées par les statistiques administratives). – **3. Vrai.** L'évolution des normes juridiques a un effet sur les statistiques administratives de la délinquance, puisque si un fait, autrefois autorisé ou toléré, devient interdit, il sera puni par les institutions spécialisées et cela fera augmenter les statistiques administratives (et inversement pour un fait qui est légalisé).

TESTEZ VOS CONNAISSANCES ! p. 200

Exercice 1

Norme sociale	Norme juridique
1. 2. *(en France)* **3. 4. 5. 6.**	**3. 5. 6.**

Exercice 2

1. → **Contrôle social interne**
2. → **Contrôle social formel**
3. → **Contrôle social informel**
4. → **Contrôle social formel**
5. → **Contrôle social interne**
6. → **Contrôle social formel**

Exercice 3

1. Vrai. – **2. Vrai.** – **3. Faux.** La police est une instance de contrôle social formel. – **4. Vrai.** – **5. Vrai.** – **6. Vrai.** – **7. Faux.** Le stigmate, dans la perspective d'Erving Goffman, peut parfois être caché à autrui par celui qui le porte (ancien alcoolique, ancien prisonnier, gros fumeur, etc., qui ferait en sorte que ce fait ne soit pas dévoilé pour ne pas subir de stigmatisation). – **8. Vrai.** Bien souvent, quand on contrevient à une règle juridique, on contrevient aussi à une règle sociale. – **9. Faux.** On peut contrevenir à une règle sociale sans contrevenir à une règle juridique. Par exemple, si l'on ne se lave pas les mains après être allé aux toilettes, cela peut être mal vu (c'est une règle sociale, on peut être perçu comme déviant) mais on ne sera pas sanctionné au niveau juridique (il n'existe pas de règle juridique, pas de prison ou autre, pas de sanction formelle). – **10. Faux.** La délinquance admet plusieurs niveaux hiérarchisés en fonction de la gravité considérée de l'acte commis. On parle de contravention, de délit et de crime. Le crime est l'acte de délinquance considéré comme le plus grave dans une société donnée. Et une personne peut être accusée à tort d'un crime. – **11. Faux.** Utiliser le terme de « déviance », c'est affirmer qu'un acte contrevient aux normes sociales et/ou juridiques d'une société donnée à un moment donné. Ce n'est pas porter un jugement moral sur l'acte commis.

Exercice 4

1. Norme. – **2.** Carrière. – **3.** Contrôle. – **4.** Délinquance. – **5.** Stigmatisation. – **6.** Déviance. – **7.** Étiquetage.

Exercice 5

1. Les filles portent des pantalons sans que cela soit considéré comme un habit masculin. **(temps)**
2. Il faut manger avec des baguettes en bois. **(lieux)**
3. Regarder la télévision à table, ou ne surtout pas la regarder à table. **(groupes sociaux)**
4. Rouler à gauche ou à droite en voiture. **(lieux)**
5. Pas de relations sexuelles avant le mariage, surtout pour les filles. **(lieux, groupes sociaux)**
6. Ne pas manger de viande pour préserver la planète. **(temps, groupes sociaux)**

Exercice 6

La **déviance** n'est pas un état mais un **processus** qui conduit les individus à appartenir à un groupe identifié comme tel. C'est pourquoi les sociologues parlent de **carrières** déviantes.
La possession d'un **stigmate**, un caractère spécifique et dévalorisant, ou la **transgression** d'une norme sociale ou juridique, conduit à un **étiquetage** des individus, alors perçus comme déviants par d'autres individus dans des interactions sociales ou par des institutions spécialisées. La déviance peut conduire à des sanctions, un contrôle social **informel** dans le premier cas, formel dans le second. En définitive, les individus perçus comme déviants peuvent aussi s'intégrer dans un **groupe** où ils ne sont pas perçus comme tels, voire même qui revendique positivement le **stigmate** initialement dévalorisé (retournement).

Chapitre 9

DOSSIER 1 S'autoévaluer p. 209

(de gauche à droite et de haut en bas) des élites éclairées – démocratie – du plus grand nombre – les sondages – les médias

DOSSIER 2 S'autoévaluer p. 211

1. Faux. Ils interrogent un échantillon représentatif de la population française construit selon la méthode des quotas. – **2. Vrai.** – **3. Faux.** La méthode des quotas a permis de prédire le résultat de l'élection présidentielle américaine, contrairement à la méthode du vote de paille qui s'est trompée. – **4. Vrai.** – **5. Faux.** Il a été multiplié par quatre entre 1981 et 2022.

DOSSIER 3 S'autoévaluer p. 213

1. Il arrive **souvent** aux sondages de se tromper dans leurs prédictions.
2. Il faudrait **toujours** présenter la marge d'erreur avec le résultat d'un sondage. **3.** La formulation d'une question a une influence **forte** sur les résultats d'un sondage.

DOSSIER 4 S'autoévaluer p. 215

Effet des sondages sur la démocratie (passage à une **démocratie d'opinion**)			
Communication politique accrue	Programmes **politiques imprécis**	**Déclin** des clivages partisans	Emprise des **médias**

Effet des sondages sur les élections		
Effet sur la **participation électorale**	Effet sur le choix des électeurs	Effet sur la sélection des **candidats**

TESTEZ VOS CONNAISSANCES ! p. 222

Exercice 1

1. d) 2. c) 3. c) 4. b)

Exercice 2

Au XVIIIe siècle, l'opinion publique désigne d'abord l'opinion d'une **minorité**. Cette opinion publique éclairée est exprimée par des philosophes, des gens de lettres dans des lieux privés : cafés littéraires, sociétés savantes, et s'exprime dans des publications **savantes**. Il faut attendre le XIXe siècle pour que l'opinion publique désigne l'avis du peuple, avec l'avènement de la **démocratie** et du suffrage universel masculin en 1848. Elle s'exprime lors de **manifestations** et est facilitée par le développement de la presse écrite. Cette expression est alors désignée comme une opinion publique **criée**. Mais aucune technique n'existe encore pour mesurer l'avis de toute la population. Il faut attendre le XXe siècle et le développement des **sondages** et des **médias** de masse pour que l'opinion publique puisse être l'expression de tous les citoyens. On parle alors d'opinion publique **sondée**.

Exercice 3

Effet des sondages sur le fonctionnement démocratique	Effet des sondages sur les élections
1. 3. 4. 6.	2. 5. 7.

Exercice 4

1. → **Effet « underdog »**
2. → **Effet « humble-the-winner »**
3. → **Effet « snob-the-loser »**
4. → **Effet « bandwagon »**

Exercice 5

1. **Faux.** La démocratie d'opinion désigne un type de démocratie où les sondages ont une forte influence sur les élections et sur la vie politique. – 2. **Faux.** La démocratie d'opinion commence pendant la seconde moitié du XXe siècle avec le développement des sondages. – 3. **Faux.** La démocratie d'opinion conduit à renforcer le pouvoir des médias. – 4. **Vrai.** 5. **Faux.** Au contraire, l'effet « *bandwagon* » conduit à mobiliser les électeurs qui pensent que leur candidat va gagner. – 6. **Vrai.** – 7. **Faux.** Ce sont des sondages qui interrogent un échantillon représentatif de la population étudiée. – 8. **Faux.** C'est l'effet « *humble the winner* » mais d'autres effets peuvent exister lors d'une élection.

Exercice 6

(de gauche à droite et de haut en bas)

Construction des questions posées – Définition de l'échantillon – Construction d'une moyenne des opinions individuelles – Création d'une opinion publique artificielle

Chapitre 10

DOSSIER 1 S'autoévaluer p. 233

1. Abstention 2. Non-inscription 3. Vote blanc ou nul 4. Suffrage exprimé

DOSSIER 2 S'autoévaluer p. 235

1. Moins les individus sont intéressés par la politique, **plus** ils s'abstiennent.
2. Plus les individus sont intégrés socialement, **plus** ils participent aux élections.
3. Moins les individus perçoivent clairement les enjeux de l'élection, **moins** ils participent.
4. Les individus s'abstiennent **plus** lors des élections législatives que lors des élections présidentielles.

DOSSIER 3 S'autoévaluer p. 237

1. Faux, la majorité des individus ont des opinions politiques proches de celles de leurs parents. – 2. **Vrai.** – 3. **Faux**, le contexte économique ou géopolitique par exemple d'une élection influence ses résultats. – 4. **Faux**, car en France, il n'y a pas seulement deux candidats au premier tour de l'élection présidentielle : un programme centriste peut donc recueillir peu de voix.

DOSSIER 4 S'autoévaluer p. 239

La volatilité électorale désigne le changement de comportement électoral entre deux élections. Elle se traduit soit par un **vote intermittent** (passage du vote à l'abstention, ou inversement), soit par un changement des préférences électorales. Elle peut refléter un affaiblissement ou une recomposition de certaines variables **sociales**, un déclin de **l'identification politique** (clivage gauche-droite notamment) et un renforcement du poids des variables **contextuelles**.

TESTEZ VOS CONNAISSANCES ! p. 246

Exercice 1

1. c ; 2. b ; 3. c

Exercice 2

1. **Vrai.** 2. **Faux.** L'intérêt pour la politique est plus élevé dans les catégories favorisées, il augmente avec le niveau de diplôme et le degré d'intégration socio-économique. 3. **Faux.** Les plus diplômés ont un plus faible taux d'abstention. 4. **Vrai.** 5. **Faux.** La participation est plus importante à l'élection présidentielle et à l'inverse plus faible aux élections régionales ou départementales. 6. **Vrai.**

Exercice 3

La participation électorale dépend de nombreux facteurs. Il existe tout d'abord des **déterminants sociaux** de la participation : l'âge, le diplôme mais aussi le **degré d'intégration sociale** influencent le niveau d'abstention de la population. Les plus jeunes, les moins diplômés et les catégories populaires vont en moyenne avoir moins d'intérêt pour la politique et partager un moins grand **sentiment de compétence politique**, ce qui les conduit à s'abstenir davantage. Mais la participation dépend également de **variables contextuelles**. Selon le **type d'élections**, la participation est différente. L'élection présidentielle est le scrutin qui suscite le plus d'intérêt de la part de la population, ce qui se traduit par une participation supérieure à celle des élections législatives ou européennes. Pour un même scrutin la participation dépend également de la **perception des enjeux de l'élection** : plus les enjeux apparaissent importants aux électeurs, plus l'élection est susceptible de mobiliser l'électorat.

Exercice 4

Variables sociales (dimension collective)	Variables contextuelles (dimension individuelles)
1 ; 4 ; 5	2 ; 3 ; 6

Exercice 5

1. Droite. – 2. Gauche. – 3. Droite. – 4. Gauche.

Exercice 6

1. Participation 2. Abstention 3. Gauche 4. Socialisation 5. Droite 6. Contexte 7. Volatilité

Chapitre 11

DOSSIER 1 S'autoévaluer p. 257

1. **Faux**, l'exposition diffère notamment selon le type d'emploi et le secteur d'activité. – 2. **Vrai.** – 3. **Faux**, un individu averse au risque tend à limiter son exposition et sa prise de risque.

DOSSIER 2 S'autoévaluer p. 259

Prévention : 1, 4. – Mutualisation : 3. Diversification : 2.

DOSSIER 3 S'autoévaluer p. 261

1. **Faux**, le partage des risques pourrait inviter certains individus à prendre plus de risques se sachant couverts. 2. **Vrai.** 3. **Faux,**

il est possible de réduire les risques financiers liés à l'innovation (évaluation des risques, partage des risques joint-venture, subvention à l'innovation, ...). 4. **Faux**, se savoir couvert incite et permet aux individus de prendre plus de risques.

DOSSIER 4 Autoévaluation p. 263

La **protection sociale** désigne les mécanismes de prise en charge **collective** des risques sociaux. Elle repose en partie sur des prestations sociales et des prestations de services publics. Les **prestations sociales** sont versées selon deux logiques : une **logique d'assurance** qui conditionne l'accès aux prestations sociales à un versement de **cotisations sociales** par les salariés et les employeurs, et une **logique d'assistance** qui permet aux plus démunis de percevoir certaines prestations sociales sans contrepartie.

TESTEZ VOS CONNAISSANCES ! p. 270

Exercice 1

1. **Vrai.** – 2. **Vrai.** – 3. **Vrai.** – 4. **Faux**, la diversification permet de réduire le risque global. – 5. **Vrai.** – 6. **Faux**, le partage des risques peut inciter à augmenter la prise de risque (aléa moral). – 7. **Faux**, la famille joue notamment un rôle dans la prévention et aide à faire face aux conséquences. – 8. **Faux**, les mutuelles relèvent du principe de l'autogestion et poursuivent un but non lucratif. – 9. **Faux**, elle repose sur une logique d'assurance et d'assistance. – 10. **Vrai.**

Exercice 2

Lorsqu'un individu est exposé à un **risque**, il peut chercher à s'en prémunir en s'assurant. Si dans certains cas sa **famille** peut l'aider à faire face aux conséquences, ce n'est pas toujours possible et il lui faut alors se tourner vers le système de protection sociale et/ou vers les compagnies d'**assurances**. Ainsi, en ce qui concerne les risques **sociaux**, il existe une prise en charge **collective** mise en œuvre par les pouvoirs publics : en effet, la protection sociale cherche à prémunir les individus des aléas de la vie tels que la maladie, la vieillesse ou encore le **chômage**. Elle cherche aussi, dans une certaine mesure, à lutter contre la **pauvreté** et l'exclusion sociale. Pour autant, dans certains cas, les individus doivent eux-mêmes s'assurer contre certains risques et font alors appel à des compagnies d'assurance que sont les sociétés d'assurance et les **mutuelles** ; c'est vrai dans le domaine des risques sociaux (qui ne sont pas intégralement pris en charge par la protection sociale) mais aussi dans de nombreux autres domaines, parfois de manière obligatoire (responsabilité civile, **habitation**, voiture, etc.) et parfois de manière **facultative** (voyage, téléphone, accidents domestiques, etc.).

Exercice 3

1. Mutualisation. 2. Prévention. 3. Diversification.

Exercice 4

(de gauche à droite) Incitation à l'innovation • Hausse du niveau de vie • Aléa moral • Hausse des coûts de prise en charge des risques.

Exercice 5

(de gauche à droite) impôts • situations de pauvreté • cotisations sociales •risques sociaux

Exercice 6

1. b. – 2. b. – 3. c. – 4. b.

Chapitre 12

DOSSIER 1 S'autoévaluer p. 279

1. **Faux**, l'entreprise peut changer de statut juridique pour accompagner sa croissance. – 2. **Faux**, près de deux tiers des entreprises sont des micro-entreprises. 3. **Vrai.**

DOSSIER 2 S'autoévaluer p. 281

1976 : innovateur, actionnaire.
1983 : actionnaire
1985 : manager, actionnaire
1997 : manager, actionnaire
2007 : innovateur

DOSSIER 3 S'autoévaluer p. 283

1. **Faux**, elles peuvent être décentralisées. – 2. **Faux**, les actionnaires nomment ou licencient les dirigeants. – 3. **Faux**, dans certains cas les salariés peuvent être associés aux prises de décisions (notamment dans les SCOP).

DOSSIER 4 S'autoévaluer p. 285

1. Les parties prenantes **externes**, comme les clients, peuvent avoir une influence sur l'entreprise.
2. Dans les conseils d'administration des coopératives, ce sont les **salariés** qui possèdent la majorité des droits de vote.
3. Les conflits dans l'entreprise **peuvent conduire à des négociations entre parties prenantes**.

TESTEZ VOS CONNAISSANCES ! p. 292

Exercice 1

1. **Vrai.** – 2. **Faux**, il n'y a qu'un seul propriétaire micro-entrepreneur. – 3. **Faux**, cela dépend du type d'entreprise et du mode de gouvernance. – 4. **Faux**, un entrepreneur peut être un innovateur, un actionnaire ou un dirigeant. 5. **Faux**, il y a davantage d'hommes engagés dans l'entreprenariat. 6. **Vrai.** – 7. **Vrai.** – 8. **Faux**, le conflit peut au contraire encourager la négociation et le dialogue. 9. **Vrai.**

Exercice 2

Une **entreprise** est une unité économique et juridique dont la fonction est de produire des biens et des services afin de les vendre sur un marché. Elle est le résultat de la volonté d'un **entrepreneur** qui décide de sa **création**, en adoptant le **statut juridique** le plus adapté à sa situation : **société** ou **entreprise individuelle**. Le statut de **micro-entrepreneur** a permis la création d'un grand nombre d'entreprises individuelles grâce à sa **procédure simplifiée** et sa gestion facilitée : comptabilité souple, impôt et cotisations sociales forfaitaires sur le chiffre d'affaires. En revanche, si le chiffre d'affaires dépasse les 176 200 euros (pour les activités commerciales) ou 76 200 (pour les autres), il faut changer de **statut juridique**. La **société** quant à elle permet à l'**entrepreneur** de ne pas confondre ses biens et ceux de l'entreprise, ce qui le protège en cas de pertes trop importantes qui pourraient conduire à la **cessation de paiement** et à la **disparition** de l'entreprise.

Exercice 3

Innovateur : 1, 6. **Actionnaire :** 3, 4. **Manager :** 2, 5.

Exercice 4

(de gauche à droite et de haut en bas) Salariés • Maximisation de la taille de l'entreprise • Actionnaires • Maximisation du profit.

Exercice 5

1. Coopération. 2. Coopérative. 3. Entreprise. 4. Diriger. 5. Actionnaire. 6. Autorité. 7. Conflit. 8. Innovateur. 9. Gouvernance. 10. Salariés.

Exercice 6

Gouvernance centralisée : **1, 3**
Gouvernance décentralisée : **2, 4, 5.**

A

Abstention électorale
Fait qu'un électeur inscrit sur les listes électorales ne vote pas. → p. 242

Abus de position dominante
Fait, pour une entreprise disposant d'une part de marché importante, d'utiliser cette situation afin d'empêcher, restreindre ou fausser le jeu de la concurrence sur le marché. → p. 44, 51

Acquisition
Opération de concentration d'entreprises qui découle du rachat d'une entreprise par une autre. → p. 44, 51

Actions
Titres de propriété sur une partie du capital d'une société, qui peuvent être revendus généralement sur les marchés financiers. → p. 98

Actionnaire
Propriétaire d'actions, titres de propriété sur une fraction du capital social d'une société. → p. 288

Administration publique
Organisation qui dépend de l'État et réalise une production non marchande, c'est-à-dire qui ne vend pas sa production, financée par les prélèvements obligatoires. → p. 254

Aléa moral
Situation d'asymétrie d'information sur les comportements des partenaires d'un échange, après l'échange, qui permet à une des parties de modifier son comportement au détriment de l'autre. → p. 67, 75, 267

Allocation des ressources
Choix individuels ou collectifs d'utilisation des ressources. → p. 60

Appartenances sociales
Caractéristiques des individus qui les rattachent à un groupe social (âge, sexe, groupe socioprofessionnel, niveau de diplôme...). → p. 242

Assistance
Dispositif de protection sociale mis en place par les pouvoirs publics pour couvrir les risques sociaux des personnes les plus démunies et financé par les impôts. → p. 267

Assurance
Service de gestion collective des risques où ceux-ci sont pris en charge par un acteur collectif contre le paiement de cotisations. Il s'appuie sur la mutualisation et la diversification des risques, mais aussi sur la solidarité entre assurés dans le cas de l'assurance sociale. → p. 266

Asymétrie d'information
Information inégale entre les offreurs et les demandeurs sur un marché, à l'origine de défaillances du marché. → p. 66, 75

Autofinancement
Financement grâce à l'épargne préalablement accumulée. → p. 98

Autorité
Capacité de commander, qui peut être légitimée par la position dans la hiérarchie mais aussi par des caractéristiques individuelles d'une personne (charisme, par exemple). → p. 289

Aversion au risque
Attitude d'un agent économique qui préfère un gain ou une perte certains à un gain ou une perte risqués. C'est l'attitude de celui qui préfère payer une assurance plutôt que de supporter un risque. *Contraire :* propension au risque. → p. 257, 266

B

Banque
Société financière qui dispose du droit d'accorder des crédits en créant de la monnaie scripturale, et de collecter des dépôts auprès de ses clients. → p. 122

Banque centrale
Institution, généralement publique, considérée comme la « banque des banques ». Elle dispose du monopole d'émission de la monnaie centrale : billets et pièces, dépôts des banques auprès de la banque centrale. → p. 122

Barrières à l'entrée
Ensemble des obstacles qui empêchent ou découragent l'entrée de nouveaux producteurs sur le marché. → p. 50

Besoin et capacité de financement
Lorsque les revenus d'un agent sont supérieurs à ses dépenses, il dégage une capacité de financement. Inversement, si ses revenus sont inférieurs à ses dépenses, il a un besoin de financement. → p. 87, 98

Biens collectifs
Ressources non rivales (l'utilisation par un agent n'empêche pas l'utilisation par un autre), et non exclusives (il n'est pas possible de réserver l'utilisation aux agents qui en ont payé le prix). Ils sont parfois appelés biens publics, car leur production est souvent prise en charge par l'État. → p. 64, 74

Biens communs
Ressources rivales (une unité utilisée par un agent ne peut pas être utilisée par un autre agent), mais non exclusives (impossible de réserver l'utilisation à certains agents, via le paiement d'un prix par exemple). → p. 64, 74

Bilan
Le bilan d'un agent économique retrace son patrimoine : ce qu'il possède, appelé « actif » et l'ensemble des ressources qui ont financé ces actifs, appelé « passif ».

C

Carrière déviante
À l'image d'une « carrière professionnelle », parcours d'individus qui, au cours d'interactions sociales, transgressent des normes, sont considérés comme déviants par les autres, et intègrent parfois des groupes revendiquant les comportements déviants comme une norme. → p. 187, 196

Chiffre d'affaires
Recettes tirées des ventes de la production (quantité vendue multipliée par le prix de vente).

Chômage
Situation des personnes qui n'ont pas d'emploi, en recherchent un activement et sont disponibles pour l'occuper. → p. 158

Clivage gauche-droite
Système de structuration de l'espace politique qui permet aux électeurs et aux partis de se situer politiquement, notamment sur des axes économiques et culturels. → p. 243

Communication politique
Ensemble des techniques utilisées par les partis, et plus largement par le personnel politique, pour convaincre les électeurs et l'opinion publique de les soutenir. → p. 219

Compétence politique
Capacité à s'intéresser à la politique, à s'y informer et à émettre des jugements politiques. → p. 234, 242

Concurrence imparfaite
La concurrence est dite imparfaite s'il n'y a qu'un seul offreur (monopole) ou un petit nombre d'offreurs (oligopole) et des barrières à l'entrée. Dans ce cas, les offreurs disposent d'une marge de manœuvre pour déterminer les prix de vente. → p. 38, 50

Concurrence parfaite
La concurrence est dite parfaite si aucun acteur sur le marché ne peut à lui tout seul influencer le prix du marché, qui s'impose donc à tous. C'est le cas notamment s'il y a un grand nombre d'offreurs et de demandeurs, sans barrières à l'entrée. → p. 26

Configurations familiales
Il s'agit de ne pas penser l'influence de LA famille au singulier. Chaque famille est diverse selon sa composition, les relations d'interdépendance entre ses membres, la place qu'ils occupent dans la famille, les capitaux qu'ils possèdent, les revenus, le milieu social, l'origine migratoire, etc. Tous ces éléments influencent la socialisation familiale. → p. 140, 148

Conflit
Affrontement entre des acteurs aux intérêts distincts que les systèmes d'incitation ou de coopération échouent à concilier. → p. 285, 289

Contrôle social
Ensemble des actions qui visent à ce que les individus se conforment aux normes sociales et juridiques. → p. 184, 196

Coopération
Comportement où chacun poursuit ses propres intérêts en prenant en compte ceux des autres, ou agit au nom d'intérêts communs pour « co-opérer », c'est-à-dire agir ensemble. → p. 284, 289

Coopérative
Société qui regroupe des partenaires (salariés, producteurs, acheteurs, etc.) pour développer une activité commune. L'adhésion est volontaire et ouverte à tous. Sa gouvernance se veut démocratique. → p. 284, 289

Courbe de demande
Elle représente la quantité de produit que les acheteurs souhaitent acheter pour chaque niveau de prix possible. Elle est généralement décroissante. → p. 19, 26

Courbe d'offre
Elle représente la quantité de produit que les vendeurs souhaitent vendre pour chaque niveau de prix possible. Elle est généralement croissante. → p. 19, 26

Coûts fixes et coûts variables
Une entreprise a deux types de coûts. Les coûts fixes sont indépendants de la quantité produite (exemples : recherche et développement, réseau de distribution, publicité, etc.).
Les coûts variables augmentent avec chaque unité supplémentaire produite (exemples : matières premières, frais de transport, etc.).

Coût marginal
Coût de production d'une unité supplémentaire. Dans le modèle de concurrence parfaite, il est supposé croître avec la quantité produite. → p. 19, 26

Créance
En contrepartie du prêt d'une somme d'argent, le prêteur ou créancier possède une créance sur l'emprunteur, engagement de celui-ci de rembourser le prêt et de payer des intérêts.

Création monétaire
Augmentation de la masse monétaire en circulation dans l'économie. Elle se fait principalement par les crédits octroyés par les banques commerciales. → p. 122

Crédit bancaire
Prêt octroyé par une banque à un emprunteur. Celui-ci doit rembourser la somme empruntée (le principal), et payer des intérêts. → p. 122

Cycle de vie d'une entreprise
Succession de phases dans le développement d'une entreprise : sa création, sa croissance, ses changements de statut juridique, sa disparition (par rachat et absorption par une autre, ou par faillite et liquidation). → p. 278, 288

D

Décentralisation / Centralisation des décisions
Processus de prise de décision, d'administration et de contrôle d'une organisation. La centralisation est caractéristique d'une structure hiérarchique dans laquelle le pouvoir détenu est peu partagé ; à l'inverse de la décentralisation dans laquelle l'autorité est partagée. → p. 289

Défaillance du marché
Impossibilité pour le marché de déterminer un prix pour tout ou partie d'un produit ou des effets d'une production. Dans ce cas, le marché n'est pas efficace. → p. 62, 74

Déficit et dette publics
Le déficit est annuel, c'est le solde négatif entre les recettes et les dépenses des administrations publiques. La dette publique correspond aux sommes empruntées, année après année, par les administrations publiques, pour financer leur déficit.

Degré d'intégration sociale
Degré de participation aux instances créatrices de lien social (famille, groupes d'amis, travail, école, organisations politiques, etc.). → p. 235, 242

Délinquance
Comportement qui transgresse des normes juridiques. → p. 188, 190, 197

Demande
Quantité qu'un ou plusieurs agents sont prêts à acheter pour un prix donné. → p. 20

Démocratie
Forme de gouvernement respectant les libertés fondamentales dans laquelle la légitimité du pouvoir s'appuie sur le peuple. Elle est représentative quand les gouvernants sont élus. → p. 218

Démocratie d'opinion
Mode d'exercice de la démocratie dans lequel l'opinion publique, construite par les sondages, devient l'acteur central de la vie politique qui influence l'action des gouvernants et des partis politiques. → p. 219

Dette
Une dette est un engagement de remboursement que prend un emprunteur envers le créancier, celui qui a prêté. La dette d'un agent est constituée de l'ensemble des emprunts qu'il a contractés, auprès de banques ou, pour les entreprises et l'État, en émettant des obligations. Ce qui est une dette pour l'emprunteur est donc une créance pour celui qui a prêté.

Dette publique
Ensemble des emprunts contractés par les administrations publiques et en cours de remboursement.

Déviance
Comportement qui transgresse des normes sociales ou juridiques, ou qui est perçu comme tel. → p. 186, 188, 196

Dilemme du prisonnier
Exemple célèbre de la théorie des jeux caractérisant les situations où deux joueurs qui ne peuvent pas communiquer prennent des décisions rationnelles qui sont nuisibles à chacun d'entre eux. → p. 43, 51

Dirigeant(e)
Voir **Manager**

Diversification
Principe de gestion assurantielle selon lequel un assureur ne doit pas couvrir des risques trop homogènes (en termes de probabilité de survenue et de gravité) pour ne pas être mis en difficulté financière lors des indemnisations. → p. 258, 266

E

Économie d'échelle
Situation d'une entreprise dont le coût moyen diminue quand la quantité produite augmente.

Économie sociale et solidaire
Organisations privées (entreprises, associations...) qui effectuent une production dans un but d'utilité sociale plutôt que dans un but lucratif. Les bénéfices sont principalement réinvestis dans l'activité de l'organisation. → p. 274

Effet d'éviction
Baisse des dépenses privées (investissement et consommation) provoquée par la hausse des dépenses publiques, en raison de la hausse des taux d'intérêt. → p. 99

Emploi
Activité rémunérée et déclarée, exercée par un individu. → p. 158

Emprunt bancaire
Synonyme : crédit. Prêt de monnaie d'une banque à un client, remboursable à une échéance déterminée, avec paiement d'intérêt.

Enquête
Démarche d'investigation qui vise à recueillir des données quantitatives ou qualitatives sur un phénomène. → p. 206

Entente
Accord entre des offreurs déjà présents sur le marché pour limiter la concurrence qui s'exerce entre eux (par exemple, en se mettant d'accord pour pratiquer des prix plus élevés). → p. 50

Entrepreneur(e)
Personne qui participe directement ou indirectement à la direction d'une entreprise, parce qu'elle l'a créée, ou parce qu'elle en est partiellement propriétaire (actionnaire), ou parce qu'elle la dirige (manager), ou parce qu'elle a joué un rôle dans l'innovation (innovateur). → p. 280, 288

Entreprise
Organisation qui effectue une production marchande, c'est-à-dire qui tire la majorité de ses ressources de la vente de sa production. → p. 274

Épargne
Partie du revenu disponible qui n'est pas consommée. → p. 86, 98

Équilibre
Point d'intersection unique de la courbe d'offre et de la courbe de demande. Le prix qui s'y fixe égalise la quantité offerte et la quantité demandée. → p. 26

Étiquetage
Processus qui vise à appliquer une étiquette négative aux personnes contrevenant à une norme et, de ce fait, à les percevoir comme déviantes. → p. 196

Excédent brut d'exploitation (EBE)
Mesure du profit ou des pertes de l'entreprise liés directement à l'activité de production (l'« exploitation »). Il se calcule en faisant la différence entre le chiffre d'affaires et l'ensemble des coûts de production. → p. 88, 98

Externalités
Effets produits par un agent économique lorsqu'il procure à autrui, par son activité, sans compensation monétaire, un avantage gratuit (externalité positive) ou un dommage (externalité négative). → p. 62, 74

F

Financement externe
Financement par recours direct (marchés financiers) ou intermédié (emprunt bancaire) aux capacités de financement d'autres agents. → p. 98

Fonctions de la monnaie
Ce à quoi la monnaie sert, c'est-à-dire : instrument de paiement, unité de compte et réserve de valeur. → p. 122

Formes de la monnaie
Modalités diverses des monnaies au cours des âges, des formes matérielles aux formes immatérielles d'aujourd'hui (monnaie fiduciaire – composée des pièces et billets –, et monnaie scripturale – composée des sommes inscrites sur les comptes bancaires des agents économiques). → p. 122

Fusion
Opération de concentration d'entreprises qui découle de la création d'une nouvelle société à partir de deux entreprises indépendantes auparavant. → p. 44, 51

G

Gain à l'échange
Différence entre la valeur attribuée par un agent à un produit et le prix payé ou reçu. → p. 22, 27

Gouvernance
Ensemble des dispositifs qui organisent la prise de décisions, l'administration ainsi que le contrôle d'une organisation. Ses modalités, plus ou moins centralisées, définissent les relations qu'entretiennent actionnaires, direction, salariés, clients, etc. → p. 282, 289

Groupe social
Ensemble d'individus, unis par des liens durables plus ou moins intenses, qui se connaissent personnellement ou non, et qui partagent des activités ou des valeurs communes, un sentiment d'appartenance plus ou moins affirmé, et qui est reconnu comme un groupe par les autres. → p. 172

Groupe de pairs
Ensemble des personnes qui se considèrent « semblables », du fait de leur âge, de leur sexe, de leur milieu social. → p. 161

H

Hiérarchie
Structure d'une organisation dans laquelle certains individus sont subordonnés à d'autres, qui exercent alors une relation d'autorité sur eux. Par exemple, les salariés sont subordonnés aux dirigeant(e)s. → p. 283, 284, 289

I

Identification politique
Fait d'appartenir ou de se considérer comme proche d'une tendance ou d'un parti politique. → p. 238, 242

Individualisation
Processus par lequel l'individu s'autonomise, dans ses façons de penser et de se comporter, des prescriptions de ses groupes d'appartenance. → p. 162, 172

Instances de socialisation
Ensemble des agents, des groupes et des institutions qui participent à la socialisation des individus. → p. 148

Institution
Ensemble de règles et d'organisations qui donnent un cadre aux interactions entre les individus et permettent qu'elles se coordonnent. → p. 16, 26

Intégration sociale
Voir **Degré d'intégration sociale**

L

Liens sociaux
Ensemble des relations de protection (« compter sur ») et de reconnaissance (« compter pour ») qui permettent de relier les individus entre eux. Ces liens contribuent à l'intégration au sein de groupes sociaux comme la famille, l'école, le travail, les groupes de pairs, la citoyenneté, etc. → p. 160, 172

Liste électorale
Registre où sont inscrits tous les noms des citoyens d'une circonscription électorale autorisés à voter.

M

Manager ou Dirigeant(e)
Personne chargée de prendre des décisions de gestion courante de l'entreprise. → p. 288

Marché
Ensemble des transactions d'achat (demande) et de vente (offre) sur un même produit, qui contribuent à déterminer son prix. → p. 16

Marchés financiers
Ensemble des transactions d'achat et de vente de titres financiers, comme les obligations et les actions. → p. 88, 98

Marché monétaire
Marché financier où se refinancent les banques et les entreprises à court terme (durée inférieure à 1 an). Il est en particulier composé du « marché interbancaire » sur lequel les banques s'empruntent et se prêtent de la monnaie centrale entre elles, ou auprès de la banque centrale qui émet de la monnaie centrale lors de ces opérations de refinancement. → p. 117, 123

Marché des fonds prêtables
Lieu de rencontre entre l'offre et la demande de capitaux qui en détermine le prix, le taux d'intérêt. → p. 99

Médias
Ensemble des moyens de communication permettant de diffuser des informations à un public. → p. 206

Modes de scrutin : règles selon lesquelles, en fonction des voix obtenues, sont attribués les sièges d'élus. → p. 228

Modèle
Représentation simplifiée de la réalité, qui n'en retient que quelques éléments pour dégager des liens de causalité entre eux. → p. 17

Monnaie
Actif financier communément accepté, au sein d'un territoire donné, pour régler toutes les transactions. La monnaie se caractérise donc par son pouvoir libératoire généralisé, qui permet à un agent économique de se « libérer » de ses dettes. → p. 112, 122

Monnaie centrale
La monnaie centrale est la monnaie créée par la banque centrale : monnaie fiduciaire (billets et pièces) et scripturale (réserves des banques auprès de la banque centrale).

Monnaie fiduciaire
De « fides » qui signifie « foi, confiance » en latin. Au sens large, toute monnaie est donc fiduciaire. Mais ce terme est parfois utilisé dans un sens plus restreint pour désigner des formes de monnaies, comme les pièces et les billets, dont la valeur nominale (inscrite) ne reflète pas la valeur matérielle (valeur des composants).

Monnaie scripturale
Monnaie qui figure sur un compte bancaire. Dans le cas des comptes courants ou à vue, cette monnaie peut être utilisée grâce à des moyens de paiement comme le chèque, le virement, la carte bancaire, etc.

Monopole
Structure de marché où seule une entreprise est présente sur le marché pour satisfaire la demande des acheteurs. → p. 26, 40, 50

Monopole d'innovation
Monopole trouvant son origine dans une innovation qui crée un monopole temporaire, parfois garanti par l'existence d'un brevet.

Monopole institutionnel
Monopole généré par une intervention des pouvoirs publics.

Monopole naturel
Situation de monopole générée par la concurrence entre des entreprises, sur un marché où il existe des économies d'échelle.

Mutualisation
Principe de gestion du risque qui consiste à le répartir sur plusieurs agents pour diminuer la charge qui pèse sur chacun. → p. 258, 266

N

Niveau des prix
Il est mesuré par l'indice des prix à la consommation (IPC). Cet indice synthétique permet d'estimer, entre deux périodes données, l'inflation : la variation moyenne des prix des produits consommés par les ménages. → p. 118, 123

Normes juridiques
Ensemble des règles que les individus doivent respecter car elles sont codifiées dans le droit (loi, règlement, etc.). → p. 184, 196

Normes sociales
Ensemble des règles que les individus doivent respecter car elles sont partagées par les membres d'une société et/ou d'un groupe social. → p. 184, 196

O

Obligations
Titres de créance sur un emprunteur, qui peuvent être revendus généralement sur les marchés financiers, contrairement aux emprunts bancaires. → p. 98

Offre
Quantité qu'un ou plusieurs agents sont prêts à vendre pour un prix donné. → p. 20

Offre électorale
Ensemble des programmes, candidats et partis politiques en compétition lors d'une élection. → p. 237, 243

Oligopole
Structure de marché où il n'y a qu'un petit nombre de producteurs pour satisfaire la demande des acheteurs. → p. 42, 51

Opinion publique
Construction politique et médiatique, historiquement située, de ce que pense la population. → p. 208, 218

P

Partis politiques
Associations qui regroupent des individus partageant des idées communes et qui cherchent à participer au pouvoir politique. → p. 206

Participation électorale
Désigne le fait, pour un électeur inscrit sur les listes électorales, d'aller voter à une élection. → p. 219

Parties prenantes
Ensemble des agents qui peuvent affecter ou être affectés par les décisions d'une entreprise (actionnaires, salariés, dirigeants, sous-traitants, créanciers, État, citoyens ou consommateurs représentés par des associations, etc.). → p. 285, 289

Pauvreté
Situation des personnes ou ménages dont les revenus ne leur permettent pas de bénéficier de conditions de vie minimales satisfaisantes.

PCS
La nomenclature des professions et catégories socioprofessionnelles (PCS) est un outil de classification statistique de la population à partir de la profession. Les regroupements effectués permettent de faire apparaître des catégories de personnes avec une certaine homogénéité sociale (pratiques sociales proches). → p. 164, 173

Pluralité des influences
Les influences socialisatrices sont plurielles car elles se déroulent dans différentes instances de socialisation et aussi bien durant l'enfance qu'à l'âge adulte.

Politique de la concurrence
Ensemble des mesures prises par les pouvoirs publics pour favoriser la concurrence et empêcher les pratiques anticoncurrentielles. → p. 51

Politique de dépenses publiques
Mesures qui visent à augmenter les dépenses publiques ou à baisser les prélèvements obligatoires pour relancer la demande. On parle aussi de « relance budgétaire ». → p. 99

Pouvoir
Capacité pour une personne ou une institution d'obtenir d'une autre personne une action qu'elle n'aurait pas effectuée autrement. → p. 274

Pouvoir de marché
Marge de manœuvre d'une entreprise en matière de détermination des prix de vente. Plus son pouvoir de marché est important, plus son prix de vente peut s'écarter du prix qui s'établirait en concurrence parfaite. → p. 38, 50

Pouvoir politique
Forme de pouvoir qui s'applique à tous les membres d'une société, et peut s'appuyer potentiellement sur l'usage de la force. → p. 228

Précarité
Situation d'instabilité et d'incertitude qui empêche les individus de se projeter dans l'avenir. La précarité peut être liée à la situation d'emploi (temps partiel, intérim, CDD, horaires variables…) ou à l'absence d'emploi, mais aussi au logement, à la pauvreté, etc. → p. 166, 173

Prélèvements obligatoires
Prélèvements effectués directement ou indirectement par l'État auprès des autres agents économiques pour financer les dépenses publiques, avec obligation légale de s'en acquitter. Ils sont constitués d'impôts et de cotisations sociales.

Preneur de prix
Situation d'un agent qui n'est pas en capacité d'influencer le prix de marché. → p. 26

Prévention
Ensemble des mesures (économiques, sociales, techniques, sanitaires, environnementales, réglementaires…) et des attitudes permettant qu'un risque ne se réalise pas. → p. 258, 266

Prix d'équilibre
Sur un marché, prix pour lequel la quantité offerte est égale à la quantité demandée. → p. 18

Production marchande
Production vendue à un prix significatif, supérieur à la moitié du coût de production. → p. 254

Production non marchande
Production distribuée gratuitement ou semi gratuitement, c'est-à-dire à un prix inférieur à la moitié du coût de production. → p. 254

Profit
Le profit du producteur est le chiffre d'affaires diminué des coûts de production. D'un point de vue comptable, il peut être mesuré par l'excédent brut d'exploitation.

Protection sociale
Gestion collective des risques sociaux (maladie, vieillesse, chômage…) en partie fondée sur un principe de solidarité collective, à travers des systèmes d'assurance sociale et d'assistance, et en partie sur une logique individuelle, à travers des assurances privées. → p. 262, 267

Q

Quantité d'équilibre
Sur un marché, quantité échangée au prix d'équilibre, qui est tel que la quantité offerte et la quantité demandée sont égales. → p. 18

R

Relance de la demande
Mesures gouvernementales qui visent à stimuler la consommation et l'investissement.

Réseau social et réseaux sociaux numériques
Pour les sociologues, le réseau social regroupe l'ensemble des relations qu'un individu peut avoir avec d'autres individus ou institutions. Les réseaux sociaux numériques renvoient quant à eux aux applications du web permettant d'échanger avec les abonnés qui peuvent être des amis, des connaissances ou des inconnus. Les réseaux sociaux numériques sont donc un outil pour entretenir son réseau social. → p. 164

Revenu disponible
Revenu à la disposition des ménages pour consommer et épargner. Il comprend les revenus d'activité, les indemnités de chômage, les retraites, les revenus du patrimoine et les autres prestations sociales perçues, auxquels on déduit les cotisations sociales et les impôts directs. → p. 98

Risque
Probabilité qu'un événement survienne et qu'il provoque des dommages à un agent. → p. 256, 266

Risques sociaux
Risques qui impliquent une baisse des revenus ou une hausse des dépenses pour les individus qui en sont victimes et qui sont pris en charge collectivement (maladie, vieillesse, chômage, accident du travail, famille). → p. 256, 266

S

Ségrégation
Séparation, de droit ou de fait, d'un groupe social d'avec les autres. → p. 166, 173

Sélection adverse
Situation d'asymétrie d'information sur les qualités des produits, avant l'échange, qui conduit à la disparition des produits de bonne qualité du marché. → p. 66, 75

Sociabilité
Ensemble des interactions sociales qui relient un individu à d'autres individus. → p. 165, 173

Socialisation
Processus d'apprentissage et d'intériorisation des façons de faire, de penser et d'anticiper l'avenir propres à une société ou à un groupe donné. → p. 148

Socialisation différenciée
Processus de socialisation différents selon le sexe des individus, du fait des stéréotypes de genre, et selon le milieu social. → p. 134

Socialisation primaire
Socialisation qui se déroule durant l'enfance et l'adolescence. → p. 142, 149

Socialisation secondaire
Socialisation qui se déroule à l'âge adulte. → p. 142, 149

Socialisation professionnelle
Apprentissage de façons de faire, de penser et d'anticiper l'avenir des individus dans le cadre de leur formation professionnelle ou de l'exercice de leur profession. → p. 142, 149

Socialisation conjugale
Apprentissage de façons de faire, de penser et d'anticiper l'avenir des individus au contact de leur conjoint ou conjointe. → p. 143, 149

Socialisation politique
Apprentissage des opinions et comportements politiques au contact de différentes instances de socialisation (famille, couple, médias, syndicats, univers professionnel, groupes de pairs, etc.). → p. 149

Solde public / Solde budgétaire
Le solde public est la différence entre les recettes et les dépenses des administrations publiques au cours d'une année. Le solde budgétaire s'applique aux seules administrations centrales d'État. Quand il est négatif, il y a déficit. Quand il est positif, il y a excédent. → p. 92, 99

Solidarité mécanique
Lien social qui repose sur la ressemblance entre les membres d'un groupe social ou d'une société. → p. 172

Solidarité organique
Lien social par différenciation qui crée de la complémentarité entre les membres d'un groupe social ou d'une société. → p. 172

Sondage
Méthode statistique qui vise à connaître les caractéristiques d'une population – par exemple ses opinions (sondage d'opinion) ou son vote (sondage électoral) – à partir de l'interrogation d'une partie de cette population (échantillon). → p. 210, 218

Statut juridique
Cadre légal de l'activité de l'entreprise. Il définit la manière dont le chef d'entreprise, les salariés et ses clients sont liés. → p. 279, 288

Stigmatisation
Caractéristique visible ou non d'un individu (stigmate), attribuée lors d'interactions sociales avec d'autres, qui le déprécient aux yeux des autres. → p. 196

Surplus des consommateurs
Somme des gains à l'échange des consommateurs : le prix maximum que chacun est prêt à payer moins le prix que chacun paye. → p. 22, 27

Surplus des producteurs
Somme des gains à l'échange des producteurs : le prix que chacun reçoit moins le prix minimum que chacun exige pour vendre. → p. 22, 27

T

Taxe
Impôt prélevé sur les achats ou sur les ventes d'un produit. → p. 60

Taxe forfaitaire
Impôt d'un montant fixe, indépendant de la quantité vendue ou achetée. → p. 27

Taux d'abstention
Rapport entre le nombre d'abstentionnistes et le nombre d'inscrits. → p. 232, 242

Taux d'inscription
Rapport entre le nombre d'inscrits sur les listes électorales et le nombre de Français en âge de voter. → p. 232, 242

Taux d'intérêt
Pour l'emprunteur, le taux d'intérêt est le coût de l'emprunt. Il va déterminer la somme à débourser en plus du remboursement du montant emprunté. Pour le prêteur (une banque, par exemple), le taux d'intérêt rémunère le service de prêt. Le taux d'intérêt est le prix qui se fixe sur le marché des fonds prêtables. → p. 90, 99, 123

Taux de participation
Rapport entre le nombre de votants et le nombre d'inscrits. → p. 242

Trajectoire improbable
Trajectoire qui s'écarte des trajectoires statistiquement les plus fréquentes. → p. 144, 149

V

Valeurs
Idéaux partagés par les membres d'un groupe social et qui guident les actions individuelles. → p. 182

Variables contextuelles
Ensemble des éléments du contexte politique influençant la participation électorale et le vote (type d'élections, enjeux, offre électorale…). → p. 236, 242

Variables sociales
Sexe, âge, niveau de diplôme, statut professionnel, groupe socioprofessionnel… → p. 236, 242

Volatilité électorale
Changement de comportement électoral entre deux élections (vote intermittent, changement de choix électoral). → p. 243

Vote intermittent
Fait de ne pas voter systématiquement à tous les scrutins (alternance vote et abstention). → p. 243

Crédits photographiques

Couverture : 1. © Catherine Delahaye/Getty Images ; 2. © Yves Herman/ Reuters ; 3. © DisobeyArt/Adobe stock

4 : 1. © Simon Lambert/Haytham-Rea ; 2. © Solomakha/Shutterstock : Villefranche-sur-Mer, Côte d'Azur, 28 mai 2018, TGV Euroduplex entre Nice et Monaco ; 3. © Pierre Gleizes/Rea – **5 :** 1. © Eric Piermont/ Afp ; 2. © Panther Media GmbH/Alamy/Photo12 ; 3. © Johner Images/Getty Images – **6 :** 1. © Song_about_summer/Shutterstock ; 2. © Bruno De Hogues/ Onlyparis.net ; 3. © Artens/Shutterstock ; 4. © Nicolas Liponne/ Hans Lucas/ AFP – **7 :** 1. © Dessins Lipsum/OPPBTP - DR ; 2. © Fizkes/ Shutterstock – **10-11 :** © Nicolas Vallauri /PHOTOPQR/La Provence/ Maxppp – **12 :** © acilo/iStock/Getty Images – **13** : 1. © Simon Lambert/ Haytham-Rea ; 2. : source : google.com – **14-15 :** © Michael D Brown/ Shutterstock – **16** : 1. © Boumen Japet/Shutterstock : écran d'iPhone avec le logo de Vinted, Vilnius, Lituanie, 6 novembre 2020 ; 2. © Robert Kluba/Rea – **18 :** © Jenny Rainbow/ Shutterstock : marché aux fleurs d'Amsterdam – **20 :** © Olga Rolenko/Shutterstock – **22 :** © 2p2play/ Shutterstock : Adidas Stan Smith, Bangkok, Thaïlande, 6 janvier 2018 – **24 :** © Michael Sheridan/Shutterstock – **28** : 1. © Artens/Shutterstock ; 2. source : autoritedelaconcurrence.fr ; 3. © gopixa/Shutterstock ; 4. © Diki Prayogo/Shutterstock – **36 :** © Aleksandar Malivuk/Shutterstock – **37** : 1. © Top_CNX/Shutterstock : TV streaming logo sur un écran de telephone, Bangkok, 15 août 2021 ; 2. © Degtyaryov Andrey/Shutterstock ; 3. © vaalaa/Shutterstock – **38** : 1. © Bern Schweiz/Tesla Fans Schweiz/ Unsplash ; 2. © Solomakha/Shutterstock : Villefranche-sur-Mer, Côte d'Azur, 28 mai 2018, TGV Euroduplex entre Nice et Monaco – **39 :** © hxd-bzxy/Shutterstock – **42 :** © Karlis Dambrans/Shutterstock : nouveau Samsung Galaxy Z Fold2 5G, Riga, 1er septembre 2020 – **44 :** © Cineberg/ Shutterstock : livreur Amazon Prime, Berlin, 27 juin 2020 – **46 :** © Viacheslav Lopatin/Shutterstock – **48 :** © BearFotos/Shutterstock – **49 :** © olrat/Shutterstock – **52** : 1. © eamesBot/ Shutterstock ; 2. © David Paul Morris/Bloomberg /Getty Images ; 3. © olrat/Shutterstock : entrée Nord de la gare de Strasbourg, 16 septembre 2019 – **60** : 1. © Edward Berthelot/Getty Images : Paris, France, 10/2019, vrai sac Louis Vuitton ; 2. © Yavdat/Shutterstock : Moscou, Russie, 14/08/2016, faux sac Louis Vuitton – **61 :** © andre quinou/Shutterstock – **62 :** © Munir Uz Zaman/ Afp – **64 :** © Cité de l'économie – **66 :** © Denis Clerc et Elizabeth Holleville/ Alternatives économiques – **68 :** © Pierre Gleizes/Rea – **70 :** © Dima Zel/ Shutterstock – **71 :** © New Africa/Shutterstock – **72 :** © Cité de l'économie – **76** : 1. © Mr. Tempter/Shutterstock ; 2. © Fotokostic/Shutterstock ; 3. © Gorodenkoff/ Shutterstock ; 4. © Un autre regard sur le climat, Emma, Massot Éditions, 2021 – **84 :** © Pépite France – **85 :** © François Guenet/ La Collection – **86 :** © Régis Duvignau/Reuters – **88 :** © Edf ; © Jeremy Suyker/Item ; © Cité de l'économie – **90 :** © Jean-François Frey/ PHOTOPQR/ L'Alsace/ Maxppp – **92 :** © Cité de l'économie – **94 :** © Cemile Bingol/Getty Images – **95 :** © Eric Piermont /Afp – **96 :** © Cité de l'économie – **97 :** © Sara Poza Alvarez/ Greenpeace – **100** : 1. © https://abc-economie.banque-france.fr ; 2. © Thomas Dutour/Shutterstock ; 3. © https:// abc-economie.banque-france.fr ; 4. © martinbertrand.fr/Shutterstock : le Berlaymont est le siège de la Commission européenne à Bruxelles, 25/11/2020 – **108 :** © Lou-Foto/Alamy/Photo12 – **109 :** © Peng huan/ Imaginechina/ Afp – **110 :** © Thierry Creux/PHOTOPQR/Ouest France/ Maxppp – **113 :** © Cité de l'économie – **116 :** © Nigel Reed QEDimages/ Alamy/ Photo12 – **118** : 1. © Daniel Roland/ Afp ; 2. © https://abc-economie.banque-france.fr – **121** : 1. © Marvin Recinos/ Afp ; 2. © Marvin Recinos/ Afp – **124** : 1. © Région Normandie ; 2. © Cité de l'économie ; 3. © Panther Media GmbH/ Alamy/ Photo12 – **131 :** © Golden Dayz/Shutterstock – **132-133 :** © Mathilde Mazars/Rea – **134 :** © Jean-Christophe Milhet/ Hans Lucas/ Afp – **135 :** © Johner Images/Getty Images – **136 :** 1. © Elnur/ Shutterstock ; 2. © Photok.dk/Shutterstock ; 3. © Naluwan/ Shutterstock ; 4. © Gordana Sermek/ Shutterstock : défilé de mode "Fashion.hr" le 15 mars 2013 à Zagreb, Croatie ; 5. © Roman Samborskyi/ Shutterstock ; 6. © Eugenia Porechenskaya/Shutterstock – **137 :** © legna69/iStock Unreleased/Getty Images – **138 :** © Bridgeman Images – **142 :** © Quentin Laurent/PHOTOPQR/Le Parisien/Maxppp – **143 :** © Westend61/ Getty Images – **144 :** © Goran Jakus Photography/ iStock/ Getty Images Plus – **145** : 1. © Daniela Porcelli/SPP/Shutterstock/Sipa ; 2. © Vincent Leloup/ Divergence – **147 :** © Ulf Andersen/Gamma Rapho – **150** : 1. © Association Et...Actions ! ; 2. «Sous la blouse» de Marion Mousse, Emmanuelle Zolesio © Casterman – «Avec l'aimable autorisation des auteurs et des Éditions Casterman» ; 3. © Daniel Fouray/PHOTOPQR/ Ouest France/Maxppp – **158 :** © Philippe Lecoeur/FEP/Icon Sport – **159 :** © Matthieu Botte/PHOTOPQR/Voix du Nord/Maxppp – **160** : 1. © Frederic Legrand - COMEO/Shutterstock : la duchesse de Cambridge, Kate Middleton, en visite officielle à l'Élysée, Paris, 16 mars 2017 ; 2. © Featureflash Photo Agency/Shutterstock : Omar Sy à la Première mondiale de "The Call of the Wild" au El Capitan Theatre, Los Angeles, 2020 – **162 :** Département d'Ille-et-Vilaine, campagne à l'occasion des 30 ans de la convention internationale des droits de l'enfant - Création : Agence Peuplades - Photo : Jérôme Sevrette – **165 :** © Song_about_summer/ Shutterstock – **166** : © Agence Les présidents pour Cop1 Solidarités Étudiantes – **174** : 1. © Orion Production/Shutterstock ; 2. © Graphic Farm/Shutterstock ; 3. © Jerome PANCONI/opale.photo ; 4. © pikselstock/ Shutterstock – **182 :** © Mike Blake/Reuters – **183 :** © Gilles Sabrie/The New York Times-Redux-Rea – **184 :** © INA – **185** : 1. © Alamy/Photo12 ; 2. © Kampus Production/Pexels – **186** : 1. © Susanne Walstrom/DEEPOL/ Plainpicture ; 2. © Production : Hencel Hermine et Carla Maiorana pour Secours Populaire pour le concours Mlle Pitch – **188 :** © Thomas La Mela/ Shutterstock : Tokyo (Japon), 20 novembre 2010 : plus de 2,5 millions de piétons empruntent quotidiennement ce carrefour dans le quartier de Shibuya – **189 :** © Patrick Bar/AP/Sipa – **190 :** © CRIAVS Île-de-France et l›Association Une Vie – **192** : 1. © BearFotos/ Shutterstock ; 2. © Monkez Business Images/Shutterstock ; 3. campagne «#Arrête – Violence sexuelle dans les relations amoureuses chez les jeunes» (2018) © Fédération Wallonie-Bruxelles /Cellule pour l'Élimination des Violences faites aux Femmes (CEViF) – **193 :** © Éditions La Découverte https://www.editionsladecouverte.fr – **195** : 1. © Bruno De Hogues/ Onlyparis.net ; 2. © Fabian Ramella/picture alliance/ Getty Images – **198** : 1. © Sophie Bassouls /Sygma/ Getty Images ; 2. © StreetVJ/Shutterstock : technologie de reconnaissance faciale dans une rue de Shenzhen, Chine, avril 2018 ; 3. © Aurora Films - Local Films / Collection Christophel ; 4. © Cesdip https://www.cesdip.fr/les-mots-de-la-sociologie-de-la-deviance/ (Réalisation Romain Vallée) – **206 :** © VectorMine/Shutterstock – **207** : 1. © Victor Joly/Shutterstock : Anne Hidalgo lors d'une cérémonie à Paris après les JO de Tokyo, 6 septembre 2021 ; 2. © Victor Joly/Shutterstock : affiche de campagne de Valérie Pécresse, candidate LR, lors de son meeting au Zenith de Paris, 13 février 2022 ; 3. © Victor Joly/Shutterstock : Jean-Luc Mélenchon, candidat LFI, lors d'un discours à Paris, 20 mars 2022 – **208** : 1. © Bridgeman Images ; 2. © Bridgeman Images ; 3. © Artens/Shutterstock – **209 :** Photo © Christophe Fouin/ MahJ – **210 :** © guteksk7/Shutterstock – **212 :** © API/Gamma Rapho – **214 :** © Aurore Gorius, Vincent Sorel et Vincent Mahé, Lesjours.fr et La Revue dessinée, février 2022 – **216** : 1. © Keystone-France/Gamma Rapho ; 2. © Frilet/ Sipa – **217 :** © Witt/Sipa – **219 :** © Ulf Andersen/Aurimages/Afp – **220** : 1. © EQRoy/Shutterstock : brochures et bulletins officiels des candidats à l'élection présidentielle, Paris, 6 avril 2022 ; 2. © KWAI - Canal/ Collection Christophel ; 3. © one photo/Shutterstock ; 4. La communication politique : l'art de séduire pour convaincre – Auteur : Christian Delporte, Auteur (illustrateur) : Terreur graphique © Éditions Le Lombard – **228 :** © Russell Cheyne/Reuters – **229 :** © Michael Jouanneau/ Hans Lucas – **232 :** © Nicolas Liponne/ Hans Lucas/ AFP – **234 :** © Anaïs Richard/Sciences Po Alumni – **236 :** © Yukunkun productions – **244** : 1. © Vincent Isore/IP3 press/Maxppp ; 2. © Thierry Thorel/PHOTOPQR/Voix du Nord/ Maxppp ; 3. © FreeProd33/Shutterstock : les douze professions de foi pour la campagne présidentielle 2022, France, avril 2022 ; 4. © INA – **250 :** source : injep.fr – **251 :** © Golden Dayz/Shutterstock – **252-253 :** © Nicolas Beaumont/ Le Pictorium/ Maxppp – **254 :** © Département de la Seine-Saint-Denis – **255** : sources : georisques.gouv.fr ; MTES – **257 :** © Writer Pictures/Leemage – **259 :** © Dessins Lipsum/ OPPBTP – DR – **260 :** © Marie Magnin/Hans Lucas – **262 :** © Cité de l'économie – **265 :** © Samuel Morazan/Pixabay – **268** : 1. © Rouge productions/ Collection Christophel ; 2. © Cité de l'économie ; 3. © Celine Nieszawer/Leextra/ Opale.photo ; 4. © Gerard Bottino/Shutterstock : Marseille, 8 octobre 2019, manifestation pour la défense des retraites et du pouvoir d'achat – **274 :** © Demain TV et Cerfrance – **276** : 1. © Fizkes/Shutterstock ; 2. © SeventyFour/Shutterstock – **277 :** © Nikola Ilic/Getty Images – **278 :** © INA – **280** : 1. © Martin Barzilai/Challenges-Rea; 2. © Koshiro K/ Shutterstock : Kumamoto, Japon, 3 juin 2022 : gros plan sur un compte Twitter d'Elon Musk ; 3. © The Granger Collection, New York/ Coll. Christophel – **282 :** © Fabio Ferrari/AP/Sipa – **284 :** © Collections Familistère de Guise / don Cédric Hasler, 2016 (ancienne bibliothèque d'Auguste Fabre) – **286 :** © Romain Beurrier/Rea – **288 :** © Fizkes/Shutterstock – **290** 1. © blocberry/Shutterstock ; 2. © National Motor Museum/Heritage Images/ Coll. Christophel ; 3. © Open Space, Pandémie Télétravail et autres contrariétés, James, Éditions Dargaud – **320 :** © ABO PHOTOGRAPHY/ Shutterstock

Achevé d'imprimer en Italie par Grafica Veneta en avril 2024
Dépôt légal : Juin 2024 - Collection 18 - édition 02 - 89/1653/4